企業間提携契約の
理論と実務

現代企業法研究会編著
代表／金丸和弘・奈良輝久・清水建成・日下部真治

判例タイムズ社

はしがき

　近時，企業間提携契約，すなわちアライアンス契約の締結，解消に関するニュースが連日のように報道されている。国内外の企業を問わず，企業間における提携・アライアンスに関する動きは実に活発であり，（M&Aともども）戦国時代さながらの様相をなしているといっても過言ではない。

　本書は，現代企業法研究会のメンバーが「企業間提携契約の法的諸問題」として判例タイムズ1262号（2008年5月1日号）から1334号（2011年1月1日号）にかけて連載した各論稿をアップ・デートさせ，これに研究会のメンバーである笠井修中央大学法科大学院教授の書き下ろし論稿である「企業間提携契約序論」を加えて単行本化したものである。

　「企業間提携契約の法的諸問題」の企画のそもそもの狙いは，判例タイムズ誌上の「連載にあたって」（1262号6頁）で述べたとおり，「企業経営のダイナミズムをもたらす一要因となっている企業間提携契約の様々な法的問題を型にとらわれずに縦横無尽に切って，企業間提携契約の新たな地平を開拓してみる」ことにあった。もとより，企業間提携関係が，経営学，経済学等における研究が従来より活発になされてきたテーマであったのに対し，法律学の分野ではほとんど未開拓のテーマとして手つかずのまま残されており，現に研究会メンバーの多くを占める弁護士（基本的にビジネスロイヤーとして，アライアンス案件，M&A案件，企業間訴訟等に従事している。）にとっても，日常的な業務の中で未解明の問題に遭遇する機会が多かったことも，この企画を開始する大きな要因となっていたことは言うまでもない。

　今回の単行本化を機会に，編集者一同，本書所収の各論稿を読み直してみたが，その内容は，売上仕入契約（1章），ホテル事業（2章），サブ・フランチャイズ契約（3章）パートナリング（4章），OEM契約（10章）などの各種の契約形態の多角的分析に加えて，サブリース契約（13章），株式の持ち合い（6章），システム開発契約（14章），合弁事業の法形態選択（12章），企業提携交渉（11章），企業間提携契約と継続的契約（9章），更新条項（7章），合弁契約の終了（5章），段階的撤退（16章）と，未解明な部分が多い問題に正面から取り組んだバラエティに富んだものとなっており（なお，本書巻頭論稿である，笠井教授の上記論稿（序論）でその概要を読み取れる。），網

羅的・包括的・体系的とは言えないにしても，企業間提携契約の法理論に関する最新の横断的考察を行った「作品群」として，相当程度充実した内容となっているのではないか，との自負を改めて持つに至っている。

願わくば，本書が，企業間提携契約，Ｍ＆Ａ，企業間訴訟などを専門とするビジネス弁護士にとっては勿論のこと，ビジネス・ローに対する関心の深い学者，裁判官，更には企業関係者の実務上の使用においても役に立つ一冊となってほしいものである。本書が，企画の狙いどおり，「企業間提携契約の新たな地平を開拓してみる」ことが出来たかどうかはいささか心もとないが，その点は，読者諸氏のご判断に委ねることとしたい。

さて，話が若干，手前味噌になって恐縮であるが，本書は，現代企業法研究会のメンバーにとっては，その前身であるジョイント・ベンチャー研究会が発表した『ジョイント・ベンチャー契約の実務と理論〔補訂版〕』（判例タイムズ社　2007）に次ぐ第二弾の単行本である。現代企業法研究会は，現在，判例タイムズ誌上に新企画「企業間取引訴訟の現代的展開」の論稿を連載中であり，今後とも，ビジネス・ローの分野に関する研究を続けていく所存であるが，いずれタイミングを見て，再び企業間提携契約をテーマとして取り上げたいと考えている。企業間提携契約が抱える法的理論上の問題は，それほどに未解明のものが山積みであり，かつ，その奥行きは深い。読者諸氏は，是非とも期待していただきたい。

最後になるが，まず，現代企業法研究会には，多忙なためご論稿の発表まではかなわなかったものの，松本恒雄一橋大学教授も積極的に参加して下さっていた。メンバー一同，松本教授のおかげで実に活発な議論を繰り広げることが出来たことに深く感謝している。また，本書は，判例タイムズ社の担当者の方々，とりわけ高橋良寛氏の叱咤激励がなければ，到底，刊行するには至らなかった。研究会のメンバー一同，心よりの謝辞を申し上げる次第である。

平成24年2月
現代企業法研究会　代表幹事
弁護士　　金丸　和弘
同　　　奈良　輝久
同　　　清水　建成
同　　　日下部　真治

編著者・執筆者紹介

編著者

金丸　和弘　　森・濱田松本法律事務所弁護士

奈良　輝久　　四樹総合法律会計事務所弁護士

清水　建成　　神谷町法律事務所弁護士，ニューヨーク州弁護士

日下部　真治　アンダーソン・毛利・友常法律事務所弁護士，
　　　　　　　ニューヨーク州弁護士，最高裁判所司法研修所民事弁護教官

執筆者（章順）

笠井　修　　　中央大学法科大学院教授

岡野　純司　　公益社団法人日本消費生活アドバイザー・コンサルタント協会
　　　　　　　NACS消費生活研究所研究員

若松　亮　　　四樹総合法律会計事務所弁護士

堀　天子　　　森・濱田松本法律事務所弁護士

元芳　哲郎　　アンダーソン・毛利・友常法律事務所弁護士

内田　義厚　　裁判官訴追委員会事務局次長（執筆当時 東京地方裁判所判事）

近藤　陽子　　神谷町法律事務所弁護士

滝澤　孝臣　　知的財産高等裁判所判事

髙橋　利昌　　平出・髙橋法律事務所弁護士，ニューヨーク州弁護士

《初出一覧》

1 岡野純司「大規模小売業者・納入業者間の売上仕入契約
　　——百貨店の事例を素材として」……………………… 判タ1262号5頁

2 若松亮「ホテル事業に関する提携契約」………………… 判タ1272号18頁

3 奈良輝久「サブ・フランチャイズ契約の制度設計，
　　フランチャイズ契約の対第三者関係」………………… 判タ1265号43頁

4 笠井修「パートナリングによる企業間提携
　　——リスク分配からリスク共有へ」…………………… 判タ1264号94頁

5 清水建成「合弁契約における株式譲渡を伴う終了条件に関する考察
　　——先買権条項・売渡強制条項・買取強制条項を中心に」…… 判タ1274号5頁

6 堀天子「株式の持ち合い」………………………………… 判タ1280号13頁

7 奈良輝久「企業間提携契約の更新条項に関する若干の考察」… 判タ1293号30頁

8 元芳哲郎「共同開発契約——成果の帰属と利用を中心に」…… 判タ1275号25頁

9 内田義厚「企業間提携契約と継続的契約
　　——その特徴と相互関係に関する試論」……………… 判タ1267号19頁

10 日下部真治「OEM契約の法的整理」…………………… 判タ1266号78頁

11 金丸和弘「企業提携交渉をめぐる法的諸問」…………… 判タ1296号83頁

12 清水建成＝近藤陽子「合弁事業の法形態選択」………… 判タ1310号5頁

13 金丸和弘「サブリース判決と企業間提携契約」………… 判タ1314号48頁

14 滝澤孝臣「システム開発契約の裁判実務からみた問題点」… 判タ1317号5頁

15 髙橋利昌「企業間提携契約としての技術ライセンス契約とその条項」
　　……………………………………………………………… 判タ1329号30頁

16 奈良輝久「企業間提携契約における段階的撤退に関する一考察
　　——段階的撤退条項の意義及び限界」………… 判タ1332号21頁、1334号15頁

17 若松亮「映画製作に関する提携契約」…………………… 判タ1323号40頁

目　次

はしがき　i

編著者・執筆者紹介　iii

初出一覧　iv

企業間提携契約序論　〔笠井　修〕

第1　企業間提携の今日的意義 …………………………………… 2
(1) 企業活動における経営資源の獲得と企業間提携／2
　(a) 企業活動と企業間提携契約／(b) 経営資源の獲得と「内部化」／(c) 経営資源の外部調達と企業間提携
(2) 企業間提携の推進要因と企業間提携契約の意義／5
　(a) 企業間提携の推進要因／(b) 企業間提携の本質
(3) 企業間提携契約の多様性とアプローチの視角／7
　(a) 提携主体の種別／(b) 企業間提携によって獲得されるべき経営資源／(c) 企業間提携の形態／(d) 企業間提携の主体間の関係

第2　企業間提携契約の特質と検討課題 ………………………… 10
(1) 取引内容における特質／10
　(a) 共同事業性とリスク共有性／(b) 組織的性格／(c) 継続性
(2) 契約形態における特質／12
　(a) 取引の一体性と契約の複数性／(b) 企業間提携において複数契約の相互前提性がもたらす影響

第3　共同研究の目的 ……………………………………………… 14

1　大規模小売業者・納入業者間の売上仕入契約
　　──百貨店の事例を素材として　〔岡野純司〕

第1　はじめに ……………………………………………………… 18
1　百貨店の取引形態／18
2　本稿の目的／19

第2　仕入形態からみた売上仕入の特徴 ………………………… 20
1　百貨店経営の特徴と経営資源補完／20

    2　仕入形態からみた売上仕入／21
    3　売上仕入における相互依存関係／23
 第3　出店形態からみた売上仕入の特徴 …………………………… 25
    1　出店形態からみた売上仕入／25
      ⑴　収益の分配性／⑵　組織性
    2　売上仕入の継続性と借地借家法の適用問題／27
 第4　売上仕入の歴史・現状と百貨店・納入業者の交渉力の状況 …… 29
    1　売上仕入の歴史・現状／29
    2　百貨店・納入業者の交渉力の状況／31
 第5　売上仕入契約書の検討 ……………………………………… 33
    1　売上仕入契約書の特徴／33
    2　取引形態にかかる条項の検討／34
      ⑴　納入業者が履行する業務／⑵　売上代金の処理
    3　リスク・責任・費用負担条項の検討／36
      ⑴　所有権の移転時期／⑵　商品管理上のリスク負担／⑶　顧客に対する責任負担／⑷　費用負担
    4　納入業者を営業統制する条項の検討／39
      ⑴　販売商品・販売方法の統制／⑵　営業権・賃借権等の排除／⑶　出店場所の統制／⑷　設置物の統制／⑸　従業員の統制／⑹　商標・商号等の使用の統制／⑺　秘密情報の保持
    5　契約の実効性を担保する条項の検討／45
      ⑴　損害賠償／⑵　契約終了後の措置／⑶　約定解除／⑷　任意解約／⑸　更新拒絶
 第6　終わりに ……………………………………………………… 47

2　ホテル事業に関する提携契約　〔若松　亮〕

第1　はじめに ……………………………………………………… 52
第2　ホテル事業に関する企業間提携契約 ……………………… 53
    1　ホテル事業に関する各機能／53
      ⑴　所有機能／⑵　経営機能／⑶　運営機能
    2　ホテルの経営，運営に関する方式／54
      ⑴　所有直営方式／⑵　賃貸借方式(lease contract)／⑶　運営委託方式

（management contract）／(4) フランチャイズ方式（franchise contract）／
　　　(5) まとめ（その他の方式）
　第3　賃貸借契約と運営委託契約の比較・検討 ……………… 60
　　1　賃貸借契約／60
　　　(1) 法的性質（ホテル契約の場合の特徴）／(2) 契約条項
　　2　運営委託契約／66
　　　(1) 法的性質／(2) 契約条項
　　3　賃貸借契約と運営委託契約の共通点及び相違点／73
　　　(1) 共通点／(2) 相違点／(3) まとめ

3　サブ・フランチャイズ契約の制度設計，フランチャイズ契約の対第三者関係
——企業提携の観点からの総論的検討　〔奈良輝久〕

　第1　本稿の目的，検討対象・検討内容 ……………………… 78
　　1　目　的／78
　　2　検討対象・検討内容／79
　　　(1) サブ・フランチャイズの定義・内容／(2) フランチャイザー対フランチャイジーの関係／(3) 対第三者関係
　第2　前提として理解しておくべき事項 ……………………… 85
　　1　フランチャイズ・システムの意味／85
　　2　フランチャイズ・システムの機能，基本理論／86
　第3　フランチャイズ契約について …………………………… 88
　　1　フランチャイズ契約の要件について／88
　　2　法的性質について／88
　　3　契約の内容と機能について／90
　　　(1) 基本的な債務／(2) フランチャイザー・フランチャイジー間の取引／(3) フランチャイジーの金銭支払義務／(4) 付随的な債務／(5) 権利の実現
　第4　対内関係——共同事業性如何 …………………………… 93
　　1　ロイヤルティの問題／94
　　2　宣伝広告の実施と費用負担／97
　　3　フランチャイザーの営業政策決定／98

4　その他の付随的な債務について／99
　5　フランチャイズ契約の終了／100
　　(1) 契約の期間の設定／(2) 契約が更新されるか否か／(3) サブ・フランチャイズ契約終了後の競業避止義務

第5　対外関係(対第三者関係)——共同責任の問題について　106
　1　はじめに／106
　2　フランチャイズ・システムにあって，フランチャイザーに名板貸責任が認められる要件／107
　　(1) 要　件／(2) 名板貸人の帰責事由の存在(名板貸人が自己の名称を使用して営業をなすことを許諾したこと)について／(3) 取引相手方が「自己(名板貸人)を営業主と誤認」すること
　3　神戸地判平13.11.30／110
　4　名板貸責任を回避する工夫について／113
　　(1) フランチャイザーとフランチャイジーのフランチャイズ契約締結段階における工夫／(2) 顧客とフランチャイジーの契約締結段階における工夫
　5　その他／115

第6　終わりに ……………………………………………… 115

4　パートナリングによる企業間提携
——リスク分配からリスク共有へ　〔笠井　修〕

第1　大規模建設プロジェクトと企業間提携 …………… 118
　1　大規模建設プロジェクトにおける従来の企業間提携／118
　2　二つの企業間提携と本稿の目的／119

第2　パートナリング導入の背景と理念 ………………… 120
　1　パートナリングの導入の必要性／120
　2　パートナリングの概念／121

第3　各国におけるパートナリングの導入経緯と枠組み ……… 122
　1　行動理念としてのパートナリング／122
　2　契約としてのパートナリング——契約によるリスク共有／124
　　(1) イギリスにおけるパートナリング契約／(2) その他の諸国におけるパートナリング契約

第4　イギリスにおけるパートナリング契約の展開 ……… 130

1　イギリスのパートナリング契約の特徴／130
　　(1) リスク共有のメカニズム／(2) ワークショップを中心としたプロジェクトの推進
　2　パートナリング方式の契約約款——PPC2000を例にとって／134
　　(1) PPC2000の特徴／(2) 主な条文構成
　3　パートナリングの鍵となる要素／137
　4　パートナリング方式の企業間提携から得られる成果／138
　　(1) 受注者の能力の有効な活用／(2) コスト削減／(3) 工期短縮と品質向上／(4) ビジネス上の予見可能性の向上／(5) 適切な事業者の選択
　5　明らかにされるべき法律関係／139
　　(1) 法律関係の不明確さ／(2) 理論的整備の課題
　6　その他の課題／142
　　(1) 情報開示の必要性と範囲の確定／(2) 競争と協調のバランス／(3) プラント輸出における問題性

第5　日本型パートナリングの可能性 …………………………… 143

5　合弁契約における株式譲渡を伴う終了条件に関する考察——先買権条項・売渡強制条項・買取強制条項を中心に　〔清水建成〕

第1　はじめに ……………………………………………………… 148
第2　合弁契約の概要と制度設計に関する基本的な考え方　149
　1　合弁契約の概要／149
　2　合弁契約における当事者のインセンティブと不安／150
　　(1) 経営から排除される不安／(2) 相手が再交渉(交渉)に応じない不安／(3)「くたびれもうけ」になる不安(機会主義的行動に対する不安)／(4) 退出の不安／(5) 出向者が親会社にオートノミーを奪われる不安／(6) 出向者が暴走する不安
　3　合弁契約条項の設計において考慮すべき事項／153
第3　合弁当事者の退出(株式譲渡)による合弁契約の終了に関する問題点と制度設計 ……………………………………… 154
　1　合弁契約の終了に関する条項／154
　2　各条項の概要／154
　3　各条項の問題点／157
　4　合弁契約の終了における考慮事項(無責補償モデルに基づく制度設計)／160

(1) 売渡強制条項(Call Option)と買取強制条項(Put Option)において定めるべき条件／(2) 有責賠償モデル：債務不履行を発動事由とする場合／(3) 無責補償モデル：デッドロック等／(4) 売渡強制条項(Call Option)と買取強制条項(Put Option)において特に考慮すべき事項：関連契約との関係

6 株式の持ち合い 〔堀 天子〕

第1 株式持ち合いとは ……………………………………………… 168
　1　株式の持ち合いとは／168
　2　どのような場合に持ち合いが合意されるか／169
　　(1) 取引先との関係強化／(2) 会社支配の安定化(安定株主の確保)
第2 株式持ち合いの合意とその効力 ……………………………… 172
　1　株式持ち合いの合意内容／172
　　(1) どの程度の株式を持ち合うかに関する合意／(2) 持ち合い後の関係を規律する合意／(3) 議決権行使に関する合意
　2　株式持ち合いに関する合意の効力／176
　　(1) どの程度の株式を持ち合うかに関する合意の効力／(2) 持ち合い後の関係を規律する合意の効力／(3) 議決権行使に関する合意の効力
第3 株式持ち合いの手法と各手法に関する諸問題 ……………… 180
　1　新株発行による取得／180
　2　既存株式の譲受／182
　　(1) 善管注意義務・忠実義務／(2) 利益供与
第4 株式持ち合いの合意に際しての説明義務 …………………… 185
第5 おわりに ……………………………………………………… 188

7 企業間提携契約の更新条項に関する若干の考察 〔奈良輝久〕

第1 はじめに(本稿の目的) ………………………………………… 190
　1　企業間提携契約における更新条項の実際／190
　2　企業間提携契約の当事会社が契約更新時に抱えるジレンマ／192
　3　本稿の問題設定／193

第2 典型的な更新条項の効果について …………………………… 194
1 契約の相互依存関係と更新——行き過ぎた機会主義的行動の弊害／194
2 更新交渉における契約当事会社の基本的スタンス及び更新交渉の困難さ／195
3 企業間提携契約における典型的な更新条項の検討／200
4 有効期間条項／202

第3 契約更新交渉をスムーズにさせる既存の手立て
——その内容と限界 ………………………………………………… 205
1 一般条項／206
2 契約改訂（更新）特約／207
3 更新拒絶条項／208
4 事情変更の原則／208

第4 関係的契約論，再交渉義務論 ……………………………… 210
1 はじめに／210
2 関係的契約論／210
3 再交渉義務論／211
　(1) 再交渉義務／(2) 契約の司法的改訂

第5 あるべき更新条項の内容とは ……………………………… 217
1 はじめに／217
2 各条項の検討／218
　(1) 更新時の交渉の手続的内容を明確に規定した協議条項／(2) 調停・仲裁条項等（第三者機関による判断）／(3) 合弁会社形態におけるJV（合弁契約）の条項の応用／(4) 段階的撤退（Phase Out）条項／(5) 最優遇条項（MFC. Most-Favored-Customer Clause），競争者対抗条項（MCC. Meet-the-Competition Clause），独占交渉権条項
3 条項の具体例の検討／223
4 最後に／229

8 共同開発契約
——成果の帰属と利用を中心に　〔元芳哲郎〕

第1 はじめに ……………………………………………………… 232
第2 共同開発契約の特徴 ………………………………………… 232

1　類　型／232
2　法的性質／232
　(1)　組合契約該当可能性／(2)　組合契約に該当する場合
3　有限責任事業組合(LLP)の利用／236

第3　成果の帰属に関する諸問題 …………………………………… 237
1　成果の帰属一般に関連する問題／237
　(1)　一方当事者が「独自に生み出した」成果等の取扱い／(2)　契約終了後に一方当事者が得た成果の取扱い／(3)　期間の定め／(4)　契約終了時の取扱い／(5)　職務発明の処理
2　共有に関する問題／241
　(1)　持分割合／(2)　特許出願等に関する意思決定／(3)　共有関係の終了／(4)　共有持分の譲渡／(5)　第三者による権利侵害への対応
3　一方当事者に帰属させる場合の他方当事者の権利／245
4　大学との共同開発の場合の留意点／245
　(1)　職務発明について／(2)　公表の制限

第4　成果の利用について …………………………………………… 247
1　成果が一方当事者に帰属する場合と共有の場合の違い（総論）／247
2　成果が一方当事者に帰属する場合の他方当事者による成果の利用／250
　(1)　概　説(2)　非独占的利用権(通常実施権)　(3)　他方当事者が利用しない場合
3　その他自己利用・ライセンスに関する諸問題／251
　(1)　「自己」利用について／(2)　当事者による自己利用・ライセンスの制限／(3)　利益の分配／(4)　組合を組成して共同開発を行う場合

9　企業間提携契約と継続的契約
――その特徴と相互関係に関する試論　〔内田義厚〕

第1　はじめに ………………………………………………………… 256
第2　企業間提携契約の特徴 ………………………………………… 257
1　特　徴／257
　(1)　当事者の特性／(2)　契約内容の特徴
2　まとめ／259
第3　継続的契約に関する学説
――企業間提携契約の理論的基礎 ……………………………… 260

1　両者の関係とその根拠付け／260
　　　(1) 組織的契約理論（平井説）／(2) 関係的契約理論（内田説）
　　2　若干の検討／263
　第4　継続的契約の現代的変容
　　　──企業間提携契約の実務的基礎 …………………………… 265
　　1　近時の企業間の法律関係の変容（近時における）／266
　　　(1) 系列組織による継続的結合取引関係の変容／(2) 大企業間，あるいは対等関係に立つ企業間の提携契約の増加／(3) 従来の「強者―弱者関係」の図式では収まらない継続的契約関係の増加
　　2　検討及びまとめ／267
　第5　継続的契約紛争（企業間提携契約紛争）の法的問題点　267
　　1　債権債務の特定と個別債務の履行の判断に関する問題／267
　　　(1) 債務内容の多様性，複雑性，専門性，立証困難性／(2) 契約条件に関する社会経済的規制の存在（独禁法）／(3) 経営スピードと契約内容の網羅性との両立／(4) 経済情勢及び経営状況の変化をどこまで法的判断に取り込むか
　　2　継続的契約（企業間提携契約）の解消要件に関する問題／269
　　　(1) 継続的契約解消での「やむを得ない事由」の要否／(2) 企業間提携契約の解消での「やむを得ない事由」の要否
　　3　企業間提携契約解消後の問題（金銭賠償ないし補償の問題）／271
　　　(1)「有責―賠償」モデルと「無責―補償」モデル／(2)「無責―補償」モデルのメリットとデメリット
　第6　まとめ──企業間提携契約の将来像 ………………………… 273
　　1　特徴及び問題点を踏まえた条項の作成／274
　　　(1) 債務内容の特定／(2) 期間特定（限定）型について／(3) 解消事由の明確化の方向
　　2　総　括／275

10　OEM契約の法的整理　〔日下部真治〕

第1　本稿の目的 …………………………………………………… 278
第2　OEMとは何か ……………………………………………… 278
　　1　一般にいわれるOEMの内容／278
　　2　OEMという用語の多義性／279
　　3　類似用語との相違／279

xiv　目　次

　　4　OEM 取引を行う社会的経済的動機／280
　　　(1) OEM 委託者の動機／(2) OEM 製造者の動機／(3) OEM 委託者と OEM 製造者に共通する動機
　　5　実社会における OEM 取引の多様性と近時の実務的理解／282
第3　法的検討 …………………………………………………………… 283
　　1　OEM 契約の法的性質／283
　　　(1) 製作物供給契約（請負供給契約）／(2) 商標の使用についてのライセンス契約／(3) 特許やノウハウなどの使用についてのライセンス契約／(4) 開発委託契約・共同開発契約／(5) 秘密保持契約／(6) 販売代理店契約
　　2　関連する法律とその OEM 契約に対する影響／288
　　　(1) 民法及び商法／(2) 独占禁止法（私的独占の禁止及び公正取引の確保に関する法律）／(3) 下請法（下請代金支払遅延等防止法）／(4) 製造物責任法／(5) 商標法／(6) 特許法及びその他の知的財産権法／(7) 不正競争防止法／(8) その他
第4　結　語 ……………………………………………………………… 295

11　企業提携交渉をめぐる法的諸問題　〔金丸和弘〕

第1　はじめに ……………………………………………………………… 298
第2　問題の所在 …………………………………………………………… 298
第3　契約交渉過程における信義則の適用 …………………………… 299
　　1　契約交渉過程における信義則上の注意義務／299
　　2　契約交渉過程における注意義務のもつ意味／300
第4　契約交渉過程における誠実交渉義務 …………………………… 301
　　1　信義則に基づく誠実交渉義務／301
　　2　中間的契約に基づく誠実交渉義務／312
第5　契約交渉過程における情報提供義務 …………………………… 317
　　1　自己責任の原則／317
　　2　信義則による修正／318
　　3　企業提携における情報提供義務／319
　　4　表明保証責任との関係／322
第6　契約交渉過程における中間的契約の問題点 ………………… 323
　　1　中間的契約の意義／323

2　中間的契約の法的拘束力／*324*
　　3　中間的契約の効力／*325*
　　4　中間的契約の有効期間／*326*
　　5　会社法との関係／*327*

12　合弁事業の法形態選択　〔清水建成＝近藤陽子〕

第1　はじめに ………………………………………………… *332*
第2　合同会社とLLPの概要 …………………………………… *333*
　1　合同会社／*333*
　　(1) 制度の概要／(2) 利用状況
　2　LLP／*336*
　　(1) 制度の概要／(2) 利用状況
第3　法形態選択に当たっての考慮事項 ……………………… *338*
第4　株式会社，合同会社，LLP及び任意組合の比較 ……… *339*
　1　法人格の有無／*339*
　2　合弁当事者の責任／*341*
　　(1) 問題の所在／(2) 株式会社を利用する場合／(3) 合同会社を利用する場合／(4) LLPを利用する場合／(5) 任意組合を利用する場合／(6) 小　括
　3　出資持分の譲渡及び払戻し／*346*
　　(1) 問題の所在／(2) 株式会社を利用する場合／(3) 合同会社を利用する場合／(4) LLPを利用する場合／(5) 任意組合を利用する場合／(6) 小　括
　4　機関設計／*353*
　　(1) 機関の設置・権限分配／(2) 議決権・決議要件／(3) 小　括
　5　税制の取扱い／*358*
　　(1) 株式会社及び合同会社／(2) LLP及び任意組合／(3) 小　括
　6　手続の簡便さ／*360*
　　(1) 考慮要素としての簡便さ／(2) 組成及び解散／(3) 組織変更／(4) 小　括
　7　取引先や金融機関からの評価／*362*
　　(1) 株式会社を利用する場合／(2) 合同会社を利用する場合／(3) LLP又は任意組合を利用する場合
第5　各法形態の利用可能性及び今後の課題 ………………… *364*
　1　概　要／*364*

2　法形態ごとの検討／364
　　(1) 株式会社／(2) 合同会社／(3) LLP／(4) 任意組合

13 サブリース判決と企業間提携契約　〔金丸和弘〕

第1　はじめに ………………………………………………………… *372*
第2　サブリース最高裁判決の位置付け ……………………………… *373*
第3　契約の法性決定に関する指針 …………………………………… *375*
　1　サブリース最高裁判決によるサブリース契約の法性決定／375
　2　企業間提携契約の法性決定／377
第4　私的自治の原則と強行法規との関係に関する指針 …… *379*
　1　企業間契約と強行法規／379
　2　私的自治の原則と強行法規の適用／380
　3　共同事業と典型契約／382
第5　経済事情の変動と事情変更の原則あるいは契約の
　　　拘束力に関する指針 ………………………………………… *384*
　1　経済事情の変動と事情変更の原則／384
　2　経済事情の変動と契約の拘束力／386

14 システム開発契約の裁判実務からみた問題点
〔滝澤孝臣〕

第1　本稿の趣旨・目的 ……………………………………………… *390*
第2　裁判例と事案の概要 …………………………………………… *391*
第3　裁判例の分類・整理 …………………………………………… *404*
　1　契約完了後紛争型／405
　2　契約継続中紛争型／406
　3　契約締結時紛争型／406
第4　各類型の問題点 ………………………………………………… *407*
　1　契約完了後紛争型／407

2　契約継続中紛争型／418
　　3　契約締結時紛争型／425
　第5　全般的な問題点 …………………………………………… 432
　　1　契約完了後紛争型／432
　　2　契約継続中紛争型／436
　　3　契約締結時紛争型／438
　第6　紛争解決の課題 …………………………………………… 441

15　企業間提携契約としての技術ライセンス契約とその条項
〔髙橋利昌〕

第1　はじめに ……………………………………………………… 446
第2　企業間提携契約としての技術ライセンス契約 ……… 447
第3　技術ライセンス契約の具体的条項とその性格 ……… 452
　1　はじめに／452
　2　技術使用の許諾条項／453
　　⑴　条項例／⑵　対象の選択と特定／⑶　独占的・非独占的／⑷　許諾地域の定め／⑸　再実施(サブライセンス)権の許諾・禁止／⑹　共同事業性との関係
　3　ノウハウの開示方法に関する定め(研修生受け容れ，技術支援)／458
　　⑴　条項例／⑵　ノウハウの提供方法の定め／⑶　ノウハウ提供方法等を定める条項の効果
　4　改良技術等の開示義務(ライセンサー及びライセンシー)／460
　　⑴　条項例／⑵　ライセンサーの改良技術についての定め／⑶　ライセンシーの改良技術についての定め
　5　許諾対価の定め方／463
　　⑴　条項例／⑵　対価の額に関する定め／⑶　対価の支払い時期に関する定め／⑷　共同事業性との関係
　6　最低保証金額等／465
　　⑴　条項例／⑵　共同事業性との関係
　7　秘密保持条項／466
　　⑴　条項例／⑵　共同事業性との関係
　8　知的財産権(ライセンシー開発技術等)の帰属／467
　　⑴　条項例／⑵　知的財産権の帰属に関する定め／⑶　共同事業性との関係

9 特許等の有効性の保証（又は保証の除外）と不争条項／469
　　(1) 条項例／(2) 保証条項，不争条項／(3) 共同事業性との関係
10 契約期間／470
　　(1) 条項例／(2) 契約期間の定め
11 契約終了後の拘束／471
　　(1) 契約終了後の拘束に関する定め／(2) 拘束の適法性，共同事業性との関係
12 一括ライセンス，クロスライセンス／472
　　(1) 一括ライセンス／(2) クロスライセンス
13 パテントプール／473
　　(1) パテントプール／(2) パテントプールと共同事業

第4 結　語 …………………………………………………………… 474

16 企業間提携契約における段階的撤退に関する一考察──段階的撤退条項の意義及び限界〔奈良輝久〕

第1 本稿の目的 ……………………………………………………… 478
第2 具体的設例 ……………………………………………………… 481
第3 コーポレート型ジョイント・ベンチャーと
　　契約型ジョイント・ベンチャー ………………………………… 483
　1 コーポレート型ジョイント・ベンチャー／485
　　　(1) 共同研究開発・生産／(2) 共同生産／(3) 共同生産，マーケティング
　2 契約型ジョイント・ベンチャー／486
第4 コーポレート型ジョイント・ベンチャーにおける解消の
　　メカニズム（プロセス）及び解消後の権利・義務関係 … 488
　1 はじめに／488
　2 合弁解消のメカニズム／489
　3 コーポレート型ジョイント・ベンチャーの解消（終了）時に決定すべき事項／491
第5 コーポレート型ジョイント・ベンチャーにおける段階的
　　撤退及び段階的撤退条項の意義──従来の学説 …… 493
第6 契約型ジョイント・ベンチャーにおける段階的撤退
　　及び段階的撤退条項の意義 ………………………………… 497

第7 契約型ジョイント・ベンチャーとコーポレート型
　　ジョイント・ベンチャーの段階的撤退の相違点 …… 504
第8 段階的撤退条項の具体的検討 ………………………………… 509
　1　段階的撤退条項を検討するに当たっての基本的留意点／509
　2　契約型ジョイント・ベンチャーにおける段階的撤退条項／509
　3　コーポレート型ジョイント・ベンチャーの段階的撤退条項／516
　4　段階的撤退条項がもたらす効果──提携関係の調整と軌道修正の点／518
第9 段階的撤退条項の意義及び限界
　　──段階的撤退条項は真実，有効か …………………… 520

17 映画製作に関する提携契約　〔若松　亮〕

第1 はじめに …………………………………………………………… 526
第2 映画製作委員会 …………………………………………………… 528
　1　映画製作委員会／528
　2　製作委員会の法的性質／530
　3　製作委員会の構成者／532
　　⑴ 映画の制作業務を担当する当事者／⑵ 制作した映画の利用業務を担当する当事者
　4　製作委員会契約の内容／534
　5　製作委員会方式の問題点／542
　　⑴ 業界外部からの資金を呼び込む事が困難であること／⑵ 制作会社が制作のイニシアティブを取ることが困難であること／⑶ 著作権が共有となること
第3 匿名組合方式との比較 …………………………………………… 544
　1　匿名組合方式とは／544
　2　匿名組合方式の長所（製作委員会方式との違い）／545
　　⑴ 有限責任／⑵ 著作権の帰属
　3　匿名組合方式の現状（製作委員会方式の再評価）／545

企業間提携契約序論

笠井 修

第1　企業間提携の今日的意義
第2　企業間提携契約の特質と検討課題
第3　共同研究の目的

第1　企業間提携の今日的意義

(1)　企業活動における経営資源の獲得と企業間提携

(a)　企業活動と企業間提携契約

　今日の企業活動においては，激しく競争を繰り広げている同業種の企業同士が手を組み業務の提携を模索するケース，また，本来は異種の業界に属する企業同士が新しい形のビジネスを共同で展開するべく協力関係を結ぶケースが多数現れている[1]。それらのケースは，製造，販売，物流をはじめとする広い分野にわたっており，多様な形態の提携が相互の企業が生き残るための必須の選択と考えられることさえある。

　このような企業間の提携を媒介する手段が，「企業間提携契約」である。この新しい契約類型をどのように捉えるかは，実務上のみならず理論的にも重要な課題であり，それに迫るアプローチにはいくつもの可能性がある。一方で，多くの個別の企業間提携契約の分析を試みるとともに，他方で，やや高い視点からそれらを眺めてその一般的特質を理解する作業も必要であろう。

　例えば，今日の企業活動においては，提携契約がなぜ重要な選択となるのか，どのような企業間で提携契約が可能となるのか，その提携内容にはどのような特質が見られるのか，そこでは，どのような紛争が生じどのような解決が求められているのか，さらに，それに対して企業はあらかじめどのような法的予防策をとるべきかである。

　このような問題に取り組むためには，まず，企業活動において，提携が持つ意味やその必然性を確認することが必要であろう。この点については，これ

---

[1]　それは，次のような表現によって描かれることがある。「かつて企業は，市場という大海に浮かぶ孤島であった。だが今日では，こうした見方は時代遅れになっている。企業は今，ベルリンの壁のように何年にもわたって持ちこたえてきた壁を破壊している。企業の経営者は，単に市場と企業からなる世界のみならず，多様な他の組織との複雑な関係からなる世界で活動しているのである。」ジョセフ・L. バダラッコ Jr.（中村元一ほか訳）『知識の連鎖――企業成長のための戦略同盟』（ダイヤモンド社, 1991）iii頁。

まで国際的な企業間提携をも視野に入れて，広く企業活動を説明する理論的研究の中で議論されてきた。そこでは，大要以下のような理解が見られた。

(b) 経営資源の獲得と「内部化」

まず，企業が，その活動を発展させるためには「経営資源」の効率的な獲得が必要となるが，そのためのひとつの手段は，「内部化」と表現される方法である。すなわち，企業が必要とする資金，人材，技術，ノウハウ，ブランド，販売網，情報等の経営資源を市場において調達する場合には，必然的に「取引コスト」[2]がかかるため，これを自社内で調達してこの取引コストを回避することにより，利益を拡大することを志向する考え方である[3]。

しかし，この内部化の方法にも問題があることが指摘される[4]。例えば，内部化は必然的に組織の肥大化をもたらすが，それにより意思決定に時間がかかるようになり，機動性が失われるとともに，技術開発などの新しい経営資源の拡大にも支障となる。さらに，それは，企業内部のモチベーションを低下させるとともに，既存の経営資源の効率的利用にも足枷となるおそれが生じてくる。このように，内部化することには，相応の「組織化コスト」が存在し，それは同時に潜在的な利益を相殺することが大きな問題となる(したがって，企業の最適な規模は，さらに内部化しようとするときに生じる便益とそれに伴うコストが等しくなる点で定まるとする考え方[5]もみられた)。

(c) 経営資源の外部調達と企業間提携

そこで，むしろ企業は，経営資源を効率化し自社のコア事業に集中するとともに，企業展開において必要となる経営資源の獲得を，他の企業との「提

---

2) 一般に，市場において行われる物・サービスの取引を実現するために必要となる，人的・物的資源，時間，駆け引きのために失われる損失などの総称である。情報収集，調査，交渉のほか，相手方の機会主義的行動に起因する費用や，権利実現の費用などを含むこともある。

3) 長谷川信次「戦略提携へのアプローチ」早稲田社会科学研究45号1頁，アラン・M. ラグマン（江夏健一ほか訳）『多国籍企業と内部化理論』（ミネルヴァ書房，1983），越後修「内部化理論と戦略の提携論について」社会科学70号15頁，徳田昭雄『グローバル企業の戦略的提携』（ミネルヴァ書房，2000）46頁以下，64頁以下。

4) 長谷川・前掲注3)5頁。

5) 長谷川・前掲注3)2頁。

携」によって図ることが望ましいという考え方が登場してくるのである[6]（これに対し，内部化理論からは，自社の経営資源の外部放出が行われる企業間の提携は自社内取引に対してセカンド・ベストな選択肢であると批判されることもある）。

　ただ，このような提携は従来も見られ，それは，特定の製品・サービスの販路の拡大，原材料や特定の技術を含む中間財の調達ルートの探索・確保，現地市場に適合した製品開発におけるコストやリスクの回避などを目的として行われてきた。すなわち，それは「既存の経営資源」の利用を基本とした企業行動であり，自社の弱点を一時的関係にある外部企業の経営資源によって補う，「補完」の目的を追求するものであった。そして，それによって生み出されるものも従来の経営資源に一定の改善を加える性質のものが多かった。

　これに対し，今日の提携は，「戦略的提携」と表現される形態へと発展する[7]。これは，複数企業間で互いに経営資源を持ち寄り，それらを結合して，圧倒的な市場競争力につながりうる「新たな経営資源」を共同創造し，それにより，一社のみでは実現が困難な経営上の革新を達成する「相乗効果」を期待するものである点において，かつての提携とは性質をまったく異にする。またそれは，共利共生という理念に立ちつつ，各企業は特定分野内で自律的立場を保ち，対等な関係のもとで互恵的利益を得るという，「共同事業的」な協働関係を形成すること（その過程における「学習」や「知識統合」も，各企業にとってきわめて重要な意味を持つ[8]）においても，注目するべき特質を有している。さらに，これは，パートナーから経営資源を得て，かつ補完的な経営資源を

---

6) 外部調達の手段は企業間提携に限られるものではなく，M&A，経営統合などの多様な方法があり，それぞれの長短があることは言うまでもない。

7) 長谷川・前掲注3)8頁以下，松崎和久編『戦略提携 アライアンス』(学文社，2006)，今野喜文「競争優位構築に果たす戦略的提携の役割について」三田商学研究42巻2号47頁以下参照。特に，ヨシノとランガンの研究，ハメルとドーズの研究について，徳田・前掲注3)76頁以下参照。また，ゲイリー・ハメル＝イブ・ドーズ『競争優位のアライアンス戦略』(ダイヤモンド社，2001)，山倉健嗣『新しい戦略マネジメント』(同文館，2007) 103頁も参照。なお，「戦略的提携」という言葉は，かなり多義的に用いられている。この点について，松行彬子『国際戦略的提携』(中央経済社，2000) 18頁以下。

8) 松崎・前掲注7)122頁，136頁。

自らも提供し，それらを融合することで既存の各企業の垣根をこえ，両社が共有する，新たな優位性をもつ「組織ないし組織類似の実体」へと発展する場合がある（「連鎖型組織[9]」と呼ばれることもある）。

このような戦略的提携は，経営資源を自社内で創出する方法と外部からそれを獲得（取引売買）し自社内の経営資源と組み合わせる方法という従来の二つの選択肢に対し，その中間形態とも見ることができる。そして，近時はこうした活動が仮想企業（バーチャル・カンパニー）の中で行われる（契約が組織形成に近づく）という実体が生まれてきたのである[10]（しかし，組織化が進むことにより，かつて回避しようとした内部化と同様の問題にふたたび出会うことになるという逆説も現れてくる）。

今日では，このような形態における提携を媒介・推進する手段として，「企業間提携契約」が用いられているのである。

(2) 企業間提携の推進要因と企業間提携契約の意義

(a) 企業間提携の推進要因

企業が，技術革新などの変化する経営環境の中で，企業間提携契約によって，競争関係にある他の企業がもたない戦略的な優位性を実現しようとする場合に，それを推進する要因をより詳しく理解しようとすれば，上に述べた経営資源の向上と取引コストの最小化のそれぞれに着目することができる。

まず，①提携の対象たる経営資源そのものに着目すると，企業活動を，様々な経営資源の活用による収益の最大化を目指す活動ととらえたうえで，企業がある新しい経営資源を必要とし，それが他社によって所有されている場合に，提携が促進されると考えることができる[11]。つまり，提携により他社の経営資源を入手し，場合によってはそれを自社の経営資源と結合させることにより，自社の経営資源を高めることが，企業間提携の大きな誘因となる

---

[9] 宮沢健一『産業化と情報化』（有斐閣，1989）54頁。
[10] これらの点を含め，戦略的提携の特質と限界について，松行・前掲注7)37頁以下，また，わが国における企業間関係の特質について，工藤章ほか編『現代日本企業(1)』（有斐閣，2005）240頁以下参照。
[11] 安田洋史『アライアンス戦略論』（NTT出版，2010）33頁。

と理解する。そうすると，経営資源が移転しにくいものであるほど，また，模倣しにくいものであるほど，この誘因は大きくなる。他社にとっても，自己の経営資源の提供により，他社からの見返りが同様の大きな価値を生み出すと考える場合には，提携を形成する判断に傾くことになる。

これに対し，②企業活動によって生じるコストに着目した理解がある。すなわち，企業活動には，企業内での活動，例えば，開発や生産のコスト（内部調達のコスト）と企業外での取引に必要となるコストの総和の最小化を目指す活動としての面がある[12]。これに着目すると，企業間での取引コストが相対的に軽いものであるほど，企業間提携を推進する判断に傾くことになる（いわゆる「取引コスト論」）。取引コストには，技術・ライセンスや生産委託に要するコスト，交渉のコスト，問題発生時の対応コスト，情報収集，提携の管理コストなどが含まれる。自社で事業を行う場合における自前での調達（内部化）に要する費用と比較して，提携を行った方がコスト的に有利であれば，企業は，提携を選択するという考え方である。

これらの二つの考え方のいずれがより説得的に企業間提携の誘因を説明することができるかについては，かねてより議論[13]があるが，ここでは，このような諸要素が企業間提携を推進するものとして働いているということを注視しておきたい（これは，後に見る種々の法的判断の重要な要因ともなる）。

(b) 企業間提携の本質

以上のような推進要因，実質的な動機を考慮しつつ，その他の取引と比べた場合の企業間提携の本質をどこに見出すかは，企業間提携契約の研究のアプローチの方法にかかわる問題であるが，この点については，これまでも多様な要素が指摘されてきた[14]。

例えば，①「企業間提携の目的」に注目し，経営資源の交換による相乗効果の獲得を目的とした企業結合であることを指摘する可能性がある。相手方

---

12) 安田・前掲注11)42頁。
13) この点について，石井真一『企業間提携の戦略と組織』（中央経済社，2003）12頁以下，安田・前掲注11)49頁以下参照。
14) 石井・前掲注13)2頁以下，松行・前掲注7)21頁以下。

企業の経営資源を活用し，他方，自社の経営資源の活用を相手方企業に許すことによりこのような効果を得ようとすることを，企業間提携の核心とする見方である。

これに対し，②「各提携企業間の関係」に注目し，特定の戦略的目的を共有したうえで，複数の企業が独立性を保ちつつ相互の積極的な協調を通じて結合することによる共同事業性に企業間提携の本質を見出す可能性もある。この立場では，M&Aや経営統合など，いずれかが支配権をもつ関係は企業間提携からは外れることになる。つまり，各企業が，独立性を維持しつつ，限定的・一時的・対等（パートナーの経営権の取得を目的としない）という緩やかな連結関係を形成して，利益とリスクの共有をはかること（そのなかには，競争企業間の提携も見られる）である。

さらに，③「取引内容」に着目し，参加する各企業が，将来にわたる収益を目的とする，長期的取引関係であること，があげられることもある。

これらはどれもおそらく，企業間提携の実体のある側面を言い当てるものであろう。ここでは，これらの要素を取り込んで，一定の戦略目的を共有する独立性ある企業相互が，その目的の実現のために経営資源の交換を内容とする有機的な結合を築きつつ，共同事業性のある企業活動を推進することが，企業間提携の本質であるとしておきたい。そして，そのような提携を実現する法的手段が，企業間提携契約であるということになる[15]。したがって，上記の諸要素を実現する手段として，適切に機能する契約を実現することが課題となる。またそのように機能するための，契約条項の提示も求められる。

(3) 企業間提携契約の多様性とアプローチの視角

上のように理解したうえで，企業間提携契約の各論的な個性に目を向けると，以下のような，契約主体・目的・形態・相互関係が見出される。

(a) 提携主体の種別

まず，企業間提携は，同種の経営資源を提供しあう場合と，異種の経営資源を提供しあう場合とがありうる。前者は，しばしば競合する企業間（「商売

---

15) 中田善啓「戦略的提携と契約」甲南経営研究47巻1号1頁。

敵」の相互間）で行われるものであり，例えば，半導体の共同生産や自動車部品の共同開発，さらに新聞の共同印刷における提携などが見られる。市場においては激しく競争している企業が，開発や生産の場面では協力関係を結ぶという提携である。このような提携を競合する企業が行うのは，経営資源の効率的な活用のためにはある程度の「規模」の経営が必要となるからであり，両社の目的は共通している。ただ，多くは合弁会社を設立するものの，開発・生産における協力関係と市場における競争関係を切り分けることには，しばしば困難が伴い，提携からの退場の問題が生じやすい。

他方，後者は，相互に異なる業界に属して，異なる経営資源を有する企業間において行われる提携であり，例えば，特殊の技術を開発したベンチャー企業と生産設備や販売網を有する大企業の製品製造の提携である。これは，複数の企業がお互いに自社に欠けている経営資源をえるという，相互補完的な目的が強い提携であり，両者の思惑は異なることになる。このような企業間提携では，相互に有する経営資源を補完的に利用し相互に満足を得る成果をあげることができるかが鍵となるが，競合関係がないことにより，長期にわたる提携が維持されるケースも多い。

(b) 企業間提携によって獲得されるべき経営資源

次に，企業間提携によって獲得されるべき経営資源は多岐にわたる。たとえば，財産的な経営資源として，生産設備，特許，資金，販売手段などが考えられる。また，知的な経営資源としては，技術，人材，知識，経験，ノウハウ，管理手法（これらは比較的容易に流出する）などを，提携によって他社から取得することが考えられる。

やや詳しくみると，例えば，生産設備としては，生産施設（土地，建物），製造設備，組立設備，評価設備などが，また，販売手段としては，販売網，ブランド，代理店，物流手段などが，資金としては，現実の資金のほか，種々の資金調達力などが，技術としては，設計技術，製造技術，特許，情報などが，さらに人材としては，開発，設計，製造，経営，販売の各スタッフなどが，企業間提携による獲得・共有の対象である。

(c) 企業間提携の形態

上記の諸要素に対応して，企業間提携には多様な形態がありうる[16]。例

えば，①技術提携，②生産提携，③販売提携，④調達提携，⑤組織的提携などである。

①としては，技術移転・供与，技術交換[17]（クロス・ライセンシング），共同研究・開発協力[18]，共同建設[19]，技術者の派遣のような人的交流などがある。②としては，OEM委託・受託[20]，生産設備の相互利用，余剰生産設備の提供，製品・システムの組立て・検査協定[21]，部品規格協定，製品棲分け協定，セカンド・ソーシング（供給元を複数にするために行う生産許諾）などが見られる。③としては，代理店委託，出店委託[22]，販売委託[23]（フランチャイジング），サービス委託[24]，共同賃貸[25]などが行われている。④としては，部品・半製品の供給や資金調達などにおける提携などがある。⑤として，合弁[26]，株式の持合い[27]などがあげられる。

(d) 企業間提携の主体間の関係

さらに，企業間提携が，資本関係の提携となるか，資本関係を持たない提携かに着目することができる[28]。特に，前者の例としては，合弁会社，株式持合い，などの形態がありうるが，資本関係の構築は，提携先企業の経営そのものが強い利害を意味するようになり，長期的な関係の維持により大きな関心が生じることになる。

---

16) 松行・前掲注7) 28頁以下。
17) 高橋利昌「企業間提携契約としての技術ライセンス契約とその条項」（本書15章）。
18) 元芳哲郎「共同開発契約」（本書8章），若松亮「映画製作に関する提携契約」（本書17章）。
19) 笠井修「パートナリングによる企業間提携」（本書4章）。
20) 日下部真治「OEM契約の法的整理」（本書10章）。
21) 滝澤孝臣「システム開発契約の裁判実務から見た問題点」（本書14章）。
22) 岡野純司「大規模小売業者・納入業者間の売上仕入契約」（本書1章）。
23) 奈良輝久「サブ・フランチャイズ契約の制度設計，フランチャイズ契約の対第三者関係」（本書3章）。
24) 若松亮「ホテル事業に関する提携契約」（本書2章）。
25) 金丸和弘「サブリース契約と企業間提携契約」（本書13章）。
26) 清水建成＝近藤陽子「合弁事業の法形態選択」（本書12章）。
27) 堀天子「株式の持ち合い」（本書6章）。
28) 安田・前掲注11) 89頁以下。

第2　企業間提携契約の特質と検討課題

　上記のような意義を持つ企業間提携を媒介する手段が，企業間提携契約である。企業間提携契約では，企業相互間の組織としての独立性が維持された状態で，取引としての提携が行われる（企業結合に至らない）。このような企業間提携契約は，法的観点からみると次のような種々の特質が認められ，それらは，契約の成立，解釈，履行態様，救済（損害賠償，解除），撤退などの面に反映されるとともに，個別の企業間提携契約における多彩な検討課題を提供することになる。

　それらの課題をやや一般化してあらかじめ鳥瞰しておけば以下のような状況を見出すことができる。キーワードとなるのは，共同事業性，リスク共有，継続性，相乗的効果，組織的性格ということになる。

(1) 取引内容における特質

(a) 共同事業性とリスク共有性

　企業間提携契約は，単に企業間で密接な契約関係を作り出すというにとどまらず，他の企業と経営資源のレベルでの取引を行う契約である。つまり，製造された製品の取引ではなく，それを開発し，製造し，販売するための基盤や手段となる経営資源について企業間において取引することが目的となっている。このような，他社の経営資源を用いた収益の獲得が，動機のレベルで特質をなしている。特に，今日の企業間提携契約は，交換した経営資源を活用することによる，相互補完的な効果を上回る相乗効果（新たな価値創造）が期待されている。

　このような企業間提携の趣旨は，企業間取引契約の内容において，複数企業間における「共同事業性」をもたらすことになる。特に，近時の戦略的提携においては，各企業が共通する経営目的をもって協働する点に著しい特色を見出すことができる。各企業は，相互にそれぞれの固有の経営目的を実現するために提携を結ぶというレベルを超えて，一定範囲において経営目的を共有しつつ共通の利益を追求するという趣旨の提携関係に達することとな

る[29]。

　これにより，両当事者にとって利益となる，取引のパイそのものを拡大する相乗的な効果を狙うことが可能となり，かつそれが契約目的に取り込まれる。つまり，契約が単純な富の流通手段としてではなく，双方にとっての富の拡大手段としての意味を持つことになる。これは，取引の動機，契約解釈，履行のあり方などに反映される。

　このことは必然的に，提携の利益とともに経営上のリスクについてもその「共有」関係をもたらすことになるため，共同事業性を持つ取引が頓挫した場合や，初期の利益が得られなかった場合の負担のあり方については，新たな負担の指針と当事者企業の対応につき検討を要することになる。このような問題は，特に，合弁事業，フランチャイズ，パートナリング，ホテル事業，システム開発，映画製作，技術ライセンスなどの提携契約においてすでに現れている。

　さらに，共同事業性からは，得られた成果物の帰属の問題が生じてくる[30]。それは特に，組織的性格が強まるほど大きな問題となるが，加えて，企業の経営資源（特に，技術，ノウハウを含む）の流出に対する対応が課題となるのである。

(b) 組織的性格

　上のように，企業間提携契約が，両企業が戦略目的を共有した共同事業性をもつ取引であることにより，各企業間に資本関係や一種の「組織」の形成に近い実態（バーチャル・カンパニー）がもたらされることが多い。この点はすでに指摘した戦略的提携において顕著となる。さらには，合弁契約によって一つの共同事業体を形成して共通の経営目的を追求する段階へと進む場合もある。

　そこでは，各企業間における株式の持ち合い[31]の性格を明らかにするこ

---

29) このような密接な契約関係を結ぶについては，その交渉過程においても特有の問題が生じることになる。金丸和弘「企業提携交渉をめぐる法的諸問題」（本書11章）。
30) 元芳・前掲注18)。
31) 堀・前掲注27)。

とや，合弁契約の法形式の選択[32]が重要な意味を持つことになるのである。

(c) 継続性

企業間提携が上記のような目的，特に相乗効果を上げるためには，通常は一定の提携期間が必要となり，企業間提携契約は原則的に「継続性」を持った契約関係となる（もっとも，継続的契約としての性質を備えない企業間提携契約の可能性も検討される必要がある。単一の給付行為に時間を要するに過ぎない場合もあり，また，資本提携のような場合にはやはり継続的契約の定義にあてはまらない）。つまり，企業提携契約においてはその対象が経営資源であることから，この継続的取引がいわゆる組織的な継続的契約関係[33]となることに注目しなければならない。これは，従来型の継続的取引論を超える要素として，契約の解釈，解消の制限，成果物の帰属においてより制限的な法運用を求めるものとなる。

このような点は，売上仕入れ，サブリース，システム開発，映画製作，共同開発などの契約においてよく表れており，また，契約の存続・終了をめぐっては，更新条項や契約からの段階的撤退における大きな特色をもたらすものである[34]。

以上のような要素に着目すると，従来型の継続的契約論を基礎にしつつ企業間提携契約の個性に十分な関心を向けることにより，継続的契約論自体の新たな組直しと発展が期待されるのである[35]。

(2) 契約形態における特質

(a) 取引の一体性と契約の複数性

企業間提携による経営資源の交換・共有から収益活動にいたる法律関係においては，必然的に多数の契約が併存する。つまり，企業間提携契約は，通常，単一の契約ではなく，特定の事業目的をめざした一群の契約の集合であ

---

32) 清水＝近藤・前掲注26)。
33) 平井宜雄「いわゆる継続的契約に関する一考察」星野英一先生古稀祝賀『日本民法学の形成と課題(下)』(有斐閣，1996) 699頁，伊藤元重「企業関係と継続的取引」今井賢一＝小宮隆太郎編『日本の企業』(東京大学出版会，1989) 109頁。
34) 奈良輝久「企業間提携契約の更新条項に関する若干の考察」(本書7章)。
35) 内田義厚「企業間提携契約と継続的契約」(本書9章)。

る。経済的に一個の取引と見ることができる場合にも、それを構成する法形式としての契約は複数に及ぶのが通常であり、一般に当事者関係における相互補完関係が高まるほど、提携を構成する契約は多数かつ複雑となる。そして、それらの複数契約間においては、相乗効果[36]とともに一種の相互依存性（相互前提性、牽連性）が生まれる。このような、一つの取引の戦略的目的に奉仕する契約群のもとでは、取引の一体性と契約形態としての複数性が、形態の面での大きな特色となる。そして、それらの契約の法的な相互関係をどのように考えるべきかが問題となる。

(b) 企業間提携において複数契約の相互前提性がもたらす影響

(i) 契約レベルにおける牽連性

従来一般に、一つの取引における複数の契約が相互依存性をもつ場合については、それらを複合契約としてその特性が議論されてきた[37]。企業間提携契約も一種の複合契約としての性質を有しているものと見ることができ、従来の複合契約論の適用・発展が問題となる。

ただ、従来の議論は、複合契約論における個別の契約の解消の場面を中心にした限定的な課題に関するものにとどまっていた。これに対し、企業間提携契約においては、それを構成する複数の契約の相互依存性が、企業を契約主体として、契約の成立、履行、解消の各段階において分析され、その相互の影響について検討が加えられる必要がある。すなわち、ここでは、債権・債務レベルではなく、「契約レベルにおける牽連性」が契約の過程全体を通して意味を持つのである。

(ii) 契約の成立・有効性・履行に関する相互前提性

まず、複合契約において、その一部の契約に、契約の不成立や無効の原因等が存する場合に、それが複合契約の他の契約にいかなる影響を及ぼすかが問題となる。これには、二つの現れ方がある。まず、単一の契約としては、

---

[36] 池田真朗「『複合契約』あるいは『ハイブリッド契約』論」NBL 633号6頁は、契約の複合性と付加価値の発生を論じる。

[37] 山田誠一「複合契約取引についての覚書(1)(2)」NBL 485号30頁、486号52頁、マティーアス・ローエ（田中宏治訳）「複合的契約結合法の新展開」民商130巻1号1頁、奈良輝久「企業間取引における複合契約の解除(上)(下)」判タ1339号34頁、1342号35頁。

無効原因，取消原因，解除原因があるような場合にも，取引全体としてみるとそれらの原因が治癒されることがありうるか，というかたちで問題となる。次に，単一の契約がこのような原因を抱える場合に，それは他の契約にも解除等の影響を及ぼすか，という形で問題となることもありうる。

また，契約の履行次元においても，複合契約に属するある契約の履行状況が他の契約の履行義務に影響を及ぼすかという問題が生じうる。これは，例えば，契約単位での同時履行性を認めるべきかという問題となりうる。

このような意味における複数契約の相互依存性は，ほとんどすべての企業間提携契約に現れる可能性があるが，特に，サブ・フランチャイズ契約，OEM 契約，パートナリング契約，サブリース契約などにおいては，顕著な問題となる。

(iii) 契約の解消に関する相互前提性

なお，企業間提携契約では，合意による契約の解消が当初目的とした共同事業性を持つ取引の終了にどのような影響を与えるべきか，それに対してあらかじめどのような取決めをおくべきか，が問われることもある。

例えば，合弁契約のような提携企業から独立した組織の形成や資本提携に進んだ提携において終了・撤退を行う場合[38]や，継続的な提携を終了すると相互依存が失われることのショックが予想されるため，それを緩和しつつ円滑な撤退を実現することが求められる場合[39]には，上の論点が問われることになる。

第3　共同研究の目的

本研究は，上記のような企業間提携を法学的に解明することを目的として，特にそれを媒介する手段としての各種の「企業間提携契約」を取り上げ，その本質に迫ろうとするものである。企業間提携は，経営学における研究の発展と比べ，法律学の分野ではほとんど未開拓の分野として手つかずのまま残

---

38) 清水建成「合弁契約における株式譲渡を伴う終了条件に関する考察」（本書5章）。
39) 奈良輝久「企業間提携契約における段階的撤退に関する一考察」（本書16章）。

されている。実際の企業活動の選択における提携の重要性を見れば，それを法律学の分野が放置しておくことはできない。

　本研究は，この重要でありながら研究が遅れていた経済活動に対して，新しいメスを入れようと試みるものである。そのために，まずは，多くの企業間提携契約の事例研究を試み，それぞれの個性と問題の発生状況の特性をくみ取り，各論的な研究を積み重ねることが必須の作業となる。これは，実務的にきわめて貴重な分析と提言を示すものとなろう。本研究は，この重要な作業を着実に前進させるものである。そして，このような，個別の問題状況の検討は，今後さらに進んで，より精緻な企業間提携契約の一般的な理論化に対し，その重要な基盤を提供するものとなるのである。

1

大規模小売業者・納入業者間の売上仕入契約
―― 百貨店の事例を素材として

> 　近年，大規模小売業者が，取引形態の一つとして，仕入形態と出店形態との中間に位置する売上仕入（消化仕入）を利用する事例が増加している。特に百貨店では，他の仕入形態（買取仕入・委託仕入）と並び，食料品，衣料品，雑貨等，幅広い商品分野において主要な割合を占めるまで，売上仕入が利用されている。
> 　しかし，大規模小売業者・納入業者間の売上仕入契約は，研究の蓄積が少ないため，契約書の各条項の内容や意義等に不明確な部分が多く，実務上，当該契約を更に検討する余地があるように思われる。
> 　そこで本稿は，売上仕入契約における大規模小売業者と納入業者との取引関係の規律という問題に焦点を当て，この問題の解決に重要な役割を有している売上仕入契約書について，百貨店の事例を素材として検討を行うものとする。具体的には，百貨店における売上仕入について，仕入形態・出店形態双方からみた特徴，歴史等を明らかにした上で，これらを反映して規律すべき事項が規定されている売上仕入契約書の主要な条項について，個別に検討を試みる。

岡野　純司

第1　はじめに
第2　仕入形態からみた売上仕入の特徴
第3　出店形態からみた売上仕入の特徴
第4　売上仕入の歴史・現状と百貨店・納入業者の交渉力の状況
第5　売上仕入契約書の検討
第6　終わりに

第1 はじめに

1 百貨店の取引形態

　一般に，小売店舗の運営者が自らの店舗の品揃えを形成し，消費者に商品を販売する場合には，大きく分けて2つの手法がある。量販店や専門店のように，納入業者から商品を自ら仕入れて品揃えを形成し，商品の管理・販売業務も自ら行う等，これらの業務の遂行に自らの経営資源（人・物・金・情報）を活用する場合と，ショッピングセンターのように，外部の業者を店舗に出店させて，これらの出店業者が形成した品揃えを組み合わせ，商品の管理・販売も出店業者に行わせる等，これらの業務の遂行に外部の経営資源を活用する場合である。前者の場合，売買契約に基づく「買取仕入」や商品販売委託契約に基づく「委託仕入」といった仕入形態が利用されており[1]，後者の場合，主に賃貸借契約に基づく出店形態が利用されている。

　しかし近年，百貨店では，仕入形態と出店形態双方の特徴を有し，両者の中間に位置する取引形態の利用が増加している。これには多様な形態が存在するが，代表的なものとして，食料品，衣料品，雑貨等，幅広い商品分野で用いられている売上仕入（消化仕入又は売仕切ともいう。）や[2]，レストラン・喫茶，美容室等，主としてサービス分野で用いられている業務委託，食料品等で用いられているケース貸が挙げられる。

---

[1] 百貨店が買取仕入を用いる場合，契約上，返品特約を付して，売れ残った商品を納入業者に返品するという，いわゆる「返品制」を導入していることが多い。また，同時に，買取仕入等で納入業者が百貨店に納入した商品を自ら店頭で販売するために，百貨店に店員を派遣するという，いわゆる「派遣店員制」も用いられている。しかし両制度は，百貨店の優越的地位の濫用行為として，私的独占の禁止及び公正取引の確保に関する法律（独占禁止法）上の不公正な取引方法に該当し，規制されるおそれがある。違反となる行為類型の詳細は，「大規模小売業者による納入業者との取引における特定の不公正な取引方法」（大規模小売業告示。平成17年5月13日公正取引委員会告示第11号。）を参照のこと。

[2] 本稿では，引用部分を除き，「売上仕入」に用語を統一して使用する。

これらの取引形態のうち売上仕入は，現在，百貨店での主要な取引形態となっており（売上仕入の歴史と現状は第4の1で詳述），かつ，利用業種も百貨店からスーパーといった量販店等にまで拡大している。

2 本稿の目的

百貨店・納入業者間の取引で重要性を増している売上仕入について，契約法上の主要な検討課題としては，百貨店と納入業者との対内関係では，両当事者間の取引関係の規律という問題が挙げられる。また，納入業者と消費者又は納入業者とその取引先との対外関係では，百貨店による納入業者に対する名板貸（外観法理）の問題が挙げられる[3]。

本稿は，前者の対内関係に焦点を当て，売上仕入契約に基づく両当事者間の取引関係を規律する上で重要な役割を有している「売上仕入契約書」について，百貨店の事例を素材として検討を行う。

具体的には，売上仕入契約の研究蓄積が少ないことを踏まえ，百貨店における売上仕入について，仕入形態・出店形態双方からみた特徴，歴史等を明らかにした上で，これらを反映して規律すべき事項が規定されている売上仕入契約書の主要な条項について，個別に検討を行う。これにより，売上仕入契約書を作成・利用する際の実務上の留意点が明らかになろう。

本稿の構成として，第2では，仕入形態からみた売上仕入の特徴について，第3では，出店形態からみた売上仕入の特徴について，百貨店と納入業者との取引関係という側面を念頭に検討する。第4では，売上仕入の利用が拡大した歴史・現状とこの過程における百貨店・納入業者の交渉力の状況を検討する。第5では，第4までの検討を受け，売上仕入契約書の特徴について，主要な条項の具体例を用いながら検討する。そして最後に，売上仕入契約を運用する際の実務上の課題について検討する。

---

3) 小売業者の出店契約における外観法理を検討したものに，池野千白「テナント契約」浜田道代ほか編『現代企業取引法』（税務経理協会，1998）140頁以下がある。また，裁判例は，後掲注41)を参照のこと。

第2　仕入形態からみた売上仕入の特徴

1　百貨店経営の特徴と経営資源補完

　百貨店経営の特徴は，大都市圏や地方中心都市の中心地に大規模な店舗を有し，この店舗に広範囲な消費者を対象とした幅広い商品領域の買回品をフルラインで品揃えして，消費者のワンストップ・ショッピングと比較購買を可能にし，かつ，対面販売などに基づく高質なサービスを提供している点にある[4]。

　しかし，大規模な店舗を運営するためには，店舗を設置する土地，建物，内装等に設備投資が必要となるばかりでなく，店舗に配置された個別の売場の什器，備品，装飾，消耗品等にも費用が必要となる[5]。

　フルラインの品揃えを形成するためには，取り扱う商品の領域・種類が多くなることから，多額の在庫投資が必要となる。これに加え，流行性の高いファッション関連の商品，季節性の高い商品等，買回品の取扱いは，需要の状況を的確に把握して仕入を実行しないと，商品の売れ残りリスクを高くし，商品在庫が多いことは，商品の滅失，盗難といった商品管理上のリスクを高くする[6]。

　消費者に支持される品揃えを形成し，かつ，高質なサービスを実現するためには，専門知識，ノウハウ，技術等を保有・活用して商品を仕入れ，陳列し，管理し，販売するという一連の業務（以下「売場運営業務」という。）を実行

---

[4]　百貨店経営の特徴の詳細については，拙著「大丸松坂屋百貨店：店舗運営改革」矢作敏行編『日本の優秀小売企業の底力』（日本経済新聞社，2011）286頁以下を参照のこと。

[5]　小売店舗における売場運営に要する費用としては，従業員の人件費のほか，宣伝や店舗の装飾等に要する販売促進費，什器，備品，装飾等の購入・償却費，水道光熱費，消耗品費等が挙げられる。

[6]　商品の売れ残りリスクとは，商品が売れ残ることにより，当該商品の破棄や値下げが生じるリスクである。商品管理上のリスクとは，商品が百貨店に納入されてから消費者に対し販売されるまでの管理過程において，商品の滅失，毀損，紛失，盗難，腐敗，漏洩，蒸発，変質や，商品の陳腐化，棚卸減耗等による損失が生じるリスクである。

することができる従業員を雇用する必要がある。

しかし，百貨店にこれら店舗運営，品揃え形成及びサービス提供の際に生じるリスク，費用等を負担する経営資源が不足している場合，外部に経営資源を依存して，これら外部との間に取引関係を構築して，これらリスク，費用等を負担する経営資源を補完する必要が生じる[7]。

そして，百貨店において外部からの経営資源補完手段の一つとして用いられているのが，売上仕入を利用して納入業者から補完する方法である。

2　仕入形態からみた売上仕入

売上仕入とは，百貨店の名称及び営業統制の下，納入業者が百貨店の店舗に商品を搬入・陳列し，管理して，消費者に対する販売も行うという仕入形態である。つまり，百貨店は，納入業者から，店舗の品揃えを形成する商品自体の納入を受けるだけでなく，これらの商品にかかる売場運営業務に従事する従業員の派遣を受けることにより，これらの業務に必要な納入業者の専門知識，ノウハウ，技術等を活用して消費者に対する売上を増加させ，かつ，納入業者にこれらの従業員の人件費を負担させている。また，納入業者は，自らが商品を搬入・陳列している売場の運営に要する費用の一部を負担している場合も多い。

商品の所有権は，納入業者が百貨店に商品を搬入した時点では百貨店に移転せず，納入業者の従業員が消費者に商品を販売した時点で，納入業者から百貨店を経て消費者に同時に移転する。つまり，納入業者が商品を搬入してから，売れ残った商品を返戻するまで間の商品の所有権は，納入業者が有したままであり，百貨店は，売れ残りリスクや商品管理上のリスクを，商品の所有権者であり，かつ，売場運営業務を行う納入業者に負担させている。

百貨店の会計処理は，消費者に対する商品販売実現の時点で，百貨店から

---

[7]　組織が存続していくためには，外部環境から諸資源を獲得・処分しなければならないため，これら諸資源を所有しコントロールしている他組織に依存する。こうした依存ゆえに，資源の獲得・処分をめぐって組織間関係が形成・維持されることとなる。山倉健嗣『組織間関係』（有斐閣，1993）35頁以下。

消費者に対する売上と，百貨店から納入業者に対する仕入が同時に計上されるため，外形的には買取仕入の会計処理に類似している。しかし，百貨店から納入業者に対しては，消費者に対する商品販売実現の後に売れた分だけ仕入代金が支払われるため，百貨店は，商品在庫を持つ必要がなく，在庫投資のための手持ち資金が不要であり，これを納入業者に負担させている。

消費者に対する商品の販売主体は，納入業者の従業員が商品販売に従事するものの，あくまでも百貨店であり，納入業者は，百貨店の商品の販売業務の一部を受託しているに過ぎないと解されている（第3の2を参照のこと）。このため，消費者に対する商品の販売主体としてのリスク，責任等は，買取仕入と同様に百貨店が負担している[8]。

このように売上仕入は，商品の所有権移転が百貨店を経ること，会計処理の方法，消費者に対する販売主体等の面でみれば，百貨店・納入業者間で商品の納入取引が行われるといえ，百貨店が用いる仕入形態として分類されるものの，本来，百貨店が負担すべき売場運営業務を実行する際に生じるリスク，費用等を納入業者が負担する点で，出店形態としての特徴も有しており[9]，このため仕入形態と出店形態との中間に位置する取引形態であるといえる（図を参照のこと）。

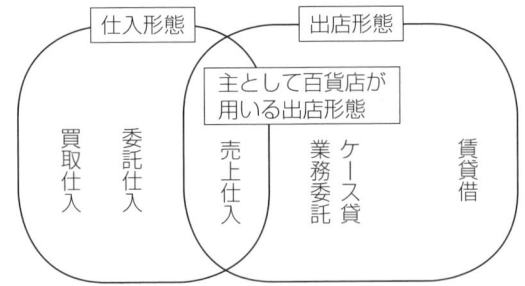

図　小売業者の品揃え形成の基盤となる取引形態

---

8) 消費者に対する商品の販売主体としてのリスクとしては，掛売を行った場合等の，売掛金の回収不能リスクが挙げられ，責任としては，商品にかかる債務不履行責任，瑕疵担保責任等が挙げられる。

9) 出店形態で用いられる賃貸借では，消費者に対する商品の販売主体であり，かつ，営業を自らの計算で行う出店業者が，売場運営業務を実行する際に生じるリスク，責任及び費用をすべて負担する。また，賃貸人の会計処理は，出店業者が当該出店場所の場所使用の対価として支払った賃料を売上（賃料収入）として計上する。

3 売上仕入における相互依存関係

百貨店における売上仕入では，商品の納入取引に付随して，売場運営業務を実行する際に生じるリスク，費用等を百貨店が納入業者に一方的に負担させ，これらに対する対価（百貨店が納入業者に支払う仕入代金）のみが支払われるという関係が成立しているのではない。納入業者も百貨店に対価以外の経営資源を依存し，活用するという，相互依存関係が成立している。

納入業者が百貨店に依存し，活用する経営資源としては，第一に，高納入原価率の対価が挙げられる。売上仕入の納入原価率は，納入する商品自体の対価に加え，売場運営業務を実行する際に生じるリスク，費用等を納入業者が負担する代わりに，買取仕入や委託仕入に比べて高率に設定されており，納入業者の収益の増加につながる[10]。

第二に，百貨店が有する好立地の店舗の集客力，優良顧客網，長年かけて蓄積された百貨店とその取扱商品の信用力（いわゆる「のれん」）等に裏打ちされた，百貨店の販路としての魅力が挙げられる。これらを活用することにより，納入業者は，単独で店舗を構えるよりも商品販売量を拡大することが可能となるばかりでなく，自らの信用及び自らの取り扱う商品の信用を高めることも可能となる[11]。

第三に，納入業者の従業員が直接消費者に販売することから，百貨店の店頭における商品の販売情報，顧客情報，販売ノウハウ等といった情報的資源を直接入手・蓄積できることが挙げられる。納入業者は，これらを自らの経営に活用することが可能となる。これに加え，消費者に対する商品販売量を

---

10) この点，岡部教授は，「リスクの肩代わりが行われると，競争市場では免除を受けた側が負担した側に，何らかの形でリスク・プレミアムを支払わなければならない。コストの肩代わりにも同じことがいえるから，消化仕入れによって小売りのリスクを川上企業に転嫁すると，それだけ小売りの事業基盤が脅かされ，マージンも薄くなる」と説明している。また，小売業者が売上仕入を利用することにより，「リスクの免除を受けた小売りがインセンティブを下げ，活力を低下させる」とも説明しており，これが近年の百貨店の品揃え形成能力・サービス提供能力の低下につながっている。岡部孝好「消化仕入れの取引デザイン」會計158巻4号482頁～483頁。

納入業者の従業員の手で直接増加させることも可能となる。

　第四に，納入業者が売場運営業務の大部分を実行し，又は費用を負担することから，納入業者が百貨店の店頭における商品の販売計画，販売価格，販売方法，付随サービス，販売促進方法等をコントロールできることが挙げられる。また，納入業者が商品の所有権も有していることから，商品の入替え，他の百貨店等への転送が容易となる[12]。これらのことにより，納入業者は，商品流通過程の最先端に位置する百貨店の売場を直接統制することが可能となる。特に近年，衣料品分野で成長したアパレルメーカーは，自らの商品のブランド力を強化するためと[13]，製造小売業（SPA）化が進行する中で自らの生産・販売システムに百貨店の売場を組込むために，売上仕入を積極的に

---

11) 納入業者にとって，百貨店に商品を納入することは，取扱商品の信用力を維持するために商品の選定基準が厳しい百貨店に，良質な商品を納入することができると認められた証になるために，自らと自らの取り扱う商品の信用力を高めることが可能となる。このため，他の百貨店や小売業者に自らの商品の販売促進をする際に重要な武器となる。また，百貨店との取引は，一般の小売店に比べて商品の納入量も多く，かつ，仕入代金の支払いが安定しているために，自らの経営の安定につながる。百貨店が数少ない大規模小売業者であった戦後復興期や高度成長期には，これらの傾向が特に顕著であった。例えば，「有力百貨店との取引が勲章的意味合いをもち，急速に成長していった問屋も多かった。このため，百貨店の「殿様商売」は続いた」（岡田康司『百貨店業界〔第6版〕』〔教育社，1991〕115頁）とされている。

12) 売上仕入は，商品の管理責任を納入業者が有しているため，納入業者が百貨店の店頭に商品を出し入れする自由度が高まり，週次の販売実績を踏まえた週ごとの販売計画修正が機動的に行うことができる。このため，百貨店でショップ展開をしているブランドを中心に売上仕入が一般化した。木下明浩『アパレル産業のマーケティング史』（同文館出版，2011）313頁〜314頁。また，売上仕入では，「ある店舗で売れない商品を早く引き上げて，他の売れそうな店舗に「転送」するという「商品振替」が可能となる。北島啓嗣『オープン・インテグラルアーキテクチャ』（白桃書房，2009）35頁。

13) 1980年代以降，百貨店では，アパレルメーカー主導のイン・ショップ展開と呼ばれる売場が主要となっている。ここでは，アパレルメーカーは，売上仕入を用いて，百貨店の中に他の売場と間仕切り等で明確に区切られた，外観上も特定ブランドのショップであることが分かるような内装やブランド・ロゴの提示を行い，販売員も当該ブランドの服を着て接客を行い，店頭の商品，ディスプレイ，販売員を含めたトータルのブランド演出をショップで行っている。木下・前掲注12)97頁〜99頁。

用いるようになってきている[14]。

本節の検討をまとめると，売上仕入は，百貨店の店舗で売場運営業務を行う際に生じるリスク，責任及び費用の負担を百貨店・納入業者双方が分担しながら，協働して消費者に対する売上を増加させるという側面を有している。また，納入業者にとって売上仕入の利用は，リスク，費用等の負担増加になるものの，直接的には納入原価率向上による収益の増加や商品販売量の増加，間接的には自ら及び自らの商品の信用度向上，獲得した情報的資源の活用やブランド力向上による競争優位性の創出，流通過程での主導権の獲得といった効果を期待することができる[15]。

このように，売上仕入の利用により，百貨店と納入業者とは，相互に相手方の経営資源を依存し，活用しながら互恵的に収益を増加させているといえる。

第3　出店形態からみた売上仕入の特徴

1　出店形態からみた売上仕入

第2では，仕入形態からみた売上仕入の特徴を検討したが，本節では，出店形態からみた売上仕入の特徴を，賃貸借との相違点である収益の分配性，組織性及び取引の継続性の観点から検討する。

(1) 収益の分配性

百貨店の販売活動に限らず，あらゆる小売業者の販売活動においては，予測通りに売上が伸張せずに低迷することもあり，収益を確保できないリスクが発生する。

---

14) これら以外にも，納入業者が売上仕入を用いる理由として，百貨店が倒産した場合，商品の所有権を有している納入業者が百貨店の店頭に搬入した商品を引上げることが可能であり，債権管理上有利となっていることが挙げられる。例えば，大手アパレルメーカーは，2000年の百貨店そごうの破綻を教訓として，主要百貨店との取引の売上仕入への切り替えを進めた。日経金融新聞2002年2月26日号7頁。
15) 代表的な事例としては，有力アパレルメーカーが百貨店との取引により成長を遂げた事例が挙げられる。詳細は，木下・前掲注12)を参照のこと。

出店業者が賃貸借により店舗を出店する場合，賃料は，出店業者が賃貸人に支払う場所使用の対価としての性質を有するため，固定賃料又は固定賃料と売上連動による変動賃料とを併用する場合が多く，この点，収益を確保できないリスクは出店業者が負担し，賃貸人は，いずれの賃料形態を採用していても固定賃料分を収益として安定的に確保することができる。

　これに対し，売上仕入においては，百貨店・納入業者双方の収益は，商品の納入取引を基軸として，消費者に対して販売した商品の売上に完全に連動して決定されるため，いわゆる完全売上連動の変動賃料と同様の分配となる。この点，百貨店・納入業者は，収益を確保できないリスクを共有することとなる。

　また，売上仕入は，賃貸借を用いた出店と比べて，敷金・保証金等の預託がなく，初期投資の負担が軽いことや，出店場所での営業にかかる諸費用の負担が軽いことから，納入業者が新規出店する際の投資・費用負担を軽減することができる。

(2) 組織性

　売上仕入では，百貨店が保有し，納入業者が依存している最も重要な経営資源は，百貨店の販路としての魅力である。

　そして百貨店は，販路であり収益の源泉である店舗の集客力やのれんを維持・向上するため，自らが運営する売場，納入業者が運営する売場を問わず，品揃えの調整，品質の確保，サービスレベルの維持，商品展開場所の機動的な移動・入替え，売場の改装等，営業方針に基づく営業統制を実行することにより，統一感のある一体的な店舗運営を行っている。納入業者も売上仕入により出店する場合，これら百貨店の集客力やのれんに依存し，活用することから，一体的な営業組織（店舗）の一部門として百貨店の営業統制を受け入れる必要が生じる。この点において，百貨店と納入業者との関係は，賃貸借における関係と比較して，より組織的な要素が強くなる[16]。

　このように，これら収益の分配性及び組織性が強いことは，賃貸借と比較したときの売上仕入の特徴である。

2 売上仕入の継続性と借地借家法の適用問題

　百貨店は，売上仕入で出店した納入業者の営業が百貨店の営業方針上不適当になったとき，又は納入業者が営業統制に違反したときには，当該納入業者との契約を迅速に終了する必要が生じる。しかし，納入業者には，売場で使用する従業員の雇用，出店場所の営業に対する各種投資の回収，営業基盤の喪失等が問題となるため，取引の継続性が必要となる。納入業者は，一体的な営業組織の一部門として百貨店の営業統制にある程度従うとしても，こと契約終了に関しては，容易に受け入れられないこともある。そこで，納入業者が百貨店側からの契約終了の申入れを拒絶することもあり，この場合，納入業者の出店場所の明渡しを巡り，両当事者間で紛争が生じることもある。

　実際，売上仕入契約を含め，小売業者の出店契約を巡る裁判例のうち，その多くが契約終了に伴う納入業者の立ち退きを巡るものとなっている。

　これらの裁判例において争点となっているのは，出店契約が建物の賃貸借契約に該当するか，という点である。これは，出店契約が建物の賃貸借契約と認められると，強行規定であり，賃借人の保護を目的とした借地借家法の適用を受けることになり，納入業者の立ち退きが容易に認められなくなることが多いためである。

　この点学説では，売上仕入契約について，納入業者の営む営業が「いかなる意味においても，その独立性を失い，X（百貨店・筆者注）の営業体系の内部に解消していると認められる」出店契約とするもの[17]，「デパートの仕入販売の一形態に過ぎず，業者に売場の使用権を与えたものではないから，使用貸借でも賃貸借でもありません」とするもの[18]，「実際にはデパートが業

---

16) ショッピングセンターにおける出店業者との賃貸借においても，同様な理由から，売上仕入ほどではないにしろ，店舗の運営者が個々の出店業者の売場運営業務について介入できる約定が多く盛り込まれている。ショッピングセンターの出店契約の特徴は，片柳昂二「ショッピングセンターにおけるテナント退店とその対応」NBL 906号60頁を参照のこと。

17) 高島良一『判例借地・借家法（上）』（判例タイムズ社，1962）249頁。

18) 日下千章ほか『借地借家の法律相談〔新版〕』（学陽書房，1985）311頁。

者に販売を委託している委託販売に近いものですが,委託販売の場合と同様,店舗貸にはなりません」とするもの等[19],建物の賃貸借契約とは別の契約であり,借地借家法の適用を否定している。

　また,裁判例でも,百貨店と印刷業者との売仕切契約について,「すべて被告側売場主任の監督下に属する被告の営業であつて,業者に対し売場の使用権を与え独自の営業をさせることを認めるものではない。」とするものや[20],駅ビルと輸入食料品販売業者との売上仕入契約について,「あくまでも商品の納入契約を基盤とするものであるから,営業の主体は経営主体であって（その意味で「直営店」と呼ばれている。）業者との間には場所の賃貸借の観念はなく,……しかして,本件売場における物品販売業の営業の主体は被告（駅ビル・筆者注）であって,原告（納入業者・筆者注）は,被告との間の納入契約に基づいて商品を納入し,その商品の販売を促進するために,被告の承認を得て自己の従業員を本件売場に店員として派遣し,被告のなす販売行為を代行させていたにすぎない」とするものがあり,賃貸借契約とは別の契約としている[21]。

　思うに出店業者の場所使用の対価として賃料が支払われ,かつ,出店業者が自らの計算で営業を行い,売場運営業務を行う際に生じるリスク,責任及び費用をすべて負担する賃貸借契約と比べ,売上仕入契約は,今まで検討してきたように,百貨店・納入業者双方がリスク,責任及び費用の負担を分担しながら,協働して消費者に対する売上を増加させ,この結果得られた収益を商品納入に対するマージン率の設定により両当事者で分配する,という協働性および収益の分配性が高い契約である。これに加え,百貨店の営業組織の一部門として納入業者が百貨店の営業統制に従うという組織性や,契約書に百貨店の営業統制権が約定されていることからも（第5の4を参照のこと）,納入業者の営業の独立性が弱いといえる。

---

19)　遠田新一「デパートの売場の一部を借りて営業する場合の法律関係」古山宏＝水本浩編『借家の法律相談〔増補版〕』(有斐閣,1970) 480頁。
20)　東京地判昭31.6.11下民7巻6号1518頁。
21)　横浜地判昭50.2.4判時795号74頁。

また，百貨店における出店の態様等，取引の実態や[22]，契約書に納入業者の出店場所・面積等が確定されておらず，かつ，百貨店に出店場所の縮小・変更権が約定されていることをみても（第5の4(3)を参照のこと），出店場所の独立性・占有性が弱く，固定的でないといえる。

　これらの特徴から，売上仕入契約は，基本的には賃貸借契約に該当せず，借地借家法の保護が与えられにくいと考える[23]。このため，売上仕入は，借地借家法の保護を受ける賃貸借と比べて契約の継続性が低く，百貨店が出店する納入業者を比較的入れ替えやすい出店形態といえる[24]。

第4　売上仕入の歴史・現状と百貨店・納入業者の交渉力の状況

1　売上仕入の歴史・現状

　第2で検討したように，百貨店・納入業者双方に経営資源の依存関係が存在する売上仕入であるが，両当事者間の依存の格差が，交渉により約定される売上仕入契約の契約条件にも影響を与えている。そこで，売上仕入が百貨店で用いられるようになり，主要な取引形態にまで拡大した歴史・現状と，この過程における百貨店・納入業者の交渉力の状況を検討する。

---

22) 売上仕入では，売場の一部に開放的な場所において，百貨店が買取仕入で仕入れた商品と同様に陳列されているものから，売場の一角に設置されたケース，什器等を用いるもの，更には売場の一部に障壁を設けて（ただし，顧客の導入部分は解放されている。），部分的に閉鎖された空間を用いるものまで，さまざまな形態が存在しているが，完全に独立し占有されているとはいえない。

23) 出店契約に対する借地借家法適用に関する代表的な見解として，星野教授は，①目的場所の固定性・独立性（借主の店舗の位置が一定していて，その部分が他から明瞭に区画されている場合から，貸主が売場の移動を命ずる権利を留保している場合まで），②借主の営業の名義，これに対する貸主の干渉・支配の度合，の両観点から判断するとしている。星野英一『法律学全集(26)借地・借家法』（有斐閣，1969）463頁〜464頁。

24) ただし，継続的取引として取引継続に対する一定の保護が与えられる。例えば出店契約に借地借家法が適用されない場合でも，当事者間の結びつきが強固になるときは，取引の継続性に対する期待を法的に保護する必要が生じる，として当事者間の信頼関係を保護するため契約終了を制限する見解が示されている。飯村佳夫「継続的取引の中止・解除をめぐる諸問題(上)」NBL 260号8頁〜9頁。

売上仕入は，戦前，大衆化するために品揃えを総合化しつつあった「呉服店から出発した古い百貨店が生鮮食品まで扱うようになったとき，商品知識も販売技術ももっていなかったために」考案したとされており[25]，その導入時点から，百貨店の経営資源を補完する役割を有していたことが分かる。

　戦後，百貨店は，新規出店，大規模化，品揃えの総合化を継続的に推進していたために経営資源の不足が続き，これらに必要な経営資源を納入業者に依存し，同じく経営資源の補完効果を有する買取仕入における返品制・派遣店員制の利用拡大と合せて，売上仕入の利用規模も拡大した[26]。また，高度成長期以降，小売市場で競争が激化した量販店や専門店の品揃えと差別化するために，百貨店は，品揃えの高級化の一環として海外ブランドを導入し，また，アパレルメーカーの成長とともに，これらの主導するブランドのイン・ショップを導入した[27]。イン・ショップは主として売上仕入を用いたため，売上仕入の利用範囲も従来の食料品，季節商品等から百貨店の主力商品である衣料品にまで拡大した。

　1991年のバブル経済崩壊以降は，消費不況，百貨店間・異業種間での競争激化，百貨店の品揃え形成・サービス提供能力の低下等による百貨店の業績低迷から百貨店の経営資源はますます不足し，このため，不足する経営資源を補完することが可能となる売上仕入の利用規模はさらに拡大した。最近では，売上仕入を積極的に活用した店舗運営により，新たな顧客層を開拓するための品揃え形成をローコストで行う百貨店も出現している[28]。

　百貨店の売上高に占める売上仕入の割合を数値でみると，1955年には11.8％だったが，1985年には28.5％，1997年には39.6％に上昇している[29]。個別

---

25) 高丘季昭＝小山周三『現代の百貨店〔14版〕』（日本経済新聞社，1984）77頁。
26) 返品制・派遣店員制は，売場運営業務を行う際に生じる百貨店のリスク，費用等の一部を納入業者が負担する点で，売上仕入と同様の経済的機能を有する。
27) イン・ショップの拡大については，前掲注13)を参照のこと。
28) 代表例を挙げると大丸松坂屋百貨店であり，売上仕入を用いる「ショップ運営売場」を活用して，コンセプトやテーマに基づきブランドやショップ，商品などを編集した「スペシャリティゾーン」による新たな顧客層の開拓とローコストオペレーションとの両立を実現している。大丸松坂屋百貨店の経営戦略の詳細は，拙著・前掲注4)を参照のこと。
29) 日本百貨店協会『百貨店のあゆみ』（日本百貨店協会，1998）213頁。

の企業の状況としては，大手百貨店の高島屋では，2003年に売上仕入のシェアが全売上高の65％に[30]，三越では，2007年に売上仕入のシェアが全売上高の60％に[31]，大丸松坂屋百貨店では，2010年に売上仕入のシェアが約80％に達している[32]。

このような歴史的経緯によって，現在，売上仕入は，今や百貨店のなかで主要な取引形態にまで成長している。

2　百貨店・納入業者の交渉力の状況

組織の他組織への依存の程度は，①他組織からの資源の重要性，②代替的源泉の利用可能性，によって規定される。そして，組織が他組織に依存していることは，他組織が組織にパワーを持っていることを意味している[33]。このパワーの格差で優位性のある当事者は，相手方が対する交渉力が強くなり，契約条件を有利に定めることができ，パワーの格差で劣位な当事者は，相手方に対する交渉力が弱くなり，不利な契約条件を受け入れざるを得ない。両当事者のパワーが均衡するときは，交渉力も均衡するため，双方の利害得失の計算に基づき，契約条件を巡って交渉が繰り広げられる。

売上仕入契約の契約条件に影響を与えている，百貨店・納入業者の交渉力の状況であるが，百貨店から見れば，今まで検討してきたように，納入業者によるリスク，費用等の負担に依存し，しかもこれを徐々に拡大してきている。

しかし，納入業者から見ても，百貨店は，戦前から戦後復興期までは唯一の大規模小売業者であり，その後も有力な大規模小売業者であり続けたうえに，納入業者は相対的に小規模なものが多かった。このため，百貨店の有する販路としての魅力，販売力に裏打ちされた商品の納入量，納入代金の支払いの確実性等は小売市場の中では絶対的なものであり，多くの納入業者がこ

---

30) 日経流通新聞2003年4月29日号7頁。
31) 繊研新聞2007年1月11日号2頁。
32) 大丸松坂屋百貨店では，「ショップ運営売場」の売上高構成比を80％としている。
　　J. フロント リテイリング『J. FRONT RETAILING NOW』（J. フロント リテイリング，2010）10頁。
33) 山倉・前掲注7) 68頁。

れら百貨店の経営資源に依存して百貨店との取引を望む状況が続いた[34]。この傾向は，以前ほどでないにしろ，量販店や専門店が優勢となった現在まで継続している。

また，百貨店は口座制を採用して，取引実績のある納入業者と安定的な取引を志向し[35]，これに対して納入業者は，「ネーム・バリューのある百貨店となんとか取引実績をつくりたいという願望をもち，過当競争を繰り広げた」ため[36]，納入業者が他の百貨店との間で，取引を新規に開始し，又は取引を拡大するといった，代替的源泉を利用することは容易ではなかった。

このため，依存の格差では百貨店が優位であり，百貨店が納入業者に対して交渉力を有する状況が続いたため，戦前から現在に至るまで，売上仕入契約における契約条件は，基本的に百貨店の優位に展開している。

しかし，これらの契約条件は一律なものではなく，最終的に百貨店と納入業者との個別的な交渉力の強弱により決定されるものであり，修正されることも多い。特に近年，百貨店・納入業者間の経営資源の依存関係にも変化が生じてきている。百貨店の小売市場における地位低下と，近年成長した大手アパレルメーカー，海外ブランドの納入業者，化粧品メーカー等，ブランド力のある商品や需要の高い商品を有した大規模な納入業者等の成長により，百貨店がこれらのリスク，費用等の負担能力やブランド力，商品力に依存する場合も増加している[37]。そして，これらの納入業者に対する契約条件は，

---

34) 前掲注11)を参照のこと。

35) 口座制とは，百貨店が納入業者を管理する手法であり，仕入・返品等に関する百貨店・納入業者間の金銭の授受は，すべて口座により管理される。百貨店は，納入業者との口座を開設する際に厳格な基準を設けており，口座を取得できない納入業者との取引は基本的に行わない。

36) 岡田・前掲注11)115頁。

37) 有力ブランドの出店により，百貨店は，自らの店舗の集客力・売上に大きな影響を受けるため，有力ブランドの獲得競争を繰り広げている。例えば，2011年春に開業したJR大阪三越伊勢丹の出店を巡って，近隣百貨店による人気ブランドの囲い込みがあり，2009年春に海外高級ブランドのルイ・ヴィトンが三越松山店から近隣のいよてつ高島屋に移転したことにより，両店の売上に大きな影響を与えた。日経NJ（流通新聞）2010年8月18日号1頁。

納入業者が交渉力を有し，優位になるものも少なからず存在している。

第5　売上仕入契約書の検討

1　売上仕入契約書の特徴

　本節では，今までの検討に基づき，売上仕入契約書の主要な条項を検討する。

　組織間においては，組織が他組織との依存関係を認めたうえで，他組織との折衝で合意を見出し，良好で安定した関係を形成しようと契約が締結される。ここでは，資源交換に関する組織間の事前調整ルールが定められる[38]。

　百貨店・納入業者間の取引における事前調整ルールとしての売上仕入契約の法的性質としては，商品の納入取引であることに加え，消費者に対する販売主体が百貨店であり，納入業者は，商品の納入に付随して売場運営業務を行うという性質から，百貨店による納入業者に対する売場運営業務の外部委託的な要素の強いものとなり，かつ，百貨店が納入業者に対する諸権利及び営業統制を規定した条項が多く，いわば納入業者による誓約書的な性質を帯びるものとなる。

　具体的に，売上仕入契約書は，商品の納入取引として，消費者に対する商品販売により獲得する収益の百貨店・納入業者間での分配割合（マージン率）が定められるほか，次のような特徴を有している。

　第一に，百貨店・納入業者双方の関心事である，売場運営業務を行う際に生じるリスク，責任及び費用の負担の分配（特に納入業者が負担すること）が明確にされる。

　第二に，百貨店は，自らの店舗の集客力やのれんを維持・向上するために，百貨店の営業組織の一部門として，納入業者が出店場所で展開する品揃え，品質，販売価格，販売方法，付随サービス等を営業統制し，納入業者は，これらを自らの営業に活用する以上，この営業統制に従うことが約定される[39]。

---

38)　組織間調整メカニズムとしての契約の役割は，山倉・前掲注7)92頁以下が詳しい。

第三に，納入業者の営業が百貨店の営業方針上不適当となったとき，又は納入業者が百貨店の営業統制に違反したときには，百貨店の店舗の集客力低下やのれんの失墜につながることがある。そこで，第二の条項の実効性を担保するため，納入業者の契約違反に対してペナルティ（損害賠償条項及び契約終了条項）を課すことが約定される。

2　取引形態にかかる条項の検討

　以下においては，具体的な条項例を用いて，適宜賃貸借契約と比較しながら，売上仕入契約書の特徴を検討する[40]）。なお，本稿で検討する条項例については，百貨店の交渉力が納入業者よりも強く，百貨店にとって有利な契約条件となっているものを掲載している。また，甲が百貨店，乙が納入業者となっている。

(1)　納入業者が履行する業務

> 第○条　甲は，甲の店舗内で自己の名において　※　（以下「商品」という。）の販売を行うにつき，その販売，保管等の業務の補助を乙に委託し，乙は，甲の営業方針に従い，その指揮監督の下に誠実にその業務の補助を行うものとする。

　納入業者は，売上仕入契約に基づき，別条項で規定される商品納入を行うほか，本条項例では，百貨店による商品販売・保管の「補助」業務を行うとされており，かつ，消費者に対する商品の販売主体が百貨店であることが明確化されている。

---

39)　百貨店の出店契約では，「業者が独立の企業の実態を有しながらも，店舗所有者（デパート）の信用をきそとして成立する企業であるから，組織的全体の一員として店舗所有者より相当程度の監督を余儀なくされ両者の間は強い信頼関係によって結ばれている」とされている。柳川眞佐夫「戦後の借家問題と法解釈(一)」法時240号7頁。

40)　本稿の売上仕入契約書の条項例は，本谷康人『契約書とその応答文書文例300〔改訂再版〕』（日本法令，1993）39頁〜41頁，大野文雄＝矢野正則『新版契約全書(上)〔精選版〕』（青林書院新社，1983）638頁〜639頁，契約法研究会編『現代契約書式要覧』（新日本法規出版，1972）2094ノ5頁〜2095頁，裁判例（特に東京地判平13.1.25金判1129号55頁）等を参考に作成した。

これに対し，消費者に対する商品の販売主体が納入業者であることを規定している場合には，賃貸借契約の要素が強くなると考えられる。

(2) 売上代金の処理

> 第○条　商品の売上代金は，甲の指定するレジスターに収納し，すべて甲の売上金として甲が管理する。甲は，乙に対し，商品代金その他の費用として，その100分の※を支払うものとする。その支払方法は，毎月※日及び月末日をもって集計し，それぞれ月末日及び翌月※日に決済する。ただし，その歩率は，甲乙協議の上，変更することができる。

売上仕入契約では，商品販売業務が納入業者の従業員により行われるものの，消費者との売買契約は百貨店の名称で行われる（百貨店が販売主体となる。）。このため，本条項例では，納入業者が商品販売業務の受託者として，消費者に対する商品販売代金を百貨店に引き渡すことを規定している。これらの規定は，百貨店にとって，債権管理上非常に有効である。

これは，売上仕入契約では，消費者に対する商品販売が実現した後に，百貨店のマージン相当額が確定するため，これらの収受が納入業者による場所使用の時点より後にならざるを得ない。しかし，敷金・保証金等の差し入れがないために，百貨店がこれらを回収できないおそれもある。このため，消費者から受領した商品販売代金を百貨店が管理してマージン相当額を確保した上で，納入業者に対して残金（仕入代金）を支払えば，百貨店は，納入業者に対する債権の回収を確実に行うことができる。

また，納入業者が消費者に対して販売した商品の売上高を正確に把握するために，百貨店は，納入業者に対し，売上代金を百貨店のレジスターに入金することを義務づけている。

本条項例では，百貨店が納入業者に支払う仕入代金は，事務処理を簡略化するため，商品個品ごとに仕入価格を決定して計算するのではなく，消費者に対する商品販売額の合計に原価率を乗じて算定する方式を用いている。

本条項において，商品の売上額に関係なく納入業者から百貨店に毎月定額の支払いがある，納入業者による百貨店に対する支払い金額の最低保証がある等の場合，収益が確保できないリスクの分担がなされないため，これらの金銭支払いについて場所使用の対価としての性質が強まり，納入業者が売上

代金を管理する場合，納入業者の計算で営業を行っている要素が強まるため，それぞれ賃貸借契約の要素も強まると考えられる。また，敷金・保証金の差し入れがある場合も，賃貸借契約の要素が強まると考えられる。

3 リスク・責任・費用負担条項の検討

売上仕入契約では，百貨店にとって重要な意味を有している，納入業者に負担させたいリスク，責任又は費用に関する事項が規定される。本節の検討対象となっている条項例のうち，(2)から(4)までは，実際の取引上も両当事者にとって関心の高いものであり，契約交渉によりリスク，責任又は費用の分担が詳細に決定される。納入業者が交渉力を有する場合には，これらの分担が納入業者に有利になる場合も多い。

本条項において，納入業者のリスク，責任又は費用の負担が重いときには，納入業者の計算で営業を行っている要素が強まるため，賃貸借契約の要素も強まると考えられる。

(1) 所有権の移転時期

> 第○条　乙が甲の指示により甲の店舗内に搬入した商品の管理は甲が行うものとし，甲が商品を顧客に販売したときに，当該商品は，乙から甲に売渡されたものとする。また，乙は，甲の指示があるときはいつでも，売れ残りの商品を甲の店舗より搬出するものとする。

売上仕入契約では，商品の所有権の移転時期について，納入業者が百貨店の店舗に搬入した時点ではなく，当該商品を消費者に販売した時点であることが明確化されている。また，納入業者が百貨店の店舗に搬入した商品は，納入業者が所有権を有するものの，消費者に販売されるまで百貨店の管理に服することが規定されている。ただし，実際に商品の管理業務の大半を行うのは納入業者であり，本条項は，百貨店が納入業者の業務履行に介入する権限を担保する意味合いが強い。

本条項において，商品の所有権が百貨店に移転する規定がなく，かつ，実態としても商品の所有権が百貨店に移転するとみられない場合，商品の納入取引に該当せず，商品の販売主体は納入業者と捉えられるため，賃貸借契約の要素が強まると考えられる。

(2) 商品管理上のリスク負担

> 第○条　乙の商品その他の物件について滅失，毀損等があった場合，甲は，甲に故意又は過失がない限り，一切その責を負わない。

　百貨店の店舗に搬入された商品は，百貨店の管理に服するものの，納入業者が所有権を有し，また，実質的に管理している。このため，本条項例では，百貨店の店舗に搬入されてから消費者に対する販売が実現するまで（又は売れ残って，納入業者が搬出するまで）の期間中は，百貨店に故意又は過失がある場合を除き，納入業者が商品管理上のリスクを負うと規定されている。

(3) 顧客に対する責任負担

> 第○条　甲の店舗内における乙の販売は，すべて甲の名義の下にその業務を営むものであるから，乙は，常に甲の信用保持に留意しなければならない。
> 第○条　乙は，搬入した商品について絶対の責任を持ち，甲の信用を失墜するおそれのある商品を搬入してはならない。
> 2．乙が納入する商品の品質，量目，性能又は表示について，顧客に対する責任は，一切乙に属するものとする。
> 3．甲が乙に委託した商品の販売業務により生ずる一切の損害は，乙の負担とする。ただし，この損害について，甲の責に帰すべき事由に基づくことを乙が証明したときは，この限りでない。
> 第○条　乙の商品・商品販売に関して顧客の苦情等が生じた場合，又は顧客との間に紛争が生じた場合，乙は，甲の指示に従い当該苦情又は紛争を解決し，甲に迷惑をかけないものとする。

　売上仕入契約では，消費者に対する販売主体は百貨店であり，かつ，販売業務は百貨店の名称で行われ，また，多くの場合，納入業者の従業員は，百貨店の従業員と同一の制服・バッヂを着用して販売している（4(5)を参照のこと）。このため，消費者に対する商品の販売にかかる債務不履行責任（不良品の返品受け入れ，良品の再納入，損害賠償等），瑕疵担保責任等は，直接的には百貨店が負担する[41]。

　このため，納入業者は，常に百貨店ののれんの維持・向上に配慮し，取扱商品及び消費者に対する販売業務について，法令を遵守し[42]，品質・性能等を保証し，消費者からのこれらに対する苦情を適切に処理するように，特

別の注意義務を課されている。また，百貨店が消費者に対する責任を負担するといえども，納入業者に責任があるときには，百貨店が納入業者に対して求償請求することが明確化されている（5(1)を参照のこと）。

本条項において，消費者に対する商品の販売にかかる債務不履行責任等を納入業者が直接負担するように規定されている場合，納入業者が売買契約の主体とみられることから，賃貸借契約の要素が強まると考えられる。

(4) 費用負担

> 第○条 乙は，甲の事前の承諾の下，販売に必要な什器，備品を乙の費用で搬入する。なお，什器，備品の修理費は，すべて乙の負担とする。
> 第○条 乙は，販売のために消費する消耗品，電話代等の費用，乙が甲に派遣する従業員の人件費，従業員のユニフォームの使用料，その他甲乙別途協議の上決定した経費を負担する。

売上仕入契約では，百貨店が納入業者に対し，売場運営業務の一部を委託していると捉えられる。そこで，特約がないときには，受託者である納入業者は，民法650条に従って，委託者である百貨店に対して委任事務処理費用の償還を請求することができる[43]。ただし，売上仕入契約では，本条項例のように納入業者がこれらの費用の一部を負担することを特約している場合が多い。

納入業者が負担する費用としては，出店場所の什器，備品，装飾等の設置又は維持のための費用，及び日常的な売場運営に要する費用が挙げられ，こ

---

41) 賃貸借契約による出店の場合でも，出店業者が小売業者の商号を用いて取引したときには，小売業者が名板貸責任を問われる場合もある。出店業者の取引に関連して小売業者が名板貸責任を問われた裁判例として，消費者に対するものには，最一小判平7.11.30民集49巻9号2972頁，判タ901号121頁（ペットショップ事件），債権者に対するものには，東京地判昭27.3.10下民3巻3号335頁（小林百貨店事件）がある。

42) 例えば，納入業者が虚偽の表示を行った場合，不当景品類及び不当表示防止法に基づいて，納入業者と小売業者とが併せて公正取引委員会から行政処分を受ける場合がある。京王百貨店事件（平成14年(排)第27号）では，売上仕入契約に基づき，百貨店の店舗内で食肉販売を行う納入業者が行った産地の偽装表示により，百貨店も納入業者とともに排除命令を受けた。

43) 契約法研究会編・前掲注40)2095頁。

れらを負担する当事者とその割合は，両当事者の交渉により決定される[44]。

また，納入業者は，自らの扱う商品等のブランドイメージを向上するために，什器，備品，装飾品，消耗品，制服等を自ら制作して百貨店に搬入・使用することにより，商品の販売促進を独自に行うことも多い。この場合，百貨店の営業方針との調整が必要となり，百貨店・納入業者間で交渉が行われ，条項が修正されることとなる（4を参照のこと）。

これらの費用負担について，納入業者の負担割合が高い場合には，納入業者の計算により営業を行っている要素が強まるため，賃貸借契約の要素も強まると考えられる。

4　納入業者を営業統制する条項の検討

売上仕入契約では，納入業者が品揃えを形成する出店場所であっても，百貨店の営業組織の一部門を構成するため，以下の条項例のように，百貨店の営業方針に基づき，納入業者が組織体としての営業統制を強く受け，これに従う義務が規定されている。しかし，これらの条項は，海外ブランドの納入業者，大手のアパレルメーカー等，交渉力を有し，かつ，自らのブランド戦略や営業方針を有する納入業者との間では，百貨店の営業方針との調整を行うため，両当事者間で交渉が行われ，条項が修正される場合も多い。

以下の条項において，百貨店の営業統制が弱いときには，納入業者の計算による営業との要素が強まるため，賃貸借契約の要素が強まると考えられる。

(1) 販売商品・販売方法の統制

> 第○条　乙の搬入商品の売場における販売価格及び納入価格については，予め甲乙協議の上，これを定めるものとする。価格の変更についても同様とする。
> 第○条　商品の種類，販売方法等につき甲の指示がある場合，乙は，これに従わなければならない。

44）　ただし，本来納入業者が負担すべきではない費用，例えば納入業者の出店場所に関係ない場所の改装費用や，納入業者の納入した商品の販売に関係ない経費の負担を求めることは，独占禁止法上の不公正な取引方法に該当し，大規模小売業告示により規制されるおそれがある。前掲注1）を参照のこと。

> 第○条　乙は，甲の事前の承諾の下，乙の業務に関する装飾，宣伝，店告及び放送等を実施することができる。なお，これらに要する費用は，別に定めのない限り乙の負担とする。

売上仕入契約に基づき納入業者が百貨店の店舗に搬入する商品は，百貨店が範囲を定め，かつ，販売を許可したものを，定められた価格・方法で販売することになる。これにより百貨店は，商品・サービスにかかる信用を維持しつつ，自らの営業方針に従った商品の品揃えを形成することが可能となる。

しかし，納入業者も，自らの扱う商品等のブランドイメージの向上等を目的として，自らのブランド戦略や営業方針に基づき，消費者に対する販売価格（特に値下げの可否，時期等），販売方法，付随サービス（特にアフターサービス，独自の付加サービス等），販売促進方法（特に独自の宣伝，装飾，販売促進企画等）等をコントロールすることを希望する場合もある（第2の3を参照のこと）。このため，両当事者の交渉により，条項が修正される場合も多い。

また，百貨店が投入できる経営資源の制約から，本条項の運用は，実際には比較的緩やかなものになっていることが多い。このため，本条項は，3(1)と同様，百貨店が納入業者の業務履行に介入する権限を担保する意味合いが強い。

(2) 営業権・賃借権等の排除

> 第○条　甲は，乙に対し，販売場所，施設の使用について賃借，占有，使用又は営業に関する権利を認めるものではなく，また，甲は，乙に対し，販売，保管等の補助業務について何らの裁量権を認めるものでもない。

売上仕入契約は，納入業者が店舗の一部を使用するため，第3の2で検討したように契約終了時に出店場所の明渡しを巡って紛争が生じやすい。このため，本条項例では，当該出店場所に賃借権，占有権，使用権，営業権等，販売場所の利用にかかる諸権利が生じないことの確認が規定されている。ただし，当該条項は，当該契約が借地借家法の保護を受けるときには，法的効力が認められないことがある[45]。

(3) 出店場所の統制

> 第○条　乙は，甲の業務の補助業務をするものであるから，これに必要な販売場所，施設は甲が指定し，また，甲は，甲の営業方針により任意にこれを変更することができる。乙は，甲の変更に異議を申立てることができない。

本条項例では，百貨店の営業方針の変更等，百貨店の都合により納入業者の出店場所を縮小・変更する権限を規定している。賃貸借契約とは違い，売上仕入契約では，出店場所・面積等を契約上確定しておらず，更に百貨店の都合による出店場所の縮小・変更権を規定することで賃貸借契約の要素を弱めている。しかし，納入業者が交渉力を有する場合には，出店場所の縮小・変更を制限する修正が条項に加えられることもある。

　本条項において，出店場所・面積等を契約上確定している場合，賃貸借契約の要素が強まると考えられる。

(4) 設置物の統制

> 第○条　乙は，甲の事前の承諾なしに商品販売上必要な定着設備を売場に設置・変更してはならない。乙が甲の承諾を得て設置した定着設備であっても，甲は，乙に対し，必要に応じて撤去を求めることができる。

　売上仕入契約では，納入業者は，百貨店の店舗の一部を使用するため，使用に際して善良なる管理者として注意義務を負うことになる[46]。また，出店場所を無断で改装することは，百貨店の所有物である店舗の現状又は性質を変える行為であることから，売上仕入契約により納入業者に付与される権利の範囲外である。更に，売上仕入契約が終了したときには，納入業者が設置した設置物の残置を巡り，百貨店と納入業者との間で紛争を生じる場合がある。可動性のある設置物は，撤去して他の場所に保管する等の措置を講じれば問題とならないが，建物に付着している等の固定的な設置物は，撤去す

---

45) 契約上，賃貸借契約に該当しない出店契約としていても，営業の実態及び出店場所の実態を検討して，借地借家法の適用が肯定される場合もある。例えば，施設上明瞭に区画されている売場部分において，納入業者が内装・設備費等をすべて自己負担の上，独自の計算で営業を行い，また，保証金を小売業者に差し入れていた場合，契約書に本契約が業務委託契約であり，賃貸借契約ではない旨が規定されており，また，小売業者が商品販売代金を売上仕入と同様の処理をしていたとしても，「本件契約は，本件売場部分の使用関係に関する限り賃貸借に関する法の適用を受けるべきものと解するのが相当であって，その使用関係の終了については被告らは借家法の規定による保護を受けるべきものというべきである。」とする裁判例（東京地判平8.7.15判時1596号81頁）がある。

46) 納入業者は，当該義務に違反して百貨店の諸設備等を滅失・損傷したときには，百貨店に対して損害賠償責任を負う。

るためには破壊しなければならないこともあり，取扱いが難しい場合もある。

このため，本条項例では，百貨店は，納入業者が固定的な設置物を設置するときには，納入業者に対し事前の承諾を得ることを義務付け，かつ，必要に応じて撤去させることを義務付けて，これらの把握と統制を行っている。しかし，納入業者が自らの扱う商品等のブランドイメージを向上するために，独自の設置物の設置を希望する場合もあり，この設置内容・方法，撤去等の取扱いについて約定されることもある。

(5) 従業員の統制

売上仕入契約では，納入業者の従業員が百貨店の制服・バッヂを着用して販売する場合が多いため，消費者からみれば，百貨店の販売そのものに他ならない。このため，百貨店にとって，納入業者の従業員に対する統制が非常に重要となる。

①事前承諾・交代

> 第〇条　乙は，乙の搬入商品の販売につき乙の従業員を売場に派遣するものとする。ただし，乙の派遣する従業員は，予め甲所定の手続により甲の承諾を得ることを要し，かつ，甲は，やむを得ない事由があるときには，乙に対し，乙派遣の従業員の交代を要求することができる。

本条項例では，納入業者の従業員の適切さを担保するため，百貨店の事前の承諾により，納入業者が従業員を派遣することを規定している。

また，納入業者の従業員のうち，素行に問題がある，能力が著しく低い等，百貨店の信用を損なうおそれのあるために，派遣の受け入れを継続できないような，やむを得ない事由がある者に対しては，百貨店が納入業者に対して交代を求めることができるように規定している。

②業務中の監督・指示

> 第〇条　乙及び乙の従業員は，甲の営業方針，規則に従い，誠実に業務を行うものとする。また，乙は，乙の従業員を指揮・監督・教育して，甲の営業に支障を生じさせてはならない。

本条項例では，納入業者の従業員が百貨店の店舗内で，百貨店の規定する営業方針・諸規則に従い，誠実に業務を履行することを規定している。また，これらの遵守のみならず，百貨店の制服・バッヂの着用義務等も規定してい

ることもある。

(6) 商標・商号等の使用の統制

①商号・商標等の使用・乱用禁止

> 第○条　乙の店名を○○百貨店△△売場と呼称する。
> 第○条　乙は，甲の事前の承諾なしに，甲の商標，商号等を使用してはならない。乙又は乙の従業員が甲の店舗を営業所若しくは住所として又は甲の商号，信用，店舗等を利用して手形・小切手の振出，裏書，金銭借入，物品の買付等の行為をし，これにより第三者に損害を与えた場合，甲は，一切その責任を負わない。

売上仕入契約は，納入業者による百貨店の店頭における販売業務に関する商行為のみを規定する契約であり，その他の商行為，例えば納入業者による店舗外販売（百貨店の指示によるものを除く。），又は仕入れに関する商行為については対象とされておらず，百貨店の名称を使用することは許諾されていない。しかし，納入業者が百貨店の名称を無断で使用したことによる裁判例もある[47]。

このため，本条項例では，納入業者が百貨店の店舗内での営業に利用する百貨店の商号・商標等につき，店舗の販売業務以外での使用を禁じている。

②包装紙の使用

> 第○条　乙は，甲が支給した包装材料について，本契約に定められた店舗を除き，これを使用してはならない。

百貨店の包装紙・手提げ袋等は，百貨店の商号・商標を付してあることが多く，消費者に対して販売した商品の出所・販売主体を明確にする役割を有している。このため，納入業者が百貨店の店舗での販売業務以外に使用しないように，これに統制を加えている。

他方，納入業者が自らの扱う商品等のブランドイメージを向上するために，包装紙・手提げ袋等について独自のものを使用する場合もあり，この使用方法等について約定されることもある。

47）前掲注42）の小林百貨店事件は，この裁判例である。

(7) **秘密情報の保持**

> 第○条　乙は，本契約の有効期間中はもとより本契約の終了後においても，取引上知り得た又は甲より開示を受けた，甲の営業上，技術上その他の秘密情報（以下「秘密情報」という。）及び甲の顧客等の個人情報（以下「個人情報」という。）について，厳重に秘密を保持し，第三者に開示・漏洩してはならない。また，乙は，甲より開示を受けた秘密情報及び個人情報を甲の定める目的以外に利用してはならない。
> 2．乙は，本契約に基づく乙の業務履行に際して，甲の事前の書面による承諾なしに，個人情報を甲の店舗で収集・保有してはならず，また，自己の営業に利用してはならない。
> 3．乙は，甲の店舗に派遣する乙の従業員に対し，本条に規定する秘密保持義務を徹底し，これを管理・監督しなければならない。
> 4．個人情報の取扱いに関する詳細は，甲乙間で別途取り交わす覚書によるものとする。

　売上仕入契約では，納入業者が百貨店の店舗内で販売業務を行うために，納入業者が百貨店の営業上の秘密情報を知り得る機会は必然的に多くなる。また，百貨店は，ダイレクトメール発送等の顧客に対する販売促進活動や，商品のアフターサービス等に利用するため，顧客から個人情報を収集し，データベース化している場合が多く，これらのデータベースを納入業者に対して開示することもある。

　このため，本条項例では，納入業者が百貨店の秘密情報や個人情報について，厳重に秘密を保持すること，第三者に開示・漏洩しないこと，目的外利用しないこと，百貨店の店舗において無断で収集し，保有しないこと等を規定している。

　特に百貨店が個人情報の保護に関する法律に規定する個人情報取扱事業者に該当する場合，百貨店は，同法に基づき顧客等の個人情報に対する保護・管理体制の整備を求められるため，納入業者に対しても，これらに合わせた詳細な取り決めが必要となる。

5 契約の実効性を担保する条項の検討

(1) 損害賠償

> 第○条　乙は，乙若しくは乙の派遣する従業員の責に帰すべき事由により，又は乙の搬入商品に起因して，甲又は顧客等，第三者に損害が生じたときには，この損害を賠償する責を負うものとする。

　売上仕入契約では，消費者に対する商品の販売に関する損害賠償責任は，百貨店が直接的に負うことになる。しかし，対内的な関係では，当該損害の賠償については，百貨店が納入業者に対して求償することになる。また，納入業者の従業員が百貨店の施設・商品等に損害を与えることもある。

　このため，本条項例は，第一に，百貨店・納入業者間の損害賠償の負担関係を明確化する役割を果たしている。また，第二に，売上仕入契約の各条項の実効性を担保するため，納入業者を牽制する役割を果たしている。

(2) 契約終了後の措置

> 第○条　本契約が期間満了，解除又は解約により終了した場合，乙は，甲の指示に従って，自らの費用で乙所有の商品，設置物等を搬出し，その他甲の営業の妨げとならないよう原状回復のための措置を行わなければならない。
> 2．乙が前項の義務を怠った場合，甲は，自ら前項の措置をとることができる。なお，当該措置にかかる費用は乙の負担とする。

　売上仕入契約が終了した場合，百貨店にとって，納入業者から出店場所の迅速な明渡しを受けることが最大の課題である。特に納入業者の残置物が出店場所にある場合，百貨店が納入業者に無断でこれを処分することは，納入業者の所有権を侵害する可能性がある。

　そこで，本条項例では，契約終了後に納入業者が搬入した商品，設置物の撤去及び出店場所の原状回復を納入業者が自らの費用負担で行うことと，納入業者が当該義務を履行しない場合の百貨店による撤去・原状回復及び納入業者に対する当該費用の請求を明確化している。しかし，納入業者が交渉力を有する場合には，これらの費用の一部を百貨店の負担とする修正が加えられることもある。

(3) 約定解除

納入業者が百貨店の営業統制に従わないとき，又は契約に違反したときに，百貨店が売上仕入契約を終了させることは，納入業者にとって最も大きなペナルティとなる。

売上仕入契約では，他の継続的取引契約と同様に，約定により契約を終了できる条項として，①納入業者の契約違反等，一定の事由が生じた場合の約定解除条項，②一定の予告期間を設けた任意解約条項が挙げられ，これら以外にも，③期間満了時の契約更新を拒絶する権利留保条項が規定されている[48]。

> 第〇条　次の事由に該当する場合，甲は，何らの催告をすることなく本契約を解除することができる。
> ①　乙が本契約に違反したとき
> ②　乙が甲の信用を毀損する行為を行ったとき
> ③　乙が甲に直接・間接を問わず損害を与える行為を行ったとき
> ④　乙が甲の店則に違反し，又は秩序を乱す行為を行ったとき
> ⑤　甲の営業方針上，やむを得ないとき
> ⑥　乙の売上高が不振に陥り，回復の見込みがないとき
> ⑦　乙が経営不能となったとき

約定解除は，一定の事由が生じたときの解除権を規定するものである。約定解除事由は，法定解除事由と重なるものが多いが，法定解除で認められるより軽微な事由でも解除権を行使できる等，百貨店に有利に設定されている場合が多い。また，約定解除では，催告をせずに即時解除を行うとしている場合も多い。

具体的な約定解除事由として，納入業者による契約違反，納入業者の信用不安（倒産，営業停止等），納入業者の背信的行為，状況の変化（百貨店の店舗の

---

[48]　実務上，一方当事者が相手方当事者に対して契約関係を終了することを示す用語として，解除又は解約が用いられている。解除と解約とは，一般に遡及効の有無により区別されるが，法律上も実務上も混用されていることが多い。本稿では，約定によるものを「解除」，任意によるものを「解約」として用いる。

建替え・改装，営業方針の変更等）等が挙げられる。

(4) 任意解約

> 第○条　甲又は乙は，契約期間中といえども相手方に対し3ヵ月前までに通知することにより，本契約を解約することができる。

　任意解約は，解約事由を必要とせずに，形成権として相手方に解約を通知することにより，任意に契約を終了することを規定するものである。通常，数ヵ月程度の予告期間を置くことが規定されており，当該期間中に契約を円滑に終了させるべく事務の処理を行うことが多い。しかし，納入業者が交渉力を有する場合には，任意解約に合理的な理由を必要とする等，制限されることもある。

(5) 更新拒絶

> 第○条　本契約の有効期間は，平成○年○月○日から平成△年△月△日までとする。ただし，期間満了の3ヵ月前までに，甲乙いずれからも契約の更新について別段の意思表示がない場合，本契約は，1年間更新するものとし，以後も同様とする。

　売上仕入契約に限らず，商人間の継続的契約では，事前にどの程度の期間，取引を継続するか不明確なことが多く，契約期間に定めがある場合でも，契約期間が満了したときに当該契約を自動的に更新する規定を設けていることが多い。ただし，この場合には，併せて契約期間満了前に相手方に通知することにより，当該自動更新を拒絶する条項が規定されることが多い。

　本条項例では，期間満了の3ヵ月前までの予告により，契約の更新を拒絶することができるように規定されている。しかし，納入業者が交渉力を有する場合には，納入業者が出店場所に投資した設備投資を回収できるように契約期間が長期間に設定され，又は予告期間が長く設定される等，取引の継続性が強める修正が条項に加えられることもある。

第6　終わりに

　本稿で検討したように，百貨店・納入業者間の取引における事前調整ルー

ルとしての売上仕入契約の法的性質は,商品の納入取引であることに加えて,百貨店の納入業者に対する売場運営業務の外部委託的な要素が強く,かつ,納入業者が百貨店の営業統制に従うという,誓約書的な性質を帯びるものとなる。

また,売上仕入契約書は,第一に,百貨店・納入業者双方の関心事である,売場運営業務を行う際に生じるリスク,責任及び費用の負担の分配が明確にされること,第二に,百貨店の店舗の集客力やのれんを維持・向上するために,百貨店の営業組織の一部門として納入業者が営業統制に従うこと,第三に,第二の条項の実効性を担保するための,納入業者の契約違反に対してペナルティ(損害賠償条項及び契約終了条項)を課すことがそれぞれ約定される。

そして,これらの特徴を有する契約書を納入業者と締結することにより,百貨店は,売上仕入契約において,消費者に対する商品販売により獲得する収益の両当事者間での分配の割合を明確化することができるばかりでなく,納入業者とのリスク,責任又は費用の分担関係を明確化することと,一体的な営業組織として規律すべき事項を法的に強制することも可能となる。

しかし,契約書の各条項は,基本的な合意事項として尊重されるものの,契約自由の原則の限界として,契約書の法的効力が強行規定,又は裁判所の判断により制限を受ける場合があり[49],また,契約書が当事者間の権利義務を正しく書き表しているのかという疑問が残る場合もある[50]。このため,実務においては,作成した契約書が文言・規定通りの効力を有するか,更に検討が必要となる。

この点について売上仕入契約の場合は,百貨店が納入業者との契約を終了するときに,納入業者との当該契約が実質的に建物の賃貸借契約であると裁判所に認定されて,借地借家法の適用を受けてしまい,契約終了が契約書の規定通りに認められないことが最も問題となる。

第3の2で検討したように,売上仕入契約は,建物使用の代価を収受するというより,百貨店・納入業者間の収益分配を目的とした契約であること,

---

49) 佐藤孝幸『実務契約法講義〔第2版〕』(民事法研究会,2004) 3頁以下。
50) 平井宜雄「契約法学の再構築(1)」ジュリ1158号98頁。

及び百貨店の営業組織の一部門として納入業者を営業統制するという組織性が強く，かつ，出店場所の独立性が弱いため，基本的には借地借家法の適用を受けないと考えられる。しかし，納入業者の営業の独立性及び出店場所の独立性の実態によっては，契約書の文言・規定にかかわらず，売上仕入契約が建物の賃貸借契約に該当して，裁判所に借地借家法の適用を認定される可能性もある[51]。

そこで，百貨店・納入業者間に契約終了を巡る紛争が生じた場合には，納入業者の営業の独立性及び出店場所の独立性に基づき（表を参照のこと），取引の実態を検討する必要がある。

ただし，取引を規律するための第一歩となるのは，やはり契約書であり，実際の取引を分析して，契約書の完成度を高めることは，取引の規律に大きな役割を有しているといえる。

※本稿は，雑誌掲載（判タ1262号5頁以下）時以降の状況等の変化を踏まえ，大幅に加筆修正したものである

---

51) 前掲注45)を参照のこと。

表 賃貸借契約・売上仕入契約の判断要素 *1

判断要素		具体的な内容	賃貸借契約	売上仕入契約
出店場所の独立性		区画の明確性・独立性（空間上）	高い	低い～高い
		場所の排他的占有性（契約上）	高い	低い
		出店場所・面積の特定性	あり	なし
		出店場所の変更可能性	なし	あり
出店業者の営業の独立性	出店業者に対する営業統制	商品の種類・価格・販売方法等の統制	なし～弱い	強い
		商品・設置物の持込の統制	なし	強い
		出店業者の従業員の統制	なし～弱い	強い
		売上代金の管理	賃借人 *2	小売業者
		小売業者の制服の着用	なし	あり *3
	営業主体・営業主体の表示	営業許可・租税公課負担の名義	賃借人	小売業者
		店名等外観上の商号・商標	賃借人	小売業者 *3
		包装紙等店内の商号・商標	賃借人	小売業者 *3
		レシート等の発行名義	賃借人	小売業者
		顧客に対する販売責任名義	賃借人	小売業者
	費用負担	装飾・什器・備品等設置物の負担	賃借人	双方
		経費の負担	賃借人	双方
		租税公課の負担	賃借人	小売業者
	敷金・保証金等の差入れ	敷金・保証金の差入れ	あり	なし
	対価の性質	対価の名称	家賃・賃料	仕入原価
		対価の固定制又は売上連動制	固定制・売上連動制	売上連動制
		小売業者の経理処理（売上・仕入のグロス計上）	なし（賃料を計上）	あり（売上・仕入を計上）
		対価の最低保証額設定	あり *4	なし
当事者間の意思		契約の名称	賃貸借契約	売上仕入契約・消化仕入契約等
		賃借権、営業権等の排除規定	なし	あり

*1 売上仕入契約は、百貨店の一般的な事例以外にも、賃貸借と併用することにより、賃貸人の賃料収入の最低保証額を設定している。
*2 ショッピングセンター等の賃貸借契約では、賃貸人が管理する場合もある。
*3 納入業者が自らのブランドを重視して販売を行う場合には、売上仕入契約であっても、納入業者の商号・商標・包装紙・制服等を用いて販売することもある。
*4 対価の算定に売上連動制を用いる場合、通常は、固定制と併用することにより、賃貸人の賃料収入の最低保証額を設定している。

2

ホテル事業に関する提携契約

> ホテル事業には，所有機能・経営機能・運営機能という3つの機能がある。ホテル事業を行うに際しては，この3機能をどのようにホテル棟のオーナーとホテルチェーン会社との間で分担するかに関し，①所有直営方式，②賃貸借方式，③運営委託方式，④フランチャイズ方式などの方式がある。本稿では，上記各方式を紹介した上，所有と経営の分離に関する賃貸借方式と，経営と運営の分離に関する運営委託方式との相違につき，法的性質や契約条項の分析を試みる。

若松 亮

第1　はじめに
第2　ホテル事業に関する企業間提携契約
第3　賃貸借契約と運営委託契約の比較・検討

第1 はじめに

　ホテルとは，主に短期滞在の旅行者，出張者のための宿泊施設であり，法的には旅館業法2条2項に規定される「洋式の構造及び設備を主とする施設を設け，宿泊料を受けて，人を宿泊させる営業で，簡易宿所営業及び下宿営業以外のもの」をいう。

　ホテル事業は，ホテル棟を利用して宿泊部門や料飲部門，宴会部門等を営み，収益を得る事業であるが，ホテルを開業して営業を継続するためには，ホテルを建設するための土地，建物などの不動産の他，什器備品の購入，施設等のメンテナンス，定期的なリニューアルなどに要する資金，ホテル運営のための専門的なノウハウ，幅広い顧客を誘引するためのブランド，世界各国からの宿泊客を呼び込むための販売網など数多くの「財」が必要となる。

　近年，我が国においては，特に東京等の大都市を中心として，外資系ホテルの開業が相次いでいるが[1]，このようないわゆる国際級ホテルと呼ばれるシティホテルやリゾートホテルの営業においては，上記に述べた多くの「財」が必要となるため，これら「財」を単独で負担することが困難である場合や，ホテル営業に伴うリスクを回避する必要がある場合などに，ホテルの建物を所有または賃借しているオーナーとホテルチェーン会社とが基本的に対等な立場から賃貸借契約や運営委託契約，またはフランチャイズ契約などの契約を締結することにより，協働してホテル事業を行うことが一般的に行われている。

　複数の企業が「財」を出し合い，「リスク」を分担し合うことによって，ホテル営業による「利益」を分配することを目的とするホテル事業に関する契約は，基本的に対等な立場に立つ企業間における継続的な提携契約であり，

---

[1] 東京に外資系ホテルの進出が相次いでいる要因としては，オーナー側のホテル誘致による容積率緩和，オフィス賃料・周辺開発への波及効果，海外客の拡大等のメリットと，ホテルチェーン会社側のグローバルネットワークの拠点作りやブランドの浸透といったメリットが合致したものと考えられている（「ホテル＆レストランの秘密」週刊東洋経済2008.6.28号36頁参照）。

共同事業性も濃い。

本稿では，ホテル運営事業を主幹事業とするホテルチェーン会社[2]の立場から，ホテルを運営するための手段としてのホテル事業に関する各種の企業間提携契約を紹介したのち，ホテル事業における所有と経営の分離に関する賃貸借契約と，経営と運営の分離に関する運営委託契約とを比較検討する。

第2　ホテル事業に関する企業間提携契約

1　ホテル事業に関する各機能

ホテル事業に関する機能には，所有機能，経営機能，運営機能があり，この3機能をどのように分担するかが，各種契約の重要な要素となる。なお，所有，経営や運営という用語は様々な意味で用いられる[3]が，本稿では所有，経営，運営の用語を用いる場合には以下に述べる意味で用いる。

(1) **所有機能**

ホテル所有機能は，ホテルの建物や敷地（以下「ホテル棟」という。）の不動産を所有する機能である。ホテル所有者は，自らホテルを経営・運営する場合もあるが，ホテル経営者にホテル棟を賃貸することにより投下資本を回収し，収益を得ようとする場合も多い。

(2) **経営機能**

ホテル経営機能は，ホテルを自ら経営する機能である。ホテル経営者は，通常，ホテルの什器・備品や運転資金の負担を負い，従業員（運営会社から派遣される人員を除く。）の帰属する事業主体となって，ホテル事業によるリスク

---

2) 現在，ホテルチェーン会社は，世界各国に多数のホテルを展開しており，マリオット，ヒルトン，スターウッド，ハイアットなどの各ホテルチェーン会社は，日本においても高い知名度を有している。1つのホテルチェーン会社が複数のホテルブランドを有している場合も多く，例えばスターウッドなどは，シェラトンやウエスティン，Wホテルなどのブランドホテルを有している。

3) 新村出編『広辞苑〔第6版〕』（岩波書店，2008）によれば，「経営」とは，継続的・計画的に事業を遂行することなどと定義され（854頁），一方「運営」とは組織・機構などをはたらかせることなどと定義されている（291頁）。

を負担する一方，ホテル事業による収益を享受する。なお，ホテル宿泊客がホテルを利用する際の宿泊契約等の相手方は，このホテル経営者である。

ホテル経営者は，自らホテル棟を所有することもあれば，ホテル棟を賃借することもある。ホテルの運営に関しても自ら運営する場合と，ホテル運営者に運営を委ねる場合とがある。

(3) 運営機能

ホテル運営機能は，ホテルを運営する，すなわちホテルの宿泊対応等の日常業務を行う機能である。

ホテルの運営は，ホテル経営者が自ら行う場合もあれば，ホテルチェーン会社に委託して運営させる場合もある。

ホテルチェーン会社に運営を委託する場合，ホテルチェーン会社は，ホテル経営者に対してホテル運営全般に関するサービスを提供し，運営を担う一方，運営委託料（マネジメント・フィー）等を対価として受領する。ホテルチェーン会社は，一般的には総支配人を始めとする主要部門の幹部を運営ホテルへ派遣するものの，原則として経営リスクは負わない。

2　ホテルの経営，運営に関する方式

ホテルチェーン会社がホテルの運営を行うための方式としては以下のような各方式がある。賃貸借方式及び運営委託方式については，第3でさらに詳しく取り上げる。

(1) 所有直営方式

ホテルを開業するために必要となる土地，建物，什器・備品を自らが所有し，ホテルを直接経営，運営する方式である。

所有直営方式には，固定資産の保有による信用の獲得やマネジメントの知名度向上，さらにはホテル運営に習熟した幹部社員の成長といった無形資産の形成により，直営店を展開させることや自ら他のホテルの運営を受託することによるチェーン化が可能となるというメリットがあるが，他方，多大な初期投資を必要とすることによる償却負担や急速な店舗展開・チェーン化が困難であるためブランドや販売網の構築が困難であるというデメリットがある。

(2) **賃貸借方式**（lease contract）

ホテルチェーン会社が，ホテル棟をホテル所有者から賃借し，自らホテルを経営・運営する方式である。この場合，什器・備品や客室のリニューアル費用はホテルチェーン会社が負担するのが一般的である。ホテル棟に関する諸税はホテル所有者の負担となるが，事実上賃借料に加算されることが多い。

ホテルチェーン会社としては，ホテル棟の購入資金や建築資金の負担を負わず，開業費，什器・備品の購入費，運転資金といった資金調達でホテル経営を開始することができる反面，継続的な賃料負担を負うというリスクを有しているため，賃料の設定が不相当であった場合，賃料の支払いがホテル経営を圧迫することとなる。

ただ，ホテルとして建てられた建物はホテル以外への転用が著しく困難であるとともに，原則としてホテル賃料の原資はホテル事業による収益以外にないことから，ホテルの不動産としての価値は，ホテル事業の収益力に他ならず，ホテルの業績を向上させ安定した収益を確保することが，長期的にはホテルの所有者，経営者の共通の利益となる。

このため，ホテルの所有と経営を厳密に分離させることは，所有者が賃料収入のみに拘泥し，ホテル経営に無関心となることから経営上の利点が少ないとされ，ホテル所有者とホテル経営者が形式的には別々の場合であっても，実際には親子会社やグループ会社等の関係にある場合が多い。

また，賃料の設定については，賃料の原資がホテルの収益であることを反映して，賃料をホテルの業績に連動させる変動賃料が増加しつつある[4]。

(3) **運営委託方式**（management contract）

ホテル経営者が，ホテル運営自体を，ホテル運営者たるホテルチェーン会社に委託する方式である。受託者となるホテルチェーン会社は，国際的な規模，名声を有する国際的なホテルチェーンである場合が多い。ホテルチェーン会社が運営全般を担当する。

---

4) さらに，従来賃借人が負担することとなっていた什器・備品の購入資金や，ホテルの競争力を向上させるためのリニューアル費用を賃貸人が支出するケースも出てきている。

運営委託方式は，ホテルチェーン会社から派遣された総支配人等の幹部職員に，ホテル経営者の従業員に関する一定の人事権その他，広範な運営権が授与され，ホテル経営者は，ホテル運営を自ら行わない。この点で，ホテル経営者が自らホテル運営も行うフランチャイズ方式と異なる。他方，運営委託方式は，宿泊契約等，ホテル利用者との契約の当事者はホテル経営者であり，ホテル経営に関する損益はホテル経営者に帰属し，ホテルチェーン会社がホテル経営に関するリスクを負担しない点で賃貸借方式とも異なる。

運営委託料は，ホテルの業績に連動させる変動制が一般的である。

(4) フランチャイズ方式（franchise contract）

① フランチャイズ方式は，ホテル経営者が，ホテル運営自体は自ら行うこととしながらも，ホテル運営に関して，営業政策上短期間に知名度を上げ，営業成績を上げる目的で，海外，国内の著名ホテルチェーンに加盟して，ブランド名を使用し，ノウハウの提供を受けるためにホテルチェーン会社とフランチャイズ契約を締結する方式である。運営委託方式と比較すると，ホテル運営自体は，ホテル経営者自ら行う点で異なり，ホテルの総支配人・幹部は派遣されず[5]，ホテルチェーン会社による関与の程度は弱くなる。

② フランチャイズ契約の法的性質としては，以下の各要素があり，賃貸借契約的要素（ライセンス契約）及び準委任的要素（役務提供契約）を中心として，附随的に継続的売買の要素を含む継続的双務契約たる混合契約であると考えられるのが一般的である[6]。

ホテルのフランチャイズ契約に関していえば，商標名やロゴ等ライセンスの使用に関するライセンス契約と，ホテル運営に関するノウハウ，マーケティング，予約システム，従業員研修などに関する各種サービスの提供に関する役務提供契約が中心となる。

③ 我が国における一般的なフランチャイズ契約（飲食店等）の契約期間は，

---

5) ホテル経営者が，ホテルチェーン会社から推薦を受けた人物を総支配人等に採用する場合はある。
6) 金井高志『フランチャイズ契約裁判例の理論分析』（判例タイムズ社，2004）283頁，奈良輝久「フランチャイズの法的構成」西口元ほか編『フランチャイズ契約の法律相談〔改訂版〕』（青林書院，2009）10頁以下参照。

5年程度が多く，長期でも10年程度の期間とされる場合が多い[7]。

これに対し，ホテルのフランチャイズ契約の場合には20年程度と相当長期間の契約期間が設定され，フランチャイジーによる早期解約については，ロイヤリティー数年分程度の違約金(損害賠償の予定額)が課される場合が多い。

そのため，フランチャイズ方式は，ホテル経営者の立場から見れば，業績不振の場合に，契約を早期解約することが比較的容易な運営委託方式に比して，契約の早期解約が制限される点で不利な面があると思われる[8]。

④　ロイヤルティーの算出方法については，(a)定額方式，(b)売上高比例方式，(c)粗利比例方式，(d)前記(a)ないし(c)を組み合わせた混合方式があると言われているが[9]，ホテルのフランチャイズ契約の場合には，一般に(b)の一種である客室総売上に比例する方式がとられることが多い。ロイヤルティーが客室総売上に比例することから，フランチャイザーにフランチャイジーの帳簿の閲覧権を与える旨の規定が置かれることが一般的である。

⑤　ホテルのフランチャイズ契約の特徴としては，ライセンスとしての商標等のブランドを維持するためにフランチャイジーが遵守すべき義務が，契約書上厳格かつ詳細に定められる点が挙げられる。

ホテルの場合，ホテルの什器，備品の充実度や，従業員のホスピタリティーの高さなどがホテルのブランド価値にとって重要な要素であることは言う

---

7) 小本恵照「フランチャイズ・ビジネスの存続状況とその決定要因」(ニッセイ基礎研所報35号63頁及び64頁) 参照。

8) ただ，特に景気変動性の強いホテル事業において景気の変動などの外部要因により，ホテル経営が不振に陥った場合などにも，フランチャイズ契約の存続をフランチャイジーに契約書どおり強制することができるかについては，独占禁止法上の優越的地位の濫用の禁止の観点などからの問題もあると思われる。公正取引委員会の「フランチャイズシステムに関する独占禁止法の考え方」(平成14年4月24日) によれば，フランチャイズ契約全体として取引方法が優越的地位の濫用に該当するかどうかの判断基準として，加盟者に契約の解約権を与えず，又は解約の場合高額の違約金を課していないか，契約期間については，加盟者が投資を回収するに足る期間を著しく超えたものになっていないか，あるいは，投資を回収するに足る期間を著しく下回っていないかという点が挙げられている。

9) 小本・前掲注7)61頁参照。

までもないが，什器・備品への投資や従業員の研修等のブランド価値を維持するための措置には多大な費用と労力を要する。この点でフランチャイザーとフランチャイジーの利害には深刻な対立が生ずることとなる。

すなわち，フランチャイジーには，品質を落としても利益を拡大するインセンティヴがある。品質を落とせばそれに呼応してコストを節約できるが，他のフランチャイジーの品質によって評価が維持できる結果，売上は品質を落としたほどには落ち込まないからである。これを裏から見れば，このフランチャイジーが品質を落としたことによってチェーン全体の評価がある程度下がり，他のフランチャイジーには不利益が発生する。このとき，フランチャイジーの収益からロイヤルティを受け取るフランチャイザーも利益を害されているのである[10]。

この点で，フランチャイズ方式は，自ら品質をコントロールすることができる運営委託方式に比して，ブランド価値が重要なホテルチェーン会社にとってリスクのある方式である。

そのため，ホテルのフランチャイズ契約においては，ホテルのブランド価値維持のためのフランチャイジーの義務に関する規定が，非常に詳細に規定され，購入する什器，備品の指定から，研修の回数や内容の指定，さらにはフランチャイジーがホテルを新築する場合にはその設計や材料等の指定にまで及び，これらの指定をフランチャイジーが守っているか否かを含む運営の適正さの調査権[11]をフランチャイザーが有し，フランチャイザーが運営が適正になされていないと判断した場合に，フランチャイザーがフランチャイズ契約を解除し，さらにロイヤリティー数年程度に相当する損害賠償を請求できる旨定められることが多い。

また，ブランド価値の維持の観点から，フランチャイジーに一定期間ごとにリニューアルを行うことが義務づけられることが多く，さらにリニューアルのための費用を積み立てることまでが義務付けられることもある。

---

10) 小塚荘一郎『フランチャイズ契約論』（有斐閣，2006）67頁参照。
11) 加盟チェーン・ホテルとしての基準が守られているかの調査は，覆面調査員が3～4日滞在し膨大な項目を評価する方法などにより行われる。

(5) まとめ（その他の方式）

　以上が，ホテルの所有機能，経営機能，運営機能の分担に関する主な方式である[12]。

　ホテルチェーン会社が自らホテル運営を行う方式としては，所有直営方式，賃貸借方式，運営委託方式があり，ホテル運営に関与する方式としてはフランチャイズ方式がある。

　なお，ホテルの経営機能，運営機能の分担に関する方式ではないが，各ホテル間の業務提携に関する方式としては，ホテル経営者やホテルチェーン会社同士が，ホテル経営，運営の独立性を保ったままで，予約や宣伝，情報交換，マーケティングなど一部の業務を共同化することを目的に連携するリファーラル方式と呼ばれる方式も広く用いられている[13]。また，近時では国内のホテルチェーン会社間において，セールス・マーケティングの統合や共同購買による購買力の強化を目的として，合弁会社を設立した上，合弁会社

---

[12] 従来，ホテルチェーン会社は，経営のリスクを負う賃貸借方式やブランド価値のコントロールを自ら行うことができないフランチャイズ方式よりも，経営のリスクを負わず，ブランド価値のコントロールを自ら行うことができる運営委託方式を希望することが多かったが，近時東京に進出する外資系ホテルについては，賃貸借方式が増加している。なお，東京に進出している外資系ホテルのうち，運営委託方式を採用しているホテルには，パークハイアット東京，グランドハイアット東京，ウエスティン東京などが，フランチャイズ方式を採用しているホテルとしては，フォーシーズンズホテル椿山荘などが，賃貸借方式を採用しているホテルとしては，ザ・リッツカールトン東京などがある。

[13] 最近では，独立系ホテルの予約受付業務代行業者（ホテル・レップ）が組織したホテルチェーンも含めコンソーシアム方式と呼ばれることもある。コンソーシアム方式によるホテルチェーンの中には，世界の直営・独立型の著名ホテルを組織化したものもあり，この場合加盟審査は厳しく，各都市の最高級の直営・自営型のホテルが対象となり，東京では帝国ホテル，ホテルオークラ級のホテルが加盟している。入会時の加盟料のほか，本部経費，宣伝広告費，パンフレット製作費の分担金等が請求される一方，加盟ホテルの客室内には各加盟ホテルのパンフレットが常備され，加盟ホテルからの優先予約を受け付けている。後述する加盟ホテルと同様，加盟ホテルの水準を維持するため，フランチャイズ方式同様に加盟ホテルの負担で，専門の覆面調査員を迎えた採点評価が行われるのが通例である。

を通じて提携を行う方式も試みられており，注目される[14]。

第3 賃貸借契約と運営委託契約の比較・検討

1 賃貸借契約

(1) 法的性質（ホテル契約の場合の特徴）

　賃貸借契約は，民法の典型契約の1つであり（民法601条以下），建物の賃貸借であるため，借地借家法の適用もある。そのため，賃貸借契約上は，契約の終了に際し賃貸人に正当事由が要求される（借地借家法28条）ことなどにより契約関係の長期化が図られる一方，当事者に賃料増減請求権（借地借家法32条）が付与されることとなる。

　ただし，ホテルの賃貸借契約には，一般的な住宅や事務所の賃貸借契約と異なる大きな特殊性があり，賃貸借契約上もこのホテル契約の特殊性が反映されている。

　ホテルの賃貸借契約の特殊性として，第1に挙げられるのは，ホテルとして建てられた建物は，ホテル以外に転用することができないという点である。ホテルは，構造上客室や料飲施設，さらにはプールなどをも備えた特殊な建物であり，ホテル営業が困難になったからといって他の用途に使用することができないのである。

　ホテルの賃貸借契約の特殊性として，第2に挙げられるのは，住居やオフィスと異なり，ホテル賃料の原資がホテル事業による収入と直結しているという点である。

　住居やオフィスの場合，その賃料の原資は，居住者の労働や企業の事業によって得られるものであり，賃借している住居やオフィス自体から収益が生

---

[14] 株式会社ホテルオークラと株式会社ロイヤルホテルは，平成20年5月30日，合弁子会社を設立する方式でのホテル運営に関する戦略的業務提携を発表した。プレスリリースによれば，両社は宿泊業務分野におけるセールス・マーケティング業務を統合するための合弁子会社を設立し，合弁会社を通じた業務提携を行うとされている。合弁会社の事業内容は，①株式会社ホテルオークラと株式会社ロイヤルホテルからの販促，広告宣伝活動，宿泊予解約業務等の受託や②国内外の新規加盟ホテルの誘致等とされている。

み出される訳ではない。
　これに対し，ホテルの場合，ホテル賃料の原資は，ホテル事業によって賄われるのであり，ホテル事業による収益以外にホテル賃料の原資となるものはない。
　従って，ホテルとして建てられた建物は他の用途に転用できない以上，ホテルの資産価値とは，結局ホテル事業の収益力に他ならない。
　この点で，ホテルは，専ら立地や設備，築年数などによってその資産価値を左右される住宅やオフィスと根本的に異なる収益物件としての性格を有する不動産であるということができる[15]。
　このホテルの収益物件としての性格に鑑みれば，ホテル所有者もホテルの経営や運営に関心を抱かざるを得ず，この点がホテルの賃貸借契約の特徴ということができ，契約書の条項にもこの影響が表れている。

(2) 契約条項
① 使用目的
　ホテルは，建設当初からホテルとして使用されることを意図して設計，建設されるのが通常であり，賃貸借契約上も建物をホテルとして使用することが定められることが多い。
　また，ホテルの賃貸借契約においては，ホテルを「国際級ホテル」として使用することや，さらにはホテルチェーン会社のブランド名の使用を義務付けるなどによりホテルの経営，運営方針に賃貸人が干渉する内容の規定も見受けられる。
　これらの規定が設けられるのは，ホテル所有者のホテル経営，運営に対する関心が表れたものといえ，ホテルの賃貸借契約の特徴の1つであろう。
② 賃貸借期間
　ホテルの賃借人がホテル経営，運営を開始するにあたっては，什器・備品の購入等，多大な設備投資を行う必要があるため，ホテルの賃貸借期間は長期化し，20年から30年程度の期間が設定されるのが通常である。また，借

---

[15] 店舗も，賃料支払の原資がその店舗自体を利用した収益であるという点で収益物件の一種である。

地借家法の適用があるため，賃貸人に更新拒絶の正当事由が要求される等，法令上も契約期間の長期化が図られている。ただし，近時のホテルの賃貸借契約においては，更新のない定期建物賃貸借契約が用いられる場合もある。

③ 賃　　料[16]

ア　賃料の設定について

　一般的な住宅や事務所の賃貸借においては，賃料は固定賃料とされることが多いが，収益物件であるホテルの賃料の原資は，ホテル事業からの収益である上に，ホテル事業は外部要因である景気の変動の影響を受けやすい業種であるため，賃料を固定賃料に設定するのは不都合な点が多い。

　本来，市場環境の変化によるリスクはオーナーとテナントが応分に負うべきであり，その意味ではホテルの賃料も歩合賃料的な発想が好ましいと考えられるようになってきており，その点から，ホテルの賃貸借契約においては売上等のホテル業績に連動する変動賃料がとられる場合も増えてきている。一定の固定賃料に加えて売上高に連動する変動賃料を加算する併用型も存在する。

イ　賃料の計算方法

　賃料につき固定賃料を採用した場合，賃料の計算方法を定める必要はないが，変動賃料を採用した場合には，賃料に連動する売上高等の正確性を賃貸人たるホテル所有者が確認する必要があるため，賃貸借契約書にも賃借人であるホテルチェーン会社のホテル事業に関する決算書等を賃貸人が確認する権限を有する旨の条項が設けられることが多い。賃貸人に提出される決算書には，公認会計士による監査までを経たものが要求されることもあり，この

---

16)　ホテルの賃料の評価実務について説明する文献として，一般財団法人日本不動産研究所賃料評価研究会編『賃料評価の実務』（清文社，2011）207頁以下，財団法人日本不動産研究所特定事業部『不動産評価の新しい潮流』（住宅新報社，2009）133頁以下，村木信爾ほか『ホテル・商業施設・物流施設の鑑定評価』（住宅新報社，2011）98頁以下，船越毅『ホテルとゴルフ場の評価実務のすべてがわかる本』（住宅新報社，2008）12頁以下などがある。その他，ホテルの賃料の問題を含むホテルビジネスの現状を説明する文献として，デロイトトーマツFAS株式会社『金融・不動産の視点から見るホテルマネジメント15のポイント』（銀行研修社，2009）がある。

ような場合にはホテル所有者が事実上，ホテルチェーン会社の経営内容を監査する権限を有するともいえる。

　　ウ　賃料増減請求権

　借地借家法32条1項は，経済事情の変動等の事由により賃料が不相当となった場合に，各当事者が将来に向かって賃料の増減を請求することができる旨の賃料増減請求権を定めており，ホテルの賃貸者契約の賃料についても同条の適用がある。ただ，ホテルの収益物件としての性質からすれば，相当賃料を算定するにあたり，借地借家法32条1項所定の事由[17]から形式的に相当賃料を算定することには問題があると思われる。特に変動賃料の場合には，当事者が予め当事者間のリスク分担を考慮して賃料を定めたものと言い得るであろうから，借地借家法32条1項の適用はこのような当事者の意思をも十分に配慮して行う必要があろう[18]。

　また，定期建物賃貸借契約の場合には，借地借家法38条7項により，当事者間の特約で借地借家法32条の賃料増減請求権を排除することができるため，近時のホテルの賃貸借契約においては，ホテル業績に連動する変動賃料制及び定期建物賃貸借契約を採用した上で，賃貸人，賃借人双方が賃料増減請求権を行使しない旨の特約条項を契約書上定める場合もある。

　④　競業禁止

　通常の賃貸借契約においては，賃貸人の最大の関心事は，賃料を安定的に収受することであり，賃貸人が賃借人の賃借物件外における事業活動に関心を有することは通常ない。

　しかし，ホテルの賃貸借契約においては，ホテルの競争力，収益力の維持・強化が，結局は自ら所有するホテル棟の価値につながる[19]。この点，賃借

---

[17] 借地借家法32条1項は，当事者が賃料の増減を請求できる場合につき，①「土地若しくは建物に対する租税その他の負担の増減」，②「土地若しくは建物の価格の上昇若しくは低下その他の経済事情の変動」，③「近傍同種の建物の借賃に比較して」賃料が不相当となったときと規定する。

[18] ホテルの事例ではないが，ホテルと同様の収益物件である百貨店において採用されていた変動賃料に関する賃料減額確認請求事件に関する裁判例として，横浜地判平19.9.30金判1273号44頁がある。

人であるホテルチェーン会社が，賃借したホテル物件と競合する地域において競争相手となるホテルを開業することは，当該ホテルの競争力（収益力）にダメージを与えることとなる。

そのため，必ずしも一般的ではないが，ホテルチェーン会社を賃借人とする賃貸借契約においては，賃貸借期間中，賃借人に対して同一ブランド名でホテルを所有，経営，運営することを禁ずる競業禁止規定が定められる場合がある[20]。

通常の賃貸借契約において，賃借人の競業禁止規定が定められることは珍しく，この点もホテルの賃貸借契約の特徴の1つということができる。

⑤ 賃借権の譲渡，転貸等の禁止

通常の賃貸借契約同様，ホテルの賃貸借契約においても賃借権の譲渡，転貸等の禁止が定められることが通常である。さらにホテルの賃貸借においては，競業関係にある企業にホテルの経営権が譲渡されることを防ぐために，合併や株式譲渡等の支配権の移転についても賃貸人の事前の同意が求められることがある。

なお，賃借人たるホテルチェーン会社の立場からすれば，賃貸借契約の賃貸人たる地位が競業会社等に移転されるのを避けるため，後述する運営委託契約の場合と同様，賃貸人たる地位の移転につき賃借人の同意を要する旨，賃貸借契約上に定める要請があると思われるが，実際の賃貸借契約上，賃貸人の移転につき賃借人の同意を要する旨の規定は，ホテルの賃貸借契約の場合でも一般的ではない。

⑥ 大規模修繕，リニューアル

通常の賃貸借契約においては，建物の使用及び収益に必要な修繕は，賃貸人が行い（民法606条1項），内装工事等については賃借人が行うこととされて

---

19) ホテル棟を売却する際の価格も，ホテルの収益力を基準に定められる場合が多い。
20) ただし，1つのホテルチェーン会社が複数のホテルブランドを有している場合であっても，同一地域への進出を禁じられるのは，当該ホテルと同一のホテルブランドであり，当該ホテルチェーン会社が有する別のホテルブランドでの進出までが禁じられるわけではない。ホテルチェーン会社が複数のブランドを有するメリットの1つはこの点にあると思われる。

おり，修繕計画や内装工事の内容等について賃貸借契約で定めることは通常ない。

しかし，ホテルの場合，ホテル棟の大規模修繕や，リニューアルの実施，さらには什器・備品の交換などがホテルの競争力及び収益力に多大な影響を与える。

そのため，ホテルの賃貸借契約においては，賃貸人，賃借人間で大規模修繕やリニューアルに関する役割分担を定め（通常，ホテルの経年劣化による修繕は，賃貸人，什器・備品の交換やホテルの競争力向上のためのリニューアルは賃借人の負担とされる），実施時期の目安についても契約書上に定められる場合がある。

⑦　ホテル棟の建設についての関与

通常の賃貸借契約においては，賃貸人が建物を建設し，完成した建物を賃借人に賃貸するのが通常である。

この点，ホテル棟の賃貸借契約においては，ホテル棟の設計，施工前から，賃貸人と賃借人との間で賃貸借契約（もしくは基本合意）が締結されていることが多く，ホテル棟の設計が賃借人側の希望する仕様に基づいてなされる一方，賃借人側が建設協力金等の名目でホテル棟の建設資金（無利息であることが多い。）を提供し，この点が賃貸借契約の条項に盛り込まれる場合も多い。この場合，ホテル棟の建設が，いわば賃貸人と賃借人の共同プロジェクトであると言うことも出来る[21]。

ホテル棟の建設に関する賃貸人，賃借人双方の協働関係は，賃貸借契約の解除や賃料増減請求権の解釈に影響を与えることになると思われ，この点もホテルの賃貸借契約の特徴の1つとなる。一般に，ホテル棟の設計が賃借人側の希望する仕様に基づいてなされたことは賃貸人側に有利な事情に[22]，賃借人がホテル棟の建設資金を支出したことは賃借人側に有利な事情となる

21）サブリース契約に関する一連の最高裁判例（最三小判平15.10.21民集57巻9号1213頁，判タ1140号68頁，最三小判平15.10.21判時1844号50頁，最二小判平16.11.8判タ1173号192頁，判時1883号52頁）参照。

22）賃借人の要望に沿って建物が建築され，他の用途に転用することが困難である賃貸借（いわゆるオーダーメイドリース）における借地借家法32条1項に基づく賃料減額請求に関する判例として，最一小判平17.3.10判タ1179号185頁。

であろう。

⑧ 解除に関する規定

ホテルの賃貸借契約においても，賃借人の債務不履行に基づく解除の規定が設けられる。解除事由についても，通常の賃貸借契約同様，賃料の不払，賃借人の地位の無断譲渡，賃借人の倒産状態等が定められる。

ただ，ホテルの賃貸借契約においては，ホテルの競争力，収益力の維持・強化がホテル所有者にとっても大きな関心事であり，この点からホテル所有者たる賃貸人には，ホテルチェーン会社のホテル経営，運営能力に問題がある場合に，賃貸借契約を解除して，より経営，運営能力に優れたホテルチェーン会社にホテルを経営，運営させたいという要望が生じる。賃料を変動賃料とした場合には，この要望はさらに強くなる。

そのため，賃借人のホテル事業による売上が一定額を下回る状態が一定期間継続した場合に，賃貸人が賃貸借契約を解除できる旨の規定を設けることができるかが問題となる。

この点，賃貸借契約の解除については，判例上信頼関係法理が定着しており，賃借人が契約締結時に賃貸人に対して約束していた水準の業績を達成できなかったことは，信頼関係の破壊を裏付ける有力な一事情とはなりうるが，その点のみで解除が認められるかについては疑問も残る。

ただ，賃料を変動賃料とし，連動の基礎となる売上高等の指標に最低水準を設けた上で，実際の売上高等の指標が最低水準を下回った場合でも最低水準の売上高を基準として賃料が定められる旨の条項を定めておけば，ホテル業績の不振が継続した場合には賃借人はホテル営業から撤退せざるを得なくなり，解除と同様の効果が得られるのではないかと考えるが，この場合も賃料増減請求権が行使される可能性は残る。

2 運営委託契約

(1) 法的性質

運営委託契約は，ホテル経営者が，ホテルチェーン会社にホテルの日常の運営業務を委託する契約である。

ホテルの運営委託契約の法的性質としては，ホテルの運営業務という法律

行為ではない事務の処理を委託する契約であり，運営に関する裁量が基本的にホテルチェーン会社の自由裁量に任されていることから，基本的には準委任契約（民法656条）であると考えられる。ただし，昨今では請負や委任，準委任を明確に峻別せず，役務を内容とする請負と委任・準委任を統合して，サービス契約（役務提供契約）として統一的に扱う考え方が有力になってきており[23]，ホテルの運営委託契約も事業者間のサービス契約の一種として把握するのが適当ではないかと思われる。

　事業者間のサービス契約の内容は，第1に事業の目的に直接関係するサービス，第2に組織管理に関するサービス，第3に施設・設備に関するサービス，第4に従業員に関するサービスなどがあるが[24]，ホテルの運営委託契約は，これらのサービス全般が内容となりうるサービス契約であるため，運営委託契約においては提供するサービスの内容や対価等を疑義のないよう定めておく必要がある。また，ホテル経営者側から見ればホテル運営者の運営を監視，監督できる仕組みを設けておく必要がある。

　なお，運営委託契約に類似する概念として，経営委任契約がある。実務上，経営委任契約と呼ばれるものには，受任者が委託会社に対し経営上の助言または労務の提供を行うに過ぎない形から，委託会社が受任者の指図に拘束される形（受任者が委託会社の取締役・取締役会に代わり業務執行を行う。）まであり，後者の場合には事業全部の経営委任契約として，委託会社につき経営委任契約の締結，変更または解約をする場合には株主総会の特別決議を要する（会社法467条1項4号，309条2項11号）[25]。ホテルの運営委託契約は，受任者が委託

---

[23] 山本敬三『民法講義Ⅳ-1』（有斐閣，2005）710頁等参照。

[24] 事業の目的に直接関係するサービスとしては，生産ないし仕入れ段階では，製品開発，技術開発，製品デザイン，機器設計等，販売段階では，市場調査，広告・宣伝，販売委託等，いずれの段階でも生じうるものとして，信用調査，接待交際に関するサービスがある。組織管理に関するサービスとしては，情報処理に関連するサービスとして社内コンピューターのソフトウェア開発等がある。施設・設備に関するサービスとして，ビルメンテナンスや警備等があり，従業員に関するサービスとして従業員教育や福利厚生施設等がある。以上につき，中田裕康『継続的取引の研究』（有斐閣，2000）235頁～236頁参照。

[25] 江頭憲治郎『株式会社法〔第3版〕』（有斐閣，2009）879頁参照。

会社に対してホテルの日常の運営全般につき助言や労務の提供を行うものであり，経営委任契約の一種であることは間違いないが，通常の運営委託契約の場合には日常の運営を行うのみであって，委託会社の取締役・取締役会が行うべき業務執行までを行うことは通常ないため，株主総会の特別決議を要する事業全部の経営委任契約には該当しないものと考えられる。

(2) 契約条項

① 提供されるサービスの内容

運営委託契約において，ホテルチェーン会社からホテル経営者に対し提供されるサービスの内容は，ホテルの日常的な運営全般であり提供されるサービスの内容は多岐にわたる。

ホテル運営を行うに際しては，事業の目的に直接関係するサービスとして，ホテルの日常業務に加えて，マーケティングや予約システムの構築などの業務も必要となるが，ホテルチェーン会社によるホテルの運営業務にはこれらのサービスの提供も含まれる。また，ホテル運営を行うに際しては，ホテル棟の維持管理といった施設・設備に関するサービス，ホテルチェーン会社から派遣された総支配人を始めとする幹部職員によるホテル経営会社の従業員への教育といった従業員に関するサービスも提供されることとなる。

このように，運営委託契約は，ホテルチェーン会社が，ホテル経営者に対し，自らのホテル運営を通じて，ホテル事業の運営に必要な各種サービス全般をパッケージ的に提供するところに特徴があるといえる。

② 運営期間

ホテルの運営委託契約は，20年程度の長期間とされることが多い[26]。このようにホテルの運営委託契約の運営期間が長期間とされるのは，ホテル経営者側の安定したホテル運営に対する希望と，ホテルチェーン会社側の自らのマーケティングや従業員教育等により構築したホテルの収益力からの利益分

---

26) JONES LANG LA SALLE HOTELSが2005年に発表したGlobal Hotel Management Agreemet Trends 6頁によればアジアパシフィック地区における運営委託契約における運営期間は，10年間が78.6％と多く，日本における運営委託契約は，アジアパシフィック地区の中では相当長期間の部類に入ることが分かる。

配を長期的に受けたいという希望が合致したものではないかと推測される。

　ただ，近時では，当初の契約期間を3年から5年程度とし，更新を原則としながらもホテルの業績が一定の水準に達しない場合には，ホテル経営者が運営委託契約の更新を拒絶できるよう定める契約も出てきており，運営委託契約の更新拒絶というカードにより，ホテル経営者がホテルチェーン会社の運営に対する干渉を強める傾向が見られる。

　なお，賃貸借契約と異なり，運営委託契約においては運営委託期間に関する法律上の制限はなく，この点が運営委託契約の賃貸借契約との大きな相違点の1つである。

③　運営委託料（マネジメントフィー）

　ホテルチェーン会社によるホテルの運営業務及びそれに伴う各種サービスの対価としては，ホテルのGOP[27]など営業収益を示す各指数に一定の割合を乗じた変動委託料が定められることが多い。

　この点は，未だ固定賃料が採用されていることが多い賃貸借契約との大きな相違である。また，運営委託契約においては，賃貸借契約と異なり，借地借家法32条の規定の適用がないため，運営委託料が契約期間中に裁判所の判断によって増減することは原則としてなく，この点も賃貸借契約との大きな相違の1つである。

　なお，運営委託料については，ホテルの日常の運営に対する運営委託料と，予約システムサービスやマーケティングサービス等に対する手数料が分けて規定される場合が多い。

④　人　事

　ホテルの運営委託契約においては，ホテルチェーン会社から総支配人を含む数名の幹部職員が派遣され，ホテル経営者の従業員を教育しながら，ホテルを運営していくこととなるため，運営委託契約において人事に関する規定が置かれるのが一般的である。

---

27)　GOPとは，Gross Operating Profitの略であり，ホテル運営の売上（飲食部門等の売上も含む）から販売管理費を含まない経費を除いた収益をいう。「営業総利益」ともいわれる。ホテル事業における代表的な指標である。

運営委託契約においては，総支配人の任命が運営受託者たるホテルチェーン会社によって行われ，従業員の採用，管理，人事諸規定もホテルチェーン会社によって行われる。

ただし，従業員の雇用契約は，あくまでホテル経営者と従業員との間で締結され，この点がホテルチェーン会社が自ら従業員を雇用する賃貸借契約との相違である。そして，ホテル経営者の従業員の行為によって，第三者が損害を被ったことに起因して，ホテルチェーン会社が損害賠償請求を受けた場合には，ホテル経営者がホテルチェーン会社を弁護，補償する旨の規定が置かれることが多い[28]。

なお，近時の運営委託契約においては，総支配人の任命につき，ホテル経営者の承認を要するとされるなどホテル経営者側の規律が強まる傾向にある。

⑤　資金の管理

ホテルの運営委託契約においては，ホテルの運営により生じた資金は，ホテル経営者が自らの名義で開設した銀行口座により管理される旨が規定されるのが一般的である。

ホテルの運営委託契約における運営業務には，運営により生じた資金の管理が含まれるのが一般的であり，上記口座はホテルチェーン会社が管理し，上記口座から日々の運営費用や自らの運営委託料への支払いをなす旨定められることが多い。ただし，近時の運営委託契約においては，運営費用の支払い等資金の支出に関し，ホテル経営者の同意を要する旨定められるものも出てきている。

⑥　競業禁止

ホテルの運営委託契約においては，運営者たるホテルチェーン会社が近接する地域において競合ホテルの経営，運営等を行うことは，ホテルの収益に悪影響を与えるため，運営者の競業禁止規定が置かれるのが通常である。

⑦　契約上の地位の譲渡等

---

[28]　ただし，損害の発生がホテルチェーン会社の故意，過失ある行為に起因する場合は，ホテルチェーン会社自らが損害を負担すべき旨定められている場合も多い。

Aホテルの運営委託契約においても，通常の業務委託契約同様，運営委託業務の再委託や契約上の地位の譲渡を禁止する旨の規定が置かれることが多く，さらにはホテルチェーン会社の合併や株式譲渡等による支配権の移転を制限する旨の規定が置かれる場合もある。

　ただし，国際的ホテルチェーン会社は，世界中にホテルを展開し，事業戦略上，他のホテルチェーン会社との提携や統合を行う必要も高く，M＆A交渉における秘密保持の観点からも1ホテルにおける運営委託契約においてホテルチェーン会社の支配権の移転全般を制限する規定を置くことは必ずしも現実的ではない。

　そのため，運営委託契約においては，ホテル運営の水準が維持されることなどを条件として，ホテルチェーン会社の支配権の移転が許容されているのが一般的である。

　なお，ホテルチェーン会社の契約上の地位の譲渡に関する裁判例としては，かつての東京ヒルトンホテルにつき，当時運営を委託していた東急電鉄と受託者たるヒルトングループとの間で，ヒルトングループの支配権の移転が，ホテル経営者たる東急電鉄に対する背信行為となり，東急電鉄が運営委託契約を解除できるか等が争点となった東京地決昭42.5.12判時481号104頁以下がある。同決定は，ヒルトングループが東急電鉄の書面による事前の同意なく支配権の移転を行った事実を認定しながら，支配権の移転後もヒルトングループによる東京ヒルトンホテルの運営による東急電鉄の利益が引き続き維持されるとして，東急電鉄の解除の主張を認めなかった[29]。

29）　同決定は，「合併が，ヒルトンの世界的組織の利点を従来と変わりなく活用し享受しようとの意図に出たものであり，更に，右意図を実現するためHIC（ヒルトン・インターナショナル・カンパニー）の全額出資による子会社を設立し実質的には同一の経営者によって，かつ，同一の運営方針に従って右会社が運用されるものであることを認めることができるから，前記業務委託契約第26条によって保障されてきたところのHICを介し享受されてきたヒルトン組織による東急の利益も引き続き維持されることに帰する。従って，前記HICの行為をもって，これが右条項に違背するものとなして右契約を解除し得ると解するのは相当でない。」旨判示した。同決定は，ホテルの運営委託契約の内容が紛争にまで発展した数少ない事例の1つである。

B また，ホテルの運営委託契約においては，ホテル経営者の委託者たる地位の移転につき，ホテルチェーン会社の事前の同意を要する旨の規定が置かれることが多い。

賃貸借契約においては，賃貸人たる地位の移転につき，賃借人の事前の同意が必要とされることは通常なく，この点も賃貸借契約と運営委託契約の相違の1つということができる。

⑧ 運営者の説明，報告義務

運営委託料につき変動制を採用することが一般的な運営委託契約においては，効率的なホテル運営によるホテルの業績向上は，ホテル経営者とホテルチェーン会社共通の関心事である。

準委任契約に関する民法645条は，委任期間中及び委任終了後の受任者の委任者に対する報告義務を定めているが，ホテルの運営委託契約においても，受任者が，委任者に対し，ホテルの運営状況やホテル棟の管理状況などを説明，報告することとされ，説明の時期や，説明内容，提出する報告文書の種類などが詳細に定められることが多い。また，ホテルチェーン会社側が，収支見込みに基づいて作成した予算をホテル経営者側に提出し承認を得る旨定められるのが一般である。さらに，ホテル運営につき，ホテル経営者とホテルチェーン会社が定期的に業務運営会議等を行う旨規定されている場合もある。

賃貸借契約においては，賃借人たるホテルチェーン会社が，賃貸人たるホテル経営者に運営状況を説明，報告することは予定されておらず，この点も賃貸借契約と運営委託契約の相違の一つである。

また，ホテルチェーン会社による運営状況を監視するための，ホテル経営者の帳簿等の検査・調査権が規定される場合も多い。

⑨ 委託者の義務

ホテルの運営を円滑を行うに際しては，什器・備品の交換や，客室等のリニューアルなど，ホテルの競争力を維持するための支出が必要となる。

準委任契約に関する民法649条は，委任事務を処理するについて費用を要するときは，受任者が委任者に対して費用の前払いを請求することができる旨定めるが，ホテルの運営委託契約においては，運営を円滑に行うための各

費用の負担が具体的に規定されるのが一般的である。

特にホテルの運営委託契約においては，ホテル運営に関する各種損害保険への加入をホテル経営者に義務付ける規定がおかれることが多く，ホテルの運営委託契約の特徴の1つである。また，ホテルのリニューアルには多額の費用を要するため，ホテル経営者にリニューアル費用の積み立てを義務付ける規定が置かれる場合も多い。

⑩　解　除

ホテルの運営委託契約は，他の継続的契約同様，当事者が倒産状態に陥った場合や運営委託契約の条項に違反した場合の債務不履行解除の規定が設けられているのが通常である。

また，昨今からホテルの業績不振が一定期間継続した場合に，ホテル経営者が運営委託契約を任意解約できる旨定められる場合もある。

賃貸借契約においては，変動賃料が採用されている場合であっても，賃借人たるホテルチェーン会社の業績が低迷しているという理由だけで賃貸借契約を解除するのは困難であると思われ，この点もホテルの賃貸借契約と運営委託契約の相違の1つではないかと考える。

⑪　紛争解決規定

ホテルの運営委託契約（フランチャイズ契約についても同様）においては，紛争解決機関として訴訟ではなく，仲裁が採用される場合がある。

仲裁が採用される理由としては，特にレピュテーションを重視するホテルチェーン会社にとって，仲裁には非公開で紛争を処理できるというメリットがあることやホテル事業を周知した専門性を有する人物を仲裁者に得ることができるというメリットがあることが考えられる。

3　賃貸借契約と運営委託契約の共通点及び相違点

(1)　共通点

ホテルの賃貸借契約と運営委託契約は，ホテル事業という大規模な事業を共同して手がけるものであるため，必然的に契約期間が長期化し，オーナーとホテルチェーン会社間の信頼関係が重要になる点で共通する。

また，経済的に見れば，共にホテル事業により得た収益をオーナーとホテ

ルチェーン会社が分配するという共通点を有している。

　すなわち，オーナーが所有機能を有し，ホテルチェーン会社が経営・運営機能を有する賃貸借方式の場合も，オーナーが所有・経営機能を有し，ホテルチェーン会社が運営機能を有する運営委託方式の場合も，オーナーとホテルチェーン会社に分配されるべき収益の総額は，ホテル事業による収益であり，賃貸借方式も運営委託方式もこの総額としてのホテル事業による収益をいかにして分配するかの方式の違いに過ぎないという面がある。

　そのため，いずれの方式をとった場合でも，オーナーとホテルチェーン会社は，ホテル事業の成否に強い関心を抱かざるを得ない構造となる。

(2) 相違点

　賃貸借契約と運営委託契約の違いとしては，大きく3つの要素が挙げられると考える。

　まず，第1は，ホテル事業による損益の帰属の相違である。賃貸借方式についてはホテルチェーン会社に損益が帰属し，運営委託方式についてはオーナーに損益が帰属することとなる。この点，ホテル事業によるリスクを一方に集中させない方法として賃料や運営委託料を業績に連動させる方法が考えられ，特に運営委託方式については，連動方式が一般的である。ただ，ホテル事業は景気の変動といった外的要因を受けやすい事業であり，オーナー及びホテルチェーン会社双方がコントロールできない外的要因による大幅なホテルの業績の悪化が生じた場合には，この損益の帰属の違いが深刻な問題となる。

　第2に，賃貸借契約が「物」の使用を目的とする契約類型であるのに対し，運営委託契約がホテルの運営という「サービス」(役務)の提供を目的とする契約類型であることによる相違である。

　賃貸借契約は，ホテル棟の使用と賃料の支払いを目的とするものであり，ホテル棟を利用したホテル事業を直接の目的とするものではないことから，賃貸人のホテル事業への関与は本来予定されていない。これに対し，運営委託契約は，ホテル事業の運営を契約の直接の目的とするものであることから，ホテル事業のために委託者と受託者が協力することが本来的に予定されており，そのため法律上も受託者の説明義務等(民法645条)の規定が用意されて

いる。

ただし，経済的に見れば，ホテル事業の成否につき，オーナー，ホテルチェーン会社双方の利害は共通しており，そのため，特に賃貸借契約につき，賃貸人が賃借人のホテル事業に協力，または干渉する内容の規定が設けられ，運営委託契約に接近する傾向が見られる。

第3に法的規制の相違である。

賃貸借契約については，強行法規としての借地借家法が存在し，賃貸借期間や賃料等につき，裁判所による介入の可能性がある。これに対し，運営委託契約については，借地借家法のような強い効力を有する強行法規による規制が存在しないため，より当事者が定めた契約内容が尊重されることとなる。この点で，両契約は，私的自治の尊重の点や法的安定性の確保の点において異なることとなる。

(3) まとめ

ホテルの賃貸借契約と運営委託契約は，損益の帰属という点で決定的な違いを有しながらも，収益の原資となるホテル事業の収支を最大化させるという共通の目的を達成するため，契約内容が接近化する傾向にある。

ホテル事業に関する提携契約を締結するにあたっては，所有・経営・運営の分離に関する各方式を検討することが重要であることは言うまでもないが，一方，当事者双方にとって最も大きな利害に関わるホテル事業の収益最大化のために，どのような契約形態，契約条項を採用するのが最も効果的であるかという点についても十分に注意し，契約内容を詰めていく必要があると考える。

表　賃貸借方式と運営委託方式の対比

	賃貸借方式 (lease contract)	運営委託方式 (management contract)
法的性質	賃貸借契約（民法601条以下）	役務提供契約（請負と委任・準委任を統合したサービス契約）
契約の目的	物（ホテル棟）の使用。	役務（ホテル事業に係るサービス全般）の提供。
契約期間	20年以上の長期間契約が一般的。更新拒絶には法令上の制限あり（定期建物賃貸借を除く）。	20年程度の長期間契約が一般的。更新拒絶に法令上の制限はなし。
ホテル利用者の契約相手方	ホテルチェーン会社	ホテル経営者
ホテル経営に関する損益の帰属主体	ホテルチェーン会社	ホテル経営者
契約内容に関する法令上の制限	あり（借地借家法）	なし
契約当事者間で支払われる対価	固定賃料（ホテルチェーン会社→ホテル所有者）が多い。ただし，変動賃料制及び併用制が増えている。賃料増減請求権あり。	変動運営委託料（ホテル経営者→ホテルチェーン会社）が一般的。運営委託料の増減請求は予定されていない。
ホテル従業員の雇用者	ホテルチェーン会社	ホテル経営者
ホテルチェーン会社の競業禁止規定	必ずしも一般的ではないが，置かれることもある。	通常，置かれる。
ホテルチェーン会社の説明・報告義務	契約上は，予定されていないことが多い。	契約上予定されている（民法645条参照）。
契約上の地位の譲渡　ホテルチェーン会社	相手方（ホテル所有者）の事前同意が通常必要。	相手方（ホテル経営者）の事前同意が通常必要。
契約上の地位の譲渡　ホテルチェーン会社の契約相手方	相手方（ホテルチェーン会社）の同意は通常不要。	相手方（ホテルチェーン会社）の事前同意が必要とされる場合が多い。
事業の業績低迷を理由とする解除	困難（直ちに信頼関係が破壊されたとは言い難い）。	契約上定めていれば，比較的容易。

3

サブ・フランチャイズ契約の制度設計，フランチャイズ契約の対第三者関係
——企業提携の観点からの総論的検討

　フランチャイズ契約については，戦略的な企業提携契約，継続的契約関係の一形態として，法的観点に基づく研究も数多くなされてきた。しかしながら，近時，非常に有力となっているサブ・フランチャイズ・システムに係るフランチャイズ契約（サブ・フランチャイズ契約）については，法的観点に基づく研究は皆無に等しい状況であった。偶然，本稿の発表（判タ1265号）と時を接して，大手フランチャイズ・チェーンにおけるサブ・フランチャイザーの離脱紛争が裁判となり，仮処分決定が出，その後本案判決も出されるなど，サブ・フランチャイズ契約をめぐる法的理論状況は俄かに騒がしくなってきている。本稿は，まず，「企業提携」・「事業提携関係」の観点からサブ・フランチャイズ契約を見た場合の特徴，制度設計上，望ましい契約条項の内容を考察し，かつ，サブ・フランチャイズ契約の解消の場面でどのような法解釈，契約解釈が妥当であるかを総論的に検討するとともに，フランチャイズ契約の対第三者関係において，「共同事業性」の要素がいかなる意味を持つのかを，「名板貸責任」の問題を使って考察してみるものである。

奈良　輝久

第1　本稿の目的，検討対象・検討内容
第2　前提として理解しておくべき事項
第3　フランチャイズ契約について
第4　対内関係（各種の契約条項と定義Bとの関係）—共同事業性如何
第5　対外関係（対第三者関係）—共同責任の問題について
第6　終わりに

第1　本稿の目的，検討対象・検討内容

1　目　的

　本稿は，まず，企業間における「企業提携」ないし「事業提携関係」という観点から，サブ・フランチャイズ契約を見た場合，①どのような特徴が認められ[1]，その制度設計上，どのような内容の契約条項を用意するべきであるか，②問題となる場面にあって，民法等の関連規定ないしフランチャイズ契約の関連条項はどのように解釈されるべきかをサブ・フランチャイズ契約の解消の問題を取り上げて総論的に考察し，次いで，③フランチャイズ契約の対第三者関係において，「共同事業性」ないし「事業提携関係」の要素がいかなる意味を有するかを，「名板貸責任」の問題を使って考察してみるものである。もとより，サブ・フランチャイズ契約に関する法的観点からの分析は，我が国にあっては未だ皆無であるに等しく，本稿も，とりわけサブ・フランチャイズ契約の部分は覚書程度の試論にすぎないが，とりあえずの一里塚として発表するものである。

---

[1] サブ・フランチャイズ契約も，フランチャイズ・システムにおいて採用される契約の一つである。ところで，戦略的提携の分類から見たフランチャイズ・システムの位置付けとして，以下のように整理するものがある（安田洋史『競争環境における戦略的提携』〔NTT出版，2006〕28頁以下）。
　戦略的提携としての企業間の取引の分類
　（契約関係に基づくもの）
　　　従来型契約に基づくもの…フランチャイズ，売買，ライセンス，クロス・ライセンス
　　　非従来型契約に基づくもの…共同研究開発，共同製品開発，共産委託，共同製造，共同マーケティング，共同販売，研究コンソーシアム
　（資本関係に基づくもの）
　　　新たな資本構築を伴わないもの…少数投資（経営権をもたない少数株主としての資本参加），資本交換（資本持ち合いによる相互資本参加）
　　　資本構築を伴うもの…JV（合弁会社→対等合弁会社，非対等合弁会社）設立
　　　資本解消を伴うもの…企業体が消滅するかこれに相当する経営権の消滅が行われる取引（ex. M&A）

2 検討対象・検討内容

(1) サブ・フランチャイズの定義・内容

フランチャイズ・システムにおいて複数の店舗を展開するフランチャイジー（フランチャイズ加盟店）は，「マルチユニット・フランチャイジー」と呼ばれる[2]。フランチャイズ業界におけるマルチユニット・フランチャイジーのウェイトは，店舗数が多く，フランチャイズ・システムが浸透しているファースト・フード，コンビニエンスストア等で急速に高まっているといわれている。これは，フランチャイザー（フランチャイズ本部）にとって，急速な成長や優秀なフランチャイジー確保の手段となり，加盟者にとっては多角化の有力な手段となるからである。

マルチユニット・フランチャイジーの形態は，大きく，エリア・フランチャイズとサブ・フランチャイズ（マスター・フランチャイズ）の二種類に分けられる。

エリア・フランチャイズとは，フランチャイザーが特定の地域において，一定の期間内に，事前に定められた数の店舗をエリア・フランチャイザー（フランチャイジーである。）自身が出店することを認める形態を指す（但し，日本フランチャイズチェーン協会編『フランチャイズ・ハンドブック』〔商業界，2003〕326頁は，「(エリア・フランチャイズ契約とは，）フランチャイザーが，特定の地域（エリア）で開発力を有すると見込まれる者に対し，そのエリア内でフランチャイジーを募集する権利を与えることを主たる内容とする契約のことである。フランチャイザーとこの契約を締結した者は，フランチャイザーに代わり，そのエリア内で末端のフランチャイジーの募集を行い，自らフランチャイズ契約を締結するなどして，そのエリアの開発を担当することになる。このエリア

---

[2] 我が国では，「メガフランチャイジー」という呼び方もあるが，単に，複数店展開を指している場合がある一方で，一定規模以上の複数店舗経営（例えば，加盟店舗数30店舗以上または売上高20億円以上のフランチャイジーと定義するなど。）を意味する場合があるなど，確定した定義とはなっていないようである。なお，フランチャイズチェーンの開発過程におけるメガフランチャイジーと本部の相互関係やフランチャイズ組織の分権的進化，多元化について論じた論稿として，新原浩朗＝高岡美佳「フランチャイズ組織の分権的進化と多元化」組織科学38巻1号4頁以下がある。

の範囲に制限はないが，一般には国内の一地域程度をエリアとして指定する場合が多い。」と定義している。この定義によれば，展開地域を限定したサブ・フランチャイズと同義となる。)。

　サブ・フランチャイズとは，「フランチャイザー（フランチャイズ本部）が，他の事業者であるサブ・フランチャイザーとの間に契約を結び，サブ・フランチャイザーに対し，一定の地域についてフランチャイズ契約の締結または締結のための交渉を行う権利を与え，サブ・フランチャイザーはその見返りとして一定の対価をフランチャイザーに支払って事業を行う両者の継続的関係」を言い，サブ・フランチャイジーから受け取るロイヤルティの配分は，フランチャイザーとサブ・フランチャイザーの協議によって決定され，通常，両者間の契約（本稿では，サブ・フランチャイズ契約と称するが，マスター・フランチャイズ契約とも称される。）に規定される[3]。

　本稿が，第一に，サブ・フランチャイズ契約を主たる検討対象とする理由は，まず，フランチャイザー，フランチャイジー（サブ・フランチャイザー）とも一定程度以上の企業（ex. 上場企業）である場合が少なくないからである。この場合，フランチャイザー，フランチャイジー（サブ・フランチャイザー）とも

---

[3] サブ・フランチャイズの定義につき，日本フランチャイズチェーン協会編「フランチャイズ・ハンドブック」（商業界，2003）332，333頁，マスター・フランチャイズ契約の定義につき，同353頁。なお，サブ・フランチャイズ・システムに関する論稿としては，小本恵照「マルチユニット・フランチャイジーの成長と課題」（ニッセイ基礎研究所・経済調査レポート No.2007-05〈http://www.nli-research.co.jp/report/econo_report/2007/ke0705.html〉），社団法人中小企業診断協会東京支部「（平成16年度マスターセンター補助事業）メガフランチャイジーに関する調査研究報告書」（2005）〈http://www.j-smeca.jp/attach/kenkyu/shibu/h16/tokyo_2.pdf〉，同「エリア・フランチャイズ制度に関する調査報告書」（フランチャイズ研究会，2011），小林忠嗣監修・リンク総研編著『メガフランチャイジー戦略』（ダイヤモンド社，2002）などがある。いずれも，経済的・経営的分析に力点を置いたものである。これに対し，法律家の書いた代表的なフランチャイズ契約の文献，例えば，川越憲治『フランチャイズシステムの法理論』（商事法務研究会，2001），小塚荘一郎『フランチャイズ契約論』（有斐閣，2006）池田辰夫ほか「コンビニエンス・フランチャイズ・システムをめぐる法律問題に関する研究報告書(1)～(5)」NBL948号6頁，949号86頁，950号75頁，951号70頁，952号56頁では，サブ・フランチャイズ契約は取り上げられていないか，取り上げられていても，ごく僅かにとどまる。

図1　フランチャイズの組織構造その1：通常のフランチャイズ契約の場合

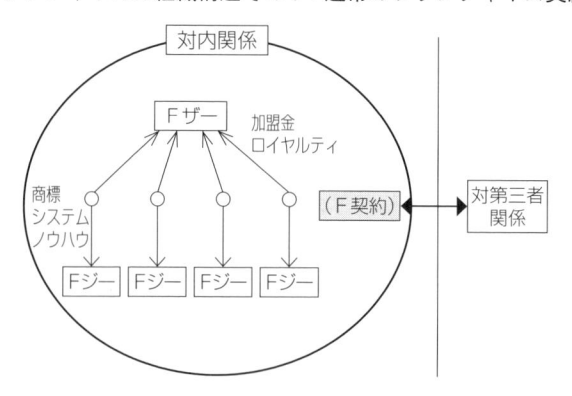

図2　フランチャイズの組織構造その2：サブ・フランチャイズ契約の場合

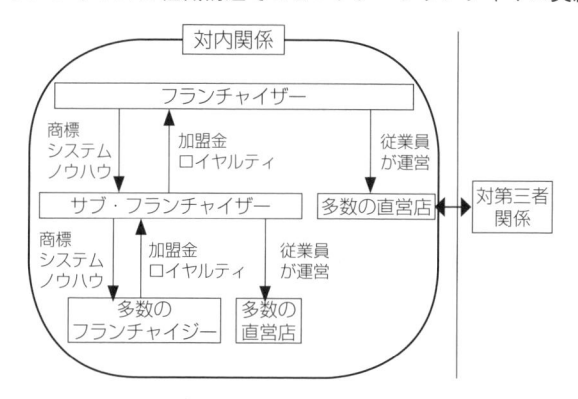

個人の法人成りといった規模ではなく，資本金，売上げ，従業員数等の点で相当程度の規模，組織性を有する企業であるといえ，両者の契約関係には，通常の，フランチャイジーが零細な企業，個人であるフランチャイズ契約の場合以上に，「事業提携関係」ないし「共同事業性」（あるいは「対等性」）が強く認められると思われる。また，サブ・フランチャイザーの下には，多数のサブ・フランチャイジー（いわゆる通常のフランチャイズ契約の場合のフランチャイジーと同格の存在である。零細な企業，個人も含まれる。）が，サブ・フランチャイザーとの間でフランチャイズ契約を締結しているため，あたかもサブリース契約の場合と同様に，組織構造が二層構造となっており（図1，2参照），かつ，

サブ・フランチャイザーは，加盟店（フランチャイジー）としての地位と自らフランチャイジーを組織する本部としての地位の二面的な地位を有している。この点で，サブ・フランチャイザーは，エリア・フランチャイザーの場合以上に，フランチャイザーとの「事業提携関係」ないし「共同事業性」が認められると思われるからである[4]。

　サブ・フランチャイズ契約（更には，エリア・フランチャイズ契約）も，もとよりフランチャイズ契約の一種であるが，フランチャイズ契約の主たる内容は，(1)フランチャイザー対フランチャイジーの関係（対内関係）と，(2)「フランチャイザー＋フランチャイジー」対第三者（消費者等）との関係（対外関係）に分けることが可能である。

(2) **フランチャイザー対フランチャイジーの関係（以下「対内関係」という。）**

　ところで，従来問題とされてきたフランチャイズ契約の「対内関係」の訴訟案件（コンビニエンスストアや飲食店の訴訟案件など。争点としては，フランチャイズ契約締結過程における情報提供義務，ノウハウ・指導援助義務，フランチャイズ契約の終了，終了後の競業避止義務等が典型である。）の多くは，当事者の一方であるフランチャイジーが個人の法人成りのような零細な企業か個人そのものであって（以下，このようなフランチャイジーを「ミニFジー」という。），判例・裁判例も勢い，消費者事件の判決のような弱者救済・保護の様相を呈していた[5]。

　これに対し，フランチャイジーがサブ・フランチャイザーの場合，フランチャイザーとの間の対等性，「共同事業性」がより強く認められ，フランチャイズ関係の継続，解消（利益・損失の分配），解消後の競合関係の制限（競業避止義務，商標等の使用制限）の各局面における法解釈・契約解釈に際し，消費者事件的な弱者救済的解釈の色合いは後退（なお，フランチャイズ契約締結過程の

---

4) エリア・フランチャイズ契約の問題は，サブ・フランチャイズ契約の問題を検討することで基本的に足りると思われる。
5) これらの裁判例の分析としては，川越憲治『フランチャイズ・システムの判例分析〔新版〕』（商事法務研究会，2000），金井高志『フランチャイズ契約裁判例の理論分析』（判例タイムズ社，2005），西口元ほか編『フランチャイズ契約の法律相談〔改訂版〕』（青林書院，2009）37頁～65頁〔河野敬＝清水建成〕，神田孝『フランチャイズ契約の実務と書式』（三協出版，2011）51頁～79頁，池田ほか・前掲注3)(1)(2)などがある。

紛争，例えば，情報提供義務違反等は，事実上は想定されにくくなろう。），「事業提携関係」ないし「共同事業性」という面でのフランチャイズ契約の特性がより強く出ると思われる。

　もっとも，筆者が承知している限りでは，フランチャイズ契約の基本的な契約条項の内容そのものは，その約款的性質もあり[6]，かつ，サブ・フランチャイザーのかなり多くが，通常のフランチャイジーが成功して拡大発展してきた存在であったためか，フランチャイズ契約の契約条項（の修正）に対する関心が比較的薄かったようで，フランチャイジーがサブ・フランチャイザーである場合とミニＦジーである場合とでさほど差がない。端的にいえば，サブ・フランチャイズ契約自体が，フランチャイザーが，サブ・フランチャイザーに対し，比較的広汎なテリトリーを許諾し，また，例えば，地域特性を反映させるなどの観点から，サブ・フランチャイザーに取扱商品，商品開発等につき一定の裁量を認めつつも，フランチャイズ契約上通常定められる，ロイヤルティの支払い等のフランチャイジーの種々の義務（この点は後述する。第3　3参照）をサブ・フランチャイザーに課し，かつ，サブ・フランチャイザー，サブ・フランチャイジー間の契約につき，商標，システム，ノウハウの使用等に関しては，基本的にフランチャイザー，サブ・フランチャイザー間のサブ・フランチャイズ契約と同一内容（ないし同一の仕組み。経営ノウハウの提供内容やロイヤルティの計算方法が当然に同一という訳ではない。）のフランチャイズ契約を締結させる義務を課し，更に，フランチャイザー，サブ・フランチャイザー間の契約が終了する場合は，サブ・フランチャイザー，サブ・フランチャイジー間の契約も自動的に終了する（さらには，同時に，フランチャイザーがサブ・フランチャイザーに代わって，サブ・フランチャイジーと直接のフランチャイズ契約関係を締結する。）といった規定を設ける程度のものが多かったと思われる（なお，この最後の自動終了条項などは，考察すべき一つの問題である。後述する。第4　5(2)参照）。

　しかし，近年，話題となった「ほっかほっか亭」（全国で約3400店舗を展開）

---

[6]　吉井啓子「非典型契約の総合的検討(11)フランチャイズ契約」NBL939号60頁以下，特に65頁。

の大手サブ・フランチャイザーである㈱プレナス（関東，九州を中心に約2260店舗を展開）のFC離脱騒動[7]などを見ていると，資源配分の効率性の観点等からサブ・フランチャイズ・システムがよりよく運用されるためには，冒頭の第1 1で述べたような，サブ・フランチャイズ契約の制度設計に関する議論が真摯にかわされてしかるべき時期に来ていると思われる。

(3) 対第三者関係（以下「対外関係」という。）

対外関係では，商標，ノウハウ等，知的所有権の帰属・侵害への対処，名板貸責任の場面などが典型的な論点として考えられる。

この場合は，第三者（消費者，競合他社）から見れば，フランチャイジーがサブ・フランチャイザーの場合も，サブ・フランチャイジーを含むミニFジーの場合も，フランチャイザーとフランチャイジーは「共同事業者」にほかならないと位置付けることが可能であろう。そこで，かかる「共同事業者」性が紛争解決，法解釈に際して，どのように反映されるのか，フランチャイ

---

7) 当時の新聞報道等によると，㈱プレナスは，1980年に「ほっかほっか亭」に加盟し，店舗数を大幅に伸ばし，最大のフランチャイジー（サブ・フランチャイザー）に成長した企業である。その後，九州，福岡地区を除く西日本で「ほっかほっか亭」を展開していた㈱ハークスレイ（大阪市）が2006年に総本部（㈱ほっかほっか亭）を子会社化して以降，両社は運営方針をめぐって対立し，まず，総本部が㈱プレナスに対し，2007年5月と11月に6地区（静岡・埼玉・群馬等）の地区総本部契約の更新拒絶通知を出し，ついには，2008年2月6日付けで，今度は，プレナスが「ほっかほっか亭」地域本部，地区本部契約のすべてについて解約通知到達の3か月以降にあたる2008年5月15日をもって解約する旨の解約通知を出した。そして，両社（総本部と㈱プレナス）との間では，総本部が㈱プレナスに対し，事業禁止，標章使用等差止めを求める仮処分事件が係属し（東京地裁平成20年(ヨ)第461号，462号事件），東京地裁は，平成20年（2008年）3月28日，申立てを却下する決定を出し，次いで東京高裁も，理由付けは地裁と異なり，仮処分命令の保全の必要性を欠くとして申立てを却下した（東京高決平20.9.17判時2049号21頁）。また，本案についても東京地裁判決は出ている（東京地判平22.5.11判タ1331号159頁）。同判決は，サブ・フランチャイザーがマスター・フランチャイザー主催の会議への出席を拒否するなどした行為は，マスター・フランチャイザーとの間のフランチャイズ契約（サブ・フランチャイズ契約）上の義務違反行為に当たるとはいえないとした上で，マスター・フランチャイザーによるフランチャイズ契約の更新拒絶の効力を否定し，その後のサブ・フランチャイザーによる信頼関係破壊を理由とするフランチャイズ契約の解約の意思表示を有効とした。

ザーとしてはどう対処すべきかについても検討してみようと思う。本稿では，近時，フランチャイズ契約での紛争が多い名板貸責任を取り挙げてみる。

第2 前提として理解しておくべき事項

議論を進めるに先立ち，フランチャイズ契約に関する基本的な前提知識を確認しておくこととする。既に述べたとおり，サブ・フランチャイズ契約もフランチャイズ契約であり，基本的にその内容を充足している。そのため，フランチャイズ契約の基本を確認しておくことは有益である。

1 フランチャイズ・システムの意味

(1) ビジネス・フォーマット型フランチャイズの定義（社団法人日本フランチャイズチェーン協会）(注：わが国のフランチャイズ・システムの多くがこれにあたる。)は，以下のようなものである[8]。

「フランチャイズとは，事業者（フランチャイザー）が，他の事業者（フランチャイジー）との間に契約を結び，自己の商標，サービスマーク，トレードネーム，その他の営業の象徴となる標識，及び経営のノウハウを用いて，同一のイメージのもとに商品の販売その他の事業を行う権利を与え，一方，フランチャイジーは，その見返りとして一定の対価を支払い，事業に必要な資金を投下してフランチャイザーの指導及び援助の下に事業を行う両者の継続的関係を言う」（定義A）

フランチャイザーが提供する「ビジネス・フォーマット」には，商標等の標識，経営のノウハウ，及び指導，援助が含まれ，「フランチャイズ・パッケージ」と総称されるが，全体として，一つの経営システムないしプログラムをなすという趣旨である。

ビジネス・フォーマットをパッケージとして受け取ったフランチャイジーは対価（フランチャイズ・フィー）を支払う。

---

[8] 日本フランチャイズチェーン協会編・前掲注3)19～23頁にかけて，各種の定義が紹介されている。

「フランチャイズ・フィー」には以下の二種類がある。

① イニシャル・フランチャイズ・フィー：フランチャイズ契約締結時に支払う。

② ロイヤルティ：契約期間中に継続して支払う。

(2) そして，フランチャイズ契約は，フランチャイズ・システムを作るための契約である。

2 フランチャイズ・システムの機能，基本理論

(1) フランチャイズ・システムとは，ビジネスのための仕組みであり，フランチャイザーによるシステム（フランチャイズ・パッケージ）の開発とフランチャイジーによるそれを用いた店舗経営とが分業関係ないし共同事業関係をなすと解されている。

(2) いわゆる「市場と組織論」（取引コスト論）の観点からは，そもそも，市場とは他人と取引交渉して財を得る仕組みである一方，組織とは他人の指揮命令で財を得る仕組みであるため，両者の間には全く異なる社会関係があるように見える。しかし，フランチャイズ・システムは，独立事業者間の市場取引と指揮命令系統に基づく企業組織との中間的な仕組み（「中間的組織形態」）によって効率的な事業形態が実現されている。

これをかみ砕いていうと，次のように説明される。

「もし，ある企業が固有のノウハウやビジネス・モデルにもとづいてすべての支店を直営店化するならば，多くの資本や多くの有能なマネージャーが必要となる。しかし，すべての人間は限定合理的で機会主義的なので，このような多額の資金と多数の人材を組織内で調達することは非常に難しく，組織内取引コストは非常に高いだろう。他方，ビジネス・モデルを市場取引で他社に完全に販売することも難しいだろう。ノウハウやビジネス・モデルやブランドを販売すると，人間は限定合理的なので企業は監視はできず，購入者がブランドのもとに質の低いサービスを提供する可能性があり，ブランドにただ乗りする可能性がある。それゆえ，市場での取引コストは高い。したがって，ノウハウやブランドやビジネス・モデルをフランチャイズ契約によって貸し出すことによって，組織内取引コストも市場取引コストも節約でき

る。つまり，中間組織としてのフランチャイズ方式がベターな組織デザインとなる。」[9]

かくして，フランチャイズ・システムは「市場か企業組織か」という二分法を越えた問題を提起する，と解されている[10]。後述する法的性質（第3 2）における平井宜雄東大名誉教授の説も，この「市場と組織論」（取引コスト論）に立脚したものである[11]。

---

9) 菊澤研宗『組織の経済学入門』（有斐閣，2006）48頁。小塚・前掲注3)16頁以下。
10) なお，ここで，エイジェンシー問題についても触れておこう。小塚・前掲注3)20頁等参照。

 エイジェンシー問題の考え方は，フランチャイズ契約の全体構造を考える上で有益と考えられている。エイジェンシー問題の考え方によれば，フランチャイズ・システムを採用する真の理由は，チェーン展開しようとする企業がエイジェンシー問題（取引の相手方の行動が直接に観察できないために〔モニタリング効果のロス〕，事前にリスクと損益を分配する適切な契約等が成立しないこと）に直面することにあるとされる。

 本部（ザー）は，店舗経営者の行動について，十分な資本や労働を投入した営業活動が行われるか否かに利害を有する。チェーン展開の場合には，ある店舗（ジー）の品質やサービスが悪ければ他の店舗にも影響が及ぶ反面で，品質を落とした店舗も，本部や他の店舗の努力によって築かれたブランドの信用力の故に必ずしも収益を失わないので，エイジェンシー問題はいっそう深刻となる。本部が店舗経営者の行動を観察することができるならば，直営店を展開して従業員に店舗経営を委ねれば足りるが（垂直的結合），それは多くの場合に非現実的な想定である。しかも，フランチャイズ・システムにおいては全店舗の行動を基本的に統一させるところに機能的意味があるため，店舗経営者ごとに観察態様が異なってしまうことも懸念される事由である。そこで，フランチャイズ・システムを採用し，事前にリスクと損益を分配する適切な契約等を成立させておくことが合理的となる。つまり，フランチャイジーが完全にリスクをとることを好まず，フランチャイザーにもリスクの分担を求めるために売上または収益を分配してリスク分配をするという考え方が生まれてくるのである。

 そして，フランチャイジングの実際を見ると，リスク分配（債務不履行も含む）の類型は実に多様であり，金額も軽微なものから巨額なものに至るまで，多種多様である。特定の類型のリスクや損益を対象にして契約を定めれば，合理的な分配方法等を設定できるであろうが，リスク分配の全類型を細かく契約しようとしても，現実には手に余ることにならざるを得ない。そこで，実際には，単純化して記載された条項が採用されることになるが，それぞれの事情ごとに，裁判所が関与する等して，若干の調整をしていくということになる。

11) 取引コスト論については，菊澤・前掲注9)14頁以下参照。

第3 フランチャイズ契約について

1 フランチャイズ契約の要件について[12]

　フランチャイズ契約は，フランチャイザーとフランチャイジーによる一種の共同事業形態としてのフランチャイズ・システムを効率的に機能させるために，双方に適切な活動水準を実現するインセンティブを与える仕組み（定義B）である。

　その要件は，以下のとおりである。

　(1) フランチャイザーがフランチャイジーに対して，「フランチャイズ・パッケージ」の利用を認めるとともにその使用を義務付けること

　(2) フランチャイジーは，「フランチャイズ・パッケージ」の利用に対して対価を支払う義務を負うこと

　(3) 商品・サービスの取引を目的とした契約であること

　(4) フランチャイジーは自己の名義及び計算においてこの取引を行うものであること

　(5) 「フランチャイズ・パッケージ」の内容として，

　　①共通の標識及び統一的な外観の使用

　　②フランチャイザーからフランチャイジーに対するノウハウの付与

　　③フランチャイザーによるフランチャイジーの経営の継続的な支援

が規定されていること

　なお，フランチャイズ契約に規定されたフランチャイザーとフランチャイジーとの権利義務は，フランチャイズ・システムの法律的な表現であるといってよい。

2 法的性質について

　フランチャイズ契約の法的性質に関しては，ライセンス契約説，流通契約

---

12) 小塚・前掲注3)45頁。

説，独自の契約類型説，混合契約説などが提唱されてきたが，ここでは，「事業提携関係」，「共同事業性」の議論に有益と思われる，「市場と組織論」（取引コスト論）に立脚した平井宜雄東大名誉教授の説を挙げておく。

平井説（「いわゆる継続的契約に関する一考察—『市場と組織』の法理論の観点から」）[13]

・合理的当事者であるならば「継続的」ならしめる「意思」をもたざるを得ないような契約とは，取引の対象たる財が「取引特殊性」をもつ場合である。
・取引特殊性のある財が取引の対象であるときには，合理的取引当事者はその合理的計算の結果として継続的契約を選択し，その基礎をなす社会的関係は，市場と組織の中間に位置する「中間組織」である。
・フランチャイザーにとっては，利益を得る見込みのある特定の場所（不動産）は非代替的な財であり，かつ高価であろうから，それも取得する費用及び多額の投資をして開発した商品・ノウハウ等を提供する費用の回収には時間を要する。フランチャイジーにとっては，フランチャイザ

---

13) 中川良延ほか編『日本民法学の形成と課題（下）』（有斐閣，1996）699頁．平井説は，本文記載の分析に続けて，「組織型契約」を解釈するにあたっては，「市場型」契約と異なる態度で臨むべきである（「組織原理」を念頭におく）として，例えば，期間については，「期間が定められている場合にはその期間中の存続を強く保障されるべきであるのはもちろん，期間が定められていない場合であっても，少なくとも合理的な期間（すなわち契約当事者の一方または双方が契約締結前に行った「取引特殊的投資」を回収するに足りるだけの相当の期間）内は存続するという解釈をもって基本とすべきである。また，期間満了の場合には，更新についての定めがなくても，更新されるのが原則であり，少なくともただちに契約の終了を認めるべきでない，という態度で臨むべきであろう。」とし，また，「共同事業型」契約に関しては，「損益分担条項が必ず存在すると考えられるが，その解釈は，条項の文言に即してできるかぎり厳格になされるべきである。損益分担条項は，「共同事業」の根幹をなすものであり，契約当事者のすべての事業計画はここに基礎をおくものであって，それを契約で定めるところに，「（純粋型）組織」と異なる「中間組織」の意味を認めるべきだからである。」などとする（同書717頁以下）。なお，同じく平井宜雄「契約法学の再構築(1)〜(3)」ジュリ1158号96頁，1159号135頁，1160号99頁，同『債権各論Ⅰ(上)契約総論』（弘文堂，2008）64頁〜68頁，114頁〜124頁参照。

一の持つサービスマーク・トレードネーム・同一イメージ等は，全く他から調達しえない財であり，しかも利益をあげるまでになって，フランチャイジーになるために投下した資金を回収するには，少なくとも一定の時間の経過を要する。しかし，フランチャイズ契約は，営業から生じる利益及びリスクを契約当事者がそれぞれに得たり，負担したりすることを目的としているのだから，フランチャイザーをヒエラルヒーの上位者とする純粋の組織を形成することはあり得ない。こうしてフランチャイズ契約は，フランチャイザー及びフランチャイジーから成る「中間組織」の法的枠組みとなる。

フランチャイズ契約等の「組織型」契約兼「共同事業型」契約にあっては，①詳細な条項からなる書面（契約書）が存在することが多い，②期間の定めがあり，しかも，その期間中には契約を解消できず，かつ契約上の権利義務について譲渡禁止の定めのあることが多い，③契約当事者が契約中受けるべき利益と蒙ることがあるべき損失の範囲についての明示かつ詳細な定め（損益負担条項）がなされている場合が多い，④両当事者の受けるべき対価についての詳細な定めに加えて，時間の経過に伴うそれらの自動改訂条項が設けられていることが多い，⑤経済情勢の変動があれば契約内容を改訂するための協議をすべき旨の条項（再協議条項）が入っていることが多いといった特色がある。

平井説で注意すべき点は，「法的枠組み」という表現からもうかがわれるとおり，「中間組織」の範囲がかなり広いという点である。例えば，同じフランチャイズ契約といっても，「対サブ・フランチャイザー」契約（サブ・フランチャイズ契約）と「対ミニFジー」契約とでは，「共同事業性」，両者の力関係・情報の偏在性の点でも相当異なる面があり，そのことから，個別の契約条項の解釈準則が異なり得ると思われ，この点は，平井説も，もとより否定するところではないであろう。

3　契約の内容と機能について

フランチャイズ契約の標準的な契約条項は，以下のようなものとなってお

り，サブ・フランチャイズ契約にあっても，通常，同様の規定が用意されている（ただし，店舗運営に対する指導及び援助等については，規定が簡易化されていることもある。）[14]。

(1) **基本的な債務**

フランチャイザー：フランチャイズ・パッケージの提供義務

フランチャイジー：①対価（フランチャイズ・フィー）の支払義務
　　　　　　　　②フランチャイズ・パッケージの適正使用義務

「フランチャイズ・パッケージの内容」とは，

　(ア) 標識（商標等）の使用許諾

　(イ) 経営ノウハウの提供…マニュアル等の文書の交付，研修実施

　(ウ) 店舗運営に対する指導及び援助…スーパーバイザーの派遣，一括仕入，集中的なデータ処理，全国的な宣伝広告の実施等

(2) **フランチャイザー・フランチャイジー間の取引**

ex. 物品販売のフランチャイズ・システムの場合…当該商品の売買

　① 発注・受注の方法

　② 納品の方法

　③ 販売価格の決定方法

(3) **フランチャイジーの金銭支払義務**

① イニシャル・フランチャイズ・フィーの支払義務

② ロイヤルティの支払義務

③ フランチャイジーが購入した商品または原材料の代金の支払義務

④ 店舗賃料の支払義務

⑤ 宣伝広告費用の分担金の支払義務

(4) **付随的な債務**

フランチャイズ契約は，一定期間にわたって一種の共同事業関係を形成するものであるため，信頼関係ないし協力関係が維持されていなければ十分に機能しない。そこで，フランチャイズ契約では，当事者間の利害対立を予め

---

14) ここでの契約内容の分析は，小塚・前掲注3)53頁以下による。本文で述べた平井説も，この内容と基本的に一致すると思われる。

調整する規定がおかれる。

これらの規定の存在は，フランチャイズ契約が「事業提携（契約）関係」であるがゆえに認められる特徴であるといえよう。なお，③は，対外関係の規定である。

① フランチャイズ・システム全体の利益を害さないために，フランチャイジーが負担する義務
(ア) ノウハウ，マニュアルの内容等についての守秘義務
(イ) 競業禁止，競合者への出資の禁止
(ウ) 営業専念義務（他業従事の禁止）
② 同一のフランチャイズ・システム内部の行為がフランチャイジーの営業活動と競業する場合についての調整規定
(ア) フランチャイジーに対するテリトリー（エリア）の保障
(イ) フランチャイザーによる直営店の出店の可否
(ウ) フランチャイザーによる他の販路（スーパーへの出荷，通信販売等）の利用の可否
③ フランチャイズ・システムの利益を第三者との紛争から守るための条項
(ア) 消費者の苦情や事故の発生をフランチャイザーに通知するフランチャイジーの義務
(イ) 標識の侵害行為をフランチャイザーに通報するフランチャイジーの義務
(ウ) 第三者（標識の侵害者等）に対して必要な訴訟を追行するフランチャイザーの義務
④ 契約の終了に関するオプション規定：実質的には，フランチャイザーとフランチャイジーに「再交渉義務」を課す。
ex. フランチャイザーによるフランチャイジーの事業買取権（後記⑤(キ)）
⑤ 契約の終了
(ア) 契約期間の規定
(イ) 期間満了時の更新の手続，更新後の契約の内容等に関する規定
(ウ) 契約期間中の解約手続，解約事由等に関する規定

(エ) 契約終了に伴うマニュアル返還義務，顧客名簿返還義務等に関する規定
(オ) 契約終了後の守秘義務，一定期間の競業禁止に関する規定
(カ) 「フランチャイズ権」の譲渡の可否，その承認手続に関する規定
(キ) フランチャイザーによるフランチャイジーのフランチャイズ事業の買取権（フランチャイジーのフランチャイズ・システムからの退出権〔蓄積されたノウハウのフリー・ライド化〕を，(エ)(オ)(カ)などと共にけん制する。）

(5) 権利の実現
① 債権を保全するための担保権の設定，保証人等
② 契約違反に対する損害賠償額の予定，違約金
③ フランチャイザーに対して業務内容を報告するフランチャイジーの義務
④ フランチャイザーによるフランチャイズ店への立入り調査権限の留保
⑤ 裁判管轄，調停手続，仲裁手続
⑥ 準拠法

第4 対内関係（各種の契約条項と定義Bとの関係）
── 共同事業性如何

　フランチャイズ契約の各種契約条項は，定義B（そこでは，当然ながら共同事業の維持・発展が主要な目的とされている。）で示されているフランチャイズ契約の目的を達成するためのツールとして制度設計されている。では，それらの条項は，具体的にどのような機能を果たすのか。また，サブ・フランチャイズ契約の場合は，条文による制度設計にあって，どのような特色が見い出されるべきであろうか。以下，総論的なものにとどまるが，この点を検討する上で取り上げるべきと思われる規定につきみてみる[15]。なお，フランチャイズ契約の規定は，例えば，中途解約権ないし更新拒絶権の規定と契約終了後

---
15) 以下の検討にあたっては，小塚・前掲注3)60頁以下の分析を土台として利用させて頂いた。

の競業避止義務の規定など，法的のみならず，経済上，事業政策決定上，相互に連動しあうことが多い。したがって，本来は，複数の規定の連動効果（メカニズム）を探究する，連立方程式・多元方程式を解くような姿勢こそが肝要であって，個別の規定の効果の分析には大きな限界がある。

1　ロイヤルティの問題

　ロイヤルティは，フランチャイズ契約の期間中，フランチャイジーからフランチャイザーに定期的に支払われる金銭であり，ロイヤルティ条項は，損益負担条項としての意味も有している。

　そして，ロイヤルティの計算方法としては，以下のようなものがある。

- ・売上高基準方式：フランチャイズ店の総売上高に一定の掛率を掛けて算出する方法。最も多くみられる方法。
- ・利益分配方式：フランチャイズ店のあげた売上総利益に一定の掛率を掛けて算定する方法。ex. コンビニエンス・ストア等
- ・固定額方式：一定の金額を設定してこれをロイヤルティの金額とする。ex. 居酒屋，ファーストフード店等

　ところで，筆者の実務経験によれば，成功したフランチャイジーは，ロイヤルティについて，次第に不満を蓄積していくことが多いと思われる。端的に言えば，フランチャイザーから提供される商標や経営のノウハウ等の「フランチャイズ・パッケージ」対価として高額に過ぎ（経営ノウハウなど，一端習得すると，有り難みがなくなるのが常のようである。また，例えば，サブ・フランチャイザーないしフランチャイジーが独自に開発したノウハウが，フランチャイザーを通じて他のフランチャイジーに開示・提供され，他のフランチャイジーがフリー・ライドする等の事情が認められることも，サブ・フランチャイザーないしフランチャイジーが「高額にすぎる」と受け止める理由の一つであろう。)[16]，それゆえ，フランチャイズ契約更新時等に，成功し，一定の企業規模を獲得したフランチャイジーは，一方で，当該フランチャイズ・システムからの離脱をにおわせつつ[17]，ロイヤルティの低額化，店舗運営における自由裁量部分の拡大等，フランチャイズ契約内容の変更を求める交渉を行うようになる。

　この点，サブ・フランチャイザーの場合は，とりわけ規模も大きく，傘下

に直営店のほか多数のサブ・フランチャイジー（いわば商業の実働部隊である。）を擁し，フランチャイザーに代わって，サブ・フランチャイジーの店舗運営に対する指導及び援助を行い，モニタリングコストも負担しており（従って，その分，フランチャイザーはモニタリングコストを節約できているといえる。），さらに所属するフランチャイズ・システム全体の売上げに占める割合（貢献度）も高いため，相当強力なバーゲニング・パワーを獲得し，サブ・フランチャイザーのフランチャイザーに対する要求はより尖鋭化し，これに対応するフランチャイザーとしても事態は深刻となる[18]。

---

16) ただし，新原ほか・前掲注2)10頁は，「本部にとっては，加盟店が独自開発を行ってもフランチャイズチェーンから脱退しないことを与件とするならば，加盟店に独自開発やマルチタスク化を許容することが最適反応となる。その理由は，次の2点に求めることができる。第1は，競争力のある独創的事業が店舗に複合されることにより，フランチャイズの店舗数が拡大し，本部が提供するブランド，情報・物流システム，基本的な商品供給についての売上も拡大し，本部の収入が増加するからである。第2は，事業開発にリスクと不確実性がともなう状況下で，本部が加盟店に開発を許容することで，それが成功して不確実性が減少した段階で，自らのチェーン全体に採用する（有償で構わない）機会（リアルオプション）を本部が保有することになるからである。

一方，加盟店にとっては，本部が加盟店の独自開発やマルチタスク化を許容することを与件とするならば，フランチャイズチェーンから脱退しないことが最適反応となる。その理由は，ブランドの形成や情報・物流システムの構築，基本的な商品の購買業務など，店舗数が多くなるほどコストダウンがはたらくサービスについては，ロイヤリティを支払ってでも，本部から提供を受ける（言い方を変えれば，本部にアウトソーシングする）方が安価である点に求めることができる。加盟店にとって，フランチャイズ加盟を続けて，自らは，消費者に密着する現場のノウハウを活かせるオペレーションの独自開発などに専念することに利益があるのである。

以上の考察から，本部側，加盟店側ともに，相手の戦略を前提とすると，自己の戦略を変更することに利益のない，均衡状態（ナッシュ均衡）になっていることがわかる。つまり，お互いがメリットを享受する安定的な状態になっているのである。」と分析している。

17) 例えば，当該フランチャイズ・システムに所属する限り同フランチャイズ・システムに則った物品購入を続け，指定された代金の支払義務等の義務を負わなければならないが，フランチャイジー自体の企業としての規模が大きくなると，独自に，かつ，フランチャイズ・システムに属している時よりも，より安価に物品調達を達成できる力を獲得することもあり得る。要するに独立採算にした方がメリットが大きい場合も出てくる。

このような，サブ・フランチャイザーのある種強圧的な交渉に対する対応策として，（フランチャイザーが）サブ・フランチャイズ契約の制度設計上事前に用意できる条項としては，どのような条項が考えられるであろうか。

まず，サブ・フランチャイズ契約の更新等の交渉過程において，サブ・フランチャイザーが離脱，すなわち，サブ・フランチャイズ契約の更新拒絶権・中途解約権の行使を選択肢の一つとして挙げる場合は，フランチャイザーがサブ・フランチャイザーのフランチャイズ事業の全部ないし一部を「適正価格」で買い取ることができる，事業買取権（ないし株式買取権）条項を事前に用意しておくこと（前記第3　3(4)④，⑤(キ)）[19]，競業避止義務及び違反に対する高額のペナルティ条項（ただし，公序良俗に反してはならない。）を事前に用意しておくこと（前記第3　3(4)①）が考えられる[20]。かかる条項があれば，実際に当該株式買取権等を行使するかは別として，自らの行動如何によって当該条項が発動されうるという圧力によってサブ・フランチャイジーを相当程度，けん制することが可能であり，一応の効果は認められよう。

ただ，サブ・フランチャイザーの脱退が，「共同事業」ないし「事業提携

---

18) 本文で取り上げた㈱プレナスの離脱騒動の場合も，㈱プレナスのプレス用資料によれば，「㈱ハークスレイが㈱ほっかほっか亭総本部の筆頭株主になってから，各地区本部が権限を有して自由な創意工夫のもとに発展させてきた「ほっかほっか亭」フランチャイズチェーンについて，自らが定める手法を取り入れるよう再三にわたって要求を行うようになってき，㈱プレナスのビジネスモデルを変更するよう求めてきたことが，FC離脱の一因となっていると説明されていた。

19) なお，事業買取権に関しては，合弁契約の株式買取条項が参考となる。その詳細については，高橋利昌「株式譲渡制限等に関する合弁契約の条項」金丸和弘ほか編『ジョイント・ベンチャー契約の実務と理論〔補訂版〕』（判例タイムズ社，2007）110頁，奈良輝久「合弁契約の終了」同書171頁に譲る。

20) ペナルティ条項については，木村久也「違約金をめぐる法律問題」西口ほか編・前掲注5)221頁等参照。また，ペナルティ条項の制度設計，特に違約金額につき，藤田友敬「契約法の経済学：契約関係への最適投資のためのインセンティブ・メカニズム」（CEOソフトロー・ディスカッション・ペーパー・シリーズ〈http://www.j.u-tokyo.ac.jp/~tfujita/〉）2008年2月参照。サブ・フランチャイズ契約の解消にあたって，どの程度の違約金条項（損害賠償の予定）が相当額であるか（通常のフランチャイズ契約の違約金条項より高額であっても合理的か等）は，今後，議論を詰めていくべき問題であろう。

関係」の総体としてのフランチャイズ・システムの運営上，相当のロス（資源配分の非効率性。ex. 未回収の投資の具体的発現）を生むことは否定できず，やはり第一次的には，ロイヤルティについていえば，フランチャイザーとしては，サブ・フランチャイザーを喪失した場合，直営化した場合等の損得を勘案しつつ，その算定にあたって，インセンティブ方式（たとえば，ロイヤルティの額（率）を売上げに応じて段階的に下げていくなど。）や，サブ・フランチャイザーとしても売上げを更に上げることによって，より高額な利益を獲得できるタイプの「累進的利益分配システム」を契約条項として導入するなどして，サブ・フランチャイザーに対して，従前どおり，サブ・フランチャイザーとしての地位を継続する選択肢を選ぶことが，自らの事業継続上，より望ましいとのモティベーションを与え，メリットを享受させる制度設計—均衡状態（ナッシュ均衡）に近づける制度設計—こそを優先すべきであろう。

　また，フランチャイザーとしては，フランチャイズ契約により一旦決定されたものであっても，特定の事項については，契約期間中であっても後に発生した事情の変更等により契約条項自体を柔軟に変更し得る（再交渉権）オプションを予め契約中に用意しておく，ということも視野に入れて行動すべきである。

2　宣伝広告の実施と費用負担

　広告費の算出方法としては，売上高基準方式や固定額方式がある。
　フランチャイザーによる広告（ex. CM，DM，キャンペーン等）は，一般的にはフランチャイザーがフランチャイズ・システム全体のために行うため，これらの活動に要する費用は，フランチャイザーが負担するのが原則である。しかし，フランチャイジーにおいて広告分担金を支出し，その分担または一部を負担することとなる契約も実務的には多く，とりわけ，サブ・フランチャイズ・システムを採用している場合は，サブ・フランチャイザーが独自に宣伝広告を行う契約が多いと思われる（ちなみに，フランチャイズ・システムはシステム全体としての効率を高めることを目的としているため，サブ・フランチャイザーなど，フランチャイジーが自主的に広告を行う場合は，事前に書面で申し出て，フランチャイザーの承認を得るケースが多い。この場合の費用については，フランチャイジーが全額負担する

のが原則であろう。)。

　かくして，サブ・フランチャイズ・システムの場合，実施した宣伝広告についてフランチャイジーに費用の分担比率はいかにして決定されるべきであるかという問題は，通常のフランチャイズ・システムの場合以上に重要な問題となる可能性が高い。とりわけ，宣伝広告による正確なメリット算定は困難であり，フランチャイジー（サブ・フランチャイザーを含む。）には，その必要性を実際よりも小さく表現して，全体としての宣伝広告効果にフリー・ライドしようとするインセンティブが働く以上，宣伝広告の費用負担は極めて難しい問題といえよう。フランチャイザーとしては，適宜，再交渉条項をあらかじめ用意しておくなど，柔軟な対応が望まれよう。

　なお，この点，米国では，ロイヤルティとは独立に信託基金等の形で管理する例もあり，我が国においても，サブ・フランチャイズ・システムを利用する場合など，参照されるべきであろう。

3　フランチャイザーの営業政策決定

　フランチャイズ契約においては，フランチャイザーからフランチャイジーに対し，「フランチャイズ・パッケージ」が提供される。

　しかしながら，フランチャイザーが「フランチャイズ・パッケージ」の一つとして用意するノウハウ等は，例えば地域特性を反映することが必ずしも容易でないなどの限界を有している。

　かかる限界を打破するため，商品の開発・品揃え，サービスの開発等について，フランチャイジー（サブ・フランチャイザーを含む。）の自由裁量を認めることは，コンビニエンスストアや飲食店等のフランチャイズ・システムにおいて既に導入されているところである。そして，地域特性等を生かした商品がその後，全国のフランチャイジーに採用された場合は，当該商品を開発したフランチャイジー（サブ・フランチャイザーを含む）に一定の報酬をバックすることが，フランチャイジーの商品開発に対するインセンティブを生み出す上で望ましいであろう。

　では，あるサブ・フランチャイザーが，自己が所属するフランチャイズ・システムの売上げの相当部分（例えば20％強）のシェアを有するに至った場合

に，商品開発等のサブ・フランチャイズ契約上の自由裁量部分の拡大に飽き足らず，フランチャイザー（本部）への社外取締役派遣や，個別のフランチャイズ営業政策等に対する拒否権発動条項の設定を求める等して，フランチャイザーのフランチャイズ営業政策等に直接関与（フランチャイズ・パッケージの直接的作成）しようとしてきた場合，フランチャイザーとしてはこれにどう対応すべきであろうか。

もとより，これに応じるのもフランチャイザーとしての一つの経営判断であろう。確かに，サブ・フランチャイザーは自らフランチャイジーを組織する本部としての地位を有しているから，フランチャイザー（本部）のフランチャイズ営業政策自体へも一定程度関与できて然るべきであると考えられなくもない。しかしながら，一般的にはそのような対応は適当ではないと思われる。なぜなら，かかる要望に応じてしまうと，他のサブ・フランチャイザー，フランチャイジーと，フランチャイザー（本部）に社外取締役の派遣や拒否権発動が認められたサブ・フランチャイザーとの地位ないし権利・義務関係の「同質性」が否定され，ひいては特定のサブ・フランチャイザーの優遇によりフランチャイジー間の不平等（感）が高まり，いきつくところ，フランチャイズ・システムの組織的・一体的運営が困難になりかねないし，フランチャイザー（本部）の，法人としての独立性や営業政策決定における独立性が損なわれるおそれが出てくるからである。

もちろん，フランチャイザー（本部）が上場企業であって，サブ・フランチャイザーがフランチャイザーの株式の一定割合（例えば20％超）を持つに至った場合は，主要株主としての地位を得た以上，その要望に従って，社外取締役の派遣等に応じる必要は出てこよう。しかし，そうでない限りは，フランチャイザーは，フランチャイジーの意向については，あくまで参考意見として聴取し，営業政策決定に必要な限度で反映させれば足りるというべきである。

4 その他の付随的な債務について

先に述べたとおり，フランチャイズ契約は，一定期間にわたって一種の共同事業関係を形成するものであるため，信頼関係ないし協力関係が維持され

ていなければ十分に機能しない(前掲平井説参照)。そこで、フランチャイズ契約では、当事者間の利害対立を予め調整する規定がおかれており、こうした規定の存在は、フランチャイズ契約が「事業提携(契約)関係」であるがゆえに認められる特徴であるといえる。

そして、こうした規定の中には、①フランチャイズ・システム全体の利益を害さないために、フランチャイジーが負担する義務(ノウハウ、マニュアルの内容等についての守秘義務・競業禁止、競業者への出資の禁止・営業専念義務(他業従事の禁止))や、②同一のフランチャイズ・システム内部の行為がフランチャイジーの営業活動と競合する場合についての調整規定(フランチャイジーに対するテリトリーの保障・フランチャイザーによる直営店の出店の可否・フランチャイザーによる他の販路(スーパーへの出荷、通信販売等)の利用の可否)があり得るが、サブ・フランチャイズ契約にあっては、これらの規定についても、通常のフランチャイズ契約の場合以上に明確かつ詳細に決め、かつ、現実にも運用していくこと(ペナルティ条項も、当該条項が有効に発動されるという実質を持った条項にしておくべきであろう。)が、当事者間の無用な紛争を回避し、かつ、トータルとしてのフランチャイズシステムにおける資源配分の効率性を実現するための制度設計として有益であると思われる。

5 フランチャイズ契約の終了

(1) 契約の期間の設定

いうまでもないことであるが、フランチャイズ契約にあっては、フランチャイジーが投下資本を回収するのに必要な期間を契約期間(更新するまでの期間)のベースにするのが基本である(前掲平井説参照)。もっとも、フランチャイズ契約の期間を設定するために必要な考慮要素は様々であるため、フランチャイザーが契約期間をどう設計し、フランチャイジー(サブ・フランチャイザー)がこれをどう受け止め、了承するかは、本来的には経営上の判断に基づき、契約の当事者が自主的に取り決めることとなる(フランチャイザーが契約期間を設定し、これを選択するか否かはフランチャイジーであるということ。)。ただ、サブ・フランチャイズ契約にあっては、サブ・フランチャイザーは、通常のフランチャイジーよりも大規模で、フランチャイズ・システムに対する貢献度

（売上げ等）が高いことが多いであろうし，許諾されたテリトリー内で，サブ・フランチャイザーは，直営店を展開するのみならず，別途，多数のサブ・フランチャイジーとの間でフランチャイズ契約を逐次締結して事業展開していくわけであるから，サブ・フランチャイズ契約は，通常のフランチャイズ契約の場合以上に，契約期間を長期に設定し，安定的に維持することが，契約当事者の合理的意思に合致するといえよう（注13の平井説の解釈準則を参照されたい。）。ちなみに，サブ・フランチャイズ契約に関する前掲注7)東京地判平22.5.11は，次のように述べ，当事者の信頼関係が破壊される場合は，フランチャイザーが更新を拒絶する「やむを得ない事由」があるとしている。「上記各契約は，契約期間の定めのあるフランチャイズ契約であるところ，フランチャイズ契約のような長期にわたって継続的にフランチャイジーが相当多額の投資を行うことが必要とされる契約については，フランチャイジーの契約継続に対する期待を考慮すると，フランチャイジーの営業保護の観点から，たとえ契約の文言上は契約期間が定められていたとしても，フランチャイザーは，やむを得ない事由がなければ契約の更新を拒絶することはできないものと解するのが相当である。

　そして，上記各契約のようなフランチャイズ契約は，当事者間の信頼関係を基礎とする継続的取引であるから，フランチャイジーがそのフランチャイズ契約に基づいて信義則上要求される義務に違反して，その信頼関係を破壊することにより，そのフランチャイズ契約の継続を著しく困難なものとしたような場合には，上記のやむを得ない事由があるものというべきであり，フランチャイザーは，そのフランチャイズ契約の更新を拒絶できるものといわなければならない。」

　ただ，フランチャイザーとしては，契約違反によってフランチャイジーが得るであろう利益を，解約ないし更新拒絶によってフランチャイジーが蒙る損失が上回るように契約上の制度設計を行い，外部性のある行為を抑制すべきであるとのインセンティブが働くため，サブ・フランチャイズ契約においても，契約期間中，一定の場合にはフランチャイザーが当該サブ・フランチャイズ契約を解約できると規定することになる。

　もっとも，契約の相手方がサブ・フランチャイザーなどの大規模フランチ

ャイジーである場合，裁判の場でかかる規定が当然に有効となるか，通常のフランチャイジーとの契約の場合にも増して慎重な検証が必要とされる。この点，次の契約の更新の問題のところで検討を試みる。

(2) 契約が更新されるか否か

契約期間が満了すると，その時点でフランチャイズ契約は終了する。サブ・フランチャイズ契約も，この点，契約条項上は変わりはない。ただ，実際には，従来の実績に問題がない限り，大多数の契約は更新され，取引関係（フランチャイズ関係）が継続・維持される。契約を維持させる意思が当事者に見られる場合には，契約が続行されるものとして取り扱うことが可能であり，その手法としては，①フランチャイズ契約関係を維持し，契約期間だけを延長する方法，②従前の契約関係を終了させ，改めて新しいフランチャイズ契約を締結する方法等がある。また，契約条項として自動更新条項を設ける場合もある。

では，フランチャイザーが，サブ・フランチャイズ契約の条項に従って，契約更新を拒絶した場合，サブ・フランチャイザーとしては，これに従わなければならないであろうか。

この点，周知のとおり，通常のフランチャイズ契約におけるフランチャイザーによる更新拒絶のケースについて，裁判例は，「契約を継続し難い已むを得ざる事由」などといった基準を明らかにし，種々のメルクマールを総合考量して決しているし[21]，平井説も，注13)のとおり，更新されるのが原則であるとしている。

しかしながら，既に指摘してきたとおり，通常のフランチャイズ契約にあっては，一方当事者（フランチャイジー）が零細な消費者的な弱者であるが故に，契約の解消を一定程度制限する法理が裁判例上生成・維持されてきたのに対し，サブ・フランチャイズ契約におけるサブ・フランチャイザーは，そのよ

---

21) ほっかほか亭総本部事件（名古屋地判平1.10.31判時1377号90頁。名古屋地判平2.8.31判時1377号94頁）。なお，中田裕康ほか「座談会継続的契約とその消消」判タ1058号4頁，中田裕康「契約における更新」平井宜雄先生古稀記念『民法学における法と政策』（有斐閣，2007）313頁等参照。

うな零細な消費者的な弱者などでは決してなく，対等な当事者性を有する存在である。であれば，サブ・フランチャイズ契約条項に規定されている以上，契約条項通りの効果を認められても，サブ・フランチャイザーとしては，契約締結段階より予め想定していたリスクが顕在化したとして，結果（リスク）を甘受すべきであるとの考え方が是認されてもおかしくはない。

　ただ，この場合，問題なのは，サブ・フランチャイザーとフランチャイズ契約を締結している多数のサブ・フランチャイジーの地位がどうなるか，という点である。

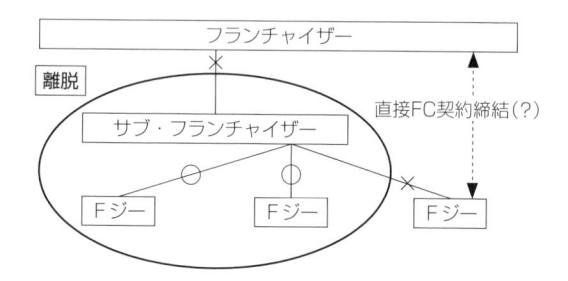

　先に触れたように，サブ・フランチャイズ契約が終了した場合，サブ・フランチャイザーとサブ・フランチャイジーとのフランチャイズ契約も自動的に終了する，という規定が置かれていることがままある（もとより，かかる規定が存在することによって，サブ・フランチャイザーの，サブ・フランチャイズ契約からの離脱をけん制・阻止する効果が生じることは見落としてはならない。）。したがって，上記原則論に従う限り，サブ・フランチャイズ契約が契約条項に従って終了する以上，サブ・フランチャイザーとフランチャイズ契約を結んでいたサブ・フランチャイジーは，当該フランチャイズ・システムの末端のフランチャイジーとしての地位を喪失することになりそうである。しかしながら，そのような結論は，転貸借関係が存在する賃貸借契約にあって，賃貸借契約を合意解除した場合に，転借人に対抗できないとする判例（大判昭9.3.7民集13巻278頁）や，サブリース契約の期間満了の場合に，サブリース契約の終了をもって，転借人（実際は再転借人）に信義則上，対抗できないとする判例（最一小判平14.3.28民集56巻3号662頁，判タ1094号111頁）を参考にすると，当然には支持さ

れないと思われる。この問題も含め、サブ・フランチャイズ契約の法的性質の検討にあたっては、同じく継続的契約関係である転貸借関係との対比が有効な手法となろう[22]。

　いずれにしても、フランチャイザーとしては、サブ・フランチャイズ契約が終了する場合は、自動的にサブ・フランチャイザーとサブ・フランチャイジーとの間のフランチャイズ契約が終了するよう義務付けるだけではサブ・フランチャイズ契約の制度設計上適切でなく、サブ・フランチャイジーと直接フランチャイズ契約を締結できる選択権（オプション）を規定しておくか、さらに一歩進んでサブ・フランチャイジーがフランチャイザーと直接フランチャイズ契約を締結・維持することを希望する場合は、原則としてフランチャイズ契約締結に応じる義務を負うなどといった制度設計をしておくことこそが、より適切であろう。そして、かかる制度設計を採用することにより、フランチャイザーとしては、サブ・フランチャイザーとの間のサブ・フランチャイズ契約の更新拒絶権をより容易に正当化する（従来の裁判例のような、「契約を継続し難い已むを得ざる事由」などといった基準が働かない。）ことが可能となることも重視すべきである。ただし、このような条項も必ずしもオールマイティではなく、限界を有していることに留意が必要である。

　例えば、注7）のサブ・フランチャイズ契約の本案訴訟（東京地判平22.5.11）は、サブ・フランチャイズ契約上の、「本契約終了と同時に地区本部の加盟店との契約上の地位は総本部がこれを承継する。」「加盟店は、本部と総本部とのサブ・フランチャイズ契約が終了した場合、そのサブ・フランチャイズ契約の定めるところにより本部の加盟店に対する本契約上の地位を総本部が承継することを承諾する」との規定の実質的な効果を認めていないようにも読めるのであって、今後の同種事案に関する裁判例の動向を注視する必要がある。

(3) サブ・フランチャイズ契約終了後の競業避止義務

　フランチャイズ契約においては、契約終了後の競業避止義務規定を設けていることが多く、この点は、サブ・フランチャイズ契約の場合も同様である

22）ただし、借地借家法など法制度が整備され、賃借人の保護が強力に図られている賃貸借契約ないし転貸借契約と同様に保護されるわけではないであろう。

(とりわけ，サブ・フランチャイズ契約にあっては，この規定が，サブ・フランチャイザーに対して，フランチャイズ関係からの離脱を躊躇する事実上の効果を与えていることは重要である。)。しかし，フランチャイズ契約の競業避止義務規定の効果をどのように考えるかは一つの難問である[23]。

一般論としては，フランチャイズ・システムは，フランチャイザーの営業秘密やノウハウの開示により生成・発展してきており，これらの営業秘密等をフランチャイズ・システム内で独占的に使用させることには，通常，相当程度の合理性があるといえ，フランチャイズ契約終了後であっても，フランチャイジーであった者の競業を無制限に許すことは妥当でない。そして，この点は，フランチャイジーがサブ・フランチャイザーの場合であっても変わりはないと思われる。

しかし，一方で，フランチャイジーであった者の営業の自由（憲法22条1項）を不当に制限することも認められないことはいうまでもない。更に，独占禁止法が一切の事業活動の不当な拘束を排除することにより，公正で自由な競争を促進すべきものとしており，「フランチャイズ・システムに関する独占禁止法上の考え方について」（いわゆるフランチャイズ・ガイドライン。平成14年4月24日改訂）でも，本部（フランチャイザー）が加盟者（フランチャイジー）に対して，特定地域で成立している本部の商権の維持・本部が加盟者に対して供与したノウハウの保護等に必要な範囲を超えるような地域，期間または内容の競業避止義務を課すことは一般指定の14項（優越的地位の濫用）に該当すると説明されている点や，公正取引委員会の流通取引慣行ガイドラインで，「市場における有力な事業者」が行う場合で，新規参入業者や既存の競争業者にとって，代替的な流通経路を容易に確保することができなくなる場合に違法となるとされている点にも留意する必要がある。非常に難しい問題ではあるが，

---

[23] フランチャイズ契約終了後の競業避止義務を認めた裁判例として，神戸地判平4.7.20判タ805号124頁（本家かまどや事件），東京地八王子支判昭63.1.26判時1285号75頁，大阪地判平22.1.25判タ1320号136頁，競業避止義務規定が公序良俗に反するとした判決として東京地判平21.3.9判時2037号35頁。なお，川越・前掲注3)473頁以下，奈良輝久「契約終了後の就業避止義務」及び「秘密保持義務」西口ほか編・前掲注5)245頁以下参照。

以上の諸点を考慮すると，フランチャイジーが，サブ・フランチャイザーの場合は，競業避止義務規定の効果は，通常のフランチャイジーの場合よりも，より限定的にしか認められない可能性が十分あると考えた上で，対象営業，制限期間・制限地域等を明確にした競業避止義務規定を用意しておく必要があろう。

第5 対外関係(対第三者関係)—共同責任の問題について

1 はじめに

冒頭（第1）で述べたとおり，対外関係（対第三者関係）の場合は，第三者（消費者，競合他社）から見れば，フランチャイジーがサブ・フランチャイザーの場合も，サブ・フランチャイジーを含むミニＦジーの場合も，フランチャイザーとフランチャイジーは「共同事業者」にほかならないと位置付けることが可能である。では，かかる「共同事業者」性は，名板貸責任の場合，どう反映されるのであろうか。

会社法9条，商法14条（旧商法23条）[24]は，自己の商号を使用して事業又は営業を行うことを他人に許諾した会社（商人）は，当該会社（商人）が当該事業を行うものと誤認して当該他人と取引をした者に対し，当該他人と連帯して，当該取引によって生じた債務を弁済する責任を負う旨を規定している（名板貸責任）。フランチャイズ・システムにあっては，フランチャイザーがフランチャイジーの営業に関し，自己の商号，商標その他の標識等（以下「商標

---

24) 名板貸人の責任に関する規定は，旧商法23条で定められていたが，この規定は，平成17年改正商法14条および平成17年に成立した新会社法9条にほぼ同様の内容で引き継がれている。旧商法23条は商人全般に対して適用されていたが，改正商法14条は会社以外の商人に対して，新会社法9条は会社に対して適用される。内容は大きく変わることはないが，旧商法は自己の氏，氏名および商号の貸与を規定の対象にしているのに対し，改正商法14条および新会社法9条は自己の商号の貸与のみを対象にしている。この相違に関しては，本稿では問題となるものではない。本稿の記述は，旧商法23条，改正商法14条および新会社法9条に共通して妥当するものである（三島徹也「フランチャイザーの第三者に対する責任（二・完）」近法53巻3＝4号37頁以下。）。

等」と総称する。）の使用を許諾しているため，フランチャイザーに名板貸責任が生じる可能性がある[25]。

フランチャイズ・システムの本質的機能として，フランチャイザーとフランチャイジーが同一のイメージの下に，営業活動を行う必要がある。このことは，名板貸責任の要件であるフランチャイザーとフランチャイジーとを誤認・混同することにつながるのであろうか。現実には，フランチャイザーはフランチャイジーに対して自己の商号の使用ではなく商標の使用を許諾していることがほとんどであるが[26]，名板貸責任の規定の趣旨（営業主を誤認した取引相手方の保護）を考慮すると，商標の使用許諾をしているのであって商号の使用許諾はしていないとの一事をもって，名板貸責任の枠外に置かれるわけではないと解されている。そして，名板貸責任をめぐっては，平成7年の最高裁判例[27]を境に，旧商法23条の類推適用が主張される事案が多数見られるようになっており[28]，会社法9条，商法14条の適用範囲について再検討が必要となってきている[29]。

2 フランチャイズ・システムにあって，フランチャイザーに名板貸責任が認められる要件

(1) 要　件

条文上，及び旧商法23条の立法趣旨[30]からすれば，①名板借人が「自己（名板貸人）の商号を使用して事業又は営業を行うこと」（取引相手方を誤認させる外観の存在（名板貸人が営業主であるという外観の存在））［外観］，②名板貸人が①を

---

25) 西口ほか編・前掲注5)。
26) 川越・前掲注5)40頁，西口元ほか編『フランチャイズ契約の実務』（新日本法規出版，2000) 274頁以下。
27) 最一小判平7.11.30民集49巻9号2972号，判タ901号121頁（原審東京高判平4.3.11判タ787号250頁［類推否定］，原々審横浜地判平3.3.26判タ771号230頁［類推肯定］）。
28) 例として，神戸地判平13.9.27最高裁HP，東京地判平11.7.28判タ1032号226頁，東京地判平13.9.18公刊物等未登載，千葉地判平15.2.28判タ1158号179頁が挙げられる。
29) 旧商法23条の類推適用に関する最近の論稿として，白崎里奈「商法23条の適用範囲」滝澤孝臣編『金融・商事判例50講――裁判例の分析とその展開』金判1211号122頁がある。

他人（名板借人）に許諾した」こと（名板貸人の帰責事由の存在〔名板貸人が自己の名称を使用して営業をなすことを承諾したこと〕）［帰責事由］，③取引相手方が「当該会社（名板貸人）が当該事業を行うものと誤認」すること［相手方の誤認］の3つの要件に細分化して検討するのが一般的である[31]。もっとも，3つの要件に分けるといっても，それらの要件は相互に密接に関連し，それぞれ補完・補強すべき関係にあるから，その有無は相関的に判断すべきとされている[32]。以下においては，このうち②③について，フランチャイズ・システムの「共同事業性」，「事業提携関係」の要素を踏まえつつ，みておくこととしたい。

(2) **名板貸人の帰責事由の存在（名板貸人が自己の名称を使用して営業をなすことを許諾したこと）について**

名板貸人の許諾は，「自己の商号を使用」することと，「事業又は営業を行う」ことについてなされる必要がある。

フランチャイズ・システムにおいては，同一の経営手法，同一の事業イメージの下で事業が展開されることから，フランチャイザーが，フランチャイジーに対し，フランチャイザーの商標等の使用方法を詳細に指示することが多く，したがって，一般的に，フランチャイザーが営業主であるとの外観の作出につきフランチャイザーに帰責事由があると認定される可能性は少なか

---

30) 名板貸に関する旧商法23条の立法趣旨は，「第三者が名義貸与者を真実の営業主であると誤認して名義貸与を受けた者との間で取引をした場合に，名義貸与者が営業主であるとの外観を信頼した第三者の受けるべき不測の損害を防止するため，第三者を保護し取引の安全を期するということにある」とされている（最二小判昭52.12.23民集31巻7号1570頁，判タ359号208頁）。

31) このような整理の必要性を説くものとして，河邉義典・平7最判解説(民)(下)1010頁（注三）がある。また，米沢明『名板貸責任の法理』（有斐閣，1982）71頁以下，加美和照『商法総則〔新訂〕』（勁草書房，1989）88頁注(1)，塩崎勤「名板貸人の責任」塩崎勤＝川勝隆之編『現代裁判法大系(16)商法総則・商行為』（新日本法規出版，1999）66頁，永井和之「特集・近時の会社争訟の焦点と課題　企業活動に対する名板貸責任の拡大」判タ917号2頁等もこのような整理を前提としている。なお，永井和之教授は，同論文で，名板貸をめぐる問題について，近時の判例・裁判例を分析しつつ論じている。

32) 塩崎・前掲注31)69頁。

らず存在すると考えられる。「許諾」が，明示的でなくとも，黙示的なものであればよいとされていることも，かかる可能性ないし危険性が高まるともいえよう。

例えば，フランチャイズ契約終了後に，フランチャイジーが商標等を使用している場合の名板貸責任の成立の有無は，フランチャイザーの黙示の承諾の有無により大きく左右される。通常，フランチャイズ契約が終了した場合には，商標等の利用は当然に認めないが，元フランチャイジーが無断で使用している場合には，フランチャイザーはそれを差し止める措置を速やかにとるべきであり，そのような措置をとらないことが，社会通念上妥当ではない場合には，名板貸責任を問われるおそれが生じるといわれている[33]。東京地判平7.4.28判時1559号135頁は，名板貸人がいったん名称の使用を明示的に承諾した後，それを撤回した事案である。判決文上は，どの要件が問題とされたのか必ずしも明らかではないが，外観が残存しているのを放置していたことから黙示的承諾の存在を認めたものと解することもできる。結局のところ，名板貸人は，かつてした明示的承諾により，営業主について誤認を生じさせるような外観を作出したのであるから，かかる外観を排除するのに十分な手当てをしない限り，名板貸人の帰責性の存在は否定されないとの判旨であると考えておくべきであろう[34]。

(3) 取引相手方が「自己（名板貸人）を営業主と誤認」すること

取引相手方が営業主を誤認していなかった場合（悪意の場合），及び善意だが営業主を誤認したことにつき重大な過失（重過失）がある場合には，名板貸の責任は成立しないものとされている[35]。そして，取引相手方の悪意（誤認していなかったこと）や誤認につき重過失があることについては，名板貸の責任を追及されている者が立証責任を負うと解されている[36]。つまり，フランチャイズ・システムの場合は，フランチャイザーが負うことになる。

---

33) 三島・前掲注24)52頁。
34) 野上誠一「判例展望民事法(17)名板貸をめぐる裁判例と問題点」判タ1177号100頁。
35) 最一小判昭41.1.27民集20巻1号111頁，判タ188号114頁。
36) 最一小判昭43.6.13民集22巻6号1171頁，判タ224号147頁。

また，通常の取引においては，締約時（取引時）を基準として誤認や重過失の有無を判断すべきであるとされている。一方，継続的契約や継続的給付を伴う取引においては，取引が継続している間に，取引相手方において，名板貸人が営業主でないことが判明したり，重過失に陥ったりする場合もあり[37]，かかる契約に関する名板貸の責任を追及された者としては，少なくとも一定期間以降は名板貸責任を負わない旨主張することも考えられる[38]。

3　神戸地判平13.11.30LLI

　本判決はフランチャイザーに名板貸責任を認めた数少ない判決である。以下，事実の概要と判旨を紹介しておく。

事実の概要

　Xは，平成12年2月1日，ユーポス尼崎店Aとの間で，中古車1台（以下「本件中古車」という。）を代金100万円で売り渡す旨の売買契約を締結し，これと同時に，Aに対し，本件中古車についてのXのB会社に対するローン残債務159万1086円の一括弁済を依頼し，その弁済のための費用として，Aに57万円を交付するとともに，本件中古車の売買代金100万円を上記一括弁済の費用とすることを約した（以下「本件契約」という。）。本件中古車は，同年1月31日にAに引き渡された。

　ところが，Aは，Xから弁済費用として預かった57万円及び売買代金100万円の合計157万円をB会社に一括弁済をしなかった。そのため，Xは，平成12年2月28日，本件店舗を訪れ，Aに対し，B会社への支払をするように求めた。Aはこれを約束し，その際，Xから，約束どおりB会社への支払がされるまでは本件中古車を預かると言われ，本件中古車をXに返還するとともに，「B会社への残債務を平成12年3月3日に支払い，Xにその確認をしてもらい，本件中古車を返してもらう」旨の記載のある念書を差し入れた。

---

37)　浦和地判平11.8.6金判1089号45頁，神戸地判昭35.8.19労民11巻4号843頁，東京地決昭42.4.12判タ206号120頁参照。

38)　東京地判昭27.3.10下民3巻3号335頁，東京地判昭42.12.20判タ219号159頁，東京地判昭53.7.13判タ371号156頁等参照。

C中古自動車協同組合は，平成7年ころ，オークションの関連事業として，中古車買取店のフランチャイズチェーンを展開することになり，子会社である株式会社Dを本部として，ユーポスの名称によるフランチャイズチェーンの加盟店を募集するようになった。

　Aは，その父の代から「カープラザ塚口」の屋号で中古車販売店を営んでいたものであり，平成8年7月10日，Dとの間で加盟店基本契約を締結し，ユーポスの加盟店となった。

　この加盟店基本契約書には，次のような約定がある。すなわち，Dは，Aが本契約の条項を守ることを条件として，Dが定めた商号，商標，マーク等を使用することを許可する（2条），Dは，Aが営む営業のため加盟店地域を定め，この地域においては他の加盟店の営業を許可しない（3条），Aは独自の店舗装飾，広告などの催事及び広告宣伝を行うことができない，これらは加盟店全体で行う（4条），Aは，店舗の内外装，従業員のユニフォームその他の方式については，Dの指定のとおり実施しなければならない（9条），契約が終了した場合，Aは商号，商標，マーク等の使用をしてはならず，これらの表示物件は，即時に撤去しなければならない，撤去しない場合は南港カーシティが強制撤去する（14条）などである。

　平成11年10月1日，Yが設立され，同年12月1日，Dは，その代表者を同じくするYに，ユーポスに関する営業を譲渡した。Yの商号は「株式会社ユーポス」である。

　そこで，Xは，Yに対し，「Yは，AがYの商号を使用して中古車買取業を営むことを許諾していた」こと，「Xは，本件契約当時，Aの店舗（以下「本件店舗」という。）がYの一支店であると信じており，営業主体はYであると誤認して，本件契約を締結した」こと等を理由に，Yに名板貸人としての責任があり，本件契約によりAに生じた債務を連帯して支払う義務があるとして，152万円の損害賠償等を請求した。

【当事者関係図】

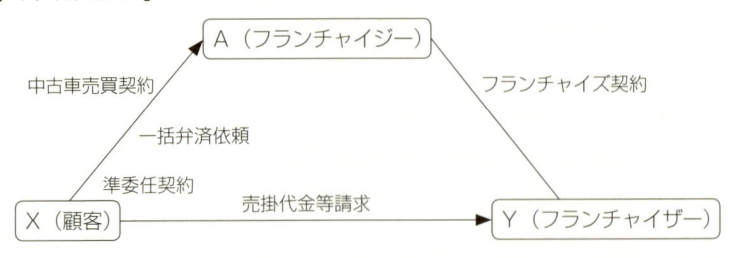

```
                    A（フランチャイジー）
              ／                      ＼
      中古車売買契約                  フランチャイズ契約
           ／                            ＼
        一括弁済依頼
           ／
       準委任契約
        ／
   X（顧客）ーーーー売掛代金等請求ーーーー→ Y（フランチャイザー）
```

判　旨

1　フランチャイジーA店舗の外観について

「Aがこのような名称を使用するに至った経緯についてみると，名刺については，Yが自ら作成したものであり，また，上記各看板についても，AとYとの間に引き継がれた加盟店基本契約等の内容（Aは独自の店舗装飾を行うことができず，内外装等はYの指定のとおり実施しなければならないとされていたことなど），他の加盟店においても同様の看板が設置されていたこと……，AとYとの加盟店基本契約の解除後，Yの従業員が上記看板を撤去したことなどに照らせば，これらの看板もYの指導に基づいて設置されたものと認められる。以上からすれば，Yは，Aが『ユーポス』あるいは『ユーポス尼崎店』の名称を使用して中古車店を営むことを許諾していたものと認められる。

そして，Yの商号は『株式会社ユーポス』であるところ，Aが使用していた『ユーポス』は，Yの商号の固有名称の部分であり，また，『ユーポス尼崎店』という名称は，この固有名称に営業の一部門であることを示す『尼崎店』を付加したものにすぎないから，Yが，Aに対しこれらの名称を使用して営業することを許諾していたことは，Yの商号を使用して営業することを許諾していたことにほかならない。」

「商法23条の趣旨が名義人の帰責性を前提として，営業主を誤認して取引した第三者を保護する点にあることからすれば，同条の『自己の商号』とは，営業主を誤認してもやむを得ない程度に類似した名称であれば足り，商号と全く同一であることを要しない。……Yを営業主と誤認してもやむを得ない程度に類似した名称であることは明らかである。」

2　Xの誤認について

「……本件店舗を訪れた一般の顧客は，本件店舗がユーポスという営業主体のうち，尼崎の地区を担当する一部門であると考えるのがむしろ自然である。」

「本件店舗の外観等に関する諸事情に加え，看板にはＡの名称が記載されていた形跡がないこと，一般の顧客が店舗の営業主体を識別する最も有力な情報源は看板に表示された名称であること，Ｘが本件中古車を売るために本件店舗を訪れてから，契約書に調印するまでは一両日であり，繰り返し時間をかけて協議を重ねるなどした形跡はなく，契約書の作成手続も比較的短時間で終了したことがうかがわれることからすると，本件店舗の営業主体がＹであると誤認したというＸの前記供述の信用性を否定するのは困難である。」

「前記認定の外観等に関する諸事情等のほか，『認定証』についてはこれがＡ4版の大きさで必ずしも顧客の目を引くものとは認めがたいことからすれば，本件契約当時，Ｘや一般の顧客にとって，本件店舗の営業主体がＹでないことを識別するのが容易であったとは認められず，Ｘにおいて，営業主体がＹであると誤認したことについて重大な過失があったとは認められない。」

4　名板貸責任を回避する工夫について

　以上のとおり，フランチャイズ・システムにあっては，その共同事業性ないし事業提携性により，フランチャイザーが名板貸責任を問われる危険性が常に存在しているといえる。しかしながら，多数のフランチャイジーを傘下に加盟させてフランチャイズ事業を展開するフランチャイザーが，契約上の手当をせずに，一フランチャイジーの消費者等に対する債務不履行・不法行為に基づく損害賠償責任を連帯して負う事態を招いてしまうことは，フランチャイズ・システムの安定的・継続的な運営上，やはり適当ではない。では，フランチャイザーとしては，いかにして名板貸責任を回避すべきであろうか。

　この点，従来は，フランチャイザーの商号と，フランチャイザーがフランチャイジーに使用許諾をする商標を明確に区別した名称にすれば，名板貸のような問題が起こる可能性が格段に低くなるとされてきた。しかし，近年の裁判例では旧商法23条の類推適用は広く解釈される傾向にあり，また，消

費者保護が叫ばれている今日においては，考え得る予防手段はできる限り手当てしておくことが望ましいといえる。

(1) フランチャイザーとフランチャイジーのフランチャイズ契約締結段階における工夫

フランチャイザーは，フランチャイジーがその商号またはフランチャイザーの商標を使用して第三者と取引をしたことによってフランチャイザーがその第三者に対し責任を負わされる場合に対処するため，フランチャイズ契約に免責約款ないしホールド・ハーレムス条項 (hold-harmless clause) を設けることは必須であろう[39]。

すなわち，フランチャイザーとフランチャイジー間で，フランチャイジーが顧客との取引によって顧客に対して生じた債務を，専らフランチャイジーが負担する旨の契約を締結する必要がある。しかし，前述したとおり，名板貸の主張がなされるのは，名板借人に資力がない場合など，名板借人への責任追及が困難な場合がほとんどであるため，そのような場合にも有効な手段を考える必要がある。以下，若干挙げてみよう。

(2) 顧客とフランチャイジーの契約締結段階における工夫

まず，フランチャイザーが，フランチャイジーに対して指導を徹底し，顧客に誤認を招かせないようにすることが最有効手段であろう。フランチャイザーは，フランチャイジーに対し，顧客（取引相手方）との契約の相手方がフランチャイジーであることを明示させなければならない。例えば，フランチャイジーの店舗内の見やすい位置に，「□□（←商標）加盟店○○会社（←フランチャイジー会社名）」と掲げたり，名刺においては，フランチャイザーが使用許諾した商標に加え，フランチャイジー名，フランチャイズ・システム加盟店（できれば，加盟法人であること）である旨の記載をなし，また，契約書を交わす場合には，重要事項説明の中に，フランチャイザーとフランチャイジーが別の会社（商人）である旨を盛り込む等，様々な方法が考え得る。

フランチャイジーが，顧客に対し，フランチャイザーとフランチャイジーが別の事業体であることを事前に説明し，理解させれば，名板貸責任の問題

---

39) 日本フランチャイズチェーン協会編・前掲注3)152頁。

は起こり得ないことが留意されるべきである（同じ品質を備えていることを明示することと，同じ事業体であることを明示することは，必ずしも一致しない。）。顧客の「何か起きた時にはフランチャイザーが責任を負ってくれるのではないか」という信頼は，名板貸責任の規定では保護されないからである[40]。

5 その他

また，当該リスクを担保するための，万が一のための保険的な制度として，フランチャイザーは，フランチャイジーに対し，保証金（フランチャイズ契約終了時に原則全額返金すべきもの）を差入れさせる，もしくは一定の金員を積み立てさせることも検討の余地があると考える。

第6 終わりに

本稿は，研究会発表時の会員の皆様の有益なアドバイスにもかかわらず，サブ・フランチャイズ契約の制度設計等の構築の道標も提示できず，また，名板貸責任の部分も不十分な分析にとどまってしまっている。しかしながら，サブ・フランチャイズ契約，フランチャイズ契約の第三者効の問題を法的観点から議論していくことは，今後のフランチャイズ・システム，更には企業提携関係の発展の上で不可欠の事項であると思われ，筆者も微力ながら勉強していこうと思っている次第である。本稿が，今後議論が活発になされる上での一助となれば望外の幸せである。

---

40) 三島・前掲注24)。

4

パートナリングによる企業間提携
―― リスク分配からリスク共有へ

　大規模建設工事をめぐる企業間提携として，近時，「パートナリング」の方式が注目されている。これは，建設工事のマネジメント手法としてアメリカから始まったものであるが，今日では，建設請負に関する独特の契約類型となり，イギリス，オーストラリア，香港などにおける多数の建設プロジェクトに採用されて，大きな成果をあげつつある。パートナリングは，プロジェクト参加企業の相互信頼，情報共有をもとに，リスクの共有と一種の共同事業を実現するまったく新しい発想の請負形態である。わが国にとっては，プラント輸出の推進において必須の理解となるのみならず，国内工事への導入の可否をめぐっても大きな可能性を有している。

笠井　修

第1　大規模建設プロジェクトと企業間提携
第2　パートナリング導入の背景と理念
第3　各国におけるパートナリングの導入経緯と枠組み
第4　イギリスにおけるパートナリング契約の展開
第5　日本型パートナリングの可能性

第1　大規模建設プロジェクトと企業間提携

1　大規模建設プロジェクトにおける従来の企業間提携

今日の建設プロジェクト，特にプラント輸出のような海外における事業は，ビジネスとしての大きな可能性とともに，プロジェクトの推進環境の予期せぬ変化やそこに参加する多くの企業間の利害対立をはじめとする様々なリスクをあわせもつものとなっている。

すなわち，海外における建設プロジェクトの多くは，その契約上の義務内容として，工場や発電所などの大規模施設の建設，機器の製作・据付け，技術の指導・移転さらには操業の指導等を含む幅広い業務を対象としている。また，発注者・受注者間の契約のみならず，下請，コンサルタント，資材の調達，保険，ファイナンスをめぐる契約もそれぞれの当事者間で結ばれるのが通常であり，それらの当事者は複数の国々にまたがることも多い。これらの要素により，大規模建設プロジェクトはしばしば履行環境の変化をはじめとする多様なリスクにさらされることとなる。

このような中で，プロジェクトの推進との関連において，それに関与する複数の企業が一定の提携を結ぶことが多い[1]。それはビジネスの円滑な推進やリスク分配，相互補完などを目的とするものであるが，その形態については，プロジェクトの内容・規模によっていくつかの組み合わせの可能性がありうる。

たとえば，発注者と受注者（主契約者）が建設請負等の契約を結び，これを基本にして，受注者の下に多様な下請契約がなされる，いわゆるサブコン方式がとられることがあり，他方，発注者と企業連合（コンソーシアム）の契約

---

[1] 企業間提携の目的，手段，起こりうる問題に対する判断要素については，J.R. ハービンソン＝P. ピカー Jr.『アライアンススキル』（ピアソン・エデュケーション，1999），徳田昭夫『グローバル企業の戦略的提携』（ミネルヴァ書房，2000），ゲイリー・ハメル＝イブ・ドーズ『競争優位のアライアンス戦略』（ダイヤモンド社，2001）石井真一『企業間提携の戦略と組織』（中央経済社，2003），松崎和久編『戦略提携アライアンス』（学文社，2006），安田洋史『競争環境における戦略的提携』（NTT出版，2006）参照。

により，複数の企業が共同して受注し，発注者に対して連帯責任を負う，いわゆるコンソーシアム方式が採用されることもある[2]。

2 二つの企業間提携と本稿の目的

もっとも，これらのいずれも，発注者・受注者（側）という対立構造を前提としていることには変わりはない。これらを企業間提携という観点から見ると，いずれも「受注者側の複数のプロジェクト関与者における企業間提携」ということになる。

しかし，これらとは別に，「発注者・受注者間における企業間提携」あるいは「発注者を含めた複数のプロジェクト関与者における企業間提携」も，近時注目されるようになってきた。これは，本来対立関係（一方当事者が得るものを他方当事者は失うという関係）にあるととらえられる当事者間における提携である。海外における大規模建設プロジェクトにおいて，一見提携の前提を欠くかに見えるこのような組み合わせが模索されるようになったのは，比較的最近のことである。本稿は，このような対立当事者を含む企業間提携の可能性として注目を集めつつある「パートナリング」(Partnering) の手法について，その背景と現状を紹介し，特に，企業間提携契約としての法的側面（パートナリング契約）における特質と今後解明されるべき課題について，イギリスの現状を中心に考察を試みたい。

---

[2] コンソーシアム方式にはさらに二通りあり，ひとつは，コンソーシアムを結成して連名で受注者となり，内部的取り決めとして各パートナーが自己の施工分担部分のみに責任を負うかたちである（分割施行型コンソーシアム）。もうひとつは，各パートナーが持分比率に応じて責任を共有するジョイントベンチャーを結成するが，業務については分担責任とせずに一体の組織として共同施行するかたちである（共同施行型コンソーシアム）。これに加え，ライセンシー契約，ファイナンス契約などの各種付随契約が結ばれることが多い。絹巻康史『国際商取引』（文眞堂，2001）169頁。

第2　パートナリング導入の背景と理念

1　パートナリングの導入の必要性

　パートナリングの手法が比較的規模の大きな建設請負プロジェクトにおいて注目されるようになったのは，この10～20年ほどのことである。すなわち，1980～90年代，多くの国々において，発注者と受注者が，建設工事の推進や工事請負契約書の条項の解釈・適用，さらに多様なリスク負担をめぐって，厳しく対立し「敵対関係」に陥るケースや，契約後のいわゆる「クレーム」をめぐって紛糾するケースが頻発し，それらの多くが法的紛争に発展する事態や，工事中断や工期遅延，またコスト超過に陥る事例がしばしば発生した。それによる不利益の多くは発注者の負担となったが，同時に請負者も多くのリソースを費やすこととなり，特に大規模プロジェクトにとっては，これがビジネス上の大きなマイナス要因となっていた。このような問題は，わが国の国内工事ではそれほど顕著に現われていたというわけではないが，わが国の企業が海外において建設プロジェクトを推進するにあたってはやはり大きな関心事となってきた。

　このような問題を回避してプロジェクトを推進すること，投下したリソースに見合う利益を得ること，さらに発生した紛争を適切に処理することを考慮した新しい企業間提携のあり方が，各国において模索されてきたが，その中で考え出されたのが，「パートナリング」という手法である。それは，紛争の発生を抑止するためのマネジメント手法から出発し，プロジェクトの効率的な推進，契約上の適切な利益分配・リスク負担に関する法的枠組み，さらに，紛争が発生した場合に提携企業間において問題解決を図る仕組みにいたる広い性格をもつものとして発展してきた。

　パートナリングの導入は，アメリカから始まったが，以後，イギリス，オーストラリア，香港等における大規模工事（特に，公共工事）に次々に採用され，今日さらに広い範囲の諸国において導入が検討されているのである。

2 パートナリングの概念

パートナリングの広範な性格と採用範囲の拡大により，今日ではその定義にも様々なものがみられる。たとえば，アメリカでは，パートナリングとは，「参画者の経営資源のもっとも効率的な活用を図ることにより，一定のビジネス目的を達成するべく，複数の組織において交わされる誓約である。これは，旧来の関係から，組織の垣根を越えた文化共有への転換を求めるものである」[3]とされ，また，イギリスでは，「パートナリングとは，2つ以上の組織がそれぞれのリソースの効果を最大化することによりビジネス上の一定の目的を達成するために用いられるマネジメント手法である。この手法は，共通の目的，あらかじめ合意された問題解決の方法，そして継続的かつ測定可能な改善のための評価を基にするものである」[4]と表現されることがあった。

しかし，このような表現ではあまりに抽象的であって，パートナリングのイメージをつかみにくい。そこでより具体的にいえば，パートナリングとは，一つの建設プロジェクトに関わる発注者・受注者・下請などの当事者が，できるだけ早期から，チームのパートナーとして行動することを通じて，生じる可能性のあるリスクを未然に回避し，あるいは最小に食い止め，工事の品質の向上，コスト削減，予定工期内の完成などの共通の目的・利益を実現するようにプロジェクトを遂行しようという考え方である。基本的には，上記のような問題を回避し，投入した資金に見合う価値 (VFM: Value for Money) を可能なかぎり高めることを目的としている。今日のパートナリングには，特定の工事のみを対象としたもの (Project Partnering) から，長期的な企業間提携に及ぶもの (Strategic Partnering) もみられるようになっている。実際に，近年これを採用した国々では，一種の「チームプレー型」の企業間提携を実現し，プロジェクト参加者全員がその利益を享受する手段として，それぞれ特色あるパートナリングを展開し，成果をあげている。

---

[3] Construction Industry Institute (CII), Model of Partnering Excellence (1996).
[4] J. Benett/S. Jayes (Center for Strategic Studies in Construction), Trusting the Team: The Best Practice Guide to Partnering in Construction, 2 (1995).

そして，パートナリングは，その由来においては，一種のマネジメント手法，あるいは企業の行動理念・行動指針として注目されたが，今日では，いくつかの国において，企業間提携を実現するための独特の契約類型としての内実をもつもの（さらには一種の問題解決手段としての機能をそなえるもの）となっている。海外建設プロジェクトにおいてパートナリング方式の採用の可能性を探っているわが国にとって[5]，さらにその法的側面を分析し新しい企業間提携の可能性を明らかにすることは喫緊の課題となっている。また，近時は，わが国の国内工事についてもこのような請負方式の採用の得失が検討されつつあり[6]，そこにおける契約構造と法的問題を明らかにすることも重要な意義を持つものと思われる。

第3 各国におけるパートナリングの導入経緯と枠組み

そこで，各国におけるパートナリングの導入経過とその基本的性格を簡単にみわたせば，それぞれにおいて，かなり異なった扱い，性格付けがなされているのを見て取ることができる[7]。

1 行動理念としてのパートナリング

まず，パートナリングがはじめて提唱されたのは，アメリカにおいてであった。1980年代のアメリカの建設業界では，激しい受注競争と契約当事者の対立，さらに，非効率的な施工が，工期の遅延とコストの膨張を招いてい

---

5) 国土交通省が広汎な調査を行い，その成果が，たとえばイギリスについては，『英国におけるパートナリングに関する調査報告書（海外建設市場環境整備事業B）』（2003）としてまとめられている。また，この調査を受託した社団法人海外建設協会も，海外建設協会編『海外に学ぶ建設業のパートナリングの実際』（鹿島出版会，2007）を刊行している。

6) たとえば，日本大ダム会議技術委員会海外における発注制度調査分科会「ダム事業への民間資金導入と新たな入札契約方式導入に関する検討」大ダム196号（2006）10頁以下。

7) 歴史的概観として，Sally Roe/Jane Jenkins, Partnering and Alliancing in Construction Projects, 13 (2003).

た。そこで，1980年代後半，対立的契約関係の解消を目的として，プロジェクト参加者全員が，共通目標や行動原理を定めた「憲章」(Charter)を作成するとともに，「パートナリング協定」(Partnering Agreement)を結び，プロジェクトの内容・計画に関わるオープンな協議とリスクの共有のもとにプロジェクトの推進をめざすという大きな転換が試みられた。これは，まず，1988年，陸軍施設の建設工事において取り入れられ[8]，その後多くの大規模工事，特に公共工事において採用されてきた[9]。

ただ，アメリカにおいては，パートナリングという概念は，その由来において法的概念ではなかった。それは，既存の受注・施工のシステムにおいてプロジェクトを推進する上で，発注者・受注者・下請などのステークホルダーが拠るべき一つの行動理念・行動指針あるいはマネジメント手法として一般に理解されてきた[10]（当事者間の契約に取り込まないことについては，法的関係としての曖昧さが残ってしまうことや，独禁法上の問題が生じうることが指摘されてきた）。実際にパートナリングの考え方を採用したプロジェクトにおいても，これまで一般に用いられてきた工事請負契約約款（AIA，AGC，CMAAなど）が，当事者間の法律関係を規律するものとしてそのまま使用されているのである。

つまり，パートナリングは，直接の権利義務関係を導くものではなく，入札・発注後に，プロジェクトを円滑に推進し，生じうる問題を解決するための理念として，取り入れられるべきものとされている[11]。

---

8) これは,米陸軍工兵隊 (US Army Corps of Engineers) において導入されたとされる。その後，毎年陸軍の100以上のプロジェクトで採用されている。Roe/Jenkins, *supra* note 7, at 15.
9) たとえば，中村幸男＝桑原健「米国西海岸での下水処理場建設工事—パートナリング手法の適用について」電力土木284号（1999）155頁参照。
10) もっとも，近時は，アメリカにおいても，PartneringやAllianceを契約として取り入れる可能性が論じられている。James J. Myers, Alliance Contracting: A Potpourri of Proven Techniques for Successful Contracting, [2001] I.C.L.R. 56.
11) アメリカでは，入札時にパートナリングの方式を取り入れたいという発注者の意向が表示され，入札後に，法的拘束力のない憲章という形のパートナリングの理念をうたったフォームにより合意がなされる。Chris Skeggs, Project Partnering in the International Construction Industry, [2003] I.C.L.R. 469.

2 契約としてのパートナリング——契約によるリスク共有

(1) イギリスにおけるパートナリング契約
a パートナリング方式のイギリスへの導入

パートナリングの考え方は，その後イギリスにおいて取り入れられた。イギリスでも，1980年代には，生産性の低下，施工品質の低下，安値受注に起因する発注者へのクレームの多さ，工期の遅延，最終工事費の膨張のような，建設請負契約の当事者間における，アメリカと類似の問題が大きくなっており，それを解決するためのさまざまな取り組みが試みられていた。そこへ，状況打開の一つの切り札として登場したのが，パートナリングの手法であった[12]。

イギリスにおけるパートナリングは，まず，北海油田における坑井掘削工事に取り入れられたが[13]，必ずしも広く浸透したわけではなかった。

しかし，その後，上記の建設業界の問題に関する政府・業界共同の調査が行われ，1994年にはレイサム卿が，この調査の報告書「チームを組む」[14] を議会に提出した。これは，当時の建設業界の抱える多くの問題点を指摘し，これを解決するために工事関与者たる各企業の相互信頼と協力の必要性を説くものであった。そして提言として，発注者，設計技術者，施工業者，メーカーなどの関係をめぐる従来の生産システムの改革の必要性を指摘し，特にパートナリングの採用を推奨した[15]。次いで，レディング大学の「建設フォーラム」[16] が，日本の生産方式とアメリカのパートナリングに関する研究をもとに，パートナリング導入にともなう諸問題を，法律論を含めて検討

---

[12] 導入について，Roe/Jenkins, *supra* note 7, at 13. また，杉山正「新しい契約方式——英国のパートナリング」土木技術57巻11号（2002）77頁以下（施工事例について79頁以下），海外建設協会・前掲注5）11頁も参照。

[13] Roe/Jenkins, *supra* note 7, at 15, 16.

[14] Sir Michael Latham, Constructing the Team (HMSO, 1994). この報告書では，競争入札による最低価格者を契約の相手方として選択する方法では，コストに見合った価値がえられず，これをえるためには，「チームを組む」方法への切り替えが必要である，とされた。

し，大きな影響を及ぼした。さらに，1998年にはイーガン卿を議長とする政府の建設タスクフォースが，報告書を公表して，建設工事の品質の向上と効率の改善の必要性を訴え[17]，パートナリングの導入を促した（イーガン卿は，2002年の報告書[18]でも，発注者を巻き込んだパートナリングの普及を加速するべきであるとした）。

このような提言を受けて，パートナリング方式は徐々に実際の工事に採用され，建設の工程に関与する多数の企業が相互信頼，共通目標，情報共有のもとで効率性の高い生産を行い，プロジェクト参加者全員が Win/Win になる生産を実現しようとする考え方として効果を上げてきた[19]。レディング大学の「建設フォーラム」は，パートナリングの採用によって，工費を40％以上削減し，工期を50％短縮することも可能という驚くべき数字を出している[20]。

イギリスのパートナリング方式の特長は，発注者を含む，設計者，総合工事会社，専門工事会社，下請者，資材業者など主要なプロジェクト参加企業

---

15) レイサムレポートにおいては，パートナリングの採用により，工費を30％削減し，工期を25％短縮することが可能としていた。また，契約に要する手間や費用も，二当事者間の契約を積み上げるよりも1本の契約によって行う方が，はるかに軽減できるとする。

16) John Bennett/Sarah Jayes, Trusting the Team: The Best Practice Guide to Partnering in Construction (1995). なお，日本の系列が，「コスト管理能力，工期遵守能力，品質管理能力が非常に高い生産システム」として注目されており，パートナリングは，日本の実例に学んで，関係者間の信頼関係を構築して，高効率・高品質で顧客満足度の高い建設生産体制を作ることを試みたところから，その構想が始まったという説明が見られる。金多隆＝吉原伸治＝古阪秀三「建設業における系列とパートナリングの比較分析」日本建築学会第21回建築生産シンポジウム論文集（2005）223頁以下参照。

17) Sir John Egan, Rethinking Construction (1998).

18) Sir John Egan, Accelerating Change: A Report by the Strategic Forum for Construction (2002).

19) Ellis Baker, Partnering Strategies: The Legal Dimension, Const. L.J. 2007, 23(5), 344; Roe/Jenkins, *supra* note 7, at 29-31; 海外建設協会・前掲注5) 233頁以下。

20) John Bennett and Sarah Jayes/Reding Construction Forum, The Seven Pillars of Partnering, 54 (1998).

が提携し，共通の目標を掲げるチームを作るとともに，設計はじめ諸々の情報共有と事前の綿密な打ち合わせのもとで施工し，目標を達成したときの利益と達成できなかったときの損失をチームの構成員全員で分配する点にある。作業効率，コスト削減，工期厳守，リスクの適正配分などが共通目標になるのが通常であるが，これを達成するための，関係企業相互の信頼と協力，情報の透明性[21]がこの手法の成否の鍵となるのである。

b パートナリング契約

イギリスのパートナリング方式がアメリカのそれと決定的に異なるのは，イギリスでは，パートナリングが，プロジェクト関与者の行動理念にとどまらず，法的責任を生ぜしめる当事者関係を成立させるところにある[22]。すなわち，イギリスでは，「パートナリング契約」(Partnering Contract) の概念が成立するとともに，パートナリング方式の当事者関係に即した約款の整備が進んでいるのである[23]。

(a) もっとも，パートナリングを推進するための形態としては，当初，契約というかたちをとらない，紳士協定的なアプローチが提唱されたこともあった[24]。パートナリングは，協力的，紛争回避的，自己改善的なものであり，契約とは関わりなく行われうるものである，という立場である。必要となる

---

21) 情報の透明性・共有性を実現するひとつの手段として，プロジェクトにかかわる情報をウェブ上の特定サイトに集中させ，すべてのステークホルダーにそれを供する試みについて，Gerald S. Clay/Ann L. MacNaughton/John F. Farnan Jr., Creating Long-Term Success through Expanded Partnering, 59-APR Disp. Resol. J. 42, 47 (2004) 参照。
22) Richard Honey/Justin Mort, Partnering Contracts for UK Building Projects: Practical Considerations, Const. L.J. 2004, 20(7), 361, 364.
23) その進展について，Honey/Mort, *supra* note 22, at 365; Alan Ledger, An Agenda for Collaborative Working Arrangement: The Role of Partnering and Alliance in the U.K., 58-JUL Disp. Resol. J. 37, 42 (2007); 海外建設協会・前掲注5)79頁。
24) パートナリングの主唱者の一人であるイーガン卿も，当初は，パートナリングを契約化することに前向きではなかった。パートナリングの長所は，紛争を回避するところにあるのであり，その限りで契約は有用ではなく，コストもかかると考えていた。Egan, *supra* note17, at 30; Baker, *supra* note 19, at 345.

のは，パートナリング憲章にとどまるとされた。

（b）しかし，1990年代に入ると，パートナリングにおける契約の役割が評価されるようになった[25]。実際の利害対立が生じた場合にそなえ当事者の法的関係を明確にしておく必要が意識されるに至ったからである。パートナリング方式で契約をするという場合に，まず考えられたのは，従来用いられている建設工事請負契約約款を基礎として，それを修正し，建設請負契約を当事者間の協力の理念を反映したものとする手法である。これは，あくまで二当事者間の契約であり，そのなかにパートナリングの手法を取り込んだ条項を含むものとなる。パートナリング方式に適合した条項を含んだ約款，たとえば ICE（The Institution of Civil Engineering）発行の NEC（The New Engineering Contract）[26] Option C や FIDIC（1999年版）などを用いたうえで，発注者・受注者以外の第三者（設計者，下請企業など）がパートナリング方式に適合した関与を行うことができるよう，パートナリング憲章によって約款を補うという形態である[27]。

ただ，この手法による場合に，二当事者を前提にした従来の約款が，パートナリングに参加しチームを作るすべての提携者の法律関係をカバーすることができるのか，という疑問が生じてくる[28]。伝統的な双務の契約関係と憲章とが矛盾した関係となる危険も残される（パートナリング憲章は共通の目的と各当事者の利益実現の尊重を理念とするものであるが，伝統的な約款は対立的な当事者関係を対象としており，憲章と対立しかねない）。このような点から，パートナリング契約に適した法的枠組みを正面から構成することの必要性が意識されるようになった。

このような認識を広げたのが，Birse Construction Ltd v St David Ltd 事件[29]であった。これは，1997年にカーディフ湾にある施設を建設するにつき，

---

25) Skeggs, *supra* note 11, at 469.
26) これは，本来パートナリング契約のためのものではないが，パートナリング契約の基礎とするのにはもっとも適合的な約款とされてきた。その，一般的なスタイルはパートナリングにもあてはまり，簡明な言葉遣いは革新的な契約方法にも適合するとされた。
27) Skeggs, *supra* note 11, at 469.
28) Baker, *supra* note 19, at 347.

原告たる建設会社と発注者がパートナリング憲章を作成したケースである。同年末までに契約に署名することとしていたが，実際には署名がなされず，新年に入り3月になっても進展がなかったので，発注者は請負人に対し工事遅延の損害を請負報酬から控除すると通知して争いとなった。同年夏には初期工事は実質的に完了したが，注文者は，請負人が工事現場を離れたことを捉えて放棄したものとした。請負人は，TCC（The Technology and Construction Court）に，「提供役務相当金額請求訴訟」(quantum meruit) を提起したが，退けられた。この経験の中で，パートナリングの合意を適切な法的枠組みによって支えること，特に契約関係を明確なものとすることが必要であるという認識が一般となった[30]。また同時に，憲章の効力，支払いの仕組みに対する疑問も生じてきた。

（c）そこで，第3段階として，「三当事者以上のパートナリング契約」による，伝統的な契約の枠組みを脱皮した企業間提携が提案されるにいたり，今日では，むしろこの形態が一般的となっている。そして特に注目するべきは，イギリスにおいては，すでに，このようなパートナリング方式による建設請負契約約款として，ACA (The Association of Consultant Architects Ltd)によって策定されたひな形，PPC2000[31]（The ACA Standard Form of Contract for Project Partnering）が2000年9月に発表され，また，ICEによるECC（The Engineering and Construction Contract）Option X12[32] も現われて，これらが実際の工事で利用されていることである。これらは「多当事者間パートナリング契約」[33]

---

29) [1999] B.L.R. 194.
30) Skeggs, *supra* note 11, at 469.
31) これは，イーガンの報告書（前掲注17））を実現するべく策定されたものである。PPC2000の解説として，David Mosey, Guide to the ACA Project Partnering Contracts PPC2000 and SPC2000(2003) 参照。なお，SPC2000 (The ACA Standard Form of Specialist Contract for Project Partnering), TPC2005(the ACA Standard Form of Contract for Team Partnering) も参照。Honey/Mort, *supra* note 22, at 369.
32) 上の第2段階の二当事者間契約に付加して，複数のプロジェクト参加者の組織化を図るアンブレラ契約を締結するという方法である。Honey/Mort, *supra* note 22, n28.
33) これを Alliance と呼んで，Partnering と区別することもある。Ledger, *supra* note 23, at 38.

(Multi-party Partnering Contract) であり，発注者，受注者，設計者，コンサルタント，下請等が直接の当事者となる一本の契約として構成されている。

(d) さらに，2007年5月には，民間の工事約款を策定する JCT (Joint Contracts Tribunal) が，新たなパートナリング方式の約款である JCT-CE を発表した。これは，基本的に二当事者間の契約として構成されているが，従来のパートナリング約款が法的に曖昧な表現を残していたのに対し，明確な法的枠組みを示そうとしたものである[34]。これまでの，パートナリング方式の約款が，公共工事を念頭においていたのとは異なり，民間工事においてもパートナリング方式が本格的に取り入れられることも予想される。

ただ，これらの多当事者間の契約形態は，それを採用すると，多くのプロジェクト参加者の義務と責任に関わる法律関係が複雑になるという問題も指摘されている[35]。紛争を回避することを重要な目的としたパートナリングによって逆に新たな訴訟の嵐を誘発するのではないか，という懸念である。当面，種々の新しい約款を採用するプロジェクトが増加するなかで，パートナリングに関する法理論が固まるまでは，その選択・採用に試行錯誤が繰り返されるであろう[36]。

(2) **その他の諸国におけるパートナリング契約**

その他の諸国，たとえば，オーストラリアでも同様の理念，つまり信頼に基づく施工チームづくりをめざす取り組みが拡大している。オーストラリアには，まずアメリカから，法的拘束力を持たないパートナリング方式が導入されたが，これは必ずしも十分な成果をあげるにいたらなかった[37]。しかし，その後，Relationship Contracting の概念により，パートナリングの趣旨を契約中に取り込もうとする独特の展開が現れ，さらにこれを発展させた形態としての Alliance Contracting という契約が生み出されるに至っている[38]。

---

34) Baker, *supra* note 19, at 354.
35) Skeggs, *supra* note 11, at 470; 海外建設協会・前掲注5)73頁。
36) パートナリング契約に関するいくつかの約款の得失を比較検討した研究として，Honey/Mort, *supra* note 22参照。
37) 海外建設協会・前掲注5)16頁。
38) Douglas Jones, Project Alliances, [2001] I.C.L.R. 411.

また，香港では，二つの報告書がパートナリングの導入を提唱し，独自のパートナリング方式の約款が整備されつつある[39]。これは，実際にいくつかの大規模プロジェクトで採用されている。近時，わが国の建設会社が，地下鉄工事において，香港初のパートナリング方式（ターゲットコスト方式）の契約を締結し，注目されたところである。

第4　イギリスにおけるパートナリング契約の展開

1　イギリスのパートナリング契約の特徴

上記のような経緯を見ると，企業間提携契約としてのパートナリングとしては，現在のところ，イギリスにおける展開がもっとも注目されるべきであろう（さらに，オーストラリア，香港における展開も興味深い）。イギリスにおいては，多当事者間における強制可能性のある（enforceable）契約としての「パートナリング契約」が登場するに至ったが，この契約内容を見ると（各約款による相違は見られるものの），特に，プロジェクト参加者における「リスク共有」の仕組みが用意されていることと，プロジェクトの推進に「ワークショップ」と呼ばれる仕組みが大きくかかわっていることが重要と思われる。

(1)　リスク共有のメカニズム

すなわち，パートナリング契約においては，発注者と受注者が損失も利益も分け合う Pain/Gain Share の理念，およびその配分の比率が，契約中に明文をもって約定されているのである。そして，この配分のために，その基礎となる「目標価格」（Target Cost）の合意が行われる。この目標価格は，工事の請負価格ではなく，発注者，受注者，設計者，コンサルタントなどが協議し，標準的能力のある企業が通常建設に要する費用とありうるリスクの対処費用を考慮して措定した工事価格であって，一種の仮想の数値である。実際の工事費はこれを上回ることもあれば，下回ることもある。これを Pain ま

---

39)　香港における Tang Report と Grove Report，およびパートナリングのひろがりについて，Philip Nunn/Ian Cocking, The Tang Report: Catalyst for Change in the Hong Kong Construction Industry, [2001] I.C.L.R. 617; 海外建設協会・前掲注5)22頁。

たは Gain と見立ててそれを発注者と受注者との間において一定の比率で分かち合うというフィクション（Pain/Gain Share）により，プロジェクト参加者の最終的な負担と取り分を決めるものである。そして，この比率については，契約においてあらかじめ取決めがなされることになる。これを基本的な枠組みとしてリスク共有が図られるのである（下図参照）。

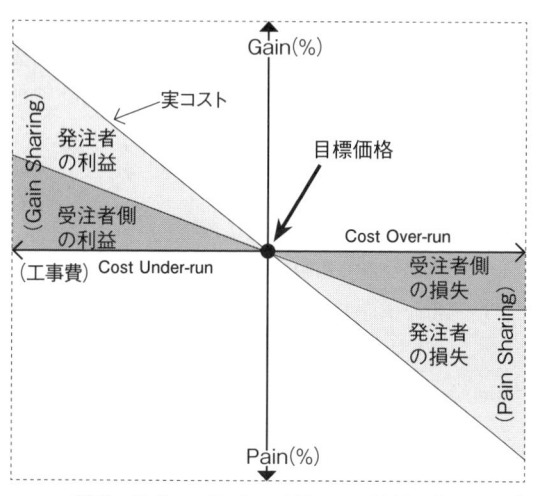

(出典：D. Jones, Project Alliances, [2001] I.C.L.R.435)

この Pain と Gain の割合の取り決めを適用するにあたっては，原価の透明性を確保し，実際の工事費の中から正当に原価と評価されるべきコストだけを基にして Pain と Gain を算出する必要がある。これを「実コスト」（Actual Cost）とよび，それをどのように評価するかについても契約上明確な定めが必要となるのである。たとえば，他の業者への過失による過払い，不要資材の購入等によるコストなどは原価に算入されるべきではないとされる（これらは，約款に列挙されることが多い）。

また，特定のプロジェクト参加者の固有のリスク負担に委ねられるべき費目もあるはずであり，これは契約上明確にされなければならない。

なお，目標価格は，契約においてあらかじめ定められた事情が生じた場合には，増減額される余地がある。たとえば，設計変更によるコスト増は，目標価格の上昇に結びつくことがある。

(2) ワークショップを中心としたプロジェクトの推進

パートナリング方式によるプロジェクトは実際にはどのように進行することになるか。すでに述べたように、パートナリング契約には、発注者・受注者の二当事者間を前提にしたものから、下請、設計者、エンジニアなどを含むより多数の当事者間で締結されるものまで、その発展段階に応じて、いくつかの多様性があるが、そこでは、ワークショップ（パートナリング会議）と呼ばれる仕組みにおいて、パートナリング構成員が十分な意思疎通を図りつつプロジェクトを推進して行くことになる。ここに一種に共同事業性を見て取ることができるように思われる[40]。それは、およそ次のような形態において推進される[41]。

a 受注事業者の選定

まず、プロジェクトに参加する事業者の選定が必要になる。ここでは、契約当事者である事業者の選定自体がパートナリングの枠組みの中で行われる。すなわち、パートナリングの手法においては、受注事業者は、入札価格のみならず、過去の実績、信頼性、業績、施工品質、環境管理計画や、過去のパートナリング実績、他組織との協調性も考慮のうえ、プロジェクトの成果を見通した選定が行われる。

b ファシリテーターの選定

ファシリテーターは、パートナリングの手法がプロジェクトに適合するよう組織内の調整・コミュニケーションの円滑化を図ることを任務とする。参加企業がワークショップの場で議論するための調整役であり、発注者から選出される場合もあれば、第三者機関から選出される場合もある。

---

40) パートナリングにおいては、プロジェクトの関係者のすべてがその役割と責任を組織・統合しあって、ひとつの「バーチャルカンパニー」が存在するかのように、お互いの信頼と自由な意見交換・批判の中で、共同作業と意思決定を行って、プロジェクトの運営が行われる。Clive T. Cain, Profitable Partnering for Lean Construction, 61(2004).

41) Bevis Mak, Partnering/Alliancing, Const. L.J. 2001, 17(3), 218, 221; 日本大ダム会議技術委員会・前掲注6)42頁参照。また、8段階に分けた説明として、Clay/ MacNaughton/ Farnan Jr., *supra* note 21, at 45参照。PPPやPFIとの対比について、Skeggs, *supra* note 11, at 467.

c　ワークショップを通じたパートナリングの展開[42]
（a）ワークショップの編成と憲章作成・契約締結

次いで，ワークショップが開催されそこにおいて，プロジェクトの各参加者（発注者，受注者，コンサルタント，下請業者など）の代表が，まず，プロジェクトの共通ミッションと行動規範に関する合意形成をおこない，それを表現した憲章[43]を作成する。また，多当事者間の約款を採用した場合には，プロジェクト参画者がともに署名する一本の契約書によってパートナリング契約が締結される。

（b）共通目標の設定

ワークショップにおいて，施工方法，工事の工程，品質，環境，コスト，作業効率，工期，標準作業量，リスクの配分，設計情報の共有等の諸事項について目標が設定され，プロジェクト参加者がその目標の達成に向けて協力することになる。そして，この目標は，すべてのプロジェクト参加者について共通の利害となるように設定されている。

（c）目標価格の設定

先に述べた目標価格をワークショップにおいて決定することとなる。この数値の決定については，独立したエンジニアの客観的な査定を考慮するが，発注者とプロジェクト関与者の力関係が反映されるおそれもなお残っている。

（d）パートナリングによる施工の進行

パートナリングの進行も，当初のワークショップ（キックオフ・ワークショップ）に続いて，実績モニター，中間ワークショップ，最終レビューミーティングというプロセスで進められ，その過程では，ファシリテーターが，憲章に即

---

42) Clay/ MacNaughton/ Farnan Jr., *supra* note 21, at 42.
43) 憲章に盛り込まれるのは，たとえば，①パートナリングの原則を遵守する旨の誓約の一般的言明，②プロジェクトの成功のために共同にめざすべき中心的目標，③情報交換と共同作業の手続きおよび役割と責任，③モニタリングの推進と目標達成指標（KPIs）の利用を含む評価を活用した施工の手順，④問題の速やかな議論とその解決のための建設的協働の誓約，⑤問題解決の手順，⑥ワークショップ，セミナー，ファシリテーターに関する費用分担などの諸事項である。Roe/Jenkins, *supra* note 7, at 2.

して，プロジェクト目的を達成するために，その進行中に発生する問題に関し関係者間の意見の調整をするなどの役割を果たす。

ワークショップにおいては，発注者から受注者，下請会社，資材供給会社に至る関係者のそれぞれが施工に関する情報を出し合って，その情報を共有する。相互に十分な情報開示をすることにより，ワークショップが，相互の信頼関係を醸成する場となり，また，一種の共同事業を推進する機能を備えたものともなる。

（e）ワークショップの性格

なお，ワークショップは，プロジェクト遂行の中心的な「場」であるが，それ自体が，組織や機関ではないということは，注目される。そこで，パートナリング契約の約款では，ワークショップの性格が明らかでないことも多い。他方，約款によっては，パートナリングを代表する性格のグループを規定するものも見られるのである（たとえば，次に見るPPC2000には，コア・グループというグループを置き一定の決議を行う権限を与えている）。

2　パートナリング方式の契約約款──PPC2000を例にとって

では，パートナリング契約の約款はどのように構成されるであろうか。上に指摘したように，現在では，パートナリング方式のプロジェクトに利用されることを予定した約款がいくつか発表されているが，ここでは，それらの中から，PPC2000の例を見てみよう[44]。

(1) PPC2000の特徴[45]

PPC2000は，はじめての多当事者パートナリング契約約款であり，設計，資材供給，施工を視野に入れた規定を整備するものである。パートナリング合意書，パートナリング規定，付属書からなり，パートナリング工程表，コンサルタントサービス概要，プロジェクト概要書，価格予算書，目的達成度指標なども付される。パートナリングのメンバーを一定の範囲で代表するコア・グループの仕組みを導入し，施工の進捗に対する評価も担わせている。

---

44) Mosey, *supra* note 31.
45) Roe/Jenkins, *supra* note 7, at 213; Mosey, *supra* note 31, at 6.

また，利益の分配とともに，目標達成指標を目安とした報酬によるインセンティブにも配慮している。さらに，パートナリングアドバイザーを導入している点でも注目される。

(2) **主な条文構成**[46]

PPC2000の条文構成について詳細な分析を試みるには別稿を要する。ここではその特質をなす条項を見渡すにとどめると，以下のようなものがあげられる。

a **契約当事者**

契約当事者として，発注者，請負人のほか，発注者代理人（FIDIC等におけるEngineer），専門業者，サプライヤーが，署名する（合意書1.3条，1.5条）。

b **利益損失按分比率**

実コストが目標価格を下回った場合，あるいは上回った場合の，Pain Share, Gain Shareと呼ばれる利益損失按分比率を規定する（合意書13.2条）。これは，パートナリングの理念をもっとも反映したリスク共有と利益分配の条項である。この比率は，ファシリテーターの開催するワークショップにおいてリスク評価を行ったうえで決定された目標価格（Target Cost. PPC2000ではAgreed Maximum Priceと呼んでいる）をもとに，これを基準とした損益を発注者・受注者等が分かち合うための基準となるものである。それぞれが負担する損益の比率はプロジェクトごとに異なるが，その比率は事前に契約に盛り込まれることになる。

このPainまたはGainを算定するには，原価の透明性の確保が必須となる。また，契約上，一定の事情が生じた場合に目標価格を増減することがありうる（プロジェクト実施前に評価できるリスクについてはワークショップで議論され相応のコストが割り振られる。事前に評価することが難しいリスクについて，約款上Shared Riskとされ，負担当事者が決定されることもある）。

c **目標価格**

上のリスク共有の前提となる目標価格を，「付属書」において規定する。実際のコストがこれを下回ればその差額分を利益損失按分比率によって当事

---

46) Mosey, *supra* note 31, at 21-48.

者間で分配し,実際のコストがこれを上回れば,その損失をやはりこの比率により当事者が負担する (前掲の図を参照)。

　d　役割と責任,注意義務

　パートナリングの構成員が,信頼,公平,相互協力の精神に則って仕事を遂行すべきことが契約上の義務とされている (一般規定1.3条)。また,自己の役割,技術経験等について合理的に期待される注意を払うべきものとされている (同22.1条)。

　e　コア・グループ

　PPC2000は,工事の進捗状況を評価しそれを促進するためのコア・グループを選出するものとし,このグループにプロジェクト推進の実質的運営の一部を委ねている (同3.3~3.6条)。

　f　パートナリングの構成員への支払い義務

　パートナリング構成員 (たとえば,コンサルタント,専門業者) に対する報酬等の支払義務の所在を確定する (同1.5条,1.6条)。

　g　工事の遂行に関する権利義務

　着工から始まる工事遂行を規律する権利義務関係を規定する (同8.3条以下)。また,設計に関する請負人の異議も認められる (同8.11条)。

　h　リスク管理

　リスク共有条項によって処理される場合以外は,請負人がリスク管理にあたる (同18条)。

　i　目標達成指標による評価

　パートナリング構成員による施工の成果を目標達成指標[47] (KPIs: Key Performance Indicators) によって定期的に測定し,パートナリングの成果を定期的に評価することとされている(同23条)。この指数に問題がある場合には,ワークショップによる検討に委ねられる。

---

47) イギリスにおける建設工事の成果を測定する指標および契約方式の発展については,盛武建二＝芦田義則「英国における建設パフォーマンス改善の取り組みに関する調査研究」建設マネジメント研究論文集10巻 (2003) 165頁以下参照。

j 契約解除

発注者は，一般規定14.1条に規定する契約の全体条件が充たされないか，予見できない状況が発生したときは，契約を解除することができる（同26条）。また，パートナリング構成員が倒産した場合には，その構成員とのパートナリング契約は自動的に解除される。

k 戦略的提携

PPC2000は，本来個々のプロジェクト単位におけるパートナリングに関する約款であるが，これを超えて，複数のプロジェクトにわたる長期的なパートナリング関係を構成する戦略的提携（Strategic Alliance）がありうることを考慮し，パートナリングのメンバーがこれに合意しうることを規定している（同24条）。

PPC2000は，はじめての多当事者間パートナリング契約約款として登場し，おおむね肯定的な評価を得ている。日本法において問題となるような，請負の危険負担や建築物の瑕疵の問題が独特のリスク共有の枠組みの中で処理されているのを見て取ることができる。ただ，パートナリング構成員の責任範囲等になお不明確な部分を残しているという指摘も見られる。

3 パートナリングの鍵となる要素

イギリスの経験からみて，パートナリング方式が，適切に機能するためのいくつかの重視するべき要素を指摘することができる。

(1) ひとつは，パートナリングを組む業者の選択において，その実績と能力に重点を置いた判断を行う必要があるということである。「入札時の最低価格」から「完成時の最大価値」への視点の転換が必要となる。

(2) また，ワークショップがその任務を果たすことが重要であり，そのためには，プロジェクトに参加する各当事者が協力しつつ利益の最大化を図ることをめざす環境形成が必要となる。

(3) さらに，情報の透明性が鍵となる。パートナリングの場合は，プロジェクトごとにリスク共有があらかじめ決められているが，それは，プロジェクトとその参加者に関する情報の透明性を前提とするものであり，それが信

頼関係の前提となる。そして，情報の透明性は，しばしば，各参加企業のプロジェクトの工事原価に関する会計記録を相互に開示するオープンブック・アカウンティングを求めることが多い[48]。これは，他の参加企業に利得の秘匿がないとの信頼を確かにすることや，決済プロセスの確実な実行においても，本質的な意味を持つ（PPC2000は，サプライチェーン・マネジメントを行うために，この点について規定を設けている）。また，実際上オープンブック・アカウンティングは，受注者からのクレームの発生を低減させる効果をも果たすものとなる。

4　パートナリング方式の企業間提携から得られる成果

以上のように，イギリスのパートナリングは，工事の調達方法や契約方式，施工プロセスそのものに大きな変更を試みるものであるが，すでに指摘したように，そこからはいくつもの成果（および今後の期待）が見出される[49]。

(1) 受注者の能力の有効な活用

たとえば，受注者がパートナーとして工事の計画段階から参加することにより，そのノウハウと所有する人的・物的資源の有効な活用を図ることができる。

(2) コスト削減

プロジェクトのコスト削減を期待することができる[50]。そして，その成果が，工事に参加する各当事者にインセンティブとして配分される。従来，コスト削減については，発注者と受注者の利害は対立するものとされてきたが，パートナリングは，それが両当事者の利益となることを可能にする。

(3) 工期短縮と品質向上

工期を短縮するとともに，工事の品質の向上ないし瑕疵発生率の低下を実現することができる。これによって同時に，法的紛争の回避が期待される。

---

48)　Baker, *supra* note 19, at 354.
49)　Skeggs, *supra* note 11, at 461, 462; Honey/Mort, *supra* note 22, at 362; Mak, *supra* note 41, at 229; 海外建設協会・前掲注5)30頁。
50)　前掲注18)19)参照。Ledger, *supra* note 23, at 39も参照。

(4) ビジネス上の予見可能性の向上

さらに、工事計画の段階で工事参加者がありうるリスクを徹底的に洗い出すので、施工段階で計画が狂う可能性が低くなる。これによりビジネスとしての予見可能性を高めることもできる。

(5) 適切な事業者の選択

パートナリングのプロセスの中で、受注者は、受注価格のみによって評価されるのではなく、施工能力・施工実績が業者選定の重要な要素となるため、よい工事を行うことが自己の評価を高めるものとなり、そのような業者の選定が結局は工事の品質の向上につながることが期待される。受注者は、入札時の価格競争から一定範囲で解放され、能力・実績重視の競争が可能となるとともに、継続的な受注の可能性がえられる。

このような変化は、プロジェクト参加者に、発注者のパートナーとして脱皮することを求めるものとなる。パートナリングは、単に協調関係が実現されればよいという考え方ではなく、プロジェクトに関わる組織のパートナーとしての役割を、各メンバーに求めることになるのである。

5 明らかにされるべき法律関係

しかし、パートナリングもなお解決されるべき多くの問題点、課題を抱えている。特に、パートナリングをめぐる法律関係については、約款上明確にされていない点が多く、今後の理論的整備が急がれる状況にある。

(1) 法律関係の不明確さ

今日の発展段階におけるパートナリング契約は、三当事者以上の多当事者間契約の形態をとっており、発注者、受注者、設計者、コンサルタント、下請等が直接の当事者となるが、このようなパートナリング契約から導かれる、当事者間の法律関係が、現在のところ十分に明確ではない。パートナリング契約は、契約当事者間の紛争を予防するための仕組みとしては優れているが、契約の本質であるリスク負担と責任の関係が厳密に明らかになっていない面もある。

そのため、パートナリング方式のプロジェクトにおいて紛争が生じた場合には、契約に基づく権利義務関係がはっきりしない場面が生じる可能性があ

る。

　これまで，パートナリング契約については，実際の判例や仲裁事例による規範形成が十分ではなく，学説による理論的整備もこれから本格化する段階にある。おそらくこの点がパートナリングのもっとも問題となるところであろう。

(2) 理論的整備の課題

　理論的には，特に，以下のような点が明確にされる必要がある。

a　パートナリングの法的性格

　たとえば，「チームを組む」（レイサム）というパートナリングの本質の表現は，比喩的なものであるが，その「チーム」の法的性質[51]，チームとメンバーとの関係，メンバー相互の関係，チーム外の第三者との関係については，今のところあまり明らかになっていない[52]。

b　契約の解除と清算

　約款は通常，発注者は任意に契約を解除することができる旨の条項をおいているが，それによる最終的な清算のあり方については，未整理の部分も多く残されている。

　また，参加当事者の破産等による離脱に伴うボンド等による処理について

---

51) PPC2000の一般規定25条は，「パートナーシップ」と混同されないようにするべき旨を定めるが，パートナリングの性質については明らかにする規定は存しない。また，どこまでがenforceableな約束なのかがはっきりしない。Honey/Mort, *supra* note 22, at 362.

52) これは特に，伝統的な契約法理論との関係において，はっきりさせなければならない問題を提起している（プラント輸出の場合には，そのプロジェクトに適用になる法体系の相違により，論点も異なることになることはいうまでもない）。たとえば，パートナリング契約においては，契約上の義務内容と，パートナリングの過程における表示とが食い違うことがありうる。当事者は，そのような場合に，禁反言の法理や権利放棄の法理に基づく権利を行使することができるか，あるいは，信認関係上の義務は，パートナリング契約上の義務とどのような関係にたつのか，さらに，パートナリングの基本原理と信義則との関係はどのようにとらえるべきか，などの点である。Skeggs, *supra* note 11, at 463. パートナリングの法律関係については，特に，Roe/Jenkins, *supra* note 7, at 69-193.

も，未確定の部分は多い。

　c　契約の違反と再履行，契約違反の責任と損害賠償

　プロジェクトによって建設された物が瑕疵を帯びていた場合等における，再履行や賠償責任の負担については，パートナリングの構成員の誰がいかなる責任を負うことになるのかをはじめ，きわめて大きな問題を残しているのである[53]。

　d　パートナリング内部の紛争解決手段

　パートナリング契約約款は通常その内部に問題解決に関する条項を含んでいる。そのような紛争解決手段が適切な働きをするものかについても検討が開始されている[54]。

　e　知的財産権

　パートナリングはメンバー相互の情報の透明化と共有を重要な条件としている。他方で，建設工事においては，多様な知的財産権やノウハウ等にかかわる秘密保持も重要な要請となる。後者の要請に配慮しつつ，チームプレーとしてのパートナリングの実をあげるには，その法律上の枠組みが必要となる。この点に関する検討も始まったところである[55]。

　f　競争法上の規律

　パートナリングにおける参加事業者の選定，契約内容の確定の方法が，競争法上の問題と関連することも指摘され，その望ましい回避のあり方が議論されつつある[56]。

　g　パートナリング約款の解釈

　なお，パートナリング約款の条項解釈の指針も明らかにされる必要がある。すでにこの点が争われたケースも目に付く[57]。特に，Pain/Gain Sharing の条項に関しては，契約上明確な取り決めをおき，法律関係の曖昧さを残さないことが必要となる[58]。

---

53) Roe/Jenkins, *supra* note 7, at 85-88.
54) これについてはすでに多数の研究が現れている。Ledger, *supra* note 23. また，PPC2000一般規定27.1-27.4条も参照。
55) Roe/Jenkins, *supra* note 7, at 121-133.
56) Roe/Jenkins, *supra* note 7, at 135-162.

6 その他の課題

(1) 情報開示の必要性と範囲の確定

発注者，受注者とも，パートナリングの契約段階で，共有するべきリスクを正確に評価するために，自らの能力，技術等に関する情報を開示しなければならないが，この過程で，各企業の内部状況が外部にさらされることになる。これが場合によっては企業としてのマイナスになる可能性もある。また，施工のノウハウ，コスト情報等が開示されることの不利益は，受注者側に大きな脅威となる。この情報開示の適切な範囲をパートナリング参加者の義務内容として明らかにする必要がある。

(2) 競争と協調のバランス

さらに，紛争回避を目的とした協調と適切な競争のバランスが必要となる。たとえば，パートナリングは，常にプロジェクト参加者の馴れ合いや官民の癒着の危険をはらんでおり，特に，公共調達の場合には，納税者や入札者との関係において，客観性ある運営が確保される必要がある。イギリスでは，目標価格に対する達成度によりこれに対応しており，目標価格の設定にも独立的なエンジニアの評価を考慮している（当事者間の力関係が目標価格に反映されることを防ぐ）。また，入札者の評価の客観性を高める指標の設定に努めている[59]。

---

57) たとえば，Alstom Sibnalling Ltd (t/a Alstom Transport Information Solutions) v. Javis Facilities Ltd ([2004] EWHC 1285) 事件では，当事者は Pain/Gain Sharing に合意し，コストが目標価格を下回れば，その Gain を発注者・受注者 (Alstom)・下請人 (Javis) が分け合うこととなっていた。また，コストが500,000ポンドを上回れば，発注者と受注者がその Pain を負担しあうこととなっていた。しかし，大部分の仕事を実際に行った下請人が損失の負担にいかなる範囲で参加すべきかという点については当事者間で十分に合意されておらず訴訟において争点となった。当事者は Pain/Gain Sharing が下請人にも及ぶことについては合意していたものの，それ以上の点については，明確な取り決めが存しなかったのである。受注者は，下請人の負担に関して黙示の合意があったと主張したが退けられた。

58) Baker, *supra* note 19, at 353.

59) 海外建設協会・前掲注5) 45頁。

また，パートナリングにより，受注者は大きな損失を抱え込むことを避けることができるが，逆に，大きな利益，大きなリターンを期待しにくい面もある。すなわち，ローリスク・ローリターン(実コストが目標金額を超えた場合でも受注者の被害は少なく，下回った場合でも取分は少ない)のビジネスになりかねない。これを，インセンティブに欠けるビジネスと受け取る企業もあるものと思われる(リスク共有の裏返し)。各ステークホルダーが固有に負担するべきリスクと固有に期待しうる利益(たとえば一定の成功報酬)とを，リスク共有の取決めにおいて適切に合意しうるかが，この方式の成否にかかわる一つの要点となる。プロジェクト参加者に適切なインセンティブを与える措置が，別途必要となろう。

(3) プラント輸出における問題性

　なお，国際市場における大規模建設プロジェクトについては，発注者の裁量権，知識，経験，判断力にきわめてバラツキがある。途上国の発注者と多数のプロジェクト関与者の間で，必要とされる情報の透明性やリスク共有を図れるかについては，今日もなお懐疑的な意見がみられるのである[60]。

第5　日本型パートナリングの可能性

　近時は，諸外国におけるパートナリングの展開を眺めつつ，わが国独自のパートナリングの可能性を探る動きもある(パートナリングの理念の源泉は日本であるという意識も見られる)。Win/Lose の関係を Win/Win の関係に転換しようとするパートナリングの手法は，契約の対立的構図から信頼・協調関係に重点を移す，考え方の転換を促すものである[61](対立的契約観から提携的契約観へ)。これが導入されればわが国の企業間提携に大きな影響を及ぼすものと見られ

---

[60] Skeggs, *supra* note 11, at 471；茂木仁志「パートナリングにおける問題点と対策」OCAJI 2004-4・5（2004）24頁。

[61] 海外建設協会・前掲注5)6頁。村田達志＝古阪秀三＝金多隆「建築プロジェクトマネジメントにおける主体間の関係性に関する国際比較研究」日本建築学会計画系論文集562号（2002）237頁，古屋邦彦「21世紀型プロジェクトへの一考察」国際商事法務27巻8号（1999）873頁も参照。

るが，そこにおいて決め手となるいくつかの点を指摘しておきたい。

　①まず，従来の建設請負におけるリスク分配は，発注者・受注者間において，リスクをオール・オア・ナッシングに分配する基準を求める傾向が強かったが，このパートナリングによる企業間提携の考え方は，それとはまったく異質な発想であり，発注者と受注者が，共通の目標のもとで，ともに利益を得るとともに，ともにリスクを負うという，リスクと利益の共有の関係を実現しようとするものである。その鍵となるのは，情報の共有と透明性にある。これをどのように実現するかは，かなりの工夫を要する[62]。

　②パートナリングは，プロジェクトの推進において，紛争の発生を抑え，所期の成果をあげる仕組み，また，種々の問題をプロジェクト参加者の内部で解決する仕組みとしてはすぐれており，対立なく工事が進めばその大きな成果が期待できる。しかし，いったん法的紛争が生じた場合の規律の方法としては，まだ，未確定な部分が多いように思われる。この点は，すでにパートナリングを導入した諸国においても同様であるが，今後，先例が積み重ねられ，学説による理論整備が進むことが必要である。この点で，民法の請負に関する規定があまりに単純であるのに対し，現実のビジネスはその受注，施工，リスク管理にわたってきわめて急速な進化を遂げているということである。プロジェクトの複雑化，建設サービスの多様化を反映した民法理論，特に，請負契約理論や，さらには組合理論の活用が求められるであろう。

　③また，パートナリングの発想は，発注者，元請，下請工事業者，資材提供者の関係を再構成する刺激となるものである。元請，下請工事業者等は，発注者との関係においてその地位を高め，共通するプロジェクトの対等のパートナーとしての地位を得ることにつながるものと思われる。この可能性は同時に，下請の技量の向上を要求するものとなり，また，従来の下請制度の根本的な見直しを促すものともなる。

　④さらに，より根本的には，組織による事業の遂行に関する二つ大きな理念の対立が控えていることに注目しなければならない。すなわち，競争は自

---

[62] パートナリングと系列との大きな相違として，後者の場合は，情報やリスク管理が総合工事業者に偏っているという指摘もある。金多ほか・前掲注16) 227頁。

由経済社会の基本原則であり，そこから最善の成果が生まれるという伝統的な考え方と，よい成果を得るためには発注者と受注者が敵対するべきではなく，協働の関係こそが最善の結果をもたらすという考え方の対立である（発注方式の点では，前者は最低価格を基準とする競争入札を，後者は多元的評価によるパートナリング方式をとりやすい[63]）。過当な競争を避けつつ，癒着に陥らない協調が必要となる[64]。この競争と協調のジレンマをどのように克服するかが課題となる。

⑤なお，パートナリング方式がプラント輸出に必要な考え方であることは指摘したとおりであるが，日本の国内工事にとっても必要な手法かは，なお検討が必要であろう。日本の建設請負は基本的にランプサム方式で，最終的な完成物によって請負の成果を判断するという考え方であるようにみえる。また，わが国では発注者・受注者の関係についても諸外国とは異なる状況にあったようにも思われる[65]。

他方，わが国では，民間の建設工事ではこれまでも，信頼できる建設会社をまず選択し，価格等の条件は交渉の中で決め，施工プロセスにおいても話し合いで問題を解決するのが一般的であったことも事実である（これは，受注生産型の取引である建設市場が物の売買市場とは異なることを示している[66]）。このような多様な事情から，日本ではパートナリングがなじみやすい土壌がすでに存在するという理解を導くべきか，そもそもパートナリング方式はわが国には必要がないという判断を行うべきかは今後見極めが必要となる。

---

[63] 盛武＝芦田・前掲注47）170頁。
[64] 岩下繁昭「イギリスの公共建設分野におけるパートナリング」建設業しんこう25巻5号（2000）22頁。
[65] 日本では建設関係の法的紛争がそれほど多くないように見受けられる。しかし，このことは紛争の原因となる利害対立が少ないことを意味するものではなく，むしろ，利害の対立について争うこと自体を抑制する状況が存在すると見る可能性もあろう。
[66] 盛武＝芦田・前掲注47）171頁。

5

合弁契約における株式譲渡を伴う終了条件に関する考察
―― 先買権条項・売渡強制条項・買取強制条項を中心に

> 合弁契約は典型的な企業間提携契約であり，合弁事業を成功させるためには，各合弁当事者の不安を解消して成功へのインセンティブを与えるような合理的な条項を設計しなければならない。売渡強制条項（Call Option）と買取強制条項（Put Option）の法的有効性が問題となることは少ないが，合弁当事者にインセンティブを与えるためには，関連契約との関係等合弁事業に伴う様々な問題に留意したうえで，発動条件に応じて合理的な売買価格条件を定めるのが重要である。

清水 建成

第1　はじめに
第2　合弁契約の概要と制度設計に関する基本的な考え方
第3　合弁当事者の退出（株式譲渡）による合弁契約の終了に関する問題点と制度設計

第1 はじめに

　一般に，複数の企業が，一つの事業体を形成して共同で特定の事業を行うことを合弁事業といい，その共同事業（合弁事業）の設立，経営，終了等に関する仕組みを定めるための合意を合弁契約（ジョイント・ベンチャー契約）という。合弁契約は，複数の企業が一つの事業を共同で行うという意味で典型的な企業間提携契約であり，他の企業間提携契約と同様に次のような特徴を有している。すなわち，典型的な合弁事業においては，①全ての合弁当事者が，合弁事業に高い比率の出資を行い，人員派遣等を通じ経営に能動的に参加すること[1]，②全ての合弁当事者が，経営資源（技術力，資金力，信用力，営業力，人材，経営ノウハウ，コネクションなど）を提供すること，③全ての合弁当事者が，相互に収益（配当収益や関連契約からの収益）とリスク（出資や経営資源の提供によるコスト負担）を分担すること，④合弁事業を組成する目的により当事者間の関係が多様な態様・条件になりうること，⑤継続的かつ長期的関係を前提としていること等である。かような特徴を有する合弁事業においては，実際の運営は合弁当事者間の時々の合意に基づいて柔軟に行われていくのが通常であるが，その基礎として，合弁事業に参加する全ての当事者に対して，合弁事業に対するコントロール及び合弁事業から生じる利益とリスクを公平に分担するような条件が，合弁契約により明確に定められることは重要である。特に，合弁契約の終了に際しては，利害対立が先鋭化することが多く，その時に合意をしようとしてもまとまらないおそれが高いため，予め合理的な法的仕組みを設定しておくことが，紛争の予防及び解決に資することになる。

　そこで，本稿では，合弁契約の特徴について若干の説明を行ったうえで，合弁契約の終了，特に合弁会社の株式・持分の譲渡による一方当事者の合弁

---

[1] 経営の主導権が一部の当事者に委ねられることはあるが，少なくとも取締役会の議論や同意権の行使などを通じた経営参加が行われる。江頭教授は，合弁会社とは，複数の企業が，ともに高い比率の出資を行いかつ人員派遣等を通じ経営に能動的に参加する会社であると定義される（江頭憲治郎『株式会社法〔第3版〕』〔有斐閣，2009〕61頁注2）。

事業からの撤退を伴う終了に関する条項に関して生じる問題点を検討する。なお，合弁事業の形態としては，(ア)独立の法人格を有する会社組織を利用するものと，(イ)組合その他の契約のみによる企業間提携によるものがあるが，本稿では，独立の法人格を有する会社組織を利用する合弁事業に関する合弁契約を中心に論じる。

第2　合弁契約の概要と制度設計に関する基本的な考え方

1　合弁契約の概要

　合弁事業は，当事者が共同して組成した一つの事業体を利用して事業を行うという意味で，販売代理店契約やライセンス契約などの契約関係のみを基礎として形成する企業間提携に比較して，より密接な企業間提携の形態であるといえる。合弁事業は様々な目的で利用されているが，典型的なものとしては，①新規市場への参入や海外工場設立等の海外進出のために既存企業・現地企業や総合商社等と合弁事業を行うための「市場参入型・海外進出型」，②自己の事業そのものを拡大したり，多様化したりするために，他社と合弁事業を行う「事業拡大・多様化型」，③競争力強化のために同業者間の一部の事業（セグメント）の統合の方法として合弁会社を設立する「事業統合型」，④総合商社が，資源そのものに対する所有権や権益を確保するために，資源開発を合弁事業として行う「資源開発型・プロジェクト型」，⑤不動産開発や投資ファンドといった投資事業を共同で行う「共同投資型」があるといわれている[2]。このような目的を達成する手段として合弁事業の形態による企業提携を利用するメリットとしては，(a)提携先とより緊密な関係をもつことで，自社にないより多くの経営資源を事業主体に実質的に取り込んで活用できること，(b)自社単独で行う場合に比較してリスクを分散かつ限定し，コストを削減できること等が考えられ，逆にデメリットとしては，(a)事業

---

[2]　平野温郎「国際的ジョイント・ベンチャーの実務と諸態様——商社の実務におけるジョイント・ベンチャー利用の実態と形態選択のポイント」澤田壽夫ほか編『国際的な企業戦略とジョイント・ベンチャー』（商事法務，2005）19頁。

経営の自由（経営方針・事業の拡大，縮小，撤退）が制約されること，(b)合弁相手である競業他社に自社の技術等を開示することにより競争優位性を失うおそれがあること，(c)事業遂行に際して利益相反の問題が生じること，(d)合弁会社が取得した新たな資源（技術等）・収益を独占できなくなること等が考えられる。

　合弁契約においては，その共同事業（合弁事業）の設立，経営，終了等に関する仕組みが合意されるが，一般的には，次のような条項が定められることが多い。①合弁会社の設立に関する条項（合弁会社の形態,商号,資本金,出資比率,出資義務等），②合弁会社の経営に関する条項（意思決定に関する機関設計，取締役その他の役員の選任・解任，株主総会及び取締役会の運営・決議事項・議決権・拒否権等），③資金調達に関する条項，④剰余金の配当等に関する条項，⑤株式譲渡の制限に関する条項（同意条項・先買権条項等），⑥契約の終了に関する条項等である[3]。

2　合弁契約における当事者のインセンティブと不安

　合弁事業が成功するためには，上記のメリット・デメリットに鑑み，各合弁当事者が抱く不安を可能な限り軽減し，合弁事業に積極的に参加かつ協力していくインセンティブを高めるように，これらの条項を工夫して，合弁事業に対するコントロール及び合弁事業から生じる利益とリスクを公平に分担できる仕組みを設計することが望ましい。この点，宍戸善一教授は，合弁契約の制度設計に際して，各合弁当事者は，次のような不安を抱くことになると分析されている[4]（なお，これらは合弁当事者間で生じるものと合弁当事者と合弁会社との間で生じるものがあり，P1，P2を合弁当事者，JVを合弁会社を表すものとして，対立関係を記号で示した。）。

(1) 経営から排除される不安 (P1⇔P2, JV)[5]

　これは，株主総会や取締役会において，相手方に多数の議決権を握られて

---

[3] 具体的な条項の内容については，ジョイント・ベンチャー研究会編『ジョイント・ベンチャー契約の実務と理論〔補訂版〕』（判例タイムズ社，2007）を参照されたい。

[4] 宍戸善一『動機付けの仕組としての企業』（有斐閣，2006）70頁以下。

いる少数派株主である合弁当事者が，多数派株主である相手方に経営を支配され，自らの意思を経営に反映することができなくなる不安といえる。

(2) **相手が再交渉（交渉）に応じない不安（P1⇔P2）**

これは，継続的かつ長期的関係を前提とする合弁事業において，事業環境が変化し，経営方針や合弁事業の仕組み自体を変更すべき状況で，相手方が変更に関する再交渉や時宜に応じた経営上の決定に関する交渉に応じなかったり，拒否権を行使したりすることにより，事業が暗礁に乗り上げることに対する不安といえる。

(3) **「くたびれもうけ」になる不安（機会主義的行動に対する不安）（P1⇔P2）**

これは，全ての合弁当事者が，人員派遣等を通じ経営に能動的に参加し，経営資源（技術力，資金力，信用力，営業力，人材，経営ノウハウ，コネクションなど）を提供することで，相互に収益（配当収益や関連契約からの収益）とリスク（出資や経営資源の提供によるコスト負担）を分担するべき合弁事業において，自社だけが経営資源を提供して，相手方にただ乗りされて利益だけを持っていかれたり，自社だけが技術の開示による不利益を被ったりすることに対する不安といえる。

(4) **退出の不安（P1⇔P2，JV）**

合弁事業の成功に相手方の参加が不可欠な場合には，合弁事業の途中で相手方が退出することにより，合弁事業が失敗し，自社が投資してきた経営資源が無駄になったり，事業機会を喪失したりする不安を抱くことになる。

(5) **出向者が親会社にオートノミーを奪われる不安（JV⇔P1，P2）**

(5)及び(6)は，上記(1)から(4)とは若干場面が異なり，合弁会社の株主である合弁当事者と合弁会社の経営を委ねられた経営陣との関係で，両者が抱く不安であり，合弁会社の経営陣のインセンティブに影響するものである。合弁会社自体がある程度成長して独自の意思を持ち始めた場合に，合弁会社の経営陣は，ある程度独自の経営手法に基づいて，各合弁当事者から独立し

---

5) 本稿においては，便宜上，合弁会社の株主総会において，決議要件を超える議決権を有する株主を「多数派株主」といい，決議要件未満の議決権を有するに過ぎない株主を「少数派株主」ということにする。

て経営を行いたいと考え始めるが，各合弁当事者としては，あくまで合弁事業は各合弁当事者の一事業部門であり，各合弁当事者の意思から乖離した経営を行うことを許すことはできない。そこで，合弁会社の経営陣にとっては，いつでも各合弁当事者が株主としての権利を行使して，自らの意思に反した経営方針や経営手法を押し付けられるという不安を抱くことになる。

(6) 出向者が暴走する不安（JV ⇔ P1, P2）

これは，上記(5)と裏返しに，合弁当事者が，合弁会社の経営陣に対して抱く不安である。

合弁契約の制度設計に関しては，経営に対する意思の反映，経営資源の提供，事業環境の変化に応じた条件変更（契約更新と再交渉），利益とコスト・リスクの分担などについて，各合弁当事者が，上記のような不安を軽減し，双方のインセンティブを保つように設計されなければならないが，上記の不安はそれぞれ相互に関連しているため，そのバランスをとるのは必ずしも容易なことではない。例えば，合弁会社においては，原則として，出資割合に応じて株主総会での議決権割合や取締役の人数を配分するが，定足数，決議要件，拒否権条項などを通じて，少数派株主の意思が適切に合弁会社の経営に反映され，少数派株主の経営から排除される不安が軽減されるように設計される。他方で，少数派株主の有する拒否権が広範に亘る場合には，経営の様々な事項で合意が成立せず，その事項を実施できない事態すなわちデッドロックが生じ，時宜に応じた迅速な経営判断が行えないことになるため，相手方が交渉に応じないことに対する多数派株主が抱く不安は強くなる。そこで，デッドロックの場合における調停条項や買取強制条項（Put Option）・売渡強制条項（Call Option）といった合弁事業からの退出に関する条項を定めることにより，多数派株主と少数派株主の利害を調整することがある。しかしながら，買取強制条項（Put Option）や売渡強制条項（Call Option）については，一方の当事者が合弁事業から脱退することになることから，退出の不安，「くたびれもうけ」になる不安，経営から排除される不安などを惹起させることにもなるため，そのような不安を低減するように発動要件などの条件を工夫しなければならない。

3 合弁契約条項の設計において考慮すべき事項

　双方の利害を適切に調整することで，各当事者の不安を軽減し，インセンティブを高めるような合弁契約条項を合意するためには，上記の要素に加えて，さらに次のような合弁契約の特徴を考慮する必要がある。まず，独立の法人格を有する会社組織を利用する合弁事業については，会社法等の組織法の適用される法律関係に加えて，株主（出資者）間の契約（株主間契約）が締結されるということである[6]。すなわち，前述のように，合弁契約では，合弁事業における意思決定方法や株式・持分の譲渡等について条項を定めるのが通常であるが，例えば，合弁契約に基づき株式会社を設立した場合には，会社法の強行法規性との関係で有効性が問題となるし，合弁契約の条項に違反した場合に，法的にいかなる救済が得られるのかが問題となる。

　次に，合弁当事者相互間，及び，各合弁当事者と合弁会社間に，潜在的かつ複雑な利害相反関係が存在することである。すなわち，合弁当事者は，総論としては合弁事業の成功という共通の目的の達成を求めているものの，より具体的な事業目的を考慮するならば，合弁当事者毎に，合弁事業参加の目的が異なっている。特に，合弁契約自体は，ある共同事業を行う「器」についての合意であり，その器を利用してどのような事業及び取引を行うかを別途定めた関連契約（例えば，ライセンス契約，販売代理店契約，出向契約，コンサルティング契約，原料供給契約など）が同時に締結されるのが通常である。したがって，合弁契約は，各当事者の異なった目的及び関連契約との関係を考慮して，出資比率，経営への関与の度合い，合弁事業からの撤退に関する処理などについての設計を行う必要があるということである。なお，関連契約については最後に取り上げる。

---

[6] 株主間契約は組合契約とする見解がある（杉本泰治『株式会社生態の法的考察』〔勁草書房，1988〕215頁）。

第3 合弁当事者の退出（株式譲渡）による合弁契約の終了に関する問題点と制度設計

1 合弁契約の終了に関する条項

　事業環境の変化に応じた交渉による合意が成立しない場合には，合弁契約の解消により解決をする他にはない。但し，社会経済的資源を有効に活用するためには，できるだけ事業を継続させる方向で，契約関係のみを解消させるべきである。そこで，合弁契約においては，ある合弁当事者が，他の合弁当事者に，合弁会社の株式や持分を譲渡することにより合弁関係を解消する旨の条項が定められることが多い。このような条項の典型例としては，①先買権条項，②売渡強制条項（Call Option），及び，③買取強制条項（Put Option）が考えられる。なお，合弁契約の終了に伴い合弁契約を解散して処理する仕組みをとる条項もあるが，これは原則として合弁事業の継続を前提とせず，合弁会社を解散して，清算手続により処理することになるため，条項としての工夫の余地はあまり大きくない。ここでは，①先買権条項，②売渡強制条項（Call Option），及び，③買取強制条項（Put Option）に絞って検討を加えることにする。

2 各条項の概要

　(1)　合弁契約における「先買権条項」とは，一方の合弁当事者が，合弁会社の株式の譲渡を希望する場合等に，他方の合弁当事者が，その株式を他に先駆けて買い取る権利を定めた条項をいう。合弁契約に定められる典型的な条項例としては，①合弁当事者が自発的に第三者に合弁会社の株式を譲渡しようとする場合には，他の合弁当事者に対してその旨の通知を行う義務を負い，②他の合弁当事者が一定の期間内に買い取る意思を通知した場合には，その合弁当事者は第三者と予定している取引条件と同一の条件等一定の条件

---

7)　髙橋利昌「株式譲渡制限等に関する合弁契約の条項」ジョイント・ベンチャー研究会編・前掲注3) 118頁。

でその株式を買い取る権利を取得するというものである[7]。合弁事業においては、各合弁当事者が単に金銭的な出資だけでなく、その合弁当事者に特有の経営資源を提供して共同事業を営むことを想定しているため、合弁会社に対する株式や持分が第三者に譲渡されることは回避されなければならないが、他方で各合弁当事者に投資回収の余地を与えるようにしたものである。この条項により、相手方は退出の不安や相手が再交渉（交渉）に応じない不安を抱えることになるが、合弁会社の株式を自ら買い取る権利を持つことで、経営から排除される不安や「くたびれもうけ」になる不安を軽減することはできる。先買権条項の具体例としては以下のようなものが挙げられる[8]。

第〇〇条（先買権）〔合弁当事者が2名の場合〕
1. いずれかの当事者（以下「譲渡当事者」という）が、第三者（以下、「買主候補」という）に合弁会社の株式を譲渡することを希望する場合、他の当事者に対し、買主候補の名称並びに買主候補に対して譲渡を希望する株数及び譲渡価格を、書面で通知するものとする（以下、「譲渡希望通知」という）。
2. 他の当事者が、当該株式を譲り受けることを希望する場合には、譲渡希望通知受領後〇〇日以内に、譲渡当事者に書面で譲り受ける旨の通知（以下「譲受申入通知」という）をするものとし、当該譲受申入通知が譲渡当事者に到達した時に、譲渡希望通知記載の株数及び譲渡価格にて譲渡当事者と他の当事者との間に当該株式の売買契約が成立するものとする。
3. 譲渡希望通知受領後〇〇日以内に他の当事者から何らの通知もない場合、

---

[8] もっとも、先買権条項があることで、買受希望者には当て馬になるだけという懸念も生じるため、そもそも相手方の合弁当事者との事前の話合いもなく、合弁会社の株式をいきなり第三者に売却するのは難しく、合弁会社が上場しているような極めて例外的な場合でない限り、現実に先買権条項が発動される可能性は非常に低いものと考えられる。売却しようとする株式が少数派株主の有する株式である場合には、より困難になるであろう。実際には、一方の合弁当事者が合弁事業から離脱したいと希望する場合には、合弁当事者間で話合いがもたれたうえで、元の合弁当事者の代わりに第三者が合弁事業に参加するか、又は、相手方の合弁当事者が株式を買い取るかを決定することになる場合がほとんどである。

譲渡当事者は，買主候補が本契約の条項に従うことを条件として，譲渡希望通知受領後〇〇日以内に，買主候補に当該株式を譲渡できるものとする。その場合，譲渡当事者は，譲渡希望通知の価格を下回る価格で，当該株式を譲渡してはならない。

(2) 次に，売渡強制条項（Call Option）とは，一方の合弁当事者が，他の合弁当事者の保有する合弁会社の株式を買い取ることができる権利を定めた条項である。また，買取強制条項（Put Option）とは，一方の合弁当事者が，他の合弁当事者に対して，自己の保有する合弁会社の株式を売り付けることができる権利を定めた条項である。条項の具体例としては以下のようなものが挙げられる。

第〇〇条（プットオプション〔コールオプション〕）〔合弁当事者が2名の場合〕
1. 甲は，乙に対し，書面で通知することにより，その有する合弁会社の全株式を第6項に従って決定される売買価格により買い取る〔売り渡す〕ことを要求する権利を有するものとする。
2. プットオプション〔コールオプション〕を行使することを希望する場合，甲は，乙に対し，書面により，プットオプション〔コールオプション〕を行使する意思及び選任した評価人（以下「甲評価人」という）の名称を記載した通知（以下「プットオプション〔コールオプション〕行使通知書」という）を送付する。
3. 乙は，プットオプション〔コールオプション〕行使通知書の受領から〇〇日以内に，甲に対し，書面により，自らが選任した評価人（以下「乙評価人」という）の名称を記載した通知（以下「乙評価人通知書」という）を送付する。
4. 甲評価人及び乙評価人は，甲の乙評価人通知書受領から〇〇日以内に，第三の評価人（以下「第三評価人」という）を指定する。第三評価人は，企業評価の分野において国際的に評価の高い会計事務所又は金融機関から選ばれなければならない。
5. 甲評価人，乙評価人及び第三評価人は，第三評価人の選任から〇〇日以内に，売買価格を決定しなければならない。

6. 本条に基づく合弁会社の株式の売買価格は，プットオプション〔コールオプション〕行使通知書が乙に到達した日における合弁会社の継続企業としての価値に基づく公正なる市場価格とし，かかる市場価格は，甲評価人，乙評価人及び第三評価人の協議により決定するものとし，全員の一致が得られないときは，過半数の合意により決定する。

これらの権利の発生については，通常，合弁契約の違反が生じた場合や合弁会社の財務状況が一定の基準以下に悪化した場合等を条件とすることが多いが，何らの条件も付さずに一方の当事者が他の合弁当事者への通知により売渡強制権を行使することができるように定めることもある。これらの条項の発動は，ある合弁当事者が合弁会社の株式を手放すことにより合弁契約を終了する結果となるため，売渡強制条項（Call Option）の発動可能性のある場合に相手方は，経営から排除される不安，相手が再交渉（交渉）に応じない不安，及び，「くたびれもうけ」になる不安を抱くことになる。逆に，買取強制条項（Put Option）の発動可能性のある場合に相手方は，退出の不安と相手が再交渉（交渉）に応じない不安を抱くことになる。現実に，これらの条項の定め方によっては，恣意的に条項の発動を促して，合弁会社を全て自己の支配下に置いたり，逆に合弁関係から脱退したりするような行動も可能になることがあるため，慎重な検討が必要であるし，これらの条項により，各当事者に合弁事業に対して経営資源を積極的に投資して合弁事業を成功させるインセンティブを働かせるようにするには，その発動条件と売買価格を合理的なものにすることが必要となる[9]。

3　各条項の問題点

(1) これらの条項は，いずれも各合弁当事者による合弁会社の株式譲渡の

---

[9] 合弁会社を合同会社にした場合には，各社員は，やむを得ない事由があるときは，いつでも退社することができるとされており，これは強行規定であると解されるため，各合弁当事者は，買取強制条項（Put Option）がなくとも，合弁会社に対して，かかる退社権を行使して投下資本を回収することもできる（会社法606条3項，組合からの脱退を定めた民法678条の強行法規性について最三小判平11.2.23判タ999号218頁参照）。

自由に制限を加えるものであるため，会社法127条及び民法90条との関係で，その有効性について問題となる余地がある。この点，旧商法下における従来の通説的見解は，株式譲渡を制限する合意の当事者が会社か否かにより区別し，会社と株主との契約で旧商法204条1項但書を超えるような制限を行うことは無効であるとしており，会社法の下でも同様のようである[10]。しかし，他方で，契約による譲渡制限は，定款による譲渡制限と異なり個別的な合意に基づく債権的効力を有するに過ぎないから，会社が当事者となる契約にも契約自由の原則が妥当するとし，譲渡制限と旧商法204条1項との関係を否定する見解も有力であった[11]。この点の裁判例の動向としては，従業員持株制度における会社と従業員株主との間の契約について有効性を認める下級審裁判例があいつぎ，最高裁もその有効性を認める判断を示した[12]。この最高裁判例は，同族会社の従業員を対象とする従業員持株制度において，株主となるかどうかは自由意思であることを説明した上で，会社が株主となる従業員との間で，従業員が会社を退職するときには，従業員の所有する株式を額面額（1株50円）で会社の取締役会の指定するものに譲渡する旨を定めた合意について，旧商法204条1項及び民法90条との関係で，その有効性が争われた事案である。この事件の原審である名古屋高裁は，まず，旧商法204条1項は，会社と株主との間で個々に締結される株式の譲渡等その処分に関する契約の効力について直接規定するものではなく，本件合意は同条項に反しないとした。また，公序良俗違反については，①従業員が，株式の時価にかかわりなく一律に額面額で簡便に取得し，相当程度の利益配当を受けることができるため，従業員の財産形成に寄与するものであること，②従業員持株制度の目的を達成するために，自由な意思によって制度趣旨を了解して行われた合意により譲渡先を限定することは法令上禁止されていないこと，③譲渡価格が額面額に固定されていても，その取得価格自体が取得

---

10) 大隅健一郎＝今井宏『会社法論(上)〔第3版〕』(有斐閣，1991) 434頁，上柳克郎ほか編『新版注釈会社法(3)』(有斐閣，1986) 71頁〔上柳〕，江頭・前掲注1)231頁など。
11) 河合伸一ほか「従業員持株制度をめぐる諸問題(三)」民商98巻3号324頁〔森本発言〕。
12) 最三小判平7.4.25裁判集民175号91頁，平7重判解85頁。

時の時価でないこと，非上場株式について従業員の退職の都度個別的に譲渡価格を定めることが実際上困難であること，及び，従業員持株制度の目的，株式取得の手続，経緯等に鑑みると，すべての点において一般の株式投資と同列に論じることはできず，投下資本回収についてある程度の制約を受けることも性質上やむを得ないことを理由として，公序良俗には違反しないとしており，最高裁も全面的にこの判断を支持している[13]。この点，会社法の立法担当者も，株式譲渡自由の原則は，譲渡禁止特約の民法上の効力(民法466条1項但書）を否定するものに過ぎないので，株式会社が契約によって株主に譲渡制限義務を課したり，譲渡義務を生じさせたりすることを禁止するものではなく，合理的理由がある限り，公序良俗にも違反しないとしている[14]。

(2) 合弁契約においては，合弁会社設立後の運営等に関する条項について，合弁会社自体にも拘束力を及ぼすのが適切であるとの考慮から，合弁会社の設立後に合弁会社自体も合弁契約の当事者に加わることが多い。そこで，仮に，合弁当事者の株式譲渡について，合弁会社自体に同意権を与えるような条項を定めた場合には，判例の立場からは会社法127条との関係は問題とならないが，学説の立場からは，株式譲渡自由の原則違反により無効であるとの議論が起こる可能性はある[15]。これに対し，本稿で取り扱っている先買権条項や売渡強制条項（Call Option），買取強制条項（Put Option）については，基本的には株主である合弁当事者間における双方の株式の売買を定めた合意であって，会社が関与するものではないから，学説の立場にたったとしても，株式譲渡自由の原則との関係では有効性が認められると考えて良いであろう。

(3) 次に，公序良俗違反又はその他の法理論との関係についてであるが，先買権条項，売渡強制条項（Call Option）及び買取強制条項（Put Option）等の条件は，基本的に合弁当事者となる者が対等な立場で，十分に検討された契

---

13) 名古屋高判平3.5.30判タ770号242頁。
14) 相澤哲ほか『論点解説 新・会社法千問の道標』（商事法務, 2006）145頁。
15) 江頭・前掲注1)233頁。

約交渉を経て，各自の自由な意思に基づいて合意されるものであるし，合弁契約の期間が長期にわたり，契約条件が契約の各時点において一方当事者に有利になることもあれば不利になることもあることからすれば，原則として違法とされる余地は少ないものと考えられる。

　もっとも，その有効性が問題となる余地が全くないとも言い切れないと考えられる。思うに，冒頭に述べた，①各当事者の経営への能動的な参加，②各当事者による経営資源の提供，③各当事者による収益とリスクの負担，及び，④継続的かつ長期的関係という企業間提携契約の典型的な特徴に照らせば，特に，売渡強制条項（Call Option）や買取強制条項（Put Option）は，ある当事者の一方的な行為によって，相手方を事業から排除し，先行投資の回収機会を奪うという点において，販売代理店契約のような継続的契約の解除の場面と同様の利害関係にあるものと考えられる。そのような観点からすれば，売渡強制条項（Call Option）や買取強制条項（Put Option）の条件が著しく合理性を欠くような場合，例えば，交渉力に著しい差異のある当事者間において，一方当事者にのみ時価より著しく低い価格で買い取ったり，高い価格で売り渡したりできる権利を付与するような場合には，これらの条項の発動が公序良俗に反するとされたり，又は，条項発動の要件が限定的に解釈されたりする余地があるのではないだろうか[16]。

4　合弁契約の終了における考慮事項（無責補償モデルに基づく制度設計）

(1) 売渡強制条項（Call Option）と買取強制条項（Put Option）において定めるべき条件

　上記のような公序良俗違反や限定解釈といった問題に絡んだ紛争リスクを軽減するだけでなく，合弁事業において合弁当事者双方に適切なインセンティブを与えて合弁事業の成功に向けて合弁会社を円滑に運営していくためには，各条項をより合理的な条件にする工夫が必要であるが，売渡強制条項（Call

---

[16] この他，先買権については，株式譲渡承認手続（会社法136条以下）との関係が問題となるが，この論点については，高橋・前掲注7)110頁及び黒田伸太郎「株式譲渡制限等に関する合弁契約の効力」同240頁を参照されたい。

Option) や買取強制条項 (Put Option) による合弁契約の解消の場面では，相互に経営資源の投資を継続してきた当事者間の継続的な契約関係の清算の問題であることからして，内田義厚判事の提示された「無責補償」モデルの考え方を活用することが可能な場面であると考えられる[17]。すなわち，これらの条項の合理的な発動条件を定めるとともに，発動に際して相手方に適切な補償が行われるように，合理的な価格により株式が売買されるといった公平な仕組みを作り上げることが重要である。

　前述のとおり，売渡強制条項 (Call Option) や買取強制条項 (Put Option) は，合弁契約の違反が生じた場合や合弁会社の財務状況が一定の基準以下に悪化した場合等を条件として，発生するようにすることが多く，何らの条件も付さずに一方の当事者が他の合弁当事者への通知により売渡 (買取) 強制権を行使することができるように定めることもある。そして，売買価格についても，様々な条件が考えられる。例えば，(a)取得価額等の固定金額によるか，又は，条項発動時に株式価値を評価するか，(b)会社の清算価値に基づく評価か，又は，継続企業としての価値に基づく評価か，(c)帳簿価格か，又は，市場価格か等である。そして，周知のとおり，企業価値の評価方式についても純資産方式，配当還元方式，収益還元方式，類似業種比準方式等があり，それらを併用する場合もある。通常の場合であれば，売渡強制条項 (Call Option) や買取強制条項 (Put Option) における売買価格は，継続企業としての価値に基づき条項発動時の時価によるものとするのが自然であろう。また，評価方式については，株式譲渡制限のある株式会社の株式譲渡承認請求に伴う指定買取人の買取価格に関する裁判例では，配当還元方式を重視した併用方式を採用する例が多いようであるが，合弁契約における先買権条項，売渡強制条項 (Call Option)，買取強制条項 (Put Option) においては，共同で行ってきた事業の支配権の移転又は強化が伴うことからすれば，収益還元方式を重視するのが合理的といえる場合が多いと思われる[18]。

　また，合弁契約の場合には，債務不履行を発生原因として他方当事者に売渡強制権 (Call Option) 又は買取強制権 (Put Option) が付与される場合には，

---

17) 内田義厚「企業間提携契約と継続的契約」(本書9章) 255頁以下。

公正価格からペナルティーを加味して一定の減額を行った金額を売買価格としたり，純資産価格を売買価格としたりすることもある。

もっとも，この発動条件と売買価格は相互に関連するものであって，切り離して考慮することはできず，売買価格の選択については，発動事由に応じて定めるのが合理的な場合が多いと考えられる。

(2) **有責賠償モデル：債務不履行を発動事由とする場合**

債務不履行を発動事由とする場合には，相手方に帰責性のある不履行を要件とするものであって，無責補償モデルと対照される有責賠償モデルの適用される場面である。この場合には，契約条件の遵守を促すという観点から，債務不履行を回避するインセンティブが働くように設計すべきことになる。したがって，発動事由である債務不履行が発生した場合には，不履行を行った合弁当事者が一定の不利益を被るような条件とするために，売渡強制条項（Call Option）については，債務不履行を行った者が売却を望む価格よりも低い価格に，買取強制条項（Put Option）については，購入を望む価格より高い価格に設定するのが合理的であるといえる。そのような条件を設定した場合には，確定売買価格と市場価格との差額が，損害賠償額の予定のような機能を果たすことも可能となる。一般に，合弁契約違反に基づく損害額の立証は必ずしも容易ではない場合が多いと考えられるため，このような機能は利用価値のあるものといえるであろう。

(3) **無責補償モデル：デッドロック等**

(ア) 一方当事者の一方的な意思による場合，合弁事業の不成功等を発動事

---

18) 株式譲渡制限のある株式会社の株式譲渡承認請求に伴う指定買取人の買取価格に関して，配当還元方式を重視した併用方式を採用した裁判例として，東京高決平1.5.23判タ731号220頁，東京高決平2.6.15金判853号30頁。指定買取人が全株式を取得することになる事例で収益還元方式と時価純資産方式を同等の比重で適用した裁判例として，東京高決昭51.12.24判タ349号248頁。株式会社が指定買取人となった事例で配当還元方式，再調達時価純資産方式，収益還元方式を25：25：50の割合で適用した裁判例として，札幌高決平17.4.26判タ1216号272頁。収益還元方式のみを採用した裁判例として東京高決平20.4.4金判1295号49頁。なお，カネボウの営業譲渡に関する反対株主の株式買取請求に関して東京高裁は収益還元方式の代表的な手法であるディスカウンテッド・キャッシュ・フロー法を採用した（東京高決平22.5.24金判1345号12頁以下）。

由とする場合，デッドロックを発動事由とする場合などについては，原則として，いずれの当事者にも帰責事由がない場合であるから，まさに無責補償モデルの適用される場面ということができるであろう。

(イ) 一方当事者の一方的な意思表示による場合

まず，一方当事者の一方的な意思により発動できる条項の場合，相手方は一方的にそれまでに投資した経営資源とそこから生じる利益を取り上げられることになるのであるから，そのような損失を適切に補償するような価格に設定されるのが合理的である。適切な補償もなく，一方的な意思表示による発動を認める場合には，売渡強制条項（Call Option）については，相手方の経営から排除される不安，相手が再交渉（交渉）に応じない不安，及び，「くたびれもうけ」になる不安を強く抱くことになるし，買取強制条項（Put Option）については，相手方の退出の不安と再交渉（交渉）に応じない不安を強く抱くことになり，合弁事業に経営資源を投資するインセンティブを減殺してしまうことになる。しかも，一方当事者がこのような選択権を有すること自体が，行使者に大きな利益になると考えられるから，行使者にある程度不利な価格にする方がより当事者間の公平に資するものといえるであろうし，相手方の不安も軽減されるであろう。もちろん，行使者が現実に行使できないほど不利な価格にしてしまえば，条項自体の意味がなくなってしまうことになるため，そのバランスをとることは必要になる。

(ウ) 合弁事業の不成功等を発動事由とする場合

合弁事業の不成功等を発動事由とする場合についても，原則は一方当事者の一方的な意思表示による場合と同様である。但し，合弁会社の技術を取り込むために売渡強制条項（Call Option）を発動させたり，事業から撤退するために買取強制条項（Put Option）を発動させたりする目的で，あえて合弁事業の業績を悪化させることも考えられるため，合弁事業に対して経営資源を積極的に投資して合弁事業を成功させるインセンティブを働かせるように設計するべきである。その意味では，一般的には，経営支配権を有していない当事者が行使できるようにするのが合理的であると思われる。

(エ) デッドロックを発動事由とする場合

デッドロックを発動事由とする場合には，原則は一方当事者の一方的な意

思表示による場合と同様である。但し，あえてデッドロックにして，権利を行使しようとすることも考えられるため，発動条件には一定の制約を加えるか，又は，行使者にある程度不利な価格を売買価格とするような条件とするのが適切であろう。

(4) 売渡強制条項（Call Option）と買取強制条項（Put Option）において特に考慮すべき事項：関連契約との関係

もっとも，上記は合弁契約の典型的な状況を想定したものであって，具体的な契約において，いずれの価格が公正で合理的なものかを判断するのは必ずしも容易なことではない。合弁事業においては，合弁会社に対する持分の処理だけでなく，合弁事業として，双方の合弁当事者が共同して事業を行うことに重要な意義があり，合弁契約が解消される場合には，必ずしも通常の会社における評価基準により株式価値を評価するのが適当でない場合もありうる。また，通常，合弁会社の株主としての剰余金の配当だけでなく，その他の関連契約等に基づく利益を得ることが想定されており，株式の時価による譲渡がされなくとも，不合理とはいえない事情があり，一般の株式投資と同列に論じることはできないといえる。

この点で特に重要になるのが関連契約との関係である[19]。前述のとおり，合弁契約が締結される場合には，合弁事業として行う取引に関するライセンス契約，販売代理店契約，出向契約，コンサルティング契約，原料供給契約などが締結される。先買権条項，売渡強制条項（Call Option）又は買取強制条項（Put Option）の発動によって，一方の合弁当事者が保有する合弁会社株式を他方の合弁当事者が買い取るような場合には，合弁契約自体は終了することになるが，これらの関連契約が同時に終了するか否かは重要な問題になる。合弁会社株式を買い取った当事者は，合弁事業を引き取って独自に行っていくことになるが，これらの関連契約が終了することで合弁事業の遂行に重大な悪影響がある場合には，合弁会社株式を買い取っただけでは何の意味もない。したがって，先買権条項，売渡強制条項（Call Option）又は買取強制条項

---

[19] 柏木昇「ジョイント・ベンチャー契約と付随契約」澤田ほか編・前掲注2)207頁以下参照。

(Put Option) を設計する場合には，終了により合弁事業の遂行に重大な悪影響がある関連契約は合弁契約終了後も一定期間は有効に存続するように定めるか，又は，同時に終了する場合には，その関連契約の終了による売上げや利益に与える影響をも勘案して，売買価格を評価すべきことを明記することが必要である。関連契約の終了により合弁事業の大幅な縮小や廃止が避けられないのであれば，売買価格は清算価値を基準にして評価すべき場合もあるであろう。

逆に，合弁事業から脱退する当事者が，合弁会社の製造する部品等に依存しているような場合には，一定期間その部品等の製造ラインを存続する義務を定めたり，あるいは，製品ラインの事業を承継する権利を定めたりすることも考えられる[20]。その他にも，①解消後の事業の継続と競業関係，②提供した技術・ノウハウの帰属と利用（合弁当事者の技術，合弁会社の技術），③人材の引揚げ，④合弁解消までの猶予期間，⑤解散をした場合の清算価値と清算コスト（事業継続のインセンティブ）等を考慮して条件を設計する必要がある。

---

20) 井原宏『国際事業提携』（商事法務，2001）316頁。

6

株式の持ち合い

　企業間において，取引先との関係強化や会社支配の安定化を目的として，株式の持ち合いが行われる場合，各企業は相互に相手方の株主としての地位に立ち，資本提携関係に入ることとなる。このような関係を生じさせる株式の持ち合いは，企業間提携の一場面と考えることができる。

　株式の持ち合いに際しては，企業間において合意がある場合と特段の合意がない場合とがあるが，本稿では，仮に企業が株式の持ち合いにあたって合意を行う場合，その合意の内容と効力をどのように解するべきかについて，検討を試みた。また，株式持ち合いに至る手法として，新株発行により株式を取得する手法や既存株式の譲受により株式を取得する手法が考えられるが，それらに関する諸問題や，株式持ち合いに際しての説明義務について，裁判例の分析を中心に検討する。

堀　天子

第1　株式持ち合いとは
第2　株式持ち合いの合意とその効力
第3　株式持ち合いの手法と各手法に関する諸問題
第4　株式持ち合いの合意に際しての説明義務
第5　おわりに

第1 株式持ち合いとは

1 株式の持ち合いとは

　株式の持ち合いとは、一般には、相互的資本参加、すなわち二つの会社の双方がそれぞれ他方の会社の株式を保有することを指す[1]。

　日本企業においては、株式の持ち合いは伝統的に行われてきた[2]。①戦後の財閥解体や、②1964年の資本の自由化（外国人による日本国内の既存企業の株式保有を認める資本自由化措置）を契機として株式の持ち合いは発展し、金融機関（メインバンク）や親密取引先が株式を保有することによって、安定株主工作が継続されてきたといわれている[3]。

　一方で、株式の持ち合いには、資本の空洞化、株主総会決議の歪曲化、コーポレートガバナンスの低下、資産効率悪化のリスク、株価に与える悪影響等の弊害があることも指摘されている。法律上も株式相互保有規制といった弊害防止策としての規制が設けられてきたが[4]、このような法律上の規制がどの程度機能してきたかという評価については分かれるところである。1990年代のバブル崩壊以降の株式持ち合い解消の流れは、必ずしも法改正が契機となったものではなく、金融機関が不良債権問題を抱える中で保有リスクを負えずに株式を売却し、企業も負債を削減するために低稼働資産であ

---

1) 大隅健一郎『会社法の諸問題〔新版〕』（有信堂、1983）227頁～228頁。会社から会社へと順次資本参加が行われ、それが最初の会社に復帰して終わる環状の資本参加も一種の株式の持ち合いと考えられるが、本稿では相互的資本参加を検討対象としている。
2) 株式持ち合いの形成・解消の経緯については、得津晶「持合株式の法的地位(1)——株主たる地位と他の法的地位の併存」法協125巻3号469頁～491頁、淵田康之「株式持ち合いについて」資本市場研究会編『株式持ち合い解消の理論と実務』（財経詳報社、2001）1頁～25頁、神田秀樹「株式持ち合いとその解消：まとめ」同285頁～317頁。
3) 河本一郎ほか「座談会 株式相互保有の現状と規制の問題」商事1195号10頁。
4) 上柳克郎ほか編『新版注釈会社法(5)』（有斐閣、1986）232頁〔菱田政宏〕、藤田友敬「株式の相互保有と会社法」資本市場研究会編・前掲注2)199頁～234頁、中島修三『株式の持合と企業法』（商事法務研究会、1990）162頁～177頁、岡部光明『日本企業とM&A』（東洋経済新報社、2007）83頁等。

る株式を売却したものに過ぎず，抜本的な解消が行われたわけではないとの論調も多い[5]。

ところが，2005年のライブドア社の企業買収事件などを契機に，敵対的買収案件が増加し，買収防衛策の導入が図られたが，裁判所において株主総会における決議の存在を重視した判断がなされるなどしたことから[6]，伝統的な株式の持ち合いによって安定株主を確保することの必要性が再検討され，新たに株式持ち合いを形成，促進する動きも出てきた[7]。株式持ち合いに対しては否定的な意見も多く[8]，前記の弊害があることは否めないものの，株式の持ち合いは依然として根強く存在するのが実態である。

2 どのような場合に持ち合いが合意されるか

株式の持ち合いが行われる場合，各企業は相互に相手方の株主としての地位に立ち，資本提携関係に入る。このような関係を生じさせる株式の持ち合

---

[5] 河本一郎ほか「座談会 株式持合い解消に伴う法的諸問題」商事1436号6頁，神崎克郎「株主構成の変化と会社法制のあり方Ⅰ総論」商事1466号3頁，吉原和志「株主構成の変化と会社法制のあり方Ⅲ株式の持合い」同号14頁，通商産業省産業政策局編『企業組織関連制度の改革へ向けて—平成9年企業法制研究会報告』別冊商事198号71頁，吉川満＝伊藤正晴「株式持ち合いは何故解消したか(1)・(2)・(3)」月刊資本市場234号〜236号，山内崇「株式持ち合い復活とM&A」MARR 2008年2月号38頁。

[6] 最二小判平19.8.7民集61巻5号2215頁，判タ1252号125頁（ブルドックソース事件）。

[7] 藤縄憲一「検証・日本の企業買収ルール」商事1818号17頁及び23頁注(1)。

野村証券金融経済研究所の調査によれば，企業・銀行間で持ち合いをしている株式保有比率は，2006年度末及び2007年度末の2年連続で上昇し，持ち合いの復活が進んだとされている（日本経済新聞2008年7月1日付朝刊）。事例としては，新日本製鉄，住友金属工業，神戸製鋼所の鉄鋼三社の株式持ち合いや，新日本製鐵と東芝，シャープ，住友金属工業と住友商事，JFEホールディングスと松下電器産業や東芝，三菱電機などの株式持ち合いが報じられている（日本経済新聞2007年12月19日付朝刊，2008年2月1日付朝刊，2008年7月3日付朝刊）。

[8] 青松英男『企業価値講義』（日本経済新聞出版社，2008）105頁〜111頁。なお，ザ・チルドレンズ・インベストメント・マスター・ファンド「Jパワー第56回提示株主総会に関する委任状勧誘ならびに持ち合い株主・取引先株主の利益相反に関する問題提起」（2008年5月21日付プレスリリース）も参照。

いは，企業間提携の一場面と考えられるが，なぜこのような持ち合いが行われるのか。

持ち合いについての目的について論じられているところをみると，大きくは，取引先との関係強化と，会社支配の安定化（安定株主の確保）という二つの目的が挙げられることが多いようである。

(1) 取引先との関係強化

まず，取引先との関係強化という目的について検討する。

株式の持ち合いによって相互に株式を保有することには，会社間の結びつきを強くし，提携関係，協力関係を強固にする利点があると考えられているが[9]，株式を持ち合うことがなぜそのような関係強化につながるのだろうか。

思うに，取引先との間で業務上の提携を行う場合，資本提携についても合意することによって，相互保有規制の制約を受けない限りは，議決権を行使して，相手方の会社の経営に関与することができることとなる。すなわち，企業間で業務提携及び資本提携が行われれば，取引先としての立場から，会社（現経営陣）が提出する議案の内容を判断した上で，株主としての議決権行使という形で賛成票や反対票を投じることができる。これによって，相手方の会社の経営のモニタリングを行い，自社に不利な決定が行われないよう，一定の牽制や影響を及ぼすことが可能となる。他方，相手方にとってみれば，協調関係にある限りは，取引先株主から企業間の業務提携に資する事項，ひいては会社の経営事項全般について承認を得られやすくなるという利点がある[10]。このようにみると，取引先との関係強化という目的は，究極的には，双方向に株主としての議決権行使が可能となる点に着目し，そこに期待したものと考えられる。

なお，相手方の株式を保有することが取引先との関係強化につながるのは，相手方の企業価値の増減が生じた場合に，保有割合に応じて影響を受けるこ

---

9) 稲葉威雄『改正会社法』（金融財政事情研究会，1982）119頁。事業会社同士の株式持ち合いについては，事業上の提携関係をさらに補強する位置づけがなされている（日本経済新聞2008年7月18日付朝刊，同月19日付朝刊）。

10) 宍戸善一『動機付けの仕組としての企業』（有斐閣，2006）164頁〜165頁，194頁〜195頁。

とを理由に，株式の経済的価値の増減を共有することから説明できるとする見方もある[11]。

確かに，理論的には株式の経済的価値の側面から，そのような効果が生じることが説明可能であると思われる。しかしながら，現実には，株式の経済的価値に着目して持ち合いを行うことはほとんどなく，取引安定のためには，株主としての議決権行使が可能であることが有用であることに着目して持ち合いを行うというのが本音であると考えられる[12]。

(2) 会社支配の安定化（安定株主の確保）

次に，会社支配の安定化（安定株主の確保）という目的について検討する。

前記(1)で検討したように，取引関係の有無にかかわらず，企業間で持ち合いが行われれば，相互保有規制の制約を受けない限りは，議決権を行使して，相手方の会社の経営に関与することができることとなる。株式の持ち合いは，会社支配ないし議決権行使の歪曲化をもたらすおそれがあるといわれるが[13]，上記の目的が行き過ぎればこのような弊害が生じることは当然である。

株式の持ち合いを行う当事者が株主として議決権を行使する場合，賛成票も反対票も投じることができるが，持ち合いという形で株式を保有する限り，相互に賛成票を投じて，賛成票を得るというのが最も効果的な提携パターンであることは明白である（株式の持ち合いを行う当事者のうちいずれか一方の会社が反対票を入れる場合を想定した場合，反対票を入れられた会社にとっては，相手方の株式を保有し続けて賛成票を行使するメリットは少ない）。

このような利益状況から，持ち合い当事者間においては，相互に賛成票を投じるということで暗黙の合意がなされることもある。会社支配の安定化（安定株主の確保）という目的は，株式の持ち合いによって双方向に株主としての

---

11) 得津・前掲注2)124頁。
12) 水野博志「株式持合解消の分析——財務データ分析とインタビュー調査」月刊資本市場140号62頁以下では，企業名を伏せて担当者へのインタビュー結果を紹介しているが，取引上のメリットはもともとあまり重視されておらず，ガバナンスのメリットの方が大きいとの指摘がなされている。
13) 吉原・前掲注5)16頁。

議決権行使が可能となる点から導き出される。

また，安定株主確保，買収防衛策としての株式持ち合いの意義が論じられるのは，このような会社支配の安定化（安定株主の確保）という目的を期待してのことといえる[14]。

第2 株式持ち合いの合意とその効力

1 株式持ち合いの合意内容

以上の目的の下，ある当事者間で株式を持ち合うという場合，その合意の内容はいかなる内容となるか。

当研究会のメンバーより，株式の持ち合いにあたって合意がどの程度明示的に合意され，書面化されているのかについて，実態を聴取したところ，前記第1の2(1)のとおり，取引先との関係強化という目的があり，業務提携と同時に資本提携が行われるような持ち合いのケース（事業目的での持ち合い）においては，例えば，業務・資本提携契約書を作成して，あるいは業務提携契約書に一条項設けて合意内容を明確にするケースも多いとのことであった。他方，前記第1の2(2)のとおり，会社支配の安定化（安定株主の確保）という目的によって，株式が相互に行われるような持ち合いのケース（政策目的での持ち合い）では，契約書を作成して合意内容を明確にするケースはまず稀であり，何らかの書面が取り交わされる場合があるとしても，それぞれの会社が株式の取得数，取得理由，運用基準などを稟議書等にまとめて社内決済を行い，お互いに当該稟議書等を交付し合う程度にとどまるのではないかとの意見が多数を占めた。

本項以降では，持ち合いの合意とはどのような内容なのか，仮に，相手方が当該合意に違反した場合には，履行を求めることができる強制力のある合意なのかということを検討するため，合意自体がそもそも明確ではないというケースを除くこととし，契約書上合意が明確化されている場合を念頭に置

---

[14] 得津・前掲注2)510頁，藤縄・前掲注7)17頁及び23頁注(1)，青松・前掲注8)107頁～110頁，宍戸・前掲注10)195頁注(45)。

(1) どの程度の株式を持ち合うかに関する合意

「株式を持ち合う」という合意を行う場合，当事者は，まずどの程度の株式を持ち合うかという内容を決定する必要があろう。この点，単純に持ち合う株式の数を決定する形がシンプルな合意内容である。また，金額を基準にして決定する形や，発行済株式総数に対するパーセンテージを基準にして決定する形も考えられる[15]。そうすると持ち合いにあたっては，次のような契約条項が設けられることが考えられる。

まず，①具体的な数を決定して，当事者が，互いの株式を一定の数だけ持ち合うという合意を行う場合には，例えば，「A社とB社はそれぞれ○株の株式を取得し保有する」という条項や，「A社はB社株式を○株取得し保有する」「B社はA社株式を△株取得し保有する」という条項を設けることが考えられる。

②金額を基準として株式を持ち合う場合，持ち合いの合意は，当事者が，互いの株式を等金額もしくは一定額持ち合うという内容となる。例えば，「A社とB社はそれぞれ〔……時点における〕○○円相当額の株式を取得し保有する」という条項や，「A社は〔……時点における〕○○円相当額のB社株式を取得し保有する」，「B社は〔……時点における〕△△円相当額のA社株式を取得し保有する」などという条項を設けることが考えられる。とりわけ上場会社であれば，株式の評価額は日々変動しており，取得する株式の数を算出するにあたっては，いつの時点の株式の評価額で換算するかが重要となるから，基準日の設定は不可欠である。

次に，③発行済株式総数に対するパーセンテージを基準として株式を持ち合う場合，持ち合いの合意は，当事者が，互いの株式を発行済株式総数の一定のパーセンテージ分持ち合うという内容となる。例えば「A社とB社はそれぞれ〔……時点における〕相手方の発行済株式総数の○％相当額の株式を取得し保有する」という条項や，「A社はB社発行済株式総数の○％超の株式を取得し保有する」，「B社はA社発行済株式総数の○％超の株式を取得し

---

15) 河本ほか・前掲注5)8頁。

保有する」などという条項を設けることが考えられる。議決権割合で定めることも可能である。逆に，株主総会決議において一定以上の影響力を排除したいと考える場合には，上記に対して一定のパーセンテージの範囲内でしか取得できないという形での定め方がなされることも考えられる。

なお，パーセンテージを基準として持ち合う場合，後日の新たな募集株式の発行により，保有している株式数の発行済株式総数に占める割合が異なってくる場合があるから，その場合に，当初合意されたパーセンテージを維持するために，一方の会社が新たに募集株式を発行する際には，相手方は，募集株式を引き受けることができるなどの合意を行うことも考えられる。

(2) 持ち合い後の関係を規律する合意

次に，株式の持ち合い合意は，一定期間持ち合うことを目的としているため，持ち合い後の関係を規律する合意としてはどのようなものがあるか。

この点，持ち合い合意によって取得した株式を一切売却処分できないとする合意がなされているケースは稀である。株式の評価額の騰落や提携関係の変化等いかなる情勢の変化があっても，株式を持ち続けることを義務づけられるような合意を行うことは，会社にとって不利益が生じるおそれがあるから，取締役の善管注意義務違反や忠実義務違反といった問題も生じ得ないとはいえない。

これに対し，持ち合い株式の売却処分を一切禁止するのではなく，持ち合い期間を一定期間に限定する合意や，一定の事由が生じた場合には売却処分を可能とする合意，あるいは両者を合わせた合意であれば，その期間の長短や一定の事由の中身次第ではあるが（例えば，期間が数年〜5年程度であるとか，業務提携が終了した場合は持ち合いを終了させるといった場合は），合理性が認められるものと考える。

さらに，一方が保有する株式の売却処分を行う場合には，当該株式の発行者である相手方としては，売却された持ち合い株式を誰が吸収するのか，いつどのような手法で売却するのかということについて関心が高い。思わぬ投資家に株式がわたってしまったり，株式が散逸するということは，会社支配を不安定にする面がある。また，実務上，大量の株式が市場で売却されると，一時的に需給の均衡が崩れ，株価を押し下げる要因が生じうる[16]。

そこで，あらかじめ，持ち合いを解消する場合の手順や手続を定めておくことが考えられる。一方が保有する株式の売却処分を行う際には，相手方に対して購入の機会を与えるとか，相手方の事前の承諾を要するなどと定めておいて，売却処分が行われることをあらかじめ相手方が認識できるようにしておくなどという合意も考えられる。

なお，このほかに，「相手方の経営の独自性及び事業の中立性を尊重することを確認する」とか「相手方の事業活動及び人事の独立性を確保する」などといった議決権行使の際の配慮条項が定められているケースも見受けられる。株式の持ち合いによって，前記第1の2(1)のとおり，一定の牽制や影響が及ぶことが想定されるところ，相手方による必要以上の影響力の行使を回避しようとするがための条項と考えられる。

(3) **議決権行使に関する合意**

株式の持ち合いには，取引先との関係強化という目的や会社支配の安定化（安定株主の確保）という目的が挙げられるところ，究極的には株主の議決権行使を期待して行われるものと考えられることは，前記第1の2のとおりである。

ところで会社法は，会社間で総株主の議決権の25％以上を有するなど会社がその経営を実質的に支配することが可能な関係にある場合には，当該会社の議決権を行使することはできないとする（会社法308条1項括弧書，会社法施行規則67条。株式相互保有規制[17]）。

しかしながら，株式の持ち合いというのは，必ずしも株式相互保有規制に達しないものが多い。すなわち，株式相互保有規制がかかる場合，議決権行

---

16) 吉原・前掲注5)22頁。
17) 相澤哲ほか『論点解説 新・会社法』（商事法務，2006）123頁は，相互保有の範囲について，旧商法では，議決権行使を制限されるのは4分の1を超える議決権を保有されている株式会社等に限られていたが，会社法では，議決権行使を制限されるのは4分の1以上の議決権を保有されている場合であって，議決権比率が25％の場合も含まれる点が異なること，また，会社法では，子会社の概念が実質化され，子会社の範囲が旧商法における子会社の範囲よりも拡大しているため，相互保有株式の範囲も拡大していることを説明する。

使が制限されることとなるが，そうなると，安定株主確保，買収防衛策としての目的が達せられないことになる。株式の持ち合いに関して，安定株主確保，買収防衛策としての効用を求める場合には，相互保有規制に達しない範囲で株式を保有することが不可欠となる。特に，上場会社においては必ずしも25％以上の株式を持ち合わなくとも，大株主として会社提案に賛成の議決権行使を行い，決議成立に向けて影響力を行使することは可能であるといえ，必ずしも25％以上の株式の持ち合いを行う意義は少ないといえる。

そうすると，株式相互保有規制に違反しない範囲で株式の持ち合いが行われる場合には，必然的に会社提案に対する賛成の議決権行使が期待されるのであって，株式持ち合いの合意の内容には，暗黙に議決権行使の際に賛成の議決権を行使する旨の合意の意味が付与されていることが多いと考えられる。

しかしながら，現実に合意されている内容をみると，議決権行使に関して明示的に合意がなされているケースは稀である。仮に議決権行使に関して何らかの合意を行った場合，その合意の効力はいかに解されるかについては，次の2において検討する。

2　株式持ち合いに関する合意の効力

それでは，株式の持ち合い当事者によって合意される上記1の各内容はそもそも有効か，相手方がかかる合意内容に違反した場合に，他方当事者としては，いかなる法的主張が可能となるのか。

(1)　どの程度の株式を持ち合うかに関する合意の効力

まず，どの程度の株式を持ち合うかに関する合意をした場合，かかる合意は有効か。

当事者間で合意された内容については，私的自治の原則が働き，原則として有効と解されるが，強行法規や公序良俗に反する場合には，例外的に無効と解される（民法90条）。

そして，ある当事者が，株式を取得し，保有することは，経済活動として自由であるところ，持ち合い当事者が，相互に株式を取得し，保有することも，それ自体が市場秩序や社会秩序を乱すものとは考えがたく，会社法その

他の法令や公序良俗には反するとはいえない。したがって，このような合意は有効と解される。

このように，合意として有効であると考えるならば，相手方が合意に反して履行を行わない場合には，当事者は，当該相手方に対して履行の強制ができると考えられる（民法414条1項）。この場合，債務の内容は，株式を取得するという作為を目的とするものであるが，少なくとも相手方に対する関係では，間接強制は可能であると考えられる（民事執行法172条1項）。また，合意違反は理論的には債務不履行責任に基づく損害賠償請求権も発生させうるが，相手方が株式を取得し保有しなかったことをもって，当事者にいったいいくらの損害が生じたのかは明らかではなく，合意違反によって生じた損害の額を立証することには難しい面がある。

(2) **持ち合い後の関係を規律する合意の効力**

また，持ち合い後の関係を規律する合意も，当事者間の合意として有効と考えられる。例えば，持ち合い株式の売却処分を一定期間禁ずる合意があったとしても（当該合意の合理性が欠けるケースでは役員責任の追及がなされることはあったとしても），株式を保有すること自体が，市場秩序や社会秩序を乱すものとは考えがたく，会社法その他の法令や公序良俗には反するとはいえないと考えられるからである。また，保有株式の売却処分の手続を定める合意も同様である。

以上のように，合意として有効であると考えるならば，当事者は，相手方が合意に反して履行を行わない場合に，履行の強制ができると考えられる。しかしながら，合意の内容やそこから導き出される債務の内容は様々であり，当該債務の内容に応じていかなる執行方法が認められるかについては，検討が必要である。また，合意違反によって理論的には債務不履行責任に基づく損害賠償請求権も発生させうるが，当事者が合意違反によって生じた損害の額を立証することには難しい面があることは前記(1)と同様である。

(3) **議決権行使に関する合意の効力**

それでは，仮に会社提案に対して常に賛成の議決権行使をすると合意をした場合，かかる議決権行使に関する合意は有効か。

この点，会社法は，株主総会において議決権を行使することができる事項

につき異なる定めをした内容の異なる株式を発行することを認めており（会社法108条1項3号），会社は，一切の事項につき議決権がない無議決権株式や，一定の事項についてのみ議決権を有する議決権制限株式も発行することができるとしている。このように，会社が議決権を有しない株式を付与すること，株主が議決権を有しない株式を引き受けることも認められていることからすれば，持ち合い合意において議決権行使に関して一定の制限を加える合意も有効と解する考え方もあるようにも思われる。

また，株主間契約において議決権を拘束する条項を設けた場合に，学説は，原則としてこのような議決権拘束合意の有効性を認めており[18]，裁判例も，株主間の取締役選任合意について，株主が多数の賛成を得るために他の株主に働きかけて合意を行うことは，何らこれを不当視すべきものではなく，これが商法の精神にもとるものともいえないとして，株主間における当該議決権拘束合意の有効性を認めている[19]。

しかしながら，株式の持ち合いにあたって，会社提案に対して常に賛成の議決権行使をすることをその内容とする合意は，議決権を放棄するのではないのであって，無議決権株式や議決権制限株式とは性質を異にし，単純に同一視することはできないように思われる。

また，株式の持ち合い当事者間において，会社提案に対して常に賛成の議決権行使をすることを内容とする合意をした場合，かかる合意は，会社と株主との間の合意となる。ここでいう「会社」とは，言い換えるならば現在の経営陣であり，株主間における議決権拘束合意と全く同じように論じること

---

[18] 江頭憲治郎『株式会社法〔第2版〕』（有斐閣，2008）311頁，大隅健一郎＝今井宏『会社法論(中)』（有斐閣，1992）79頁，鈴木竹雄＝竹内昭夫『会社法〔第3版〕』（有斐閣，1994）239頁，棚橋元「合弁契約における株主間の合意とその効力」ジョイント・ベンチャー研究会編『ジョイント・ベンチャー契約の実務と理論〔補訂版〕』（判例タイムズ社，2007）197頁以下。但し，議決権拘束合意を有効と解することができるとする見解も，無制限に認めるわけではなく，契約の目的・制限の態様などを考慮し，各場合につき株式会社法の精神または公序良俗に反することがないか否かによって判断すべきとしている（大隅＝今井・前記79頁）。

[19] 東京高判平12.5.30判時1750号169頁。

もできない。

広く会社と株主との間の合意を考えた場合，株主が会社と全く独立した第三者であるとすれば，株主が自らそのように判断して現在の経営陣との間で合意を行い，現在の経営陣の提案に賛成票を投じたとしても，当該合意自体を無効とする根拠には欠けるように思われる。株主が保有する株式についてどのように議決権を行使するかは，株主の自由であり，一概に不当視されるものではないといえるからである[20]。

一方，会社法は，会社が自らの株式を保有する場合，その自己株式について，議決権を有しないと規定する（会社法308条2項）。これは，現在の経営陣に，会社の資金で取得した株式について議決権行使を許すこととすれば，現在の経営陣が，会社の資産を使って保身を図ることを可能とし，会社支配の公正を歪めるからである[21]。

株式の持ち合いにあっては，会社の資金で相手方の株式を相互に保有し，いわばそれぞれの企業の取締役が相手方の有する株式を相互に交換的に利用することになるから，取締役が，会社の資産を使って，自分の会社の議決権をコントロールしうる状態になる[22]。このような中で，相手方の経営陣を通じて現在の経営陣の提案に常に賛成票を投じることを内容とする合意を行えば，自己株式において禁止されている状態，すなわち会社の資産を使って保身を図ることが可能となり，同じく会社支配の公正は歪められる。

そして，このような合意があれば，双方の経営陣が協調することによって，経営陣は容易にその地位を確保し，相手方を通じて永続的に会社を支配することになりかねない[23]。

以上を考慮すると，株式の持ち合い当事者において議決権行使に関する合意，具体的には会社提案に対して常に賛成の議決権行使をすることを内容とする合意を行うことは，会社法の精神及び公序良俗に反し無効と解される余

---

20) 株主が法人である場合，当該法人の機関（代表者）による当該合意や個別の議決権行使が，当該法人に対する善管注意義務違反や忠実義務違反に当たるかどうかは別個に検討される。
21) 上柳ほか編・前掲注4)231頁〔菱田〕。
22) 藤田・前掲注4)209頁，中島・前掲注4)170頁～174頁。

地が高いのではないかと考えられる。

そしてこのような考え方に立てば、仮に会社提案に対して常に賛成の議決権行使をするとの合意があり、この合意に反して、当事者が会社提案に対して議決権行使をせず、あるいは反対票を投じたとしても、相手方に対して履行の強制を求めたり、損害賠償請求を行うことは困難となるものと考えられる。

第3 株式持ち合いの手法と各手法に関する諸問題

株式を持ち合う場合、いかなる手法が考えられるか。この点、株式を保有するには、新たに発行された募集株式（新株）を引き受ける手法と、既に株式を保有している者から譲り受ける手法の二つが考えられる。以下では、各手法とこれらに関する諸問題について検討を行う。

1 新株発行による取得

株式の持ち合い合意に従って、相互に募集株式（新株）を発行して、引き受けた株式を保有し合う場合、当該新株発行が不公正発行として無効とならないかという問題がある。特に敵対的買収者が現に出現しており、支配権について争いが生じているような場合に顕著な問題となる。

この点について参考となる裁判例として、忠実屋・いなげや事件（東京地決平1.7.25判夕704号84頁）がある。

この事案は、株式会社忠実屋（以下「忠実屋」という）と株式会社いなげや（以下「いなげや」という）が、業務提携に伴い、資本提携をする目的で、相互に相手方会社の発行済株式総数の19.5％の株式を保有することとし、同時期に相互に新株を発行したこと（本件新株発行）が、不公正発行に該当するかどう

---

23) 森淳二朗「『系列』（株式持合い）問題と会社立法」法時65巻7号54頁は、持ち合いによる会社支配は、所有者支配と経営者支配が融合した形となっていること、所有者支配と経営者支配が融合する段階では、経営者を選任するのは、もはや所有者としてリスクを負うものではないし、また経営は所有によりコントロールされる存在とはいえなくなっていることなどを指摘する。

かが争われた事案である。

裁判所は，本件新株発行が不公正発行に該当するか否かについては，株式会社においてその支配権につき争いがある場合に，従来の株主の持株比率に重大な影響を及ぼすような数の新株が発行され，それが第三者に割り当てられる場合，その新株発行が特定の株主の持株比率を低下させ現経営者の支配権を維持することを主要な目的としてされたものであるときは，その新株発行は不公正発行にあたるというべきであり，また，新株発行の主要な目的が右のところにあるとはいえない場合であっても，その新株発行により特定の株主の持株比率が著しく低下されることを認識しつつ新株発行がされた場合は，その新株発行を正当化させるだけの合理的な理由がない限り，その新株発行もまた不公正発行にあたるというべきであるとした。

その上で，本件新株発行については，①本件業務提携は，忠実屋，いなげや，ライフストアの三者合併を申請人（秀和株式会社）から提案されたことにより，忠実屋といなげやが，申請人の要求を拒否し，対抗するため具体化したものであること，②忠実屋がいなげやに対し従来の発行済株式総数の19.5％もの多量の株式を割り当てることが業務提携上必要不可欠であると認められないこと，③調達資金の大半は，実質的には新株の払込金に充てられるものであり，差額として忠実屋のもとに留保される約50億円についても特定の業務上の資金としてこれを使用するために本件新株発行がされたわけではないことなどを理由に，本件新株発行は，申請人の持株比率を低下させ，現経営者の支配権を維持することを主要な目的とするものであり，又は少なくともこれにより申請人の持株比率が著しく低下されることを認識しつつされたものであるのに，本件のような多量の新株発行を正当化させるだけの合理的な理由があったとは認められないとして，本件新株発行は著しく不公正な方法による新株発行にあたると判示している。

新株発行が著しく不公正な方法による新株発行にあたるかについては，支配権について争いが生じている場合にしばしば問題となることがあるが，裁判例は，支配権に争いがある場合の新株発行については，取締役会が募集株式の発行等を決定した種々の動機のうち，自派で議決権の過半数を確保する等の不当目的達成動機が，他の動機に優越する場合にその発行等の差止めを

認め,他の場合には認めない「主要目的ルール」と呼ばれる考え方が有力であり,かつ,会社に「資金調達の必要」があったことが認定されれば,原則として取締役会の判断を尊重する傾向が強い[24]。

しかしながら,株式の持ち合いが新株発行という方法で行われる場合,持ち合い当事者は基本的にほぼ同額の株式を引き受けることになるので,払い込まれた資金とほぼ同額の資金が相手方の株式の払い込み資金に充てられることから,資金調達の目的があると認定されるケースは極めて稀であろう。そうすると,株式持ち合いの手法として行われる新株発行は不公正発行にあたると判示される可能性が高いのではないかと考えられる。

なお,上記忠実屋・いなげや事件も,差額として留保される資金については資金調達の目的が認められれば別異に解される余地を残している。また,支配権に争いが生じている中で,既に自社株式を保有している会社に対して新株発行を行う場合は上記の裁判例の射程範囲ではない。

2　既存株式の譲受

以上の新株発行によって株式を取得する場合に対して,株式の持ち合い合意に従って既存株式を取得する場合,市場取引による場合も相対取引による場合も,各当事者は,現実に一定の対価を支払って,株式を取得することとなる。この場合,特に既存株式の取得による株式の持ち合いを制限する法規制はないが,検討すべき問題として,取締役の善管注意義務・忠実義務の問題と,利益供与の問題が挙げられる。

(1) 善管注意義務・忠実義務

まず検討すべきこととしては,当該持ち合いを行うことが,取締役として負う善管注意義務(会社法330条,民法644条)・忠実義務(会社法355条)に違反しないかという問題である。

株式の持ち合いについては,前記第1の1で指摘したような弊害が指摘されているところであり,これらの弊害を踏まえてもなおこの株式の持ち合いにはメリットがあると考えられるケースでなければ,取締役として負う善管

---

24) 宍戸・前掲注10)282頁,江頭・前掲注18)691頁。

注意義務・忠実義務に違反しないかどうかが問題となろう。

すなわち，取締役としての責任については，経営判断の原則が働くが，当該判断が合理的かつ適切であったか否かについての検討は，経済合理性の有無についても及ぶことになる[25]。株式の持ち合いによって，資産効率を悪化させた場合や，取引先の経営悪化のリスクが顕在化し，会社に損害が発生した場合などには，翻って当初の判断が経済的には合理的な判断ではなかったとして，責任追及される可能性は十分ありうる[26]。したがって，このような弊害にもかかわらず，株式の持ち合いを行うという判断が合理的かつ適切であるか否かについては，取引上のメリットやガバナンス上のメリットが，いかに具体的に会社の経済合理性につながるかといった観点から，検討を行う必要があるであろう。

(2) 利益供与

次に，株式の持ち合いにあたり，相手方が株式を取得するための資金の提供を行うことができるかについては，利益供与との関係で問題となる。例えば，敵対的買収者から防衛を行う局面で，会社側の要請で，敵対的買収者から株式を買い取る者が登場することがあるが，この際に会社が買取予定者に対して，株式を買い取る資金を提供することはできるだろうか。

会社は，株主の権利行使に関して，財産上の利益を供与することが禁止されており，これに違反した取締役，執行役その他の使用人は，3年以下の懲役または300万円以下の罰金に処せられる（会社法970条1項）。関与した取締役等は供与した利益相当額を連帯して支払う義務を負う（同法120条4項）。条

---

[25] 最一小判平5.9.9民集47巻7号4814頁，判タ831号78頁，最二小判平20.1.28判タ1262号63頁等。

[26] 藤縄・前掲注7)20頁，なお昨今の金融危機により（2008年11月現在），日本国内でも株価が急落し，持ち合い株を中心とする保有株の損失が拡大している（日本経済新聞2008年10月28日付朝刊）。例えば，大和生命の破綻により，安定株主作りの一環として株式の持ち合いを行っていたアデランスホールディングスも，7億円前後の株式評価損を特別損失を計上すると報じられている（日本経済新聞2008年10月16日付朝刊）。買収防衛などを目的に株式の持ち合いを勧めてきた国内企業が，株保有リスクが浮き彫りになったことで戦略変更を迫られる可能性があると評する報道もある（日本経済新聞2008年10月1日付朝刊）。

文上，供与の相手方は株主に限らず，誰でもよく，最終的に「株主の権利行使」に関して，財産上の利益が供与されたか否かが問題となる。

ここで，「株主の権利行使」とは，議決権の行使を指しており，株式の譲渡は，それ自体は「株主の権利行使」とはいえないから，会社が，株式を譲り受けるための資金を提供したとしても，当然には利益供与にはあたらない。

しかしながら，ある者の議決権の行使を回避する目的で，他の株主に対して株式を譲り受けるための対価を供与する行為は，「株主の権利行使」に関して財産上の利益を供与する場合にあたり，利益供与となると考えられる。

この点について参考となる事案として，蛇の目ミシン事件（最二小判平18.4.10民集60巻4号1273頁，判タ1214号82頁）がある。

この事案は，いわゆる仕手筋として知られるAが，蛇の目ミシン工業株式会社（B社）に対して，大量に取得したB社の株式を暴力団の関連会社に売却したと信じさせ，これを取り消したいのであれば300億円を用立てるよう要求して脅迫し，B社がAの言を信じ，暴力団関係者がB社の大株主としてB社の経営等に干渉する事態となることを恐れ，これを回避する目的で，300億円を供与するなどした事案である。

裁判所は，会社が，株式を譲渡することの対価として何人かに利益を供与しても，当然には旧商法294条ノ2第1項が禁止する利益供与にはあたらないが，会社から見て好ましくないと判断される株主が議決権等の株主の権利を行使することを回避する目的で，当該株主から株式を譲り受けるための対価を何人かに供与する行為は，上記規定にいう「株主ノ権利ノ行使ニ関シ」利益を供与する行為というべきであると判示している。

このように，会社が株式の取得のための資金援助を行うことは，慎重であるべきと解されるところ，特定株主を積極的に援助する結果（債務保証や担保提供）を伴うLBOやMBOが，利益供与に該当しないかが問題となるとの指摘もなされている[27]。LBOやMBOにおける債務保証や担保提供は，直ちに株主の議決権行使に関するものとはいえないが，LBOやMBOの合意の

---

27) 柳明昌「蛇の目ミシン事件」野村修也＝中東正文編『M&A判例の分析と展開』（経済法令研究会，2007）138頁．

中で，合わせて，一定期間の議決権の行使を制限する条項等が設けられる場合には，利益供与禁止規定との抵触を検討する必要があろう。

なお，供与が禁じられる「財産上の利益」には，金銭に限らず，取引の機会を与えること等も含まれるから[28]，株式の持ち合い合意によって，株式を取得した者との間で，取引行為が行われている場合には留意が必要である。株式持ち合いの相手方が，取引条件の改定を求めてきた場合，営業上の判断で改定がなされることは何ら問題はないが，株主の権利行使に関する場合，例えば，有利な議決権の行使をしてほしいと要請する一方で，当該相手方にとって取引条件の有利な改定が行われる場合などには，利益供与に該当しうることとなる。また，株式持ち合いの相手方の紹介で，第三者と取引を開始する場合，純粋に営業上の判断で取引をするのであれば問題はないが，前記のように株主の権利行使に関して行われる場合には，利益供与に該当しうることとなる[29]。

第4 株式持ち合いの合意に際しての説明義務

株式の持ち合いを行うことを相互に約束して相手方に株式を取得させた場合，この合意は当然私法上の効果を有する契約関係となる。この合意において，相手方に対してどこまで会社の情報提供義務や説明義務があるかについて判示した裁判例として，全日空対プリンスホテル（旧コクド）事件（東京地判平19.9.26判タ1261号304頁，なお，平成20年4月25日，東京高裁において和解成立）がある。

この事案は，売主（プリンスホテル〔旧コクド。以下「コクド」という〕）が，西武鉄道株式会社（以下「西武鉄道」という）の株式について上場廃止原因があることを買主（全日本空輸株式会社〔以下「全日空」という〕）に対して説明せずに，株式持ち合いの合意に基づいて株式を売却したことが，条理上の説明義務に違反し，不法行為責任を負うとして，買主の購入代金相当額6億7840万8767

---

28) 東京弁護士会会社法部編『利益供与ガイドライン〔改訂版〕』（商事法務研究会，2001）56頁。
29) 東京弁護士会会社法部編・前掲注28)99頁〜100頁，103頁〜105頁。

円が損害として認定された事案である。

認定された事実経緯は，次の通りである。

(1) 全日空とコクドとの間では，全日空が西武鉄道の株式を，コクドが全日空の株式をそれぞれ取得する旨の株式持ち合いの合意に基づき，全日空が平成13年1月から同年2月までの間及び平成14年4月にコクドから西武鉄道の株式を購入した（以下「本件取引」という）。

(2) 西武鉄道は，平成16年10月13日，従前の有価証券報告書のコクド及びプリンスホテルの所有する西武鉄道株式数及び所有割合，大株主10社合計の所有株式数と所有割合（以下「少数特定者持株数」という）が過少に計上されていたので，これを訂正することを公表した。

(3) 東京証券取引所（以下「東証」という）は，西武鉄道に対して報告を求めたところ，コクドが実質的に所有するにもかかわらず株式名義人を偽った西武鉄道の株式（以下「名義株」という）は，少なくとも昭和32年ころから継続して存在し，名義株の数量が少数特定者持株数比率80％以下という株式の分布状況に係る上場廃止基準に定める要件に抵触する水準に及ぶなど投資判断の基礎となる重大な情報に誤りがあったことが認められ，また，こうした事態は，西武鉄道の内部管理体制等組織的な問題に起因するものと認められたことなどから，平成16年12月17日，株券上場廃止基準に該当するとして，西武鉄道の上場を廃止した。

(4) なお，本件取引を指示ないし了承したコクド取締役らの上場廃止についての認識及び予見可能性については，いずれも肯定されている。

裁判所は，以上の事実認定を前提に，客観的状況及びコクドの取締役らの主観面を総合考慮すれば，東証が西武鉄道株式の上場廃止を決定した際にその判断の前提となった事実（本件前提事実）の存在について，コクドの取締役らは，株式売買の相手方に対し，条理上事前にそれを説明する義務を負っていたと判断した。

ここで，本件取引が，原告である全日空にとって持ち合い目的でなされたものであることが，説明義務の内容及び程度に影響を与えるかに関して，興味深い判示がなされている。

① 本件取引は，全日空にとっては，安定株主を確保するという株式の持

ち合い目的の売買であり，取得した株式を直ちに他に転売する予定はなかったと認められるが，株式を持ち合い目的で売買したとしても，全日空の資産を構成し，株価が上がれば最終的には全日空の利益として計上され，また株価が下がれば損失として計上されるものであって，その価格についての期待は保護すべきである。

② 全日空は，本件前提事実のような，株価に影響を与え，また，東証が上場廃止を判断するための前提となる事実について告知されるべき正当な利益を有している。

③ このような事実が告知されれば，本件においても全日空が本件取引に応ずることはなかったものと解するのが相当である。

④ したがって，本件取引が全日空にとって，持ち合い目的であったからといって，コクドに本件前提事実についての説明義務が発生しないということはできない。

このように，取引が株式の持ち合いとして行われたものであり，取得した株式について市場での転売等が予定されていなかったとしても，そのことは，説明義務の内容及び程度に影響を与えるものではないと明示されている。

取引にあたって精緻なデューディリジェンスが行われる場合はともかくとして，企業内容について十分な開示がなされないまま持ち合い目的で取引が行われる場合もありうるが，後に不十分な開示が原因となって株式の取得者に損害を与えた場合には，当該株式の保有に関して持ち合い合意を行った当事者としては，説明義務違反を問われる可能性があることには，十分注意が必要である。

特に持ち合い合意を行う際の交渉当事者は経営陣その他の当該株式の価値に直結する情報を有している者であることも多い。そのような者は，その認識や関与の度合いに鑑みて説明義務が認められるケースが多いと考えられよう[30]。

---

[30] 川島いづみ「株式持合いの合意に基づく株式の売却と売主の条理上の説明義務違反」金判1292号2頁は，被告が経営者として情報を開示すべき立場にあったことをも重視する。

一方，買主としては，売主に対して対象株式の企業内容について一定の表明保証を求めるなどの対策が考えられるが[31]，売主の株式が対象株式となっている場合には，売主の企業内容の開示に不十分な開示があったとしても，後日問題が発生して株式の評価が下がってしまうと，もはや売主に対して責任追及を行うことが困難な場合もあることから，対策としては必ずしも万全ではない。

第5 おわりに

以上，株式の持ち合いの合意をめぐる法律関係を検討したが，もともと株式の持ち合いは友好的な当事者間で行われることが多く，裁判例も少ないのが現状である。将来的に持ち合いが進んでいくのか，持ち合いが解消されていくのか，その傾向は明らかではないが，今後も一定数の持ち合いは残るものと考えられ，持ち合いの合意をめぐる諸問題を検討する意義はあるものと考えられる。なお，本稿における私見にわたる記述は，いずれも筆者の個人的見解であることを付言する。

---

31) 江平享「表明・保証の意義と瑕疵担保責任との関係」弥永真生ほか『現代企業法・金融法の課題』（弘文堂，2004）82頁，金田繁「表明保証条項をめぐる実務上の諸問題(上)・(下)」金法1771号43頁，1772号36頁。

7

企業間提携契約の更新条項に関する若干の考察

　企業間提携契約における更新交渉にあっては，非常に困難かつセンシティブな局面が度々生じる。ところが，企業間提携契約における期間満了時の更新条項の大半は非常にあっさりとしたものとなっている。これは，一つには，企業間提携契約の当事会社が，期間満了時における「契約関係からの離脱の自由」及び「新契約条件構築の自由」を確保したいがためであろうが，結果的に，かかるシンプルな条項しか手当てされていないがゆえに更新交渉がデッド・ロックに陥り，当事会社双方にとって想定外であった契約関係自体の解消，引いては当事会社双方における損害の発生，将来の利益の喪失といった不幸な事態に陥ることも決して稀ではない。

　本稿は，期間満了時における更新条項が貧弱であることから企業間提携契約が抱える問題点—とりわけ従前の典型的な更新条項が有していた意義及びその限界—を考察し，その上で，これまで主として契約条件改訂の場面で論じられてきた事情変更の原則，関係的契約論，再交渉義務論等の議論を期間満了時の更新条項の内容に応用して，企業間提携契約における「あるべき更新条項」の制度設計を試みるものである。

奈良　輝久

第1　はじめに（本稿の目的）
第2　典型的な更新条項の効果について
第3　契約更新交渉をスムーズにさせる既存の手立て——その内容と限界
第4　関係的契約論，再交渉義務論
第5　あるべき更新条項の内容とは

第1 はじめに（本稿の目的）

1 企業間提携契約における更新条項の実際

弁護士が関与する企業間提携契約の案件として，①提携契約の締結交渉案件と並んで，②更新交渉（契約の期間満了時〔更新時〕を機会として，契約条件の変更を求める交渉。以下においては，「更新交渉」という。）案件がある[1]。

企業間提携契約の締結交渉にあっては，契約当事者である会社（以下，本稿では基本的に「当事会社」という呼称を用いる。）及び代理人弁護士は，契約存続時の各種権利・義務関係や債務不履行事由・債務不履行の効果(中途終了の効果)，契約終了後の処理等について可能な限り漏れなく規定するべく，それこそ膨大な時間にわたって交渉を重ね，最終的に分厚い分量の「契約書群」の締結という形で「結実」することも珍しくない[2]。ところが，このような分厚い

---

[1] 勿論，他にも，③契約期間中における契約条件の改訂交渉や，④契約終了時の終了（更新拒絶，解除等）の可否・損害賠償をめぐる紛争・訴訟案件などもある。③は，契約条件の変更が求められているという意味で，②と共通する面があり（もっとも，あくまで契約が存続・ランニングしている期中の契約条件の改訂であり，契約が終了する局面ではないという点では，②と大きく異なる。契約条件の期中の改訂（③）の場合，当事者は，事実上，既存の契約条件にかなり程度拘束される一方，契約関係が断たれるリスクは限定的である。これに対し，契約終了局面（②）では，更新条項の内容次第ではあるが，当事者は，理論的には，既存の契約条件には拘束されず，新たな契約条件獲得の自由〔フリー・ハンド〕を獲得するといえる〔ここで，「理論的」と断わったのは，実際には，既存の契約条件がその運用実績を踏まえて，事実上フレーム・ワークとして機能することが多いからである。〕一方，契約関係解消により全てを失ってしまうリスクを抱えることになる。），④は，②の更新交渉が不奏功に終わった場合にも出現し得るという意味で，②と連続する面がある。④については，周知のとおり，「継続的契約関係の終了」という内容で，多数の論文が発表されている。例えば，升田純「現代型取引をめぐる裁判例(22)」判時1686号27頁，加藤新太郎編『判例check 継続的契約の解除・解約』（新日本法規出版，2001）等参照。また，企業間提携契約と継続的契約関係論については，拙稿「合弁事業の終了と継続的契約関係論」ジョイント・ベンチャー研究会編『ジョイント・ベンチャー契約の実務と理論〔補訂版〕』（判例タイムズ社，2007）257頁以下参照。

分量の「契約書群」であるにもかかわらず，期間満了時の更新条項（あるいは期間の定め〔有効期間〕に関する条項。以下，併せて「更新条項」という。）は，非常にあっさりしているものが多い[3]。

また，弁護士の場合，①の締結交渉にかかわっていなくても，②の更新交渉に新たに関わることも良くあることである。その際，依頼者（当事会社）から提供された「締結され，満了（更新）時まで維持されてきた契約」の内容

---

2) もとより，人間は限定的にしか合理的でなく，現実の契約には，あらゆる可能な事態を完全に記述した完備契約（complete contract）は存在せず，不完備契約である。ポール・ミルグラム＝ジョン・ロバーツ『組織の経済学』（NTT出版，1997）134頁以下，ロバート・D・クーター＝トーマス・S・ユーレン『法と経済学〔新版〕』（商事法務研究会，1997）219頁以下，柳川範之『契約と組織の経済学』（東洋経済新報社，2000）7頁以下参照。

3) 企業間提携契約をはじめとする継続的契約にあっては，概してシンプルではあるが，様々な内容の契約更新条項を定めていることが多い。更新条項（更新特約）としては，契約期間の満了前に当事者が協議して更新するとか，更新の合意が成立しない限り更新されないとか，契約期間の満了前に当事者から更新しない旨の通知がない場合には当然に（同一条件で）更新されるとか，契約期間の満了前に特段の事情と特段の手続を経て更新しない旨の通知をしない限り当然に（同一条件で）更新されるといった内容のものがあり，契約期間も多様であるし，契約期間前の交渉，通知期間も多様である。これらの更新特約は，原則として有効であると解されるが，継続的契約の内容，目的，予定された契約期間等の事情によっては，更新特約が当事者の合理的意思により変更される可能性もある。これらの更新特約に基づいて継続的契約が更新されるのは当然であるが，更新特約に基づき所定の更新拒絶の手続を経れば常に契約が更新されないのか，あるいは更新を認めざるを得ないことがあるのか等の更新の成否をめぐる紛争が生じることがままある。更新をめぐる紛争は，その法的効果の面から見ると，更新拒絶による損害賠償責任，更新の成否，更新後の契約の内容が主たるものである。升田純「現代型取引をめぐる裁判例(23)」判時1687号21頁。

また，契約の期間の定めに関する条項（ないし更新条項）は，通常，契約条件の改訂の時期を意味する条項である場合と，契約の期間満了を意味する条項である場合とに分けられるが，本稿が対象とする更新条項は，両者の意味を兼ね備えたものである。なお，更新に関しては，①更新とは新契約の締結か，原契約の期間の延長か，という議論と，②更新前の契約と更新後の契約には同一性があるか，という議論があるが，これらについては，幾代通＝広中俊雄編『新版注釈民法(15)〔増補版〕』（有斐閣，1996）435頁〔望月礼次郎＝篠塚昭次〕，316頁〔石外克喜〕等を参照されたい。

を検討してみて，なぜ，満了（更新）時に依頼者（当事会社）に不利な更新条項（及び更新関連条項）が用意されてしまっているのか，頭を抱え込んでしまうような場合も稀ではない。しかも，契約締結時にそのような条項を飲んだ理由が（今一つ）明らかでない場合は，尚更，混乱してしまい，交渉戦略を練る上で，非常な困難を覚えた経験を有する弁護士も多いであろう。

2　企業間提携契約の当事会社が契約更新時に抱えるジレンマ

相当期間継続することを予定（ないし想定）している企業間契約の締結に際して，当事会社は，少なくとも理想形としては，契約期間中，WIN-WIN リレーションシップ[4]を構築・維持するべく権利・義務関係を決めている筈である（WIN-LOSE〔ZERO-SUM〕リレーションシップでは，契約は短期間で解消されてしまうであろう。）。ただ，契約期間満了時までに当該契約関係を取り巻く社会情勢，企業環境等に変化が生じ，当事会社の一方ないし双方が従前の契約条件と同一条件のままでは契約更新後に WIN-WIN リレーションシップを維持することが困難であると考えるに至ることも，もとより稀ではない。

しかし，だからといって契約関係が基本的に期間満了による終了で解消されてしまい，あとは，事後精算（場合によって，損害賠償の問題）が残るというだけでは，当事会社が双方とも本来，想定していなかった「利益を失う」（ないし「損害を被る」）結果となり，ミクロ的なレベルではあるが，パレート最適

---

4) WIN-WIN リレーションシップとは，当事者が双方とも満足する関係を意味する。これと対比されるのが，ZERO-SUM リレーションシップである。ZERO-SUM リレーションシップは，分け前を一定にして，限られたパイの中で，両者の取り分を争う場合が想定されており，関係当事者の一方が得（WIN）をすると，他方が損（LOSE）する関係を意味する。ZERO-SUM リレーションシップ状況下では，契約締結交渉は極めて難しく契約関係は決裂してしまうことが多いので，PLUS-SUM 交渉が通常行われ，WIN-WIN リレーションシップの成立が目指される。佐久間賢『交渉力入門〔第4版〕』（日本経済新聞社，2011）38頁以下，64頁以下，同『交渉戦略の実際』（日本経済新聞社，1996）45頁以下，デービッド・A・ラックス＝ジェームズ・K・セベニウス『最新ハーバード流3D交渉術』（阪急コミュニケーションズ，2007）186頁以下，ディーパック・マルホトラ＝マックス・H・ベイザーマン『交渉の達人』（日本経済新聞社，2010）52頁以下等参照。

状況からはほど遠く，社会経済的厚生の観点からみて資源配分の非効率性がはなはだしい場合も多々生じ得よう。ただ，一方で，契約の当事会社としては，契約締結時点で，期間満了時に理由のいかんを問わず契約関係から離脱する自由（権利）（以下「契約関係からの離脱の権利」という。）を確保しておきたいと考えたり，また，企業間提携関係は継続する可能性も十分あるが，その場合は，双方の従前の契約に基づく権利・義務関係に拘束されず新たな契約関係（条件）を構築したい（以下「新契約条件構築の権利」という。）と考えるのも，ある意味，合理的であって（期間満了時の更新条項の多くが非常にあっさりしている理由の一つであろう。），ここにジレンマが存在する。

3 本稿の問題設定

本稿は，かかるジレンマが存在することを前提としつつも，期間満了時の更新条項が総じて貧弱であることから企業間提携契約（基本的に，「一対一」対応のそれを念頭に置く[5]。提携関係〔アライアンス〕と捉えてもよい。）が抱える問題点を考察し，そうした問題点を解決する更新条項としてどのような条項（内容）が考えられるか，また，そういった条項の限界はいかなるものか，を契約の制度設計という観点から検討してみようというものである[6]。

もちろん，この検討は，一方で，上に述べた期間満了時における「契約関係からの離脱の権利」，「新契約条件構築の権利」の確保という，契約当事会社の契約締結時における「契約終了時」の権利・義務関係に係る基本的なスタンスないし希望の一つと，（部分的か全面的かはともかく）正面から緊張関係に

---

5) 三当事会社以上の多数当事者の企業間提携契約関係の基本的な考え方も，多数当事会社関係を二当事会社関係（例えば，三当事会社なら二者対一者の関係）に還元して契約条項を作成するのが基本となるが，契約終了・更新時には，二当事会社の場合以上に，各当事会社の利害関係が相対立しあい，あるいは複雑に影響し合うため，多数当事者関係特有の法的問題が生じ得る。この問題については，後日，改めて論じる予定である。
6) 従来の更新条項の多くは，契約当事会社にとって（新たな合意を締結できない限り）①契約をやめてしまうか，②従来の条件のまま続けるか，の二つのオプションしかなかったが，①，②に加えて，③更新時に，契約内容をより合理的なものに変えて更新・存続させることも（場合によっては自動的に）可能とする更新条項を当初契約時に規定することが果たして可能，妥当かについて検討してみるものである，とも言える。

立つ条項の契約締結時点での定立を企図するものであって，実務的に現実に採用される場合がどの程度あるのかは疑問なしとしない。しかし，だからといって検討することに意義がないとするのは早計であろう。

なお，検討にあたっては，「契約改訂特約」やいわゆる「関係的契約論」，「再交渉義務論」等，あるいは，企業間契約を問わず，契約上良く見かける「努力条項」「協議条項」等の一般条項の効果についても，簡潔ではあるが，必要な限度で言及することとする。なぜなら，期間満了時の更新条項に係る制度設計の一環として，これらの議論，一般条項を踏まえた内容も取り込む必要性が高いと思われるからである。

第2 典型的な更新条項の効果について

1 契約の相互依存関係と更新——行き過ぎた機会主義的行動の弊害

契約関係は，基本的に，契約当事者の相互依存関係[7]が高ければ高いほど，契約満了時にも更新される可能性が高い。なぜなら，その必要性が高いからである。そのため，企業間提携契約においても，契約当初から相互依存関係が高い場合ないし契約更新時点でも相互依存関係が高い状態が続くことが想定される場合は，「スムーズな更新」を可能とする条項が事前に用意されていることが望ましい，と原則としては言える[8]。

この点，少し付言しておこう。相互依存関係が高い典型例として，いわゆる「特殊的資産 (specific asset)」を巡る契約関係がある[9]。「特殊的資産」とは，

---

[7] この依存関係は，①事業の継続のための相互依存関係，②事業目的遂行のための相互依存関係からなる。また，契約締結交渉時にあたっては，交渉力 (bargaining power) ももちろん，問題となる。その要因は，①資源への支配力，すなわち，相手方が必要としていたり欲している物を供給する能力，②販売市場や雇用，訓練等の機会を提供する能力，③代替案の利用可能性等々からなる。

[8] ただし，更新の最大のファクターは，従前の企業間提携契約のランニング時に，WIN-WIN リレーションシップが維持・実現されてきたことにある。その意味でいわば「事業価値」の最大化，パレート最適化が可能な限り図られてきており，解消よりも更新・存続の方が両当事会社にとってメリットが認められることが何より重要である。

ある特殊な状況や関係の上においてのみ極めて価値が高くなる資産をいうが、その代表的な例としては、「共同特化（co-specialised）した資産」が挙げられる。「共同特化した資産」とは、二つの資産をともに利用すれば、極めて生産的であるが、それぞれを別の財・サービスの生産に独立して利用すると価値の大半が失われる場合を意味する。さて、共同特化した資産への投資（経済学的には、将来にわたって便益やサービスを生み出す可能性がある資金その他の資源の消費を意味し、企業間提携契約は投資の枠組みとしても機能する。）に伴う問題は、投資価値の大半が利己的に行動するもう一方の資産所有者（企業間提携契約においては、他方当事会社）の行動に依存する点にある。この事実は、当事者をして投資価値を伴う多種多様な「機会主義的行動（opportunistic behavior）」[10]をとらせる可能性を引き出すことになり、そうした行き過ぎた「機会主義的行動」がもたらす被害・弊害を回避するためには、回避と同一の結果を容易に実現する契約条項（例えば、更新時に、他方当事者の不合理な要求を飲まずに更新することが可能となるような条項）を事前に用意することが望ましいことになる[11]。

2　更新交渉における契約当事会社の基本的スタンス及び更新交渉の困難さ

契約当事会社の更新交渉に臨む基本的スタンス（姿勢あるいは本音）としては、両当事会社とも契約終了を考えており、他のオプション（契約継続の選択肢）を考えていない場合（この場合は、更新交渉は問題とならず、専ら契約関係終了後の清算処理—損害賠償も含まれ得る—が問題となる。）を別とすれば、次のようなものが考えられる。

---

9) ミルグラム＝ロバーツ・前掲注2)144頁、平井宜夫「いわゆる継続的契約に関する一考察」星野英一先生古稀記念『日本民法学の形成と課題(下)』（有斐閣、1996）706頁以下。なお、「特殊的資産」という議論を措いても、現在のように技術が高度化し、産業構造が複雑化した経済社会においては、経済の生産性を上げるためには、高度な供給連鎖（サプライ・チェーン）や複雑な企業間分業のネットワークを形成することが不可欠で、そこでは「高度に相手に特化した企業間関係」（highly specific relationship. 特定の相手と取引関係があれば意味があるが、その相手と取引関係がなくなると意味が失われるような能力開発や投資を行うこと）が形成される。

ア　両当事会社とも契約継続を希望している場合。ただし，それぞれ自己に有利な契約条件の変更を希望している場合（もとより，この希望〔要望〕の内容は様々で，両者で異なる点の有利な変更を希望し合うことも勿論あろうし，その度合いも，内容によって強弱があろう。また，そもそも望ましい継続的契約関係からすれば，WIN-WIN リレーションシップの維持が大前提となる。イ，ウでも同様な事態は多々ある。）。

イ　一方当事会社は契約継続を希望しているが，他方当事会社は基本的に契約終了を考えている場合

　　これは，更に，

　イ1　他方当事会社は，当該事業からの撤退を考えている場合

---

10)　機会主義的行動とは，ウィリアムソンの取引コスト理論の中で提唱されたものである。ウイリアムソンは，限定合理性（bounded rationality）の仮定（下記②）と，機会主義（opportunitism）の行動仮定（下記①）を取り入れ，取引をめぐるコスト（取引コスト）を説明した。
　①すべての人間は自分の利益のために悪徳的に行動する可能性がある。
　②すべての人間は情報の収集，情報の計算処理，そして情報の伝達表現能力に限界があり，合理的であろうと意図されているが，限定的でしかありえない。
　「特殊的資産」をめぐる取引では，取引当事者は共に限定合理的であり，しかも，互いに機会主義的に行動する可能性があるので，取引当事者は互いに駆け引きし，そのために不必要な取引コストが発生する。また，一旦取引契約が締結され，一方の当事者が取引に特殊な投資をして特殊な資産を形成してしまうと，この特殊な投資を回収するために，長くこの取引契約関係を続ける必要性が生じる。この場合，取引当事者は共に限定合理的で，しかも共に機会主義的に行動しうるので，この特殊な資産は「人質」となり，良好な取引関係を続けていかないと，この「人質」は犠牲となって，回収不可能な取引コストと化す可能性がある。それゆえ，特殊な投資をした取引当事者は，常に他の当事者によって機会主義的に駆け引きを仕掛けられる可能性があり，この特殊な関係を打ち切るように脅されたり，法外な要求を突きつけられたりするホールド・アップ（hold up：お手上げ）問題に巻き込まれる可能性が出てくる。菊澤研宗『組織の経済学入門』（有斐閣，2006）20頁以下，ミルグラム＝ロバーツ・前掲注2）146頁以下，ベルナール・サラニエ『契約の経済学〔第二版〕』（勁草書房，2010）191頁以下，スティーブン・シャベル『法と経済学』（日本経済新聞社，2010）339頁以下，359頁以下（契約と再交渉）参照。

11)　ミルグラム＝ロバーツ・前掲注2）143頁参照。なお，筆者は，「機会主義的行動」は全て否定されるべきであると言っている訳ではない。

イ 2-a 　他方当事会社は，当該事業からの撤退は考えていないが，単独ですることを考えている場合

　　2-b 　他方当事会社は，当該事業からの撤退は考えていないが，別の企業と新たなパートナーシップ（企業間提携関係）を構築して当該事業を行おうと考えている場合

に分けられるであろう。

ウ 　一方当事会社は契約継続を希望しているが，他方当事会社は契約継続，契約終了のいずれでも構わない場合

　言うまでもなく，契約交渉においては，最初から本音（これだったら合意して満足できる内容，更にはぎりぎり合意できる内容）がぶつかり合う交渉がなされることは稀であって，当該交渉は，本音，更には最終的な「落着点」を隠し（オブラートに包み）ながら多数の希望・要望を出しあうことによって開始される（交渉理論・rog-rolling〔ログローリング〕：争点を増加させ，トレード・オフを考えるやり方）のがごく通常であろう[12]。

　ここで，契約当事会社を，仮に甲社と乙社として，両社が企業間提携契約を結んでおり，同契約には，期間満了時の更新条項が存在しないか，存在しても，新条件を合意しない限り，自動更新とされているような場合を想定しよう。仮に，両社とも，本音では，従前と同一条件か，多少の点（無論，それらの点は両者で異なることも多々ある。）で自分に有利な条件が実現される限り（あるいは，当該事業への依存性の程度等から，ある程度不利な条件になっても），契約を「更新」（ただし，厳密な意味において「更新」と呼んでいいかどうかは一つの問題であろうが，この点は，注3)掲記の論文等を参照されたい。）しても良いと考えていながら，甲社が契約の更新に関して，自社に極めて有利な条件への変更（ZERO-SUM状況に近い内容への変更）を認めない限り契約終了で構わないと主張して[13]，強圧的

---

[12] 　しかしながら，交渉における提示要望は，交渉の当初の段階より可能な限り客観的かつ合理的なものである方が交渉成果はいいものになることが多いと思われる。客観的基準に依拠した交渉の重要性は，ロジャー・フィッシャーほか『ハーバード流交渉術〔新版〕』（TBSブリタニカ，1998）125頁以下などでつとに強調されているところである。なお，「トレード・オフ」とは，「相反する関係」のことで，何かを選択することが別の何かを失うことを意味する。

にプレッシャーをかける態度に終始するなど，極めてつれない—つまり交渉余地のない—態度で通し，結果的に契約条項が不合理なまでに甲社に有利に変更されてしまい，WIN-WIN リレーションシップが喪失され，代わりにZERO-SUM リレーションシップが出現してしまって，更新後間もなくして両当事会社とも当該事業で損失を出し，共同事業自体が解体してしまうといった不幸な事態をもたらしてしまうこともあり得よう。あるいは，乙社の態度硬化をもたらし，両当事会社間での契約条項の変更合意が得られずに両社の関係が修復不能な状態に陥って交渉期間が経過してしまい，両社にとって「意外」にも契約が終了してしまい，共に損をしてしまう，といったこともないとはいえない。

　さらには，アの場合に，両当事会社とも，交渉の流れ等もあってどうしても条件を譲れなくなり，「デッド・ロック」に陥ってしまって時間の経過により契約が終了してしまうこともあり得よう。「囚人のジレンマ」的な状況・結果の出現であり，「再交渉のジレンマ」とも言われる[14]（ただ，このような場合は，通常は，従前の契約を暫定的に延長する合意等をして契約終了という事態の発生を回避する。）。不完備契約理論モデルによれば，当事者は，契約を通じて，最適な関係特殊投資（Relation Specific Investment）を達成すること，すなわち事前の効率性（Ex Ante Efficiency）を達成することを目指す。しかしながら，契約締結時に最適な関係特殊投資が実現された（事前の効率性が達成された）からといって，必ずしも契約履行段階においても効率的な結果がもたらされるわけではない。取引においては，その始期から終期に至るまでにおいて，さまざ

---

13) いわゆるノーディール・オプション（交渉時に「No」といった場合に代替策を有していること）の場合も，このような交渉スタンスはありうる。ノーディール・オプションは，交渉戦略として非常に重要とされている。デービッド・A・ラックスほか注4) 46頁，137頁参照。

14) 「囚人のジレンマ」については，例えば，渡辺隆裕『ゼミナールゲーム理論入門』（日本経済新聞出版社，2008）23頁以下参照。また，「再交渉のジレンマ」は後ほど本文で取り上げる（第5，2参照）ネレが述べるところである。ネレは，再交渉は，価値創造のためではなく，機会主義的再配分の要求を通じて契約当初の経済的均衡を破壊するために濫用されてしまう危険性がある，と説く。石川博康『再交渉義務の理論』（有斐閣，2011）172頁。また「交渉のジレンマ」につき，同書164頁〜170頁。

まな不確定要因であるコンティンジェンシーが存在する。コンティンジェンシーが発現した結果，契約上の事前の取り決めが，事後において，必ずしも当事者にとって望ましい利得の配分を達成しない可能性がある。事後の効率性（Ex Post Efficiency）を達成するためには，契約締結時の事前の予想に基づいて取り決めた分配ルールを，事後に生じたコンティンジェンシーの結果に応じて修正する必要が生じる。契約がこうしたコンティンジェンシーに対応できず，事前の取り決めが，いずれかの当事者にとって望ましい利得配分を得られないことが判明した場合，当事者は，契約上の分配ルールにかかわらず，再交渉（renegotiation）を通じて事後の効率性を達成するための努力を行う。ただし，それが上手くいくかどうかは別ということである。なお，当事者の事前の約束が裁判所による履行強制を伴わないものにとどまる場合，事後になって再交渉が行われることをあらかじめ予測する当事者は，再交渉の結果自らの投資が無駄になってしまうことを恐れて，投資を控え，あるいは取引を断念することになる（よって，事前の効率性が達成されない）。

　これらの事態の発生は，両当事会社にとって，本来，避けたいマイナスの出来事である。もちろん，本稿で論じる「更新条項」の工夫のみによっては，かかる事態の発生を完全に回避することなど到底できるものではなく，どちらかといえば，交渉の仕方によって回避が図られることがやはり多いであろう[15]。しかし，そうは言っても，更新条項が工夫されることによって，交渉の仕方・内容もより実利的なものとなり，かつ，スムーズな交渉も可能となり得るなど，「更新条項」の精緻化はそれなりに意義があると思われる。

---

15) フィッシャーほか・前掲注12)，ラックス＝セベニウス・前掲注4)，マルホトラ＝ベイザーマン・前掲注4)を始め，アビナッシュ・ディキシット＝バリー・ネイルバフ『戦略的思考とは何か』（ティービーエス・ブリタニカ，1991)，同『戦略的思考をどう実践するか』（阪急コミュニケーションズ，2010)，アダム・ブランデンバーガー＝バリー・ネイルバフ『ゲーム理論で勝つ経営』（日本経済新聞社，2003)，マックス H・ベイザーマン＝マーガレット A・ニール『マネージャーのための交渉の認知心理学』（白桃書房，1997)，梶井厚志『戦略的思考の技術』（中央公論新社，2002）など，戦略的な交渉論に関しては出色の文献が多数出ている。これらの文献は，更新交渉の戦略のみならず，更新条項そのものを考える上でも非常に役に立つ。また，柏木昇ほか「座談会・法律実務家のスキルとしての交渉」判タ1044号4頁以下参照。

ちなみに、三菱商事㈱法務部・ニューヨーク州弁護士の小林一郎氏は「日本の契約実務と契約法(5)」NBL934号49頁、50頁で「では、企業法務の現場はどのような契約法の理論的な枠組みを望んでいるのであろうか。法と経済学の視点から契約法をとらえた場合、契約法の任務は、契約交渉を通じて取引当事者の権利・義務が詳細にわたって取り決められ、当該取引におけるリスク・リターンが事前に当事者間で適切に分配されるような契約実務をサポートすることにある。契約法は、契約交渉に当たって当事者間の情報の格差が解消された上で、締結された契約を通じて最適な関係特殊投資が実現され、同時に事後的な衡平についてもできる限り達成されるような理論を提示しなければならない。不完備契約理論によれば、情報の対称性が達成された当事者間においては、契約上の合意内容を尊重することこそが、当事者の最適投資の実現をサポートする手段であると考えられるのであるから、その帰結としては、「契約内容の自由」の原則に基づき、できる限り契約上の合意内容を忠実に反映した契約解釈が求められるべきであるという原則が導かれる。」とされるが、更新条項の内容を充実させようとする本稿のスタンスも、基本的に同一である。

3 企業間提携契約における典型的な更新条項の検討

以上の理解を前提に、まず、典型的な更新条項について考えてみる。企業間提携契約における更新に関する典型的な条項（契約の継続を念頭に置いた条項である）としては、例えば、次のようなものがあり、「有効期間」に関する条項として規定されていることが多い。このような条項は、1で述べた「スムーズな更新」を可能とする条項といえるであろうか。

【例1】 本契約の有効期間は、契約締結の日から、（第Ｘ条の規定に従い中途で終了する場合を除き）平成〇〇年（10年後）3月末日までとする。ただし、期間満了の6か月前までに甲又は乙のいずれからも終了の意思表示のない限り、本契約は同一条件で自動的に2年間延長されるものとし、以後も同様とする。

ここでいう「本契約」は、当初の契約期間が10年とされているため、かなり長期間の継続的契約である（OEM契約やライセンス契約などには良く見かける。

サブリース契約やホテル事業提携契約などは，もっと期間が長いことも多い。）。この条項によれば，更新（延長）時に契約条件の変更を希望する当事会社としては，期間満了の6か月前までに終了の意思表示をしておかないと，同一条件で契約が更新（延長）されてしまうため，かなり早期の段階（例えば，1年ないし1年半前。契約内容が複雑であれば，当該組織的契約に関する更新後の中長期計画の早期策定が求められ，かつ，2年前から交渉を開始することもあり得よう。）から更新交渉を行うことになる[16]。そして，この条項は，更新交渉の結果，新条件がまとまらない時には，既存の条件で契約期間が延長されるため，当事会社のうち，期間満了時に専ら既存の条件で契約を存続することでより満足を得られる当事会社にとって有利な条項として機能するといえ，その限りで，ZERO-SUM リレーションシップが生じ得る規定である。しかし，当初の契約締結時には，契約当事会社双方とも，将来の契約更新時に，既存の契約条件がどちらにとってより有利なものとなるかは必ずしも明らかでなく，また，結果的に不利となる当事会社にとっても，不利な内容は従来の契約条件と同一の限度にとどまりその負担は原則的には十分予測できたものと評価されようし（もっとも，予測できた時点が当初契約時か，期中のある時点かなど異なり得る。），相手方当事会社のそれ以上の機会主義的行動を阻止できるし，他方で，そもそも「契約関係からの離脱の権利」も条項上認められていた上での出来事であるから，リスクは50：50といえ，更新後の契約期間も2年間と比較的短期であることも踏まえれば，公平性の観点からは一応の合理性を有しており，「スムーズな更新条項」であると評価できそうでもある。

　ただ，契約当事会社が更新交渉で合意に達しない場合のオプションが，終了するか，同一条件で更新するかの二者択一しかなく（注6)参照)，契約終了時の当該契約をめぐる社会情勢，事業環境等の変化，各当事会社の将来の当該事業プラン等を柔軟に取り込めない極めて硬直的なものとなってしまうという大きな限界がある。例えば，なにがしか契約条件（通常複数ある）を変更した方が，当事会社双方にとってよりプラスとなることが明らかな場合にも，

16）　なお，長期の継続的契約にあっては，更新時の交渉開始時期についても規定しているものがある。

それが実現できないことも十分生じてしまうのである。

4　有効期間条項

あるいは、次の【例2】のような「有効期間」の条項の場合はどうか。これも契約の継続を念頭に置いた条項であるが、このような条項があるということは、とりもなおさず、契約締結時には、本契約を締結し、長期的に存続させること自体に、甲にとって相当のメリットがあったということが推測され、本契約の他の内容にも、甲が相当譲歩しており甲に不利な条項が一定程度存在する可能性が高いといえる。

【例2】　本契約の有効期間は、契約締結の日から、（第X条の規定に従って中途で終了する場合を除き）平成〇〇年（10年後）3月末日までとする。ただし、期間満了の6か月前までに甲又は乙のいずれからも終了の意思表示のない限り、本契約は同一条件で自動的に5年間延長されるものとし、以後も同様とする。

　　2　甲が前項の終了の意思表示をするためには契約を継続し難い「特段の事情」を明らかにすることが必要とされる。

第2項は、(「甲」のみに限定されている点を別とすれば) 継続的契約関係において、比較的多く採用されている条項であろう。甲としては、一見すると、「特段の事情」を明らかにしなければ終了の意思表示をすることが困難なため、少なくとも契約の条文上は、（乙が柔軟な対応をしない限り）10年前に締結した自分に不利な条項を引きずった同一内容での契約更新に応じなければならなくなってしまうことになる。しかも、その更新後の期間も5年とかなり長期間である。かかる場合も、更新時の諸事情によっては当事会社間でのWIN-WINリレーションシップが瓦解し、結局のところ良好な契約関係の破壊という事態をもたらす可能性が大であるということになりかねない。もっとも、条項中の、「契約を継続し難い『特段の事情』」の解釈運用次第では、かかる弊害は相当程度回避可能とはなろう[17]）。

しかし、契約更新時点で、判例上どのような解釈が確立しているか（あるいは有力であるか）はわからないこともあり、契約の継続いかんを「特段の事情」という曖昧な条件にかからせることは、両当事会社に、更新時点における「契

約関係からの離脱の権利」の実現可能性につき予測困難である等のリスクを課すことになり，可能な限り避けるべきではないかと思われ[18]，その意味でやはり限界がある条項であると評価される面が多分にあり，少なくとも更新拒絶事由の具体化（もとよりそうしたところで限界はある）がより望ましいといえるであろう。

---

17) 「特段の事情」を解釈する場合にあっては，少なくとも，従前の契約関係（10年）が当事者双方の債務不履行がないままに推移したというようなことは，「特段の事情」の存在を否定する主たる考慮要素とされるべきではなく，いったん，期間満了まで契約関係が維持された以上，（同一ないし類似条件の）契約関係からの離脱をオプションの一つとして望んでいる一方当事者にとって，当該同一の契約関係に今後，更に長期間にわたり拘束されることに果たして経済的合理性が認められ得るか否かという点こそが，特に企業間の契約関係にあっては，最も重視されるべきであろう（10年前の，当初の契約締結時の交渉経緯等は，基本的には副次的Factorとみるべきではないだろうか。）。その上で，「特段の事情」が比較的緩やかに認められるように柔軟に解されるのであれば（後述する関係的契約論のいう「柔軟性原理」の一発現といえようか。），当事会社相互をして，より更新（延長）時点での経済等の実態に即した契約関係（条件）の構築へのモティベーションの醸成が実現され，新たな契約関係（条件）の構築が可能となり，結果的に良好な契約関係の破壊という事態を回避でき，社会経済的厚生の観点からも，資源配分の非効率性をもたらす可能性が減少されることになろう。

18) なお，中田教授は，更新の合意について，次のような議論を展開しており，【例2】の設例を検討する上でも非常に参考となる。長くなるが，引用しておく。中田裕康「契約における更新」平井宜雄先生古稀記念『民法学における法と政策』（有斐閣，2007）338頁以下。下線は筆者。

　「当初契約締結時の合意と期間満了時（更新時）の合意

　（a）モデルの設定　期間の定めのある契約の更新について，簡単なモデルを設定する。合意の前提となる当事者の状態をS，締結された契約をCとする。当初契約締結時に（$S_0 \cdot C_0$），初回更新時には（$S_1 \cdot C_1$），第二回更新時には（$S_2 \cdot C_2$）になるとする。

　初回更新時のS_1は，当初契約締結時のS_0と次の点で異なる。第一に，S_1には，C_0の締結および履行によって当事者間に形成された関係が含まれる。それは，契約の相手方についての情報の取得，各当事者の経験の蓄積，当事者相互間の信頼又は警戒，その取引継続に対する依存，その取引に対する投資，第三者からの資格・評判の取得などからなる（これらを関係価値と呼ぶことにし，初回更新時のそれをR_1と呼ぶことにする）。第二に，契約を更新する場合には，その契約の内容はC_0の内容と同一であることが出発点となる。つまり，S_1は，関係価値R_1を含み，かつ，C_0による内容の拘束という

以上見てきたとおり，典型的な契約更新条項は，多分に問題を含むことがわかった。

要因を含むものである。C_1は，そのような前提条件の下での合意である。第二回更新時のS_2は，関係価値R_1に加え初回更新後の関係価値R_2を含み，かつ，関係価値Rは大きくなっていく。

以上のモデルを用いて，二つの問題を検討したい。

(b) 一方当事者による関係価値の利用　第一の問題は，一方当事者にとって関係価値Rが大きい場合，他方当事者が，Rをいわば人質にとって，更新拒絶を武器としつつ，C_0よりも自己に有利な契約C'を獲得する，ということをどう評価するかである。更新に至る過程は，再交渉の場であり，再交渉の前提条件は，当初契約C_0において当事者が定めるべきものである。その定めがなければ，更新を求める者がC'を押し付けられても原則としてやむを得ない。しかし，当事者間の情報量・交渉力の格差が大きい場合，制定法又は裁判所がC'への変更を制限する（C_0と同内容の契約への更新を強制する）ことがある。この場合，更新時の当事者の状態には，制定法・判例という要素Lが新たに付け加えることになる。そうすると，次に別の契約を締結する者は，Lの存在を前提として，当初契約の内容を形成することになる。

このように，「期間の定め＋更新」は，関係価値をめぐる再交渉の場の条件を設定する法技術であること，それについて，国家の事後の介入があると，当初契約の内容が予めそれを反映するものとなること（「事後」と「事前」の相互作用があること）が分かる。

(c) 前提条件と更新された契約内容の不対応　第二の問題は，更新が多数回（n回）重ねられ，関係価値RがR_1からR_nまで累積しているにもかかわらず，当初契約C_0が更新され続け，それと同一内容のC_nに至った場合に生じる。もし，S_nの状態で新たに交渉されたとすれば，C"（たとえば，期間の定めのない契約）が合意されたはずなのに，更新の結果，C_0と同じ内容のC_n（たとえば，期間一年の契約）が成立しているとすると，その前提条件の下で成立すべかりし契約C"と更新による契約C_nとのずれが生じる。そこで，制定法又は裁判所が，C"への変性を認めることがある。この場合も，次に別の契約を締結する者は，このような事後の介入がありうることを見越して，当初契約の内容を形成することになる。

（継続的契約の解釈）

以上の3つの観点は，継続的契約の解釈のあり方にも影響する。

一方で，これらの観点から得られた知見を総合的に取り入れるために，関係的契約の概念を導入することが考えられる。この場合，契約は，C_0からC_nに至る多数の契約でも，C_0又は現時点で効力のあるC_nという一個の契約でもなく，C_0からC_nに至る動態的な一個の関係と捉えることになる。それは実態に即してはいるが，関係的契約の概念には問題もある。

第3　契約更新交渉をスムーズにさせる既存の手立て
　　　——その内容と限界

　弁護士として各種契約交渉に携わった自らの経験も踏まえての話であるが，企業間提携契約においても，特別の更新条項を用意しておかないと，下記の条項や法理のうち，一般条項(1)，更新拒絶条項(3)＋事情変更の原則(4)（ないし事情変更の原則に準じた考え方）あたりで対処していくことになると思われる。もちろん，複数の条項や法理を組み合わせ，生産的かつ合理的な交渉が行われれば，当事会社双方が満足いく新たな WIN-WIN リレーションシップが構築されるという成功事例が得られることも多々あろう。しかし，やはり法的機能，ないし交渉を規律する規範（ルール）という観点からは，限界がすぐに見えてしまうのであり，とりわけ1，4が効果的に利用できる場合は限定的であると言わざるを得ない。

　　他方で，すべてを当初契約 C_0 に還元することが考えられる。更新前後の契約の「同一性」を強調し，かつ，契約における現在化 (presentiation) を強調すると，こうなる。「期間の更新」や自動継続定期預金契約については，このような理解がありえよう。しかし，この方法は，更新段階における合意の要素を視野の外に置き，また，関係価値の存在を反映させにくいものであるので，それらを考慮すべきタイプの継続的契約においては適当な方法ではない。そこで，伝統的な契約概念を前提としつつ，合理的な契約解釈によって問題を解決する試みがなされる。この場合，解釈の対象が，当初契約 C_0 なのか，更新され現に効力のある契約 C_n なのか，両者の関係はどうなのかを明らかにする必要がある。その際，C_0 と C_n との「同一性」から演繹するのではなく…，継続的契約に伴う諸理念…を適切に反映する方法が求められる。そのためには，まずは，現に効力のある契約 C_n を解釈の対象とし，その際，その前提となる状態 S_n（累積した関係価値 $R_1 \sim R_n$ を含むとともに，当初契約 C_0 を引き継ぐ更新直前の契約 C_{n-1} による拘束がある）との関係を考慮すべきである。なお，巨視的には「事後」的解釈による解決が「事前」措置にもたらす影響をも考慮する必要がある。
　　結局のところ，当初契約締結時における合意と期間満了時の合意の双方を考慮すべきことになる。その比重は，契約の性質，内容によって異なるが，一般的には，更新を重ねるにつれて，後者（期間満了時の合意）に推移していくと考えることができよう。」

1 一般条項

　誠実協議条項，努力条項（best effort 条項）などと呼ばれるものである[19]。
　端的に言って，ごくシンプルな内容の協議条項（例：「期間満了時には更新の条件について，誠意をもって協議する。」），努力条項は多分に訓示的，精神論的なものであって，請求力，強制力といった法的拘束力については否定的に解され，更新交渉にあっても，（少なくとも単独では）それほど大きな実効性・効果を有するものではないであろう（理論上は，協議条項，努力条項違反に対するサンクションとして，損害賠償請求権，解除権限の発生，解約権限の制限が考えられるが，判例・裁判例上は容易に認められていない。最三小判昭35.5.15民集10巻5号496頁，判タ59号60頁は，協議条項がある場合の賃料増減額請求権の行使につき，協議不要説に立っている。同旨，最二小判昭56.4.20民集35巻3号656頁〔淺生重機調査官の解説がある。昭56最判解説(民)262頁〕。また，最二小判平1.11.24判タ724号160頁は，いわゆる「紳士協定」につき，法的拘束力を否定している。なお，東京地判平18.9.14判タ1247号231頁等も参照のこと）。ただ，当事会社双方に対し，適正かつ合理的な交渉を促す（合理的なレベルのプレッシャーをかける）効果はあると思われる。また，契約の他の箇所でいかに詳細な条項を用意したところで，あらゆる事態を想定した条項をあらかじめ設けることは不可能である（不完備契約。注2)参照）から，最終的には，この種の条項があった方が良いことは確かである。また，更新に関わる他の具体的な条項と併せて利用することで，本来想定していた以上の効果を発揮することもあろう。
　なお，後述するとおり（第5の2），協議条項の精緻化—それは，協議のルールを定めたもので，上記のような古典的な一般条項とは一線を画するものである—は，契約更新交渉をスムーズにし，WIN-WIN リレーションシップを有する契約更新を可能とする上でかなり有効ではないか，と考える。

---

19) 滝澤孝臣「いわゆる『紳士協定』について」銀法650号38頁，稲田和也「契約における努力条項の意義について」判タ1268号67頁，内田貴『契約の時代——日本社会と契約法』（岩波書店，2000）105頁，石川・前掲注14)217頁〜227頁等参照。

2　契約改訂（更新）特約

　契約に柔軟性を導入するための最も確実な方法は，契約締結の時点で，あらかじめ，一定の状況の将来の変動を予想して，契約内容を（半ば）自動的に改訂するメカニズムを特約の形で契約に取り込んでおくことであり，契約類型（例：賃貸借契約）によっては，期中改訂を念頭に置いた自動改訂特約が存在することは周知のとおりである[20]。

　しかし，このような特約によって取り込まれ得る事情はごく限られており，複雑な大部の契約内容についてはそもそも対応できないという限界がある。要するに，近時の企業間提携契約などの極めて複雑な契約の全体を半ば自動的に規律するような自動改訂特約や更新特約は，まず考えられないのである。

　契約改訂（更新）特約の典型的な事例としては，契約価格を物価変動（貨幣価値の変動）等にスライドさせる条項が多数採用されていることは周知のとおりであり，「スライド条項」などと呼ばれている（例：建設工事請負契約におけるスライド条項，不動産賃貸借契約におけるスライド条項等）。もちろん，企業間提携契約にあっても，価格（的）条項など一定の外部の基準を利用して自動的に決定することが合理的と考えられる場合に限っては，（期中の契約条件改訂時のみならず）更新時にも「スライド条項」や，例えば「加重平均条項」の適用が検討され，導入されることは，更新交渉の論点を減らし，それなりに有益な効果をもたらす場合があると思われる。ただし，自動調整条項などは，固定性を重視した調整条項であるため，契約の柔軟性を確保するという調整条項本来の目的を十分に果たせないという限界がある点，留意すべきである。

---

20)　清水俊彦「賃料自動改定と借地借家法(上)・(中)・(下)」判タ1149号55頁，1152号91頁，1155号99頁，谷口知平ほか編『新版注釈民法(13)〔補訂版〕』（有斐閣，2006）82頁，86頁〔五十嵐清〕，内田貴・前掲注19)97頁以下等参照。内田貴氏は，契約プロセスを支える関係的契約規範として「継続性原理」と「柔軟性原理」を特に重視され(同書92頁)，柔軟性原理のもとでの契約調整の一つとして，契約改訂特約を挙げられる。そして，「スライド条項」については，投機性の薄い契約で，ある程度まとまった期間ごとに，契約価格と一定のインデックスとの相関性が肯定される場合には，スライド条項の合理性は一般的に認められるであろう，とする。

3　更新拒絶条項

　契約期間満了時に更新拒絶の意思表示の発動をちらつかせて交渉するという交渉手法は，ごくありふれた古典的な交渉手法（Power Negotiation ないし Hard Negotiation）であるが，相手方当事会社（もちろん，当方側もである）が契約の継続を希望していると想定される場合は，相手方当事会社の契約条件譲歩につき，一定の効果が認められると考えられている[21]。ただ，更新拒絶事由が全く規定されてなかったり，第2の4の【例2】のように漠然とした条項に過ぎない場合は，その効果はより限定的なものにとどまる。やはり，合理的な範囲で，具体的な更新拒絶事由を箇条書きにした上で[22]，そのような場合に更新拒絶の効果を認める契約条項を作成しておくことは，更新交渉をむしろスムーズに進めていく上で有意義であると思われる。なお，更新拒絶条項を利用して契約更新交渉を行う場合は，判例，裁判例における継続的契約関係の解消の要件──「已むことを得ざる事由」の存在──も踏まえて，以後の交渉の展開をできる限り詰めておく必要がある[23]。

　また，上記のとおり，更新拒絶の事由を，あらかじめ整理し，個別に箇条書きの形などで明記しておくことは，更新交渉時に無駄な論争を省く上からも有意義であろう。

4　事情変更の原則

　契約の期中の条件改訂交渉にあっては，事情変更の原則の適用の際に斟酌される諸要素の考慮が相当の効果を発揮することは異論のないところであろ

21）　いわゆる「脅し」である。佐久間・前掲注4)「交渉戦略の実際」29頁参照。
22）　ただ，その一方で，あまりに詳細に規定すると，「契約関係からの離脱の権利」を必要以上に制限してしまうおそれも出てくることに留意が必要である。
23）　「已むことを得ざる事由」（やむを得ない事由）
　　継続的契約の解約について，裁判例は，解約の特約がある場合は，その特約に従って原則として自由に解約することができ，また，解約の特約がない場合も，債務不履行の一般原則に従い自由に解約することができるが，例外的に信義則，公平の原則等の一般法理によってこれを制限している。拙稿・前掲注1)282頁等。

う。ただ，最高裁は，これまで事情変更の原則そのものの適用については極めて消極的であった[24]。

事情変更の原則の要件は，①契約の成立時にその基礎となっていた事情が，契約の効果が完了するまでの間に変更したこと，②その事情の変化は，当事者が予見せず，また予見し得なかったものであること，③事情の変更は，当事者の責に帰すことのできない事由によって生じたものであること，④事情の変更の結果，当初の契約内容に当事者を拘束することが信義則上著しく不当となること，などとされ，④の要件がどのような場合に満たされることになるかについては，主にドイツの学説に拠りつつ，(a)経済的不能，(b)等価関係の破壊，(c)契約目的の到達不能の3類型に分けて考察されてきた。そして，その効果としては，事情の変化に即しての契約の改訂及び契約の解除，後に取り上げる再交渉義務が挙げられている[25]（なお，債権法改正論との関係については，再交渉義務論のところであわせて取り上げる。）。

いずれにしても，要件が満たされる場合が非常に限られるため，効果が発動される場面は限定的である。また，事情変更の原則は，a)契約の拘束力（契約は守らなければならないという原則）と，b)契約の拘束力の限界（予期できなかった事情の変化）によって基礎付けられるものであるところ，そもそも契約の期間満了時には，a)b)のファクターとも原則として後退し，これに代わって「契約関係からの離脱の権利」，「新契約条件構築の権利」が前面に出てくる場面であるから，事情変更の原則に立脚した考慮が働く余地はより少ないといえよう。ただ，更新条件の提示にあって，当事会社に対して，新たな条件の合

---

[24] 事情変更の原則に関する公刊最高裁判例はこれまで10数件あるが，いずれも事情変更の原則の適用自体は否定している（（例）最三小判平9.7.11民集51巻6号2452頁，判タ953号99頁）。これに対し，下級審裁判例には，事情変の原則の効果として，契約改訂を認めるものがあり，最高裁判例も，サブリース契約における賃料自動増額特約の失効に関して，事情変更の原則の考え方を事実上導入している（最一小判平15.6.12民集57巻6号595頁，判タ1126号106頁）。谷口ほか編・前掲注20)66頁以下，山本豊「現代契約法講義(16)事情変更の原則・再交渉義務」法教353号76頁。なお，石川・前掲注14)127頁以下，吉政知広「契約締結後の事情変動と契約規範の定義(一)(二)」民商128巻1号43頁，同2号3頁も参照されたい。

[25] 山本敬三『民法講義Ⅳ-1』（有斐閣，2005）101頁以下。

理的理由の説明義務ないし情報開示義務を課す手続的規定を用意すれば，事情変更の原則は，理念及び具体的指針として十分意味を有する可能性があると思われる（なお，注18)の中田説参照）。

第4 関係的契約論，再交渉義務論

1 はじめに

契約関係が複雑化し，また契約における長期的な関係維持が強く期待・要請されるような場合においては契約改訂，更新が重要な課題となる一方，契約改訂（更新）課題は，将来的な協同関係の再構築という見地からその解決が図られるべき非常に複雑なものとなる。そのような複雑な契約改訂ないし更新課題は，（再）交渉における当事者の主体的な協同及びかかわりあいを通じてのみ解決可能であり，その際には，当事者を（再）交渉にいざなうとともに，協調関係を促進するような形でその再交渉プロセスを整備することが契約改訂ないし更新のための合目的的手段となる[26]。

かかる視点も踏まえて従来検討されてきた理論として，関係的契約論，再交渉義務論がある。そこでは，更新条項を検討する上においても示唆に富んだ議論がなされており，更新条項の内容自体にも応用できる可能性が十分ある。以下，簡潔に見ておく。

2 関係的契約論[27]

関係的契約論は，契約義務の根拠を当事者の意思ではなく当事者の形成し

---

26) 関係的契約論，再交渉義務論は，基本的に契約改訂を念頭に置いたものであり，更新交渉にあたって，その考え方は十分利用できる。
27) 内田貴「現代契約法の新たな展開と契約法学」法時66巻8号28頁，同『契約の再生』（弘文堂，1990）145頁以下，同・前掲注19)，デビッド・キャンベル「イアン・マクニールと関係的契約理論」神戸大学大学院法学研究科CDAMSディスカッションペイパー2007年8月等参照。なお，内田説については，本研究会においても，内田義厚判事が「企業間提携契約と継続的契約――その特徴と相互関係に関する試論」（本書9章)，特に261頁以下で分析を試みているところである。

た関係そのものに求め—つまり，古典的な事前の合意を重視するのではなく，契約の背景にある取引慣行や社会的規範の中からこそあるべき契約理論が模索されるべきであるとし—，信義則を媒介としてそのような関係に内在する規範を実定法規範に吸い上げるとともに，それに基づく解決を共同体の共感としての「納得」の合理性によって正当化する理論であり，以下のとおり，長期継続的な契約の特徴を適切に捉えている。

① 契約締結時における限定された合理性（契約締結時には，情報の不完備性のために将来予測は不完全にならざるを得ず，また，当事者が常に経済合理的な行動を取るという前提は，現実には適合しない。）

② 長期契約における特異性（典型的な市場取引とは異なる非代替的取引においては，当事者は当該取引から撤退することが困難になる。）

③ 取引特殊的投資の存在（当事者の一方が当該取引にとってしか意味のない大規模な先行投資を行うことがあり，その回収のためには取引の継続が不可欠となる。）

④ 機会主義的行動の抑止の問題（他に選択肢を持たない相手の弱みに付け込んでの一方当事者による自己利益の拡大行為）

その上で，関係的契約論を提唱する内田貴氏は，契約プロセスを支える関係的契約規範中，「継続性原理」と「柔軟性原理」を特に重視すべきであるとする。継続性原理の背後にあるのは，当事者の人格的関係にまで発展する契約プロセスにおいては，関係の維持・継続そのものが価値を持つ，という発想であり，柔軟性原理は，まさに関係の維持・継続を可能にするための柔軟性を契約プロセスの中に取り込むことを要請すると説明される。

これらの特徴，原理は，更新条項を検討するに当たっても，基本的考察の視点として踏まえるべき点と思われる。

3 再交渉義務論[28]

再交渉義務とは，契約締結後の事情の変化に対応させて契約内容を変更するために当事者が交渉を行う義務のことを指し，「交渉促進規範」の一つとして位置付けられる[29]。これを法的義務として認めるか，また，認めると

---

28) 谷口ほか編・前掲注20)88頁。

すればその法的効果をどのようなものと考えるかが議論されている。再交渉義務論は，端的に言えば，契約改訂規範がない場合に機能する法規範を問題とするものであるから，更新条項で期間満了時における契約改訂の条件について定めていれば，当該条項が適用される限りにおいては，再交渉義務（論）が働く余地はない。また，その効果についても未確定の議論ではある。しかし，再交渉義務をめぐっての議論は，更新条項の内容を考えるにあたっても大いに示唆的である。

再交渉義務論をめぐる論文は膨大なものとなっているが，以下においては，ごく簡潔にではあるが，代表的な説を見ておくこととする[30]。

山本顕治説：法によって問題そのものを規律するという従来の議論に代えて，問題の解決は当事者の交渉に委ねつつ，法がその交渉プロセスを規律するという「法のプロセス化」という観点から実体法を捉え直すべきことを提唱する。契約法全体が，問題の解決へ向けた当事者の自律的な交渉を成立させ，適切な形で進行するように規律することを目的とする「交渉促進規範」

---

29) 松井和彦「過程志向的システムと再交渉義務」一論115巻1号250頁以下。

30) 山本顕治「契約交渉関係の法的構造についての一考察(一)～(三・完)」民商100巻2号22頁，3号51頁，5号88頁，内田貴「契約プロセスと法」山之内靖ほか編『社会科学の方法(6)』（岩波書店，1993）129頁，森田修「アメリカにおける『再交渉義務』論と債務転形論」星野英一先生古稀祝賀『日本民法学の形成と課題(上)』（有斐閣，1996）544頁，同「アメリカにおける『再交渉義務』論」『契約責任の法学的構造』（有斐閣，2006）315頁以下，石川・前掲注14），吉政知広「契約改訂規範の構造(一)～(四)――契約改訂プロセスにおける法の介入と支援」法政論集216号29頁，221号195頁，253号247頁，241号153頁。なお，山本准教授，内田教授，森田教授とも，再交渉義務に関連して他にも多数の論稿を発表されていることを付言しておく。また，吉政知広上記論文および同「契約改訂規範の構造」私法70巻138頁は，事情変動という局面においても，当事者が事前に設定した契約規範が尊重されるべきであり，かかる場面での改訂の要求は当初設定した権利義務関係を覆そうとする機会主義的行動にほかならず認められないとした上で，裁判所による契約改訂のための介入は，外在的な規範を根拠とするものではなく，当事者が契約締結当初引き受けていなかったリスクが顕在化した場合に限って，当事者の自律的な契約改訂を支援することを目的として行われるべきであるとして，再交渉義務を肯定する。再交渉義務と裁判例については，小林一郎「再交渉義務をめぐる判例法理の分析」金判1363号2頁を参照されたい。

として理解されるべきであり,「再交渉義務」も,このような「交渉促進規範」の一つである。

　内田貴説：関係的契約論にあっては,裁判官に要請されるのは,契約締結の際の当事者の意思を確定し,それに従った判断を行うことではなく,契約関係を支えている社会関係に内在する規範を吸い上げ,その内在的規範に沿った形で契約当事者が「納得」することのできる解決を提示することである。内在的規範として,とりわけ重要なのは関係の維持・継続を要請する「継続性原理」と,関係の維持・継続を可能にするために契約に柔軟性を持たせるという「柔軟性原理」が指導原理として析出されている。

　森田修説：スパイデル (Speidel) の関係的再交渉義務論を土台にした説である。

　スパイデルは,①予期されなかった偶発的な不利益を当事者間で分担して関係を維持すべく,誠実に交渉した上で衡平な契約改訂提案に合意する義務が,関係的契約規範の一環として認められるべきであると主張し,事情の変更によって利益を受ける当事者が,それによって不利益を受ける当事者からの提案に関して,①交渉そのものを拒絶している場合には,利益を受ける当事者からの特定履行請求権は認められず,また,②不利益当事者からの機会主義 (不公正かつ濫用的な自己利益追及) 的ではない衡平な改訂提案に合意しなかった場合には,その改訂提案 (条件付特定履行の発令) がなされるとし,再交渉義務違反に際して課されるサンクションの具体的内容を示している。

　森田教授は,スパイデルの見解のうち,②について,実効的な交渉促進機能が期待できると積極的に評価し,スパイデルの再交渉義務論を再構成することを試みている。それによれば,事情の変更によって不利益を受ける当事者 (不利益当事者) からなされた衡平な改訂提案に対する利益当事者による拒絶が,機会主義的ないし関係規範違反と評価される場合につき,その改訂提案を強行するサンクションを積極的に課すことによって,両当事者を衡平な改訂提案への妥結へと誘導し得るとされる。ただし,我が国での解釈論としては,そのような改訂提案を強行し得る制度的枠組みが存在しないため,不利益当事者からの改訂提案を利益当事者が機会主義的に拒絶した場合についてのサンクションは,その不利益当事者の債務不履行についての填補賠償請

求が阻止されることであると限定的に解されている。

　いずれの説も斬新かつ魅力に富んだものであるが，なお，指導原理にとどまっている部分が多く，特に我が国の法制度，司法制度を前提とした場合の具体的な要件，効果は必ずしも明白ではない。のみならず，森田教授が，上記の通り指摘されるように，裁判実務は，契約改訂権については未だ否定的であり，効果が極めて限定的であるという問題が大きく横たわっている。

　なお，「民法（債権法）改正検討委員会」による「債権法改正の基本方針（検討委員会試案）」（以下，「検討委員会試案」と略称する）は，事情変更の原則・再交渉義務に関して，次のような内容の詳細な規律を設けることを提案している[31]。

【3.1.1.91】（事情変更の要件）
⟨1⟩　契約締結に当たって当事者がその基礎とした事情に変更が生じた場合でも，当事者は当該契約に基づいて負う義務を免れない。
⟨2⟩　ただし，事情の変更が次の要件を満たすときは，当事者は【3.1.1.92】の定める請求をすることができる。
　⟨ア⟩　当該事情の変更が，契約当事者の利害に著しい不均衡を生じさせ，または契約を締結した目的の実現を不可能にする重大なものであること
　⟨イ⟩　当該事情の変更が，契約締結後に生じたこと，かつ
　⟨ウ⟩　当該事情の変更が，契約締結時に両当事者にとって予見しえず，その統御を越えていること
【3.1.1.92】（事情変更の効果）
⟨1⟩　事情の変更が【3.1.1.91】⟨2⟩の要件を満たすときは，当事者は契約改訂のための再交渉を求めることができる。当事者は再交渉の申出を遅滞なく行わなければならない。
⟨2⟩　再交渉の申出がされたとき，相手方は，交渉に応じなければならない。
⟨3⟩　両当事者は再交渉を信義に従い誠実に行わなければならない。
　［甲案］
⟨4⟩　当事者が⟨2⟩または⟨3⟩に定められた義務に違反したことにより，または

---

31)　民法（債権法）改正検討委員会編「債権法改正の基本方針」155頁以下。

再交渉を尽くしたにもかかわらず，契約改訂の合意が成立しない場合には，当事者（ただし，⟨2⟩または⟨3⟩に定められた義務に違反した者は除く）は，

⟨ア⟩裁判所に，当該契約の解除を求めることができる。ただし，⟨イ⟩に従い裁判所により契約改訂が合理的と認められる場合はこのかぎりでない。裁判所は，解除を認めるに際して，当事者の申し出た適切な金銭的調整のための条件を付すことができる。

⟨イ⟩裁判所に，改訂案を示して契約の改訂を求めることができる。裁判所は，当該改訂案の内容が変更した事情および契約に照らして合理的であると判断するときに限り，当該改訂案に基づいて契約の改訂を命じることができる。ただし，裁判所は，両当事者から求められた改訂案の内容がいずれも合理的であると判断するときは，より合理的であると認める改訂案に基づいて契約の改訂を命じることができる。

［乙案］

⟨4⟩ 当事者が⟨2⟩または⟨3⟩に定められた義務に違反したことにより，または再交渉を尽くしたにもかかわらず，契約改訂の合意が成立しない場合には，当事者（ただし，⟨2⟩または⟨3⟩に定められた義務に違反した者は除く）は，

⟨ア⟩裁判所に，当該契約の解除を求めることができる。裁判所は，解除を認めるに際して，当事者の申し出た適切な金銭的調整のための条件を付すことができる。

⟨イ⟩裁判所に，改訂案を示して契約の改訂を求めることができる。裁判所は，当該改訂案の内容が変更した事情および契約に照らして合理的であると判断するときに限り，当該改訂案に基づいて契約の改訂を命じることができる。ただし，⟨ア⟩に従い裁判所により契約解除が認められる場合にはこの限りでない。なお，裁判所は，両当事者から求められた改訂案の内容がいずれも合理的であると判断するときは，より合理的であると認める改訂案に基づいて契約の改訂を命じることができる。

【3.1.1.93】（事情変更に基づく履行の拒絶）

【3.1.1.92】⟨1⟩により，再交渉の申出がされたとき，両当事者は，再交渉を行うのに相当な期間，自己の債務の履行を拒むことができる。ただしこの場合においても，当該当事者は，【3.1.1.64】の定める損害賠償責任を免れ

同提案によれば，事情変更の原則の効果中，再交渉義務と契約改訂権は次のように考えられている。

(1) 再交渉義務

【3.1.1.92】〈1〉から〈3〉までの提案は，事情変更の原則的効果として再交渉請求権・再交渉義務を定め，これを事情変更解除・契約改訂請求の手続要件とする（再交渉前置主義）。「解説」は，再交渉請求権・再交渉義務は，変更した事情下で存続する履行請求権が，自治的な解決のための交渉を契約当事者に義務づけるというミニマムの効果を発揮するものとして，理論的に説明している[32]。

　再交渉義務の内容については，再交渉義務に関する多数学説の考え方が受容されている。すなわち，応諾義務を含むものではなく，違反の場合のサンクションとしては，解除の排除という間接的効果のほか，損害賠償請求権（ただし，履行利益を対象としない）とするというものである。

　なお，【3.1.1.93】によれば，再交渉の申出がされたときには，当事者は，再交渉を行うのに相当な期間，履行拒絶権を有するものとされる。ただし，その場合でも，遅延賠償は免れない。

(2) 契約の司法的改訂

【3.1.1.92】〈4〉〈イ〉は，契約の司法的改訂を事情変更のもう1つの効果として認めることを提案する。もっとも，「解説」はそれがあくまで例外的に認められるべきもので，原則は解除である旨を強調している[33]。司法的改訂が例外であるというのは，契約改訂が認められるのは，それが合理的であると裁判所が裁量的判断を下した場合に限られる（一定の要件を満たす場合に，契約改訂請求権が常に成立するという考え方はとられていない）からであるとされる[34]。

---

32) 民法（債権法）改正検討委員会編『詳解 債権法改正の基本方針Ⅱ——契約および債権一般(1)』（商事法務，2009）394頁。なお，中村肇「事情変更の原則規定等における問題点——効果論を中心にして」，円谷峻編『社会の変容と民法典』（成文堂，2010）329頁以下。

33) 民法（債権法）改正検討委員会編・前掲注32)396頁。

34) 民法（債権法）改正検討委員会編・前掲注32)399頁。

このことと関連して、司法的改訂請求権の法的性質は、形成権でも、相手方の応諾を求める請求権でもなく、「裁判所に形成訴訟を求める権能」として構成されている[35]。形成権とは異なり、訴訟外での行使はできず、契約改訂が合理的に可能であるとする裁判官の裁量的判断によってはじめて認められるもの（それ以前に権利として承認されるものではない）とされているのである。

裁判所の「裁量」的判断といっても、その判断は、もっぱら当事者の改訂提案の適否に及ぶのみである。当事者の提案を離れて、裁判所が独自の契約改訂を命じたり、当事者の改訂提案の一部を認容することはできないのが今回の提案の趣旨であると、「解説」は説く[36]。

「解説」がこのように契約改訂の例外性を強調するのは、事情が著しく変動して当初契約の内容をそのまま維持することが困難となった場合に、解除による契約からの離脱を認めるのと、当初契約の内容を作り変えてしまうのとでは、後者のほうが契約へのドラスティックな介入となるという理解に立っているからである[37]。

以上、関係的契約論、再交渉義務論とそれに関連する債権法改正の議論をみてきたが、本稿のスタンスは、基本的に古典的な契約理論（これと対比されるのが関係的契約論である。前掲内田貴説参照）にのっとり、更新条項そのものに再交渉義務論の研究成果を織り込むことを試みようと思う。

第5 あるべき更新条項の内容とは

1 はじめに

典型的な更新条項は、先に指摘したとおり【例1】、契約当事者が更新交渉で合意に達しない場合のオプションが、終了するか、同一条件で更新するかの二者択一しかないなど、契約終了時の当該契約をめぐる社会情勢、事業環境等の変化、当事会社の将来の事業展開に基づいた新たな契約要望等を柔軟

---

35) 民法（債権法）改正検討委員会編・前掲注32) 397頁以下、400頁以下。
36) 民法（債権法）改正検討委員会編・前掲注32) 401頁。
37) 民法（債権法）改正検討委員会編・前掲注32) 396頁。

に取り込めないという基本的な限界・硬直性を有している。また、両当事会社は、自社の更新条件の真意を容易に明らかにせずにrog-roll的にトレード・オフを考える交渉手順を取ることが多いため、時として、ZERO-SUMリレーションシップをもたらしてしまい、両当事会社とも想定外の損害を蒙ってしまう[38]。そのような非合理的・非効率的な事態は、可能な限り避けたいものである。

では、企業間提携契約の当事会社が、第2の2ア、イ(1, 2-a, 2-b)のような状況で、契約満了時（更新時）を迎えた時、どのような条項が用意されていれば、「スムーズな更新」が可能であろうか。

2 各条項の検討

(1) 更新時の交渉の手続的内容を明確に規定した協議条項

まず考えられるのが、更新時の交渉の手続的内容を明確に規定した協議条項である。

先に再交渉義務論を見たところでは触れなかったが、ネレ (Nelle) は、再交渉義務を様々な義務群の総称と捉え、その義務群を①交渉手続を形成する義務、②具体的な修正提案をする義務（狭義の交渉義務）、③公正に交渉を遂行する義務に分類し、義務内容の明確化を図っている[39]。その内容には、再交渉の申し出、改訂提案の提示及び根拠づけ、改訂提案の検討、反対提案の提示等に関する義務が含まれており、これらの義務は、当事会社をして事後的な契約良化の機会を与え、かつ問題となっている契約調整課題についてより価値創造的・効率的な解決をもたらすのみならず、機会主義的行動に走り、

---

38) なお、ここでは、当事会社双方に様々な情報が偏在しあっている、いわゆる「情報の非対称性」の問題が存在することに留意が必要である。当事会社は、双方とも、「情報の非対称性」を利用して、相手方の損失の上に、利益を獲得しようとするインセンティブを有している訳である。情報の非対称性については、ポール・クルーグマン＝ロビン・ウェルス『クルーグマン ミクロ経済学』（東洋経済新報社、2007）537頁以下等参照。また、ジョイント・ベンチャーにおける機会主義的行動に関する宍戸善一教授の分析『動機付けの仕組としての企業』（有斐閣、2006）50頁以下、70頁以下も参照されたい。

39) 松井・前掲注29)260頁、261頁。吉政・前掲注30)論文(二)200頁〜204頁。

従前の契約関係が維持してきた経済的均衡を破壊するインセンティブを減少させる機能を有しており，更新時における協議条項の内容としても，極めて魅力的であると思われる[40]。

すなわち，まず，①の義務は，制度化され，秩序づけられた計画的な交渉が行われれば，より望ましい形で合意に達することが容易になるとの考えから導かれる。具体的には，交渉期間を設定する義務，予備折衝・情報交換・段階的に制度化された交渉を行う義務，交渉指導者や鑑定人その他の中立的判断者といった第三者を介入させる義務ないしは介入させるためのルールを設定する義務がこれに属する。②の義務は，狭義の交渉義務とも呼ばれ，再交渉義務の中核を成す。具体的には，自ら修正提案を提出する義務，および相手方の提案に対応する義務である。後者の対応義務には，単に提案に対する認否を返答する義務と，さらに否定した場合に代替案を提出する義務がある。③の義務は，円滑な交渉を確保するために認められるもので，詐欺・不当な情報提供・強迫の禁止，紛争拡大の禁止，交渉期間中の給付停止の禁止がこれに属する。

こうした具体的内実を伴う再交渉義務は，当事者に裁判所の手を借りることなく，平和的に合意により問題状況を解決する圧力として機能することを第一次的な目的としている。かかる内容を更新条項に反映させることは，再交渉義務の場合と同様な理由から，そして，交渉の早期の段階で実質的な合意可能領域（ZOPA）が両当事者により容易に認識され得る状態をもたらすことから，「スムーズな更新」を可能にする上で極めて効果的であると思われる。かかる手順を踏めば，更新交渉の際に障害となる，行き過ぎた各当事者双方の「情報の非対称性」の問題から当事者を解放させ，卑俗な言葉で言えば，別れる時（期間満了により契約が終了する時）も平和的に別れられようし，交渉もスピーディーかつ実質的，合理的な議論がより容易になされると思われる。

(2) 調停・仲裁条項等（第三者機関による判断）

次に，ネレの上記議論でも取り上げられているところであるが，交渉のあ

---

40) 石川・前掲注14)229頁～244頁。ここでの議論は，石川准教授の論文に負うところが大きい。

る段階における第三者の介入である。ここで、参照されるべき事項としては、仲裁人（調停）による「契約の適応」(adaptation of contract) の問題がある。これは、1970年前後から国際商事仲裁の分野で議論されてきた問題であるが、長期国際契約の特性を踏まえた議論であり、特性の点で共通性が多く認められる企業間提携契約にも十分応用できるものとなっている。

長期国際契約の特性は、次のように認識されている。

ライセンス契約や販売契約、合弁契約といった比較的新しい形態の取引は、(a)契約期間が長期にわたり、(b)複数の種類の取引が結合したものであり、(c)急速な技術の進歩が見られる領域における取引であることも多く、(d)当事者は予期し得ない変化への対応手続を規定する必要に迫られ、(e)いったん取引を開始した後はその解消には多大な損害を伴い、そのため紛争は当事者間の友好関係を維持しつつ迅速に解決される必要がある、といった特徴を有しており、これら複雑かつ長期間にわたる取引においては、損害賠償と契約解除や特定履行といった伝統的な解決策ではなく、「問題解決」的な解決が求められる[41]。

「契約の適応」とは、いわば、デッド・ロックを第三者機関による仲裁判断等に拘束させることで解決する、というものであり、再交渉義務論で、義務違反の制裁としての「改訂請求権」が論じられていることは上記のとおりである。ただ、日本ではそのような訴訟は基本的に認められていないため、仲裁等で実現させる途を探ってみてはどうかと考える次第である。問題は、調停や仲裁で改訂の具体的内容を定めることが可能であるかということであるが、（筆者は仲裁については門外漢であるが）ネレが述べる手続的義務条項を規定し、当該条項が履践されることを前提とすれば、既に更新にあたっての双方の希望条件及びその合理的理由・情報が十分に開示されるため、仲裁判断に法的拘束性を認めることは可能なのではないか（もとより、そこで決められる契約条件は主要かつ必要最小限のものにとどまることになろうが）、と考える[42]。

---

[41] 北山修悟「契約の改訂——資源開発契約を中心として」法協112巻1号98頁。同論文は主として資源開発契約を扱っているが、企業間提携契約の更新交渉を考えるにあたっても非常に有益である。

(3) 合弁会社形態におけるJV（合弁契約）の条項の応用

株式譲渡による合弁会社（株式会社）の解消手段として，プット・オプション（一方の当事者がその株式を公正な価格で買い取ることを他方の当事者に要求する権利），コール・オプション（一方の当事者が他方の当事者の株式を公正な価格で強制的に売却させる権利），バイ／セル規定（AがBに対してBの株式を買い取るオファーを出し，Bはその価格でAに株式を売却するか，同じ価格でAの株式を購入するかのいずれかを選択することができる，という規定）などがある。通常，合弁契約で約定されるこうしたデッド・ロック時等における合弁関係の解消に係る種々の「装置」ないし「武器」条項は，各合弁当事者の合弁関係を巡る紛争ないし契約条件闘争の自主的解決を促し，合弁事業の（契約内容の変更等を通じての）継続をもたらす効果がある[43]。

同様に，企業間提携の事業について，例えば，更新契約交渉がデッド・ロックに陥った場合，当事会社の一方が他方から一定のルールに従って事業譲渡を受けることができる（仮に，当該事業が事業体としての独立性を有していない場

---

[42] 内田・前掲注19)124頁以下。契約改訂は，いわば新たな契約の創造であり，権利義務の存否の判断という司法的機能を想定している仲裁制度になじまず，仲裁適格を欠いている，という議論がある。なお，義務改訂請求権と同様な条項として，ハードシップ（hard-ship）条項がある。これもまた，更新条項作成にあたって十分，参照に値しよう。北山・前掲注34)114頁～116頁，141頁～147頁，内田・前掲注19)262頁以下，富澤敏勝＝伏見和史「国際取引契約における不可効力条項とハードシップ条項」企業法学2003年10月号参照。

　ハードシップ条項……ユニドロワ国際商事契約原則第6.2.2条。

　hard-shipについて，「あるできごとが生じたため，当事者の履行に要する費用が増加し，または当事者の受領する履行の価値が減少し，それにより契約の均衡に重大な変更がもたらされた場合」で(a)そのできごとが生じ，または不利な立場の当事者がそれを知るにいたったのが契約締結後であること，(b)そのできごとが，不利な立場の当事者によって，契約締結時に，合理的にみて考慮しうるものではなかったこと，(c)そのできごとが，不利な立場の当事者の支配を超えたものであること，(d)その出来事のリスクが，不利な立場の当事者により引き受けられていなかったこと，を満たす場合であるとし，ハードシップの効果として，第6.2.3条で，再交渉を要請する権利の発生，および再交渉不調の際における裁判所による契約の解消と改訂が規定されている。ユニドロワ原則の注釈では，個別の取引に併せてより詳細な契約条項の作成が推奨されている。

合は, 当事会社の一方に, 共同事業に係る子会社の設立義務を課し, 当該子会社の株式をすべて適正価格で相手方当事会社に譲渡する義務を負わす, といった規定を付加することも考えられよう。）旨の事業譲渡に関する規定をあらかじめ設定しておくことは, 当事会社に, 平和的に合意により問題状況を解決する圧力として機能することを第一次的な目的としており, 更新交渉をスムーズにすることも十分考えられよう。

(4) 段階的撤退（Phase Out）条項

事業提携に対する相互依存（ないし一方の依存）状態が高いにもかかわらず, 更新交渉がデッド・ロックに陥り, 解消もやむを得ない状況に陥った場合, 例えば, 一方当事者（甲）の消費者に販売している製品が, 他方当事者（乙）の部品, 技術に依存して作られている場合で, 即座には代替部品等を用意できない場合などに, 更新拒絶条項とともに, 乙の部品・技術に対する需要を一定期間確保する条項（段階的撤退条項）を用意しておくことは合理的であり, 事後の更新交渉もしくは撤退交渉もかえってスムーズに行われる可能性も出てこよう。これも更新条項として十分検討に値すると思われる[44]。

なお, 乙が製品ラインを実質的に変更することを決定した場合, 乙としては, 甲に対し既存の製品ラインの事業を承継する権利, あるいは一定期間利用する権利を付与する旨の条項を規定しておくことなども, その変形として考えられる。

---

43) 拙稿「合弁契約の終了」ジョイント・ベンチャー研究会編・前掲注1）186頁。また, 174頁, 180頁参照。合弁契約上の規定に基づいて合弁事業終了のメカニズムが作動するという圧力が合弁当事会社の自主的な紛争（契約交渉におけるデッド・ロック状態等も含む）解決を導き出す梃子の役割を果たすことになる。なお, プット・オプションなどの詳細については, 髙橋利昌「株式譲渡制限等に関する合弁契約の条項」同書110頁以下, 及び本研究会の清水建成弁護士の論文「合弁契約における株式譲渡に伴う終了条件に関する考察」（本書5章）147頁以下を参照されたい。

44) 段階的撤退条項については, 拙稿「企業間提携契約における段階的撤退に関する一考察」（本書16章）477頁以下参照。

(5) 最優遇条項（MFC. Most-Favored-Customer Clause），競争者対抗条項（MCC. Meet-the-Competition Clause），独占交渉権条項

イ2-b（第2の2参照）の場合：新たなジョイント候補と競合する場合に，従来の企業間提携契約の当事会社が，新たなジョイント候補と基本的に同一の条件を飲む限り，従前のジョイント契約を更新する，といった規定もそれなりに効果的であろう[45]。

3　条項の具体例の検討

以上の考察をもとに，条項例を作ってみれば（ただし，上記(1)から(5)をすべて条文化した訳ではない。例えば，交渉期間中の給付停止の禁止などは，無論，約定・確認しておく必要があろう。），例えば，次のようなものが考えられる。なお，併せて簡潔ではあるが，第2の2の各パターンに即して気付き事項をコメントしておくこととする。以下にいう【ベース】とは基本となる条項であり，【オプション】とは【ベース】の条項に付加する条項である。

【企業間提携契約の更新条項例】[46]
【ベース】
　本契約の有効期間は，契約締結の日から，（第Ｘ条の規定に従って中途で終了する場合を除き）平成〇〇年（y_1 年後）3月末日までとする。
　2　甲及び乙は，前項に定める期間満了の m_1 か月前から m_2 か月前までの間（以下「更新協議期間」という。）に，本契約の更新につき協議（以下「更新協議」という。）を行うことができる。ただし，更新協議期間内に更新協議が開始されなかった場合又は終了しなかった場合，本契約は同一条件で自動的に y_2 年間延長されるものとし，以後も同

---

45) 最優遇条項について，ブランデンバーガー＝ネイルバフ・前掲注15)271頁以下，競争者対抗条項について同書283頁以下が，それぞれその効果，限界についてわかり易く説明している。独占交渉権条項については，M&A取引における独占交渉権条項の効力につき，清水建成「住友信託 vs. UFJ事件」奈良輝久ほか編『最新M&A判例と実務―― M&A裁判例及び買収規制ルールの現代的展開』（判例タイムズ社，2009）280頁，独占交渉権一般につき，島田真琴「独占的契約交渉権の実効性と限界」慶応法学2号23頁等参照。

様とする。

　3　更新協議において，甲及び乙は，本契約締結後の契約内容の履行実績の他諸般の事情に照らし，本契約の各条項の改訂を提案することができる。なお，更新協議に当たっては，以下の手順を踏むものとする。

　①交渉期間
　　　予備折衝及び情報交換期間　〇〇年〇月～〇〇年〇月　（例：3か月）
　　　本折衝期間　〇〇年〇月～〇〇年〇月（例：6か月）
　②予備折衝及び本折衝に当たっては，甲，乙双方とも，（新条件を提案する場合は，）自ら新条件の提案を提出する義務（提案義務），及び相手方の提案に対応する義務（応答義務）を負うものとし，応答義務の履行に当たっては，相手方提案に対する認否及び否定した場合における代替案の提出義務を負うものとする。
　③甲及び乙は，予備折衝に際して，交渉の論点（希望する新たな契約条件）を全て提出するよう努力し，かつ予備交渉期間内に論点を可能な限り整理するよう，誠意をもって協力しなければならない。
　④②の提案義務，応答義務の履行に当たっては，合理的に詳細な提案理由又は応答理由及びその根拠を相手方に開示するものとする。
　⑤甲又は乙が④の開示義務を相当期間内（原則として提案後1ケ月以内とする。）に履

---

46)　メリット／デメリットは，基本的に契約継続を望む当事会社の側から分析している。
・　基本的には，【ベース】を前提として，アの場合を，再交渉後の契約継続に係るパレート改善を両当事会社が認識している類型，イの場合を，一方当事会社のみ当該パレート改善を認識している（他方当事会社は，むしろ更新拒絶にパレート改善を認識している）類型と整理した。
・　イ-1の場合は，更新拒絶当事会社には事業継続の意思がなく，当該事業について既にWIN-WINの関係が損なわれていると位置付け，更新拒絶当事会社からの譲受けを安価にする方法を検討してみた。
・　イ-2aの場合は，更新拒絶当事会社を引き止める方法を，イ-2bの場合は，更新拒絶当事会社を引き止める方法のほか，新たなパートナーの付加価値を減殺する方法を検討してみた。
・　オプションに示した譲受けの方法としては，①会社分割による方法，②事業譲渡による方法，③子会社化の上合併する方法などが考えられる。このような譲受けの方法自体も条項化すべき場合もあると思われるが，実際のところどの方法が優れているのかはケース・バイ・ケースというほかはない。

行しない場合は，当該開示義務の不履行部分に係る相手方の提案内容（代替案）を承諾したものとみなす。但し，第4項の更新拒絶権を行使する場合はこの限りでない。

4　甲又は乙が，本契約の更新を希望しない場合（以下希望しない当事者は，「非更新希望当事者」という。）は，前2項の規定にかかわらず，非更新希望当事者は，相手方に対し，第2項の期間内に更新拒絶の通知をすることができる。この場合，非更新希望当事者は，下記の義務を履行することにより，本契約の更新を拒絶できる。

① 非更新希望当事者は，更新拒絶の通知に当たって，合理的に詳細な拒絶理由を開示する義務を負い，かつ，拒絶理由に対する相手方の質問に対し，誠意をもって応答する義務を負う。

② 相手方が更新協議を希望する場合は，非更新希望当事者は，第3項の規定中，提案義務はこれを免れるが，応答義務はこれを負うものとする。

［コメント］

・　本条項のメリットは，当事者が契約改訂の必要性が認められると考える限り，契約上の義務として更新協議を行うこと，当該協議に当たっては具体的な提案のみならず合理的な理由を付すこと，かかる義務を履行しない場合のペナルティ（承諾義務）を義務付けられる点である。これは，ア，イ，ウいずれの類型でもメリットとなると思われる。

・　本条項のデメリットは，①更新拒絶の場合にも協議をする必要がある点である。ただ，更新拒絶の場合の手続（手順）も明記されており，当該手続を履行することで，契約終了に伴う損害賠償請求等の紛争は，ほぼ回避できるものとなっていると思われる。なお，デメリットではないが，協議自体はフリー・ハンドであるため，3項②③④（あるいは4項①②）の内容がきちんと履行されるか否かによっては，一方当事会社の機会主義的行動を抑止する効果は限定的になる可能性はなお残っている。ただ，その場合は，相手方当事会社に損害賠償請求権が発生すると思われるので，制裁条項（例：違約金条項）まで規定することは不要であろう。また，制裁条項を設けることは現実的にも困難な場合が多い。

【オプション1】競業避止義務条項である。

　甲及び乙は，本契約上の権利・義務を有さなくなった後 y_3 年間は，本契約の定め及び相手方の合意を得た場合を除き，本契約の目的たる事業と同種の事業を自ら行っては

ならず，また，自社の親会社，子会社，関連会社を含む第三者をして行わせてはならない。

［コメント］
- 本条項のメリットは，ア及びイ-2の場合に更新拒絶の抑止が期待できる点及び更新拒絶の場合でも，本契約の目的たる事業に占める利益の減少を抑えられる点である。
- 本条項のデメリットは，例えば，競業禁止期間が過大になる可能性がある点などがある。法（民法90条）が許容する禁止期間は，せいぜい2年か3年であろう。
- なお，後記各オプションでの「譲渡」を事業譲渡（会社法467条，468条）の方法で行う場合には，競業禁止が法定されているが（会社法21条），地理的制限があるため，別途，かかる規定を設ける意義はある。

【オプション2】

更新協議期間中に更新協議が調わなかった場合，本契約の更新拒絶を欲する当事者（以下，「更新拒絶当事者」という。）は，他方当事者に対して，相当の価額（以下「譲渡価額」という。）にて，更新拒絶当事者の本契約上の権利・義務を譲り受けるか，または，他方当事者の本契約上の権利・義務を更新拒絶当事者に譲り渡すかを選択させなければならない。

2　前項の譲渡価額の決定は，両当事者が更新協議の不調を確認してw週間以内に共同してP（評価人たる第三者）に申し立てた上，Pが行う。

3　【オプション1】の規定は，本条第1項の規定により更新拒絶当事者の本契約上の権利・義務を譲り受けた他方当事者，または，他方当事者の本契約上の権利・義務を譲り受けた更新拒絶当事者が行う本契約の目的たる事業については適用しない。

［コメント］
- 本条項のメリットは，第三者による合理的な譲渡価額の算定が期待できる限り，ア及びイ-2の場合に更新拒絶の抑止が期待できることが挙げられる（双方にとって合理的な価額であれば，契約継続を望んでいる両当事会社には更新拒絶当事会社となるインセンティブが働かないし〔アの場合〕，【オプション1】で競業が禁止されるのであれば，イ-bで更新を拒絶する合理性は乏しい）。
- 本条項のデメリットは，イの場合に更新拒絶の抑止が期待できず，特にイ-1の場合には，【オプション3】と比較し，譲渡価額が割高となる可能性があることや，Pによる譲渡価額の決定に不確実性があることなどである。

- なお，Ｐの選定方法やＰの決定した譲渡価額への異議の可否などで，さらにヴァリエーションが考えられる。

【オプション3】

更新協議期間中に更新協議が調わなかった場合，本契約の更新拒絶を欲する当事者（以下，「更新拒絶当事者」という。）は，相当の価額（以下「譲渡価額」という。）を定め，他方当事者に対して，譲渡価額にて更新拒絶当事者の本契約上の権利・義務を譲り受けるか，または，譲渡価額にて他方当事者の本契約上の権利・義務を更新拒絶当事者に譲り渡すかを選択させなければならない。

2 【オプション1】の規定は，前項の規定により更新拒絶当事者の本契約上の権利・義務を譲り受けた他方当事者，または，他方当事者の本契約上の権利・義務を譲り受けた更新拒絶当事者が行う本契約の目的たる事業については適用しない。

［コメント］
- 本条項のメリットは，イ-1の場合の譲渡価額が割安になることが期待できる点である。
- 本条項のデメリットは，更新拒絶当事会社が一時的な譲渡価額の出費を度外視した場合には，更新拒絶を抑止する効果が期待できない点である。しかし，その場合は，他方当事会社は自身が事業に認める以上の対価を得ることができるため，さほど不合理とも思われない。

【オプション4】

更新協議期間中に更新協議が調わなかった場合，本契約の更新を欲する当事者（以下，「更新希望当事者」という。）は，相当の価額（以下「譲渡価額」という。）を定め，他方当事者に対して，譲渡価額にてその本契約上の権利・義務を譲り渡すよう請求することができる。

2 【オプション1】の規定は，前項の規定により他方当事者の本契約上の権利・義務を譲り受けた更新希望当事者が行う本契約の目的たる事業については適用しない。

［コメント］
- 本条項のメリットは，アの場合及びイ-2の場合に更新拒絶を抑止することが期待できる点である（これらの場合，他方当事会社は，事業に価値を見出しているにもかか

わらず，更新希望当事会社の「言い値」で事業を買い取られるリスクがあるため）。
- 本条項のデメリットは，イ-1の場合に譲渡価額が割高になる可能性がある点などである。

【オプション5】
【オプション1】の不存在を前提として
 一方当事者が第三者と本契約の目的たる事業と同種の事業を新たに行う予定であることを原因として更新協議が調わなかった場合には，当該当事者は，第三者との間で予定されている契約の概要（契約上重要な取引条件を例示）を他方当事者に開示しなければならない。
 2 前項の場合において，一方当事者から示された第三者との間で予定されている契約の概要と同一の条件で本契約を更新することにつき，他方当事者が同意したときは，本契約は当該条件で更新されるものとする。
 3 第1項の開示内容に事実に反した部分があり，当該部分に基づいた結果，相手方当事者が本契約の更新を選択しなかった場合，開示当事者は，相手方当事者に対し，違約金として金〇〇円（別例：本事業において開示当事者が過去Ｘ年間得た営業利益相当額）を支払わなければならない。

［コメント］
- 本条項のメリットは，イ-2bの場合に，新たなパートナーの付加価値を減殺し，契約の継続が期待できる点である。
- 本条項のデメリットは，イ-2b以外の場合には，更新拒絶の抑止が期待できない点である。
- また，単なる競業禁止とは異なる方法（契約条件の開示を含む）で第三者との交渉に介入する点で，本条項の導入には抵抗が相当強いとも思われる。
 さらに，違約金条項（第3項）を設けたからといって，開示内容の正確さが完全に担保される訳ではないであろうし，不合理な第三者（実際に事業展開を予定している第三者でも，ダミーでもよい）が登場した場合には，イ-2bの場合でも更新拒絶の抑止力が殺がれるのではないかとも思われる。

4　最後に

　以上，条項の具体例についても若干検討をしてみたが，もちろん，これはあくまで数多いヴァリエーションの中の数例に過ぎない。いずれにしても，更新条項を詳細にした場合，契約満了時における「契約関係から離脱の権利」，「新契約条件構築の権利」という基本的なスタンスないし希望とどう両立させるか，という問題は常に残ることになる。そして，少なくとも，こうしたかなり詳細な更新条項を用意するということは，基本的には契約解消・更新時の当事会社の「契約関係からの離脱の権利（自由度）」を減少させる方向，良く言えば契約関係を安定的に維持する方向に働くと思われる，ということを最後に付言しておく。

8

共同開発契約
——成果の帰属と利用を中心に

> 　共同開発の類型は多様であるが，多くの場合，各当事者が作業や費用を分担して開発を行い，得られた成果を各当事者が自ら利用し又は第三者に利用させることになる。それゆえ，共同開発契約においては，作業及び費用の分担（各当事者が行うべき投資の内容），及び，成果の利用（各当事者による投下資本の回収方法）に関する取り決めが特に重要となる。なお，成果の利用方法は成果の帰属（一当事者の単独所有か，当事者間の共有か）によっても異なってくる。
> 　本稿では，一般的な共同開発契約の法的性質について論じた上で，二当事者間で締結される共同開発契約を前提に，成果の帰属及び利用に関連する諸問題及び留意点について検討を加えてみたい。

元芳　哲郎

第1　はじめに
第2　共同開発契約の特徴
第3　成果の帰属に関する諸問題
第4　成果の利用について

第1 はじめに

共同開発契約とは，特定の技術あるいは製品の開発を，複数の当事者で分担・協力して行うために締結される契約である。「共同研究・開発契約」あるいは「共同研究契約」という名称の場合もある。各当事者は情報やノウハウを提供し，費用を負担して開発を行い，成果を享受する。

共同開発を行う目的は，開発に係るコストの軽減，開発に要する期間の短縮（医薬品や農薬等，許認可を要する製品については，特に開発期間やコストが膨大なものとなる。），開発に伴うリスク（開発失敗のリスク）の軽減，複合化・高度化した技術開発への対応（技術の高度化及び技術革新の加速化に伴い，一企業の資金力や技術力のみでは必要な技術を開発することが困難な場合も多い。），新規分野への参入等である。

第2 共同開発契約の特徴

1 類 型

共同開発の類型としては，①当事者間（同業者又は異業種の業者）で開発活動を分担する形態，②主として一方当事者が資金を提供して，他方当事者が開発活動を行う形態（委託開発に近い形態），③開発活動を実施する組織（会社又は組合）を参加者が共同で設立する形態，④事業者団体により行う形態等がある。

また，共同開発の分類として，「水平型」と「垂直型」という分け方もある。一般に，前者は同種の企業間で，後者はメーカーとそのユーザー（例えば，部品メーカーと完成品メーカー）間で行われるものをさす。

2 法的性質

(1) 組合契約該当可能性

共同開発契約では，各当事者が資金やノウハウ等を拠出して開発を共同で行うことになるが，これは民法組合と類似する面を有している。もっとも，当事者が，組合を組成するという明確な意思を持って共同開発契約を締結す

るケースは少ないと思われる。では，共同開発契約は，組合契約に該当するだろうか。

「組合契約は，各当事者が出資をして共同の事業を営むことを約することによって，その効力を生ずる」(民法667条1項) ので，①「出資」と②「共同の事業」についての合意が，組合契約の要件である[1]。このうち①「出資」については，財産的価値があれば全て出資の目的となり得ると解されている[2]ので，各当事者が開発費用を負担し，情報やノウハウを拠出する場合には，当該要件を充足する。次に，②「共同事業」に関しては，事業内容は営利・非営利を問わず，継続的であることも要しないと解されている[3]ので，事業内容の面で組合契約に該当しない場合はあまり考えにくい。また，②「共同事業」については，「事業の共同性」が要件とされ，具体的には，(i)全ての当事者が組合の事業遂行に関与する権利を持つこと，及び(ii)全ての当事者が事業の成功に利害関係を有することが要求されている[4]。(i)については，当事者全員が開発行為を分担する場合には一般に充足されるであろうが，一部当事者が開発行為を行わず，民法673条に規定されているような検査権も明確に否定されているような場合には充足されない[5]。(ii)については，一部当事者が利益を享受しない（あるいは名目的な利益しか享受しない）ような場合を除き，充足されるであろう。

---

1) なお，2名以上の当事者の存在も要件であるが，共同開発契約においては充足される。
2) 我妻栄『債権各論(中)(2)民法講義 V₃』(岩波書店，1962) 772頁，鈴木禄弥編『新版注釈民法(17)』(有斐閣，1993) 43頁。
3) 鈴木・前掲注2)47頁～48頁。
4) 鈴木・前掲注2)48頁～49頁。なお，共有の成果の利用方法に関する取り決めがあれば共同事業性が肯定されるというわけではない (最一小判昭26.4.19民集5巻5号256頁，判タ12号66頁は，「共有土地を共同的に使用することは共有土地利用の方法であって，共同目的，共同事業というを得ない」と判示している。)。
5) 組合契約においては，合意により検査権を排除することはできない。他方，検査権を排除する旨の特約が存在する場合には，それは組合契約たり得ないと解されている (鈴木・前掲注2)48頁，124頁，名古屋地判平16.10.28判タ1204号224頁，名古屋地判平17.12.21判タ1270号248頁)。民法673条は，検査権を排除するような契約は組合契約としては認められないという意味で，「組合契約においては」強行規定であるといえる。

前記1で述べたとおり，共同開発の形態は様々であるし，当事者間の役割分担も一様ではない。それゆえに，必ずしも共同開発契約の法的性質を一概に論じることはできないが，以上で検討したように，共同開発契約が，組合契約の要件を充足するケースは多いのではないかと思われる[6]。

(2) 組合契約に該当する場合

もっとも，共同開発契約が組合契約の要件を充足し，組合契約に関する民法上の規定が適用されたとしても，実務的な影響はあまり大きくないように思われる。その理由は以下の三点である。

第一に，組合契約については，民法があまり詳細な規定を置いていない（これに対し，例えば，共同開発契約が株式会社を組成するものである場合には，会社法の膨大かつ詳細な規定の適用を受けることになる。）。

第二に，組合契約に関する民法の規定の多くは任意規定である。したがって，契約において権利義務関係を詳細に取り決めている場合には，当該契約条項が民法の規定に優先する。

第三に，組合契約に関する強行規定は存在するものの，その多くは清算や解散の場合に関する規定[7]であり，共同開発契約に基づき開発や成果の利用が行われている状況下では問題にならない。また，契約期間中にも適用ある強行規定は存在する[8]が，これらが当事者の権利義務に大きな影響を及ぼすことは少ない。例えば，契約において一方当事者に帰属する旨規定されている成果については，いったん組合財産となった上で，（他方当事者が持分を放棄することによって）一方当事者に移転する旨の合意であると解釈することも可能であり，組合財産の共有を定める民法668条に反しない。また，業務

---

6) 同様に，共同開発契約の法的性質を組合契約と解するものとして，小林健男『共同研究契約の実際と手続』（ビジネス教育出版社，1991）95頁。

7) やむを得ない事由がある場合の脱退権（民法678条2項），脱退組合員に対する持分の払戻（民法681条），やむを得ない事由がある場合の解散請求権（民法683条），清算人に関する規定（民法686条～688条）等。

8) 組合財産の共有（民法668条），業務及び財産状況に関する検査権（民法673条），組合債権者に対する固有財産を引当とする無限責任（民法675条），持分処分の制限（民法676条1項），共有物分割請求の禁止（民法676条2項）。

執行組合員を定めていない場合には，特定の組合員に他の組合員を代理する権限を付与していない限り，（組合の常務に該当する場合を除き）他の組合員の負担した債務について責任を負う可能性は低いので，固有財産を引当とした無限責任（民法675条）を負う場面は限定される[9]。さらに，共有の成果について共有物分割請求がなされるのは，通常，契約解消の場面と思われるので，民法676条2項により契約期間中の分割が禁止されても当事者の意思に大きく反することにはならない。

　しかしながら，共同開発契約において定められていない事項については，組合契約たる性質を有する場合，民法上の組合に関する規定が適用されるので，留意が必要である。例えば，成果の帰属につき特段の規定がない場合には，もっぱら一方当事者が単独で開発した成果であっても，民法668条により全当事者の共有となる可能性が高い。また，（例えば，成果を特許出願するか否かについての）当事者間の意思決定について特段の定めがない場合，組合の業

---

[9]　組合において，一組合員が負担した債務が組合債務となるのは，当該組合員が他の組合員を代理するからである。しかし，業務執行組合員でなければ，（組合の常務を除き）当然に他の組合員を代理できることにはならない。したがって，そもそも代理権を付与しない限り，一組合員が負担した債務が組合債務となることはない。これは，商行為（非顕名代理でも本人に効果が帰属する〔商法504条〕。）の場合も同様である。

　　この点，「組合の常務」（民法670条3項）については各組合員に代理権が認められているが，常務とは，日常の軽微な事務（物品販売を事業とする組合の場合には，店舗に陳列する商品の入替や宣伝方法の変更等）とされている（我妻・前掲注2)778頁，鈴木・前掲注2)97頁）。したがって，一般に，常務によって多額の債務を負担する可能性は低いと思われる。

　　なお，代理権を有する組合員が負担した債務について，他の組合員は，民法675条に基づき，損失分担の割合に応じた分割債務を負うだけでなく，商法511条1項により（組合債務全額について）連帯債務を負担する可能性もあるので留意が必要である（鈴木・前掲注2)134頁参照）。

　　また，開発のため（原材料や部品購入に関して）一方当事者に代理権を付与した場合に，当該当事者が，付与された権限の範囲を超えて（例えば成果のライセンスについて）他方当事者を代理して契約を締結した場合には，民法110条の適用が問題となる。同条の適用が肯定される場合には，民法675条（や商法511条1項）に基づき他方当事者も責任を負担することになろう。

務執行に該当するのであれば，(業務執行組合員を定めている場合を除き) 組合員の頭数過半数で定めることとなり (民法670条1項)，当事者が2名の場合には，(出資割合が8：2であっても) 両当事者が同意しない限り意思決定ができない[10]。かかる事態を避けるため共同開発契約において成果の帰属・利用等につき具体的な取り決めをしておく必要がある。

3 有限責任事業組合 (LLP) の利用

有限責任事業組合 (LLP) 制度は，「ベンチャーや中小企業と大企業の連携，中小企業同士の連携，大企業同士の共同研究開発，産学連携，IT 等の専門技能を持つ人材による共同事業等を振興し，新産業を創造する」ことを目的として創設された[11]。LLP のメリットは，①有限責任[12]，②広範な内部自治が認められること (例えば，出資額以外の貢献に応じた利益分配を行うことができる。)，③パススルー課税 (構成員課税) の三点である。現実にも，LLP を用いて共同開発を行っている事例が存在するようである[13]。

LLP においては，制度の濫用防止及び利害関係人の保護の観点から，共同事業性が要求されており，全組合員に事業上の意思決定と業務執行への参加が求められている[14]。具体的には，LLP の業務執行の決定については，

---

10) なお，過半数を出資額によって決する旨の規定をおくことは可能と解されている (鈴木・前掲注2) 97頁)。
11) 経済産業省「有限責任事業組合契約に関する法律について—共同事業ための新しい組織，LLP 制度の創設—」(2005年6月)〈http://www.meti.go.jp/policy/economic_oganization/llp_seido.html〉。
12) 民法組合の場合，例えば，業務執行組合員が成果をライセンスしたところ，当該成果が第三者の知的財産権を侵害したことにより，組合がライセンシーに対して負担した損害賠償債務については，全組合員が無限責任を負う。
 なお，有限責任事業組合の場合も，悪意又は重過失ある組合員は無限責任を負う (有限責任事業組合に関する法律18条)。
13) 例えば，インフォコム株式会社と株式会社テクノスルガは，2006年10月，腸内等の細菌プロファイリングに関する解析についての研究，及びデータベース，判定システムの開発を事業目的とした有限責任事業組合を設立した (インフォコム株式会社プレスリリースより)。

原則として総組合員の同意によるものとされ、所定の重要事項以外については組合契約でこの要件を緩和できるものの、必要な組合員の同意を全組合員の3分の2未満とすることはできない（有限責任事業組合契約に関する法律12条）。また、組合員は、業務執行の全部を他の組合員に委任することはできない（同法13条）。このように、LLPにおいて要求される共同事業性は、民法組合よりも強度のものである。

その他のLLPと民法組合の差異としては、労務出資が認められていないこと（同法11条）、組合契約の絶対的記載事項（同法4条3項）の変更には総組合員の同意が必要であること（同法5条）等が挙げられる。

第3 成果の帰属に関する諸問題

1 成果の帰属一般に関連する問題

成果の帰属については、概ね、①一方当事者に帰属させる、②当事者間の共有とする、の2通りに分けられる。（垂直的共同開発のように）当事者が開発を担当する分野が異なる場合は、一方当事者が開発に責任を負う分野のみに関わる成果（あるいは、もっぱら当該分野に関わる成果）は当該当事者に帰属させ、それ以外を共有とする、という方法もある。以下では、いずれの場合にも起き得る問題について検討する。

(1) 一方当事者が「独自に生み出した」成果等の取扱い

一方当事者が「独自に生み出した」成果については、当該当事者のみに帰属させると取り決めるのが一般的と思われる。この考え方自体は合理的であるが、「独自に生み出した」か否かについて争いになることが多い。そこで、どのような条件を満たせば「独自に生み出した」場合に該当するのかを、具体的に取り決めておくのが望ましい。例えば、他方当事者から提供された情報・ノウハウ等を利用せずに生み出した、分担すべきとされた作業により単

---

14) 経済産業省「有限責任事業組合（LLP）制度の創設について」（2005年6月）〈http://www.meti.go.jp/policy/economic_oganization/llp_seido.html〉14頁、日下部聡＝石井芳明『よくわかるLLP活用法』（東洋経済新報社、2006）45頁。

独で生み出した，等の場合は，「独自に生み出した」といえるであろう。それでも，提供した情報やノウハウを一切利用していないかどうかの判断は困難であり，紛争の原因となるおそれもある。この点，一方当事者のみに帰属することになった成果を他方当事者は無償で自ら利用（実施）できる，といった規定に合意できる場合には，「独自に生み出した」か否かが深刻な紛争に発展する可能性は低減するのが一般であろう。

また，共同開発の対象に直接関係しない成果については，開発した当事者に帰属させることも考えられる。しかし，他方当事者から提供された情報やノウハウが利用されている場合には，かかる取扱いは必ずしも合理的とはいえないため，当該成果の有用性が高いような場合には紛争の原因となり得る。

(2) 契約終了後に一方当事者が得た成果の取扱い

契約が（とりわけ中途で）終了した後に，一方当事者が開発を継続して成果を獲得した場合，他方当事者が，その開発には自己が開示した情報・ノウハウや共同開発の中間成果物が使用されたとして権利を主張し，紛争になるおそれがある。そこで，契約終了時（又は契約締結時）に，契約中に開示された情報，ノウハウ及び中間成果物，並びにそれらから得られた成果の取扱いについて取り決めておくのが望ましい。

情報，ノウハウ及び中間成果物については，契約終了時に既に存在するものであるため，その取扱いについて定めるのはさほど困難ではないことが多いと思われる。他方，それらから得られた成果については，それらの寄与の割合によって取扱いが変わり得るが，寄与度は実際に開発されるまで不明であるため，契約終了時において適切な取り決めを行うことは一般的に容易ではない。成果が得られた時点で，（協議又は第三者により）決定するという取り決めのほかには，例えば，共同開発の対象と関連するものについては，共同開発対象に準じた取扱いをする（例えば，他方当事者に無償の通常実施権を付与する等）が考えられる。なお，契約終了からかなりの期間経過後に得られた成果は，情報等との関連性が希薄な場合が多いため，上記取り決めの対象外とすることも考えられる。

ところで，他方当事者から開示された情報については，（少なくとも一部が）開発担当者の頭の中に残ってしまうことが多く，一般的には，当該担当者が

それを全く使用せずに関連分野の独自開発を行うことは困難である。そこで，担当者の頭脳に残存している秘密情報については（契約終了直後又は一定期間経過後から）その自由な使用を認めることも考えられる。

(3) 期間の定め

共同開発契約では，開発スケジュールを定め，開発完了の時期を予め決めておくことが多い。しかしながら，開発が予定どおりに進むとは限らないため，予定完了時期を超えて開発を行うことになる場合も多い。

このような場合への対応としては，「協議を行い，当事者合意の上延長できる」旨の規定を置くことが考えられる。しかし，この場合には，契約期間を失念して経過してしまうと，他方当事者に契約の履行を求められなくなる。そこで，期間の定めをおきつつ，「両当事者から期間満了の〇か月前までに書面による通知がない限り，〇年間同一の条件で更新される」といった自動更新条項を置くケースが見受けられる。

このような自動更新条項は，共同開発契約に限らず一般的にしばしば用いられているものと思われるが，目的とされた技術や製品の開発が完了した後も，終了させる旨の通知を発出するのを忘れてしまい，自動更新が繰り返されて契約が継続している場合もあり得る。しかし，かかる自動更新条項は，例えば，「成果は当事者の共有とする」という規定が置かれている場合には問題となりかねない。すなわち，契約期間中に得られた成果についてのみ当該規定の対象とされているような場合，契約が終了したと考えている当事者は，その後開発を続けて得た成果は当然自己にのみ帰属すると考える。しかし，契約が更新されて継続していれば，当該成果は両当事者の共有となってしまう。また，情報やノウハウの提供義務が定められている場合も，同様に自動更新条項は紛争の原因となりかねない。自動更新条項を定めた場合には，当事者は，更新時期がいつ到来するのかを留意しておくべきであろう。

(4) 契約終了時の取扱い

契約終了後，一方当事者が成果の利用を希望しない場合もある。このような場合，成果が共有であれば共有持分を放棄することになると思われる。他方，成果の帰属する当事者がそれ以後利用しない場合には，成果に対する権利を他方当事者に譲渡することになるし，帰属しない当事者がそれ以後利用

しない場合には，利用権を放棄することになるであろう。なお，譲渡・放棄する当事者には，その見返りとして他方当事者から清算金等を交付することも考えられる。

なお，一方当事者が開発途中で脱退する場合には，ペナルティとして，それまでに得られている成果についての権利を放棄させる，といったことも考えられる。

(5) 職務発明の処理

特許権等の成果の帰属を共同開発契約の当事者間で決定するためには，特許等を受ける権利(以下,「出願権」という。)が当事者に帰属している必要がある。しかしながら，実際に開発作業を行うのは従業員等の個人である。そして，各知的財産権法上，出願権を原始的に取得するのは，発明や考案等を行った者とされている[15]。すなわち，共同開発契約に基づき，契約当事者が共同で開発作業を行い，何らかの発明等が得られた場合には，出願権は，原始的には，発明者たる各従業員等の共有となる。そのため，契約当事者がいずれも当該従業員等から出願権(の準共有持分)を譲り受けないと，特許権等を一方当事者に帰属させることも，両当事者の共有とすることもできない(関与した従業員等から，後日，特許無効等の主張がなされるおそれもある。)。そこで，従業員等から出願権を自己の費用と責任で承継することを義務付けておく必要があろう。

出願権は，発明後に発明者との合意に基づき譲り受けてもよいが，譲渡対価についての交渉が難航するおそれがある。もっとも，「職務発明」等[16]の要件を充足するものについては，勤務規則等に出願権の承継規定を置くことで，(相当の対価の支払は必要ではあるが) 出願権の承継自体はスムーズに行うことができる。共同開発契約に基づく開発成果は「職務発明」等に該当することが多いと思われるため，かかる規定が勤務規則等に存在することは，他

---

15) 特許法29条1項，実用新案法3条1項，意匠法3条1項，種苗法3条1項，半導体集積回路の回路配置に関する法律3条1項。

16) 特許法35条1項，実用新案法11条3項，意匠法15条3項，種苗法8条1項，半導体集積回路の回路配置に関する法律5条参照。

方当事者にとって非常に重要である。そこで，出願権を使用者に承継する旨の規定が勤務規則等に含まれていることを確認の上，当該条項を維持することを義務付ける旨共同開発契約において規定するのが望ましい。

なお，著作権については，「使用者の発意に基づき当該使用者の業務に従事する者が職務上作成した著作物」については，原則として当該使用者に著作権が帰属する（著作権法15条）が，勤務規則等にこれと異なる定めがないかを確認する必要がある。

2 共有に関する問題

(1) 持分割合

共有とする場合，持分割合の取り決めが問題となる。貢献度に応じた持分割合とするという考え方は合理的ではあるが，貢献度を正確に判定することは，通常，困難であり，持分割合の決定に関して紛争となる可能性が高い。単純に等分とするのが一般的には無難であろう。もっとも，両当事者の技術力等に大きな差異がなければ，費用負担等の客観的な基準に則って定めることも考えられる。

(2) 特許出願等に関する意思決定

出願権が共有の場合，共有者は単独で出願ができない[17]。そのため，一方当事者が出願に同意しなければ特許化できない。

特許化は困難（製造工程の条件等），特許権とする価値がない（費用に見合わない），あるいは（秘密の維持が可能である[18]等の理由で）ノウハウとしておくのが適当，等の判断から，ある成果について特許出願を行わないとの選択肢もある。そして，このような価値判断は当事者によって異なり得るため，特許出願するか否かで当事者の意見が分かれることも予想される。このままでは特許出願

---

17) 特許法38条，実用新案法11条1項，意匠法15条1項，種苗法5条3項，半導体集積回路の回路配置に関する法律3条1項。

18) 特許権は法律上独占権が認められるが，保護期間に制限（20年）がある。ノウハウは，秘密性を維持することができ，不正競争防止法の定める要件をみたせば，半永久的に保護される（もっとも，保護態様は国によって異なり得る。）。したがって，秘密性を維持できるのであれば特許化するメリットは一般に小さい。

はできないため，特許出願を行うか否かの意思決定をどのように行うかを共同開発契約において定めておくことが望ましい。かかる規定を実効化させるためのペナルティとして，一方当事者が他方の了解を得ないで出願を行った場合には，出願権を他方当事者に譲渡する旨規定しておく等の方法も考えられる。

また，拒絶査定を受けた場合の不服審判請求は，出願権の共有者が共同で行う必要がある[19]。審決においても拒絶査定が維持された場合には審決取消訴訟を提起することができるが，これは固有必要的共同訴訟と解されており，共有者全員で提起しなければならない[20]。したがって，これらについての意思決定手続も併せて定めておく必要がある。

なお，組合契約の性質を有する場合で特段の規定がない場合には，前述のとおり組合の業務執行に該当するものについては組合員の頭数過半数により定めることとなる。

(3) 共有関係の終了

成果を共有とする場合には，一般に，両当事者が成果を利用する，あるいは成果から得られる利益を享受するのが目的であるから，必ずしも契約の終了に合わせて共有関係を終了させる必要はない。もっとも，一方当事者が当該成果に関する事業から完全に撤退するような場合には，特許料等成果の維持に係る費用の負担を避けるため，共有関係の終了を望むこともある。成果については，単純に分割するのは困難であるから，一方当事者に帰属させ，他方当事者は価格賠償を受けるとするのが合理的と思われるが，現実に共有関係が終了する際には分割方法等について合意が成立しないおそれもある。そこで，共同開発契約締結時点において，共有関係終了時の処理方法について，(価格賠償の金額の計算方法を含めて) 合意することが可能であれば，契約に規定しておくべきであろう[21]。

---

19) 特許法132条3項，実用新案法41条，意匠法52条。
20) 最二小判昭55.1.18判タ408号67頁等。他方，無効審決に対する審決取消訴訟については，最高裁は，(商標権に関するものであるが) 保存行為として共有者単独での提起が可能との判断を示しており (最二小判平14.2.22民集56巻2号348頁，判タ1087号89頁)，この解釈は特許権等にも妥当すると思われる。

共同開発契約が組合契約の性質を有しない場合には，当事者は，契約期間中であっても成果について共有物分割請求ができる（民法256条）。5年間以内の不分割特約を合意し，これを更新・再更新[22]することも可能であるが，不分割特約があっても，共有者について倒産手続が開始された場合は共有物の分割が行われる可能性がある[23]。もっとも，契約において分割方法を予め定めておけば，「協議が調」っている（民法258条1項）ものとして，当該分割方法に従って分割されることになると考えられる。なお，共有物分割請求がなされても，必ずしも現物分割や代金分割が行われるわけではない。判例は，「当該共有物の性質及び形状，共有関係の発生原因，共有者の数及び持分の割合，共有物の利用状況及び分割された場合の経済的価値，分割方法についての共有者の希望及びその合理性の有無等の事情を総合的に考慮し，当該共有物を共有者のうちの特定の者に取得させるのが相当であると認められ，かつ，その価格が適正に評価され，当該共有物を取得する者に支払能力があって，他の共有者にはその持分の価格を取得させることとしても共有者間の実質的公平を害しないと認められる特段の事情が存するときは，共有物を共有者のうちの一人の単独所有又は数人の共有とし，これらの者から他の共有者に対して持分の価格を賠償させる方法，すなわち全面的価格賠償の方法による分割をすることも許される」[24]と判示しているところ，成果は一般に現物分割が困難であるから，適正な評価が可能であれば全面的価格賠償

---

21) 組合契約の性質を有する場合には，残余財産は各組合員の出資の価額に応じて分割することとされている（民法688条）が，契約において残余財産の処分方法や出資の価額が取り決められていれば，これに従うこととなる（鈴木・前掲注2)191頁参照）。
22) 遠藤浩ほか監『民法注解財産法(2)』（青林書院, 1997）537頁。
　　もっとも，「5年の期限経過時点の6ヶ月前までに申出がなければ，不分割特約の更新に合意したものとみなす。その後も同様とする。」といった不分割特約自動更新規定については，「当事者が共有状態を固定しようとする意思の合理的意思解釈として，5年くらいなら共有物の状況も大きくは変わらないし，共有者の認識も変化しないと考え，その期間は5年を超えることはできないとした」（前掲文献）という民法の趣旨に照らすと，その有効性には疑問が残るのではないかと思われる。
23) 破産法52条，会社更生法60条，民事再生法48条。
24) 最一小判平8.10.31民集50巻9号2563頁，判タ931号148頁。

も可能であろう。なお，分割請求は契約関係の実質的な終了を帰結することが多いと思われるので，共同開発契約において終了事由を限定する場合には，併せて不分割特約を規定すべきであろう。

(4) 共有持分の譲渡

民法では，共有持分の譲渡は原則として禁止されていない。但し，組合契約の性質を有する場合には，持分の譲渡には他の組合員の同意が必要であり，第三者に対抗できない（民法676条1項）。これについては，個々の組合財産に対する持分の譲渡が同項により規制されると解するのが多数説である[25]。すなわち，成果に対する持分の譲渡には他の組合員の同意が必要であり，かつ第三者に対抗できない[26]（第三者に対抗するためには，組合員たる地位ごと譲渡する必要がある。）こととなる。

また，知的財産権については，他の共有者の同意が譲渡の要件とされている[27]。これは，共有者は自由に当該知的財産権を実施できるため相互に競争者の立場にあるが，譲受人の資力や経営力によっては他の共有者の共有持分の財産的価値に重大な影響を及ぼす場合があるためである。そのため，他方当事者の同意を得るための手続や，同意が得られない場合の処理方法も，共同開発契約において規定しておくべきであろう。

ところで，特許を受ける権利等（出願権）は，前述のとおり，各当事者において開発作業を担当した従業員等の準共有となるが，出願権の共有者は，他の共有者の同意を得なければ，自己の持分を移転できない[28]。この点，勤務規則等で出願権の会社への移転を規定している場合には，他の共有者による出願権（の準共有持分）の移転についても黙示的に同意していると考える余地はあり得ると思われるが，勤務規則等にその旨具体的に規定しておくの

---

25) 鈴木・前掲注2)145頁，東京高判昭27.2.29高民5巻4号150頁。
26) 組合関係が終了すれば，第三者に物権的効果を主張できる（鈴木・前掲注2)147頁）。
27) 特許法73条1項，実用新案法26条，意匠法36条，種苗法23条1項，半導体集積回路の回路配置に関する法律14条1項，著作権法65条1項。
28) 特許法33条3項，実用新案法11条2項，意匠法15条2項。なお，種苗法及び半導体集積回路の回路配置に関する法律には同様の規定が存在しないため，品種登録を受ける地位及び設定登録を受けようとする地位の譲渡に制限はない。

が望ましいであろう。

(5) 第三者による権利侵害への対応

共有の成果を第三者が侵害した場合の差止請求権や損害賠償請求権については，各共有者が単独で行使できると解されている[29]。この法的根拠には争いがある[30]が，保存行為と解する場合には既判力が他の共有者に及ぶ可能性がある[31]。また，既判力が及ばないとしても敗訴の場合にはやはり事実上の不利益がある。そこで，第三者による権利侵害への対応方法も，各当事者が協議の上決定すべきである。これについても共同開発契約において規定しておくべきであろう。

3 一方当事者に帰属させる場合の他方当事者の権利

一方当事者に成果が帰属する場合，他方当事者は，当該成果に対し法律上何の権利も有していない。他方当事者としては，①権利帰属当事者から固定額又は変動制の金銭の支払いを受ける，②利用権の付与を受ける（詳細は後記第4の2を参照），③権利帰属当事者が利用しない場合に無償で譲り受ける権利の付与を受ける，等の方法で，貢献に対する利益を確保することになると思われる。このような他方当事者の権利についても，共同開発契約において明確に規定しておく必要がある。

4 大学との共同開発の場合の留意点

(1) 職務発明について

大学の場合でも，職務発明等に係る出願権を大学に承継させる旨規定した

---

29) 特許法について，中山信弘編『注解特許法(上)〔第3版〕』（青林書院，2000）806頁〜807頁，大阪地判昭62.11.25判タ671号230頁。なお，著作権については，共有者が単独で差止請求権や損害賠償請求権を行使できる旨明文で規定されている（著作権法117条）。
30) 持分権を根拠とする説（中山・前掲注29）807頁）と，保存行為であるとする説（吉井参也『特許権侵害訴訟大要』〔発明協会，1992〕152頁）がある。
31) 広中俊雄『物権法〔第2版増補〕』（青林書院，1987）437頁，舟橋諄一『物権法』（有斐閣，1960）386頁参照。

勤務規則（職務発明規程）がなければ，共同開発契約での取り決めどおりに成果を帰属させることが困難となるおそれがある。最近は，比較的広範な発明等を対象として，大学の決定により（あるいは原則として）出願権を大学に承継させる旨の職務発明規程を置いている大学が多いようであるが，大学と共同開発を行う場合にも，企業相手の場合と同様に職務発明規定を確認しておく必要がある。

　また，大学が行う研究開発には学生が従事することもあると思われるが，学生は職員ではないため，大学の職務発明規程の対象外となる場合が多い。したがって，大学が学生を研究開発に従事させる場合には，成果に係る出願権を大学に承継させる旨の契約を締結することを大学に義務付けておく必要がある。なお，出願権（の準共有持分）が学生に帰属する場合には，前記2 **(4)** と同様，他の出願権の共有者による準共有持分譲渡の問題がある。学生との間の契約において，共同開発の相手方である企業の従業員が出願権準共有持分を企業に移転することについても明示的に承諾を得ておくのが望ましい。

(2) 公表の制限

　大学は，基本的には公的資金を用いて研究を行っている。そのため，公表等による研究成果の社会還元は大学の使命である（国立大学法人法22条1項5号は，「研究の成果を普及し，及びその活用を促進すること」を業務の一つとして挙げている。）。共同開発の場合には，企業から資金供給を受けることとなるが，当該開発を行う基礎は公的資金によって築かれたものであるし，大学の設備を使用して行うものである以上，公表の要請はなお否定できない。また，成果の発表により大学及び研究者の評価が向上することもあり，大学側は研究開発の成果について論文発表を希望するケースが多いと思われる。

　しかし，特許出願を予定している場合，出願前に公表されると新規性の要件（特許法29条1項）を喪失する可能性がある。もっとも，出願権を有する者が行った公表が一定の要件を満たす場合には，公表から6か月以内に出願を行い，所定の書面を提出すれば，新規性の要件は喪失しない（特許法30条1項，3項，4項）。なお，特許を受ける権利が発明者である研究者から大学（又は企業）に移転後に，当該発明者が公表を行った場合，特許法30条1項の要件は満たされない（移転後なので，当該発明者は「特許を受ける権利を有する者」に該当しない。）が，

公表から6か月以内に出願を行えば新規性の要件は喪失しない（特許法30条2項）。また，発明者からの移転前に特許法30条1項ないし3項に該当した発明については，当該発明者から特許を受ける権利の移転を受けた者も，これらの規定により救済されると解される[32]。

また，ノウハウとすることを予定している場合には，公表されると営業秘密としての保護を受けられなくなる。したがって，公表には他方当事者の同意を要件とする旨定めておく必要性が高い。

なお，企業との共同開発契約でも，公表に制限を課す必要があることは同様である。

第4　成果の利用について

1　成果が一方当事者に帰属する場合と共有の場合の違い（総論）

成果の利用方法については，成果が一方当事者に帰属する場合と，両当事者の共有とされる場合で大きく異なる。そこで，その二つに分けて検討する。

まず，一方当事者のみに成果が帰属する場合，帰属当事者は，別段の合意がない限り，成果を自ら利用するのも，第三者に利用許諾（ライセンス）するのも自由である。これに対し，他方当事者は，自己利用もライセンスも，当然には行うことができない。

他方，成果が当事者の共有とされる場合，当事者が成果を自ら利用できるか否か，及び第三者に利用許諾できるか否かは，共有関係を規律する法律の規定によることとなる。民法の原則に従えば，共有物の全部について持分に応じた使用をすることができ（民法249条），共有物の管理には持分の過半数を占める共有者の同意が必要であるが，保存行為については各共有者が行える（民法252条）。もっとも，組合契約たる性質を有する場合には，成果の利用が組合の業務執行であれば，（前述のとおり）契約に特段の定めがなければ組合員の頭数過半数により決することとなる。さらに，知的財産権については，各知的財産法が共有の場合の利用方法について定めているため，これが

---

[32]　中山編・前掲注29)293頁。

優先することとなる。すなわち、特許権、実用新案権、意匠権、育成者権及び回路利用権については、自己利用に他の共有者の同意は不要であるが、ライセンスには他の共有者の同意が必要となる[33]（ライセンスについて他の共有者の同意が必要とされるのは、譲渡について他の共有者の同意が要求されるのと同様に〔前記第3の2(4)参照〕、ライセンスを受けた者の資本力及び技術力によっては、他の共有者の権利が無価値となってしまう場合もあるためである。）。また、著作権（例えば、成果がコンピュータ・プログラムの場合）については、その行使に共有者全員の合意が必要である[34]ため、自ら利用する場合もライセンスを行う場合も他の共有者の同意が必要である。

以上を整理すると、次の表のとおりである。

なお、共有特許権に係る専用実施権設定契約の解除について、管理行為であると判示している裁判例がある[35]。この点、専用実施権の設定（あるいは通常実施権の許諾）に全共有者の同意が必要であるのに、その解除は持分の過半数でなし得るというのは整合的ではないようにも思われる（共有物の賃貸借に関しては、賃貸[36]もその解除[37]も管理行為と解されており、整合的である。）。もっとも、ライセンス契約の解除は、（ライセンス契約の締結とは異なり）他の共有者の権利に著しい影響を及ぼす可能性は低い。ライセンスにつき全共有者の同

	単独帰属		共有	
	帰属当事者	他方当事者	特許権、実用新案権、意匠権、育成者権及び回路利用権	著作権
自己利用	○	×	○	×
ライセンス	○	×	×	×

---

[33] 特許法73条2項、3項、実用新案法26条、意匠法36条、種苗法23条2項、3項、半導体集積回路の回路配置に関する法律14条2項、3項。

[34] 著作権法65条2項。

[35] 東京高判平14.11.25（LLI）。

[36] 東京高判昭50.9.29判時805号67頁。但し、民法602条所定の期間を超える長期賃貸借や借地借家法の適用を受ける賃貸借を除く（東京地判平14.11.25判時1816号82頁参照）。

[37] 最三小判昭39.2.25民集18巻2号329頁、判タ160号75頁。

意が要求されている趣旨（ライセンスを付与された者の資本力及び技術力によっては他の共有者の権利が無価値となり得る。）に照らすと，ライセンス契約の解除について必ずしも全共有者の同意を要求する必要はなく，上記裁判例の結論は妥当と思われる。

ところで，「成果を共有とする」旨共同開発契約において規定されていても，成果が知的財産権でない（例えば，営業秘密）場合，これは「財産権」に該当しない（不正競争防止法は不法行為法の特別法であり，他の知的財産法と異なり，成果を財産権として保護するものではない。）ため，共有，持分，譲渡，利用許諾といった所有権的な概念にはなじまず，民法の共有に関する規定も適用されないと思われる（民法264条参照）。そのため，共同開発契約において利用方法（目的や範囲等）について具体的な定めを置かないと，権利関係が不明確になってしまうので留意が必要である。

また，営業秘密については，いずれの当事者に帰属するか（いずれの当事者が原始的取得者であるか）によって，その利用方法や保護に大きな差異はない。すなわち，利用方法については上記のとおり共同開発契約により規律されることになる。また，不正競争防止法の保護を受ける（損害賠償請求権や差止請求権を有する）のは，通常，営業秘密の「保有者」であるが，営業秘密を原始的に取得した当事者も，共同開発契約に基づき開示を受けた当事者も，当該営業秘密の「保有者」に該当すると考えられる[38]（なお，誰が営業秘密の「保有者」であるかは事実問題であり，契約による規律にはなじまない。）。差異としては，例えば，一方当事者が営業秘密を不正に開示した場合，開示当事者が「開示を受けた」（不正競争防止法2条1項7号）者であれば不正競争防止法に基づく責任も負うが，原始的取得者であれば同法に基づく責任は負わない点が挙げられる。なお，いずれの当事者が原始的取得者となるかも事実問題である。例えば，各当事者が提供したノウハウを基礎として得られた成果であっても，一方当事者が当該成果の開発に関与していなかった場合には，原始的取得者ではないと認

---

38) 小松一雄編『不正競業訴訟の実務』（新日本法規出版，2005）323頁，田村善之『不正競争法概説〔第2版〕』（有斐閣，2003）367頁，金井重彦ほか編『不正競争防止法コンメンタール』（レクシスネクシス・ジャパン，2004）90頁など。

定される可能性が高いと思われる。

2 成果が一方当事者に帰属する場合の他方当事者による成果の利用

(1) 概　説

成果の帰属しない当事者が自ら成果を利用するためには，帰属当事者から利用権（実施権）の付与を受ける必要がある。利用権には，独占的利用権（専用実施権）と非独占的利用権（通常実施権）の2種類がある。独占的利用権を付与した場合，当該利用権の範囲（場所的範囲や内容的範囲を定めることも可能である。）においては帰属当事者も自ら利用することができず，第三者にライセンスすることもできない。

利用権を付与されても，当然に第三者にサブライセンス（再実施許諾）できるわけではない。独占的利用権（専用実施権）については，権利者の承諾を得ればサブライセンス（再実施許諾）することができる[39]。非独占的利用権（通常実施権）についてサブライセンスに関する規定は各知的財産法に存在しないが，権利者の承諾を得れば可能とするのが多数説である[40]。

(2) 非独占的利用権（通常実施権）

非独占的利用権は，自ら利用でき，かつサブライセンスについても前述のとおり独占的利用権と同様である。しかし，知的財産権については，第三者に対して差止請求や損害賠償請求（下記②の場合は例外）[41]ができず，また，登録しない限り，(i)譲受人や独占的利用権の設定を受けた者に対抗できない，(ⅱ)権利者破綻時に双方未履行の双務契約として解除されるおそれがある（破産法53条，56条等），といった点で，権利としては弱い。

したがって，独占的利用権の設定を受けられない場合には，利用権の登録の検討に加え，例えば，以下のような定めを置くことが考えられる。

---

39) 特許法77条4項，実用新案法18条3項，意匠法27条4項，種苗法25条4項，半導体集積回路の回路配置に関する法律16条4項。
40) 特許法につき，中山編・前掲注29)829頁～830頁。
41) 一定限度での独占権を認めるが専用実施権としての登録（専用実施権の効力発生要件）を行わない場合（「独占的通常実施権」といわれる。）には，侵害者に対する損害賠償請求権を肯定するのが通説・判例である。

①第三者が他方当事者の通常実施権を侵害する場合に，帰属当事者は他方当事者の要請に従い適切な法的措置を講じる。

②帰属当事者による第三者への専用実施権の許諾を制限する。制限に違反した実施許諾については，これに係る許諾権料を違約金として他方当事者に支払う。

③無断譲渡を禁止する。

(3) 他方当事者が利用しない場合

この場合は開発委託に近い。帰属当事者は他方当事者に一定の対価を支払うことになろう。対価の決定方法としては，①あらかじめ固定額を定める，②帰属当事者による成果の利用に応じた金額とする，③①及び②の両方を加味した金額，等が考えられる。

3 その他自己利用・ライセンスに関する諸問題

(1) 「自己」利用について

生産委託会社や生産請負会社に生産させる場合，これが自己利用なのか実施許諾なのかについて紛争になる可能性がある。これについては，一定の要件を満たす生産委託や請負は「実施許諾」ではないと解されている[42]。そのため，一方当事者が原価の安い委託先や請負先を使用すると，他方当事者が損害を被る場合がある。そこで，生産委託や請負には他方当事者の同意を必要とする，生産量に応じて他方当事者に補償を行う，等の規定を置くことが考えられる。

また，垂直的な共同開発の場合，当事者間で生産委託が行われることが前提になっている場合が多い。しかし，一方当事者が第三者に生産を委託してしまうと他方当事者は大きな損害を被る。このような場合には発注義務を課

---

42) ①両社の間に工賃を支払って製作させる契約が存在すること，②製作について，原料の供給，品質，規格等が権利者の指揮監督下にある，③製品を全て権利者に引き渡し，他に販売しないこと，等の要件が充足される場合には，生産委託先や下請先は権利者の「機関」であり，実施ではないとされる（大判昭13.12.22大審院民事判例集17巻24号2700頁，仙台高秋田支判昭48.12.19判時753号28頁，東京地判平20.2.20判時2009号121頁）。

す必要がある。

(2) 当事者による自己利用・ライセンスの制限

他方当事者が成果の利用を予定していない場合，帰属当事者による利用を何ら制限する必要はない。他方当事者は，帰属当事者から対価の支払いを受けることにより，開発のために投下した資本を回収することになる。しかし，他方当事者も成果を利用する場合には，帰属当事者による利用を制限すべき場合もある。

当事者による利用の制限方法として，例えば，以下のようなものが考えられる。

① 他方当事者の既存顧客及び潜在的顧客や競合他社といった特定の相手方への販売や，他方当事者の商圏での販売を禁止する。加えて，そのような販売行為に結びつくような利用許諾を禁止する。

② 実施や，製品の販売等について，他方当事者の同意を必要とする。他方当事者は業務に支障を来さない限り承諾しなければならない。但し，実施許諾については（関連会社に対するものを除き）かかる承諾義務の対象外とする。

③ 販売代理店の利用を禁止する。

このような競争制限的な規定を置く場合には，独占禁止法に留意が必要である。本稿では独占禁止法に関する検討は割愛するが，適宜，公正取引委員会が策定した「共同研究開発に関する独占禁止法上の指針」を参照の上，契約条項を検討する必要があろう。また，製品を海外で販売するような場合には，関連する国の競争法についても留意が必要である。

(3) 利益の分配

当事者の販売力等が異なれば，共同開発への貢献の程度に応じた利益を各当事者が得られるとは限らない。このような不均衡を是正するため，実施許諾により得た収益をまず開発費用に充当し，残余を当事者間で分配することも考えられる。

(4) 組合を組成して共同開発を行う場合

組合を組成して共同開発を行う場合，成果の利用方法としては，①組合自身が行う（製品の製造も組合事業として行う。），②組合から第三者にライセンスを

行う（製品の製造は第三者が行う。），③各組合員自身が行う，といった方法が考えられる。

　③組合員自身による利用については，(i)組合事業に該当する場合と，(ii)組合事業の外で行われる場合が考えられる。(ii)の場合であっても，組合財産の利用である以上，利用方法の取り決めは組合業務の執行に含まれる[43]から，前述のように，組合契約や組合規約で定められていない場合には，組合員過半数の合意がなければ行うことができない（民法670条1項。有限責任事業組合〔LLP〕では，前述のとおり，原則として総組合員の同意が必要。）。なお，組合員自身による利用は，一般的には，組合からのライセンスに基づくものと解するよりも，共有者が自己の共有持分に基づき行っているものと見るのが自然であろう。

---

43) 鈴木・前掲注2)76頁。

9

企業間提携契約と継続的契約
――その特徴と相互関係に関する試論

　企業間提携契約は，継続的契約の諸特徴を中核的要素として具備しながら，「企業間」の契約であるという点，及び供給される物やサービスの多様性，契約内容の柔軟性，契約関係の機動性といった諸特徴が付加された契約と一応考えることができ，現在も様々な変容を遂げている。このような企業間提携契約を巡る諸問題を検討するに当たっては，従来の伝統的契約理論を基礎としつつも，上記特徴を十分に考慮した解釈が望まれる。また，企業間紛争の司法的解決のニーズの高まりといった近時の傾向を考慮するならば，契約条項（特に履行内容や解消に関する条項）についても，司法的解決にふさわしい規定方法が必要になると考えられる。

内田　義厚

第1　はじめに
第2　企業間提携契約の特徴
第3　継続的契約に関する学説――企業間提携契約の理論的基礎
第4　継続的契約の現代的変容――企業間提携契約の実務的基礎
第5　継続的契約紛争（企業間提携契約紛争）の法的問題点
第6　まとめ――企業間提携契約の将来像

第1　はじめに

　企業間提携契約については，確定的な定義はないが，本稿では，複数の企業が，一定の事業目的を共同で実現するため，契約によって双方の権利義務関係を定めることを指すものとし，契約による結び付きという点で，資本関係の形成にまで至る合併やM＆Aとは区別することとしたい。このような企業間提携契約は，近時の経済発展に伴い，様々な産業分野で広汎に行われており，これまでの契約にはない，様々な特徴を有している。そして，企業間提携契約は，そのほとんどが継続的契約の形態をとり[1]，物やサービスの供給が継続的に行われることが，その中心的特徴になっている。そこで本稿では，かかる企業間提携契約及び，これと密接不可分の関係に立つ継続的契約の特徴等について，経済的側面及び法律的側面から検討を加える[2]。そして，企業間提携契約における法的問題としてはどのようなものが考えられるかを概観し，その中で最も問題になると思われる解消時の法的諸問題について検討することとしたい[3]。

---

1) 平井宜雄「いわゆる継続的契約に関する一考察――『市場と組織』の法理論の観点から」星野英一先生古稀祝賀『日本民法学の形成と課題(下)』699頁（有斐閣，1996）は，「企業間における取引の特質は，取引関係がかなりの長期にわたって（つまり継続的に）存続する点にあると解されている。…企業間の継続的取引は，すなわちいわゆる継続的契約である。」とされる。
2) 継続的契約に関する研究は多数にわたるが，本稿は，平井・前掲注1)の論文のほか，内田貴『契約の時代――日本社会と契約法』（岩波書店，2000），中田裕康『継続的取引の研究』（有斐閣，2000）に負うところが大きい。
3) 継続的契約の解消については，中田裕康『継続的売買の解消』（有斐閣，1994）及び加藤新太郎編『継続的契約の解除・解約』（新日本法規出版，2001）が詳細である。また，解消を中心とする継続的契約の諸問題については，中田裕康ほか「座談会　継続的契約の解消」判タ1058号4頁以下がある。

第2　企業間提携契約の特徴

1　特　徴[4]

(1)　当事者の特性

　企業間提携契約は今日あらゆる業態に及んでいるとみてよいが，その形態は契約当事者となる企業規模の大小，提供する物ないしサービスの具体的内容等により様々ではないかと推測される。その意味では，当事者間の交渉力（契約条件を決定しうる力）の格差も様々であると考えられ，必ずしも提供者側が有利とは限らないのではないかと思われる。

(2)　契約内容の特徴

ア　内容の多様性・柔軟性

　第1に，企業間提携契約の場合，1個の契約[5]の中で様々な権利義務関係が創造され，複数の典型契約の内容が盛り込まれることもあるように思われる。フランチャイズ契約や代理店契約等が典型であるが，例えば，ある権利義務に関しては委任的側面が，ある権利義務に関しては請負的側面が問題になることがある。このことは，法的には，ある企業間提携契約を民法上の典型契約1個になぞらえることが困難であるということを意味する[6]。

　第2に，サービス提供契約によく見られる点であるが，供給されるべきサービス内容が複雑かつ多岐にわたる場合がある。これは法的には，提供されるべき債務内容が特定しにくいということを意味することになり，いったん

---

[4]　以下述べる特徴は，内田・前掲注2)及び中田・前掲注2)を土台にしつつ，本研究会で取り上げられた様々な契約に関する発表内容及び筆者の乏しい裁判実務体験を加味して，自分なりに推論しながらまとめたものであることをあらかじめお断りしておく。近時の企業間提携契約については，様々な理由からその内容が公になっていないことが多いことも，かかるまとめ方をとらざるを得なかった一因である。今後は，企業間提携契約について，何らかの形で実証的調査・研究が行われることを期待したい。

[5]　ここでいう「1個」の契約とは，厳密な法的意味ではなく，契約書面が1通の形でまとめられている，といった程度のことを指している。

[6]　これを裁判実務の側面からみた場合，ある一定の請求を定立する場合，その法的根拠（訴訟物）及び要件事実の定立が困難になるということを意味する。

紛争が発生した場合の解決を困難にする要素の一つとなる。

　第3に，同業種間での提携契約の場合に多く妥当するかと思われるが，いわゆる業界内慣行が反映される場合があろう。例えば，物やサービス供給の具体的方法，その対価の支払時期や方法等において，業界内の慣行等がそのまま踏襲される場合があると考えられる。しかし，昨今の契約内容の国際標準化（グローバルスタンダード化の動き）[7]や近時多くみられるようになった他国企業との提携契約などでは，かかる業界内慣行（特に我が国内部でのそれ）をどこまで強調できるかは問題になってこよう。

　イ　提携企業の戦略的背景や真の意図と契約内容との関連

　特に近時盛んになりつつあるいわゆる「戦略的提携」[8]とは，当該企業の経営戦略を，相手方企業との提携契約という法形式を採りながら実現することにほかならないと解される。したがって，提携契約の具体的内容については，かかる企業戦略ないし契約当事者双方の思惑が様々な形で反映することが多いのではないかと思われる。これは法的には，提携契約締結の背景事情ないし動機といったところに位置付けられ，契約内容の解釈に一定の影響を及ぼすことが考えられよう。また，競業他社との関係等の様々な理由から，契約内容の詳細に関する秘密保持が問題になってくる場合も多いのではないかと思われる。

　ウ　契約後の経済環境変化等の要因による変容

　事業の継続による利益の追求，また，一定の事業目的達成に至るまでには相応の時間がかかることなどからすれば，企業間提携契約関係が継続的なものになるのは，むしろ自然な方向といえ，したがって，企業間提携契約の多くは継続的契約の形態をとることになる。このように，継続的性格を有する企業間提携契約では，その継続中の様々な環境変化に対応しうる内容を有することが必要とされることになる。その意味で，権利義務関係が当初からあ

---

7)　日本民法と構造が全く異なる国際物品売買条約（いわゆるウィーン売買条約）への批准加入の動きも，このような傾向の現れといえる。

8)　安田洋史『競争環境における戦略的提携』（NTT出版，2006）によれば，戦略的提携とは，「企業がその戦略的目標を達成するために，パートナー企業との間で経営資源を交換することに他ならない。」とされている。

る程度柔軟なものとして定められる場合もあり（このことが債務内容の特定を困難にし，紛争解決の障害になりうることは前述したとおりである。)，あるいはかかる環境変化があった場合の契約内容の改訂等の条項が置かれる場合も少なくない。また，かかる条項がない場合であっても，時間の経過により契約の具体的内容が徐々に変化し，これを契約当事者がいわば黙示的に合意ないし追認することで，新たな法律関係が形成される場合もありうる。

　エ　独占禁止法等との関係――第三者に対するサービス提供

　企業間提携契約の場合，第三者に対するサービスの提供を内容とするものが少なくない。特に，フランチャイズ契約や特約店契約など，不特定の第三者に対するサービスの提供を義務付ける契約については，かかる契約に基づく取引は，契約を締結した当事者間のみならず，かかる取引全体が競争秩序を損なわないかという形で問題になってくることとなる[9]。したがって，この点は法的には，私法秩序と，独占禁止法等をはじめとする競争秩序の相互調整という困難な問題を提起することになる。

2　まとめ

　以上の企業間提携契約の各特徴は，その多くが継続的契約の特徴とされている点と重なり合うことが多いように思われる[10]。その意味で，企業間提携契約は，継続的契約の諸特徴を中核的要素として具備しながら，「企業間」の契約であるという点，及び供給される物やサービスの多様性，契約内容の柔軟性，契約関係の機動性といった諸特徴が付加された契約と一応考えることができよう。

　このような観点から，以下では，継続的契約に関する近時の学説上の議論を概観し，これに基づいて企業間提携契約の理論的基礎付けを試み，さらに

---

9)　中田・前掲注2)242頁以下。
10)　中田教授は，事業者間のサービス契約につき，「取引の継続によってもたらされる，取引費用の縮減・給付の質の上昇・紛争の合理的解決・規模の利益の発生・情報の共有・資本投下などの意味が大きく，そのことが，再び，取引の継続性・長期性の誘因になる」（中田・前掲注2)241頁）として，事業者間のサービス契約が継続的・長期的になる要因を分析されるが，この点は企業間提携契約一般にも通ずるものと考える。

最近の継続的契約の変容を概観して、企業間提携契約の実務的側面からの基礎付けを試みることとしたい。そして、このような契約における紛争で最も問題になりやすいと思われる、債権債務内容の特定及び履行の有無の判断に関する問題と、解消時の諸問題について若干の検討を試み、最後にこの種契約において留意すべきと考えられる点や今後の展望等についてまとめることとしたい。

第3 継続的契約に関する学説——企業間提携契約の理論的基礎

1 両者の関係とその根拠付け

継続的契約に関しては以前から種々の研究がされているが、近時はこの種の契約類型の増加に伴い、議論が活発になってきている。本稿では、近時における代表的見解として平井宜雄教授と内田貴教授の説を取り上げることとしたい。

(1) 組織的契約理論（平井説）

平井教授は、従来の継続的契約の概念が、単に何らかの契約関係が一定または不定の期間にわたって存続するという時間的側面だけに焦点をおいて構成されたものにすぎないとして、その概念を法技術的に意味のあるように再構成する作業が要請されているとする[11]。そして、市場における分業化・専門化の進展に伴って発生する、他の用途に転用できない特殊な非代替的な材（取引特殊性のある財）が取引の対象であるときは、合理的取引当事者はその合理的計算の結果として継続的契約を選択することになるとする[12]。その上で、継続的契約を「市場型」契約と「組織型」契約とに分け、前者については当事者の自由な合意を基準として権利義務関係が判断されるべきであるが、後者については、「組織原理」を念頭に置いた解釈が要請される（すなわち、契約期間が定められていればその期間中の存続が強く保障されるべきであること、期間が定められていない場合であっても、少なくとも合理的期間内は存続するという解釈をもって基

---

11) 平井・前掲注1)705頁。
12) 平井・前掲注1)707頁。

本とすべきであり，解約にあたっては特別な要件を課すなど，慎重な態度をとることを基本とすべき）とする[13]。さらに，かかる「組織原理」からすれば，①契約書が存在するときにその中の各条項をそれぞれ切り離して解釈すべきではなく，総合的に解釈すべきこと，②契約書のほかに他の多くの明示・黙示の合意や取引慣行が合意の内容になっていると考えるべきであり，解釈にあたっては，それら全てを調査し，考慮に入れるべきであること，③契約書の名称にとらわれることなく，その内容を実質的に解釈すべきことなどが要請されるとする。そして，かかる組織的契約の解約については，「組織原理」の根本的性質に関わる義務の不履行は，それだけで直ちに当事者の一方に解約権を発生させるとする[14]。このような平井説は，従来必ずしも十分な整理がされていなかった継続的契約を，「市場」と「組織」という観点から整理し，それぞれに即した解釈原理を提示したことに大きな意義があると考えられる。

(2) **関係的契約理論（内田説）**

ア 特 徴

内田教授は，契約法を巡る大きな構造的変化を前提としたとき，このような変化を，独立・対等の当事者が交渉の結果到達した合意によって契約内容が決定されるという古典的（近代的）契約モデルから説明することはもはや限界であるとする。そして，このような変化を正当化するには，法的判断構造・訴訟構造をも射程に入れた法＝社会理論が必要であるとして[15]，現代の契約法の新たな展開は，紛争当事者の「納得」のいく解決を導くためにされたものであること，そして「納得」とは究極的には共同体の道徳的直観であるとする[16]。その上で，企業間取引から消費者取引まで，多くの取引は

---

13) 平井・前掲注1)717頁。
14) その具体例として平井教授は，①当事者たる地位の同一性保持義務（地位を第三者に譲渡しない義務）違反，②商品の供給義務，一手販売権の付与義務，情報・ノウハウの提供義務または実施許諾義務，設計図・金型・機械設備の提供義務，従業員に対する訓練・助言義務，営業専念義務，秘密保持義務，競業避止義務違反等を挙げる。平井・前掲注1)718頁。
15) 内田・前掲注2)138頁。
16) 内田・前掲注2)152頁〜154頁。

言語化されていない様々な理解、了解、規範を前提として成り立っており、そのような規範意識を共有する集団が前述の「共同体」であること、このような中で具体化され、さらに法原理として命題化された規範を「内在的規範」として、これに基づいて現代の契約法をとらえるべきとされる[17]。このような考え方からは、契約締結時の意思ではなく、契約関係の進展とともに発展する当事者間の関係、あるいは上記内在的規範から、様々な義務、契約の継続性、柔軟性を確保するための義務が発生するという考え方（関係的契約理論）が導き出されることになる。これは、上記のとおり、当事者の契約意思を重視する近代的契約法論とは対置される立場であり、契約締結時における「意思」よりも契約締結及びその後の「プロセス」に重点を置き、契約関係の解釈にあたっては、その背後にある社会関係を重視して、その社会関係の中にある規範に法的な意味付けを与える説と考えられる[18]。このような考え方からすれば、継続的契約における権利義務関係は、当該契約の継続中に形成される様々な社会的関係を基礎に取り込みつつ、柔軟に形成されるべきという考え方につながることになる。そして、契約紛争の解決にあたって、裁判官は、事件の背景を詳細に問いかけ、当事者の属する社会の規範意識を共感しようと努める仲介者であること、そのような意味での後見的役割を積極的に果たすことが求められるとする[19]。

　イ　継続的契約の3類型化

　その上で、内田教授は、当事者間の「規範意識」という点に着目して、継続的契約を以下の3類型に分類される。

　①　市場型継続的取引（家電量販店の仕入れ等）

　これについては、非常に長期にわたって契約が継続したとしても、当事者間において「契約を継続しなければならない」という規範は働かず、取引関

---

[17]　内田・前掲注2)156頁。
[18]　関係的契約理論は、経済的サブシステムにおける近代的契約法と生活世界における内在的規範を中核とする関係的契約法の併存を認める（内田・前掲注2)162頁）。その意味で、近代的契約理論を全く否定している説ではないが、現代の契約法の大きな変貌を包括的に正当化することで、新たな契約法理論を提案する立場といえる。
[19]　内田・前掲注2)160頁。

係のメリットがなくなれば，関係は容易に解消されることになる。

　② 組織型継続的取引（自動車メーカーと部品下請会社または自動車販売会社，家電メーカーと系列販売店等）

　このような取引においては，関係の維持その物が規範的な意味を持っており（いわゆる共存共栄），取引関係のメリットがなくなれば容易に解消されるというものではない。このような継続的取引は，その当事者の力関係等から比喩的にいえば，「タテの継続的取引関係」と称することができよう。

　③ ネットワーク型継続的取引（コンピュータを用いた継続的取引―EDI）

　コンピュータ・ネットワークを用いた取引形態であり，前二者と比べて比較的新しい類型ということになる。このようなネットワーク型継続的取引は，コンピュータ・システムの利用による取引コストの削減にとどまらず，今までよりも強固な企業間の結び付きを目指している点に大きな特徴があるといえる。前述した「戦略的提携」も，このようなコンピュータ・ネットワークを重要なツールとした取引であり，組織的結合の側面がより強調されることになる。これは，前記した組織的継続的取引に比べて，対等の企業間での取引が多いと考えられることから，「ヨコの継続的取引関係」と称することができよう。

2　若干の検討

　まず，平井説及び内田説は，いずれも伝統的な契約法理論とは別に，これと併存する形で独立した契約法体系を構築している立場といえる。まず，平井説については，前記の通り従来必ずしも整理が十分とはいえなかった継続的契約について，経済学の知見を利用しつつ，新たな観点を提示したものとして評価に値すると考えられる。また，裁判実務からみた場合，特に組織型契約についての解釈指針を示しておられる点，特に契約内容や実質に即した解釈を提唱されている点は，これまでの継続的契約紛争において，明示的な契約内容以外に，その背景事情等に考慮を払いつつ具体的妥当な解決を指向してきた判例実務の扱いと方向性を同じくする見解といえ，その意味では実務的に親近感を感じる点が多い。しかし，この説の場合は，「市場型」契約と「組織型」契約をどこまで明確に切り分けられるか，また，その間にある

「中間組織型」契約について、どのような理論的根拠で解釈原理を定立しうるかが問題になってくるように思われる。これについては中田教授が、具体的取引がいずれの類型に属するかの振り分けにつき困難な問題が生じる可能性があることを指摘されており、この点は筆者も同感である。

次に、内田説については、継続的契約の実態、社会経済的背景等を踏まえた解釈論の方向性が示されている点で、裁判実務上も参考にすべき点が多いように思われ[20]、この点は高く評価できる。もっとも、この説に対しては、伝統的契約法理論を過度に形式的・硬直的なものとしてとらえてしまう危険性があることが指摘されており[21]、この点は基本的に筆者も同意見である。また、筆者のような一裁判実務家の観点からすると、継続的契約当事者間において法的紛争が発生した場合、契約締結前に、どのような目的で双方が交渉していたのか、締結時に双方がどのような意思を有していたかについては、契約内容の解釈や解消事由の存否等の判断にあたって重要な事実となることが多いこと[22]、訴訟における事実認定上の争点を明確化するためには、ある程度固定的ないし安定的な法理論が前提として必要と考えられることなどが指摘でき、その意味で内田説は、その着眼点の鋭さは大変評価できるものの、裁判実務的にはやや「使いにくい」という印象を持たざるを得ない（契約内容が、多くの場合において紛争解決規範として機能すること、契約条項には将来の予測可能性を担保する機能があることもまた、考慮する必要もあろう。）[23]。さらに、関係的契約理論は、契約関係解消が考えられる場合において、どちらかといえば、それを可能な限り回避していくことに主眼をおいて立論されているとみられ

---

20) 筆者の乏しい裁判実務経験に照らしても、契約紛争については、事案の真相の解明、あるいは当該紛争の適正な解決のために、単に要件事実的な整理をするだけではなく、紛争の背景事情等まで踏み込んで双方の主張を整理することが少なくなく、内田教授のいわれる「納得」という観点には共感を覚える点が少なくない。
21) 中田・前掲注2)16頁。
22) 司法研修所編『民事訴訟における事実認定』（法曹会、2007）211頁。
23) 関係的契約理論は、新たな契約法体系の構築という面では大変優れてはいるが、契約紛争の解決の実際的な指針としてはどこまで有用なものといえるかは、「内在的規範」の発見という作業が必ずしも容易ではない点などからすれば、やや疑問が残るといわざるを得ないということである。

るが，訴訟で現れる事案の多くは，訴訟提起前に関係維持の方策を可能な限りとったが不調に終わったというものであり[24]，その意味では同じく「使いにくい」といわざるを得ないのではないかと考えられる。よって，私見としては，契約締結前あるいは締結時の意思内容をまず基礎としつつ，これに平井教授の「組織原理」，あるいは内田教授の前記類型化を加味して，継続的契約理論を構築するのが妥当ではないかと考えられる[25]。もっとも，平井説や内田説は，継続的契約の現代的意義を考える上でも，また，近代的（伝統的）契約論の進むべき方向を照らす優れた「探照燈」の役割を持ち[26]，訴訟における法的判断をする上での有力な観点を提供するものであることは疑いないと考える。

したがって，企業間提携契約においても，上記継続的契約理論を前提に考えるべきということになる。すなわち，当事者の意思に基礎を置いた，近代的契約理論を出発点にし，これを有力な解釈基準としつつも，前記した組織的契約理論や関係的契約理論のエッセンスを吸収しつつ，各類型に応じたきめ細かい解釈論を展開すべきということになろう。

以上で，企業間提携契約の理論的基礎は一応明らかにし得たのではないかと考えている。次に，現代における企業間提携契約がどのような社会経済的背景のもとで進展しているのかを明らかにして，その実務的基礎を明らかにすることとしたい。

第4　継続的契約の現代的変容
──企業間提携契約の実務的基礎

以上，継続的契約における理論的基礎について若干の検討を試みたが，以

---

[24] 中田ほか・前掲注3)8頁の加藤判事及び吉田弁護士発言。
[25] 中田・前掲注2)118頁〜121頁は，伝統的契約法が，「基準として機能」及び「価値発見機能」があることを指摘した上で，「関係的契約法の理論的意義を十分に評価しつつも，伝統的契約法をなお第一の基準とし，意思の価値とそれに対立する諸価値との緊張関係を明確にしたうえ，それらを調和させるよう伝統的契約法を修正していく」ことが妥当であると論じておられるが，この点は筆者も同感である。
[26] 中田・前掲注2)121頁。

下では，継続的契約の現状につき検討を加えて，企業間提携契約の実務的基礎を探ることとしたい。

1 近時の企業間の法律関係の変容(近時における)

(1) 系列組織による継続的結合取引関係の変容

前述したとおり，かつての我が国の継続的契約の中心は，内田教授のいう組織的継続的取引であったといえ，これにより各企業は，経営の安定化，共存共栄関係の樹立といった種々のメリットを享受してきた (いわゆる win-win 関係)。このような関係は一概に否定的評価を下すべきものではないが，他方において，諸外国からの市場の閉鎖性に対する批判が相次いだこと，さらに固定的な取引関係の維持による高コスト化や，これに伴う国際競争力の喪失といった点がクローズアップされるようになり，かかる「タテの継続的契約関係」は，これをそのまま維持することが困難になってきた。

(2) 大企業間，あるいは対等関係に立つ企業間の提携契約の増加

さらに，近時においては，従来は同一業種間でのいわゆるライバル関係にあった企業 (それも大企業) が次々と提携関係を持つに至っていることが挙げられる。その目的はそれぞれのケースにおいて様々ではあろうが，多くの場合は，前述した国際競争あるいは企業間競争の激化に伴い，これらに対処すべく各企業が連携し，それぞれの経営資源をより有効活用し，さらに業界における国際競争力を維持確保しようという意図があるように思われる。

(3) 従来の「強者─弱者関係」の図式では収まらない継続的契約関係の増加

必ずしも継続的契約の場合に限らないと思われるが，従来の継続的契約紛争，特にその解消を巡る紛争については，ともすると「大企業＝交渉力強＝契約の主導権保持」，「中小企業＝交渉力弱＝契約の主導権なし＝（パターナリスティックな）保護の必要」という図式で語られる場面もあったのではないかと思われる (これは，前述した「タテの継続的契約関係」の場面では妥当する場面が多かったように思われる。)。もとより，このような視点は現在においても有効な場面があり得ることは否定できないが，上記(2)のような企業間提携契約においては，このような図式は妥当しないのではないかと考えられる[27]。また，契約当事者の一方がいわゆる中小企業であっても，その商品あるいは

ブランド等が持つ「強み」から，かなりの程度強い交渉力を有する場合もあると考えられることからすれば，上記のような観点を前面に出して企業間提携契約の問題を考えるのは妥当ではないともいうる。

2 検討及びまとめ

以上指摘した各点からすれば，継続的契約関係を巡る経済的・社会的背景は近時大きく変容しているといえ，これに応じて，近時の企業間提携契約においては，継続的契約に関して従来唱えられていた解釈論は種々変容せざるを得ないのではないかと考えられる。その意味で，従来の学説や裁判例等で立てられた規範が当該紛争に妥当するかについては慎重な検討が必要になってくると考えられる。

そこで以下では，継続的契約を巡る紛争において最も問題になる，債権債務の特定及び個別取引の履行に関する問題と，継続的契約関係の解消に関する問題について，これまで述べた観点を踏まえながら，企業間提携契約における問題点として若干の検討をすることとしたい。

第5 継続的契約紛争（企業間提携契約紛争）の法的問題点

1 債権債務の特定と個別債務の履行の判断に関する問題

(1) 債務内容の多様性，複雑性，専門性，立証困難性

企業間提携契約の場合，提供されるサービス内容等が複雑多岐にわたることが多いことは前述のとおりである。そして近時のIT化の進展や種々の専門的サービス提供業務の拡大に伴い，その履行内容も専門的内容を持つようになったり，また，契約書の文言のみでは何が履行されるべき内容であるかが一義的に明らかにならない場合も増加しているように思われる。このような場合，いったん紛争になると，まず当事者間の債務内容が何であるかについて争いが生じることになり，場合によっては専門家の助力を得ないと債務

---

27) フランチャイズ契約の分野で近時みられる，サブ・フランチャイズ契約などもこの類型に属すると思われる。

内容が確定できなかったりすることになる。また，当該契約に基づいて当事者が行った具体的行為が，本旨にしたがった履行に該当するかの当てはめが著しく困難になったりする場合が多くなる。またそもそも，この種のサービス提供については給付の質に幅が出やすいことも，債務履行の判断を困難にする一因となる。

(2) 契約条件に関する社会経済的規制の存在（独禁法）

第三者に対するサービス提供を内容とする企業間提携契約の場合，かかる契約に基づく取引は，契約を締結した当事者間のみならず，かかる取引全体が競争秩序を損なわないかという形で問題になってくることは前述した。この場合，独禁法をはじめとする競争法秩序を，契約という私法秩序にどこまで取り込むことができるかが大きな問題となるが，この理論的検討はさておき，契約実務及び裁判実務においては，このような競争秩序を意識した条項作りあるいは法的判断が必要になることは明らかであるといってよいであろう。この点は，主として契約の解消の場面で問題になってくる。

(3) 経営スピードと契約内容の網羅性との両立

企業間提携契約は，その時点での企業を取り巻く社会経済情勢を大きな基礎として，当該契約企業の経営方針，ニーズが合致したところに成立する。そして，前記したような市場経済化，グローバル経済化の進展により，業界内競争や国際間競争力の強化が至上命題になりつつある近時においては，かかる提携関係の樹立には相当なスピードが要求されることになる。他方，かかる企業間提携契約は，その内容，規模によっては経済界に大きな影響を及ぼすから，当事者となる企業としては，その契約内容の詳細に神経を遣わざるを得ない。したがって，企業間提携契約においては，かかるスピードと内容の適正さを両立させなくてはならないという困難な問題が出てくることになる。また，大企業間でなくても，競業他社との受注競争にさらされている業界では，これに打ち勝つために，契約内容について十分な考慮が払われないまま契約締結に至ってしまい，これが遠因となって紛争が起きるという例もあるように思われる。このような背景事情から，訴訟等においては，そもそも契約そのものが成立したといえるのか，当該契約で当事者の履行すべき義務が何であるかが深刻に争われる場合が少なくない。

(4) 経済情勢及び経営状況の変化をどこまで法的判断に取り込むか

　企業間提携契約が継続的性格を有すること，そのことにより，経済情勢等の環境変化があった場合，これに対する手当が必要になる場合があることは前述した。このようなことからすると，大きな経済情勢の変化（例えば，先進主要国における経済不況の深刻化，近時みられる製品原料価格の高騰に伴う製品値上げ等）があった場合，これが当該提携契約の義務にどう影響するかといった点が問題になりうることになる。このような大きな経済変化は，通常は契約当事者間における帰責性が問題となるようなものではないが，これに起因する履行不能ないし不完全履行に対する何らかの法的救済が考えられないか，さらに進んで契約関係を解消しうるかといった点が問題となりうる。

2　継続的契約（企業間提携契約）の解消要件に関する問題

(1) 継続的契約解消での「やむを得ない事由」の要否

　継続的契約としての性格を有する企業間提携契約が解消される場合としては，一方または双方当事者の債務不履行に基づく解除権の行使，契約期間満了後の更新拒絶，あるいは契約期間の定めがない場合の一方からの解約申入れといったものが一応考えられる。この中で，債務不履行に基づく解除権行使及び契約期間満了後の更新拒絶については，企業間提携契約固有の論点というものは少ないように思われるが，期間の定めがない場合の解約申入れについては，解約が自由にできるのか，それとも「やむを得ない事由」という要件が必要かについて問題になる。

　この点で手がかりになる判例として，いわゆる資生堂事件・花王事件での最高裁判決（最三小判平10.12.18民集52巻9号1866頁，判夕992号98頁）があるが，同判決は，「やむを得ない事由」の要件の要否について上告理由とされなかったためか，一審及び二審とは異なり[28]，上記要件の要否については明言

---

[28] 資生堂事件の第一審判決は，「やむを得ない事由」が必要とした上で本件ではかかる事由が認められないとしたのに対し，控訴審判決は同じく「やむを得ない事由」が必要としつつも，かかる事由が認められるとした。また，花王事件第一審判決及び控訴審判決は，「やむを得ない事由」という要件は必要ではないという立場に立っている。

していない。この点,最高裁は,「やむを得ない事由」について不要説を採用しているという見方も可能かとは思われるが,上記したとおり,この点が上告理由とされていないことなどからすれば,なお不要説を採用したとまでは言い難いと考えたい[29]。

もっとも,上記最判以降の下級審判例では,「やむを得ない事由」を不要としたり,合理的理由があれば解約しうるという立場に立った判決も少なからずみられるようになってきている[30]。

(2) 企業間提携契約の解消での「やむを得ない事由」の要否

「やむを得ない事由」の要否に関する上記継続的契約での議論は,企業間提携契約においてはどの程度まで妥当するのか。ここでは,前述した企業間提携契約の特徴とその現代的変容,及び企業間提携契約の理論的基礎付けを踏まえて検討する必要があろう。すなわち,内容が多様で条項が柔軟性を有する点,その時々の企業戦略が如実に反映する点,経済環境等の変化に柔軟に対応する必要がある点などの特徴からすれば,「やむを得ない事由」を要件とすることは,かかる柔軟性を損なうことになりかねず,契約当事者双方にとって不利益をもたらす可能性が高いといいうる。また,企業間提携契約は,かつての「タテの継続的契約関係」から「ヨコの継続的契約関係」に変容しつつあるといえること,このような「ヨコの継続的契約関係」の場合,従来継続的契約関係の解消で重要な視点の一つとされてきた,解約される相手方の保護という視点はそれほど強調する必要がないのではないかと考えられることは,同じく「やむを得ない事由」の要件を不要と解する方向に傾かせる要素になろう。

以上からすれば,企業間提携契約の解消においては,「やむを得ない事由」という要件は不要になるとも解されるが,他方,企業間提携契約といっても,その形態は様々であり,「タテの継続的契約関係」としての色彩を有するものもまだ相当程度あるのではないかと推測されること,企業実務においては,

---

29) 小野憲一・平10最判解説(民)(下)1020頁参照。
30) 東京地判平11.2.5判タ1073号171頁,判時1690号87頁など。なお,中田ほか・前掲注3)24頁の加藤判事の発言参照。

解消に伴う種々の経済的ロスや社会的影響を回避するために，契約関係の継続を探る場合も少なからずあると考えられるところ，これに適合するような一定の規範（契約規範または法規範）があった方が法律関係の維持継続を図る上で望ましいと考えられること[31]，そして，「やむを得ない事由」という要件は，かかる契約解消回避の規範として機能する場合もあるといえることなどからすれば，一概に「やむを得ない事由」という要件を不要とすることにも疑問が残る。

結局，企業間提携契約の解消においては，一般的に「やむを得ない事由」という要件を不要と解することは相当ではなく，契約書の文言及びその合理的解釈，当事者の属性，交渉力の大小，提供される物またはサービスの性質，解消の背景となる社会経済的事情[32]，解消後の事後措置（補償等）の内容等を総合的に考慮して，事案によっては，「やむを得ない事由」の要件を課すのと同程度に解約権行使を制限することが必要な場合もあると考えられる[33]。また，「やむを得ない事由」の中身についても，今後は上記ファクターなども考慮した形で類型化を図るのが望ましいと考えられるが，これには相当の困難が予想される[34]。

3　企業間提携契約解消後の問題（金銭賠償ないし補償の問題）

(1)　「有責―賠償」モデルと「無責―補償」モデル

企業間提携契約などの継続的契約に限らず，相手方の責に帰すべき事由によって契約関係が解消されるに至った場合，解消された側の当事者は相手方に対し，解消に起因して生じた損害を賠償すべき責任を負うとするのが民法

---

31) ここで注目されるのは，前述した関係的契約理論である。この理論は，契約関係の継続性の尊重を基礎としており（内田・前掲注2)245頁以下），契約関係解消回避の理論的基礎を提供するものといえよう。
32) もっとも，ここでの事情は抽象的なものではなく，ある程度当該事案に即した具体的な事情であることが必要とされよう。
33) この点につき，中田「継続的売買契約の解消者の意図」前掲注2)131頁以下が示唆に富む。
34) 中田ほか・前掲注3)24頁～25頁の手嶋判事の発言参照。

の契約責任上の大原則である。このように，相手方の帰責性ある不履行を要件として，これに基づき生じた損害を賠償すべきとする枠組みを「有責―賠償」モデルと称することとする。

これに対し，当事者の帰責性は要件とせず，解消を比較的自由に認めつつ，そのことによって生じる経済的損失を回復させるという趣旨で金銭支払がされる場合があり，このような枠組みを「無責―補償」モデルと称することとする[35]。

従来の継続的契約を巡る法的紛争の大多数は，「有責―賠償」モデルであったといえ，その中でも企業間提携契約の場合は，解消に伴う営業上の損失に対する賠償や逸失利益の賠償を中心としたものであったといえる。そうなると，このような事案の場合，賠償請求額は必然的に高額となることから，請求を受けた相手方としては，自らに帰責性がないことを基礎付けること（あるいは過失相殺事由の主張立証）に精力を傾けざるを得ず[36]，争点の拡散化を招くなど，紛争解決が長期化しがちである。また，仮に帰責性があるとしても，損害額の算定，特に逸失利益の算定には困難が伴うこと[37]，また，拡大損害についても，どの範囲で相当因果関係を認めるべきか，事案によっては困難な判断を求められる場合もありうる[38]。

---

35) 柚木馨編『新版注釈民法(14)』（有斐閣，1993）111頁〔岩城謙二〕は，継続的契約の解消に当たっては，解消を求める側が，被解消者の利益保護の見地から適切な時期を選択し，予告期間をおいて解消すべきこと，これらが不適切であった場合はその代償として相当の補償をすべきであるとする（その根拠は，継続的な社会的接触関係にあった者に要請される信義則によるとする。）。

36) 帰責性が肯定されれば，当該事件での影響はもとより，企業イメージや信用低下を招くことにつながるから，それを否定することに力点を置かざるを得ない。また，継続的契約の場合，当事者間の人的信頼関係の要素が大きいことから，いったん紛争になるとそれを解きほぐすことが難しくなる場合も多い。

37) 単純にいえば，「単位期間あたりの利益」に「その契約が合理的に終了すべかりし時までの期間」を乗ずることになろうが，単位期間あたりの利益の算定については，的確な証拠収集に困難が伴う場合が多く，また，期間の判断についても困難が伴うであろう（中田ほか・前掲注3)27頁の中田発言参照）。

(2) 「無責―補償」モデルのメリットとデメリット

前記したような「有責―賠償」モデルの問題点に対し，「無責―補償」モデルは，帰責性に関する主張立証が不要になり，紛争の早期解決に資するところが大きいと考えられる。また，補償に関する条項があらかじめ契約に入っていた場合，契約当事者は，解消に伴って一定の補償がされることを予測でき，比較的安心して取引関係に入ることができると考えられること，仮に解消がされた場合でも，かかる補償条項を前提として取引関係に入っている以上，補償義務の履行は賠償義務の履行に比してスムーズにいく場合が多いと考えられること，このような各点は，補償の具体的基準があらかじめ契約条項に盛り込まれていた場合にはより強く妥当することなどがメリットとして挙げられよう。

もっとも，「無責―補償」モデルは，このような枠組みを法的に認めた場合の契約実務に対するインパクトを検討する必要がある[39]。具体的には，契約当事者の力関係に大きな差異がある場合は不相当な場合もあり得ること，賠償の場合に比べて支払額が定額化あるいは低額化する可能性が高いと考えられること，算定基準の合理性をどのように担保するかが難しい場面もあることなどである。その意味で，「無責―補償」モデルは，契約実務の観点からも裁判実務の観点からも興味深い点を含んでいるが，なお解決が必要な課題を多く含む，生成中の議論といえよう。

第6　まとめ――企業間提携契約の将来像

以上，きわめて雑駁ながら，企業間提携契約の実務的・理論的基礎及び主な問題点について検討を試みた。以下ではこれら検討を踏まえて，契約実務あるいは裁判実務における企業間提携契約のあり方ないし将来像についてま

---

[38] 解釈理論上，賠償の範囲については信頼利益の賠償で足りるとする立場と，履行利益の賠償まで必要とする立場の対立があるとされるが，このような「信頼利益」，「履行利益」の意義自体も十分明確になっているとはいえないことも，解消に起因する損害賠償額の算定を困難にしている原因の一つといえる。

[39] 中田ほか・前掲注3)26頁中の中田発言。

とめてみることとしたい。

1 特徴及び問題点を踏まえた条項の作成

(1) 債務内容の特定

きわめて基本的な事柄ではあるが、当該契約によって当事者が「何を、いつまでに、どのように履行するのか」を明確にしておくべきである。特に文言については、契約当事者が容易に共通認識を持ち得るような、平易な表現を心がけるべきであろう[40]。複雑な提携関係になればなるほど、債務内容の特定が困難になる場合が多いと考えられるが、まずこの点は最低限遵守すべき事柄と考える。

(2) 期間特定（限定）型について

前記した債務不履行の場合の履行の有無や帰責性判断の困難性の回避、「やむを得ない事由」の存否判断の困難性回避等から、期間を特定して提携契約が締結される場合も多くなるのではないかとも考えられる。ただし、期間特定型をとったとしても、これらの問題が全て解消するわけではないと考えられる（例えば、期間が限定されていても更新条項等により長期間更新が継続された後の更新拒絶等）。

(3) 解消事由の明確化の方向

企業間提携契約、特に大企業間におけるそれを想定するならば、解消事由の明確化がこれまで以上に要請されるのではないかとも考えられる。また、大企業間での法的紛争が裁判所による司法的解決に委ねられることが多くなってきた最近の傾向からすれば、解消事由をできるだけ紛れのない形に整えておくこと[41]は、かかる司法的解決を容易にする重要なポイントである。

---

40) 最近は、いわゆるカタカナ経済用語を契約条項にそのまま用いている場合が少なくない。このような用語は、それ自体多義的であったり、時には誤用されている場合もあるから注意が必要である。また、IT関連用語も、共通認識を持ちうるような言語化には困難が伴うであろうが、できるだけ平易な表現を心がける必要があろう。

41) 例えば、一般的・網羅的解消事由（「その他、契約関係を継続しがたい重大な事由が発生したとき」といったようなもの）はできるだけ明文化しないことが考えられる。

2 　総　括

　企業間提携契約は，内容の多様性，柔軟性，機動性といった点を特質として備えていることはこれまでも何度か述べてきたとおりである。かかる特徴はそれ自体メリットも大きいが，反面，かかる柔軟性等をあまりに強調しすぎると，契約の紛争解決規範としての効力が弱まってしまうことになる。また，前述した大企業間の提携関係の増加や，司法的解決の需要の高まりを念頭に置くとすれば，前記した解消事由の条項にみられるように，柔軟性よりもむしろ正確性，網羅性，一般的解消事由の条項の排除等の要請が強くなってくるのではないかと考えられる。また，大企業間の提携契約では，解消にあたっては，一定の機動性を確保する意味から，「やむを得ない事由」といった要件は原則として用いられなくなるなどといった動きも考えられる。また，種々の経済情勢の大変化に備えて，これに対する対応や補償等についても概括的に条項を置いたり，相当程度の補償を条件に，柔軟に解消を認めるといったことを積極的に契約の中に取り込んでいくことで，「柔軟で足腰の強い」契約を作り上げることが要請されよう。さらに，国際化の進展により，その契約内容も世界的な標準に従う必要がますます高まってくることになろう。その意味で，企業間提携契約では，その柔軟性等の特徴を最大限に生かしつつ，法的紛争が予想される点についてはできるだけ平易かつ明確な形でまとめ上げ，契約当事者双方，場合によってはそれ以外の利害関係者も共通認識を持ちうるようなもの（換言すれば，「内容における透明性」が確保されたもの）にする必要があろう。

　しかし，このような新しい動きは，これまでの継続的契約の分野で出てきた解釈論や，契約実務で培われてきた方法論を全く不要とするものではなく，依然として有用な部分は多いと考えられる。前記したとおり，企業間提携契約には様々な類型が考えられ，その契約当事者の属性等も様々であること，現実に締結される契約やそこから派生する紛争の多様性等からすれば，なお従来問題とされてきた論点は今後もなお残ると思われるし，これらを契約条項の定め方のみで全て解決できるとは考えられない。また，契約の成否や内容の確定にあたっては，契約成立時の意思や，それまでの交渉経過の中での

当事者の認識なども，これまでと同様に重要な要素として考慮されることになると考えられる。その意味で，このような具体的事実の積み重ねやその記録化が重要になることは今後も同様であり，契約実務においては，このような取り組みがよりいっそう積極的に行われることが期待される[42]。また，契約内容の履行の判断についても，上記した紛争の多様性等からすれば，信義則等の一般条項を媒介とした解釈の必要性はなお残るであろうと思われる[43]。また，提携関係の解消についても，かかる提携関係の基礎にある相手方との信頼関係維持という観点，あるいは解消に伴う契約当事者以外の利害関係者への影響といった点を考慮するならば，なお「やむを得ない事由」の存否が問題になったりすることはあり得るであろう。いずれにせよ，従来の継続的契約関係論の背景事情は前記の通りかなりの変容を遂げていると考えられるから，企業間提携契約を巡る紛争解決にあたっては，従来の枠組みを十分に踏まえつつも，これにとらわれることなく，具体的事実関係に即した柔軟な解釈態度が要請されているというべきであろう[44]。

最後に，近時，民法債権法の改正が話題になっているが，これまでの「帰責―賠償」モデルだけではなく，「無責―補償」モデルについても，立法上の種々の困難はあるであろうが，積極的な検討が望まれるところである。

---

42) 最近は，メールなどの電子情報として保存されている場合が多いように感じられるが，交渉内容等の具体的変遷を知る上でよい手掛かりになる場合もある。
43) もっとも，ここで用いられる信義則は，従来ともするとみられたようなパターナリスティックな保護の必要性から導き出されるものではなく，契約の趣旨，目的，従前の履行状況等の客観的事情を基礎に導き出されるものに変容していくようにも思われる。
44) このような解釈を行う際には，前述した組織的契約論や関係的契約理論などの新しい考え方が大いに参考になると思われる。

10

OEM 契約の法的整理

> OEM とは，一般に，委託者の商標で販売される製品を受託製造すること，又はその製造者を意味する。OEM 契約は，基本的には，OEM 製造者の製造能力と OEM 委託者の販売能力を相互に補完することで，取引当事者の双方に利益を生じさせることを意図するものであり，企業間提携契約の一つに挙げられる。実社会において OEM という用語は多義的に用いられるため，OEM 契約の法的性質を画一的に論じることはできないが，基本的には，いわゆる製作物供給契約（請負供給契約）であり，これに，ライセンス契約，開発委託又は共同開発契約，秘密保持契約，販売代理店契約などの様々な特徴がケース・バイ・ケースで加わった，複合的な契約であると理解される。そのため，OEM 契約には，民法及び商法，独占禁止法，下請法，製造物責任法，商標法，特許法及びその他の知的財産権法，不正競争防止法など，多様な法律が関係することとなる。

日下部 真治

第1　本稿の目的
第2　OEM とは何か
第3　法的検討
第4　結語

第1　本稿の目的

　OEM という言葉が商取引の実務において用いられるようになって久しい。しかし，OEM 契約について法的な側面から検討された文献は限られており，特にこれをテーマとした単行本はないように思われる。そのため，OEM 契約を締結している企業の法務担当者でも，OEM 契約の法的性質を十分理解せずに契約実務を執り行っていることがあるし，そのようにして締結された OEM 契約の解釈に裁判官や弁護士が苦労することも多い。

　本稿では OEM 契約について実務上配慮すべき法的問題を整理することを目的とする。しかしながら，OEM という用語は法律用語ではなく，法律的な定義は与えられていない上，以下に述べるとおり，実社会における用法も統一を欠いているため，OEM 契約についての体系的な分析を行うことは困難である。本稿は，OEM 契約に関し典型的に生じる諸種の法的問題を整理するものであるが，これにより，OEM 契約に関する法律問題が生じた場合に，法律実務家が問題点の適切な把握をする上での一助となれば幸いである。

第2　OEM とは何か

1　一般にいわれる OEM の内容

　OEM とは，一般に，委託者の商標で販売される製品を受託製造すること，又はその製造者を意味する用語である。OEM は "Original Equipment Manufacturing" 又は "Original Equipment Manufacturer" の略であり，これは，日本語で「製品の原製造」又は「製品の原製造者」という意味である。OEM が「原」製造（者）を意味するのは，製品の実際の製造者以外の者の商標でその製品が市場で販売されるために，実際の製造者が誰であるのかが表面化しにくいためである。例えば，A 社が B 社の委託を受けて B 社ブランドの製品を製造して B 社に売り渡し，B 社がこれを市場で販売する場合，A 社はその製品の「原」製造者であるが，製品自体からはその事実が分からない（以下では，OEM 製品を製造する企業を「OEM 製造者」といい，OEM 製品の製造

委託を行う企業を「OEM 委託者」という。)。このように，OEM 製造者が OEM 委託者の商標を付した製品を製造して OEM 委託者に販売する，という取引が OEM 取引の典型例である。そのような内容を直接的に捉えて，OEM 契約を「相手先商標製品製造供給契約」などと訳すこともある。

2 OEM という用語の多義性

しかしながら，OEM という用語は，上記とは異なる意味で用いられることもある。歴史的には，OEM という用語は米国のコンピュータや電子部品の業界において使われ始めたといわれるが，その当時は，例えば，A 社が製造する汎用コンピュータを購入した B 社が，その独自の技術を元にその汎用コンピュータに特別の価値を付加して市場で販売する場合に，付加価値再販売業者（VAR; Value Added Reseller）である B 社を OEM と呼ぶことがあった。この場合は，OEM が，製品の原製造者である A 社ではなく，その購入者である B 社を意味するため，注意が必要である。

また，OEM は，本来製品の製造に関して用いられる用語であるが，近時は，サービスの提供に関しても用いられることがある。すなわち，実際は A 社が提供するサービスを，B 社が自社のサービスとして販売する，という局面において，A 社が B 社にサービスを「OEM 提供する」と表現するものである。

上記のような用法は一般的ではないため，本稿ではこれ以上取り扱わないが，議論の混乱の元となるので注意すべきである。

3 類似用語との相違

OEM という用語に比較的類似する意味を持つものとして，「ODM」及び「アウトソーシング」という用語があるので，これらと OEM の相違を以下に示す。

ODM は，"Original Design Manufacturing" 又は "Original Design Manufacturer" の略であり，これは，製品製造の委託を受けた製造者が製品の設計を単独で又は主体的に行い，委託者がそのように製造者が設計し製造した製品を購入して，市場で販売する場合に，その取引又は設計製造者を指す用語である。ODM という用語は，OEM のうち，製品の設計を製造者

が行う場合を指して用いられることが多く，その意味で，OEM の態様の一つであるということができよう。

アウトソーシングは，広義では，自社が業務上必要とする資源やサービスを外部から調達することを意味し，狭義では，自社の業務過程の一部を外部に委託することを意味する。OEM は委託者が製造者から購入した製品を自社商標で販売することを通常想定しているが，アウトソーシングはそのような外部販売を必ずしも予定していない（従って商標の利用も予定されていない。）点で，OEM と異なる。もっとも，委託者が自社商標製品の製造を外部の製造者から OEM 提供してもらう場合に，委託者がこれを製品製造のアウトソーシングであると称することもあるので，注意が必要である。

4　OEM 取引を行う社会的経済的動機

OEM 取引を行う社会的経済的動機は単一ではなく，以下のような複数の動機を挙げることができ，実際にはそれらが重なって OEM 取引がなされている。

(1)　OEM 委託者の動機

①製造能力が欠如している，又は需要に対して不足しているにも関わらず，OEM 製造者の製造能力を利用して，自社ブランド製品の市場への投入を実現し，又は維持することができる。

②低コストで製造することのできる OEM 製造者に製品の製造を委託することにより，自ら製造をする場合よりも製品の調達コストを削減することができる。

③製造に関わるリスク（製造設備の維持を含む製造コストの増大など）を OEM 製造者に転嫁することで，販売による利益を安定させることができる。

④ OEM 製造者が製品の実際の製造者であることを市場に示す場合には，OEM 委託者のブランドに不足している顧客訴求力を補うことができる[1]。

(2)　OEM 製造者の動機

①販売能力が欠如又は不足しているにも関わらず，OEM 委託者の販売能力を利用して，製品の売上げを増大することができる[2]。

② OEM 委託者に市場での販売に要するコストを負担してもらうことによ

り，自らが市場で販売をする場合よりも販売コストを削減することができる。

③製品の大量製造により，製造設備の稼働率を上げるなどして，製造コストを削減することができる。

④製品の製造に関する技術や経験をさらに蓄積し，強化することができる。

(3) OEM 委託者と OEM 製造者に共通する動機

やや特殊な動機であるが，新規製品の規格競争が生じた際に，ある規格に賛同する企業が連携し，製造能力の不足している企業に対して製造能力を先行して確保した企業がその規格に基づく製品を OEM 供給することで，当該規格の市場における優位性を確保することができる[3]。

以上のとおり，OEM 取引が行われる動機は多様であるが，基本的には，OEM 製造者の製造能力と OEM 委託者の販売能力を相互に補完することで，取引当事者の双方に利益を生じさせることを意図するものであり，その意味で，OEM 契約は企業間提携契約の一つに挙げることができる。

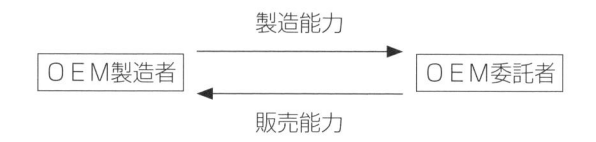

```
                    製造能力
        ┌─────────┐  ───────→  ┌─────────┐
        │OEM製造者│            │OEM委託者│
        └─────────┘  ←───────  └─────────┘
                    販売能力
```

---

1) 例えば，小売店独自のブランドで販売される，その小売店での販売に特化した商品は，プライベートブランド，ストアブランド，あるいは自主企画商品などと呼ばれる。小売店がこうした商品を自社で製造する能力を有していない場合，実際の製造を別の製造業者に委託し，商品の OEM 供給を受けることがある。その場合，商品のブランドはあくまで小売店独自のものであるが，実際の製造者がどの企業であり，対象商品がその企業の商品と同等品であることを小売店が示すことで，自社ブランドに不足している顧客訴求力を補うことがある。

2) かかる動機から，製品製造業者が，自社製品を OEM 供給する先をインターネットなどで募集する例は多い。

3) 1980年代に VTR に関する規格競争が生じた際には，VHS 陣営の松下電器産業や日本ビクターが，同じ VHS 陣営の他の企業に対して，VHS 規格の VTR を OEM 提供し，VHS 陣営の市場における優位性の確立を図った。次世代 DVD についても同様の動きが見られた。

5 実社会における OEM 取引の多様性と近時の実務的理解

前記第2 1で述べたとおり，OEM 製造者が OEM 委託者の商標を付した製品を製造して OEM 委託者に販売する，という取引が OEM 取引の典型例である。しかし，実社会において OEM と称される取引の内容は多様である。OEM の法的性質に関わる着眼点としては，

①製品の市場に対する販売者は OEM 委託者のみか，OEM 製造者も含まれるか

②製品の開発を行うのは OEM 委託者か，OEM 製造者か，その両者か[4]

③製品に付される商標は OEM 委託者のものか，OEM 製造者のものか

が挙げられる。こうした点については，OEM 取引の当事者間でビジネス上のニーズに合わせて自由に取り決めることができるため，実社会においてOEM と称される取引の実態は非常に多様であり，そのために OEM 取引の画一的な法的分析が困難になっている。

ところで，OEM が本来的には「委託者の商標で販売される製品を受託製造すること」を意味することに照らせば，③に示した OEM 製品に OEM 製造者の商標が付されて販売されるケースを OEM と称することには疑問が感じられる。しかし，実社会においては，このように，製品に用いられる商標がOEM 製造者のものであっても OEM という表現が用いられることがあり，その際には，商標の扱いとは別の観点から当該取引が OEM 取引と理解されているものと思われる。これは，OEM 取引における OEM 委託者と OEM 製造者が同業種の競業者であることが多いことから，OEM 取引の意味を「競業者間での製造委託」であると把握する用法が実社会で広まっていることによると思われる[5]。近時の用法では，OEM と呼ばれる取引が必ずしもOEM 委託者の商標での製品販売を伴うものではないことには，注意が必要

---

[4] 製造コストの増大を嫌って OEM 委託者がそれまで製造していた製品について，OEM 供給を受けるようにする場合は，製品の開発者は OEM 委託者であることが通常である。しかし，OEM 製造者が OEM 製品の製造だけではなく開発も担当する例もある。また，前掲注1)で示したプライベートブランド商品は，OEM 製造者と OEM 委託者の共同開発によることがある。

であろう。取引の対象となる製品が完成品ではなく,半製品,部品,付属品又は原材料である場合にも OEM 取引であると称する例もあるが,これも商標の取扱いから離れた用法であることがある。また,OEM 製造者が製品を製造し OEM 委託者に販売するまでは製品に商標を付さず,OEM 委託者が製品に自社の商標を付して市場で販売する例もあり,この場合は,OEM 製造者と OEM 委託者の間の取引の過程においては商標の問題が生じない。

第3 法的検討

1 OEM 契約の法的性質

前記第2 1において述べたとおり,OEM は一般に「委託者の商標で販売される製品を受託製造すること,又はその製造者」を意味する。そのため,OEM 契約の基本的な法的性質は,いわゆる製作物供給契約(請負供給契約)であり,これに他の様々な特徴が,ケース・バイ・ケースで加わった複合的な契約であると理解すべきであろう。具体的には,以下の諸契約が複合してOEM 契約を構成することが多い。

(1) 製作物供給契約(請負供給契約)

契約当事者の一方が,もっぱら又は主として自己の供する材料により,相手方の注文する物を製作し,供給する契約を,講学上,製作物供給契約(ないし請負供給契約)という。民商法には製作物供給契約を特に取り扱った明文の規定がないため,その法的性質をどのように把握すべきかについては議論がある。古くは,これを純粋の売買契約か純粋の請負契約のいずれかに分類し得るとして,その分類に従って売買に関する規定か請負に関する規定のいずれかを適用すべきとする考え方が有力であったが,近時は,売買に関する

---

5) 例えば,前記第2 1で示した OEM の一般的な意義によれば,大企業が下請先である小企業に自社商標を付した製品の製造を委託する取引も,OEM であると称すべきこととなる。しかし,実際には,かかる取引を OEM とは呼ばず,単に製造委託と呼ぶことが通常である。これは,OEM が競業者間での製造委託を意味するとの用法が広まっており,当事者間に取引上の上下関係が見られる場合には,これを OEM と称することに違和感が生じることも一因となっているのではないかと思われる。

規定と請負に関する規定を混合的に適用すべき混合契約であると考える説が有力とされる[6]。

近時有力な混合契約説に従った場合，製作物供給契約について当事者の別段の合意がないときは，その契約内容を，民商法上の売買に関する規定及び請負に関する規定の両方を勘案して決定することとなる。その場合，売買に関する規定と請負に関する規定に相違が生じる事項，具体的には，製造物の所有権の帰属及び移転の時期，危険の移転時期，瑕疵担保責任，契約解除権などについて，売買に関する規定と請負に関する規定の法的帰結に差異が生じる可能性があり，解釈上の疑義の原因となり得る。

実務的には，上記のような解釈上の疑義を回避するため，OEM契約書において上記の諸点についてはできるだけ具体的な規定を設けるようにすべきである。また，瑕疵担保責任や契約解除権については，そのようにして設けられた規定の内容が，民商法上の売買の規定や請負の規定の適用を排斥する性質のものであるのか，あるいはこれらと併存する性質のものであるのかという解釈問題が生じる場合もあるので，疑義を避けるためには，民商法上の規定の適用との関係についてもOEM契約において明確にしておくことが望ましい。

また，売買の規定と請負の規定が抵触するわけではない点についても，民商法上の規定に依拠することが不適切と判断される場合には，OEM契約において特約を定めるべきことはもちろんである。例えば，民法上の請負の規定の解釈としては，請負人は自ら仕事を完成させる義務は負わず，他人をしてこれを完成させることも許容されている。しかし，OEM契約の場合は，OEM委託者はOEM製造者自身の製造技術に期待して製品の製造を委託することが多く，その場合は，OEM製造者が他人に製造の一部又は全部を再委託することを，予めOEM契約において禁じておく必要がある。

(2) 商標の使用についてのライセンス契約

OEM製造者がOEM委託者の商標を製品に付してOEM委託者に販売する場合には，その商標を付す行為や商標を付した製品を販売する行為は商標

---

6) 幾代通編『新版注釈民法(16)』（有斐閣，1989）116頁〔広中俊雄〕。

法上の「使用」(同法2条3項)に該当するため, 商標の使用許諾をOEM委託者から受けることとなる。すなわち, この場合のOEM契約は, 商標のライセンス契約を内包することとなる。もっとも, 前記第2 5において示したとおり, OEM製造者が製造した製品にOEM委託者の商標を付すことなく, 当該製品をOEM委託者に販売し, OEM委託者が当該製品に自社の商標を付して市場で販売する例もあり, その場合は商標のライセンス契約を含まないこととなる。

　OEM契約においては, OEM委託者の商標の使用についてのライセンス契約が内包される場合でも, そのことを契約当事者が十分意識していないことがある。もっとも, OEM製造者がOEM委託者の商標を製品に付してこれをOEM委託者に販売する場合は, OEM契約書中でそのことが示されないことはまずないので, OEM委託者からOEM製造者に対する商標の使用許諾を認定することは容易である。しかし, 商標の使用許諾自体を目的とした契約書と異なり, OEM契約書においては製品の製造や売買に関する諸規定が盛り込まれるため, 商標の扱い(例えば, OEM契約が終了した後に, OEM委託者に引き渡す前の完成品がOEM製造者の在庫として残った場合の処理など)についての規定が相対的に不十分であることが多い。契約実務としては, かかる契約解釈上の疑義が生じないように, 商標についても詳細な規定を設けることが望ましいが, 仮にかかる詳細な規定が欠けている場合は, 契約解釈のためにOEM契約当事者の合理的意思を探求する作業が必要となろう。

(3) 特許やノウハウなどの使用についてのライセンス契約

　OEM製造者がOEM委託者の開発した製品を製造する場合に, OEM委託者の特許などの知的財産権やノウハウを用いる必要が生じることがある。また, OEM製造者が自ら開発した製品を製造し, OEM委託者に販売する場合でも, アフターサービスなどのために, OEM委託者がOEM製造者の特許やノウハウなどを用いる必要が生じることもある。さらに, OEM製造者とOEM委託者が共同で製品開発を行う場合には, 共同開発のために, 相手方の特許やノウハウなどを相互に利用し合うこともある。そのような場合には, OEM契約には特許やノウハウなどの使用についてのライセンス契約としての内容が加わることとなる。

上記のような特許やノウハウなどのライセンスが OEM 契約の内容に含まれる場合，とりわけ，OEM 契約が競業者間で締結される場合には，これらのライセンサーとなる当事者が自社の利益保護を強く意識することが通常である。そのため，OEM 契約には，特許やノウハウなどの一般的なライセンス契約と同程度の詳細な規定が設けられることも多い。しかし，一般的なライセンス契約と異なり，OEM 契約は当事者双方の利益を図る企業間提携契約であり，また，OEM 製造者と OEM 委託者の間で製品の売買が行われるため，ライセンサーの受けるべき経済的利益が製品の売買価格に反映されるなどして，ライセンスの対価としてのロイヤリティーの授受がなされないことが多い。

　また，OEM 契約では，当事者の一方又は双方の特許やノウハウを用いて製造された製品が，OEM 製造者から OEM 委託者，OEM 委託者から市場へという順序で流通するため，第三者との関係で知的財産権等の利益の侵害の問題が生じた場合，OEM 製造者と OEM 委託者の双方がかかる侵害問題の当事者となる可能性が高い。そのため，OEM 契約においては，第三者との侵害問題，具体的には OEM 契約の当事者が第三者の利益を侵害した場合と第三者により OEM 契約の当事者の利益が侵害された場合のそれぞれについて，OEM 契約の当事者間の権利義務が規定されることがある。例えば，第三者に対する裁判上又は裁判外での対応をどちらの当事者が担当するか，他当事者はそれをどのように補助するか，対応費用をどのように負担するか，第三者に対する損害賠償義務が認められた場合の OEM 契約当事者間での求償関係などが規定されることが多い。

(4) 開発委託契約・共同開発契約

　OEM 契約が製品の開発をもその目的とするときには，OEM 契約は開発委託契約（OEM 製造者が開発を担う場合）又は共同開発契約（OEM 製造者と OEM 委託者が共同で開発にあたる場合）としての特徴も有することとなる。いずれの場合でも，開発の過程で得られた権利性のある発明技術やノウハウをいずれの当事者に帰属させるかが重要な課題となる。また，そのようにして得られた発明技術やノウハウを，当該 OEM 契約以外の目的で利用することの可否や制限についても，明確な規定を設けることが望ましい。この問題は，

OEM契約が競業者間で締結される場合には特に重要となる。

　また，OEM契約の場合，製品の開発がなされた後に，当事者間でその製品の売買が継続して行われるという特徴がある。そのため，製品開発後に，とりわけOEM製造者において，製造方法などについて改良発明がなされることがある。その場合に，改良発明についての利益の帰属が争われることがあるので，予めOEM契約においてその取決めをしておくことが望ましい。

(5) 秘密保持契約

　OEM契約の締結や履行につき秘密にすべき事項がある場合には，OEM契約書には秘密保持条項が盛り込まれることが通常であり，その場合，OEM契約は秘密保持契約としての特徴も有することとなる。

　このような秘密保持契約は，特にOEM契約がノウハウの開示（ライセンスに基づくものを含む。）を伴う場合には重要である。これは，ノウハウが，営業上又は技術上の秘訣であり，それ自体は特許のような排他性のある法的権利ではないためである。すなわち，ノウハウは，秘密とされていること自体に価値があり，例えばノウハウの開示がなされる場合にも，開示者が被開示者に契約に基づく秘密保持義務を課すことで価値が維持されるものである。このように秘密とされているノウハウについては，秘密保持義務の違反があった場合には契約法による保護が与えられるほか，ノウハウに対する不当な侵害があった場合には不法行為法による保護も与えられることがある。また，ノウハウが，不正競争防止法上の「営業秘密」，すなわち「秘密として管理されている生産方法，販売方法，その他の事業活動に有用な技術上又は営業上の情報であって，公然と知られていないもの」（同法2条4項）に該当する場合には，同法に基づく保護の対象ともなる。そして，かかる「営業秘密」に該当するためには，当該情報が「秘密として管理されている」ことが必要であり，そのためには，ノウハウの開示をする場合に被開示者に秘密保持義務を課すことが極めて重要である。

(6) 販売代理店契約

　OEM取引によっては，その実態が，「OEM製造者がOEM委託者に販売代理権を付与し，OEM委託者の販路を利用して自らの製品の販売を拡大する」というものであることがある。とりわけ，前記第2　5において言及した

ように，OEM 取引においては，OEM 製品に OEM 製造者の商標が付されて販売される場合もあり，その場合は，OEM 委託者は OEM 製造者の販売代理店的な性質を強く持つこととなる。実社会においては，OEM 契約と称しながら，OEM 委託者が発注すべき最低委託量を定め，あるいは OEM 製造者の販売戦略に合わせて OEM 委託者が製品を販売できるテリトリーが制限されるなど，実態は販売代理店契約に近いものもある。そのような OEM 契約については，販売代理店契約に準ずる法的分析が妥当なことも多く，特に，後記第3　2(2)で示す独占禁止法との関係には注意が必要である。

2　関連する法律とその OEM 契約に対する影響

以上，概観してきたとおり，OEM 契約は，その名称が多義的に用いられていることもあって，内容は非常に多岐にわたり，その法的性質は諸種の契約の複合的なものと考えるほかない。そのため，OEM 契約に関わる法律も非常に多岐にわたる。以下，そのような法律の主要なものについて，OEM 契約に対する影響に触れることとする。

(1)　民法及び商法

OEM 契約が製作物供給契約（請負供給契約）としての性質を有するが故に，民法の他，商法の規定（特に商事売買を中心とする商行為の規定）の適用が重要である。もっとも，OEM 契約が民商法の定める売買又は請負に関する事項について詳細な規定を設け，それが民商法の規定の適用を排除するものである場合には，民商法のかかる規定が OEM 契約の解釈に影響を与えることは少なくなる。

注意すべき点としては，OEM 契約が一定期間の継続的な製作物供給を意図するものであり，いわゆる継続的契約に当たるものとして，継続的契約の理論に基づき，その解消が制約される可能性があることが挙げられる。継続的契約の理論は，その根拠が民法の一般条項の適用により説明されるため，OEM 契約においても同理論の適用を合意により排斥することは困難といわざるを得ず，OEM 契約の終了に不確定な要素を与えるものである。

(2)　独占禁止法（私的独占の禁止及び公正取引の確保に関する法律）

OEM 契約は企業間で締結される経済活動を目的とした契約であるため，

競争法の一般法である独占禁止法は常に問題となり得る。すなわち，OEM 契約当事者間の交渉上の立場に強弱の差がある場合には，独占禁止法が禁じる不公正な取引方法（同法19条），とりわけ優越的地位の濫用（同法2条9項5号・一般指定14項）が認められる危険性がある。また，OEM 契約が競業者間で締結される場合には，一定の取引分野における競争制限効果がもたらされる可能性があり，私的独占又は不当な取引制限（同法3条）も問題となり得る。

　具体的な独占禁止法の適用については，公正取引委員会が公表している各種指針（ガイドライン）に照らして判断する必要がある。特に，一般的に参照すべきものとしては「流通・取引慣行に関する独占禁止法上の指針」（平成3年7月11日公正取引委員会事務局）及び「優越的地位の濫用に関する独占禁止法上の考え方」（平成22年11月30日公正取引委員会）が，OEM 契約が特許やノウハウなどのライセンス契約を含む場合には「知的財産の利用に関する独占禁止法上の指針」（平成19年9月28日公正取引委員会）が，OEM 契約が共同開発契約を含む場合には「共同開発研究に関する独占禁止法上の指針」（平成5年4月20日公正取引委員会）が，それぞれ参照されるべきである（なお，OEM 契約について特に取り扱った指針はない。）。紙幅の関係で詳述は避けるが，OEM 契約において特に問題となり得る事項としては，OEM 製造者が調達すべき原材料・部品の購入先制限，競争品の取扱制限，特許やノウハウなどのライセンスが行われる場合における新規又は改良発明・技術の扱い，ライセンス対象の特許やノウハウに関する不争義務，一括ライセンスなどが挙げられる。

　独占禁止法に違反した場合，課徴金などの行政罰の他，刑事罰の適用もあり得るが，独占禁止法に違反した法律行為の私法上の効力については学説上争いがある（無効説，有効説，抗弁的無効説などの相対的無効説，個別的解決説など）。しかしながら，裁判実務においては，独占禁止法に違反する法律行為に対しては，独占禁止法違反の直接の効果として無効とするものではなくとも，公序良俗（民法90条）に反するものとして無効であるとの結論を導くものが多い[7]。かかる理由から，OEM 契約の規定が当事者の一方に極端に不利益に作用する場合など，規定そのものの有効性を問題視すべき場合があることに

7）　花王化粧品販売事件（東京高判平9.7.31判夕961号103頁）など。

は，契約書の作成段階から留意する必要があり，また，ある既存の規定が紛争の焦点となった場合には，はたしてその規定がそもそも有効であるのかを疑う必要があることにも注意が必要である。

(3) 下請法（下請代金支払遅延等防止法）

OEM 取引は，一般に，OEM 製造者が OEM 委託者の商標を付した製品を製造して OEM 委託者に販売し，OEM 委託者がそれを市場で販売することを想定しているため，競業者間で行われることが多く，その場合，両当事者は一応対等の立場にあると考えられる。しかし，OEM 委託者の企業としての規模が OEM 製造者のそれに比して大きい場合には，前者が交渉上の強い立場を利用して後者を不当に扱うことがある。かかる危険は，特に対象としている製品が完成品ではなく，半製品，部品，付属品又は原材料であり，OEM 製造者が OEM 委託者の下請け的立場にいる場合に顕著である。

下請法は，資本金3億円超の親事業者が，資本金3億円以下の下請事業者に対して，又は，資本金1千万円超3億円以下の親事業者が，資本金1千万円以下の下請事業者に対して，製造委託をする場合などに，親事業者に対して，発注書面の交付義務（同法3条）など一定の義務を課し，また，下請事業者の給付の受領拒否を禁じる（同法4条1項1号）など一定の事項を禁じている。下請法における「下請け」の概念は，上記のような当事者の資本金の額や取引の内容により画されるものであるため，「下請け」という用語に対する社会一般の理解とは必ずしも一致しないので，注意が必要である。

(4) 製造物責任法

製造物責任法は，製造物に欠陥がある場合に，製造業者等に無過失責任を負わせるもので，不法行為の分野における特別法であり，製品の製造を伴うOEM 契約には重要な影響を与える。

製造物責任法上の責任主体は「製造業者等」であるが（同法3条），「製造業者等」は以下のいずれかに該当する者と定義されている（同法2条3項）。

①当該製造物を業として製造，加工又は輸入したもの（「製造業者」）

②自ら当該製造物の製造業者として当該製造物にその氏名，商号，商標その他の表示（「氏名等の表示」）をした者又は当該製造物にその製造業者と誤認させるような氏名等の表示をした者

③前号に掲げる者のほか，当該製造物の製造，加工，輸入又は販売に係る形態その他の事情からみて，当該製造物にその実質的な製造業者と認めることができる氏名等の表示をした者

OEM 契約の場合，OEM 製造者は1号の製造業者に当たるので，製造物責任法上の責任主体である「製造業者等」に該当する。一方，OEM 委託者は，OEM 製造者から購入した製品に加工を施さない場合は，輸入者に当たらない限り，1号の製造業者には当たらない。しかし，OEM 契約に従って製品にOEM 委託者の商標が付されている場合には，通常，OEM 委託者は社会通念上製造業者と認識されるため，2号に当たる者として，「製造業者等」に該当することとなる（「製造元」などという肩書きを付することなく，自己の商標を付している場合でも，2号後段に該当する。）。なお，仮に製品にOEM 委託者が製造業者であるかの表示がなされていないとしても，OEM 委託者が製品に自己の名称を「販売元〇〇」等の肩書きで表示し，それが当該製造物の製造業者として社会的に認知されているような場合には，3号に当たる者として，やはり「製造業者等」に該当することとなる。このように，製造物責任法上の責任主体である「製造業者等」は，OEM 委託者をも責任主体として取り込むように定義されており，結果として，OEM 製造者のみならずOEM 委託者も，製造物責任法上の責任を負うことが多い。

OEM 取引における製品に製造物責任法上の欠陥があり，それによって消費者等に損害が生じた場合で，上記のように，OEM 製造者とOEM 委託者がともども製造物責任法上の責任を負ったときは，両者の関係は民法の不法行為の原則に従って処理される（製造物責任法6条）。すなわち，両者の間に民法719条の共同不法行為が認められる場合は，各自が加害行為ないし欠陥と相当因果関係のある全損害について賠償する責任を負い，その関係は不真正連帯債務となる[8]。両者間の求償関係については，判例上，被害者に対して損害賠償をした加害者が自己の負担部分を超えて賠償した場合には，その超えた部分について他の加害者に対して求償権を行使し得るものと解されている[9]。各加害者の負担部分については，加害行為の態様等の諸般の事情を考

---

8) 最一小判昭57.3.4判夕470号121頁，判時1042号87頁など。

慮して，損害の公平な分担という観点から定められる。

OEM 契約においては，OEM 製造者が製品の製造を担うものの，それは OEM 委託者からの製造委託によるものであるため，両者ともども，製品に欠陥があった場合の自己の責任を相手方に負担してもらうことを要求することが多い。特に，製品が OEM 委託者の開発による場合や，OEM 委託者の特許やノウハウなどを用いて製造される場合には，製品の製造に対して当事者双方が寄与するため，この傾向が顕著である。仮に OEM 契約において，「製品に欠陥があったとしても，OEM 製造者の責任を免責し，責任は全て OEM 委託者が負担する」と特約で合意したとしても，かかる特約は契約当事者しか拘束しないため，契約当事者以外の被害者が OEM 製造者に損害賠償請求をしてきた場合には，OEM 製造者はこれに応じる責任を負うこととなる。では，上記の特約のある場合で，被害者が OEM 委託者に損害賠償請求をし，OEM 委託者がこれに応じた後に，被害者に賠償した損害分について，OEM 製造者に対して，求償請求又は製造物責任法に基づく損害賠償請求[10]をすることはできるであろうか。この場合，免責特約の効力は特約当事者間で問題になっているが，やはり，その有効性は民法の不法行為の原則に従って処理される。一般的には，不法行為責任ないしその特約としての製造物責任法上の責任を免除する特約は，公序良俗に反するものとして，無効とされる場合が多いというべきであろう（民法90条）[11]。もっとも，上記の例で，OEM 委託者から OEM 製造者に対する請求については，OEM 委託者の負担部分を超える部分のみが認められ（不真正連帯債務者間の求償請求の場合），あるいは過失相殺（民法722条2項）によって（製造物責任法上の損害賠償請求の場合），OEM 製造者と OEM 委託者の間では損害の公平な分担が図られることとなろう。また，OEM 製造者の責任を全て免除する特約ではなく，OEM 製造

---

9) 最二小判昭41.11.18民集20巻9号1886頁，判タ202号103頁など。
10) 製造物責任法は，同法に基づき責任追及できる被害者を製造物の消費者に限定していない。そのため，OEM 委託者のような製品の流通過程の中間に位置する者も，同法に基づく責任追及をすることは可能である。
11) とりわけ，人身損害についての賠償責任を免除する特約は，公序良俗に違反するものとして無効とされる可能性が特に高いであろう。

者とOEM委託者の間の損害の負担割合を予め合意する特約がOEM契約において定められていた場合には，それが公序良俗に反するものとして無効とされる可能性は低くなると考えられる。

　以上のとおり，製造物責任法上の責任については，OEM契約においてどのように定めても，契約当事者以外の被害者からの損害賠償請求を妨げず，また，契約当事者間においても免責特約などの効力には限界がある。そのため，実務上のリスク管理の方法としては，生産物賠償責任保険の利用が一般的である[12]。なお，保険約款においては，「被保険者と他人との間に損害賠償に関する特別な約定がある場合において，その約定によって加重された賠償責任」は填補されないとの免責条項がおかれることが通常であり，保険で填補される損害の範囲には注意が必要である。

(5) 商標法

　前記第3　1(2)のとおり，OEM契約は，商標のライセンス契約を含むことが多い。OEM契約に基づく取引が継続している限りにおいては，商標法の規定が直接問題となることはほとんどない。しかし，OEM契約が終了した場合に，OEM製造者がOEM委託者の商標が付された完成品や半製品などの在庫を抱えた場合には，商標法違反の問題が顕在化するおそれが生じる。ところが，前述のとおり，OEM契約においてはOEM委託者の商標権の保護という観点からの規定が不十分であることが多いので，契約書作成時には注意を要する。

(6) 特許法及びその他の知的財産権法

　OEM契約が特許などのライセンス契約を含む場合や，開発委託契約又は共同開発契約を含む場合には，特許法及びその他の知的財産権法が特に問題となる。

　OEM契約に限った問題ではないが，権利性のある発明がなされる場合によく問題になるのは，職務発明における権利処理である。特許法上，ある発明について特許を受ける権利は，実際にその発明をした自然人に原始的に帰

---

[12] 生産物賠償責任保険の利用を徹底するため，OEM契約において，一方又は双方の当事者に同保険への加入を義務付ける規定を設けることもある。

属する (同法29条1項)。そのため，例えばOEM製造者とOEM委託者が製品の共同開発をしている過程で，従業員が特許性のある発明をした場合には，特許を受ける権利はその従業員に原始的に帰属する。但し，職務発明の場合は，使用者は，予め，使用者に特許を受ける権利を承継させることを定めることができる (但し, 当該従業員に対する相当の対価の支払いが必要である。同法35条2項ないし5項)。問題は，その発明が，複数の従業員の共同発明である場合である。この場合，特許を受ける権利は，発明を行った複数の従業員の共有となる。そして，特許を受ける権利が共有に係るときは，各共有者は，他の共有者の同意を得なければ，その持分を譲渡することができない (同法33条3項)。そのため，共同発明の場合は，使用者は，発明者である各従業員から，他の発明者である従業員の権利がその使用者に承継されることについて同意を得ることとなる。しかし，このような権利処理は，通常，使用者が自社の従業員との関係についてのみ行うものである。仮に，OEM製造者の従業員AとOEM委託者の従業員Bが共同で発明を行った場合，特許を受ける権利は従業員Aと従業員Bの共有となるが，従業員Aの権利をOEM製造者に承継させるためには従業員Bの同意が必要となり，従業員Bの権利をOEM委託者に承継させるためには従業員Aの同意が必要となる。しかし，このような他社とその従業員の間の権利の承継についての同意までは適切に確保されないことがある。OEM契約においても，特に製品の共同開発を行う場合には，職務発明についての権利の承継を適切に処理できるよう，契約当事者それぞれが配慮する必要がある。

なお，特許などの知的財産権のライセンスに関しては，前記第3 2(2)のとおり，独占禁止法の観点からの制約があるので，注意が必要である。

(7) 不正競争防止法

不正競争防止法は，OEM契約がノウハウの開示 (ライセンスに基づく場合を含む。) を必要とする場合に特に関係する。前記第3 1(5)のとおり，ノウハウが法的保護を受けるのは，契約法，不法行為法及び不正競争防止法によるものであるが，不正競争防止法上の保護を受けるためには，ノウハウが「営業秘密」，すなわち「秘密として管理されている生産方法，販売方法，その他の事業活動に有用な技術上又は営業上の情報であって，公然と知られてい

ないもの」(同法2条4項)に該当しなければならない。そして，かかる「営業秘密」に該当するためには，当該情報が「秘密として管理されている」ことが必要であり，そのためには，ノウハウを日常から秘密として管理することに加えて，ノウハウの開示をする前に相手方に秘密保持義務を課すことが極めて重要である。

(8) その他

上記の他に，OEM契約に関連する法律として，外国為替及び外国貿易法(国際的OEM契約の場合に，輸出入規制及び技術導入契約規制が関係するほか，製品対価についての支払報告が必要となる。)，各種税法 (OEM契約下での各支払いの税法上の扱いに関わる。)，仲裁法 (秘密性のある技術やノウハウが製品の開発・製造に必要な場合に，紛争処理方法としては秘密性を確保できる仲裁が適切な場合がある。) なども挙げられる。特に税法はOEM取引を行う上での経済的合理性に直接的な影響を与えるため，税法上の扱いについては事前に確認をしておくべきである。

第4 結語

本稿においては，多様な内容を持つOEM契約について，典型的に問題となる諸種の法的問題の整理を試みたが，問題点が多岐にわたるものであるため，個々の問題点については深い議論はできなかった。しかし，OEM契約は，基本的には製作物供給契約（請負供給契約）であり，これに他の様々な特徴が，ケース・バイ・ケースで加わった複合的な契約であるから，問題の所在を確認することができれば，その問題を論じる文献等に当たることは十分可能であろう。本稿がそのような作業の端緒としていささかでも役に立てば幸いである。

11

企業提携交渉をめぐる法的諸問題

　企業提携は，提携候補先等に関する情報の収集・分析，提携候補先との情報交換，交渉，中間的契約の締結等を経て，最終的な契約締結に至るものであり，提携契約の成否にかかわらず，交渉過程において生じた問題に起因して紛争が生じる場合がある。そして，企業提携の交渉過程についても，契約準備段階における信義則上の注意義務が否定される理由はなく，かかる義務に違反した当事者は，他方当事者に生じた損害を賠償する義務を負う。他方で，契約交渉過程における当事者の権利義務について中間的契約を締結し，誠実交渉義務や独占交渉義務を定めることは可能であるが，その効力については契約法上の問題のみならず会社法上の問題があり，中間的契約の締結にあたっては，この点を念頭に置きつつ，その内容や締結時期等を検討する必要がある。

金丸　和弘

第1　はじめに
第2　問題の所在
第3　契約交渉過程における信義則の適用
第4　契約交渉過程における誠実交渉義務
第5　契約交渉過程における情報提供義務
第6　契約交渉過程における中間的契約の問題点

第1 はじめに

　企業提携（本稿では，特に資本提携や企業再編行為などをその内容に含む企業提携を念頭に置く）は，ある日，突如として行われるものではなく，提携候補先や提携効果に関する情報の収集・分析に始まり，提携候補先（1社の場合もあれば，複数の会社の場合もあろう）への打診，当事者間の情報交換，条件交渉，中間的な契約の締結等を経て，最終的な提携契約の締結に至るものである。

　このように，企業提携契約は一定の交渉期間を経て締結されるものであることから，その間に交渉が頓挫し，最終的な企業提携契約の締結に至らない場合も当然に起こり得る（複数の会社との交渉を経て，最終的にある1社と提携契約を締結する場合もあろう。この場合は，契約交渉を開始し，場合によっては中間的な契約を締結したにもかかわらず，最終的な提携契約に至らなかった会社が存在することになる）。

　また，上記のような経過を経て最終的な提携契約の締結に至ったとしても，その後，契約交渉過程では明らかでなかった事実が判明し，企図した企業提携の目的が達成できない場合が生じることもあり得ないわけではない。

　そこで，本稿では，企業提携契約の契約交渉過程に焦点を当て，具体的な裁判例を参考としながら，そこに存在する法的問題について検討することとする（なお，企業提携については，継続的契約関係という性質から，契約締結後において信義則上の義務が認められる場面が多々あり得る[1]）。

第2 問題の所在

　企業提携は，いうまでもなく，私人である会社と会社の関係であり，その交渉過程にも当然に私的自治の原則が適用される。他社と提携するか否か，提携先としてどの会社を選択するかは自由であるし，仮にある会社と企業提携に向けた交渉を開始したとしても，最終的に契約を締結するか否かは自由

---

1) 大阪高判昭54.2.23金判580号34頁，東京地判昭56.1.30判時1007号67頁等。内田義厚「企業間提携契約と継続的契約」（本書9章）参照。

であり，平行して他の会社と同様の提携交渉を進めることも自由である。交渉の過程で何らかの中間的な契約をするか否か，中間的な契約にいかなる条項を盛り込むかも当事者が決めることである。

他方で，他社との提携交渉を進めるに際して必要な情報の収集・分析は，提携候補先に関するものも含め，自らの責任において行わなければならない。そして，仮に収集した情報やその分析に不十分な点があり，企図した提携効果が得られないとしても，その結果は甘受しなければならない。したがって，企業提携をするか否かを検討するに当たっては，そのような事態が生じることのないよう，当事者双方とも，相当の時間及び労力並びに費用を投入することになる。

しかし，いかに多額のコストを掛けて提携交渉を行ったとしても，相手方に当然に契約締結義務が生じるものではなく，また，相手方に関する情報を全て収集することは不可能である。そのため，最終的に契約締結に至らなかった場合や，契約締結には至ったものの，契約後に想定外の事実が発覚し，企図した効果を得ることができない場合には，これらのコストは無駄になってしまう。

そこで，現実にこのような事態が生じた場合，当事者は，上記のような私的自治の原則の結果として，これを受忍しなければならないのか，それとも，相手方に対し，損害賠償請求その他の法的請求をすることが可能かが問題となる。

第3　契約交渉過程における信義則の適用

1　契約交渉過程における信義則上の注意義務

民法1条2項は，「権利の行使及び義務の履行は，信義に従い誠実に行わなければならない。」と規定する。したがって，私人間で契約を締結した場合，契約当事者は自らの契約上の権利（債権）又は義務（債務）を，信義に従い誠実に行使又は履行しなければならない。

これに対し，契約を締結していない私人間では，原則として何らの債権債務関係は存在せず（例外的に債権債務関係が生じる場合として，事務管理・不当利得・

不法行為がある），その結果，契約交渉を開始したからといって，当事者間に何らかの契約（合意）が成立しない限り，信義則（民法1条2項）が適用される余地はないはずである。しかし，この点については，従来から，契約準備段階における信義則上の注意義務の存在が肯定されており，特に，契約が成立するに至らなかった場合を中心として，最高裁判例を含む多くの裁判例が存在している。

例えば，最三小判昭59.9.18判タ542号200頁は，マンションの売却予定者が，買受希望者の希望によって設計変更をしたにもかかわらず，売買契約が不成立となった事案について，「原審の適法に確定した事実関係のもとにおいては，上告人の契約準備段階における信義則上の注意義務違反を理由とする損害賠償責任を肯定した原審の判断は，是認することができ（る）」と判示している。

近時では，最三小判平19.2.27判タ1237号170頁が，ゲーム機の製造会社が正式契約締結前に商品の開発に着手し，相応の費用を投じて開発・製造をしたにもかかわらず，契約が不成立となった事案について，「被上告人には，上告人に対する関係で，契約準備段階における信義則上の注意義務違反があり，被上告人は，これにより上告人に生じた損害を賠償すべき責任を負う」と判示している。

このように，「契約準備段階における信義則上の注意義務」は，判例上，一般法理として確立しており，企業間の提携交渉においても，一般論としてその適用が否定される理由はない（前掲最三小判平19.2.27は，ゲーム機の継続的な製造・販売が予定されていた事案であり，ある種の企業提携が企図されていた事案である）。

このように，少なくとも企業提携交渉が一定の段階に入った後は，たとえ最終的な提携契約の締結に至らなくても，一般法理である信義則が適用され，その結果，相手方に対する注意義務違反に基づく責任を問われる可能性がある。

2　契約交渉過程における注意義務のもつ意味

このように，契約交渉の当事者には「契約準備段階における信義則上の注意義務」が認められる場合があるが，これは要するに，契約交渉が一定の段

階に入った当事者は，たとえ契約締結前であっても，相手方に不測の損害を与えることのないよう配慮する義務を負うことを意味する[2]。

そして，この義務は，たとえ契約が成立するに至らなくても発生するものであり，また，契約が成立したからといって消滅するものでもない。言い換えれば，契約が成立したか否かにかかわらず，契約交渉過程において上記義務に違反した当事者は，これによって相手方に損害が生じた場合，少なくともこれを賠償する義務を負うことになる[3]（なお，契約締結後の場合には，損害賠償義務のみならず，締結済みの契約の効果も問題となり得る[4]）。

このように，契約交渉過程における注意義務は，前記のような契約自由の原則あるいは自己責任の原則を，一定限度で修正する意味をもつものであり，その限りで交渉当事者の予測可能性を害する面があるともいえる。そこで，契約交渉過程において問題となり得る注意義務のうち，実務上問題となる場面の多い誠実交渉義務及び情報提供義務について，具体的な裁判例を参照しながら検討を行うこととする。

第4　契約交渉過程における誠実交渉義務

1　信義則に基づく誠実交渉義務

契約交渉過程における誠実交渉義務が問題となるのは，契約交渉を行ったにもかかわらず，最終的に契約が成立するに至らなかった場合である。

前記の通り，最終的に契約を締結するか否かは当事者の自由であり，契約交渉を進めたとしても，そこから「契約を締結する義務」が生じることはない（もちろん，当事者が「契約を締結する」旨を合意すれば別である）。したがって，契約交渉を進めた結果，相手方が契約の締結を強く希望するに至ったとして

---

[2]　大阪地判平20.3.18判時2015号73頁は，「契約関係に入ろうとする者は，信義則上，互いに相手方に不測の損害を生ぜしめることのないよう配慮すべき義務を負(う)」と判示する。
[3]　仙台高判昭61.4.25判タ608号78頁参照。
[4]　今西康人「契約準備段階における責任」石田喜久夫＝西原道雄＝高木多喜男先生還暦記念『不動産法の課題と展望』（日本評論社，1990）174頁参照。

も，これを拒否することは自由である[5]。

　もっとも，契約交渉が一定の段階に至ると，「誠実に契約の成立に努めるべき信義則上の義務」が生じる場合がある。そして，かかる義務が生じた後に，正当な理由なく契約の締結を拒否した場合には，交渉の不当破棄（契約成立の期待の侵害）として，これにより相手方に生じた損害を賠償する義務を負う[6]。

　また，未だそのような段階には至っていないとしても，「誠実に契約の成立に向けた交渉を行うべき信義則上の義務」が認められる可能性もある。もっとも，私的自治の下では，契約交渉を続けるか否か，続ける場合にどのような態様で進めるかも，当事者の自由であり（交渉態度が不誠実であれば，相手方から交渉を打ち切られることもあろう），他方で，交渉を続けても契約を締結する可能性がない場合にまで，そのような義務を認めることはできないから（前記の通り，そもそも「契約を締結する義務」はない），かかる意味における誠実交渉義務が信義則上の義務として認められる場合というのは，実務上は想定し難い。

　他方で，交渉を続けても契約を締結する可能性がなく，あるいは，交渉がまとまったとしても契約締結に至らない事情があるにもかかわらず，これを秘して契約交渉を進めることは，むしろ誠実交渉義務に違反するものと認められよう（告知義務違反）。

　このように，契約交渉を行う当事者は，信義則上，相手方と誠実に交渉する義務を負い，その後に契約が不成立に至った場合において，この義務に違反した当事者は，契約が成立するものと信じて相手方が支出した費用等に係る損害を賠償する義務を負う場合がある。この点に関する具体的な裁判例と

---

5) 民法（債権法）改正検討委員会編「債権法改正の基本方針」では，「当事者は，契約の交渉を破棄したということのみを理由としては，責任を問われない。」との条項が提案されている（【3.1.1.09】の〈1〉）。
6) 前掲「債権法改正の基本方針」では，前掲【3.1.1.09】の〈2〉として，「前項の規定にもかかわらず，当事者は，信義誠実の原則に反して，契約締結の見込みがないにもかかわらず交渉を継続し，または契約の締結を拒絶したときは，相手方が契約の成立を信頼したことによって被った損害を賠償する責任を負う。」との条項が提案されている。

しては，次のようなものがある。

(1) 交渉の不当破棄（契約成立の期待の侵害）に関する裁判例

ア　最三小判昭58.4.19判タ501号131頁

不動産の売買契約が不成立となった事案に関し，原審である東京高判昭54.11.7判タ408号106頁が，①売買代金を始め約定すべき事項について了解に達し，契約締結予定日まで取り決めたこと，②被控訴人から契約締結の延期及び建物取壊費用の負担について控訴人に不利益に変更することを申し入れ，控訴人から承諾を得た後，再度契約締結日を取り決めたこと，③被控訴人は控訴人の求めに応じて契約事項の確認を目的とした土地付建物売買契約書と題する書面の売主名欄に，その記名用ゴム印を押捺したこと，④被控訴人自らも特約事項を記載した書面を作成して控訴人に交付したことを認定し，「控訴人としては，右交渉の結果に沿った契約の成立を期待し，そのための準備を進めることは当然であり，契約締結の準備がこのような段階にまでいたった場合には，被控訴人としても控訴人の期待を侵害しないよう誠実に契約の成立に努めるべき信義則上の義務がある」として，控訴人が購入資金の融資を受けるために金融機関に支払った利息及び印紙代相当額の損害賠償義務を認めたことについて，「右事実関係のもとにおいて，被上告人の契約締結の利益の侵害を理由とする不法行為に基づく損害賠償請求を認容した原審の判断は，正当として是認することができる。」と判示した（傍点は引用者による。以下同じ）。

イ　東京地判昭60.7.30判タ561号111頁

被告が，インドネシアにおける木材採取権共同開発に関する合弁事業のため，原告が所有するブルネイ法人の株式の50％を譲り受けることについて交渉を進め，目的物，代金額，支払時期・場所等株式売買契約の基本的事項について相互の了解に達し，これを書面化したものを原告に送付し，これを受けて原・被告間で株式売買契約書及び株主間契約書の案文が作成され，法律的に検討・修正された上で所定の履行期日までに署名されるばかりの状態になっていた事案において，「本件売買契約が成約に至らなかった合理的理由を詳かにできない以上他に特段の事情の認められない本件においては，被告には原告の期待を侵害しないよう誠実に契約の成立に努めるべき信義則上

の義務違反があったものといわざるをえない。」と判示した。

また、同判決の控訴審である東京高判昭62.3.17判タ632号155頁も、「当事者間において契約締結の準備が進捗し、相手方において契約の成立が確実なものと期待するに至った場合には、その一方当事者としては相手方の右期待を侵害しないよう誠実に契約の成立に努めるべき信義則上の義務がある」という一般論を述べた上で、「右契約等締結の中止を正当視すべき特段の事情のない限り右締結を一方的に無条件で中止することは許されず、あえて中止することによって第1審原告に損害を被らせた場合にはこれを賠償する責を負うべきである。」と判示した。

なお、同判決の上告審である最一小判平2.7.5裁判集民160号187頁は、「右事実関係のもとにおいては、上告人の契約準備段階における信義則上の義務違反を理由とする不法行為に基づく損害賠償請求を認容した原審の判断は、正当として是認することができる。」と判示している。

ウ　前掲仙台高判昭61.4.25

控訴人と被控訴人との間で、控訴人の所有土地を被控訴人に賃貸する内容の賃貸借契約の交渉が進み、控訴人が被控訴人に土地を賃貸する準備として同土地上の住居を後退させる工事を行ったという事案において、「両者は同契約の締結準備段階に至った」と認定した上で、「交渉がこのような段階にまで達した以上は、交渉の一方当事者たる被控訴人は相手方である控訴人の期待を故なく裏切ることのないよう誠実に契約の成立に努めるべき信義則上の義務を負うに至った」とし、「被控訴人においてそのための努力をしたこと、或いは、控訴人との本件土地賃貸借契約を締結するのについて障害が生じたために契約を締結しえなくなったとかの事情を認めるべき証拠はないので、被控訴人は右義務に違反して控訴人との契約締結を不可能ならしめた者としての責任を負わなければならない」と判示した。

エ　東京地判平7.9.7判タ906号254頁

原告が所有する土地上に、被告が事業用オフィスビルを建築した上、これを一括借受して第三者に転貸（いわゆるサブリース）し、第三者の入居の有無にかかわらず、被告が一定の賃料を保証するという内容の事業受託契約に関する交渉が進められたが、被告が賃料保証ができなくなったとして事業計画

から撤退し，契約成立に至らなかったという事案において，①原・被告は約1年余りにわたって交渉を続けてきたが，請負に関する基本合意書及び保証賃料額に関する確認書の調印にまで至らなかったこと，②その理由として，被告は専門の業者として，原告は弁護士と逐次相談の上そのアドバイスを受けながら，互いに一方的に拘束されることを嫌い，細部まで確定して最終的な契約締結（契約書の調印）の段階に至るまで，フリーハンドの権利を留保しておこうという意図があったこと，③被告は，保証賃料額を変更せざるを得ない状況になる度毎に，その旨を原告に伝えてきていたのであり，景気の変動により，保証賃料額が低額化してきていることは，原告にも明らかであったこと，等の事実を認定し，「被告が賃料保証できなくなったとして事業計画から撤退したため，本件契約が成立しなかったからといって，被告につき直ちに契約関係を支配すべき信義則に違反するものと認めることはできない。」と判示した。

オ　東京地判平16.1.26判タ1157号267頁

原告と被告との間で，被告ブランドの商品を取り扱う合弁会社の設立に関する交渉が行われ，被告から原告に対し，レター・オブ・インテントの草案が送付されたものの，その締結にも至らないまま，被告から原告に対し，交渉中止が通知された事案において，①当初，原告は，被告からの合弁会社設立の提案に反対していたが，被告の提案開始から1年半を経過したころになって，ようやく同意するに至り，レター・オブ・インテントの締結を要求したこと，②この時点では合弁会社化に向けた主要な条件については，それぞれが提案している段階であり合意には至っていなかったこと，③その後，実務者レベルで具体的な条件交渉に入ると，両者の提案に開きがあることが判明したこと，④合弁会社化に向けた主要なスケジュールの点でも意見の相違が生じたこと，⑤結局，合弁会社設立に係るレター・オブ・インテントの締結にさえ至らなかったこと，等の事実を認定し，「そのような状況の下では，被告が本件合弁交渉を中止したとしても，私企業の自由な経済活動における合理的な経営判断として許容される」と判示した。

カ　東京地判平18.7.7金判1248号6頁

不動産会社である原告と投信会社である被告との間で，原告を賃貸人，被

告を賃借人とする建物賃貸借契約の締結交渉が行われ，賃料，契約期間，保証金の額，賃借対象階といった契約内容の主要部分については合意が形成され，残った交渉の焦点は絞られておりさほど重要ではない事項であり，契約書の調印予定日も合意していたという事案において，「遅くとも平成15年12月16日（引用者注：契約書の調印予定日を合意した日）の段階では，契約締結の準備段階に入ったと言わざるを得ない。」と認定し，「契約締結の準備段階にあった被告は，原告が近く本件建物の賃貸借契約が結ばれるものと信じて行動することが容易に予想できるものである。従って，被告は，信義則上，原告のかかる契約締結上の利益を故なく侵害しないように行動すべき義務を負っており，正当な理由なく原告の契約締結上の利益を侵害した場合には，被告にいわゆる契約締結上の過失が認められ，不法行為に基づいて，原告が将来賃貸借契約が締結されると信じたことによる損害を賠償すべき義務を負う。」と判示した。

　なお，同判決の控訴審である東京高判平20.1.31金判1287号28頁は，「少なくとも平成15年11月19日の本件合意（引用者注：①契約開始日を平成16年2月1日とする，②賃貸借階を14階及び15階とし，15階〔エレベーター乗換階〕にはセキュリティ扉を原告の費用負担で設置する，③敷金保全のため，原告の費用負担で銀行保証を設定するなどの合意）後においては，1審原告が本件建物に係る賃貸借契約が成立することについて強い期待を抱いたことには相当の理由がある」と認定し，「1審原告が本件確保部分を賃借人募集対象からはずしていたのは，1審被告のそれまでの行為と交渉経過にかんがみ，本件建物に係る賃貸借契約が成立すると期待し，1審被告への賃貸目的物の引渡を円滑にするためであったということができるが，この期待は無理からぬものということができるから，1審被告としては，信義則上，1審原告のこの期待を故なく侵害することがないよう行動する義務がある」とし，「1審被告は，結局，賃貸借契約を締結せず，これを締結しなかったことについて正当な理由をうかがい知る証拠はない。したがって，1審被告には契約準備段階における信義則上の注意義務違反があり，これによって1審原告に生じた損害を賠償する責任がある」と判示した。

キ　小　括

　これらの裁判例によれば，交渉の不当破棄（契約成立の期待の侵害）を理由とする損害賠償義務が認められるのは，基本的には，少なくとも契約の主要部分についての合意が成立し，実質的な契約交渉はほぼ終了した段階に至った場合に限られるといえよう。

　なお，実務上，契約交渉中である相手方に対して，契約締結を前提とした準備行為等を行うことを要請し，相手方がこれに応じて具体的な作業を行ったにもかかわらず，その後契約が締結されなかった場合に，相手方が当該作業に要した費用等に係る損害を賠償する義務を認めたものも多い[7)8)]。これらの事案は，相手方に対して準備行為等を行うことを要請していたという事案であり，交渉の不当破棄の事案とは異なるものとして整理すべきである（このような問題は，契約交渉が前記の不当破棄事案のような段階に達しているか否かにかかわらず，生じ得るものである）[9)]。

(2)　告知義務違反に関する裁判例[10)]

ア　東京地判昭53.5.29判タ368号297頁

　政府機関である被告が，政府機関が発注する映画製作は入札制度によるものであったにもかかわらず，これを告げないまま映画製作会社に映画製作の話を持ちかけ，原告は随意契約であると誤信して実際に撮影を開始したものの，最終的に案件を落札できなかったという事案において，「契約法を支配する信義誠実の原則（民法第1条第2項）は，既に契約を締結した当事者の

---

7)　最三小判昭56.1.27判タ435号75頁，前掲最三小判昭59.9.18，前掲最三小判平19.2.27，東京地判平10.11.26判時1684号75頁，大阪地判平17.1.27及びその控訴審の大阪高判平17.7.7（公刊物未登載）等。

8)　なお，最終契約締結前に基本協定を締結して当事者の具体的義務を定め，相手方がその義務を履行したにもかかわらず，契約の締結を拒否した事案として，東京地判平8.3.18判時1582号60頁，東京地判平8.12.26判時1617号99頁がある。

9)　加藤雅信「裁判実務にみる『契約の成立』と『中間合意』」野村豊弘先生還暦記念『二一世紀判例契約法の最前線』（判例タイムズ社，2006）27頁参照。

10)　前掲「債権法改正の基本方針」の【3.1.1.09】の〈2〉のうち，「信義誠実の原則に反して，契約締結に見込みがないにもかかわらず交渉を継続したとき」というのは，告知義務違反の場合に該当する。

みならず，契約締結の準備段階においても妥当するものというべきであり，当事者の一方が右準備段階において信義誠実の原則上要求される注意義務に違反し，相手方に損害を与えた場合には，その損害を賠償する責任を負う」という一般論を述べた上で，政府機関である被告は「発注の有無は入札にかかるものであり，原・被告の関係は未だ白紙状態であることを警告すべき注意義務」を懈怠したとして，原告が撮影に要した費用相当額の損害賠償を認めた(但し，5割の過失相殺)。

イ 東京地判昭56.3.23判時1015号84頁

原告が，ガス漏れ防災機器の製造販売会社である被告との間で，特定地域における独占的販売権の付与を基本とする総代理店契約の締結交渉を行っていた事案において，被告が既に当該地域において複数他社との間で代理店契約を締結していたにもかかわらず，これを秘して交渉を進めていたことに対し，「原告に契約地域内で独占的に販売代理店を与えることを当然の前提として原告との間で交渉をすすめ(ママ)，かつ，原告が……右契約が成立することを前提として営業活動をしていることを了知しながら，これと基本的に相容れない事項を秘し，或は契約の成立を阻害する行為を自らなすもので原告に対する不法行為に該る」と判示した。

ウ 大阪地判昭59.3.26判タ526号168頁

原告が所有土地に倉庫を建設して被告に賃貸する旨の事業計画に基づき，倉庫賃貸借契約の締結交渉が進められた事案において，契約交渉過程における注意義務に関する一般論に言及し，「将来契約当事者となるべき者が，自ら若しくは履行補助者により，契約の申込み又は申込みの誘因をなし，相手方がこれに基づきこれを受容して契約締結を指向した行為を始め，いわゆる商談が開始された場合には，この事実と右信義則とに基づき，右契約締結を指向し他方の利益に介入しうる領域に入り込んだ者としての特別の相互信頼に支配される法律関係(以下「締結準備交渉関係」という。)が成立するものというべきである。」とし，「この締結準備交渉関係においては，信義則に基づき，各交渉当事者は，相互に，指向する契約締結に関してこれを妨げる事情を開示，説明し，問い合わせに応じて締結意思決定に明らかに重大な意義を有する事実について適切な情報提供，報告をなし，専門的事項につき調

査解明し，相手方の誤信に対し警告，注意をなす等，各場合に応じ相互信頼を裏切らない行為をなすべき注意義務を負う」から，「故意，過失により右注意義務を怠り，右信頼を裏切って相手方に不測の損害を与えたときは，これを賠償すべき右締結準備交渉関係に基づく義務を負う」と判示した（但し，4割の過失相殺）。

もっとも，同判決は，本件における原告の事業計画の実現の見込み判断は，締結準備交渉関係成立より前に独自になしたものであると認定し，そのような「見込み判断の誤り等による責任と危険は，締結準備交渉関係が成立した後においても，右関係を支配する信義則に違反した相手方の行為によって生じたのでない限り，右売り込み者自身が負担し処理すべきものとすることが，自己責任の原則をその一内容とする私的自治の原則に適うところ」であり，「締結準備交渉関係成立前からの見込み判断の誤り等の是正を，特別関係たる締結準備交渉関係上の相手方に対し，右関係上の注意義務として要求できるのは，一般不法行為を支配する信義則の理念とは異なった，右関係を支配する信義則の理念に照らして放置し得ないような特別の場合」に限られ，「たとえば，見込み判断の誤り等が重大な事実誤認に基づくようなものであって，しかも本人がそれにつき善意で交渉を継続しているのを知りながら，相手方がこれを放置して自己の志向する契約の締結に臨もうとする場合のように，締結準備交渉関係に入った者として相互に持つ信頼を著しく裏切るものとしてそれの是正義務を課するのが右関係を支配する信義則の要請に合致する場合に限る」と判示している。

エ　東京地判昭61.4.25判タ625号191頁

原告の債務整理のため，その所有土地上に分譲マンションを立替工事として建築する内容の工事請負契約の締結交渉を進め，被告会社の担当者との間では契約を成立させることについて合意が成立したものの，同担当者が事前に上司らとの検討を十分せず，契約を成立させ得るものと被告会社の決済についての判断を誤っていたため，被告会社の決済を得ることができず，契約の締結を拒否するに至ったという事案について，「担当者との間では，請負契約を成立させる合意が成立し，契約書を取り交わすばかりまでになっていた」のであるから，「原告としては，その肩書から推認される同部長らの被

告における地位，権限，それまでの交渉経過からしても，右合意どおりの内容で契約が締結されるものと確信して旧建物の取壊し，パンフレットの作成，起工式の挙行，作業場の建設，建設機械の手配などを行ったものと認められる」とし，「本件請負契約は，原告の債務整理のため立替工事として依頼されたもので，原告は債務を抱え，当面請負代金を支払う能力はなかったものであり，このような代金の支払いについて問題がある以上，被告において適当な担保の提供がない限り，契約の締結を拒否することは十分予想されたことであるから，担当者……としては，原告らと交渉するに当たり，事前に上司と相談するなどして，原告と契約を締結する上での問題点を検討し，それを原告らに十分説明して，もし契約成立の見込みがないのであれば，早期に交渉を打ち切るなどして，原告らに無用の期待，誤解を抱かせ，不測の損害を与えることのないようにする注意義務があった」と判示し，被告は使用者（民法715条）として「右誤信により生じた原告の損害を賠償する責任がある」と判示した。

　オ　大阪高判平1.4.14判タ704号224頁
　薬局の経営を業とする会社（控訴人）と医療法人（被控訴人）が，いわゆる医薬分業契約の締結交渉を進めたところ，被控訴人の理事会で時期尚早との結論が出され，契約に至らなかったという事案において，①被控訴人代表者は，控訴人代表者に対し，かねてより医薬分業の実施の実現に向けて努力することを約束し，控訴人の調剤薬局開設のための店舗の賃借に協力していたこと，②両代表者は，調剤薬局にふさわしい貸店舗を見つけて検分し，同店舗での調剤薬局開設の可能時期，被控訴人の在庫薬品の引取り，薬価差益の分配比率等の問題について話し合ったこと，③控訴人代表者はその話合いの直後から，当該店舗で調剤薬局を開設するための準備作業を開始したこと，等の事実を認定した上，「控訴人代表者は，被控訴人代表者の早期の薬局開設を援助・奨励するような挙措，態度に久しく接していたばかりでなく，被控訴人内部に医薬分業に反対する動きのあるような告知を受けたことはなく，薬局開設のためにはかなりの人的・物的設備を要すること当然であるから，控訴人代表者が昭和58年1月初めより薬局開設の準備に入ったことは無理からぬところである」とし，「被控訴人代表者としては，理事会における

医薬分業問題の議論の推移を控訴人代表者に伝え，それに応じた適宜の対応策を講ずるよう勧告するなどして，控訴人に無用の準備や出費をさせることのないように措置すべき義務があるのにこれを怠った」と判示し，控訴人において本件契約が成立することを信じて支出した費用等のいわゆる信頼利益に係る損害の賠償を認めた。

カ　広島高岡山支判平10.5.21判タ986号225頁

普通地方公共団体である被告が，自動車道建設用地を地権者である原告から先行取得するに際し，将来，被告が日本道路公団に土地を転売するときには被告の購入価格と転売価格との差額を原告に支払う旨の約束をしたが，被告は転売後，この約束の存在を争うともに，仮にそのような約束が存在するとしても，地方自治法による議会の議決及び予算措置が講じられていないので無効であると主張した事案において，「普通地方公共団体が契約を締結するについては，地方自治法に基づく議会の議決・予算措置などの制約を受ける場合がある。これらの場合，その公共団体は，事前に右措置を講じたときは別として，契約の相手方に対し，契約を履行するためには右措置を講ずることを要し，右措置を講じない限り契約は無効であることを説明し，かつ，契約締結後においては，右措置を講ずるべく誠実に努めることが，信義則に基づき要求される」と判示した。

キ　横浜地川崎支判平10.11.30判時1682号111頁

原告が賃貸人として小売店等に賃貸している商業施設から，賃借人である小売店が撤退することになったため，その部分を被告に賃貸すべく交渉が行われていたが，被告が契約締結を拒否したという事案において，①被告が原告に対し，保証金と賃料の記入があり，被告代表者の印を押してある店舗出店申込書を提出していること，②現賃借人と被告との間で内装・設備等の買取交渉が行われており，その内容について被告側から原告に報告していること，③被告の依頼した内装業者が度々商業施設を訪れて，工事の検討を行っていること，④被告の代表者や常務取締役も度々商業施設を訪れて原告の代表者らと面談しており，その間，契約締結に向けて否定的または不確定であるかのような言動があった形跡がないこと，等の事実を認定した上，「原告と被告とは本件施設の賃貸借契約につき契約締結準備段階にはいっており，

原告が将来賃貸借契約が締結されるものと信じて行動することは被告にとってもたやすく予想されるところであった」にもかかわらず、「被告は、本件施設を賃借するかどうかは未だ不確定であることなどを、……原告側に伝えることなく、……役員会で出店しないことを決定した後も、これを……原告に直ちに伝えること」がなかったとして、「原告が将来賃貸借契約が締結されるものと信じたことによって被った損害を賠償するべきである。」と判示した。

　ク　東京地判平17.7.20判時1922号140頁

　被告が、A社を買収する目的で、原告が保有するA社株式を譲り受けるため、原・被告間で基本合意書を取り交わしたものの、被告が基本合意を破棄撤回し、株式譲渡契約の締結に至らなかった事案において、「当事者間において、契約締結交渉が行われている場合には、当事者双方は、互いに信義則に従い、誠実に交渉すべき義務を負う」という一般論を述べた上で、「一方当事者は、根拠の乏しい情報を提供するなどして、相手方に契約が確実に成立するとの誤解に基づく期待を抱かせることがないように配慮する義務があり、また、一旦確実な根拠に基づく情報を提供した結果、相手方に契約が確実に成立するとの期待を抱かせたような場合において、その後の事情の変化が生じて、契約の成立を見込めないようなときは、時機を逸することなく新たな情報を提供し、相手方が予測できないような損害を被ることがないように配慮すべき義務がある」と判示した。

　ケ　小　括

　これらの裁判例によれば、少なくとも、契約交渉を受けて、相手方が契約締結に向けた具体的行為を開始し、かつ、そのような行為を開始することが合理的であると認められる場合には、当該契約の締結に支障が生じ、あるいは当該契約の成立を妨げる事情があるときには、直ちにこれを告知すべき信義則上の義務があるといえよう。もっとも、そのような場合でも、一定の過失相殺がなされる場合が多いものと思われる。

2　中間的契約に基づく誠実交渉義務

　以上のとおり、契約交渉過程において、信義則上の誠実交渉義務が認めら

れる場合があるが，企業間契約の交渉過程では，最終的な契約を締結する前に，中間的な契約が締結されることも多い。そして，このような中間的な契約が締結された場合には，交渉当事者は，原則として当該契約に基づく義務を負うが，その義務の1つとして誠実交渉義務が認められる場合がある。具体的な裁判例としては，以下のようなものがある。

なお，中間的な契約において，最終契約締結までになすべき当事者の具体的義務を定め，相手方がその義務を履行したにもかかわらず，最終契約の締結を拒否した事案として，前掲東京地判平8.3.18，前掲東京地判平8.12.26がある（後記ウの裁判例は，この類型として理解することも可能である）。

ア　東京地判昭57.2.17判タ477号115頁

原告の所有土地を被告に売却する内容の契約交渉が進み，同土地上で営業していたLPGスタンド施設も売却対象に含めること，売買代金を2億6000万円とすることで合意が成立し，「不動産売買仮契約書」が作成された。同契約書の前文には，「不動産売買に関する基本事項について仮契約を締結し，正式契約を円滑かつ支障なく締結するための証として当仮契約書各1通を保有するもの」とされ，その2条には，「更に具体的細部事項を定めて正式契約を締結するもの」と規定されていた。

裁判所は，「売買代金及び目的物について合意に達したので，これら売買契約の基本的条件を書面化して確認するとともに，さらに交渉を継続して，売買契約に盛り込むべき具体的細部事項を定め，本件仮契約書の各条項を基本的な内容とする売買契約を締結することを定めた契約」であると認定し，被告に売買契約を締結すべき義務が生ずるか否かについて，「本件仮契約自体が正式契約を締結すべく交渉の継続を予定しているものであって，交渉の過程で当事者に売買契約の締結を強制することが公平の見地から妥当でないような事情が発生，発見された場合には，当事者の一方は売買契約の締結を拒否することもできると解すべきである」ものの，「本件仮契約は，正式な売買契約を締結することを目的とするものであるから，その性質上，……互いに，売買契約が締結できるよう努力すべきその売買契約に盛り込むべき具体的細部事項について誠実に交渉をなすべき義務を負う」とし，「正式契約を締結させることが公平の見地からみて不合理である事情が判明するなどの

正当な事由が存在しないのに、当事者が正式契約の締結を拒否すれば、右誠実交渉義務違反による債務不履行の責を免れない」と判示した（もっとも、結論的には、被告の売買契約の締結拒否には正当な事由があったものとして、原告の請求を棄却した）。

　この事案は、契約の主要部分について合意が成立していたと認められる事案であり、そのような状況下で締結された中間的な契約に基づき、「誠実に契約の成立に努めるべき義務」が生ずる場合があることを認めた例として、理解することができる。

　イ　京都地判昭61.2.20金判742号25頁
　原告と被告は、結婚式場の建築を目的として、原告所有土地の売買契約を締結する交渉を進めたが、①国土法所定の届出及び不勧告通知を受ける必要があること、②建築確認等を得るために開発行為等に関する行政指導等を受け、結婚式場の建築が可能であることが、売買契約の前提問題となっていた。そこで、原・被告は、これらの問題点を解決してから売買契約を締結することとし、売買契約締結に先立ち、実測地積による地積更正完了後の公簿面積にて売買すること、売買価格は坪当り38万円とすること等を内容とする協定書を締結した。協定書の前文には土地売買を円滑に完了することを目的として協定を締結する旨の文言があり、また、協定書に定めた各条項を満たすために、原・被告は互いに協力することを約し、円滑に売買契約を締結し所有権移転が完了するまで誠意をもって努力することを誓約する旨の条項があった。

　裁判所は、「本件売買協定は、原告らと被告との間で本件土地の売買契約を締結するまでの準備段階においてなされた合意であって、本件売買協定書に定めた事項が満たされた後に本件土地の売買契約を締結することが予定され、右契約を終局目的とするものであるから、原告らと被告は本件売買協定において、本件土地上に結婚式場を建築することができるための諸条件を成就させるように努力し、かつ本件土地の売買契約を締結することができるよう互いに誠実に交渉をなすべき義務を負うことを合意したものと認められる。」と判示した。

　そして、「右売買契約の締結を妨げる問題が生じ、それが当事者の責に帰

すべき事由によらないものである場合には、当事者の一方は本件売買協定を破棄することが許される」が、「そのような事由がないのに当事者が一方的に本件売買協定を破棄した場合には、……誠実交渉義務違反による債務不履行の責を免れない」と判示した。

この事案は、中間的な契約において、協定書に定めた各条項を満たすために互いに協力することを約し、円滑に契約を締結するまで誠意をもって努力することを誓約する旨の条項が規定されていた事案であるが、このような条項の解釈として、上記アと同じく、「誠実に契約の成立に努めるべき義務」が認められる場合があることを示す例として、位置付けることができる。

ウ　東京地判平6.1.24判時1517号66頁

原告が所有土地上にリゾートマンションを建設した上で被告に売却し、被告は土地付区分所有建物として分譲することを目的として買い受ける内容の土地付区分建物売買協定が締結された事案であり、売買代金を含む売買契約の基本的内容は協定に盛り込まれた上、売買契約の締結は、建物の建築確認通知書が下付され、原告が工事着工後2週間以内とするが、国土利用計画法23条の届出をし、同法24条による不勧告通知を受けた後とする旨が規定されていた。

裁判所は、「本件協定は、建築確認の取得や国土利用計画法の不勧告通知を受けた後に、売買契約を締結することを目的として、売買契約締結の準備段階においてなされた合意であって、これにより、当事者としては、売買契約の成立に向けて誠実に努力、交渉すべき信義則上の義務を負うに至ったというべきである」とし、「一方当事者が、正当な事由もないのに売買契約の締結を拒否した場合には、右信義則上の義務違反を理由として相手方の被った損害につき賠償すべき責任を負う」と判示した。

そして、大手マンション販売業者である被告が「本件協定締結後わずか1年で市況の悪化を理由に売買契約の締結を拒否するのは、正当な理由であるとは認め難い」として、原告が被告仕様の建物設計に要した設計費用相当額の損害賠償を認めた（但し、原告にも建築確認の取得が遅れた過失があったとして2割を減額）。

この裁判例は、中間的な契約に誠実交渉義務が規定されておらず、他に誠

実交渉義務の根拠となり得る条項もなかったため,信義則上の義務として「誠実に契約の成立に努めるべき義務」を認定したものと解される。

エ　東京地判平18.2.13判タ1202号212頁

本件は,住友信託銀行対UFJホールディングス事件として著名な事件であるが,金融機関の間で業務提携等を企図した協働事業化に関する契約の締結交渉が進み,基本合意を締結したものの,最終契約を締結する前に交渉が打ち切られたという事案である。

本件で締結された基本合意書には,1条において,「協働事業化の目的」との見出しの下,「各当事者は,かかる目的の達成に向けて,相互の信頼関係を維持して誠実に努力する。」,12条において,「誠実協議」との見出しの下,「各当事者は,本基本合意書に定めのない事項若しくは本基本合意書の条項について疑義が生じた場合,誠実にこれを協議するものとする。」との規定があり,さらに,8条1項において,「各当事者は,…誠実に協議の上,2004年7月末までを目途に協働事業化の詳細条件を規定する基本契約書を締結し,その後実務上可能な限り速やかに,協働事業化に関する最終契約書を締結する。」と規定されていた。

裁判所は,①8条1項は,1条や12条に加え,さらに重ねて各当事者が誠実に協議すべきことを規定していること,②各当事者が本件基本合意を締結するに当たり,本件協働事業化の実現のためには,本件基本合意書後に当然に予定されている準備作業や協議を行うに当たり,相互に誠実に協議すべき法的な義務を負う必要があるとの認識を持っていたこと,等の事実を認定し,「8条1項の規定は,UFJ3社及び原告が本件協働事業化に向けて誠実に協議すべき法的義務を相互に負うことを定めたものであると解される。」と判示した。

オ　小　括

上記エの裁判例によれば,中間的な契約において,「誠実に契約の成立に向けて交渉すべき義務」を定めた場合,かかる義務を怠って交渉を打ち切った当事者は,相手方に対して損害賠償責任を負う場合があることになる。その意味で,特に,「誠実に契約の成立に向けて交渉すべき義務」という意味における誠実交渉義務については,中間的な契約において規定する意味があ

るといえよう（上記ア及びイの裁判例も，中間的契約で合意した誠実交渉義務の内容については同様の判示をしている。もっとも，これらの事案は，いずれも契約の主要部分についての合意は成立していたと認められる事案であり，仮に中間的な契約が締結されていなくても，前記1(1)に挙げた裁判例と同じく，「誠実に契約の成立に努めるべき信義則上の義務」の存在を認めることも可能な事案であったのではないかと思われる）。

第5 契約交渉過程における情報提供義務

1 自己責任の原則

前記の通り，私人間の契約については私的自治の原則が妥当し，契約を締結するか否かを決めるために必要な情報の収集と分析は，各人が自己の責任において行うべきものとされる。

もちろん，契約交渉過程において，故意に相手方を欺罔することは許されず，積極的に虚偽の情報を提供し（作為の欺罔行為），あるいは，相手方が現に問題とした事項についての情報を秘匿し（不作為の欺罔行為），相手方を誤信させて契約を締結した場合には，詐欺に基づく意思表示の取消（民法96条）あるいは不法行為に基づく損害賠償（民法709条）の問題となり得る[11]。例えば，東京地判平4.3.12判時1452号54頁は，被告が，原告との共同出資会社を整理するため，原告から株式を買い取るに際し，既に中止した低額での会社所有不動産の売却計画を実行するかのように説明し，実際には同不動産を高額に評価して株式を第三者に譲渡することが確実であるのにこれを秘し，会社の残余財産を不当に低いものとして原告に告げ，これをもとに株式の売買代金を定めた事案について，「正当な取引行為を逸脱した欺罔行為に当たる」として，純資産評価方式により評価した株式の価額と原告が被告から受領した売買代金との差額について，不法行為に基づく損害賠償を認めている。

また，虚偽の情報提供にはあたらなくても，相手方が一定の事実関係等について錯誤に陥っており，それが法律行為の要素の錯誤に該当すると認められる場合には，民法95条に基づき契約が無効となる余地はある（もっとも，い

---

11) 横山美夏「契約締結過程における情報提供義務」ジュリ1094号133頁。

わゆる動機の錯誤という問題があるほか,錯誤に陥った相手方について重過失の有無が問題となり得る)。

しかし,欺罔行為の存在が認められず,また,要素の錯誤に該当するとも認められない場合には,上記のような法的効果は生ぜず,情報の収集あるいは分析の失敗により,契約締結後に予期せぬ不利益が生じたとしても,当事者はこれを甘受しなければならないことになる。例えば,大阪地判平4.9.17判夕832号146頁は,資本参加の目的で被告から株式を購入した原告が,被告には対象会社の資産価値を開示説明すべき義務があったのにこれを怠ったと主張したのに対し,「右は対等な企業間における交渉であって,原告がかかる資本参加を行うか否かについては原告において完全に選択の自由を有していたものである。」とした上で,被告において対象会社の資産状況につき殊更に虚偽の事実を告げてはならないという意味での消極的な義務を負うことは格別,「原告の主張するような積極的な開示説明義務を負うものと認めることはできない。」と判示している。

2 信義則による修正

もっとも,この点については,従前より,主として事業者と消費者との契約に関し,契約交渉過程における信義則上の義務の一つとして,一方当事者(事業者)が他方当事者(消費者)に対して一定の事実関係等を告知する義務(情報提供義務あるいは説明義務)が認められており,様々な契約類型における多数の裁判例が存在する[12]。

これは,私人同士とはいえ,事業者と消費者との間には情報量及び情報の分析能力の点で格差があるため,事業者に情報提供義務を課すことにより,このような情報力の格差を解消し,契約自由の原則を実質的に保障する必要があるからである(私的自治の原則を実質化するための自己決定権の確保。さらに,消費者の事業者に対する信頼に対応する事業者の義務としての情報提供義務―助言義務―を認

---

[12] 内田貴『契約の時代』(岩波書店,2000)75頁,中田裕康ほか編『説明義務・情報提供義務をめぐる判例と理論』(判夕1178号),横山・前掲注11)128頁,山田誠一「情報提供義務」ジュリ1126号181号参照。

めるべきであるとの議論もある[13])。

このように，少なくとも事業者と消費者との契約関係においては，情報の収集と分析に関する自己責任の原則は，一定限度で修正されている。

3 企業提携における情報提供義務

これに対し，企業提携は，事業者と事業者との契約であり，事業者と消費者のような類型的に情報力の格差が存在する関係にあるとは認められず，原則として，対等な当事者間の契約交渉として私的自治の原則がそのまま妥当する場面であると考えられる。東京地判平19.9.27判タ1255号313頁も，東証第2部上場会社と東証マザーズ上場会社との間で資本提携及び業務提携がなされた事案に関し，「企業間の買収については，私人間の取引であることから私的自治の原則が適用となり，同原則からは，買収に関する契約を締結するに当たっての情報収集や分析は，契約当事者の責任において各自が行うべきものである。…企業買収において資本・業務提携契約が締結される場合，企業は相互に対等な当事者として契約を締結するのが通常であるから，上記の原則が適用され，特段の事情がない限り，上記の原則を修正して相手方当事者に情報提供義務や説明義務を負わせることはできないと解するのが相当である。」と判示している。

もっとも，事業者と事業者との関係は，事業者と消費者のような類型的に情報格差が存在する関係にあるとはいえないものの，個別具体的な事案によっては，対等な当事者とは認められない場合もないとはいえず，このような例外的な場合には，対等当事者ではないことを理由として信義則上の情報提供義務が認められる余地がないわけではない[14]。ただ，実務的には，対等な当事者か否かが問題となるというよりも，個別具体的な事案に応じて，契

---

13) 横山・前掲注11)129頁，内田・前掲注12)77頁。なお，潮見佳男「説明義務・情報提供義務と自己決定」中田ほか編・前掲注12)9頁，横山美夏「説明義務と専門性」同18頁参照。
14) 藤原俊雄「金融商事判例研究」金判1284号73頁は，上記裁判例について，被告がその株式の過半数を保有する事例であり，対等当事者間の取引とは言い難い場面であるとしている。

約当事者の属性や関係も踏まえつつ，交渉経緯や締結された契約の内容あるいは対象に照らし，一定の情報を提供すべき信義則上の義務が認められるか否かが問題となるものと考えられる。

かかる意味で参考となる裁判例として，東京地判平 15.1.17 判時 1823 号 82 頁がある。この事案は，事業者間の業務及び資本提携をめぐる交渉に際し，既になされていた財務情報の開示行為を先行行為と捉え，後にこれと異なる財務状態に陥った場合には，その旨を告知すべき義務があるとしたものであり，先行行為に基づく情報提供義務を認めた事例である（同判決は，「自己の先行行為によって形成された原告の認識を是正すべき注意義務があった」と認定している）。この事例では，契約交渉において財務情報を開示していた事実が認定されているが，契約交渉とは無関係に財務情報が公開されていた場合にも，当該情報が公開されている中で契約交渉が進められている間に，これと異なる財務状態に陥ったような場合には，相手方に対し，公開されている財務情報と真実の財務状態が異なっている事実を告知する義務が認められる場合もあり得ると考えられる。前掲東京地判平 19.9.27 が判示するように，「買収に関する契約を締結するに当たっての情報収集や分析は，契約当事者の責任において各自が行うべきものである」としても，その結果収集した情報が他方当事者による開示情報であり，かつ，それが真実と異なっているとすれば，その情報に依拠して契約を締結した当事者の自己責任を問うことは，必ずしも正当とはいえないからである。

また，前掲大阪地判平 20.3.18 は，上層階に遊戯施設を配置して集客の核とし，その客が下層階のテナントにも訪れるというシャワー効果で下層階の物販店や飲食店舗が潤うという構造の都市型立体遊園複合施設を計画し，下層階のテナントを募集したものの，テナントとして出店した飲食店舗の収益が上がらなかったという事案について，①本件施設は遊戯施設と物販店や飲食店が有機的に一体として設計されており，賃借人は本件施設全体の収益活動の一部として活動することが予定されていること，②賃借人は独自の営業活動を制限されており，本件施設の集客力に依存せざるを得ないこと，③賃借人が一方的に本件施設の事業に協力する義務を負っていること，④遊戯施設全体の集客力及び収益性に関する情報は賃貸人側に集中していること，⑤

遊戯施設全体の収益性は賃貸人の事業内容や営業努力等により容易かつ大きく左右されること，等の事実を認定した上で，「このような本件施設の目的や性質，構造，運営実態，当事者の能力の格差等に照らせば，受託銀行ら（引用者注：賃貸人）には，出店希望者に対し，本件事業の計画や実績など受託銀行らが有する情報であって，出店者の収支予測に重大な影響を与えるものを十分に説明・告知し，出店希望者が出店の可否の判断を誤ることのないように配慮すべき信義則上の義務がある」と判示し，賃借人の当初投下費用及び累積赤字の一部に係る損害賠償請求を認めた（但し，7割の過失相殺）。

次に，企業提携に関する事案ではないものの，参考となる裁判例として，東京地判平18.9.5判タ1248号230頁がある。これは，建設産業機械等の販売等を業とする被告が，その工場敷地を，土木建設工事の企画等を業とする原告に売却したところ，当該土地が鉛等により土壌汚染されていたという事案であるが，裁判所は，「土壌汚染の有無の調査は，一般的に専門的な技術及び多額の費用を要するものである。したがって，買主が同調査を行うべきかについて適切に判断するためには，売主において土壌汚染が生じていることの認識がなくても，土壌汚染を発生せしめる蓋然性のある方法で土地の利用をしていた場合には，土壌の来歴や従前からの利用方法について買主に説明すべき信義則上の付随義務を負うべき場合もある」と判示し，「被告の信義則上の説明義務の不履行により，土壌汚染調査を行うべきかを適切に判断するための情報提供を受けることができず，商法上求められる買主としての検査義務を果たせないまま被告に対して瑕疵担保責任の追及する機会を失った」として，「土壌汚染調査を行う必要はないと信頼したことによって被った損害，すなわち瑕疵担保責任を追及する機会を失ったことによって被った損害の賠償をする責任を負う」と判示し，瑕疵担保責任に基づく損害賠償請求相当額の損害賠償義務を認めた（但し，6割の過失相殺）。

このような裁判例に鑑みると，事業者間の契約である提携契約についても，信義則上の情報提供義務が認められる場合があることは否定し得ない[15]。

---

15) 株式の持ち合いの事案として，東京地判平19.9.26判タ1261号304頁。堀天子「株式の持ち合い」（本書6章）185頁。

そして，上記の裁判例によれば，信義則上，一定の事実関係等に関する情報を提供する義務が認められる場合には，契約上あるいは法律上の義務と，信義則に基づく情報提供義務違反との関係が問題となる場合もあり得ることになる[16]。

なお，契約交渉の結果，現に企業提携契約が締結されている以上，当該契約の具体的な明文規定の解釈から，交渉過程における一定の情報提供義務の存在を認定できる場合もあろう。この場合には，特に信義則を持ち出すまでもなく，契約の条文解釈によって情報提供義務の存在が認められることになる（むしろ，信義則上の情報提供義務の有無が問題となるのは，現に締結された契約条項からは，問題となる情報提供義務の存在を認めることができない場合であるともいえる）。

4 表明保証責任との関係

企業提携に関する契約には，いわゆる表明保証責任が規定されることが多い。表明保証とは，契約を締結する際に，一方当事者が，一定の時点における契約当事者自身に関する事実，契約の目的物の内容等に関する事実について，当該事実が真実かつ正確である旨を明示的に表明し，相手方に保証するものである[17]。

このような表明保証の機能の一つとして，契約当事者間のリスク分配機能，すなわち，表明保証をした契約当事者は，表明保証した事実については責任を負う一方，それ以外の事実については責任を負わないとすることにより，契約当事者の責任範囲を明確にするという機能がある[18]（この点をより明確にするため，明示的に表明保証の対象とした事項以外の事項については何ら表明保証しない旨

---

16) 前掲「債権法改正の基本方針」では，債権債務関係と信義則に関する条項【3.1.1.03】とは別に，交渉当事者の情報義務・説明義務に関する条項【3.1.1.10】が提案されており，情報提供義務の対象は「契約を締結するか否かに関し相手方の判断に影響を及ぼすべきもの」とされ，また，情報提供義務の有無を判断する際の考慮要素として，「契約の性質，各当事者の地位，当該交渉における行動，交渉過程でなされた当事者間の取り決めの存在およびその内容等」が挙げられている。

17) 江平亨「表明・保証の意義と瑕疵担保責任との関係」弥永真生ほか編『現代企業法・金融法の課題』（弘文堂，2004）82頁。

18) 江平・前掲注17)88頁。

の条項が盛り込まれることもある)。したがって,表明保証責任が規定された契約を締結した後に,信義則に基づき,明示的に表明保証の対象とした事項以外の事項について,「黙示の表明保証責任」を認めることは,表明保証のリスク分配機能を損ない,契約当事者の合理的意思に反する結果となるおそれがある。

他方,情報提供義務が問題となるのは,まさに一方当事者に関する事実や契約の目的物の内容等に関する事実であり,契約上の表明保証の対象となり得る事実であるから,明示的に表明保証の対象とされていない事実について信義則上の情報提供義務を認めることは,実質的には「黙示の表明保証責任」を認めるに等しい。

したがって,提携契約において,具体的な表明保証条項を明示的に規定(さらには,明示的に規定した事項以外は何ら表明保証しない旨を規定)した場合には,原則として,契約当事者が情報提供義務の有無について特に合意したものとして,安易に信義則上の情報提供義務を認めることは許されないというべきであろう[19]。

第6 契約交渉過程における中間的契約の問題点

1 中間的契約の意義

以上のとおり,企業提携に関する契約交渉も,私人間の関係である以上,これを規律する一般法である民法が適用され,民法1条2項に定める信義則の適用を受ける結果,たとえ最終的な提携契約の締結に至らず,その他特段の合意の成立が認められなくても,当事者間に一定の権利義務関係が生じる可能性がある。しかし,あくまでも信義則という一般条項を根拠とするものであり,その適用の有無及び法的効果については必ずしも明らかとはいえず,他方で,一般条項の適用は交渉当事者の予測可能性を害する面もある。

そこで,最終的な提携契約を締結する前の段階で,交渉当事者間で中間的

---

[19] 以上については,金丸和弘「M&Aに関する契約交渉過程における情報提供義務」NBL 879号40頁参照。

な契約を締結する場合がある。実務上，基本合意書，基本覚書，レター・オブ・インテント (letter of intent) 等と称されるものである。もちろん，このような中間的契約が締結される時期やその内容は，個別具体的な提携交渉に応じて異なるものであるが，一般的には，最終契約の実現に向けた情報提供や協議に係る権利義務（独占交渉義務，誠実交渉義務，守秘義務等）について規定されることが多い。

2 中間的契約の法的拘束力

このような中間的契約も，あくまでも最終契約との関係で「中間的」であるに過ぎず，それ自体としては独立した一つの「契約」である[20]。したがって，中間的契約に規定された各条項に法的拘束力があるか否かは，契約法の一般原則に従い，契約当事者の意思によることになり，最終的には，裁判所による契約当事者の合理的意思解釈によって決せられることになる（当該条項が確定的な内容であるか否か，当該条項に基づいて生ずべき権利義務の内容が確定的であるか否か等により，判断されることになろう）。もっとも，実務上は，中間的契約において，各条項が法的拘束力を有するか否かを明示的に定めておくのが一般的である。また，中間的契約に基づく義務からの離脱を可能とするため，当事者に一定の解約権を留保する場合もある[21]。

住友信託銀行対 UFJ ホールディングス事件では，前記のとおり，基本合意書12条の前段において「各当事者は，本基本合意書に定めのない事項若しくは本基本合意書の条項について疑義が生じた場合，誠実にこれを協議するものとする。」と定め，その後段において「また，各当事者は，直接及び間接を問わず，第三者に対し又は第三者との間で本基本合意書の目的と抵触しうる取引等にかかる情報提供・協議を行わないものとする。」と定める条項（以下，後段の定めを「独占交渉条項」という）があったところ，最高裁判所は，

---

20) 吉川吉樹・判時1947号173頁参照。
21) 田山輝明「契約締結過程での独占交渉権等の合意の効力」中東正文編『UFJ vs. 住友信託 vs. 三菱東京 M&A のリーガルリスク』（日本評論社，2005）101頁は，解約権の黙示の合意の存在を主張する。

仮処分決定において，独占交渉条項に法的拘束力があることを前提とする判示をしている（最三小決平16.8.30民集58巻6号1763頁，判タ1166号131頁）。また，前掲東京地判平18.2.13は，前記のとおり，「各当事者は，（中略）誠実に協議の上，2004年7月末までを目途に協働事業化の詳細条件を規定する基本契約書を締結し，その後実務上可能な限り速やかに，協働事業化に関する最終契約書を締結する。」との条項について，当事者が協働事業化に向けて誠実に協議すべき法的義務を相互に負うことを定めたものであるとして，その法的拘束力を認めている。

3　中間的契約の効力

このように，中間的契約に定める条項に法的拘束力が認められる場合，当該条項に定める義務に違反した当事者は，民法415条に基づき，相手方に対し，当該義務違反と相当因果関係のある損害（民法416条）を賠償する義務を負う（もちろん，中間的契約において当該義務違反の効果について特段の定めをした場合は，これに従う）。

この点に関し，前掲最三小決平16.8.30は，「相手方らが本件条項（引用者注：独占交渉条項）に違反することにより抗告人が被る損害については，最終的な合意の成立により抗告人が得られるはずの利益相当の損害と見るのは相当ではなく，抗告人が第三者の介入を排除して有利な立場で相手方らと交渉を進めることにより，抗告人が相手方らとの間で本件協働事業化に関する最終的な合意が成立するとの期待が侵害されることによる損害とみるべきである。」と判示した。前掲東京地判平18.2.13も，独占交渉条項及び誠実協議条項の法的拘束力を認め，「被告らは，独占交渉義務及び誠実協議義務の債務不履行と相当因果関係のある損害について賠償する義務を負う」としながら，いわゆる履行利益（最終契約が締結されていれば得られたであろう利益）は，これらの義務違反と相当因果関係にある損害とはいえないと判示し，また，履行利益を前提として民事訴訟法248条を適用することも否定した[22]。このような判決を受け，中間的契約に定める義務に違反した場合の効果（違約金等）についても，具体的に規定すべきことが指摘されている[23]。

次に，民法の一般原則によれば，相手方は，義務を履行しない当事者に対

し，当該義務の履行を求めて裁判所に提訴することが可能である（民法414条）。住友信託銀行対 UFJ ホールディングス事件でも，独占交渉条項に基づく差止請求権の存在を前提として，第三者との間で協議を行うことなどの差止めを求める仮処分命令の申立てがなされたが，前掲最三小決平16.8.30では，独占交渉条項に基づく差止請求権の有無は明確に判示されていない。

　この点については，民法の一般原則によれば，原則として現実的履行の強制（不作為義務については間接強制の方法によることになろう。民法414条3項）が可能であり，特に強制力を排除する旨を合意した場合，あるいは，当該義務の性質上，国家の強制力をもって履行を強制すべきものではないと認められる場合等に限り，例外的に現実的履行の強制は認められないということになろう[24]。

　もっとも，以上のような提携契約における中間的契約の効力については，契約法の一般原則のほかに，会社法上の問題を考慮する必要がある（この点は後述する）。

4　中間的契約の有効期間

　中間的契約は，あくまでも最終契約の締結を目的とするものであり，この目的が達成されないまま，いつまでも当事者を拘束する必要性も合理性もなく，実務上，一定の有効期間が明示的に定められるとともに，最終契約の締

---

22) 松本恒雄「M&A 基本合意書の拘束力と損害賠償の範囲」金判1238号5頁は，民事訴訟法248条の適用になじむ事案であるとする。山本和彦「民事手続法の観点から」金判1238号11頁も同旨。なお，中東正文『企業結合法制の実践』（信山社出版，2009）118頁参照。
23) 清水建成「住友信託 vs. 東京三菱 UFJ 事件」奈良輝久ほか編『M&A 法制の羅針盤』（青林書院，2007）426頁，池田裕彦「UFJ 裁判は M&A 実務にどう影響するか」中東編・前掲注21)167頁，国谷史朗「リーガルリスクとリスク発想」同196頁。中村直人「M&A のリスク管理をどうすべきか」同229頁は，違約金を定めると契約は破棄されやすくなると指摘する。なお，違約金条項の問題点については，野村修也・金法1780号78頁，中東・前掲注22)107頁参照。
24) 沖野眞已・ジュリ1291号69頁，畑郁夫「最近の大型企業統合（M&A）紛争を巡る法的諸問題について」民商132巻1号33頁参照。なお，田山・前掲注21)103頁参照。

結によりその効力を失う旨が規定されるのが通常である。

このように，中間的契約において明示的に有効期間を定めた場合，契約法の一般原則によれば，当事者は，当該有効期間中は中間的契約に拘束され，相手方に対して中間的契約に定める義務を負うことになる（もっとも，個別具体的な事案において，不合理に長期の有効期間を定めることにより，相手方を過度に拘束するものと認められる場合は，少なくとも合理的な期間を超える部分について民法90条が適用され，無効とされる余地はあろう）。

これに対し，前掲最三小決平16.8.30は，独占交渉条項に関し，「本件条項は，両者が，今後，本件協働事業化に関する最終的な合意の成立に向けての交渉を行うに当たり，本件基本合意書の目的と抵触し得る取引等に係る情報の提供や協議を第三者との間で行わないことを相互に約したものであって，上記の交渉と密接不可分なものであり，上記の交渉を円滑，かつ，能率的に行い，最終的な合意を成立させるための，いわば手段として定められたものであることが明らかである。」とし，「今後，抗告人と相手方らが交渉を重ねても，社会通念上，上記の最終的な合意が成立する可能性が存在しないと判断されるに至った場合には，本件条項に基づく債務も消滅するものと解される。」と判示した（但し，結論的には，独占交渉条項に基づく債務の消滅を否定した。前掲東京地判平18.2.13も同旨）[25)][26)]。

5 会社法との関係

前記のとおり，企業提携交渉における中間的契約については，契約法上の問題のみならず，会社法との関係が問題となる。会社法は，資本提携や企業再編行為などをその内容に含む企業提携について，その実行過程で株主総会の承認決議を要すると定めるなど，株主の利益保護を図っており，会社法が

---

25) この点は，いわゆる「目的不到達による債権の消滅」をいうものであると解する余地もあるが，畑・前掲注24)20頁は，このような見方を否定する。また，野村修也・金法1748号77頁は，裁判所が本件を会社法の論点として処理できなかったことの副作用であると評している。

26) 田山・前掲注21)102頁は，信頼利益の賠償の問題はあるものの，客観的な不能事由が認められなくても当事者は自由に基本合意書を解約できるとする。

保護しようとしている株主の利益を無視することはできないからである（会社法の強行法規性）[27]。

このような会社法上の観点からは，①そもそも中間的契約として過度に会社を拘束する合意をすることは取締役の権限を逸脱しているのではないかという問題と，②中間的契約を締結した後にこれを遵守することが取締役の義務に反する場合があるのではないかという問題が提起される。

前者の問題としては，例えば，第三者からより有利な提案がなされる可能性がある状況の下で，過度に長期にわたる独占交渉条項を定めることは，それ自体として取締役の権限を逸脱するものであり，そのような条項は無効である（少なくとも合理的な期間を超える部分は無効である）と解する余地がある（理論的には，そのような合意は会社の意思決定に関する権限分配に反するものであり，公の秩序に反するものとして民法90条により無効となると考えることができよう）[28]。

後者の問題としては，例えば，独占交渉条項を定めた後に，第三者からより有利であると認められる提案がなされた場合，当該第三者と交渉しないのは取締役の善管注意義務に反するものであり，したがって，取締役が自らの善管注意義務を果たすべく第三者と交渉したとしても，会社は債務不履行責任を負わないと解する余地がある（理論的には，当該条項を遵守することが取締役の善管注意義務違反となる限りにおいて当該条項は無効であり，又は，当該条項を遵守しないことに帰責事由がないと解することができよう。なお，このような場合には解約権が認められるとする見解もある[29]）。

このように，企業提携の交渉過程における中間的契約の効力については，契約法上の問題のみならず，会社法との関係も問題となるのであり，実務上，この点を十分に考慮しつつ，どの時点で，どのような内容の中間的契約を締結することが効果的であり，自社にとって有利又は不利益となるのかを，戦

---

[27] 野村・前掲注25)78頁，手塚裕之「M&A契約における独占権付与とその限界」商事1708号17頁参照。

[28] 沖野・前掲注24)69頁，野村・前掲注21)78頁，大塚和成「M&A基本合意書における独占的交渉権付与条項の効力」金法1723号5頁，近藤光男「取締役の義務と独占交渉権の効力」中東編・前掲注21)84頁以下参照。

[29] 新谷勝「UFJの経営統合をめぐる法律上の問題点」判夕1172号102頁。

略的視点を含めて検討する必要があるのである（この点は，中間的契約に定める義務に違反した場合の効果，例えば，違約金の定めをどうするかについても同様である)[30]。

---

30) 石綿学「基本合意書およびデューディリジェンスに関する昨今の論点整理」事業再生と債権管理106号108頁以下参照。

12

合弁事業の法形態選択

　合弁契約は，複数の企業が一つの事業を共同で行う点で典型的な企業間提携契約であるが，複数の企業が一つの事業体を形成する点において他の企業間提携契約と異なる。そこで，合弁契約を作成して合弁事業を開始するに当たっては，合弁事業の目的に照らして，株式会社，合同会社，任意組合，有限責任事業組合等のいくつかの選択肢から合弁事業の法形態を決定しなければならない。現在，建設業者の合弁事業体として任意組合とされる建設共同企業体が用いられるほかは，合弁事業の法形態として株式会社が用いられることが多く，合同会社や有限責任事業組合が十分に活用されているとはいえない状況のようである。本稿では，合同会社と有限責任事業組合の概要を簡単に紹介したうえで，各法形態の比較を通じて，合弁事業における各法形態の適性及び問題点を分析し，合弁事業における各法形態の利用可能性及び今後の課題について検討を試みる。

清水　建成
近藤　陽子

第1　はじめに
第2　合同会社とLLPの概要
第3　法形態選択に当たっての考慮事項
第4　株式会社，合同会社，LLP及び任意組合の比較
第5　各法形態の利用可能性及び今後の課題

第1 はじめに

　一般に，複数の企業が一つの事業体を形成して共同で事業を行うことを合弁事業といい，合弁事業の仕組みを定めるための合意を合弁契約という。合弁契約は，複数の企業が一つの事業を共同で行うという点において典型的な企業間提携契約であるが，複数の企業が一つの事業体を形成するという点において他の企業間提携契約と異なっている。そこで，合弁契約を作成して合弁事業を開始するに当たっては，他の企業間提携契約と異なり，まず，合弁事業の目的に照らして，合弁事業をどういう法形態で行うかを決定しなければならない[1]。法形態の選択肢としては，大きく分けて，①独立の法人格を有する会社組織を使うのか，②契約のみにより共同事業体を形成するのかという選択があり，さらに，①についても，株式会社，合同会社，合資会社，合名会社など，②についても，任意組合（民法上の組合），有限責任事業組合などの種類がある。我が国では，平成17年に有限責任事業組合契約に関する法律（以下「LLP法」という）により有限責任事業組合（以下「LLP」という）が創設され，平成18年施行の会社法により合同会社が創設された。これにより，合弁事業を含めた営利事業を行うための法形態の選択肢が拡大したといわれた。しかし，現在においても，建設業者の合弁事業体として任意組合とされる建設共同企業体が用いられるほかは，合弁事業の法形態としては株式会社が用いられることが多く，合同会社やLLPが十分に活用されているとはいえない状況のようである。

　本稿では，まず，比較的馴染みの薄い合同会社とLLPの概要を簡単に紹介したうえで，各法形態の比較を通じて，合弁事業における各法形態の適性及び問題点を分析し，合弁事業における合同会社やLLPを含めた各法形態の利用可能性及び今後の課題について検討を試みる[2]。

---

1)　企業間提携という観点から，本稿では営利を目的とする合弁事業を検討の対象とする。

第2　合同会社とLLPの概要

1　合同会社

(1) 制度の概要

（a）合同会社は，会社の内部関係において組合的規律が適用され，外部関係において社員全員が有限責任という会社形態である。

合同会社は，米国において法人税制上組合としての取扱いが認められているLLC（Limited Liability Company）をモデルとして，平成18年施行の会社法により創設された制度である。その導入の狙いは，事業体で行った事業から生ずる損益について，事業体自体を納税義務者とせず，事業体の構成員の所得として課税するいわゆる構成員課税（パススルー）の適用される法人形態を導入することにあるともされていたが，現在のところ，我が国において，合同会社に構成員課税は認められていない[3]。

（b）合同会社では社員数や負担できる債務額が制限されているわけではないため，想定される事業規模により株式会社との規制上の差異が設けられているのではない[4]。後述するとおり，実際にも，数億から数十億円の資本金を有する合同会社の例もあり，合同会社の利用が小規模な事業に限られているということはないようである。合同会社は株式会社と類似点が多いが，立法担当者は，株式会社については「不特定多数の者が，特に法的知識，交渉能力，資金力等を有しない場合であっても，容易にその社員（株主）となり，または取引をすることができるようにするために，株式会社をめぐる利害関

---

[2] 共同事業に利用される法形態としては，本文に記載したものの他にも，匿名組合や投資事業有限責任組合等が考えられる。しかし，匿名組合は，本来，出資者が営業者の事業に対して出資するのみで，経営には積極的に参与しないことを予定しており，全ての合弁当事者が，人員派遣等を通じ経営に能動的に参加する合弁事業には適しないため，本稿の検討対象としない。また，組合の事業が投資事業に限定される投資事業有限責任組合も本稿では検討の対象としない。

[3] 別冊商事法務編集部編「会社法制現代化の概要」（別冊商事288号）3頁。

[4] 相澤哲編「立案担当者による新・会社法の解説」（別冊商事295号）154頁。

係者の利益を法律によって事前・事後にわたって手厚く保護することが望ましいという観点から，規制の合理性を根拠づける」のに対し，「合同会社については，株式会社のように，会社をめぐる利害関係者の利益を保護するための法規制を積極的に講じないこととし，当事者間で最適な利害状況を自由に設定することを可能とすることにより，その事業の実施の円滑化を図るという会社類型として整理している」としている[5]。このような趣旨からすれば，様々な経営資源を有する複数の事業会社が，経営に能動的に参加し，合弁事業を組成する目的に適した契約条件や組織形態を柔軟に設計できるという意味で，合同会社は，合弁事業を行なうに適した法形態ということができる。

（c）会社法においては株式会社にも広い定款自治が認められることになったため，合同会社と株式会社の制度的な共通点は多いが，上記の趣旨から，合同会社には株式会社に認められているような株主や債権者保護の規定が少なく，会社の経営管理や持分の譲渡等において，株式会社とは異なる制度になっている[6]。詳細は後述するが，例えば，合同会社には，譲渡制限のある株式の譲渡等承認請求の制度（会社法136条以下）はないが，合同会社の社員は，やむを得ない事情があるときは，定款の定めにかかわらず，いつでも退社することができ（会社法606条3項），合同会社は，退社員に対して払い戻す金銭等の額が剰余金の額を超える場合であっても，債権者保護手続を経て，払戻しを行なわなくてはならないものとされている（会社法635条）。また，合同会

---

5) 相澤編・前掲注4）154頁〜155頁。
6) 合同会社の定款自治に関する会社法577条は，株式会社の定款自治に関する会社法29条と同様，「この法律の規定に違反しないものを記載し，又は記録することができる」とするが，大杉謙一「ジョイント・ベンチャーの企業形態の選択」中野通明＝宍戸善一編『M&Aジョイント・ベンチャー〔ビジネス法務大系Ⅱ〕』（日本評論社，2006）33頁は，株式会社に関する会社法規定が，全体として，総会権限や株主権を拡大する方向の定款規定が有効であることを詳細に定めているが，持分会社の規定にそのような片面性が見られないことから，「株式会社においては，明文の定めがない場合には，このような方向での定款規定は法に定めがなくとも原則として有効だが，反対方向での定款規定は法規定がなければ原則として無効と解され，他方，持分会社にはこのような片面性がないと解するのが原則ということになろう」としている。

社には，取締役会はなく，社員が原則として業務執行権限を有し（会社法590条1項），法人業務執行社員も認められる（会社法598条）。

(2) 利用状況

（a）総務省統計局の資料によれば，株式会社の設立登記件数が平成19年において95,363件，平成20年において86,222件であるのに対し，合同会社の設立登記件数は，平成19年において6,076件，平成20年において5,413件である。但し，設立された合同会社の利用目的について統計がないため，上記の設立登記件数のうち，合弁事業を利用目的とする設立が何件であるか明らかではない。

上記の統計からすると，合同会社は，株式会社に比べるとかなり設立件数は少ないものの，制度導入以降，一定程度世間に認知され，利用が定着してきたといえよう。

（b）合同会社を利用した合弁会社として公表されたものとして，株式会社フジテレビジョン，伊藤忠商事株式会社，株式会社エヌ・ティ・ティ・ドコモ，株式会社スカイパーフェクト・コミュニケーションズ及び株式会社ニッポン放送による「マルチメディア放送企画LLC合同会社」，株式会社フジ・メディア・ホールディングス及びチームラボビジネスディベロップメント株式会社による「フジテレビラボLLC合同会社」等がある[7]。

このうち，マルチメディア放送企画LLC合同会社は，2006年11月29日付の報道発表資料によれば，地上デジタル放送方式であるISDB-T方式を用いた新しいマルチメディア・サービスを研究し，地上アナログテレビ放送終了後の帯域において，同方式を用いたモバイル・マルチメディア放送に当該帯域が割り当てられるよう，その有用性をプロモーションすることを目的とす

---

[7] 他に，資本金8億3000万円のホテル運営会社であるインターコンチネンタル・ホテルズ・グループ及び全日本空輸株式会社によるIHG・ANA・ホテルズグループジャパン合同会社がある。ただし，平成18年10月23日付プレスリリースによれば，全日本空輸及びインターコンチネンタル・ホテルズ・コーポレーションを株主とするIHG・ANA・ホテルズホールディングス株式会社もIHG・ANA・ホテルズグループジャパン合同会社に対し1％出資しており，IHG・ANA・ホテルズホールディングス株式会社がIHG・ANA・ホテルズグループジャパン合同会社の唯一の業務執行社員となっている。

る資本金3000万円の合同会社であり，全社員が業務執行社員となっている。また，フジテレビラボLLC合同会社は，資本金4億円であり，インターネット上での映像発信プラットフォームの運営，各種映像コンテンツに関する企画，製作，配信，販売，広告事業，インターネットを含む各種メディアにおける映像制作・配信・視聴などの技術開発等を事業内容としている。

なお，合弁会社ではないが，日本アムウェイ株式会社も2008年に資本金50億円の合同会社に組織変更している[8]。

2 LLP

(1) 制度の概要

(a) LLPは，個人又は法人が出資して，それぞれの出資の価額を責任の限度として共同で営利を目的とする事業を営むことを約し，各当事者がそれぞれの出資に係る払込み又は給付の全部を履行することによってその効力を生ずる有限責任事業組合契約によって成立する組合であり（LLP法2条，3条1項），任意組合の特例である。経済産業省は，当初，出資者の有限責任，内部自治の徹底及び構成員課税の三点を実現するため，「日本版LLC」の導入を検討していた[9]。しかし，「日本版LLC」は会社法制定の一環として「合同会社」という会社形態で導入されることとなり，法人格のある合同会社に税制上のパススルーを認めることに財務省が消極的であると伝えられたところから，経済産業省は，合同会社とは別に，上記の三点を実現する事業体として「日本版LLP」の制定を目指し，その結果，有限責任事業組合制度が創設された[10]。

(b) LLPは，法人格がなく，あくまで任意組合の特例であって，柔軟な

---

8) 報道資料によれば，日本アムウェイ株式会社の合同会社への組織変更は，米国本社の「グローバルな観点から決定されたものであり，より一層柔軟で機動性の高い経営を図」るものとされている。

9) 経済産業省産業組織課「人的資産を活用する新しい組織形態に関する提案——日本版LLC制度の創設に向けて」（平成15年11月）。

10) 関口智弘＝西垣建剛「合同会社や有限責任事業組合の実務上の利用例と問題点」法時80巻11号21頁。別冊商事法務編集部編・前掲注3)5頁。

意思決定・損益分配など民法組合の内部ルールを承継しており，かなり広範に内部自治が認められ，かつ，組合員が有限責任しか負わないにもかかわらず，構成員課税が認められている。ただ，租税回避目的でのLLPの利用を防止するため，LLPには共同事業性が要求されており，すべての構成員が業務執行に携わらなくてはならず（LLP法13条1項，2項），重要な財産の処分および譲受け・多額の借財については組合契約に定めたとしても総組合員の3分の2以上の同意によらなければならないというような制約が課されている（LLP法12条)[11]。

(2) 利用状況

（a）総務省統計局の資料によれば，LLP契約の効力発生登記件数は，平成18年において1,380件，平成19年において999件，平成20年において777件である。経済産業省によれば，平成20年12月末の延べ数は3,405件となっている。平成21年6月現在において，日本標準産業分類の大分類の業種別内訳では，学術研究，専門・技術サービス業が35.1％を占め，ついで情報通信業15.2％，卸売業，小売業11.2％となっており，この3業種で全体の約6割を占めている。存続期間は，3,209件のうち10年以上15年未満が最も多く1,017件，ついで5年以上10年未満852件，1年以上5年未満635件が続いている。組合員数については10名未満のLLPが全体の約9割を占めている[12]。

以上のように，LLPの実際の利用状況としては，学術研究，専門・技術サービス業をその事業目的とするものが多く，存続期間を比較的短期に設定するものが多いようである。ただ，LLPの利用件数は減少傾向にあり，必ずしも利用が定着してきたとはいい難いように思われる。

（b）LLPを利用した合弁事業の具体例として，日本テレビ放送網株式会社及び株式会社エヌ・ティ・ティ・ドコモによる「有限責任事業組合

---

[11] 石井芳明「LLP制度の創設──『有限責任事業組合契約に関する法律』の概要」金法1746号100頁。
[12] 経済産業省経済産業政策局産業組織課「有限責任事業組合（LLP）の設立状況」（平成21年6月）。

D.N. ドリームパートナーズ」，株式会社NTTデータ，ニューソン株式会社及びマイクロソフト株式会社による「オープンキューブデータ有限責任事業組合」等がある。

報道によれば，有限責任事業組合D.N. ドリームパートナーズは，出資金額100億円であり，携帯電話での展開を視野に入れたテレビ番組などの優良なコンテンツへの投資及び製作を事業内容とし，存続期間を7年間としている。オープンキューブデータ有限責任事業組合は，出資金額7500万円であり，NTTデータが開発したワークフローパッケージ製品の販売展開を目的としている。報道発表資料によれば，同LLPは，存続期間を営業開始より2年6か月とし，「期間を定めた形態でマーケットの開拓と販売を行い，3年後には10億円の市場規模を目指し，経営基盤の安定が見えた時点で次ステップの経営形態への移行展開を図る予定」であるとしている。

これらを見ると，LLPが合弁事業に利用される場合，比較的短期間の実験的な事業に利用されることが多いようである。

第3　法形態選択に当たっての考慮事項

合弁事業においては，各当事者が，技術，ノウハウ，資金，信用，取引関係等を持ち寄って事業の遂行を可能とし，事業に伴うリスクを限定することが期待されている。そこで，合弁事業の法形態を選択するに当たり，経営管理や第三者との取引においてどの程度の法的な安定性及び影響があるか，合弁当事者がどのような責任を負うか，或いは，どの程度簡易に組成することができるのか等を検討しなければならない。他方で，合弁当事者間で利害が対立する虞が少なくないことから，予め合弁当事者間において，法形態の選択のほか，出資比率，業務執行者，機関設計及び権限分配，重要事項の決定方法（議決権に関する設計を含む），損益分配，資金調達，合弁契約の終了等について合意しておくことが多いため，選択した法形態において，合弁契約で当事者が合意を希望する条件にどの程度の法的な効力を与えられるのかを検討することも重要である。

より具体的には，各法形態の①法人格の有無，②合弁当事者の出資者や業

務執行者としての責任，③出資持分の譲渡や払戻しの制限，④機関の設計に係る規制，⑤税制の取扱い，⑥設立，組織変更及び清算に関する手続及び費用，⑦当該法形態に対する取引先や金融機関の評価といった点等が考慮事項となる[13]。

以下では，かかる考慮要素を踏まえて，株式会社，合同会社，LLP及び任意組合を比較した上で（第4），各々の法形態の利用可能性について検討を加える（第5）。なお，各法形態の比較については末尾に**別表**としてまとめたので，参照されたい。

第4 株式会社，合同会社，LLP及び任意組合の比較

1 法人格の有無

いうまでもないことであるが，株式会社及び合同会社には法人格があるが（会社法3条），LLP及び任意組合には法人格がない。合弁事業体に法人格があれば，事業体の対外的活動から生じた権利義務が事業体に帰属し，権利義務関係の処理が簡明になる。これに対し，LLPと任意組合のいずれの場合でも，組合財産は各組合員に合有的に帰属するものと解されており，組合員に変動があれば権利義務関係の当事者にも変動が生じることがある。また，株式会社及び合同会社は，構成員が1人になっても法主体として存続することができるが，LLPと任意組合には法人格がなく契約にすぎないことから，構成員が1人になることは解散事由となる（LLP法37条1項2号）[14]。したがって，合弁契約が解消されて単独事業になる場合には，組合としての法形態を維持することができず，当該事業を継続して単独で行なう組合員に事業譲渡をするなどの煩雑な措置が必要となる。このように，LLPや任意組合は，法人格を有しない点で，株式会社や合同会社より法的安定性が低い[15]。

---

[13] 大杉・前掲注6)26頁。山本浩二＝奈良輝久「合併事業のストラクチャー」ジョイント・ベンチャー研究会編『ジョイント・ベンチャー契約の実務と理論〔補訂版〕——会社法制の改正を踏まえて』（判例タイムズ社，2007）19頁以下参照。

[14] 谷口知平ほか編『新版注釈民法(17)』（有斐閣，1993）183頁〔菅原菊志〕。

[15] 宍戸善一＝岩瀬ひとみ「ベンチャー企業と合同会社制度」ひろば2006年3月号14頁。

技術的な側面ではあるが,法人格がないことからくる公示手続の煩雑さも,LLPと任意組合を利用しづらい要素の一つである。LLPと任意組合のいずれも,不動産登記や特許権等の登録に際して,持分を記載した共有名義とするか,代表者個人名義で行わなければならないという制度上の煩雑さがある。但し,LLPについては,不動産登記において,有限責任事業組合契約に基づく共有物不分割の登記が導入され,LLPの組合財産であることを明確にする措置が講じられている(LLP法74条)[16]。また,LLPと任意組合のいずれの場合でも,特許権,実用新案権,意匠権及び商標権につき,平成17年12月12日付けの特許法施行規則等の改正により,特許登録原簿等に,各組合員の持分とともに,組合契約に基づく持分であることが表示されることとなっている(平成17年12月12日経済産業省令第118号)。これに対し,任意組合による不動産登記については,組合財産であることの表示をすることができないため,不動産登記上,組合財産なのか単なる共有財産なのかを区別することもできない。

　このように,法人格がある株式会社や合同会社に比べ,LLPや任意組合については,公示手続が煩雑なだけでなく,構成員に変動があると権利関係が複雑化し不安定になる。構成員の変動が生じる可能性は,合弁事業が長期間継続するほど高くなるから,法人格がないことによる法的安定性の問題や,取引の相手方からの取引の安全性に対する懸念も,合弁事業が長期化するほど生じやすくなるであろう。したがって,法人格の有無による法的安定性の違いという観点からすれば,合弁事業を長期間継続させることを予定している場合や,最終的に合弁事業体を法人化することが予定されている場合には,当初から法人格のある株式会社や合同会社を利用することが適しているといえよう。

---

16) 任意組合について,谷口知平ほか編『新版注釈民法(17)』78頁〔品川孝次〕,LLPについて,石井・前掲注11)101頁。なお,LLPと任意組合のいずれの場合でも,組合名と組合員の肩書を示すことで対外的な契約を組合のために締結することができ(石井・前掲注11)101頁,最二小判昭36.7.31民集15巻7号1982頁),組合財産は総組合員の共有(学説では合有とされている)に属し(LLP法56条,民法668条),その処分や分割が制限されている(LLP法56条,民法676条)。

なお，法人格の有無は税制の取扱いに差異を生じさせるが，その点に関しては下記5で述べる。

2　合弁当事者の責任

(1)　問題の所在

合弁当事者が出資者及び業務執行者としてどのような責任を負うかは，株式会社，合同会社，LLP及び任意組合において大きく異なる。事業に伴うリスクの限定は，合弁事業を行う主たる動機の一つであるため，合弁事業に関連して負う合弁当事者の責任は，合弁事業において法形態の選択をするに当たり重要な考慮要素となる。

(2)　株式会社を利用する場合

株式会社の場合，出資者の責任は間接有限責任である。株式会社の株主は出資時にその出資に係る金銭の全額を払い込まなければならず，追加出資の責任や会社債務に対する直接責任は負わない（会社法104条）。また，大抵の場合，合弁当事者は自然人ではないので，株式会社の取締役になることはできないし，仮に合弁当事者が自然人であったとしても，自ら取締役に就任する必要はない。取締役は，会社に対して善管注意義務・忠実義務を負い，その任務を怠ったときは会社に対して連帯して損害を賠償する責任を負う（会社法330条，民法644条，会社法355条・423条）。また，取締役は，その職務を行なうについて悪意又は重過失があった場合には，第三者に生じた損害を賠償する責任を負う（会社法429条1項）。しかし，取締役が，かかる責任を負った場合であっても，株主である合弁当事者に合弁会社や第三者に対する責任が直ちに発生することはない。したがって，株式会社においては，合弁当事者自身の行為による不法行為等がない限り，合弁当事者が合弁会社や第三者に対して責任を負うことはない。

(3)　合同会社を利用する場合

（a）株式会社と同様，合同会社の場合も，出資者の責任は間接有限責任である。合同会社の社員は出資時にその出資に係る金銭の全額を払い込まなければならず，追加出資の責任や会社債務に対する直接責任は負わない（会社法578条）。

（b）しかし，株式会社と異なり，合同会社においては，社員以外の者に業務執行を委ねることができないため，社員の全部又は一部が業務執行社員となる（会社法590条，591条）。業務執行社員が法人である場合には，当該法人は自然人を職務執行者として選任しなければならず，職務執行者は，業務執行社員と同一の義務及び責任を負う（会社法598条）。

（c）業務執行社員は，会社に対して善管注意義務・忠実義務を負い，その任務を怠ったときは会社に対して連帯して損害を賠償する責任を負うため（会社法593条1項・2項・596条），その業務執行社員の職務執行者が任務を怠ったときには，業務執行社員である合弁当事者も合同会社に対して損害賠償責任を負うことになる。但し，合同会社の社員は取締役会設置会社の取締役とは異なり，他の社員の業務の執行についてその適正性を要求する権利はあるものの，その適正性を確保するための義務を負うものではないとされており，合同会社の業務執行社員の職務の範囲は，株式会社の取締役の場合と全く同一という訳ではないとされている[17]。また，会社に対する任務懈怠責任の減免については，広く定款自治に委ねられているため，公序良俗に反しない限り，定款で業務執行社員の会社に対する損害賠償責任を制限することも可能であると解される[18]。したがって，合弁会社との関係では，合同会社を利用することで，合弁当事者や職務執行者の責任を明確に排除することができる。このような定款規定を工夫することによって，合弁会社において生じることのある各合弁当事者と合弁会社の利害相反状況に，業務執行社員及びその職務執行者がどのように行動すれば良いかという規範及び責任範囲を明確にすることもできるであろう。

（d）他方，合同会社の業務執行社員の第三者に対する責任については，留意する必要がある。

業務執行社員は，その職務を行なうについて悪意又は重過失があった場合には，第三者に生じた損害を賠償する責任を負う（会社法597条）。合同会社の業務執行社員の第三者に対する責任の範囲について，未だ裁判例はないが，

---

17) 相澤哲ほか編『論点解説 新・会社法』（商事法務，2006）579頁。
18) 大杉・前掲注6)50頁。

株式会社において第三者から取締役に対する責任追及がなされるケースとして，典型的には取締役の放漫経営，利益相反取引等により会社が倒産した場合に会社債権者が損害を被った場合，会社が倒産に瀕した時期に取締役が返済見込みのない金銭借入，代金支払の見込みのない商品購入等を行なったことにより契約相手方である第三者が損害を被った場合等があり，合同会社の業務執行社員についても，同様のケースには第三者に対する責任が認められることになろう[19]。

もっとも，上記のとおり，合同会社における業務執行社員の職務の範囲は，株式会社の取締役の場合とは異なり，他の社員の業務執行の適正性を確保するための義務を負うものではないため，合弁当事者が責任を負うのは，あくまで自らが派遣又は指名した職務執行者の任務懈怠についてのみということである[20]。また，株式会社と合同会社とを問わず，取締役や職務執行者が合弁当事者の従業員である場合には，取締役や職務執行者の不法行為について合弁当事者が使用者責任（民法715条）を負う場合が多いであろう。したがって，合同会社を利用した場合に，株式会社の場合と異なり，合弁当事者が職務執行者の行為について責任を負うリスクが増加するのは，その派遣した職務執行者が任務の懈怠について悪意又は重過失があった場合のみとなり，リスクとしては比較的限られたものとなろう。ただ，第三者が合弁当事者に対して直接損害賠償責任を追及する余地を完全に遮断するためには，合同会社の業務執行社員として別法人を介在させるなどの措置をとる必要がある。合同会社を合弁事業の法形態として選択する場合には，この点を慎重に考慮する必要がある。

(4) LLP を利用する場合

LLP の場合，出資者の責任は直接有限責任である。LLP の組合員は出資の価額を限度として組合の債務の弁済責任を負う（LLP法15条）。この場合，

---

[19] 東京高判昭58.3.29判時1079号92頁，東京地判昭59.5.8判時1147号147頁，最三小判昭55.3.18判タ420号87頁，判時971号101頁，東京地判平7.1.31判タ885号252頁等。江頭憲治郎『株式会社法〔第3版〕』（有斐閣，2009）465頁，460頁。相澤ほか編・前掲注17)579頁。

[20] 相澤ほか編・前掲注17)579頁。

出資の価額とは，実際に各組合員によって払い込まれた出資の金額を指すのではなく，それに有限責任事業組合の事業活動に伴う組合財産の増減を加味した，いわゆる出資持分金額を指すものとされている[21]。

LLPや任意組合では，合同会社と同様に，合弁当事者たる組合員が業務執行者となるため，合弁事業の法形態を選択するに当たっては，業務執行者となった組合員にどのような責任を負うリスクがあるのかを把握しておく必要がある。特に，LLPにおいては，共同事業要件を満たすため，組合員全員が業務執行の権利義務を有することとされており，一部の組合員に業務執行の全部を委任することはできない(LLP法13条)[22]。組合員がLLPに対して善管注意義務を負うこと(LLP法56条，民法671条・644条)，公序良俗に反しない限り，組合員のLLPに対する任務懈怠による損害賠償責任を契約で制限できること，及び，組合員が，その職務を行なうについて悪意又は重過失があった場合には，第三者に生じた損害を賠償する責任を負うこと(LLP法18条)は合同会社と同様である[23]。したがって，全ての合弁当事者について，合同会社と同様に，業務執行を行う組合員としての責任に関するリスクを考慮する必要がある。

(5) 任意組合を利用する場合

これに対し，任意組合の組合員は，組合の債権者に対して，出資の価額に限定されない直接の責任を負う。この点について，民法675条は，各組合員が組合債務の全額についてではなく，組合員間で定めた損失分担の割合に応じた額の責任のみを負うことを前提として，組合の債権者が，その債権の発生のときに内部的な損失分担の割合を知らなかったときは，各組合員に対して等しい割合で権利行使できる旨定めている。しかし，組合の債務が商行為

---

21) 篠原倫太郎「有限責任事業組合契約に関する法律の概要」商事1735号7頁。
22) 業務執行とは，LLPの営業に関する事務を執行することであり，対外的な契約締結のための交渉，あるいは，具体的な研究開発計画の策定・設計，帳簿の記入，商品の管理，使用人の指揮・監督等，組合の事業の運営に関する行為が広く含まれるとされているが，実態として何ら本質的な業務執行に当たっていないような場合には，共同事業要件を満たさないとされている（石井・前掲注11)100頁）。
23) 大杉・前掲注6)50頁。

から生じたものである場合には組合員の責任は商法511条1項により連帯債務になると解されており，建設共同事業体がその事業のために第三者に対して負担した債務につき，「共同企業体の構成員が会社である場合には，会社が共同企業体を結成してその構成員として共同企業体の事業を行う行為は，会社の営業のためにする行為（附属的商行為）にほかならず，共同企業体がその事業のために第三者に対して負担した債務につき構成員が負う債務は，構成員である会社にとって自らの商行為により負担した債務というべきものである。したがって，右の場合には，共同企業体の各構成員は，共同企業体がその事業のために第三者に対して負担した債務につき，商法511条1項により連帯債務を負うと解するのが相当である。」と判示した最高裁判例もある[24]。したがって，会社のように商人（商法4条）に該当する事業体が当事者となる場合の組合債務のほか，商行為により生じた組合債務について，組合員は無限の連帯責任を負うと解される。このように，合弁当事者は会社である場合がほとんどであろうから，任意組合を合弁事業に利用する場合には，合弁当事者は事業体の債務全額について無限の連帯責任を負う場合が多く，合弁事業の主たる動機の一つである事業に伴うリスクの限定という観点から，慎重な考慮が必要となる。

(6) 小　括

上記のとおり，任意組合を合弁事業に利用する場合には，合弁当事者は事業体の債務全額について無限の連帯責任を負う場合があるため，多大なリスクが想定される事業や長期的な事業には適さないといえよう。これに対し，株式会社，合同会社及びLLPの合弁当事者は，出資額を限度とした有限責任を負うのみであるため，一定のリスク遮断の効果を得ることができる。但し，合同会社及びLLPについて，リスク遮断を徹底するためには，業務執行者となる法人を介在させる等の措置をとる必要がある。

---

24) 谷口ほか編・前掲注16) 134頁〔品川〕。最三小判平10.4.14民集52巻3号813頁，判タ973号145頁。

3 出資持分の譲渡及び払戻し

(1) 問題の所在

合弁事業は，各合弁当事者が技術，ノウハウ，資金，信用，取引関係等を持ち寄って共同で事業を行うものであるから，各合弁当事者には，合弁事業における役割を安定して果たすことが期待されている。また，合弁事業が解消された場合の投下資本の回収や，誰を出資持分の譲受人とするかは，合弁当事者にとって重要な問題である。そこで，合弁契約においては出資持分の譲渡に関し，ある当事者が持分を譲渡しようとする場合に，他の当事者の同意を条件とする条項（同意条項），他の当事者が出資持分の先買権を有するとする条項（先買権条項），ある当事者に一定の事由が生じた場合に，当該当事者が他の当事者に対して出資持分を売り渡す義務を定める条項（コール・オプション条項），一定の事由が生じた場合にある当事者が他の当事者に保有する出資持分の買取りを求めることができるとする条項（プット・オプション条項）等，詳細な条項が定められることが多い。

合弁事業に利用する法形態によって，これらの条件どおりの法的効果を得られるか否かに差異が生じるであろうか。さらに，当該条項違反が生じた場合に適切な救済が得られるであろうか。

(2) 株式会社を利用する場合

（a）株式譲渡自由の原則とその制限

合弁事業において株式会社や合同会社を利用する場合，定款とは別に，合弁当事者間の詳細な合意を定めるものとして合弁契約を締結するのが通常であり，しかも，合弁契約と定款の条項（会社法の規定）には離齬が生じる場合がある。上記の条項のうち，コール・オプション条項やプット・オプション条項については，合弁当事者間で完結する条項であるため，特別な手当ては必要ないが，同意条項や先買権条項については，株式譲渡自由の原則（会社法127条）との関係で問題が生じる。すなわち，株式会社において，その発行する全部の株式の内容として，株式の譲渡による取得について株式会社の承認を要する旨の譲渡制限を設けることができるが（会社法107条1項1号），株主又は株式取得者からの株式譲渡（取得）承認請求に対し会社が譲渡（取得）を

承認しない場合，当該株主又は株式取得者は会社又は指定買取人が対象株式を買い取ることを請求することができる（会社法138条1号ハ・同条2号ハ）。したがって，会社が，第三者への株式譲渡をしようとする合弁当事者が買取人指定請求をすることを拒絶することはできない。この場合，指定買取人は事前に定款で定めておくこともできるが（会社法140条5項但書），当該株主（株式取得者）に対し，一定の期間内に譲渡承認の可否の通知又は買取人の指定に係る通知がない場合には，会社が請求に係る株式譲渡（取得）を承認する決定をしたものとみなされるため（会社法145条1号・2号），定款で定める譲渡承認機関が譲渡を承認せず買取人を指定するような仕組みがとられていなければ機能しないことになる。例えば，譲渡承認機関を取締役会とした場合に，譲渡承認請求を受けた方の合弁当事者が取締役会の過半数を占めていなければ，結局取締役会での不承認決議ができないことになり，第三者への譲渡を承認したものとみなされてしまうことになる。また，合弁契約においては，先買権行使の際の買取価格やその算定方法を定めておくことが多いが，会社法では，売買価格について当該会社，指定買取人又は譲渡等承認請求者から一定期間内に申立てがあった場合には，裁判所が売買価格を決定することになり（会社法144条），合弁契約に定める価格での売買ができなくなる可能性がある。

(b) 合弁契約と定款の整合性

会社法の規定は別途定款で定める旨が記載されていない限りは原則として強行規定であると解されており（会社法29条），会社法上の株式譲渡制限が株式譲渡自由の原則の例外であることから，会社法に定める譲渡制限の規制に反するような同意条項や先買権条項を定款で定めることはできないと解される[25]。よって，上記のような同意条項や先買権条項は合弁契約にのみ定めるにとどめざるを得ない。この場合，株式譲渡制限に係る合弁契約上の合意が有効とされても，かかる合意は債権的な効力を有するにすぎない[26]。したがって，例えば，定款による株式譲渡制限に反する株式譲渡の効力が会社

---

25) 黒田伸太郎「株式譲渡制限等に関する合弁契約の効力」ジョイント・ベンチャー研究会編・前掲注13) 244頁。相澤編・前掲注4) 20頁。

に対する関係で無効であるのに対し，合弁契約に反する株式譲渡であっても，譲渡承認機関の承認があったり，会社法により譲渡承認があったとみなされたりした場合，合弁会社は，株式取得者を株主として扱わなければならず，違反者に対する損害賠償請求の問題として処理せざるをえない。また，会社法に定める価格決定の手続により裁判所が定める譲渡価格が合弁契約に定める価格になった場合に，あらかじめ合弁契約において差額を調整するための措置を講じることも検討すべきことになる。このように，株式会社においては，株式譲渡に関する合弁当事者の合意を意図したとおりに実現できない場合が生じる。

(3) 合同会社を利用する場合

（a）持分譲渡制限

株式会社の株式の譲渡が原則として自由であるのと対照的に，合同会社においては，組合的規律の一環として，譲渡による投下資本の回収が制度として保障されていない。持分の譲渡は他の社員全員の承諾が原則である（会社法585条1項）が，定款に別段の定めができる（同条4項）。そのため，株式会社と異なり，合同会社においては，持分譲渡について先買権や譲渡価格等，合弁契約と同様の規定を定款に定めることも基本的には可能であり，定款の定

---

26) 株式譲渡の当事者間の合意による制限の有効性に関しては議論がある。多数説は，会社が契約の当事者であるか否かによって有効性の判断基準を区別している。すなわち，会社・株主間の契約は，株式譲渡の自由を定めた会社法127条の脱法手段となりやすく原則として無効であるが，その契約内容が株主の投下資本の回収を不当に妨げない合理的なものである場合は，例外的に有効となるとする一方，株主相互間の契約は同条が関知しないところであり，原則として有効であるが，会社が契約当事者となる契約の脱法手段として認められる場合には，例外的に有効となるとするものである。しかし，会社・株主間の契約にもやはり契約自由の原則が適用され，公序良俗に反する場合に限り無効とする学説も有力に主張されている。判例には，従業員持株制度に退職時に額面で取締役会の指定する者に譲渡すべき旨が定められている場合に，かかる制度の下で額面額で株式を取得し，後に退職した従業員が自己が株主であることを前提に株券の交付を請求した事件について，かかる合意が，商法204条1項（会社法127条）に違反するものではなく，公序良俗にも反せず有効である旨判示したものがある（最三小判平7.4.25裁判集民175号91頁）。黒田・前掲注25)246頁以下参照。

めに反する持分譲渡は無効となると解される。

　(b) 社員の退社権

　合同会社においては，持分譲渡による投下資本の回収が保障されていないことから，社員が，やむを得ない事由があるときは定款の定めにかかわらず退社し，持分の払戻しを受けることができる（会社法606条3項）ので，注意が必要である。ここにいう「やむを得ない事由」とは，社員が単に当初の意思を変更したというだけでは足りず，定款規定を定めた時や入社・設立時に前提としていた状況等が著しく変更され，もはや当初の合意どおりに社員であることを続けることが困難になった場合等がこれに当たるものとされている[27]。

　上記のとおり，合弁事業においては，全ての合弁当事者がそれぞれの役割を果たすことを前提として事業を行っているため，一部の合弁当事者に勝手に抜けられるのは問題である。そこで，合同会社を合弁事業の法形態として選択する場合，社員に「やむを得ない事由」による退社権が生じる状況を限定するための条項を定款に入れることを検討すべきであろう。例えば，定款に一定期間任意退社を制限する等，社員の退社権を厳格に制限する規定があれば，社員の退社を可能な限り制限するのが社員の当初の意思と解され，「やむを得ない事由」が狭く解釈される可能性がある。また，会社法606条3項の趣旨が投下資本回収の保障にあることからすれば，定款に先買権条項等の持分譲渡に関する条項を定め，社員が投下資本を回収する機会を確保できれば，「やむを得ない事由」が狭く解釈されると考えられる[28]。

　また，払い戻す持分の評価方法について，立法担当者は定款で定めることができるとしており，合同会社を合弁事業の法形態として選択する場合，この点も定款で手当てすることになろう[29]。

(4) LLPを利用する場合

　(a) 持分譲渡の制限

---

27) 相澤ほか編・前掲注17) 588頁。
28) 大杉謙一「LLC制度の導入」企業会計56巻2号65頁。
29) 相澤ほか編・前掲注17) 590頁。

LLP法において，LLPは人的な共同事業体とされ，組合員としての地位を第三者に譲渡することは想定されていないことから，持分譲渡に関する規定は存在しない[30]。他の組合員全員の同意があれば持分の譲渡は可能であると解されているが，持分の譲渡はLLP法4条3項4号又は7号の変更となるところ，LLP法4条3項4号及び7号が組合契約書の変更について組合員全員の同意要件を緩和できる項目に含まれていないこと（同法5条1項及び2項）から，組合契約により持分譲渡に係る要件を緩和することはできないと解されている[31]。

(b) 先買権条項の有効性

持分譲渡について合弁契約における先買権条項等と同様の規定を組合契約書で定められるか否かについては，現時点で確立した裁判例や学説はない。思うに，第三者への持分の譲渡は組合員の脱退と新規加入であり，組合員の新規加入については組合員の全員一致が要件とされているため（LLP法4条3項4号），例えば，ある合弁当事者が持分譲渡を希望する場合に，他の合弁当事者が先買権を行使せず持分を譲り受けないときには，第三者への当該持分の譲渡を認めるという内容の先買権条項については，第三者のLLPへの新規加入を認めるものであるから，組合契約書に定めることは認められないのではないだろうか[32]。

(c) 組合員の脱退及び除名

合弁契約において先買権条項等を定める目的は，主として，各合弁当事者が合弁事業における役割を安定して果たせるように，合弁事業に第三者を参加させることを回避しつつ，投下資本の回収手段を確保することにある。そこで，先買権条項等を組合契約書に定められなくとも，脱退や除名について組合契約書に規定を設けることにより，そのような目的を達成できるのであ

---

30) 日下部聡＝石井芳明監『日本版LLP——パートナーシップの未来へ』（経済産業調査会，2005）111頁。
31) 大杉・前掲注6)51頁。
32) 大杉・前掲注6)52頁は，「事前に先買権などを組合契約書で定めておいても有限組合の制度趣旨に反する（たとえば不当な租税回避に利用される）危険はあまりないのではないだろうか」としている。

れば，この点は LLP を選択しない理由とはならない。LLP においては，原則としてやむを得ない場合を除いて組合を脱退することはできないが，組合契約書で別段の定めをすることができる（LLP法25条）。したがって，原則として合弁当事者が合弁事業から任意に脱退することを制限しつつ，一定の事項を任意脱退事由として定めることにより，一定の場合に合弁当事者が合弁事業から撤退する権利を留保することが可能である。

LLP の組合員も「やむを得ない事由」がある場合には任意脱退ができるが（LLP法25条），任意組合において，組合員がやむを得ない事由があれば組合を脱退できること（民法678条）については強行規定であると解されていることから，LLP においても，脱退の要件を実質的に加重する合意は，公序良俗（民法90条）に反し無効となるものと解されている[33]。そこで，やむを得ない事由があるときは社員が定款の定めにかかわらず退社できる合同会社と同様に，組合員に「やむを得ない事由」による脱退権が生じる状況を限定するための条項を組合契約に入れることを検討すべきであろう。合同会社と同様に，脱退時の持分の払戻しを受ける額の計算方法を組合契約書に定めることも可能と解されているから，組合契約書にそのような定めをおくことにより，投下資本の回収について合弁当事者の意向を反映することができる[34]。

なお，LLP 法は，組合員の除名について，①正当な事由があるときに限り，②他の組合員の一致によってすることができるが，組合契約書において他の組合員の一致を要しない旨の定めをすることを妨げないとしている（LLP法27条1項）。除名事由を組合契約書で定めることもできると解されるが，上記①の要件との関係で除名事由に合理性が要求されるとされている[35]。した

---

[33] 石綿学＝須田徹編『日本版 LLP の法務と税務・会計』（清文社，2006）169頁。
[34] 石綿＝須田編・前掲注33)174頁。山本＝奈良・前掲注13)33頁。なお，組合財産は組合の目的達成のための経済的手段であるため，民法676条2項を準用する LLP 法56条により，LLP の組合員は，清算前に組合財産についてその分割を求めることができないとされている。脱退した組合員の持分は，出資の種類如何を問わず，金銭にて払い戻すことができるとされている（LLP法56条，民法681条2項）から，不動産や債権を出資した組合員についても，当該不動産や債権がなければ組合事業の存続に支障を来たすような場合には，金銭で払戻しがなされることになろう。

がって，合弁当事者が組合契約に違反した場合等，一定の合理的な除名事由を組合契約に定めることにより，当該合弁当事者を合弁事業から排除することができる。但し，組合員が二人の組合において信頼関係が破壊された場合には，除名はなしえないものと解されており，自ら脱退するか，組合の解散を請求することになる[36]。

(5) 任意組合を利用する場合

任意組合の組合員たる地位の譲渡については民法に規定はないが，組合契約で許容するときは組合員たる地位を譲渡しうると解されており，組合契約で概括的に譲渡を認めることも禁止することも可能であるとされている[37]。したがって，任意組合においては，組合員たる地位の譲渡について先買権条項や譲渡価格等を組合契約に定めることも可能であると思われる。

任意組合の組合員の任意脱退に関し，組合の存続期間を定めている場合には，やむを得ない事由があるときを除き脱退できないことが原則であること(民法678条2項)，「やむを得ない事由」があるときは任意脱退を許さない旨の組合契約における約定が無効となることについては，LLPと同様である[38]。また，組合員の除名についても正当な事由がある場合に限り他の組合員の一致によってすることができること(民法680条)，除名事由を契約に定めることができること，組合員が二人の組合において信頼関係が破壊された場合には，除名はなしえないものと解されていることもLLPと同様である[39]。さらに，LLPと同様，脱退時の持分の払戻しを受ける額の計算方法を組合契約書に定めることも可能と解される。したがって，合弁事業における組合契約の脱退や除名に関する規定については，LLPと同様に考えることができる。

---

35) 石綿＝須田編・前掲注33)173頁。
36) 石綿＝須田編・前掲注33)173頁。
37) 谷口ほか編・前掲注14)159頁〜160頁〔菅原〕。
38) 最三小判平11.2.23民集53巻2号193頁，判タ999号218頁。組合の存続期間を定めない場合には，任意脱退ができることが原則である（民法678条1項）ので，合弁事業においては，この点を契約で排除する必要があろう。
39) 谷口ほか編・前掲注14)176頁，177頁〔菅原〕参照。

(6) 小　括

　以上のとおり，株式会社における株式譲渡制限に関する定款自治や合弁契約の効力には限界があり，会社法により譲渡承認があったとみなされたりした場合，合弁会社は，株式取得者を株主として扱わなければならず，合弁事業体に予期せぬ形で第三者が参入することを完全に防止することはできない。

　他方，合同会社，LLP 及び任意組合については，持分譲渡による投下資本の回収は制度として保障されておらず，持分譲渡をするためには他の構成員全員の承諾が必要とされるのが原則であるし，第三者の新規加入についても，構成員全員の合意が必要とされるのが原則である。したがって，これらの法形態においては，合弁事業体に予期せぬ形で第三者が加入することを防止する設計が可能である。但し，合同会社，LLP 及び任意組合においては，持分譲渡による投下資本の回収が保障されていないことから，構成員は，やむを得ない事由があるときは定款又は契約の定めにかかわらず退社することができるので，これらの法形態においても，他の当事者が合弁事業から撤退することを完全に防止することはできない。

　以上からすると，予期せぬ形で第三者が合弁事業に参入するリスクを完全に排除したいような場合には，株式会社以外の法形態の利用を検討することになろう。もっとも，他の合弁当事者の同意が得られない状況で合弁事業に参入しようという第三者が現れるのは，当該第三者が取得できる持分比率が高く，当該持分を取得することで合弁事業体を支配できる場合のように，かなり特殊な場合に限られるであろう。

4　機関設計

(1)　**機関の設置・権限分配**

（a）機関の設置・権限分配に関する設計の必要性

　合弁事業では，少数の合弁当事者が積極的に事業や運営に関与することが想定されており，通常は，構成員が直接参加し，決議により事業体の基本的意思決定を行なう機関が必要となる。他方で，事業体のすべての意思決定を全構成員が直接参加する機関が行うとするのは煩瑣であるから，一定の重要

事項以外の事業体の管理・運営上の事項に係る意思決定を行い，業務執行を行う者が必要となる。さらに，合弁事業の規模や性質等，具体的事情によっては，業務執行者を監督する機関や，全構成員が直接参加する機関とは別に一定の重要事項を決定する会議体の設置が望まれることもある。

(b) 株式会社を利用する場合

(i) 会社法においては，特に非公開会社について，機関設計に関する大幅な定款自治が認められ，株主総会及び取締役のみの簡素な機関設計も認められている（会社法326条）。但し，会社法上，非公開会社であっても大会社となれば，株式会社は会計監査人及び監査役を設置しなければならない（会社法328条2項・327条3項）。

また，取締役会を設置した場合には，監査役を設置することが原則となるうえ（会社法327条2項），少なくとも3か月に1回は取締役会を開催しなければならず（会社法363条2項），取締役会への代理出席が認められない等，運営に関して定款で変更できない規制が多い[40]。また，取締役会設置会社の株主総会の目的事項の決定権限は原則として取締役会に帰属し，株主総会の招集は遅くとも1週間前までに書面で行なわなければならないなどの規制もある（会社法298条4項・299条1項・2項）。

(ii) もっとも，取締役会と異なる構成メンバー，出席方法，代理出席の可否，議決の仕方等を定めた運営委員会等の法定されていない機関の設置を株式会社の定款に定めることも可能と解されており，実務においても，合弁当事者の都合により運営委員会等の機関を設置することがある。上記のような規制を回避したければ，取締役会を設置せずに，運営委員会等を設置するなどの方法もあるため，上記のような規制が株式会社を選択しない理由となるものではない。

(iii) 運営委員会に関しては，取締役や取締役会との権限分配に関する問題がある。取締役会非設置会社で取締役が2人以上ある場合には，取締役は，

---

40) 会社法施行後も，合弁事業の法形態として取締役会設置会社が選択されることが多いようである（西垣建剛＝小松正道「契約で差がつく！失敗しないジョイントベンチャー(2) JV の運営」ビジネス法務2008年8月号116頁）。

会社法348条3項各号に掲げる事項を各取締役に委任することはできず，取締役会設置会社の場合，取締役会は，会社法362条4項各号に掲げる事項その他の重要な業務執行の決定を取締役に委任することはできない。そこで，株主総会の承認に基づき，これらの事項の決定を運営委員会等に委任できるかが問題となる。まず，取締役会非設置会社においては，株主総会は会社に関する一切の事項について決議することができるため，これらの事項を運営委員会等に委任する旨株主総会において決議した場合には，運営委員会等は，これらの委任された事項を決定できると解される[41]。また，取締役会設置会社においても，株主全員が同意している場合には，株主の利益保護に欠けるところはなく，運営委員会等に権限を委譲することも可能であると解される[42]。ただし，株主総会の法定権限とされる事項を株主総会以外の機関が決定することができることを内容とする定款の定めは無効である（会社法295条3項）[43]。

（iv）以上のとおり，株式会社を利用する場合であっても，機関の設置及び権限分配に関してかなり柔軟な定款自治が認められており，各合弁事業の実態に適した機関の設置及び権限分配が可能なケースが多いと思われる。但し，取締役会を置く場合には，上述のとおり，権限分配や取締役会の運営に関して定款で会社法と別段の定めをすることができない場合があるため，必ずしも合弁当事者の希望に沿った設計ができるとは限らないといえる。

（c）合同会社，LLP又は任意組合を利用する場合

---

[41] 勝間田学「合弁事業のストラクチャー」ジョイント・ベンチャー研究会編・前掲注13）56頁。

[42] 江頭・前掲注19）371頁。これに対し，取締役会の決定事項を運営委員会等に委譲できないとするものとして，前田雅弘「会社の管理運営と株主の自治──会社法の強行法規制に関する一考察」川又良也先生還暦記念『商法・経済法の諸問題』（商事法務研究会，1994）163頁。会社法371条1項により取締役会の設置が義務付けられていない株式会社においてのみ取締役会の権限を運営委員会等に委譲できるとするものとして，大杉・前掲注6）43頁。

[43] 株主総会の法定権限とされる事項は，定款変更，募集株式の発行等，会社の基礎や株主の重大な利益に影響する事項であり，これらの事項についてどうしても他の機関に決定させるニーズのある場合はあまりないと思われる。

合同会社，LLP及び任意組合においては，機関の設計は構成員の自治に大きく委ねられ，かなり自由に設計できると解される。但し，合同会社においては，社員の全部又は一部が業務執行社員となり（会社法590条1項・591条1項），LLPにおいては，一定の重要事項の決定に必ず総組合員の同意又は総組合員の3分の2以上の同意を必要とし（LLP法12条），組合員全てが業務執行を行わなければならない（LLP法13条）という制約がある。合同会社の設立登記においては，代表社員が法人であるときは当該社員の職務執行者の氏名及び住所が登記事項となるが（会社法914条8号），登記実務上，法人の代表社員1名につき複数の職務執行者を登記することも可能であるとの取扱いがなされており，法人の業務執行社員1名につき職務執行者を複数選任することも可能であると解される。同様に，LLP及び任意組合においても法人の組合員1名につき職務執行者を複数選任することは可能と解されよう。したがって，「当事者Aは職務執行者を○名選任し，当事者Bは職務執行者を○名選任する」等とし，一定の事項について職務執行者の過半数で定める等といった条項を定款や組合契約に定めることも可能と解される。また，定款や組合契約に会議体の設置を定めることも可能であり，かかる会議体の招集や決議方法について，株式会社における株主総会や取締役会よりも簡易な手続を定めることもでき，合同会社においては合弁契約の内容をそのまま定款に反映させることができる場合も多いと思われる[44]。もっとも，上記のとおり，株式会社であっても，取締役会を設置しなければ，実質的には合同会社，LLP及び任意組合と同程度に柔軟な機関設計をすることも可能である。

(2) 議決権・決議要件

(a) 議決権・決議要件に関する合意条項

合弁事業では，全ての合弁当事者，特に少数派の合弁当事者の意思が合弁事業の運営に反映されることを確保するため，重要事項の決定に関し，一定の事項について全て又は一部の合弁当事者の承認を要するとすることが多い。例えば，合弁契約において「以下の事項については当事者Aの承認を必要とする。(1)……(2)……」というような合意がなされる。合弁契約自体

---

44) 大杉・前掲注6)54頁。

ではなく，定款が組織の基本規定となる株式会社や合同会社を利用する場合，このような合意をどのように定款に反映させるか，という問題がある。

(b) 株式会社を利用する場合

原則として，株主は，株主総会においてその有する株式1株につき1議決権を有する（会社法308条1項）。株主総会の決議は，普通決議の場合，議決権を行使することのできる株主の議決権の過半数を有する株主が出席し，出席した株主の議決権の過半数をもって行なう（会社法309条1項）。そこで，上記(a)で述べた合意においてAの承認を必要とする事項が株主総会決議事項である場合には，かかる合意を定款に反映させるために，株主総会の普通決議要件を定款で加重すること（会社法309条1項），議決権について定款で株主ごとに異なる取扱いをすること（会社法109条2項・105条1項3号），又はAに対し拒否権付種類株式（会社法108条1項8号）を発行する方法によることができる。

また，取締役会の決議は，原則として，議決に加わることのできる取締役の過半数が出席し，出席取締役の過半数の賛成により成立するので（会社法369条1項），上記(a)の合意でAの承認を必要とする事項が取締役会の決議事項である場合には，かかる合意を定款に反映させるために，取締役会の決議要件を定款で加重するか（会社法369条1項），又は，Aに対し拒否権付種類株式（会社法108条1項8号）を発行する方法により合意を反映することができる。

(c) 合同会社，LLP及び任意組合を利用する場合

これに対し，合同会社の定款並びにLLP及び任意組合の組合契約においては上記(a)の合意の文言をそのまま定めることにより目的を達成することになり，現場で合弁事業の運営に携わる者にとっては，理解しやすく運用しやすい平易な規定にすることができる。

(3) 小　括

このように，合弁事業の法形態として，株式会社，合同会社，LLP及び任意組合のいずれを選択しても，柔軟な機関設計が可能であることに大きな違いはない。但し，株式会社においては，合弁契約の条項を定款に反映させるために，合弁契約の条項の文言をそのまま定款に記載することができない場合があり，合弁契約の条項と会社法の規制との整合性及び両者に齟齬のある場合の効果や影響を吟味しながら定款を作成する作業が必要になるため，

より簡易な組成作業及び組織管理の効率性を望むのであれば，合同会社，LLP及び任意組合が適している場合があるであろう。

5 税制の取扱い

(1) 株式会社及び合同会社

我が国において，内国法人は法人税の納税義務者になることから(法人税法4条1項)，法人格のある株式会社と合同会社のいずれも法人税の納税義務者となる。その場合，合弁事業の損益は合弁当事者の合弁事業以外の損益と通算されない。但し，法人が内国法人から受ける剰余金の配当は，その全部又は一部を益金の額に参入しないものとされているので（法人税法23条)，二重課税のデメリットはある程度回避できる。

合同会社に適用される税制については，次のような経緯がある。すなわち，経済界は従来から，事業再構築の加速，新規事業の創出などの観点から，税制上の導管性（構成員課税）を備えた新たな法人類型であるいわゆる「日本版LLC」の導入を要請していた[45]。そこで，経済産業省も，「日本版LLC」の制度の創設を提案した当初は，米国のLLCのように，税制上構成員課税が適用される法人形態の導入を目指していた[46]。会社法制の現代化を検討した法制審議会の会社法（現代化関係）部会が合同会社制度の創設を審議するに当たっても，合同会社に組合的規律の要素が薄くなると，税制上のパススルーができなくなり所期の目的を達成できないという考慮が影響を与えたようである[47]。さらに，経団連も，合同会社制度の導入に当たり，合同会社について構成員課税の適用を提言していた[48]。しかしながら，財務省は，「米国LLCの例をよりどころとして我が国合同会社制度の課税関係を論じることは適当でな」く，「合同会社制度の課税関係については，我が国税制の基本的な考え方にのっとりつつ，合名会社，合資会社等の他の会社形態とのバ

---

45) (社)日本経済団体連合会「2004年度事業報告」。
46) 経済産業省産業組織課・前掲注9)。
47) 別冊商事法務編集部編・前掲注3)3頁。
48) (社)日本経済団体連合会「平成17年度税制改正に関する提言（2004年9月21日)」，「平成18年度税制改正に関する提言（2005年9月20日)」。

ランス等を十分に踏まえて，その法的位置づけに沿った適正な課税関係が構築される必要がある」として，法人格のある合同会社に構成員課税を認めることに消極的であった[49]。最終的に，参議院における会社法案に対する附帯決議(平成17年6月28日)において，「合同会社に対する課税については，会社の利用状況，運用実態等を踏まえ，必要があれば，対応措置を検討すること」とされたものの，現在のところ，我が国において，合同会社に構成員課税は適用されていない。

なお，米国連邦税法上，財務省規則301.7701-2(b)により法人として分類されない複数の構成員を持つ事業体は，パートナーシップとして分類されることを選択することが認められているところ(チェック・ザ・ボックス規則)(財務省規則301.7701-3(a))，日本の株式会社は財務省規則301.7701-2(b)により法人として分類される事業体に含まれるのに対し，合同会社は含まれていないので，社員が複数である合同会社は，米国連邦税法上，パートナーシップとして分類されることを選択できるようである[50]。この場合，米国連邦税法の適用を受ける合弁当事者の損益は，合同会社の損益と通算されることになる。外国の事業者が合弁当事者となる場合，合弁事業の法形態を選択する上で，当該事業者に適用される外国税法も考慮に入れることになろう。

(2) LLP及び任意組合

他方，LLP及び任意組合は法人格がないため，組合事業で生じた損益は各構成員に直接帰属する(法人税基本通達14-1-1)。但し，LLPの場合には，その損金算入は出資額に限定され(租税特別措置法67条の13第1項)，任意組合についても，組合員が法人である場合，当該組合員が組合の重要な財産の処分等に係る業務執行の決定に関与し，かつ当該業務の重要な部分を自ら執行する組合員でなければ，損金算入は出資額に限定されるため(租税特別措置法67条

---

49) 第162回通常国会衆議院法務委員会第15号〔平成17年4月26日田野瀬副大臣発言〕。内閣府税制調査会「平成18年度の税制改正に関する答申」(平成17年11月)においても，新しい会社法制に対応する整備について「わが国税制は，収益及び費用の私法上の実質的な帰属に着目して法人やこれに準ずる性格を有する信託等に対し法人課税を行っており，引き続きこうした適正な課税関係を構築していく必要がある。」とされている。
50) 関口＝西垣・前掲注10)24頁。

の12第1項)、享受できるメリットは限定的である。

(3) 小 括

構成員課税が適用されることにより合弁当事者に税務上のメリットがあるか否かは個別の事情によるが、構成員課税のメリットがある場合、LLPや任意組合を選択する重要な動機になりうるであろう。また、合弁当事者が米国会社の場合には、米国連邦税法上の取扱いを考慮して、合同会社、LLP又は任意組合を選択することも検討の対象となろう。

6　手続の簡便さ

(1) 考慮要素としての簡便さ

合弁事業では通常ある程度大きな規模で事業を行うことを想定しているであろうから、株式会社、合同会社、LLP及び任意組合のいずれを選択しても、運営費用にそれほど意味のある違いは生じないと思われるが、組成、組織変更及び解散の手続に係る手間やコストについては、以下のとおり法形態によって違いがあるため、そのような手間やコストに見合う効果があるか、合弁事業に係る時間的・経済的制約に適うかといった点から、法形態選択の考慮要素となることもある[51]。

(2) 組成及び解散

まず、株式会社の設立には、定款の作成（会社法26条1項）及び認証（会社法30条1項）、並びに設立登記（会社法49条）が必要となるうえ、上記のように、合弁契約の規定を会社法における規制とどのように整合させて定款に記載するかを検討した上で定款を作成しなければならない[52]。また、解散に際しては、清算人を選任して、法定の貸借対照表や財産目録を作成し、債権者に対する催告や公告をすることが要求されている（会社法477条以下）。

次に、合同会社の場合、設立には定款の作成（会社法575条1項）及び設立登

---

51) 株式会社の運営費用としては、役員報酬、株主総会等の開催費用、決算公告（会社法440条1項）に係る費用等が必要となる。合同会社、LLP及び任意組合では決算公告が義務付けられていないため、決算公告に係る費用が不要となる。また、株式会社であれば大会社に相当するような資本金であっても、合同会社、LLP及び任意組合においては会計監査人の選任が不要であり、会計監査人に対する報酬が不要となる。

記 (会社法579条) を要するため, 手続としては株式会社と大差ないといえるが, 合同会社においては, 合弁契約の文言をほぼそのまま定款に記載することも可能である場合がほとんどであろうから, 株式会社と異なり, 合弁契約と定款の整合性や齟齬のある場合の効果等について検討するためのコストを節約することができる[53]。また, 解散に際しては, 株式会社と同様に, 清算人を選任して, 法定の貸借対照表や財産目録を作成し, 債権者に対する催告や公告をすることが要求されている (会社法646条以下)。

LLP の組成においては, 組合契約書を作成したうえで (LLP法4条1項), 組合契約の効力発生から2週間以内に登記をしなければならない (LLP法57条)。組合契約の組成に際しては, 合弁契約をそのまま組合契約をとして利用することができる。また, 解散に際しては, 株式会社や合同会社と同様に, 清算人を選任して, 法定の貸借対照表や財産目録を作成し, 債権者に対する催告や公告をすることが要求されている (LLP法39条以下)[54]。

任意組合は, 各当事者が出資をして共同の事業を営むことを約することによって成立し (民法667条1項), 解散に際しては, 清算人を選任して, 清算業務を行えば良いだけであり (民法685条以下), 株式会社, 合同会社及びLLPで要求されているような手続は強制されていない。また, 任意組合の成立及び解散に登記は必要とされない。したがって, 任意組合は, 株式会社, 合同会社及びLLPと比較して, 最も簡便に組成及び解散できる法形態であるといえる。

---

52) 株式会社設立の費用として, 定款認証代5万円 (会社法30条1項, 公証人手数料令35条), 定款貼付の収入印紙代4万円 (印紙税法2条), 設立登記に係る登録免許税 (資本金の7/1000, 最低15万円) (登録免許税法9条) が必要となる。さらに, 現物出資をする場合は原則として検査役の調査又は弁護士等の証明が必要となり, そのための費用を要する。

53) 合同会社においては, 設立費用として, 定款貼付の収入印紙代4万円と設立登記に係る登録免許税 (資本金の7/1000, 最低6万円) (登録免許税法9条) を要するが, 定款認証代と現物出資に係る調査・証明は不要である。

54) LLPの成立に際しては組合契約の効力発生登記の登録免許税6万円を要するが, 収入印紙代は不要である。

(3) 組織変更

株式会社及び合同会社は他の会社組織に組織変更することが可能であるのに対し（会社法775条以下，781条），LLPと任意組合は法人格がないため，会社への組織変更はできず，LLPや任意組合を法人化する必要が生じた場合には，新たに株式会社又は合同会社を設立して事業譲渡する等の手続が必要になる。

(4) 小 括

以上のとおり，組成及び解散手続の簡便さという観点からは，簡便な順から，①任意組合，②LLP及び合同会社，③株式会社ということになる。時間的・経済的制約がある場合や，ある法形態を利用しても手続に係る手間やコストに見合わない効果しか得られないような場合には，より手続の簡便な法形態の利用を検討することになろう。また，将来的に事業規模を拡大したり，証券取引所に上場させることを想定している場合には，組織変更が容易な株式会社や合同会社を利用することになろう。

7 取引先や金融機関からの評価

(1) 株式会社を利用する場合

株式会社は，会社法施行前より現在に至るまで，合弁事業だけでなく，営利事業体の法形態として最も一般的に採用されているものであり，その他の法形態に比較して取引先等からも違和感なく受け入れられる場合が多いであろう。もっとも，会社法施行により，機関設計に関しても相当程度規制が緩和されており，取締役会非設置会社として監査役を置かないといった簡略な機関設計をした場合には，経営管理体制や監査の実効性の観点から，金融機関による与信判断に影響を与える場合があると考えられる[55]。

(2) 合同会社を利用する場合

上記のとおり，合同会社は一定程度世間に認知されてきたといえるが，それでも世間一般において，株式会社と比較して，その知名度はまだ低く，一般的には，取引先や金融機関から信用を得がたい場合があるともいわれてい

---

55) 階猛「新会社法による金融実務への影響と留意点」金法1749号8頁以下参照。

る[56]。特に，業務執行社員のみによる意思決定という合同会社で採用可能な最も単純な機関設計をした場合には，経営管理体制や監査の実効性の面でも与信判断上の懸念が生じる可能性もある。もっとも，個人が最初から起業する場合と異なり，合弁事業においては，合弁当事者の全部又は一部が既に有している取引関係や信用を持ち寄って事業を行なうことが多く，合弁当事者の信用が高い場合には，法形態の選択に際して，このような合同会社の欠点は重要とはいえないであろう。

(3) LLP 又は任意組合を利用する場合

上述のとおり，LLP の設立件数は減少傾向にあり，必ずしも，世間に定着してきたとはいい難いように思われる。

上記1のとおり，例えば，LLP と任意組合の場合，組合員に変動があると権利義務関係の当事者にも変動が生じることがあるため，取引の性質によっては，取引の相手方が懸念をもつこともあるであろう。特に，任意組合については，商業登記もなく，組合契約書を確認しなければ，その法的性質，組合員の構成，業務執行権限の有無などが判明せず，取引を躊躇する理由ともなる。この点，LLP の場合には，商業登記から有限責任事業組合であること及び組合員の構成を確認することができ，債権者には財務諸表及び組合契約書の閲覧謄写請求が認められていることにより（LLP法57条，31条6項），任意組合に比べれば取引の相手方の懸念を低減させることはできるようにも思われるが，そのような制度的な担保があったとしても，法人格がないことにより，取引先から責任主体が明確ではないとされたり，金融機関から信用力が高くないという評価を受けたりすることは否めない[57]。また，実際には，LLP については，そのような制度的担保があっても，出資者の責任が有限責任であることから，金融機関による融資に際し，同じく法人格のない任意組合に対する融資の場合よりも慎重な対応がとられているようである[58]。

---

56) 関口＝西垣・前掲注10)21頁参照。
57) 宍戸＝岩瀬・前掲注15)14頁，関口＝西垣・前掲注10)23頁。
58) 南史一「ケーススタディ融資実務(9)中間法人，有限責任事業組合（LLP）との取引開始時における留意事項」金法1787号15頁参照。

第5 各法形態の利用可能性及び今後の課題

1 概　要

　第4において検討したように，各法形態の特徴の違いは，合弁事業の設計や遂行に影響を与える。すなわち，合弁事業の法形態として，株式会社，合同会社，LLP 及び任意組合のいずれを選択するかにより，主として，①合弁事業に関連する権利関係の安定性（特に法人格の有無により差異が生じる），②合弁当事者が合弁事業に関連して責任を追うリスク，③持分譲渡や脱退・加入に関する規制の違いによる第三者の合弁事業参入の可否，④合弁事業により生じる損益についての税務上の取扱い，及び⑤合弁事業体の組成，組織変更及び解散の手続の簡便さという点において差異が生じることになる。

　ただ，第4の比較からすると，合弁事業の法形態として，株式会社，合同会社，LLP 及び任意組合のいずれを選択しても，柔軟な機関設計が可能であることに大きな違いはないし，運営に係るコストも大差ないといえる。この点が，合弁事業に株式会社ではなくあえて合同会社やLLP を利用するインセンティブがわかず，当初期待されたように合同会社やLLP の利用が進まない主たる原因の一つであろう。また，取引先や金融機関の評価という点では，一般的には，法形態そのものも，取引先や金融機関がある事業体の信用を評価する際の要素になりうるが，合弁事業においては，法形態そのものよりも合弁当事者の信用や各事業体の制度設計が金融機関や取引先の評価に大きく影響するといえよう。

2 法形態ごとの検討

(1) 株式会社

　以上検討してきた点を株式会社についてまとめると，株式会社は，法人格があるという点で法的安定性があり，株主有限責任が徹底され，合弁当事者自身が業務執行者にならないため，合弁当事者自身のリスクの遮断を確保することができる。また，会社法制定により，設立手続も簡素化され，又，柔軟な機関設計も可能になったことを考慮すると，様々な目的の合弁事業に適

した法形態ということができるが，特に合弁当事者から独立して長期に継続することを予定している事業や事業規模や事業の性質から大きなリスクが伴うような事業，あるいは将来的に事業規模を拡大したうえで上場や売却を想定している事業に適しているものといえよう。

但し，合弁契約において合意される様々な条件をそのまま定款に反映することができないことから，合弁会社を設立する際に，合弁契約と定款との整合性を精査し，合弁契約条項と定款条項の齟齬から生じる影響を十分に把握しておく必要があるため，合弁会社の設立のために比較的大きな労力と費用及び専門的な知識が必要になると考えられる。また，株式会社の場合には，合弁契約による株式譲渡禁止や先買権条項をそのまま定款に定めることができず，条項通りの法的な効果を得られない場合があるため，出資持分の譲渡等による合弁事業への第三者の介入を完全に排除することが必要な場合には，合同会社等の他の法形態を利用する必要があろう。もっとも，通常の場合には，その事業体に参加したいと思った者がいても，その後の事業経営を考慮すれば，合弁当事者との合意なく，合弁会社の出資持分を取得しようとは考えないであろうから，例えば，合弁会社への出資比率に70％対30％といったように大きな差異があり，70％の出資比率を取得して事業経営を行うことで多大な利益が得られるような特殊な事情がなければ，第三者が出資持分を取得するという現実的なリスクはそれほど大きなものとはいえないであろう。

(2) **合同会社**

合同会社は，法人格を有し，社員が有限責任であり，法人課税の対象となるという点で株式会社と共通した利点と欠点がある。株式会社と異なるメリットとしては，合弁事業の出資持分が第三者に移転するリスクを完全に排除できる点があるが，そのようなリスクは現実的に高いとはいえない。また，定款に合弁契約を組み込むことで，株式会社に比べて簡易に合弁会社を設立することができるが，合同会社を選択する決定的なメリットとは言い難い。他方，株式会社と異なり，業務執行者が社員に限定され，第三者が合弁当事者に対して直接損害賠償責任を追及する余地を完全に遮断することができないという欠点がある。第4の5(1)で述べたとおり，合同会社は構成員課税

が適用されることを前提に制度創設の検討がなされてきた経緯がある。ところが，現時点において合同会社に構成員課税が認められておらず，株式会社においても柔軟な定款自治が認められるようになったため，パートナーシップとしての課税メリットを利用できる米国の合弁当事者でなければ，株式会社ではなくあえて合同会社を選択するメリットを見出すことが難しい状況であるといえる。

したがって，合同会社の社員に対する構成員課税が認められるなどの制度改正がなければ，合弁事業における合同会社の利用は進まないように思われる。現在，合同会社の社員に対する構成員課税を認めない主たる理由として，法人及びこれに準ずる性格を有するものが納税義務者になるという我が国の税制の原則が挙げられているが，そもそも持分会社のように組合的規律が適用される法人についても，政策的なニーズの有無にかかわらず例外を設けることのできない原則であるのか，さらに検討する余地があるであろう。

(3) LLP

LLP の利点は，出資者の有限責任を確保しつつ，構成員課税による利益を享受できるということである。また，合弁契約をそのまま組合契約として利用できるという意味では簡易に組成できるという利点がある。他方で，法人格がない点で法的安定性に欠けるとみられる側面があることは否定できない。したがって，想定される一定規模の事業リスクを有限責任により遮断しつつ構成員課税によるメリットが大きい場合に適しているものと考えられる。

もっとも，出資者としての責任が有限責任ではあっても直接責任であることから，合弁事業体の債権者から合弁当事者の財産に直接強制執行を受けるリスクがあり，又，合同会社の場合と同様に，業務執行者としての責任を完全に排除することができない点には留意する必要がある。

そこで，LLP については，長期的な事業の継続が予定されている事業であっても，特に構成員課税によるメリットが大きい場合に，合弁事業の法形態として利用することが考えられる。また，従来任意組合により行われていたような事業で出資者としてのリスクを限定したい場合の利用，例えば，映画製作委員会等，特定の製品やサービスに関する比較的短期の実験的な事業

や，製品やサービスの共同開発，共同プロモーション，物流部門の統合等，当面は外部からの資金調達を予定せず，直接の取引先が合弁当事者自身であったり合弁当事者のグループ会社であったりするような事業における利用も考えられる。

(4) 任意組合

任意組合は，合弁事業体を組成するために登記等の特別な手続が不要で，契約の締結だけで済むことから，他の法形態に比べ組成手続が簡便であり，しかも構成員課税が適用されるという利点がある。しかし，任意組合の場合には，法人格がなく法的安定性が低いことに加え，組合員の責任が直接無限責任であるという重大な欠点がある。

このような特徴からすると，任意組合の利用には，過大な負債が生じるリスクがそれほど高くなく，継続する期間が短いような事業等で，事業体の組成に時間やコストを掛けたくないような場合，例えば，特定の製品やサービスに関する一時的な共同開発，共同プロモーション等が適していると考えられる[59]。

---

59) 従来より任意組合が利用されている建設共同企業体については，公共工事の発注等に関し，事業体の組成について国土交通省が通達等により詳細な基準を示しており，今後もかかる基準に沿った運用がなされると思われる。建設共同企業体には事業の性質上大きな負債が生じるリスクが想定されるであろうから，LLPを利用するメリットは大きいと思われるが，国土交通省は，LLPには法人格はないため建設業の許可は与えられず，構成員が建設業の許可を得ていても，通達等により制度が定められている建設共同企業体以外の法人格のない組合で建設工事を請け負うことは建設業法違反と解しているようである。

別表　株式会社，合同会社，有限責任事業組合及び任意組合の比較

	株式会社	合同会社	有限責任事業組合	任意組合
法人格の有無	法人格あり。権利関係の処理が簡明。	法人格あり。権利関係の処理が簡明。	法人格なし。法的安定性が低い。	法人格なし。法的安定性が低い。
合弁当事者の責任	出資者としての責任は間接有限責任。業務執行者としての責任を負う必要がない。	出資者としての責任は間接有限責任。社員の全部又は一部が業務執行社員となり会社及び第三者に責任を負う。	出資者としての責任は直接有限責任。組合員全員が業務執行者となり会社及び第三者に責任を負う。	事業体の債務全額について無限の連帯責任を負う可能性がある。
出資持分の譲渡及び払戻し	株式譲渡自由が原則である。合弁契約による株式譲渡禁止や先買権条項等をそのまま定款に定めることができず、条項通りの法的効果を得られない場合がある。	持分譲渡は他の社員全員の承諾が原則であるが、定款に持分譲渡や先買権条項等の別段の定めができる。社員は、やむを得ない事由があるときは定款の定めにかかわらず退社し、持分の払戻しを受けることができる。	他の組合員全員の同意があれば持分の譲渡は可能だが、組合契約により要件を緩和できない。場合によっては脱退できない事由を定めることができ脱退。組合員を除名原則で別段の定めがで、組合契約で別段の定めが、脱退の要件を実質的に加重することは無効。	持分譲渡について先買権条項や譲渡価格等を組合契約に定めることも可能。組合の存続期間を定めることも可能。組合員はやむを得ない事由を除き脱退を除名原則で別段の定めができるが、契約で実質的に加重する要件は無効。
機関設計	柔軟な機関設計が可能。但し、株主総会と取締役の設置は必須。	柔軟な機関設計が可能。但し、業務執行者は社員に限定される。	柔軟な機関設計が可能。但し、組合員全員が業務執行者となる。	最も柔軟な機関設計が可能。
税制の取扱い	事業体課税	事業体課税	構成員課税	構成員課税

12 合弁事業の法形態選択　369

手続の簡便さ	設立に、定款の作成及び認証、並びに設立登記が必要。定款の作成に際しては、合弁契約との整合性の検討を要する。解散に際して、清算人の選任、法定の貸借対照表や財産目録の作成、債権者に対する催告や公告が必要。他の会社組織に組織変更可能。	設立に、定款の作成及び設立登記が必要。合弁契約との整合性の検討を要する。定款の作成に際しては、合弁契約との整合性の検討と契約コストを節約することができる。解散に際して、清算人の選任、法定の貸借対照表や財産目録の作成、債権者に対する催告や公告が必要。他の会社組織に組織変更可能。	組成に際して、組合契約書の作成及び効力発生登記が必要。合弁契約をそのまま組合契約として利用することができる。解散に際して、清算人の選任、法定の貸借対照表や財産目録の作成、債権者に対する催告や公告が必要。会社への組織変更はできない。	組合契約により設立。解散に際しては清算人を選任して清算業務を行えばよい。会社への組織変更はできない。
取引先や金融機関からの評価	営利事業体の法形態として最も一般的に採用されているものであり、その他の法形態に比較して取引先等から違和感なく受け入れられる場合が多い。	株式会社と比較して、その知名度はまだ低く、一般的には、取引先や金融機関から信用を得がたい場合がある。	法人格がないことにより、会社に比べ信用力が高くないという評価を受けやすい。出資者の責任が有限であることから任意組合より信用が低いとされる可能性がある。	法人格がないことにより、会社に比べ信用力が高くないという評価を受けやすい。

13

サブリース判決と企業間提携契約

　いわゆるサブリース契約と借地借家法32条1項との関係について判示した最高裁判決には，契約の法性決定の問題，私的自治の原則と強行法規との関係，経済事情の変動と事情変更の原則との関係及び契約の拘束力の問題など，継続的な共同事業を目的として締結される企業間提携契約においても問題となり得る論点が含まれている。本稿は，これらの最高裁判決及び関連する他の最高裁判決から，企業間提携契約を解釈する上での指針となり得るものを探るものである。

金丸　和弘

第1　はじめに
第2　サブリース最高裁判決の位置付け
第3　契約の法性決定に関する指針
第4　私的自治の原則と強行法規との関係に関する指針
第5　経済事情の変動と事情変更の原則あるいは契約の拘束力に関する指針

第1 はじめに

いわゆるサブリース契約[1]について平成15年10月に相次いで出された最高裁判決（最三小判平15.10.21民集57巻9号1213頁，判タ1140号68頁——センチュリータワー事件判決，最三小判平15.10.21判タ1140号75頁——横浜倉庫事件判決，最一小判平15.10.23判タ1140号79頁。以下「サブリース最高裁判決」と総称する）は，直接的にはサブリース事業において締結された賃貸借契約（建物所有者たる賃貸人と転貸業者たる賃借人との賃貸借契約）に対する借地借家法32条1項の適用関係に関するものであるが，そこには，当事者間で締結された契約の法性決定の問題[2]，私的自治の原則と強行法規との関係，経済事情の変動と事情変更の原則の適否，経済事情の変動と契約の拘束力の問題など，サブリース契約以外の契約関係でも問題となり得る論点が含まれている。

サブリース最高裁判決は，判断対象たる契約に関し，法性決定として賃貸借契約であることを認定した上で，これに加えて，「いわゆるサブリース契約と称されるものの一つである」ことを認定し，また，「(転貸業者の) 転貸事業の一部を構成するもの」であることを認定するとともに，当該契約が締結されるに至る経緯を述べたうえで，契約の「重要な要素となった事情」あるいは「要素とした事情」を認定し，そのような事情は借地借家法32条1項の適用において考慮されるべきであることを判示している（なお，同じくサブリース契約と借地借家法32条1項の適用関係について判示した最二小判平16.11.8判タ1173号192頁の法廷意見は，「本件契約に至る経緯」から「重要な要素となった事情」を認定しているものの，「サブリース契約」であることや「転貸事業の一部を構成する」ことについて

---

1) 確立した定義があるわけではないが，一般に，土地の所有者が建物を建築し，これを不動産業者に対して一括して賃貸し，これを不動産業者が各転借人に転貸して収益をあげるという事業（サブリース事業）を行う場合において，建物所有者と不動産業者との間で締結される建物賃貸借契約をいう。
2) 裁判実務における契約の法性決定の問題については，加藤雅信＝加藤新太郎編『現代民法学と実務(上)』（判例タイムズ社，2008）（第1章・法的思考の意義と機能——『典型契約と性質決定』をめぐって）参照。

は言及しておらず、より一般的な判示内容となっている)。

　ところで、いわゆる企業提携についても、「企業間提携契約」なる契約類型が私法上存在するわけではなく、それぞれの場面における企業提携目的を達成するために、様々な契約が締結されるものであり、その意味で、企業提携において締結される契約は、「提携事業の一部を構成するもの」であるといえる。また、企業間提携契約も、相当の期間にわたり継続することが予定されている場合が多い（内田義厚「企業間提携契約と継続的契約」〔本書9章〕255頁以下参照)。

　したがって、企業間提携契約（ここでは、企業提携を目的として締結される契約を総称するものとする）においても、サブリース契約と同様に、企業間提携契約の法性決定、私的自治の原則と強行法規との関係、経済事情の変動による影響（事情変更の原則との関係、契約の拘束力との関係）が問題となり得る。

　そこで、本稿では、サブリース最高裁判決及びこれと関連する判決（サブリース契約以外の賃貸借契約に関する判決を含む）を踏まえて、企業間提携契約の解釈において参考となり得る点を整理してみたい。

第2　サブリース最高裁判決の位置付け

　サブリース最高裁判決の射程範囲については、その判示において前記のようにサブリース契約固有の事実関係が認定されていたことに加え、直近の最高裁判決として、①最一小判平14.3.28民集56巻3号662頁,判タ1094号111頁が、サブリース契約が賃借人の更新拒絶により終了した場合において、サブリース契約固有の事実関係を認定した上で、賃貸人は、信義則上、賃貸借契約の終了を再転借人に対抗できない旨判示していたこと[3]、他方で、②最一小判平15.6.12民集57巻6号595頁,判タ1126号106頁が、地代等自動改訂特約のある土地賃貸借契約における地代減額請求に関し、借地借家法11条1項（建物賃貸借契約に関する同法32条1項に相当する）に定める「不相当となったとき」という要件への該当性と同特約との関係（減額請求の当否）については特に判示することなく、地代減額請求時点における相当な地代の額について更に審理を尽くさせるため原審に差し戻したこと等との関係もあり、様々

な見方が可能であった（吉田克己・判タ1173号109頁）[4]。

しかしながら，その後，③最三小判平16.6.29判タ1159号127頁が，土地賃貸借契約における地代減額請求に関し，サブリース最高裁判決と同様の判示をしたこと，④前掲最二小判平16.11.8が，サブリース契約における賃料減額請求に関し，「サブリース契約」であることや「転貸事業の一部を構成する」ことについては言及することなく，サブリース最高裁判決と同様の判示をしたこと，⑤最一小判平17.3.10判タ1179号185頁及び⑥最二小判平20.2.29判タ1267号161頁が，いわゆるオーダーリースについても同様の判示をしたことなどから，サブリース最高裁判決の射程範囲は，サブリース契約以外の建物賃貸借契約にも及ぶものであり，また，土地賃貸借契約にも及ぶものであると理解されている（サブリース最高裁判決後の下級審判決として，いわゆる不動産変換ローン方式の一環として締結された賃貸借契約に関する東京地判平18.3.24判タ1262号233頁，金判1239号12頁及び東京高判平18.10.12金判1265号46頁，オーダーリースに関する甲府地判平18.9.12〔最高裁HP〕，特殊な賃料の仕組みを有する百貨店の店舗用建物の賃貸借契約に関する横浜地判平19.3.30金判1273号44頁，特定優良賃貸住宅に関する千葉地判平20.5.26〔最高裁HP〕等がある）。

そして，かかる理解と併せて，サブリース最高裁判決は，賃貸借契約をめぐる従前の最高裁判決（例えば，⑦浴場用建物の賃貸借に関する最三小判昭31.5.15民集10巻5号496頁，判タ59号60頁，⑧相当地代の判断の基礎事情に関する最一小判昭

---

3) 同判決は,「被上告人（引用者注・サブリース契約の賃貸人）は，建物の建築,賃貸,管理に必要な知識,経験,資力を有する訴外会社（引用者注・サブリース契約の賃借人）と共同して事業用ビルの賃貸による収益を得る目的の下に，訴外会社から建設協力金の拠出を得て本件ビルを建築し，その全体を一括して訴外会社に貸し渡したもの」であることを認定している。同判決の調査官解説は,同判決について,「賃貸借がいわゆるサブリースである場合についての事例判断」であり,「いわゆるサブリース契約であることに着目して…判断したものである」としている（矢尾渉・平14最判解説(民)(上)334頁, 344頁）。
4) センチュリータワー事件判決（前掲最三小判15.10.21）の調査官解説は，この判決について,「(センチュリータワー事件判決とは) 異なる表現をとっているが，借地借家法11条1項の要件充足の有無を判断するに当たっても，賃貸借契約の当事者が賃料額決定の要素とした事情を考慮しなければならないことを言い換えたものと解される。」とする（松並重雄・平15最判解説(民)(下)591頁・注34）。

44.9.25判時574号31頁，⑨営業利益分配契約的要素を具有する建物賃貸借契約に関する最一小判昭46.10.14判時648号63頁，⑩賃料増減額請求の基礎事情に関する最二小判平5.11.26裁判集民170号679頁）の延長線上にあるものとして理解されている（加藤雅信＝加藤新太郎編『現代民事法学と実務（下）』〔判例タイムズ社，2008〕（第15章・サブリース裁判例の新動向）126頁～130頁，松岡久和「サブリース」内田貴＝大村敦編『民法の争点』241頁，松岡久和・金法1876号77頁）。

　サブリース最高裁判決に関する以上のような理解によれば，サブリース最高裁判決は，賃貸借契約に関する長年にわたる一連の最高裁判例の一環として位置付けられるものであり，そこから，前記第1のような問題点に関する最高裁判所の一般的な考え方(指針)を読み取ることも可能であると思われる。

第3　契約の法性決定に関する指針

1　サブリース最高裁判決によるサブリース契約の法性決定

　サブリース最高裁判決は，契約の法性決定の問題について詳細な判示をしているわけではないが，当事者間の合意内容が，一方当事者が他方当事者に建物を使用収益させ，他方当事者がその対価として賃料を支払うという内容である以上，建物の賃貸借契約であると判示しており，基本的には，典型契約の成立要件（民法601条参照）を充足する事実が認められる限り，当該典型契約に該当するものと認めるという考え方[5]が示されていると理解することが可能である（もっとも，後述する藤田補足意見にあるように，サブリース最高裁判決の対象となったサブリース契約は，「そこに盛られた契約条項にも，通常の建物賃貸借契約の場合と取り立てて性格を異にするものはない」と認められるものであったことに留意す

---

[5]　いわゆる冒頭規定説によれば，典型契約の成立要件に該当する事実は，契約の法的性質を示す事実ということになる（司法研修所編『増補民事訴訟における要件事実(1)』〔法曹会，1986〕45頁～48頁，太田知行「契約の成立の認定」鈴木禄弥先生古稀記念『民事法学の新展開』〔有斐閣，1993〕253頁～257頁，後藤巻則「要件事実論の民法学への示唆(2)――契約法と要件事実論」大塚直ほか編『要件事実論と民法学との対話』〔商事法務，2005〕47頁及び51頁参照）。なお，大村敦志『典型契約と性質決定』（有斐閣，1997）39頁以下参照。

べきである）。

　かかる考え方によれば，典型契約の成立要件を充足している契約に関し，一方当事者が典型契約であることを主張した場合，当該典型契約には該当しないと主張する他方当事者は，それを裏付けるに足る特段の事情を主張立証する必要があるということになる。そして，例えば，「混合契約」であることや「営業利益分配契約的要素」を具有していることだけでは，直ちに，典型契約に該当することを否定する特段の事情があるとは認められないということになろう（前記第2記載の⑦，⑨の判決参照）。

　このような契約の法性決定という点については，前掲最三小判平15.10.21（センチュリー事件判決及び横浜倉庫事件判決）における藤田宙靖裁判官の補足意見（以下「藤田補足意見」という）が参考となる[6]。

　藤田補足意見は，「当事者間における契約上の合意の内容について争いがあるとき，これを判断するに際し採られるべき手順は，何よりもまず，契約書として残された文書が存在するか，存在する場合にはその記載内容は何かを確認することであり，その際，まずは契約書の文言が手掛かりとなるべきものであることは，疑いを入れないところである。」とする。その上で，問題となる合意が「『賃貸借契約書』と称する契約文書であり，そこに盛られた契約条項にも，通常の建物賃貸借契約の場合と取り立てて性格を異にするものは無い」以上，「通常の（典型契約としての）建物賃貸借契約であると推認するところから出発すべき」であるとする。

　そして，サブリース契約は賃貸借契約ではないとする見解に対し，「①契約を締結するに当たっての経済的動機等，同契約を締結するに至る背景の説明にとどまり，必ずしも十分な法的説明とはいえないものであるか，あるいは②同契約の性質を建物賃貸借契約（ないし，建物賃貸借契約をその一部に含んだ複合契約）であるとみても，そのことと両立し得る事柄であって，出発点としての上記の推認を覆し得るものではない。」としている。

---

6) 内田勝一「不動産サブリース判決」野村豊弘先生還暦記念『二一世紀判例契約法の最前線』（判例タイムズ社，2006）295頁は，「藤田裁判官の補足意見は，法廷意見の論理を敷衍するものであり，両者は一体として理解されなければならない。」とする。

以上のような藤田補足意見の考え方は，契約の法性決定に関する考え方として，企業間提携契約の法性決定についても妥当し得るものと解され，法廷意見ではないものの，参考となるものと思われる。

　なお，藤田補足意見については，安福幸江「サブリース契約をめぐる裁判例と問題点」滝澤孝臣編『判例展望民事法Ⅰ』（判例タイムズ社，2005）75頁〜76頁が，「契約の法的性質の解釈については，契約書記載の文言を基準にするという一般的枠組みを示したものといえる。」と評しているように，あくまでも，契約の「文書名」ではなく，「契約書記載の文言」を基準とすべきことを指摘するものとして理解すべきである[7]。また，「契約書記載の文言」の意味内容の確定に当たっては，当該文言の文理のみならず，他の条項との整合性，当該契約の締結に至る経緯等の事情を総合的に考慮しなければならない（最二小判平19.6.11判タ1250号76頁）。

2　企業間提携契約の法性決定

　以上を踏まえると，企業間提携契約（企業提携の場面において締結される各契約）[8]についても，その法的性質が裁判において問題とされた場合，当該契約が典型契約の成立要件を充足している場合には，当該契約の文言（合意内容）からこれを否定すべき特段の事情が認められない限り（前掲最三小判平5.7.20参照），基本的には，かかる合意に至る経済的動機等の背景事情等にかかわらず，当該典型契約あるいは当該典型契約を含む混合契約であると認定され，その場合には，原則として当該典型契約に関する法規範の適用が認められる可能性が高いということになる[9][10]。

---

[7]　なお，「契約書記載の文言」も，あくまでも一つの基準となり得るものにすぎない。セール・アンド・割賦バック契約に関する最三小判平5.7.20判タ872号183頁，譲渡担保契約に関する最一小判平14.9.12判タ1106号81頁参照。また，契約書が存在しない場合において当事者間の合意が売買か賃貸借かが争われた事案に関する最一小判昭54.9.6判タ398号84頁参照。

[8]　企業間提携契約が複数の契約から構成されている場合，これらを一体の契約として総合的に解釈するのか，各契約ごとに個別に解釈するのかという点も問題となり得る。なお，民法（債権法）改正検討委員会編『債権法改正の基本方針』（別冊NBL126号）では，「複数の法律行為の間に密接な関連性がある場合」に関する規定が提案されている【1.5.50】。

もっとも，このような整理は，企業間提携契約の法的性質を判断する際の一つの道筋を示すものにすぎない。また，そもそも契約の法的性質の決定は，それ自体に意味があるわけではなく，その目的は，契約当事者間で成立した契約の意味内容の確定，より具体的には，契約当事者の権利義務の内容の確定にある（河上正二「契約の法的性質決定と典型契約」加藤一郎先生古稀記念『現代社会と民法学の動向(下)』〔有斐閣，1992〕279頁以下，加藤新太郎「契約の解釈におけるスキル」野村豊弘先生還暦記念『二一世紀判例契約法の最前線』〔判例タイムズ社，2006〕70頁以下参照）。

　したがって，仮に，当事者間で現に成立している企業間提携契約について，典型契約の成立要件を充足していることが認められるとしても，それはあくまでも「出発点」となり得るものにすぎず，その他の合意内容を含めた契約全体の検討を回避して，その法的性質を決定することはできず（藤田補足意見の表現を借りれば，そこに盛られた契約条項に，通常の典型契約と性格を異にする条項があるか否かが検討されなければならない），直ちに一定の法的帰結（当該典型契約に関する法規範—強行規定のみならず任意規定を含む—の適否や，契約当事者の権利義務の内容）が導き出されるものでもない[11)][12)]。

　特に，企業間提携契約については，複数の典型契約の成立要件を充足して

---

9) 後藤・前掲注5)50頁～51頁は，「売買契約，賃貸借契約といった各類型の契約を成立させるために不可欠な『本質的部分』についての合意があったことの主張立証があれば，原則としてそれに関する契約の成立を認めて，当該契約に基づく請求権の発生を根拠づけることができると解すべきであろう。」とし，「典型契約については，その冒頭規定の定める要素が当該契約の本質的部分を定めていると解される。」とする。

10) 後藤・前掲注5)57頁は，「売買契約に関するある任意規定の適用を主張する場合，555条の要素にかかわる要件事実を主張立証すれば，当該任意規定によるという意思の立証は不要と解すべきであろう。」とする。なお，司法研修所編・前掲注5)58頁参照。

11) 内田・前掲注6)296頁は，サブリース最高裁判決について，「当事者の契約内容如何によっては，賃貸借契約であることを前提としつつも，それとは異なる契約合意があれば，それによる規律を認めることになり，サブリース契約を一種の複合的契約と評価する可能性も含まれる。」と評する。

12) 契約の解釈と法性決定の関係について，具体的な裁判例を概観したものとして，滝澤孝臣「契約の解釈と裁判所の機能(上)」NBL 746号49頁以下参照。

いる場合も想定されるところであり，企業間提携契約の法的性質や契約当事者の権利義務の内容を確定するためには，企業間提携契約全体及び当該契約締結に至った事情の検討は，避けては通れないものと解される（内田・本書258頁）[13]。

第4　私的自治の原則と強行法規との関係に関する指針

1　企業間契約と強行法規

企業間の契約においては，基本的に私的自治の原則が適用され，公序良俗に反しない限り，如何なる合意をすることも可能である[14][15]（大判明43.4.21民録16輯335頁，東京地判平19.9.27判タ1255号313頁参照）。

しかし，上記の通り，かかる合意が典型契約の成立要件を充足している場合には，かかる合意は当該典型契約あるいは当該典型契約を含む混合契約（藤田補足意見参照）であると認められる可能性がある。そして，前掲最三小判昭31.5.15（前記第2記載の⑦の判決）によれば，「典型契約の混合する契約にその典型契約に関する規定を適用するに当たっては，特別の事情がない限り右契約に関する規定全部を適用すべきであって，その一部のみを適用して他の一部の適用を否定するにはその合理的根拠を明らかにすることを必要とする。」とされている[16]。

したがって，企業間提携契約について典型契約に該当するという認定がな

---

[13]　内田・本書264頁は，裁判官の立場から，「契約紛争については，事案の真相の解明，あるいは当該紛争の適正な解決のために，単に要件事実的な整理をするだけではなく，紛争の背景事情等まで踏み込んで双方の主張を整理することが少なくな（い）」と述べる。

[14]　契約自由の原則の下では，ある契約が典型契約に該当するか否かを論ずることは意味がないというのが従来の支配的見解であった（大村・前掲注5）4頁以下。後藤・前掲注5）49頁，椿寿夫＝伊藤進「非典型契約の総合的検討――連載開始に当たって」NBL 917号8頁，山本敬三「契約法の改正と典型契約の役割」別冊NBL 51号4頁以下，石川博康「典型契約と契約内容の確定」内田貴＝大村敦編『民法の争点』236頁以下参照）。

[15]　前掲「債権法改正の基本方針」では，契約法が基礎とする基本原理として，契約自由の原則を明示することが提案されている【3.1.1.01】。

された場合，仮に当該典型契約に適用される強行法規があるときは，特段の事情がない限り，当該企業間契約についても当該強行法規が適用されるという帰結が導かれ得る（強行法規でなければ当事者の合意によりその適用を排除することは可能である）。

2 私的自治の原則と強行法規の適用

もっとも，サブリース最高裁判決は，サブリース契約が典型契約たる賃貸借契約に該当し，そうである以上，強行法規である借地借家法32条1項の適用は否定し得ないとしながら，当該条項に定める「不相当となったとき」に該当するか否かの判断及び該当する場合における相当賃料額の判断に当たっては，契約の「重要な要素となった事情」あるいは「要素とした事情」を考慮すべきことを判示し，かかる「事情」として，サブリース契約の目的（賃借人が当該建物において転貸事業を行うことを目的とする経済取引であること）や，賃料自動増額条項あるいは賃料保証条項の存在（賃貸人が賃借人の転貸事業のために多額の資本を投下する前提となっていること）を認定している。

したがって，仮に強行法規の適用が否定し得ない場合であっても，具体的な強行法規の適用の場面においては，当該合意の成立に至る過程において認められる個別の事情を根拠として，結果的には，当該強行法規に定める要件を欠くものと認められ，あるいは，要件を充足する場合であっても効果の面で差異が認められることはあり得るものと考えられる（もちろん，問題となる具体的な強行法規の要件や立法趣旨が問題となることはいうまでもない）。

なお，借地借家法32条1項については，その立法趣旨として，①長期契約の当事者は，一般的には，将来の賃料相場変動リスクを自覚的に負担したとは考えられないから，確定額の賃料支払合意があっても，当事者の合理的意思と公平に基づいた賃料改定の機会を与える必要があり，また，賃料改定を

---

16) 能見善久＝加藤新太郎編『論点体系判例民法(5)契約Ⅰ』（第一法規出版，2009）2頁〔有賀恵美子〕は，「本判決が，典型契約の混合する契約にその典型契約に関する規定を機械的に適用することを是認するものであるならば，今日これをそのままの形で受け入れることはできないであろう。」と指摘するが，同意見である。

協議する旨の特約のみがある場合には，当事者の合理的意思は，賃料相場の変動に応じた賃料改定を望んでおり，協議が成立しない場合には，裁判所による決定が必要となるという市民法的な契約補完機能，及び，②社会的弱者である賃借人保護の目的から，契約による賃料改定基準の決定に対し公権的・後見的に介入する必要があるという社会法的な契約修正機能，の2つがあるとされている（松岡久和「最高裁サブリース判決の方向性（上）」金法1722号56頁。なお，上記①に関し，前掲最一小判平15.6.12，最二小判昭56.4.20民集35巻3号656頁，判タ442頁99頁参照）。

かかる理解に立てば，借地借家法32条1項については，企業間の契約でも上記①の立法趣旨が妥当しないとは必ずしも言い難い面があることから[17]，借地借家法32条1項の適用を類型的に否定することはできないと解されるが，仮に，問題となる強行法規が上記②のような立法趣旨のみに基づくものである場合には，そもそも企業間の契約においてはその適用を否定するという考え方も十分に成り立ち得るものと解される（もっとも，企業同士とはいえ，必ずしも対等な当事者とはいえない場合もあり，類型的に「弱者保護」的な観点を否定することはできないという考え方もあり得ないわけではない。前掲東京地判平19.9.27に関する藤原俊雄・金判1284号75頁参照。なお，内田・前掲注13)266頁参照）。

いずれにしても，企業間提携契約については，基本的に私的自治の原則が妥当するものであり，事後的に「安易に私的自治に介入して当事者間で当初から予定されたその効力（引用者注・当事者間で合意した条項の効力）を否定することは妥当ではなく」（センチュリータワー事件判決の原々審である東京地判平10.8.28判タ983号302頁，判時1654号32頁～33頁，横浜倉庫事件判決の原々審である東京地判平10.10.30判タ988号197頁，判時1660号77頁），仮に当該合意について何らかの強行法規との抵触が問題となるとしても，少なくとも当該合意の内容が合理性を有するものである限り，当該合意の存在及び当該合意に至る経緯等の事情は，

---

[17] 前掲横浜地判平19.3.30は，対象たる賃貸借契約には共同事業的な側面があり，賃料が百貨店事業の利益分配としての性質を有していると認定した上で，一方当事者の引き受けたリスクの範囲について判断している。また，前掲千葉地判平20.5.26は，「本件建物に関して空室が生じた場合のリスクは全て原告が負担するということが本件借上契約締結当時の原告及び被告の共通認識となっていた」と判示する。

基本的には，当該合意に反する効果を招来する強行法規の適用を否定し，あるいは，その適用結果たる効果を減殺する方向で機能するものと解される。

3　共同事業と典型契約

　サブリース契約に関する前掲最二小判平16.11.8には，福田博裁判官の反対意見（以下「福田反対意見」という）が付いている。

　福田反対意見は，「サブリース判決は，バブル期よりもはるか前の昭和50年代末ころから賃貸ビル事業者によって推進された共同事業方式の一つで，仮にその一部が賃貸借契約の形を採っているとしても，全体の本質は，正に土地の所有者（……）と賃貸ビル事業者，更には，当該建物の建築資金を提供する金融機関や当該建物を設計，施工監理する設計事務所等が合同して行う共同事業にほかならず，事業契約の一部をなす不動産賃貸借契約は，従来から借地借家法が適用されてきたそれとは次元を大きく異にするものである。」とし，「そのような事業にあっては，一部の関係者の見込み違いや過剰な期待などは，ときとして避けることはできないのであって，それらは，基本的には，契約自由，私的自治の原則が支配する分野に属するものである」から，「もし，このような共同事業について，社会経済政策の立場などから，何らかの規制を行うことが必要というのであれば，それは本来立法府のみがよくなし得るところである。」とする。そして，「そのような立法上の手当てもない中において，仮にこのような共同事業契約の内容が著しく現実の事情に合わなくなり，その是正が是非とも必要とされるような場合（……），援用し得る考え方として想定されるのは，例えば，すべての契約に内在する『事情変更の原則』であ（る）」とする（傍点は引用者による。以下同じ）。

　そして，「借地借家法32条1項は強行法規であるから，共同事業であるサブリース契約（……）に対しても，当然に適用されるというのは，余りに立法の沿革に沿わぬ考え方といわねばならない。」，「内在する実質問題は，『事業関係者間の利益配分』という……問題なのである。」，「このような共同事業は，近年にあっては，長期にわたる賃貸用の不動産物件を相当な規模で社会に供給する役割を果たしてきたのであり，そのような社会のニーズに応える共同事業について，従来の借地借家法の強行法規性を単純に拡張適用する

のは，現実的な司法の役割とはいえない。それらは，従来の判例で想定していなかった新しい事業形態なのであり，単純な拡張解釈は，共同事業という新しい事象に無用のひずみと混乱を生じさせる結果を招来する。換言すると，形式的な契約分類によって，借地借家法32条1項を適用することは，いわば強制解合いを共同事業契約の一部についてのみ行うことを可能にするもので，事実上『木を見て森を見ず』の結果をもたらすことにもなりかねない」としている。

　要するに，福田反対意見は，「共同事業」という社会的・経済的な実質を法的に反映させるべく，「共同事業契約」という新たな契約類型を認め，かかる契約類型に属する契約が典型契約の成立要件を含むものであったとしても，当該典型契約に適用される法規範が必ずしも適用されるわけではないという法的効果を認めるものであると解される（なお,サブリース事業を「共同事業」として捉える考え方は，前掲東京地判平10.8.28及び前掲東京地判平10.10.30にも現れていたところであるが，福田反対意見によれば，賃貸人及び賃借人のみならず，金融機関や設計事務所等も含めた「共同事業」というものもあり得ることになり，むしろ，そのように捉えるべき場合が少なくないことになる）。

　仮に，企業提携に関する契約について，かかる考え方が採用されるとすれば，企業間提携契約も「共同事業契約」であることから，それが典型契約の成立要件を充足すると認められるとしても，当該典型契約に関する法規範が必ずしも適用されるとは限らないという帰結を導き出すことが可能であろう。

　しかし，前記のとおり，最高裁判所の法廷意見は，基本的には，「共同事業」性があるとしても，それはあくまでも経済的な事情あるいは背景事情にすぎず，それだけでは契約の法性決定に影響を与えるものではなく，また，法規範の適否が左右されるものでもないと解する立場に立っているものと理解されるから（前記第2の⑨の判決参照）[18]，企業間提携契約についても，福田反対意見のような考え方がそのまま採用される可能性は，現時点では低いといわざるを得ないであろう。

　以上のとおり，企業間提携契約についても，「共同事業」であるからといって，そのことが直ちに契約の法性決定に影響を与えたり，典型契約に適用

される強行法規の適用に差異を生じさせる法的意味をもつものではなく[19]，これとは異なる法的効果を導き出すためには，まさに法的な取扱いを異にする必要があると認めるべき要素の存在が必要とされるものと解される（加藤雅信＝加藤新太郎編・前掲『現代民法学と実務(下)』99頁〜100頁〔松岡発言〕参照）。

もっとも，このことは，契約の解釈や法規範の適用において，社会的・経済的な実質を軽視してよいことを意味するものではない。むしろ，社会的・経済的な実質の中に法的に反映させるべき要素があるか否かが，常に検討されなければならないのであり，サブリース最高裁判決が，「いわゆるサブリース契約と称されるものの一つである」ことや，「（転貸業者の）転貸事業の一部を構成するもの」であることを認定した上で，契約の「重要な要素となった事情」あるいは「要素とした事情」を認定している点も，かかる意味において理解すべきである（かかる観点からは，前掲「債権法改正の基本方針」が，契約の継続性という点に着目し，「継続的契約」という横断的な契約類型を明文化することを提案していることが注目される[20]）。

第5 経済事情の変動と事情変更の原則あるいは契約の拘束力に関する指針

1 経済事情の変動と事情変更の原則

サブリース最高裁判決は，一般法理としての「事情変更の原則」について

---

18) 前掲横浜地判平19.3.30も，賃貸借契約としての性質以外に百貨店の共同事業的な側面があることを認定しつつ，共同事業的な側面や共同事業を遂行するためのリスクの分担という性質は，賃貸借契約という性質と両立し得ないものではないと判示している。
19) もっとも，企業間提携契約の当事者が「出資をして共同の事業を営むこと」を合意した場合は，組合契約の成立要件を充足することになる（民法667条1項）。したがって，少なくともその限りでは，「共同事業」であることは法的意味を持つことになる。なお，民法667条は，前掲「債権法改正の基本方針」でも維持されている【3.2.13.01】。
20) 内田貴『債権法の新時代――「債権法改正の基本方針」の概要』（商事法務，2009）222頁によれば，「日本の取引に多く見られる継続的契約について，裁判例が形成してきた法理の明文化を試みるとともに，潜在的に共有されていると思われる原則の明示を提案するものである。」とされている。

直接言及はしていない（福田反対意見は，「本件において原審が認定した事実関係に照らすと，少なくとも，本件契約における賃料不減額の特約について事情変更の原則を適用すべき事情があるとは認められ」ないとしている）。

「事情変更の原則」については，最三小判平9.7.1民集51巻6号2452頁，判タ953頁99頁が，「事情変更の原則を適用するためには，契約締結後の事情の変更が，当事者にとって予見することができず，かつ，当事者の責めに帰することのできない事由によって生じたものであることが必要」であると判示しているところ[21]，サブリース最高裁判決の法廷意見は，いわゆるバブル崩壊という経済事情の変動は，当事者にとって必ずしも予見することができないものとはいえないという一般的な認識に立っているものと思われる[22]（前掲東京地判平10.8.28は，「右原則（引用者注・事情変更の原則）が適用されるためには，当事者の予測を遙かに超えた事情の変動が必要である」とした上で，当該事案については「事情変更の原則の適用の基礎事実もない」と判示している。また，前掲東京地判平10.10.30は，「一般にいわゆるリスクを考慮しない経営判断があり得ないことをも総合すれば，原告が，オフィス賃料相場の大幅な下落という事態を抽象的にすら予見していなかったということはできず，せいぜい，原告は，楽観的な見通しに基づき，そのような事態は抽象的には起こりうるが，実際にはそれが具体的に現実化することはおおむねありえない，と考えていたに過ぎないと認めるべきである。」と判示している）。

このように，一般的に，経済事情の変動が「当事者にとって予見することができない」ものと認められる可能性は少なく，特に，経済事情に精通し，経済事情の変動リスクも考慮して契約を締結していると認めるべき企業同士の契約においては，「当事者にとって予見することができない」経済事情の変動があったと認められる可能性は極めて低いものと解される[23][24]（このことは，経済事情の変動を理由として契約の変更あるいは解除を可能ならしめるためには，それに対応する条項を予め契約の中に盛り込んでおく必要があることを意味する。なお，更新

---

[21] 前掲「債権法改正の基本方針」では，この枠組みを基礎として，事情変更の要件【3.1.1.91】及び効果【3.1.1.92】等の明文化が提案されている。
[22] 下森定「サブリース訴訟最高裁判決の先例的意義と今後の理論的展望(上)」金判1191号10頁は，センチュリータワー事件判決について，「事情変更の原則」の適用では減額請求は認められないことが前提となっていると評する。

条項という切り口から検討したものとして、奈良輝久「企業間提携契約の更新条項に関する若干の考察」〔本書7章〕189頁以下がある)。

2 経済事情の変動と契約の拘束力

前記のとおり、企業間の契約においては、基本的に私的自治の原則が適用され、契約締結後の経済事情の変動は（事情変更の原則が妥当する変動、すなわち、当事者にとって予見することができない経済情勢の変動に該当しない限り）、原則として、契約当事者が自ら負担すべきリスクである（仮に当該リスクを負担したくないのであれば、当該リスクを回避するための合意をすればよい。サブリース契約における賃料保証合意や賃料自動増額合意は、経済事情の変動によるリスクを回避するための合意であるともいえる)。

そして、企業間契約における上記のリスク負担が修正される場合があるとすれば、それはまさに、契約当事者が選択した法形式が典型契約に該当し、かつ、当該典型契約に関する強行法規によりリスク負担が修正される場合であるということになる（その例が土地賃貸借契約に適用される借地借家法11条1項であり、建物賃貸借契約に適用される同法32条1項である)。

もっとも、サブリース最高裁判決は、強行法規である借地借家法32条1項の適用場面において、客観的な事情のみならず主観的な事情（借入金の返済予定、収支予測などの各契約当事者の事情）も考慮すべきであるとしており、同一の経済事情の変動であっても、主観的な事情によって同条項の適否あるいは適用結果が異なり得ることを認めており、その結果、契約（合意）の拘束力に差異が生じ得ることになる。

そして、このような考え方は、契約条項の解釈の場面においても妥当するものであり（強行法規の適用の場面以上に妥当するといえよう）、例えば、リスク回避のために盛り込んだ条項の適否について争いが生じた場合（具体的には、リ

---

23) そもそも「事情変更の原則」は、当事者が契約に織り込んでいないリスクを対象とするものである。内田貴・ジュリ1269号82頁。
24) 前掲「債権法改正の基本方針」では、「契約締結に当たって当事者がその基礎とした事情に変更が生じた場合でも、当事者は当該契約に基づいて負う義務を免れない」という原則規定【3.1.1.91】を置くことが提案されている。

スク回避条項の適用要件として，借地借家法32条1項と同様に「不相当となったとき」等の表現が用いられている場合，当該要件の解釈や当否をめぐって争いになることが考えられる），その判断の基礎事情として，サブリース最高裁判決が認定しているような主観的な事情（契約締結に至る経緯）が取り上げられ，その中で当該条項を定めるに至った要素は何かが問題とされることになろう（これは契約の合理的意思解釈の問題である）[25][26]。

なお，前掲東京地判平10.8.28は，「本件契約においては，著しい経済事情の変動があった結果賃料の値上げ率が不相当になった場合をも想定して，全契約期間中にわたる損益分配が定められて原被告間の利益調整が図られていたもの」であると認定し，「たとえある時点での賃料が不相当に高額であるとされたとしても，15年間という長期の契約期間全体の中では，賃料相場の変動により，全体としての支払賃料が著しく信義に反する程度に高額に過ぎることになるとは限らない」として，「本件に一般の事情変更の原則を適用する余地はなく，本件契約第6条（引用者注・賃料自動増額特約）が事情変更の原則によって無効を来すいわれはない」と判示している。

かかる判示は，長期間の企業間提携契約において，合理的な基準に基づいて利益分配を合意したような場合，その後の経済事情の変動により，当該基

---

[25] 最一小判昭51.7.19裁判集民118号291頁は，「法律行為の解釈にあたっては，当事者の目的，当該法律行為をするに至った事情，慣習及び取引の通念などを斟酌しながら合理的にその意味を明らかにすべきものである。」とする。滝澤編・前掲『判例展望民事法Ⅰ』46頁参照。なお，最二小判平20.7.4判タ1285号69頁は，コンビニエンス・ストアのフランチャイズ・チェーンの加盟店基本契約の一部として，準委任（民法656条）の法律関係の存在が認められる事案に関し，「準委任の性質を有する本件委託について，民法の規定する受任者の報告義務（民法656条，645条）が認められない理由はな(い)」と判示したうえ，当該契約の合理的解釈として，「被上告人は，本件基本契約に基づき，上告人らの求めに応じて本件報告をする義務を負う」と判示している（野澤正充・判時2045号148頁，吉永一行・民商140巻1号89頁。なお，沖野眞巳・判タ1298号41頁，奈良輝久・金判1318号8頁参照）。

[26] 前掲「債権法改正の基本方針」では，契約の解釈について基本的な解釈準則を定めることが提案され【3.1.1.D】，本来的解釈【3.1.1.40】，規範的解釈【3.1.1.41】，補充的解釈【3.1.1.42】が挙げられている。

準に基づく利益分配が不均衡となったとしても，それは一時的なものにすぎず，契約期間を通じて不均衡になったとは認められないという見方（契約の合理的意思解釈）があり得ることを示すものといえよう。

14

システム開発契約の裁判実務からみた問題点

　本稿は,「システム開発契約の裁判実務からみた問題点」と題して,システム開発契約に代表される契約類型を対象に,システム開発契約をめぐる訴訟において生ずる問題点を検討しようとするものである。本稿を「企業間提携契約の法的諸問題」を研究する本シリーズで披露する趣旨・目的は後述するとおりであるが,システム開発契約については,裁判実務の状況を踏まえた問題の分析と問題解決の課題の探究とがまずもって必要であると解されるからである。もっとも,裁判実務の状況を踏まえた検討である以上,関係する裁判例が豊富にあることが検討の実効性ないし有用性を担保するものであるが,裁判例が十分にある状況にはない。したがって,裁判実務の状況を踏まえた検討というのも憚れるところであるが,今後の課題の手掛かりという意味合いを込めて,管見にとどまることを承知のうえ,裁判実務からみたシステム開発契約の問題点を検討してみたい。

滝澤　孝臣

第1　本稿の趣旨・目的
第2　裁判例と事案の概要
第3　裁判例の分類・整理
第4　各類型の問題点
第5　全般的な問題点
第6　紛争解決の課題

第1　本稿の趣旨・目的

　本シリーズは，「企業間提携契約の法的諸問題」を検討するものであるが，システム開発契約が本シリーズで取り上げられる理由は次のように考えられる。すなわち，システム開発契約と一口に言っても，その契約類型が他の契約類型から独立した，1つの契約類型として確立しているわけではないが，典型的なシステム開発契約としては，当事者の一方と他方とがシステム開発という共通の目的に向けて協働するといういわば「共同型」の契約として締結される場合が想定される。このような共同型のシステム開発契約は企業間提携契約として締結されるのが一般的であるから，本シリーズで取り上げる理由も自ずと明らかであるが，システム開発契約がそのような共同型の契約として締結される場合は，裁判実務からみると，そう多くない。
　システム開発契約が裁判実務で問題となる場合の多くは，当事者の一方が他方にシステム開発を注文あるいは委託（委任・準委任）をし，他方がこれを請け負い，あるいは，受託するといういわば「対向型」の契約として締結される場合である。しかし，このような対向型の契約としてシステム開発契約が締結される場合であっても，一方では，契約の目的であるシステムが注文者ないし委託者に専属的に利用されることが予定されているため，注文者ないし委託者以外の第三者の利用に適しない場合が一般的であるばかりでなく，他方では，システムのメンテナンスなどが請負人ないし受託者以外の第三者の関与を許さない場合が多く，システム開発が終了した後にも注文者ないし委託者との契約関係ないし法律関係が存続する場合がみられるので，企業間提携契約の一つとして，その法的諸問題を検討するのに適しているからである。
　そして，そのような関係は，システム開発を目的とした請負契約ないし委託契約が締結される場合以外にも，例えば，開発されたシステムの売買契約であっても，そのシステムを売主において一般のユーザーを買主と予定して開発する場合ではなく，特定のユーザーを買主と予定して開発する場合には，いわゆる製作物供給契約として，売買契約の要素だけでなく，請負契約の要

素も含まれることも少なくなく，売買の目的物であるシステムが売主から買主に対して引き渡されたとしても，それで契約関係ないし法律関係が終了することなく，そのメンテナンスなどから，売主と買主との間の契約関係ないし法律関係が存続すると理解し得る場合，あるいは，そう理解するのが適切な場合もある。そのような売買を前提としたシステム開発契約も，売主と買主との対向型の契約であるが，本シリーズで対象とする企業間提携契約に含めて考察するのが適切であると解される。

システム開発契約をめぐる裁判例は，冒頭で述べたとおり，対向型についてみても，請負契約ないし委託契約の場合も限られていて，売買契約の場合を含めても，そう多くなく，共同型についてみると，ごく僅かにとどまるため，システム開発契約の問題点を裁判実務からみるというには必ずしも裁判例が十分でない。しかし，そのことはシステム開発契約の問題点を検討する必要性を減殺するものではないはずである。

そこで，本稿では，システム開発契約を企業間提携契約の一つとして捉え，もっぱら裁判実務の視点からであるが，その問題点を検討することとした。

第2　裁判例と事案の概要

まず，本稿で検討の対象とした裁判例を概観しておくこととする。

システム開発契約に代表される契約類型といっても，当該類型が所与のものとしてまとめられているわけではない。システム開発のほか，プログラム開発，コンピューターソフトウェア開発などといっても，その類型が概念的に確立したものとして捉えられるわけではなく，結局，システム開発契約に代表される契約類型というしかないが，そのような契約類型を対象として本稿を進めることとする。その対象となる裁判例が限られていることは，はじめに断ったとおりであるが，以下のとおりである。

なお，システム開発契約の法的性質については，当該裁判例の摘示するところによった。共同型はごく僅かである。対向型は，請負契約として把握している裁判例が多いが，委託契約（委任・準委任）と把握している裁判例も少なくない。売買契約が前提となっている裁判例もある。契約解釈は，事実問

題といった次元だけでなく，法律問題といった次元でも問題となるので，当事者が有名契約の1つとして締結した契約であっても，裁判所が別の有名契約として，あるいは，有名契約の混合した契約として解釈することは許されるし，有名契約に結び付けて把握するのが適切でなく，無名契約として解釈するのが適切という事案もある。本稿は，システム開発契約の法的性質それ自体を論証しようとするものではないが，裁判実務からみた問題点を検討するに際しては，システム開発契約の法的性質が問題となる場合も少なくなく，その結果，問題解決のうえでその法的性質を重視しなければならない場面も多々あることを看過しているわけではない。

❶東京地判平22.9.21判タ1349号136頁

契約 Xを請負人，Yを注文者とするYの教務システムに係るシステム開発の請負契約

事案 個別指導方式の学習塾の経営等を業とするYから教務システム（成績管理システム）のシステム開発を請け負ったXが，同契約（本件教務システム開発契約）に基づき教務システムを完成させたと主張して，Yに対し，未払いの契約代金の支払を求める本訴請求事件と，Yが，Xの納入した教務システムは従前のシステムの機能を踏襲しておらず，Yの業務に適合しないものであったため，債務不履行を理由に，本件教務システム開発契約を解除したと主張して，Xに対し，支払済みの代金の返還を求める反訴請求事件とからなる事案。

　なお，X・Y間において，教務システムのほか，勘定系基幹システム，教室管理システム（生徒及び教師の管理システム）の新システムの開発のために必要な業務分析等を内容とするコンサルティング契約（本件コンサルティング契約）が締結されていて，本訴請求では，その契約代金の支払が求められ，反訴請求では，前同様の債務不履行を理由に本件コンサルティング契約も解除したとして，支払済みの代金の返還が求められている。

結論 本訴につき，請求棄却。反訴につき，請求認容

❷東京地判平22.7.22判時2096号80頁

契約　Xを委託者，Yを受託者とする人材派遣業務システムに係るコンピューターソフトウェアの開発委託契約

事案　インターネットによる人材派遣業務システムの運営を企画していたXが，Yとの間で人材派遣業務システムに係るコンピュータのソフトウェアの開発委託契約を締結し，これに基づいてYからシステム確認書（仕様書）やプロトタイプ（試作品）の納品を受けるなどしていたが，Yから追加費用を支払わなければ開発を続行できなくなったなどと告知され，本件契約を一方的に解除されたために損害を被ったと主張して，Yに対し，主位的には債務不履行（履行不能）又は告知義務違反に基づき，予備的には契約締結上の過失に基づき，損害賠償を求めた事案

結論　請求棄却

❸大阪地判平19.7.26LLI

契約　Xを注文者，Yを請負人とするGPAD（世界測地系）ソフト（GPAD ver4.0及びGPAD ver4.1s）の開発に係る請負契約

事案　XがYに対して本件ソフトの完成・引渡しを理由に未払いの請負代金の支払を求める事案。

　なお，本件は，Xが，主位的にXが第三者から譲り受けたというグラブ浚渫施行管理システムに関するプログラムの著作権，予備的に当該第三者から許諾を受けたという当該プログラムの複製・販売権に基づき，Yに対し，プログラムの複製，販売の差止めのほか，主位的にXが当該第三者から譲り受けたという当該第三者のYに対する著作権侵害を理由とする損害賠償請求債権，予備的に当該第三者から譲り受けたという当該第三者のYに対する当該プログラムの複製・販売の許諾料の支払を求める事件と，本件ソフトの開発に係る請負代金の支払を求める事件とからなるが，X・Y間の請負契約には，本件ソフトの開発のほか，ポンプ浚渫ソフトPIX一式の開発，GIX（GPS対応グラブ浚渫施工管理プログラム）の改造，IPXのバージョンアップに係る請負契約が含まれているが，仕事の完成ないし瑕疵をめぐって争いがあるのは，本件ソフトについてであって，Yは，本件ソフトにはバグがあり，未完成で

あるから，代金の支払義務はないと主張している．
結論　請求認容

❹**東京地判平19.5.22判時1992号89頁**
契約　大手電機メーカーのZからX・Yが共同で請け負った液晶パネルの欠陥自動検査装置の開発及び製品化に係る契約
事案　X・Yが，液晶パネルの欠陥検査を自動で行う装置を共同で開発及び製品化することとし，同装置のうち，本体部分等をXが，検査部分をYが担当して，Xにおいてそれぞれの担当部分を組み合わせて製品化するとの合意をしたが，Yが自らの担当する検査部分を納期までに製作することができず，また，Zの要求仕様に応じた検査部分を製作することができなかったため，Zから注文を取り消された結果，Xが損害を被ったと主張して，Yに対し，債務不履行に基づく損害賠償を求めた事案
結論　請求認容

❺**東京地判平18.10.16LLI**
契約　Xを注文者，Yを請負人とするパチスロ機プログラムの開発請負契約
事案　X・Y間の本件契約の履行不能により，支払済みの代金内金相当額の損害等を被ったと主張するXが，Yに対して損害金の支払を求める本訴と，本件契約に基づく仕事は完成したと主張するYが，Xに対して支払済みの代金内金を除く残代金の支払を求める反訴とからなる事案
結論　本訴につき，請求棄却．反訴につき，請求棄却

❻**東京地判平18.6.30判時1959号73頁**
契約　Xを注文者，Yを請負人とするデータベースのソフトウェア開発基本契約
事案　Xが，Yとの間で，Xの新たなデータベースを開発するため本件契約を締結し，さらに開発のためにサーバ等をYから購入設置したが，Xは，Yが仕様書を作成せず，またデータベースを完成させることができなかったことが債務不履行（履行遅滞又は履行不能）に当たることを理由に本件契約を解

除したと主張して，既払代金の一部の支払及びサーバーの撤去を求めたほか，Yが開発中にメールデータを消失させたことによる損害賠償を求めた事案
結論 請求認容

❼東京地判平17.10.12LLI
契約 Xを受託者，Yを委託者，ZをYの代表者ないし代理人とする半導体チップの開発委託契約
事案 Xが，Yの代表権又は代理権を有するというZとの間で，本件契約を締結し，その際に半導体チップの開発費のうちの100万米ドルをYが負担するとの合意が成立したと主張して，Yに対し，100万米ドル及び遅延損害金の支払のほか，損害賠償などを求める第1事件請求（主位的請求・予備的請求）と，ZがYの代表権又は代理権を有しないのにもかかわらず，本件契約を締結したとして，Zに対し，民法117条の無権代理人の責任に基づき，100万米ドル及び遅延損害金の支払などを求める第2事件請求（主位的請求・予備的請求）とからなる事案
結論 第1事件につき，請求棄却。第2事件につき，請求棄却

❽東京地判平17.4.22LLI
契約 Xを請負人，Yを注文者とする書籍在庫管理システム開発等の請負契約
事案 Xが，本件契約におけるXのシステム開発において予定されていたプログラム本数は182本であったが，その後，422本が追加されたと主張して，その追加に係る報酬金額及び遅延損害金の支払を求めた事案
結論 請求認容（一部）

❾東京地判平17.4.14LLI
契約 Xを請負人，Yを注文者とするコンピューターによる総合物品管理システムの開発等の請負契約
事案 Xが，本件契約に基づき開発等を行ったが，その報酬の一部しか支払われていないと主張して，Yに対し，残金及び遅延損害金の支払を求めた事案

結論　請求棄却

❿東京地判平16.12.22判タ1194号171頁，判時1905号94頁
契約　Xを注文者，Yを請負人とするコンピューターによる販売管理システムの開発契約
事案　Xが，Yから受領したシステムに種々の瑕疵があるとして，Yに対し，主位的に，納期に完成したシステムを納入できなかったと主張して，X・Y間の個別請負契約書の規定に基づく損害賠償として，予備的に，X・Y間の基本契約書の規定，民法635条，同法541条に基づき，契約を解除したことに基づく損害賠償として，または，仮に解除が認められないとしても修補完了までの履行遅滞に基づく損害賠償として，その主張に係る損害金及びこれに対する遅延損害金の支払を求めた事案
結論　請求認容（一部）

⓫東京地判平16.3.10判タ1211号129頁
契約　Xを注文者，Yを請負人とするシステム開発契約
事案　Xにおいて，Yと本件契約を締結し，Yに対し「第2次電算システム」の構築を委託したが，Yが債務の本旨に従った履行をせず，納入期限までに第2次電算システムを完成させなかったばかりか，不当に追加費用の負担や構築するシステム機能の削減を要求してきたなどと主張して，Yに対し，債務不履行解除を原因とする原状回復請求権に基づき，支払済みの委託料及びこれに対する利息の支払を求めるとともに，債務不履行による損害賠償請求権に基づき，その主張に係る損害金およびこれに対する遅延損害金の支払を求める本訴と，Yにおいて，「第2次電算システム」が納入期限までに完成しなかったのは，Xが意思決定を遅延するなどして協力義務に違反したことが原因であったなどと主張して，Xに対し，主位的には協力義務違反等を理由とする債務不履行による損害賠償請求権に基づき，予備的には民法641条所定の請負契約の解除における報酬及び損害賠償請求権又は同法648条3項及び651条2項所定の準委任契約の解除における報酬及び損害賠償請求権に基づき，その主張に係る損害金及びこれに対する遅延損害金の支払を求める

反訴とからなる事案

　なお，本件には，Yとシステム開発契約を締結して，Yに「共済システム」の構築を委託したというZが，Yにおいてその契約内容であった共済システムと第2次電算システムとの連動を実現せず，共済システムを完成させなかったと主張して，Yに対し，債務不履行に基づく損害賠償を求める本訴と，Yが，「共済システム」と第2次電算システムとの連動までは契約内容となっておらず，Yにおいて本来の契約内容である共済システムは完成させていると主張して，Zに対し，委託料等及びこれに対する遅延損害金の支払を求める反訴とからなる事件が併合されている。

結論　本訴につき，請求一部認容（過失相殺）。反訴につき，請求棄却

⑫名古屋地判平16.1.28判タ1194号198頁
契約　地方公共団体のXが，行政事務のシステム化につき，提案書及び見積書を提出したY1に対して採用通知を送付したことによって合意が成立したが，カスタマイズ請負契約は成立するに至らなかった場合

事案　Xが，主位的に本件システム全体の開発・納入等を目的とする基本契約，予備的に個別のシステムの開発・納入等を目的とする契約又は住民記録・税関連システムの開発・納入等を目的とする契約が存すると主張して，Y1については，債務不履行に基づく損害賠償，解除条件成就に基づく損害賠償，錯誤無効に基づく不当利得返還，不法行為に基づく損害賠償，Y1と共同して提案書を提出したY1のいわば親会社であるY2については，Y2が契約当事者でないとしても，Y1が負担する債務につき商法23条又は同条の類推適用により連帯責任を負うと主張して，Yらに対し，2億3569万4711円及びこれに対する遅延損害金の支払を求める本訴と，Y1が，本件システムの導入に関連して，Xとの間で，①システム機器等につき保守契約を締結したと主張して，同契約に基づく保守料，②住民記録システム及び人事・給与システムにつきカスタマイズ契約を締結したと主張して，同契約に基づくカスタマイズ費用，③税関連システムにつき，主位的に請負契約に基づく代金請求，予備的に契約締結上の過失又は不法行為に基づく損害賠償として，Xに対し，1億円及びこれに対する遅延損害金の支払を求める反訴とからなる事案

結論　Xの請求につき，請求棄却。Y1の請求につき，損害賠償請求は棄却，保守料・カスタマイズ費用の請求は一部認容

⑬東京地八王子支判平15.11.5判時1857号73頁
契約　Xを注文者，Yを請負人とするコンピューターソフトの製作請負契約
事案　スーパーマーケットを経営するXが，ソフトウェアの開発，販売等を業務とするYとの間で本件契約を締結して総合情報システムソフト（商品の発注管理，仕入管理，買掛管理，支払管理等の機能を主とするソフト）の納入を受けたが，Xの業務に適合しない構造的欠陥があるなどと主張して，民法635条に基づき請負契約を解除したうえ，損害賠償を求めた事案
結論　請求棄却

⑭東京地判平15.6.30LLI
契約　Xを委託者，Yを受託者とする商品の在庫・仕入管理等システムの導入契約
事案　システムの不具合を理由としてXがYに対して損害賠償を求める本訴と，YがXに対して代金の支払を求める反訴とからなる事案
結論　本訴につき，請求棄却。反訴につき，請求認容

⑮東京地判平15.5.8LLI
契約　Xを請負人，Yを注文者とするコンピューターソフトウェアの開発契約
事案　XがYに対し，Yから請け負ったコンピューターソフトウェア開発の請負代金（追加費用）の支払を求める本訴と，YがXに対し，Xの開発したソフトウェアには瑕疵があって目的を達することができないと主張して，請負契約の解除に基づく損害賠償を求める反訴とからなる事案
結論　本訴につき，請求認容。反訴につき，請求棄却

⑯東京地判平14.10.28金判1274号31頁
契約　Xを受託者，Yを委託者とするカジノで使用するゲーム機の開発・製

造委託契約
事案 Xが，Yの委託を受けて，カジノで使用するゲーム機の開発・製造を行っていたところ，Yから取引を拒絶されたことによって，開発費や逸失利益等の損害を被ったと主張して，Yに対し，主位的に本件契約上の債務不履行に基づき，予備的に契約締結上の信義則違反に基づき，その主張に係る損害金及びこれに対する遅延損害金の支払を求めた事案
結論 主位的請求棄却・予備的請求認容（一部）

⑰大阪地判平14.8.29 LLI
契約 Xを委託者，Y1を受託者とする土木出来形自動作図システムに係るソフトウェアの開発委託契約
事案 Xが，Y1の開発したプログラム著作物である本件ソフトウェアの著作権の9割の共有持分を有すると主張して，Y1のほか，本件ソフトの卸販売をしているY2，その小売り販売をしているY3に対し，著作権法112条1項に基づき本件ソフトウェアの複製，販売，頒布，展示の差止めを求めるとともに，同条2項に基づきソフトウェア複製物の廃棄を求め，予備的に，Y1に対し，Y1との間の共有著作権の行使に関する合意（著作権法65条2項）又は契約上の独占販売権付与合意に基づき，本件ソフトウェアの複製，販売，頒布，展示の差止めを求め，本件ソフトウェアの著作権の共有持分に基づき，Y1に対し，プログラム登録の抹消登録手続を求めるほか，Yらに対し，著作権法114条2項に基づく損害賠償を求めた本訴と，Y1が，Xに対し，開発費残代金の支払を求めるとともに，Y1とXの間のライセンス契約に基づくライセンス料，追加開発費用，著作権使用料，本件ソフトウェアの保守料の支払を求めた反訴とからなる事案
結論 本訴につき，請求認容（一部）。反訴につき，請求認容（一部）

⑱東京地判平14.4.22判タ1127号161頁
契約 Xを請負人，Yを注文者とするコンピュータープログラムの製作請負契約
事案 Xが，Yとの間で締結した基本契約及び請負契約並びにその後の変更

並びに追加契約に基づき，請負代金の支払を求める本訴と，Yが，基本契約の解除に基づき，原状回復義務の履行としての既払金の返還，Xによる不適切な本件システム開発により損害を被ったと主張して，債務不履行に基づく損害賠償を求める反訴とからなる事案．
結論 本訴につき，請求棄却。反訴につき，請求認容（一部）

⓭那覇地判平12.5.10判タ1094号177頁

契約 Xを受託者，Yを委託者とするコンピューターソフトウェアの開発委託契約（但し，形式はXが開発した当該ソフトウェアのYに対する使用許諾契約）
事案 Xが，Yに本件ソフトを納品した上で，Xが担当してきた開発・改良業務の報酬を明確化することを目的として本件契約を締結したものであると主張して，Yに対し，形式的には使用料（実質的には請負代金）の支払を求めた事案
結論 請求認容

⓮広島地判平11.10.27判時1699号101頁

契約 XがYに対して発注し，あるいは，Yから買い受けた基幹業務システムの製作請負契約若しくは製造販売契約
事案 Xは，業務の拡大に伴い，データの総量が増加し，使用していた販売管理システム（旧システム）の許容範囲の件数を超えてデータが漏れたため，新システムを備えることを計画し，Yに対し，問い合わせ，見積の依頼をした結果，財務・給与管理はパッケージソフトウェア対応とし，販売・車両管理はXの業務手続に対応するためオーダーメイドで作成することとして本件契約が成立したが，Yから納入された本件ソフトには，当然備わっているべきシステム間のデータ受渡しの機能や財産管理システムの機能等が備わっていない欠陥があると主張して，Yに対し，債務不履行に基づく損害賠償を求めた事案
　なお，システムそれ自体はXにおいてZからリース契約に基づいて納入を受けたものである。
結論 請求一部認容

㉑東京地判平10.12.21判タ1045号194頁，判時1681号121頁

契約 X・Y間の自動車教習所における運転シュミレーターの共同開発契約

事案 Xが，Yと共同で運転シミュレータの開発に着手する旨を合意して，共同開発行為を開始したが，契約の締結に至らなかったと主張して，Yに対し，損害賠償を求めた事案

結論 請求認容（一部）

㉒東京地判平9.9.24判タ967号168頁

契約 Xを売主，Yを買主とするコンピューターシステム一式の売買契約

事案 コンピューターシステムの販売等を目的とするX（株式会社）は，図書教材の販売等を目的とするY（有限会社）に本件システムを納入したが，Yが代金を支払わないと主張して，その支払を求めた事案

　なお，本件システムは，Y代表者の要望により個別入金処理方式（個別消込み方式）とし，単式画面方式のもとに売上明細一件ずつについて消込みが行われることになっていたが，納入後，YからXに対し，請求額と入金額が等しい場合には一括消込，請求額と入金額が一致しない場合には担当者による個別消込みという方式に変更するように要求があったため，Xは，無償で複式画面切替方式に変更している。

結論 請求認容

㉓東京地判平9.2.18判タ964号172頁

契約 Xを注文者，Yを請負人とするコンピューターによる営業管理システムの開発請負契約

　なお，YからZが開発の委託を受けている。

事案 Xが，Yにおいて本件システムの開発者として負っていた義務を怠った結果，Xにおいて本件システムを稼働し得ない事態を生じさせ，もってXに対して損害を与えたと主張して，Yに対し，不法行為に基づく損害賠償を求める①事件と，ZがXに対して請負代金の支払を求める②事件とからなる事案

結論 ①事件につき，請求棄却。②事件につき，請求認容

㉔東京地判平 8.7.11 判時 1599 号 99 頁
契約　Xを買主，Yを売主とするコンピューター機器の継続的な売買契約
事案　Xは，新聞販売店用の顧客管理ソフトウェアを開発し，これをコンピュータ機器とともにA新聞系列の新聞販売店に販売してきたが，その後，コンピューター機器をB社製品からYの販売するC社製品に切り換え，C社製品用ソフトウェアを完成させたうえ，Yとの間で，C社製品を継続して取引する旨の基本契約を締結したところ，Yが納入したC社製品に瑕疵があったと主張して，Yに対し，債務不履行に基づく損害賠償を求めた事案

　なお，本件契約では，①X・Y間のC社製品の売買契約は，YがXの注文を承諾したときに成立するものとする，②Xは，納入を受けた製品について，遅滞なく受入検査をしなければならない，③Xは納入された製品につき瑕疵又は数量不足を発見したときは，直ちにYに対しその内容を通知しなければならない，④YはXから通知を受け，製品に不良があると認めたときは，修理するか代替品と交換するものとする等の約定があった。
結論　請求棄却

㉕東京地判平 7.6.12 判タ 895 号 239 頁，判時 1546 号 29 頁
契約　Xを受託者，Yを委託者とするコンピュータープログラムの製作に係る業務委託契約
事案　Xが，Yとの間で，本件契約を締結した後，委託業務の内容が変更されたことに伴い，委託代金額を増額変更する旨を合意するなどしたうえ，増額変更後の委託業務を完成させたと主張して，プログラムステップ数が見積りを超える部分の請負代金につき，主位的にYの代表者の代金増額の同意，予備的に商法 512 条に基づき，Yに対し，その支払を求めた事案
結論　請求棄却

㉖東京地判平 6.1.28 判時 1515 号 101 頁
契約　Xを受託者，Yを委託者とするEOSシステムによる受発注データ処理に係る業務委託契約

事案 事件は，甲事件と乙事件とからなるところ，システム開発契約に関係するのは乙事件であるが，同事件は，X（甲事件の本訴被告・反訴原告）が，寿司のチェーン店を経営するY（甲事件の当事者外）との間で締結した本件契約に基づき，Y及びYの連帯保証人であるZ（甲事件本訴原告らのうちの1社）に対し，代金の支払を求めた事案
結論 乙事件につき，請求一部認容

㉗東京地判平5.1.28判時1473号80頁
契約 Xを注文者，Yを請負人とするトレース作業処理等の関連システムのためのパソコンのプログラム作成を内容とする請負契約
事案 版下作成（ポスターやパンフレット等の印刷原稿を清書する業務），トレース（JISの製図規格に基づいて図面を書き改める作業）を主な業務とする有限会社であるXは，かねてA社が開発したスクライバーを利用して同作業に要する時間や手間を著しく短縮することができたが，漢字は入力されていなかったので，結局，漢字は従来通り手作業によって書き入れるしかなかったところ，A社の勧めもあり，Xの技術によってレタリングした漢字等をスクライバーで印字できるようにするシステムを開発することとし，そのためのパソコンのプログラムの作成を依頼する業者として紹介されたYとの間で本件契約を締結したことを前提に，Xにおいて，Yの納入したシステムに瑕疵があったと主張して，Yに対して損害賠償を求める本訴と，Yにおいて，Xに対して納入したシステムの代金の支払を求める反訴とからなる事案
結論 本訴につき，請求一部認容。反訴につき，請求棄却

㉘東京高判平3.11.28判タ774号107頁，判時1409号62頁
契約 製薬会社であるX・Y間の新薬共同開発契約
事案 Xが，Yにおいて，Xとの共同開発の合意に違反して臨床試験の一部を誠実に実施しなかっただけでなく，試験データを捏造して偽造データをXに提供したため，ドノレスト（Xの販売する新薬）の製造，販売の停止，製品の回収を余儀なくされたのみならず，一部追加試験の実施も余儀なくされた結果，損害を被ったと主張して，Yに対して債務不履行に基づく損害賠償を

求める事案
結論　請求一部認容（過失相殺）

㉙東京地判平3.2.22判タ770号218頁
契約　Xを請負人，Yを注文者とするコンピューターソフトウェアの作成請負契約
事案　XがYに対して請負代金（開発費）の支払を求める本訴と，YがXに対して請負契約の解除に基づく前渡金の返還を求める反訴とからなる事案
結論　本訴につき，請求棄却。反訴につき，請求認容

㉚東京地判平2.3.30判時1372号101頁
契約　Yを注文者，Xを請負人とする①集荷システムプログラムの改造，②道路テレメーターソフトウェア作成，③ISICプログラム修正，④BOSSシステムソフトウェア修正及び⑤BOSSシステムソフトウェア修正を目的とする請負契約と，⑥ISICプログラム修正を目的とする請負契約

　なお，③契約と⑥契約とは，Xは，⑥契約とは別個に，請負契約が成立したと主張しているが，Yは，③契約は，⑥契約の瑕疵を修補したものにすぎず，⑥契約と別個に③契約が成立したことはないと反論している関係にある。
事案　Xにおいて，①契約につき，Yの責に帰すべき事由によって請負仕事の完成が履行不能となったと主張して，民法536条2項（危険負担の債権者主義）の適用による請負代金の支払を求めるほか，②ないし⑤契約に基づく請負仕事の完成を理由とする請負代金の支払を求める本訴と，Yにおいて，①契約のXの責に帰すべき事由による履行不能に基づく損害賠償を求めるほか，⑥契約の債務不履行に基づく当該契約の特約で約定された損害賠償を求める反訴とからなる事案
結論　本訴につき，請求一部認容。反訴につき，請求一部認容

第3　裁判例の分類・整理

　以上の裁判例を当該訴訟でもっぱら問題となった場面に応じて段階的に分

類してみると，次のような分類が可能である。

それは，システム開発契約については，はじめに述べたように，請負契約ないし委託契約あるいは売買契約の契約当事者として，システム開発において当事者の一方が他方の当事者の予定したシステムを開発し得たか否か，あるいは，納入し得たか否かといった対立関係が残る「対向型」の契約関係と，契約当事者としての対立関係は残るが，システム開発において協働して取り組むことが予定されている「共同型」の契約関係とが想定されるところ，そのいずれについても紛争の所在を段階的に捉えると，契約関係の完了後の紛争，継続中の紛争，そして，締結時の紛争といった三段階に分けることができると考えられるからである。

そこで，前記裁判例を以上の三段階に分類・整理してみると，次のとおりとなる。

1 契約完了後紛争型

システム開発契約に基づく義務の履行が一応完了したことを前提にする裁判例である。

(1) 対向型

ア　報酬・代金請求の争い

まず，対向型についてみる。前記裁判例では，対向型の契約関係において，契約関係が完了した後に紛争となる場合が少なくない。そのなかでも，請負人ないし受託者あるいは売主の報酬請求あるいは代金請求に対し，注文者ないし委託者あるいは買主がその請求を争う裁判例として，❸判決，❽判決，❾判決，⓲判決，㉓判決，㉕判決，㉖判決，㉗判決，㉙判決がある。

イ　損害賠償請求の争い

また，注文者ないし委託者あるいは買主が開発されたシステムの瑕疵あるいは請負人ないし受託者あるいは売主の債務不履行を理由に損害賠償などを求める裁判例として，❻判決，❿判決，㉔判決がある。

なお，前記⓲判決，㉓判決，㉗判決，㉙判決は，報酬請求の争いのほか，損害賠償請求の争いがある事案である。

ウ 成果物に係る争い

他に，システム開発契約が完了した後の委託者と受託者との間の当該開発に係る成果物の権利をめぐって争われている❶判決も，この類型に含めることができる。

(2) 共同型

これに対し，共同型についてみると，共同型の契約関係それ自体が事例的に少ないため，該当する裁判例は❹判決の1例である。注文者から請負契約を解除された後の共同請負人間の損害賠償請求訴訟に係る同判決は，請負人相互の関係に主従の関係がなく，共同型の契約関係における契約関係が完了した後の紛争として位置づけることが可能である。

2 契約継続中紛争型

紛争それ自体は契約関係が終了した後に顕在化するが，紛争の原因が契約関係が継続中の義務の履行の適否に求められる裁判例である。

(1) 対向型

まず，対向型についてみると，前記裁判例のなかでは，⓫判決，⓭判決，⓮判決，⓯判決，⓴判決，㉒判決，㉚判決がこの類型の紛争に当たる。㉒判決は，売買契約を前提とする代金請求の争い，その余はいずれも請負契約ないし委託契約を前提とする損害賠償請求あるいは報酬・代金請求の争いである。

そのうち，⓫判決，⓮判決，⓯判決，㉚判決は，当事者の双方がそれぞれ他方に対して損害賠償ないし報酬・代金の支払を求めている事案である。

(2) 共同型

次に，共同型についてみると，共同型の裁判例それ自体が少ないが，㉓判決をこの類型の紛争として取りあげることができる。損害賠償請求の争いである。

3 契約締結時紛争型

紛争それ自体は契約関係が終了した後に顕在化することは2と同様であるが，紛争の原因が契約の締結段階に遡る事案である。

(1) 対向型

まず，対向型についてみると，前記裁判例では，❷判決，❺判決，❼判決，⓬判決，⓰判決，⓳判決がある。いずれも請負契約（但し，⓬判決は，主たる契約は不成立の事案）ないし委託契約が前提となっているが，そのうち，❺判決は，注文者・委託者側の報酬・代金請求の争いと請負人・受託者側の損害賠償請求の争いとからなる。⓬判決も，主たる契約は不成立であるが，双方の争いからなる事案である。❼判決，⓳判決は，注文者・委託者側の報酬・代金請求の争い，⓰判決は，請負人・受託者側の損害賠償請求の争いである。

(2) 共同型

次に，共同型についてみると，以上の裁判例のうち，最後に残った㉑判決がある。損害賠償請求の争いである。

第4　各類型の問題点

以上の各類型ごとに，まず，システム開発契約における問題点を事案ごとに個別的に抽出してみる。

1　契約完了後紛争型

(1) 対向型

この類型における問題となるのは，請負契約ないし委託契約においては，もっぱら契約で約定されたとおりのシステムが開発されているか否かをめぐる争いといっても過言ではない。また，売買契約においても，請負契約ないし委託契約のように開発の過程が問題となることはないとしても，当該売買で目的としたシステムが納入されているか否かといった開発の結果を通じて，なお契約で約定されたとおりのシステムが開発されているか否かをめぐる争いとなる。この点は，請負契約一般においても，仕事の未完成を理由とする報酬・代金債権の不発生，あるいは，仕事の瑕疵を理由とする損害賠償請求債権との相殺による報酬・代金債権の減額などとして問題となるところであるし，売買契約一般においても，瑕疵担保責任ないし代金減額請求あるいは目的物の追完の要否ないし可否といった見地から問題となるところであ

るので，この点を踏まえ，前記裁判例を検討してみる。
　ⅰ　システムの開発が完了しているか否かが問題となっている事案
　前記裁判例のうち，システム開発の完成あるいは未完成といった次元で，報酬・代金請求が全部棄却されているのは，❾判決，⓲判決，㉕判決，㉗判決，㉙判決である。その理由は，要するに，システムの開発が完成していないということである。この点につき，❾判決は，Yが開発した本件システムがXの指示するA病院に納入されたが，「本件システムは，結局A病院の要求に応じて稼動し得る状態になっていなかったものというほかなく，システムとして完成していたということはできない」うえ，「A病院向けのカスタマイズとしては不十分でも，病院一般向けの基本システムとしては本件システムが完成していたかについても，本件システムが各証拠に照らしても基本システムとしては十分に稼動するが，A病院に限り特殊事情があって稼動しなかったものであると認めるに足りる証拠はなく，基本システムとしても完成していたとは認められない」と判示する。⓲判決は，「本件システム開発業務は，①要件定義・概要設計，②詳細設計，③プログラミング，④結合テスト，⑤検証・総合テスト，⑥本稼働，⑦ドキュメント作成・提出，⑧ネットワーク回線工事，⑨データ移行という工程が予定されていた」と認定し，Xの納入した本件システムをYが使用していたことを前提に，「Xは，本件システムを完成させたと認めるのが相当である」と判示したうえ，「本件システムには，処理速度がYの通常業務に耐えられないこと及び処理速度が遅いために通信費用が増加しているとの本件各瑕疵が存在すること，本件各瑕疵は，契約の目的を達成することのできない瑕疵であること，本件各瑕疵が発生した原因は，Yにあると認めるに足りる証拠はなく，むしろXによるシステム開発作業における注意義務違反にあるものと認めるのが相当であることによれば，Yによる本件解除は有効であり，本件基本契約の解除に伴い，本件請負契約等もその効力を失ったものと解するのが相当であるから，本件請負契約等に基づくXの本訴は理由がない」と付言している。㉗判決は，本訴請求につき，「Yの納入したプログラムには，全体として重大な瑕疵があるといえ（一部は未納入），前記認定の機械引上げに至る経緯及び後記認定の同種のシステムの開発状況も併せ考えると，Xは本件契約を締結した目的

を達成することができないと解されるから，本件契約を解除し，Yに対し，損害賠償を請求することができるというべきである」と判示したうえ，報酬・代金請求に係る反訴請求につき，「YからXに納入された文字・図形デザインプログラム及びワープロプログラムには瑕疵があり，本件契約を締結した目的を達成することができず，このため，Xは，本件契約を解除したものと認められるから，YのXに対する反訴請求は理由がない」と判示している。

また，❷❾判決は，Xの本件プログラムの完成義務を肯定したうえ，「Yが，Zから受注したキャプテン文字入力システムのプログラムの作成について，これを更にXに一括して開発させる契約を締結したこと，納期は昭和61年3月と定められていたが，右プログラムは結局Xによっては完成されなかったこと」は当事者間に争いがないとして，Yの契約解除を有効と認め，代金請求を棄却しているが，「Xは，本件プログラムの作成業務の履行が不能に帰したのは，YがZとの間で作成するシステム設計ないしそれに付随するプログラム仕様書を適時にXに提出しなかったことによるものであり，Yの責任によるものであると主張するが，Xの右主張は，本件プログラムの作成が遅延したことの理由付けにはなりえても，およそ本件プログラムを作成することができなかった結果となったことの理由付けになるものではない」と判示する。追加報酬の請求につき，❷❺判決は，「Xは，本件契約締結後本件システムの規模が拡大することになったため，Yとの間でXの委託代金額を増額変更する旨合意し，第1回社長会談で，規模が拡大した原因を調査し，Xに責任がないことが判明した場合には，Xが実際に行ったプログラム製作及びテスト業務に対する相当報酬を委託代金として支払うこと，第2回社長会談で，Xの委託代金額を昭和62年5月末日に協議して決定することを合意した旨主張するが，X及びY間において，Xの委託代金額を変更すること及び本件システムの規模の拡大についてXに責任がないことが判明した場合には，Xの相当報酬を委託代金としてYが支払う旨の合意が成立した事実は存しない」し，「Xは，仮に報酬の合意の成立が認められないとしても，本件契約は代金額の定めのない請負契約であるから，商法512条が適用され，相当の報酬請求権を有する旨主張するが，X及びY間で，本件契約に基づく委託代金額を変更ないし適用しない旨の合意が成立した事実は認められないから，

Xの本件契約に基づく受託業務の対価は、契約当初の委託代金額であって、商法512条に基づく報酬請求権の主張は理由がない」と判示して、XのYに対する追加報酬の請求を棄却している。

　反対に、報酬・代金請求が認容ないし一部認容されているのは、❸判決、❽判決、㉓判決、㉖判決である。システム、プログラムあるいはソフトウェアの完成を理由とする。この点につき、❸判決は、開発契約（請負契約）の対象となった本件ソフトのうち、GPAD ver4.0については、「Yの主張するバグの内容は、世界測地系を選択すると偽の座標値が出力されるというものであるが、Yの主張によっても、基点座標に別のソフトを用いて変換した日本測地系に基づく座標値を入れれば、正しく作動するものである。そしてGPAD ver4.0の基地局の座標入力は、同一工事現場で設定は1度であり、同一工事現場は数か月間続くもので、一度、日本測地系の座標を入力すればシステムは正常に機能するのであり、現に、GPAD ver4.0は、既にユーザーに納品され、ユーザーはその状態でGPAD ver4.0を使用することができている。このように、納品を受けたユーザーにおいて使用可能である以上、これを未完成ということはできない。同ソフトは完成しているというべきである」と、②GPAD ver4.1sについては、「Yの主張するバグの内容は具体的ではなく、どのような不具合があって、具体的にどのように仕事が未完成で、それが代金拒絶の理由たりえるのかについて、Yは主張立証しない。なお、公共基点Ⅰに対応しないとしても、Yによれば、私有基点、公共基点Ⅱを選択すれば動作するとのことであるから、そうだとすれば、ユーザーはGPAD ver4.1sを使用することはできるのであって、これを未完成ということはできない」と判示して、本件ソフトの完成を認めている。❽判決は、「本件の書籍在庫管理システムのプログラム数（機能数）が、当初予定した182本（見積にある163本と新機能分19本）から422本（X作成済み414本、作成予定であったが作成未了のもの8本）に増大したのは、2次検収後に個別出版社対応のためのプログラムを作成したことによるところ、現行オフコンの現に稼働する400本のプログラムに相当する範囲が本件契約における開発業務の範囲であるとするYの主張は採用できず、個別出版社対応のプログラムを除いた現行オフコンでの業務(すなわちYにおける在庫管理に伴う業務)

に前記の新機能を付加したシステムがＸの本件契約における業務範囲であると認めるのが相当である」ので，「追加注文と評価される業務については，当事者間に相当の報酬を支払う旨の合意があるものと見るべきであるから，ＸはＹに対して，追加注文部分について相当額の報酬請求権を取得するものというべきである」と判示する。㉓判決は，システムの不具合を前提に，その不具合が解消され正常に使用できる状況になるまでは請負代金の支払を留保する旨の合意がＺとの間で成立していたかのようにいうＸの主張を排斥し，代金請求を認容している。なお，同判決は，Ｘ主張の不具合も瑕疵として認めていないが，この点は後記のとおりである。㉖判決は，「ＸはＹのためのＥＯＳシステムの構築を一応完了したものの，Ｙが実際に使ってみた結果改善要求が出され，ＸがＹのためのソフトを最終的に完成させたのは，当初計画した11月を過ぎてからであることはＹの主張のとおりであるが，一般的に，使い勝手のよいシステムを構築するためには，実際に使うユーザーの意見を聞いて改良するという手順が繰り返される必要があり，そのためにはユーザーからの積極的な意見の提出や協力が不可欠であるところ，Ｙ内部においては，仕入業務を実際に行う各店舗の現場担当者の意見吸い上げが不十分だったため，Ｘとの打ち合わせを行う本部の担当者は現場で使いやすい注文方法について十分には把握しきれていなかったきらいがあるように見受けられ，その結果，システム構築に余計時間がかかったと認めることができるところ，システムを提供するＸの側としても，コンピュータシステムに慣れていないユーザーに対しては，ユーザーからの的確な情報を引き出すために，注文入力の方法としてどのようなものがあるか，それぞれの方法にはどんな長所短所があるか等の情報を十分提供することが必要であり，さらに場合によっては，Ｘ自らがＹの現場に出向いて実際に操作する担当者の意見，感想も集めたうえ，使いやすいシステムを作っていく努力が求められるものであるが，Ｘにも若干不親切な点があったうらみはあるが，いずれにしろユーザーが満足するシステムの構築にはユーザーの意見協力が不可欠なのである以上，Ｙからの改善要求にしたがってソフトの手直しを繰り返した経過のもとにおいては，システムの完成が当初の予定より若干遅れたことがすべてＸの責任によるものであるとはいえず，11月末という期限はＹの繁忙期まで

にシステムに慣れるという目的で定められたものであって，Yにおいて右期限を過ぎればシステム導入の意味がなくなるような性質のものではないことに鑑みれば，Yが11月半ばをすぎてから注文量の入力方法変更をXに申し入れている事実は，Yにおいても11月中にシステムが完成しないことを容認していたと推認させるものであるから，XのEOSシステム構築の履行は，Yとの合意の期限から違法に遅れたものであるということはできず，Xには解除原因となるべき履行遅滞は認められない」が，「本件業務委託契約は，YがXに対しEOSシステムによる受発注データ処理業務を委託する契約であるから，法律行為以外の事務をなすことを委託する準委任契約であり，原則として委任者は自由に契約を解約でき，その限りでYの抗弁は理由がある」と判示したうえ，「Yは，Yが実際にはEOSシステムを稼働させていないにもかかわらず端末回線登録基本料金の支払義務を負う合意は公序良俗に反すると主張するが，Xは本件業務委託契約に基づいてYに対し受発注業務に関するシステム構築を履行していると認められるのであり，本件業務委託契約におけるEOSシステム利用の対価は前記のとおり端末1台あたり5年間で100万円の登録基本料金と1件2円のデータ処理料金からなる旨定められているのであるから，Yが自己の都合によりEOSシステムを使用しなかったとしても，データ処理件数とは別に登録基本料金の支払義務は負うものであり，右料金は端末1台あたり5年間で100万円，1か月あたりでは2万円に相当するが，右金額は前記のような受発注データ処理業務を委託する対価として不相当に高額ということはないし，Xにとってはコンピュータでデータ処理するための費用以外に，EOSシステム開発費やデータエリアの確保のための費用等，固定的に発生する費用もあるのであるから，データ処理件数に応じた処理料金とは別に一定額の基本料金を定めることにも合理性が認められ，本件業務委託契約における端末回線登録基本料金の定めが公序良俗に反することはない」と付言している．

ⅱ 開発されたシステムに瑕疵があるか否かが争われている事案

開発したシステムに瑕疵があるか否かという次元で，損害賠償請求が認容ないし一部認容されているのは，❻判決，⓾判決，⓲判決，㉗判決である．㉙判決は，代金返還請求が認容されている．瑕疵が認められた理由につき，

❻**判決**は,「XとYとの間で,本件契約締結当時,本件データベース開発の履行期について,平成15年12月31日とするとの合意がされたと認められるところ,Yは,同日までに本件データベースを開発することができなかった。Yは,本件データベースを開発することができなかった責任はXにある旨主張するが,Y主張の事実があったことを認めるに足りないし,仮にそのような事実があったとしても,Yは,コンピュータ・ソフトウェアの開発及びそれに関するハードウェアの導入支援という業務を約15,6年行っており,マイクロソフトの認定パートナー及び情報処理技術者認定試験の資格を有していることからすれば,本件契約上の義務として,自らが有する高度の専門的知識経験に基づき,本件契約の目的である本件データベースの開発に努めるべき義務を負担していたと解されるのであって,Yは,かかる義務に基づき,本件契約において,YがXの要望をすべて受け入れた上で本件データベースを開発し,また,Xが上記要望を変更し,Yがこれに応じて本件データベースを開発した場合には,事後的にXがYに対し変更料金を支払うことにより対応することになっていたとしても,Yとしては要望を受け入れることを前提にY自身が平成15年12月31日を履行期であると定めたのであり,また要望の変更に対しても開発の進行如何によっては受け入れられない要望があることは明らかであり,そうであればこれを拒否することもでき,またそうすべきであったというべきであり,単にXの要望が多く変更されたということから,その遅延がXの責任であったと評価することはできない」と判示したうえ,「本件契約は,データベースの開発を目的とした請負契約であると解されるところ,XがYから本件サーバーを購入したことは,XとYとの間の本件サーバーにかかる売買契約であるので,本件契約と本件サーバーの売買契約は契約自体は別個のものと認められるが,本件データベースの開発がなければ本件サーバーを購入していない関係にあったといえるから,本件サーバーにかかる売買契約は本件契約と一体であり,本件契約の解除事由は当然に本件サーバーの購入にかかる売買契約の解除事由に該当するものというべきである。Xが,Yに対し,平成16年6月23日,本件契約を解除するとの意思表示をしたことは当事者間に争いがないので,本件契約及びこれと一体である本件サーバーにかかる売買契約は解除されたから,Xは,Yに対し,

本件契約に基づく既払代金の返還及びX所有建物一階の編集室内に設置された本件サーバーの撤去を請求することができる」と付言している。❿判決は，「本件システムに本件各不具合が存在したことは当事者間に争いがないところ，本件程度のシステムにおける一括在庫引当処理に要する時間は，せいぜい数分程度が一般的に要求される内容であったということができ，テストデータ300件ですら処理時間に44分も要するようなシステムは，およそ本件契約の内容に適合しないものというほかなく，本件システムにおける一括在庫引当処理の時間に関しては，当事者間に処理時間の長さにつき明示の合意がないとしても，同程度のシステムに通常要求される内容に適合せず，他方で，前記したような処理時間を許容するような合意を認めることもできないのであるから，瑕疵に該当するというほかな」く，「本件各不具合のうち，少なくとも一括在庫引当処理及び排他制御の問題については，これをもって，およそYが，Xに対し，システムを納入していないとまでいえるかはともかくとして，契約の目的を達成することのできない重大な瑕疵に該当するというべき」ところ，「Yは，不具合の是正にはXの協力が不可欠であるとして，Xが実データ又は実環境によるテストをするなどして本件各不具合の指摘をしなかったことを問題とする」が，「コンピュータのシステム開発においては，通常，完成時に不具合が全く存在しないことは少なく，一応のシステム完成後もその修正が必要となり，また，不具合の発見については，コンピュータのシステム開発が外見からは直ちに不具合が明らかにならない性質のものであることに照らし，注文者から当該システムで実際に扱うべきデータの提供を受け，あるいは注文者が自ら実際のデータを用いてシステムを使用することにより不具合がないかどうか点検する必要があることについては基本的には首肯できるが，システム開発におけるバグの除去は，あくまで第一次的には請負人の責任であり，当該システムの納入後，定められた期間内ないし一定の相当期間内に，当該システムが実用に耐えうる程度にまでなされるべきであり，注文者の指示による仕様の変更等であればともかくとして，少なくとも通常のシステムにおいて存在することが許されないような不具合については，注文者の指摘を待つまでもなく，請負人が当然に自ら是正すべきであり，注文者が当該システムに対する不具合を具体的に指摘できない限り，当

該不具合が注文者の責任によって生じたものとして解除を制限することは許され」ず，「少なくとも本件不具合が，通常，本件のようなシステムにおいて存在することが許されない重大な瑕疵に当たることは前記のとおりであり，本件各不具合について，Xの開発環境でのみ出現し，YあるいはZの開発環境では出現しないというものではなかったというのであるから，たとえXの指摘がなくとも，まず，Yの側において当然に発見して，修正すべきものであって，これら不具合についてXから指摘がなかったからといって，これらが残存したことについてXに責任を負わせることはできず，Yの主張するように，民法636条の類推適用によってXの解除が制限される余地はない」と判示する。❶❽判決は，前記のとおり，報酬・代金請求については棄却しているが，損害賠償請求については，「Xが債務不履行によりYに損害を与えた場合，Yは被った損害を別途請求することができると規定しており，Xは，システム開発の専門家として，要求されていた注意義務に違反し，その結果，本件システムに本件各瑕疵が発生したことが認められるから，Xは，Yに対し，本件基本契約書第17条に基づき，Yが被った損害のうち，前記注意義務の懈怠と相当因果関係のある損害について賠償する責任を負う」と判示して，請求を一部認容する。❷❼判決は，前記のとおり，「Yの納入したプログラムには，全体として重大な瑕疵があるといえ（一部は未納入），前記認定の機械引上げに至る経緯及び後記認定の同種のシステムの開発状況も併せ考えると，Xは本件契約を締結した目的を達成することができないと解されるから，本件契約を解除し，Yに対し，損害賠償を請求することができるというべきである」と判示する。❷❾判決は，前記のとおり，請負契約の解除を有効と認め，「請負契約において，仕事の完成がされないまま契約が解除された以上，請負人は，既に報酬として受け取った分があるときは，原状回復義務の履行として，これを返還すべきである」と判示する。

　反対に，損害賠償請求が全部棄却されているのは，❷❸判決，❷❹判決である。瑕疵が否定されているのがその理由ということになる。❷❸判決は，前記のとおり，報酬・代金請求を認容しているが，反対に，損害賠償請求を棄却しているところ，「コンピューターソフトのプログラムにはバグが存在することがありうるものであるから，コンピューターシステムの構築後検収を終え，

本稼働態勢となった後に，プログラムにいわゆるバグがあることが発見された場合においても，プログラム納入者が不具合発生の指摘を受けた後，遅滞なく補修を終え，又はユーザーと協議の上相当と認める代替措置を講じたときは，右バグの存在をもってプログラムの欠陥（瑕疵）と評価することはできないものというべきである」が，「バグといえども，システムの機能に軽微とはいえない支障を生じさせる上，遅滞なく補修することができないものであり，又はその数が著しく多く，しかも順次発現してシステムの稼働に支障が生じるような場合には，プログラムに欠陥（瑕疵）があるものといわなければならないところ，本件システムのプログラムに欠陥があるとのXの主張を認めるに足りる証拠はない」と判示する。❷❹判決は，「XとYとの基本契約によれば，Xは納品された製品につき瑕疵を発見したときは，直ちにYにその内容を通知しなければならないものとされている」ので，「Yが通知を受けた製品につき調査をして，必要に応じて代替品との交換，修理の措置をとり，瑕疵ある状態が解消すれば，基本的にはYは債務不履行責任を負わないものと解するのが相当である」ところ，「YはXからYの納品した製品について故障がある旨の通知を受けたときは，その都度，当該製品について調査をし，別表…記載のとおり，2件は有償で，その他は無償で代替品との交換，修理等必要な措置をとったものであり，これにより本件売買基本契約上の義務を尽くしたものと認めるのが相当である」と判示する。なお，前記❸判決は，ソフトウェアの完成を認めているが，本件ソフトのうち，GPAD ver4.0については，「Yの主張するバグの内容は，世界測地系を選択すると偽の座標値が出力されるというものであるが，Yの主張によっても，基点座標に別のソフトを用いて変換した日本測地系に基づく座標値を入れれば，正しく作動するものである」とした上で，これを瑕疵と認め得るとしても，「請負契約の目的物に瑕疵がある場合には，注文者は，瑕疵の程度や各契約当事者の交渉態度等にかんがみ信義則に反すると認められるときを除き，請負人から瑕疵の修補に代わる損害の賠償を受けるまでは，報酬全額の支払を拒むことができ，これについて履行遅滞の責任も負わないが，上記認定に係る瑕疵の程度からすれば，Yが報酬の支払を拒むことは信義則に反し，許されないものというべきである」と判示し，また，GPAD ver4.1sについても，

「GPAD ver4.0 に係る上記認定判断と同様である」と判示して，Xの請求を認容している。

iii　開発されたシステムの権利の帰属が争われている事案

以上と系譜が異なる裁判例として，❶判決がある。同判決は，本件ソフトウェアに係るプログラム著作権はこれを開発したY_1に帰属し，XとY_1との原始的共同著作物ということはできないが，XとY_1の間で，本件ソフトウェアの著作権の持分の9割をXに帰属させる合意が成立し，さらに，本件ソフトウェアの販売権をXに独占させる合意が成立しているとして，Xの著作権法112条1項，113条1項2号，117条に基づくYらに対する本件ソフトウェアの複製，販売，頒布，展示の差止請求及び同法112条2項に基づく本件ソフトウェアの廃棄請求，Y_1に対する本件登録の抹消登録手続請求を認容するほか，反対に，Y_1のXに対する本件開発委託契約及び追加契約に基づく開発費残代金の請求，ライセンス料の請求を認容している。同判決で問題となっているのは，システム開発契約の成果物である著作権の帰属ないしその利用であるが，成果物として特許権なども考えられるところである。しかし，本稿は，契約関係が破綻した場合を対象としているので，契約関係が予定どおりに完了した後の成果物をめぐる権利関係は本稿の対象ではなく，本シリーズの一環として，元芳哲郎「共同開発契約—成果の帰属と利用を中心に—」(本書8章)で論証されているので，検討を割愛する。

(2)　共同型

共同型の裁判例は，❹判決の1例である。同判決は，「Yは，Xとの間で，単に本件装置の開発を行うだけではなく，同装置を製品として完成させることを目的とした合意をしたものと認められる」が，「Xから受注したテスタを，上記各納期にまでに納入することができず，また，上記性能を有するテスタを完成させることができなかったのであるから，Yに債務不履行があったことは明らかである」と判示したうえ，「Yは，Yには帰責事由がないと主張するが，開発及び製品化契約によれば，テスタの完成についてはYが責任を負うことになっており，YはZとの間で，複数回にわたって打合せを行っていたのであるから，Yに帰責事由がなかったと認めることはできないし，そもそもYが製作したソフトの不具合が原因で，テスタの連続動作ができなか

ったのであるから，Yに帰責事由がなかったとはいえない」と付言している。

2 契約継続中紛争型

(1) 対向型

この類型における問題点は，請負契約ないし委託契約の一方が約定に従った義務を履行しているか否かをめぐって争いとなっている事案のほか，その義務の履行について相手方が協力しているか否かが当該相手方の義務違反として認められるか否かをめぐって争いとなっている事案もみられる。なお，請負契約ないし委託契約ではなく，売買契約を前提とする争いもある。

i 当事者のいずれかに問題がある事案

これに該当するのが❸判決，❹判決，❺判決，❷⓪判決，❷②判決である。❸判決は，「Xが指摘する点は，その1つ1つを個別に検討する限り，いずれも，本件システムの瑕疵とまでは認めがたく，本件システムが，その各点を全体として見ると，Xの業務に適合しないものであったかについて検討しても，Xが指摘する点はいずれも本件システムの瑕疵とはいえず，運用テストで発注業務に時間が掛かりすぎたとの点をもって，本件システムの瑕疵に当たるということもできないところ，他に，本件システムがXの業務に適合しないものであったことを認めるに足りる証拠はないから，本件システムに構造的欠陥が存すると認めることはできず，本件システムにXの業務に適合しない構造的欠陥があることを理由に本件請負契約を解除することができるとのXの主張は理由がな」く，「Yが，Xにおいて指摘する点をその主張するような仕様に修補しないことをもって，債務不履行に当たるとはいえないから，Xの主張は理由がない」と判示する。なお，Xは，Yの善管注意義務違反，サポート義務違反も主張していた。善管注意義務というのは，Yはコンピューターシステムの専門家として，本件システムを設計するに先立って，Xの店舗の店長や従業員，計算センターの担当者，ベンダー等から，商品分類の方法，HHTの使用・操作方法及び発注方法等について十分なヒアリングをすべき義務をいい，サポート義務というのは，Xが本件システムをきちんと使えるようになるまでサポートする義務，具体的には，Xが本件システムを本稼働させるまで，本件システムの運用方法について適切なアドバイスを提

供する義務，運用テストに立ち会い，運用テストで生じたシステム上の不具合について対応する義務，運用テストの結果に応じたシステムの改善をする義務，オペレーターに対する導入教育を行う義務をいうのであるが，いずれも義務違反は否定されている。❹判決は，「そもそも，コンピュータのソフトウェアの開発契約は，通常の請負契約等とは異なり，その対象が可視的でないこともあって，発注者と開発者との間で開発すべきソフトウェアの性能・仕様等に関する具体的なイメージを共有するのは必ずしも容易なことではな」く，「したがって，ソフトウェアの開発契約においては，発注者と開発者との間に緊密な協力関係が維持されていることが必要不可欠というべきであって，発注者及び開発者は，各開発工程及び検収・運用段階を通じて，相互に，信義則上の協力義務を負っている」と判示したうえ，「本件システムは，既存のパッケージのソフトウェア等を利用して構築された比較的安価なシステムであって，そもそも大幅なカスタマイズが予定されているようなものではなく，この点で，旧システムのようなオーダーメイドのシステムとはその基本的な発想を異にするシステムということができること，そして，Xも，責任者のAにおいて，Y担当者との度重なる交渉を通じて，上記のような本件システムの属性を十分に理解していたことが窺われること，また，本件システムの稼働時期が当初の予定を大幅に遅れて平成11年1月にまで延期された原因は，専ら，要求内容を早期に明確化せず，かつ新たな要求事項を追加し続けたX側にあるものと認められること，さらに，Yは，本件システムの稼働開始後及び検収終了後も，バグの修正や使用方法の教示等のアフターサービスを無償で行うのはもとより，Xが次々と要求し続ける契約の範囲外のカスタマイズにも，無償でこれに応じていたと認められることなど本件に顕れた各事情を総合的に考慮すると，Yは，Xに対し，本件委託契約に基づき，債務の本旨に従った履行をしたものということができる」と判示して，損害賠償請求を棄却している。❺判決は，「本件のようなシステム開発作業においては，作業を進める中で当初想定していない問題が明らかになったり，より良いシステムを求めて仕様が変更されたりするのが普通であり，これらに対応するために追加の費用が発生することはいわば常識であって，追加費用が発生しないソフトウェア開発など希有であるといって過言ではないとこ

ろ，本件開発契約がそのような希有なものであったことを推認させるような事情は全くな」く，「XY双方の技術担当者が協議を重ねながら進めた本件システムの開発作業の過程において，相当の追加費用を要する作業が行われたこと自体は明らかである」から，「Yは，本件システムの開発にあたって生じた追加作業について，Xに対し，相当の報酬を支払う義務があるところ，その額を一義的に決定することは必ずしも容易ではないが，別紙『追加費用整理表』の金額をもって相当の報酬額と認めることには一応の合理性があり，他にこれを覆すに足りる証拠はない」と判示して，報酬・代金請求を認容している。なお，同判決は，反対に，損害賠償請求を棄却しているところ，この点については，「コンピューターソフトウェアは，その性質上，一定期間の安定稼働後に初めて遭遇する一定の条件下において，突然に不具合が発生したり潜在的な不具合が明らかになることが一定の割合で発生するのであって，そのこと自体は避けられないところ，一般に，そのような問題が発生した場合には，開発した請負人が調査し，過大な費用を要しない限りは無償で改修する場合もあるが，これらはいわゆるアフターサービスであって，開発請負契約に基づく債務そのものは，開発作業の商取引上の終了を確認する「検収」によって履行完了となる。この2つを混同してしまうと，コンピューターソフトウェア開発における請負人の責任は無限に広がり，商行為として成り立たなくなるうえ，本件において，Yが適切なアフターサービスを受けられなかったのは，Yが，支払うべき追加費用が存在するにもかかわらずその支払を一切拒否していためであるから，Xに責任はない」と判示している。

❷⓪判決は，「本件契約上，Xは，要求内容を明確にして打ち合わせをしなければならない義務を負うが，Xの担当者であるAがX代表者の指示に基づき，本件ソフトの製作過程でXの要求事項の取りまとめ等に関し主導的役割を果たしていたのであるから，AがYに対し指示し，要求した事項やYの提案に対し応答した内容によって，Yが本件ソフトの製作に当たってシステム化すべき範囲，内容が具体的に確定されることになる」ところ，「同時に，Yは「ご提案書」において本件システムの目的として販売管理，経営管理の迅速化，合理化を図ることを提示していたのであるから，コンピュータソフトの製作に関し自らが有する高度の専門的知識経験に基づき右目的の実現に努めるべ

き責務を負うと解するのが相当である……ところ，Yは，A作成の「コンピュータ仕様書」の他に，旧システムの仕様書等及び契約書や伝票などの参考資料を受領していたのであるから，Xの調査結果や右各資料に基づいてXの業務の内容を分析した上，専門技術的な視点で判断して必要と思われる事項を提案，指摘するなどしてXをサポートする義務があったというべきである」と判示し，その見地から検討して，販売管理システムについては，一部，債務不履行を認め，財務管理システムについては，債務不履行を認め，車両管理システムについても，債務不履行を認めている。❷判決は，売買契約が前提となっている事案であって，「本件システムについてのXとYとの契約内容は売買契約と解するのが合理的である」としたうえ，「Xは，コンピューター関係の専門企業として，顧客であるYから提供された資料及び聴取等の結果に基き，本件システムの導入目的に適合したプログラムを作成すべき信義則上の義務を負担するものといえるところ，4月が教材会社であるYにとって最も多忙な時期であるため，プログラム作成のための打ち合わせをそれまでに終了させておくべき必要性があったにもかかわらず，これを行わなかったXには非があるものといえるが，Yの主張どおり，平成4年4月に旧システムから本件システムへの切り替えが予定されていたとするならば，Yも一つの企業体として事業を行い，その事業のために本件システムを導入する以上，自らも，積極的にXとの打ち合わせに応じ，平成4年4月の本件システムへの切り替えにむけてXに協力すべき信義則上の義務を負担しているものといえるにもかかわらず，平成3年4月以降のY代表者のXに対する対応（特に，登録作業の不実施）は，必ずしも好ましいものとはいえず，このことが，本件システムの本稼働へむけてのスケジュールを遅滞させた一因となっていることは否定できない」などと判示するほか，本件システムに登録されたソフトについて，不具合を認めたうえ，「本件システムのソフトは，作成途上のものであるものの，右の不具合を解消するのには，約2週間程度を要することが認められ，比較的容易に修復可能な不具合といえることから，右不具合をもって本件システムについての契約を解除することはできない」と判示している。

ii 当事者のいずれにも問題がない事案

これに該当するのは、⓫判決、㉚判決である。⓫判決は、「Yは、システム開発の専門業者として、自己が有する高度の専門的知識と経験に基づき、本件電算システム開発契約の契約書及び本件電算システム提案書において提示した開発手順や開発手法、作業工程等に従って開発作業を進めるとともに、常に進捗状況を管理し、開発作業を阻害する要因の発見に努め、これに適切に対処すべき義務を負うものと解すべきである」から、「注文者であるXのシステム開発へのかかわりについても、適切に管理し、システム開発について専門的知識を有しないXによって開発作業を阻害する行為がされることのないようXに働きかける義務（プロジェクトマネージメント義務）を負っていた」のに、「Yのプロジェクトマネージメントは不適切であった」とし、「本件電算システム開発契約は、いわゆるオーダーメイドのシステム開発契約であるところ、このようなオーダーメイドのシステム開発契約では、受託者（ベンダー）のみではシステムを完成させることはできないのであって、委託者（ユーザー）が開発過程において、内部の意見調整を的確に行って見解を統一した上、どのような機能を要望するのかを明確に受託者に伝え、受託者とともに、要望する機能について検討して、最終的に機能を決定し、さらに、画面や帳票を決定し、成果物の検収をするなどの役割を分担することが必要である」が、「このような役割を委託者であるXが分担していたことにかんがみれば、本件電算システムの開発は、Xと受託者であるYの共同作業というべき側面を有する」ので、「Xは、契約書にも明記されているとおり、本件電算システムの開発過程において、資料等の提供その他本件電算システム開発のために必要な協力をYから求められた場合、これに応じて必要な協力を行うべき契約上の義務（協力義務）を負っていたというべき」ところ、「Xは、Yから解決を求められた懸案事項を目標期限までに解決しなかった点において、適時適切な意思決定を行わなかったところがあるということができ、適切な協力を行わなかったところがあるといわざるを得ない」が、「Xの機能の追加や変更の要求に関するYの協力義務違反の主張については、……Xの協力義務違反を構成するということはできず、Yの主張は理由がない」と判示する。そして、「本件電算システム……の開発作業が遅れ、段階的稼働

の合意により延期したにもかかわらず、なお納入期限までに完成に至らなかったのは、いずれか一方の当事者のみの責めに帰すべき事由によるものというのは適切ではなく、XとY双方の不完全な履行、健保法改正その他に関する開発内容の追加、変更等が相まって生じた結果であり、いずれか一方の当事者が債務不履行責任を負うものではなく、Yが第2次リリースと第3次リリースを履行しなかったことについてのXの履行遅滞の主張、Xが必要な意思決定を遅延したことについてのYの履行遅滞及び不完全履行の主張は、いずれも理由がない」と判示したうえ、「本件電算システム開発契約等は請負契約であるから、民法641条により、注文者はいつでも損害を賠償してこれを解除することができるところ、Xの本件解除には、いずれにしても本件電算システムの開発を取りやめてYとの契約関係を終了させる旨の意思の表明が含まれていたものと解され、また、Yは、Xの解除の主張を民法641条の解除として援用する旨主張しているので、そうであれば、Xの解除は、民法641条の解除として有効である」と判示する。双方の責任を否定したうえ、契約の解除それ自体は認める趣旨である。また、**㉚判決**は、まず、本件①契約に係るXによる本件解析・改造作業が完成に至らなかったとして、その原因について、「Xは、コンピュータプログラムを解析、改造するためには、改造対象となるプログラム自体の外に、基本設計書、詳細設計書、マニュアルが必要不可欠であり、Xが本件解析・改造作業を完成できなかったのは、Yから詳細設計書の引渡がなかったためと主張し、それに沿う趣旨のX代表者の供述もあるが、YからXに対して、本件解析・改造作業において、必要不可欠な資料が提示されていなかったものとは解することができないばかりでなく、Xの本件解析・改造作業が完成に至らなかったのは、X担当者のプログラム解析・改造能力が原因であると推認でき、本件全証拠によっても右推認を動かすに足る証拠はないところ、XがYに対し既成集荷システムプログラムの関係資料を返還し、本件解析・改造作業の続行を中止宣言したことにより、本件①契約に基づくXのYに対する請負仕事完成債務はXの責めに帰すべき理由により履行不能となったというべきであり、かつ、履行不能につきXの責めに帰すべき理由がないとはいえないのであるから、結局Xは本件①契約の履行不能によってYに生じた損害を賠償する義務があるというべ

きである」と判示し，また，本件⑥契約と別個に本件③契約が成立しているのか否かについては，「本件⑥契約に基づくX作成ISICプログラムにプログラム自体の構造的欠陥が判明したので，新たにISICプログラムの作成作業を行ったものと認められ，X・Y間で，本件⑥契約と別個に，ISICプログラム修正を内容とする本件③契約を締結したとは認められないから，Xは，本件⑥契約における本件特約に基づき，Yの被った損害を賠償する義務を負うべきである」と判示して，損害賠償請求を一部認容する。次に，本件③契約に基づく代金請求は，以上の理由で，棄却しているが，本件②，④，⑤契約に基づく代金請求については，「X・Y間で，代金は目的物引渡月の翌々月の5日支払の約定で，本件②，④，⑤契約が各締結されたこと，Xが本件②契約については昭和61年3月30日ころ，本件④，⑤契約については同月24日ころ，各請負仕事を完成し，Yに引渡したこと，YがXに対して，昭和61年5月ころ，本件②契約の請負代金の一部として100万円支払ったことはいずれも当事者間に争いがな」いと判示して，請求を認容している。

(2) 共同型

共同型でこの場合に当たるのは❷判決である。同判決は，新薬の共同開発に当たった一方の当事者の提供した臨床試験データが偽造されていたことを原因とする他方の当事者の損害賠償請求を認容しているところ，当該他方の提供したデータも一部偽造されていたとして過失相殺をし，一方の責任を減殺しているが，その理由として，「YとXとの本件共同開発による本件製剤の製造承認申請に当たり，Yは，臨床試験の資料をねつ造するなどの不正をし，その資料をXに提出したが，Xもまた，自ら実施することになった試験につき，一部虚偽の資料を作成したものといわざるを得ない」から，「その限りにおいて，形式的にはXの本件損害は専らYの行為によって生じたものということもでき，しかもその一部についてはYの協力を受けたXが，Yの側で行った虚偽資料の作成が損害発生の直接の原因になったということから，あたかも無責無関係の被害者と同様の立場でYの損害賠償責任を追及することは，損害の公平な分担の理念に照らして相当でなく，過失相殺の趣旨に準じて，Xに生じた損害の一部はXに負担させるべきところ，Xの負担すべき損害の割合は全損害の3割と認めるのが相当である」と判示する。

3 契約締結時紛争型

(1) 対向型
i 契約締結の内容面に問題がある事案

この類型における問題は，委託契約ないし請負契約で約定されたシステム等の未完成を前提に，その原因がもっぱら契約締結段階に遡って求められる点にあるが，契約締結時紛争型に分類した対向型のうち，❶判決，❷判決，❺判決，❼判決，⓬判決，⓰判決は，そのなかでも，契約締結の内容面に問題がある事案である。例えば，❶判決は，本件コンサルティング契約で対象とされていた教務システムにつき，その後，これを本件コンサルティング契約の対象外とし，Xが別途教務システムの開発を請け負うことになって，Yとの間で本件教務システム開発契約が締結されたところ，旧システムの機能を基本的に踏襲した新システムを開発することが本件教務システム開発契約におけるXの仕事の内容となっていたことを前提に，「本件教務システムは，Yの業務フローそのものに関わる重要な事項について，本件旧システムの機能を踏襲しておらず，Xは，そのことについてYの同意を得ていたものと認めることができないから，Xが本件教務システム開発における仕事を完成したものと認めることは困難であるといわざるを得ない」として，Xの本訴請求を棄却し，「Xが上記のとおり本件教務システム開発契約における仕事を完成させなかったことは，債務不履行に当たる」として，Yの反訴請求を認容する。❷判決は，X・Y間で成立した人材派遣業務に係るコンピューターソフトウェアの開発委託契約である本件契約の内容が問題となっているところ，本件ソフトウェアの仕様については，「Xは，本件契約において，本件ソフトウェアの備えるべき機能をマッチング機能，シフト管理機能及び課金機能とする旨の合意があったと主張するが，Xの技術担当者を務めていたAは，本件ソフトウェアの仕様は本件契約締結までに固まらず，いまだ企画の段階にすぎなかったことを自認していることからすると，XとYの間に本件ソフトウェアの仕様に関する詳細かつ具体的な合意は形成されていなかったといわざるを得ないのであって，そうであれば，本件ソフトウェアの備えるべき仕様として，Xが希望するシフト管理機能，勤怠評価機能，課金機能な

どを含めることとする旨の合意があったとまでは認めるに足りないというべきである」し、また、本件ソフトウェアの形態については、「Xは、サイト、パッケージソフト及びASPの三つにする旨の合意があったと主張するが、XとYの間には、本件ソフトウェアの形態をサイトとする旨の合意があったことが認められるものの、本件契約締結までの間に作成されたいずれの書証にもパッケージソフト及びASPに関する記載は存在しないから、XとYの間に本件ソフトウェアをパッケージソフト及びASPとしても開発する旨の合意があったというXの主張を採用することはできない」から、「本件契約において合意されたとする本件ソフトウェアの仕様及び形態に係るXの主張を採用することはできない」と判示し、以上のXの主張を前提とするYの債務不履行（履行不能）、告知義務違反、契約締結上の過失を否定して、Xの請求を棄却している。また、❺判決は、「本件契約における当初の委託内容は、漠としており、本件パチスロ機を風営法施行規則改正前の型式試験までに間に合うように開発するという程度のもので、本件パチスロ機の仕様やデザインなどの内容についてはあえて詳細には定めず、また、開発機種もとりあえず1機種の開発をし、代金についても明確な合意があるとまではいえず、後日の交渉に委ねるというものであった」とし、「本件契約の内容としては、本件パチスロ機の要求仕様は具体的には決まっておらず、風営法施行規則改正前の型式試験までに間に合うように製品化することができるものを開発するという程度のものであるところ、Yが納品した成果物にはプログラムのバグや不具合、試打会での評価が低く、そのままでは、製品化に向けて6月末日の型式試験申請に間に合わせることはできないものであったというのであり、本件契約における仕事の完成はなかった」と判示して、代金請求を棄却しているほか、損害賠償請求についても、「本件契約は、最終的には成果物の完成を見ずに6月末日の型式試験に間に合わせることはできなくなったことにより履行不能となったということができるが、額面合計1000万円の約束手形はいわば着手金の支払にかえて裏書譲渡されたものであるし、また、XがY以外の業者に対してデザインを発注して支払った157万5000円についても、本件パチスロ機のデザインがXにとって満足できるものではなかったためにYのデザインを不採用とし、その後、X独自の判断で発注したもの

であって，履行不能と相当因果関係のある損害ということはできない」と判示して，請求を棄却している。❼判決は，「平成12年3月24日には，本件ツールの開発について，Xから支払総額230万ドルで開発行為を行いたい旨の提案があったにすぎないのに，同年5月ころにYに対して送付された覚書の草案には，環境開発契約の総開発費用提案額が170万米ドルと230万米ドルになっており，Xが本件契約が成立したと主張する同年3月24日以降に提案した内容に大きな差異が生じていること，Xの代表者がYの代表者に対して契約の締結についてたびたび言及し，契約書が締結されないのであれば開発は続行できない旨伝えていることなどの事情が認められるが，同日，本件ツールの開発について，総額230万米ドルでXに開発を委託する旨の契約が成立したことと相反する事情であるうえ，Yの代表者が，同日，Xに対し，本件契約を締結する旨の発言をしたことはもとより，Xに対し，本件ツールの開発を進めてほしいとの発言をしたとすら認めるに足りる的確な証拠がないことに照らすと，Yの代表者とXとの間で本件契約についての合意が成立したとの事実を認めることはできない」と判示したうえ，Xが本件契約の成立を裏付けるものとして提出した本件覚書についても，「その内容につき不明確な点が多々存在するうえ，その後に内容が変更されることが予定されていることが明らかであるから，本件契約の締結を裏付ける内容となっているとはいい難いほか，Yにおいて，契約締結の際の通常の取扱いである書面が作成されていない場合であるのに，これらの書面を作成する場合と同程度にまで内容を確定することなく契約を締結するとは考えにくく，本件覚書の末尾には，暫定的なものにすぎないことが明確にされている」ことに加え，「Xは，本件覚書により本件契約が書面化されたとしながら，Yの当時のCEOの署名を再三にわたって要求し，結果的に署名を得ることができなかったために本件ツールの開発を中止したことなどの事情に照らせば，本件覚書は，契約が成立したことを証する契約書ではなく，法的効力を有しない事実上の意思表明たる性質を有する文書にすぎない」と判示して，X・Y間の本件契約の成立を否定している。❿判決は，「本件総合システムの導入に際して締結されるような，業務用コンピューターソフトの作成やカスタマイズを目的とする請負契約は，業者とユーザー間の仕様確認等の交渉を経て，業者から仕様

書及び見積書などが提示され，これをユーザーが承認して発注することにより相互の債権債務の内容が確定したところで成立するに至るのが通常であると考えられるところ，本件において，Ｙらが，本件提案書を作成するに当たりＸの業務内容等につきＸと打合せをするなどして十分に検討した事実は認められず，また，Ｘにおいても，Ｙらから本件提案書等を受領してからＹ$_1$に採用通知を送付するまでの間，Ｙらの提案するシステムを導入するにあたり，パッケージソフトのカスタマイズを要するか否か，カスタマイズを要するとしてどのような内容，程度のものが必要となるか，これに要する費用がどの程度となるか等につき，具体的に検討した事実は認められず，これらの点について検討し，確定させるのは，専ら，その後の仕様確認等の交渉を経てされることが予定されていたものであることが推認される。ＸがＹ$_1$に対して本件採用通知を送付したことをもって，ＸとＹらとの間で，本件提案書及び本件見積書等に記載された内容に沿った一定の合意がされたとみる余地があるとしても，その合意内容は，ＸがＹらに対してその履行を強制し，あるいはその不履行に対して直ちに損害賠償を請求することができるような性質のものということはできないし，また，それらが可能であるという程度に特定又は具体化されていたということもできない」と判示して，履行不能に基づく損害賠償請求を棄却している。契約の成否の捉え方が問題となる事案であるが，注文者の請求につき，開発業者が提案書と見積書を作成し，地方公共団体が同開発業者に対して採用通知を送付したことによって一定の合意がなされたとしても，その合意は，地方公共団体が開発業者に対して履行を強制し，あるいはその不履行に対して直ちに損害賠償を請求することができる程度に特定又は具体化されたものとは解されないとして，請求を棄却し，業者の請求につき，一定の合意がなされたとみる余地はあるものの，当該合意内容は履行を強制し，その不履行に対して損害賠償請求ができるようなものではないというのである。❶❻判決は，「Ｘは，平成９年６月13日，自動牌９機に関する開発契約を締結したと主張するところ，同日にはＸが自動牌９機の開発・製造を行うことが決定しており，関係者間で自動牌９機の仕様等についての打合せがなされたこと，Ｘがこれを受けて本件商品の開発に着手したことが認められるが，同日の時点では，開発費の概算額が不明であった

のみならず、新製品の開発・販売という局面において極めて重要な事項である特許権の帰属や製造権・販売権の内容について特に議論がなされることもなかったのであるから、同日の時点でXの主張するような開発契約が締結されたと認めるのは困難である」と、また、「Xは、平成10年1月21日、本件商品に関する個別発注契約を締結したと主張するところ、平成9年10月以降、XY間で本件取引の条件についての協議が重ねられ、その結果、平成10年1月21日にXY間の合意内容をまとめた本件発注書がYからXに交付されたことが認められるが、同発注書には、本件商品の発注数量や単価の記載はあるものの、具体的な納期の定めはなく、しかもこの単価自体がその後変更されていること、同日の時点においては、XY間の具体的な取引の形態(直接の取引とするかBを介在させるか)が未確定であったことからすれば、同日の時点でXの主張する個別発注契約が成立したと認めるのは困難である」と、また、「Xは、平成10年7月1日、本件商品の販売等に関する基本契約を締結したと主張するところ、同日、X、Y、B及びAの4社によって、本件商品の単価等についての最終的な合意がなされたことが認められるが、同日の時点では、同月中に3社契約ないし4社契約を締結することが予定されており、しかもこの時点でXの直接の販売先として予定されていたのはBであったこと、また現に、その後約1か月半にわたって3社契約ないし4社契約の条項の検討が行われていることに照らせば、同日の時点でXとYという2当事者間においてXの主張するような基本契約が成立したとみるのは困難である」と判示して、本件開発契約、本件個別発注契約及び本件基本契約の成立を前提としたXの主位的請求は理由がないとする。但し、予備的請求については、「Yは、一連の行為によって、Xに対し、基本契約の締結が確実であるとの信頼を与えておきながらこれを裏切ったものと評価するのが相当であり、Yのかかる行為は契約締結上の信義則に著しく違反するというべきである」と判示して、これを認容している。

ⅱ 契約締結の当事者に問題がある事案

契約締結時紛争型では、契約締結の内容面のほか、契約締結の当事者に問題がある事案もある。❶判決は、実質的にはYのXに対するコンピューターソフトウェアの開発委託契約が形式的には当該ソフトウェアのXのYに対す

る使用許諾契約として締結されている事案であるところ,「Yは,本件ソフトの開発は完成しておらず,又は契約の目的が達成できない旨主張するが,Y主張のシステム化の目標は,あくまでも将来の開発目標であり,その目標を達成することが,本件契約の内容及び契約の目的となっていたとは認められない。また,遅くとも本件契約の時点では,一応の目標を達していたものと認めるのが相当である。Xは,本件ソフトを完成し,本件ソフトに瑕疵は存しないから,本件解除の意思表示は効力がない」としてコンピューターソフトウェアの開発が完成していると認められている事案であるが,契約締結段階に遡って,商法265条（現・会社法356条）違反による当該契約の効力も争われている事案である。同判決は,この点につき,商法265条の趣旨を踏まえ,Xの代表取締役はAとBの2人で,共同代表の定めがあり,他方,Yの代表取締役はAで,Bは取締役であったから,形式的には,AについてはX・Y両社の,BについてはYの各取締役会の承認が必要であったとしたうえ,当該事案においては,実質的には,Yの取締役会の承認がされていたものと同視することができるとして,契約を有効としている。契約締結の当事者に問題がある事案として分類できるが,このような事案は,契約が最終的には不成立に至った事案である前記❷判決も,Yらのうち,前駆的・派生的な契約の当事者となったY₁についてはともかく,提案書をY₁と共同して提出したが,契約の当事者となっていないY₂については,契約締結の当事者に問題がある事案として分類することができる。契約の成立を否定した前記❼判決も,Yの代表者あるいは代理人として契約締結に当たったZについてみれば,契約締結の当事者に問題がある事案として分類することができる。❻判決についても,X・Yのほか,Bを加えた3社,さらにAを加えた4社の契約締結が予定されていたとすれば,同判決も,契約締結の当事者に問題があった事案として分類することができる。また,前記❷判決も,契約締結の内容面に問題があることは前記したとおりであるが,本件契約がXの主張するような内容の契約でなかったことを前提に,「ソフトウェアの開発は,注文者側と請負人側との間で開発すべきソフトウェアの性能,仕様,形態等に関する具体的なイメージを共有するため,注文者側の技術担当者と請負人側の技術担当者との間に密接な協力関係があることが必要不可欠であるところ,

特に，開発の出発点である要件定義を確定する工程については，注文者の要求をまとめる工程であると定義されるとおり，注文者側の意向によってその内容が決せられることになるのであるから，注文者側がどのような内容のソフトウェアの開発を望んでいるかを提示又は説明する責任は，注文者側にそのような能力がないことが前提になっているなどの事情がない限り，注文者側にあるというべきであるところ，Yは，本件ソフトウェアの仕様及び形態を確定するために要求分析の実施，システム確認書の作成，プロトタイプの納品等を何回も行っていたが，Xは，本件ソフトウェアに関する要求事項を次々に拡大して，システム確認書を一向に確定させようとしなかったことが認められ，また，一般に，要件定義が定まらない時点で締結されるシステム開発に係る契約については，開発規模それ自体の大きさなどを想定して契約金額が決められるのであるが，契約当事者間において開発内容を具体化していくその後の打合せにおいて，備えるべき新たな機能の追加など，当初の契約段階で客観的に想定されていた開発規模を超える内容のシステム構築を注文者が求めたような場合には，契約当事者の合意の基礎となった事情に変更が生じているのであるから，注文者は，上記内容のシステム開発を当初の契約金額の範囲で受注者に対して製作することを求めることはできないものと解すべきであって，本件契約の契約書も，上記の一般的な考え方を採用しているものと解釈するのが自然であるところ，Xは，少なくとも平成16年12月ころの時点においては，当初の合意である本件契約の段階で客観的に想定されていた開発規模を超える内容のシステム構築をYに対して要求したものであることは明らかであり，Yには，その後のXの要求事項を盛り込んだシステムの開発を当初の契約金額で行うべき義務はないものというべきである」と判示し，当該契約が履行不能となったのはXに最大の原因があるとして，Yの債務不履行（履行不能）を否定し，さらに，Yの告知義務違反，契約締結上の過失も否定しているが，同判決も，契約の当事者に問題があった事案に加えることができる。

(2) 共同型

共同型に属するのは，**㉑判決**の1件である。同判決は，「本件において，本協定書に基づく『本契約』が締結されるに至らなかったので，その意味で

は，運転シミュレータの共同開発契約は，結局のところ当事者間に成立しなかったといえるが，本件の事実経過にかんがみれば，Yは，Xに対し，本契約が成立するであろうという信頼を与えておきながら，結局これを裏切ったと言わざるを得ず，Yは，信義則に基つき，Xが本契約の成立を信用して投下した開発費用を賠償する責任がある」と判示している。開発行為に着手したが，契約の締結に至らなかった場合に，損害賠償請求を認容しているが，契約関係に至っていない事案であるため，共同型であるからといって，対向型の場合と特に異なる理由づけはみられない。

第5 全般的な問題点

以上の個別的な検討を踏まえ，次に，システム開発契約を全般的に捉えて，その問題点を抽出してみることとする。もっとも，はじめに述べたとおり裁判例が豊富にあるという状況にはなく，個別的な問題点の抽出は個々の裁判例から可能であるとしても，全般的な問題点の抽出となると，不可能ではないとしても，その実効性ないし有用性は乏しい。そこで，以下では，仮説的な検討であるが，問題点をいくつか概念づけて設定したうえ，請負契約一般の場合と対比して，前記裁判例（但し，❶判決を除く。）を全般的に検討してみたい。

1 契約完了後紛争型

(1) 対向型

i 契約内容の確定度

契約完了後紛争型の裁判例を個別的に検討した結果は，対向型及び共同型につき，それぞれ前記したとおりである。

対向型について，報酬・代金請求という見地から，請負代金請求と対比してみると，システムの開発が完成しているか否かによって請求の当否が決せられる点は，請け負った仕事が完成しているか否かによって請求の当否が決せられる請負一般と同じである。しかし，システム開発契約においては，契約内容となっているシステムが，請負一般の契約内容が有形的であるのに対

し，無形的であるために，契約内容が文言的には特定していても，契約内容を確定的なものとして把握できるかという点では，抽象的すぎて，具体的な把握が困難という要素があるようである。そのために，完成の判断が困難になっているということができる。例えば，❸判決は，その確定作業の懈怠を請負人の注意義務違反として認める趣旨に解される。❾判決，㉗判決，㉙判決は，いずれも，そのような確定作業がないまま，システムが納入された事案とみることができる。もっとも，契約内容が一定の水準で確定しているが，さらにもう一段階上の水準で契約内容を確定するに至っていない事案も予想されるので，その異同に注意しなければならない。

また，契約内容の確定度が低いということは，システムの完成までにその確定度を高めるための追加がされるということである。追加契約の成否は，請負契約一般でも問題となるところであるが，システム開発契約では，その追加が当初から予定されている場合もある点で，請負契約と異なるところがある。❽判決は，追加報酬の請求が認められている事案であるが，㉕判決は，追加報酬の請求が認められなかった事案である。

ⅱ　契約内容の完結度

また，開発したシステムが契約内容のとおりでなければ，その瑕疵を理由に，報酬・代金の支払を拒絶し，あるいは，減額を求め得る点，さらに，損害賠償を求め得る点も，請け負った仕事に瑕疵があれば，瑕疵修補請求，代金減額請求，さらに損害賠償請求が認められる請負一般と同じである。しかし，システム開発契約においては，前記した契約内容の不確定性というだけでなく，不具合あるいは欠陥の存在をいわば予定していて，その補修を見込んでいるために，開発されたシステムが予定したとおりのものでない場合にも，予定されていた不具合あるいは欠陥の範疇内であれば，補修すれば足りるという場合もある。もとより，予定外のものであれば，瑕疵ということは妨げられないが，請け負った仕事がそれ自体として完結したものが予定されている請負一般とは異なるところである。

この契約内容の完結度は，さらに分析すると，時期的な完結度と，作業的な完結度というように分類できる。前者であれば，請負一般においても，納期の徒過が直ちに履行遅滞の責任を発生せしめるものではない場合もないわ

けではないが，多くの場合は，納期の遅れが履行遅滞の責任を発生させることを前提に，かつ，納期の遅れがあっても，履行不能となる場合はなく，そのために，納期の遅れについて遅延損害金の割合を定めているのも一般的である。これに対し，システム開発契約においては，時期的な完結度を前提にした場合には，納期の遅れがあっても，履行遅滞の責任を発生させるものでないと解されるべきことになる。例えば，❷❻判決が「ユーザーが満足するシステムの構築にはユーザーの意見協力が不可欠なのである以上，Yからの改善要求にしたがってソフトの手直しを繰り返した経過のもとにおいては，システムの完成が当初の予定より若干遅れたことがすべてXの責任によるものであるとはいえず，11月末という期限はYの繁忙期までにシステムに慣れるという目的で定められたものであって，Yにおいて右期限を過ぎればシステム導入の意味がなくなるような性質のものではない」と判示する点に如実に表れている。もっとも，❻判決は，「単にX（注…❷❻判決では，Yに相当する）の要望が多く変更されたということから，その遅延（注…納期の遅れ）がXの責任であったと評価することはできない」と判示しているので，その異同に注意する必要がある。

　作業的な完結度は，いったん納入した後も，不具合があれば補修することが予定されているということである。請負一般においては，請け負った仕事を完成して引渡しが済めば，契約関係が終了するのと異なる点である。もとより完成して引渡しが済めば，契約関係を終了させ，以後は，不具合があれば，損害賠償の問題として解決するという対応も考えられるが，その補修が受託者以外の第三者でも可能であれば格別，当該受託者でないと補修か不可能であれば，契約関係の終了は，システムを修補して利用を続ける途を閉ざすことにもなりかねない。補修の余地がある限り，補修が予定されていたものとして，契約関係の存続を前提に，不具合，欠陥を義務づけることが却ってシステム開発契約を保護することになる。例えば，❷❸判決が「コンピューターソフトのプログラムにはバグが存在することがありうるものであるから，コンピューターシステムの構築後検収を終え，本稼働態勢となった後に，プログラムにいわゆるバグがあることが発見された場合においても，プログラム納入者が不具合発生の指摘を受けた後，遅滞なく補修を終え，又はユー

ザーと協議の上相当と認める代替措置を講じたときは，右バグの存在をもってプログラムの欠陥（瑕疵）と評価することはできない」と判示しているところである。❷❹判決も，「Ｙが通知を受けた製品につき調査をして，必要に応じて代替品との交換，修理の措置をとり，瑕疵ある状態が解消すれば，基本的にはＹは債務不履行責任を負わないものと解するのが相当である」と，同旨を判示している。もっとも，❿判決が，「コンピュータのシステム開発においては，通常，完成時に不具合が全く存在しないことは少なく，一応のシステム完成後もその修正が必要となり，また，不具合の発見については，コンピュータのシステム開発が外見からは直ちに不具合が明らかにならない性質のものであることに照らし，注文者から当該システムで実際に扱うべきデータの提供を受け，あるいは注文者が自ら実際のデータを用いてシステムを使用することにより不具合がないかどうか点検する必要があることについては基本的には首肯できる」と判示したうえ，「システム開発におけるバグの除去は，あくまで第一次的には請負人の責任であり，当該システムの納入後，定められた期間内ないし一定の相当期間内に，当該システムが実用に耐えうる程度にまでなされるべきであり，注文者の指示による仕様の変更等であればともかくとして，少なくとも通常のシステムにおいて存在することが許されないような不具合については，注文者の指摘を待つまでもなく，請負人が当然に自ら是正すべきであり，注文者が当該システムに対する不具合を具体的に指摘できない限り，当該不具合が注文者の責任によって生じたものとして解除を制限することは許されな」いと付言している点ももっともなところである。また，❸判決は，前記したとおり，Ｘが開発した本件システムの完成をＹが争っている事案であるが，同判決は，本件システムの完成を認めた上で，瑕疵も認めているので，契約内容の確定度というよりか，契約内容の完結度が問題となっている事案として捉えるのが相当であるが，「上記認定に係る瑕疵の程度からすれば，Ｙが報酬の支払を拒むことは信義則に反し，許されない。」と判示している。この点も看過し得ないところである。

(2) 共同型

共同型については，個別の事例が❹判決の１例であるため，全体的な問題点を考える素材が乏しいが，対向型の場合に比較すると，責任の所在が判別

し易いように窺われなくもない。同判決は,「Xから受注したテスタを,上記各納期にまでに納入することができず,また,上記性能を有するテスタを完成させることができなかったのであるから,Yに債務不履行があったことは明らかである」と判示して,その帰責事由を争うYの主張を一蹴している。対向型に比較して,責任の所在が明白に認定されているように思われる。

2 契約継続中紛争型

(1) 対向型
i 委託者の協力義務

請負契約においても,注文者の指図があれば,その指図に応じた仕事の完成が求められる。システム開発契約においても,指図があればその指図に従うのは当然であって,この点に代わりはない。しかし,システム開発契約においては,指図がなければそもそも仕事ができないという場合が少なくない。この場合に,指図がなければシステムが完成する余地がなく,これをシステム開発の結果という現象面からみると,受託者が作業を完成しなかったというだけに捉えがちであるが,委託者の協力がなければ作業を完成し得ないのであるから,「作業可能であったのに,作業が遅れた」という意味での債務不履行責任を云々する前提がないはずである。いわば共同作業としてシステムの開発が進められるということである。請負契約一般とは異なる側面である。請負契約でなく,委任契約と見るほうが適切な場合もあるが,ここで問題となるのは,システム開発契約を典型契約あるいは典型契約の混合契約に当てはめることではなく,そのようなシステムの開発が共同作業として進められる点をどのように受け止めるかという点である。例えば,⓫判決では,これを協力義務といっているが,⓮判決も,協力義務が認められることを前提に,その根拠として,「ソフトウェアの開発契約においては,発注者と開発者との間に緊密な協力関係が維持されていることが必要不可欠」であるから,その結果として,「発注者及び開発者は,各開発工程及び検収・運用段階を通じて,相互に,信義則上の協力義務を負っている」と判示しているところである。

ⅱ 受託者のマネージメント義務

　システム開発契約の協力義務は，委託者が協力しなければ，受託者が作業を放擲していいということを意味しない。委託者の協力を要請して，必要な協力を得た上で作業を遂行しなければならないということを意味するものでないとすると，契約関係の規律として均衡を欠くからである。⓫判決では，これをマネージメント義務(正確には，プロジェクトマネージメント義務)といっているが，これに従うと，マネージメント義務と，協力義務とは，不即不離の関係でシステム開発契約の特徴となっているように思われる。⓭判決では，コンピューターの専門家としての善管注意義務，サポート義務として議論されているが，当該事案では義務違反が否定されている。⓴判決が，「本件契約上，Xは，要求内容を明確にして打ち合わせをしなければならない義務を負うが，Xの担当者であるAがX代表者の指示に基づき，本件ソフトの製作過程でXの要求事項の取りまとめ等に関し主導的役割を果たしていたのであるから，AがYに対し指示し，要求した事項やYの提案に対し応答した内容によって，Yが本件ソフトの製作に当たってシステム化すべき範囲，内容が具体的に確定されることになる」と判示しているのも，契約内容の確定作業が必要であることを前提としている。㉒判決は，「Xは，コンピューター関係の専門企業として，顧客であるYから提供された資料及び聴取等の結果に基き，本件システムの導入目的に適したプログラムを作成すべき信義則上の義務を負担する」としているが，売買契約であっても，システム開発契約の一環として締結される売買契約においては，契約内容の確定作業が必要であることを示唆するものと解される。同判決は，売主について，その義務を認めているが，事案によっては，買主について，その義務が認められる場合も想定されるところである。なお，⓯判決は，「コンピューターソフトウェアは，その性質上，一定期間の安定稼働後に初めて遭遇する一定の条件下において，突然に不具合が発生したり潜在的な不具合が明らかになることが一定の割合で発生するのであって，そのこと自体は避けられないところ，一般に，そのような問題が発生した場合には，開発した請負人が調査し，過大な費用を要しない限りは無償で改修する場合もあるが，これらはいわゆるアフターサービスであって，開発請負契約基づく債務そのものは，開発作業の商

取引上の終了を確認する『検収』によって履行完了となる。この2つを混同してしまうと，コンピューターソフトウェア開発における請負人の責任は無限に広がり，商行為として成り立たなくなる」と判示するが，瑕疵の修補と契約の追加とを混同することも許されない。**㉚判決**は，本件⑥契約の瑕疵の修補が瑕疵の修補ではなく，契約の追加として，本件③契約が締結されたものであるか否かが問題の1つであったが，この点につき，本件③契約の締結を否定して，本件⑥契約の瑕疵の修補にすぎないと認定していることも注意しておく必要がある。

(2) 共同型

共同型においては，対向型に比較して容易に，協力義務ないしマネージメント義務が認められるのではないかと解される。しかも，それは，共同型であるため，対向型のように一方の他方に対する義務としてではなく，双方の双方に対する義務として認められる点に特徴があるのではないかと解される。契約存続中に問題があったと解される裁判例は，**㉘判決**の1例にとどまるので，このような考察に十分適するものではないが，一方の過失だけでなく，他方の過失も理由に，過失相殺を認めている同判決からも，双方的な義務として協力義務ないしマネージメント義務が問題となっていることを読み取ることができるように思われる。

3 契約締結時紛争型

(1) 対向型

i 契約締結の段階性

請負契約に限らず，契約一般についていえることであるが，契約の成立には，その成立に至る交渉過程がある。交渉を重ねて成案を得て契約の締結に至る場合には，契約それ自体は一回的であるが，システム開発契約では，当初の契約から最終の契約に至るまで，数次の契約がいわば段階的に締結される場合も少なくないようである。請負契約においても，当初の契約締結後，追加の契約が締結されるという場合は多々みられるが，システム開発契約では，契約を締結して開発作業に当たってみないと最終的な開発の目処がつかないために，数次の契約が当初から予定されている点で，請負契約の追加と

は状況が異なるようである。それは，前述した契約内容の不確定性ないし非完結性とも密接に結びつけられるものであって，不確定で，非完結な契約内容であるために，契約締結が段階的に予定されているということではないかと思われる。

　もとより，システム開発契約で予定されていた開発すべきシステムの程度などといった，もっぱら契約内容をめぐって争われる❶判決のような事案もあるので，例外として，注意しておく必要があるが，この契約締結の段階性は，その締結に携わった当事者の権限という面から，契約の成否ないし効力をめぐる争いとなる場合がある。例えば，法人内部の担当部門が段階的に上昇していく場合，あるいは，グループ企業内で，子会社の担当・決裁でスタートしても，ゴールの契約締結は親会社の担当・決裁となる場合なども予想されなくはなく，段階的に締結された契約の全部につき，1人の関係者の締結権限を一律的にみるのではなく，各契約ごとに，締結権限のある関係者が変動することを前提に，事案をみる必要もあるようである。反面，最終的な契約につき，その締結権限のある関係者が契約締結に関与していないとして契約の成立が否定される場合であっても，それ以前の契約については，当該関係者が締結権限を有するわけではなく，それまでの担当者に締結権限が認められている場合であれば，契約が全体的に不成立となるのではなく，段階的に締結されていった契約のある段階以降の契約は不成立であったが，それ以前の契約は有効に成立したということである。このような視点からシステム開発契約をめぐる紛争を捉えると，紛争の実態に即応した解決が得られるのではないかと思われる。例えば，❼判決に，その問題点を看て取ることができる。❺判決は，「本件契約における当初の委託内容は，漠としており，本件パチスロ機を風営法施行規則改正前の型式試験までに間に合うように開発するという程度のもので，本件パチスロ機の仕様やデザインなどの内容についてはあえて詳細には定めず，また，開発機種もとりあえず1機種の開発をし，代金についても明確な合意があるとまではいえず，後日の交渉に委ねるというものであった」と判示しているが，ここに契約締結の段階性といった問題が端的に表れている。❷判決は，X・Y間に成立した人材派遣業務システムに係るコンピューターソフトウェアの開発委託契約をXの主張するよ

うな内容の契約として認定しなかったが，契約締結の段階制を踏まえていえば，委託者であるＸのみが受託者であるＹとの間で合意した段階を飛び越えて次の段階，更に次の段階で当該契約を捉えていたというにすぎない。**⑲判決**が「Ｙ主張のシステム化の目標は，あくまでも将来の開発目標」であったとしてＸのシステムの完成を認めているのも，そのような契約締結の段階性を踏まえた判示であると解される。

ⅱ 法的拘束力の発展性

以上は，さらに，契約の法的拘束力の発展性といった視点からも，その問題点を捉えることができる。締結権限に問題がない契約であっても，契約締結の段階性は，契約内容の段階性でもあって，当初の段階で成立した契約と，中途の段階で成立した契約と，最終の段階で成立した契約と，それぞれその契約内容に変動があるはずである。契約内容の不確定性，非完結性といった見地からみれば，契約締結の段階が進展するにつれ，不確定性，非完結性の程度が解消されているはずであるが，契約が成立している以上，その段階，段階に応じた当該契約の法的拘束力が認められ，その段階，段階に応じた紛争の解決が図られるべきものである。当初の契約の成立は間違いないが，最終の契約の成立が疑問視される場合には，当初の契約につき，最終の契約であれば生ずる法的拘束力を認めるのは相当でないが，反対に，当初の契約において認められるべき法的拘束力まで否定するのは，契約締結の段階に応じて法的拘束力も発展していくことを看過するものである。

もっとも，これまでの裁判例をみると，契約の成否を一回的に捉える傾向が強く，段階的に捉える事例がないため，契約の法的拘束力についても，一回的に捉えられる結果となっている。そのような捉え方は，継続的な契約関係において段階的に契約内容が変遷していく「契約」の捉え方として柔軟性に欠け，契約関係が途中で終了した場合の問題解決の在り方として融通性に欠ける。契約関係が一段，二段と段階的に進展していく過程に応じた法的拘束力の発展性を認めることで，システム開発契約を締結した当事者双方の責任の有無・程度もはっきりさせることができ，このことがシステム開発契約一般について，その法律関係を明瞭にしていくことになる。例えば，**⑫判決**に，その方向性を看取し得るが，**⑯判決**も，契約の成立に至らなかった事案

であるとはいえ、その基調を同じくする判断が示されている。

ⅲ　契約の法的性質の変更

契約締結時紛争型から、契約締結の段階のそれぞれに応じた法的拘束力の発展を認めるべきであるとした場合には、当該契約の法的性質を固定的なものとしてみるよりか、流動的なものとしてみるほうが適切な事案も少なくない。識者のうちには、システム開発契約においては、契約当初は、契約内容の確定度ないし完結度が低いとしても契約の成立を認めるのに支障がなく、また、それ故に、契約締結後の協力義務ないしマネージメント義務を観念し易い委託契約として捉えるのが妥当であるとしても、その後、協力義務ないしマネージメント義務の履行によって契約内容の確定度ないし完結度が高くなった段階では、その段階で確定的ないし完結的となったシステムの完成を目的とする請負契約として捉えるのが妥当であると説く見解もあるようである。そのような捉え方は、契約締結の段階性と、契約の法的拘束力の発展性といった問題点の把握に合致するものであって、今後、そのような分析を試みる裁判例が続出することが期待される。

(2)　共同型

共同型においても、契約の締結段階における問題点は、対向型の場合と特に異なるところはないように思われる。本稿で取り上げた裁判例は、㉑判決の1例にとどまるので、契約締結段階の問題点を検討するには十分でないが、法的拘束力を段階的に捉えていく方向性が窺われる。対向型のシステム開発契約ではなく、共同型のシステム開発契約であっても、あるべき方向性ではないかと解されるので、この点は歓迎される。もっとも、そのような地点から裁判例を検討するには、裁判例が乏しく、実証的な検討は、今後の裁判例に委ねるほかないようである。

第6　紛争解決の課題

以上、システム開発契約の問題点につき、請負契約ないし委託契約あるいは売買契約といった対向型の契約関係と、共同型の契約関係とに分けて、個別的な検討と全般的な検討を試みた。それぞれの問題点に共通するところを

考えてみると，大胆な仮説の誹りを免れないが，要は，対向型であっても，共同型であっても，契約の内容が確定的なもの，完結的なものとして捉え難いものであることに根本的な原因があるのではないかと思われる。それが，契約完了後紛争型では，仕事の完成の判断の困難さ，あるいは，瑕疵の有無の判断の困難さに，そして，契約継続中紛争型では，双方の協力関係の必要に繋がっているだけでなく，契約締結時紛争型では，契約の効力となって顕現するということができるのではないかと解されるからである。

そうなると，紛争解決の課題は，契約締結時における契約内容の確定度，完結度を高めることから始まるが，契約締結の段階性が避けられない以上，その次の課題は，契約継続中における当事者双方が協力義務ないしマネージメント義務を尽くすことに求められるはずである。その履践によって契約内容の確定度，完結度が最終段階に至れば，契約完了後の紛争も，システム開発の完成・未完成といった場面でも，開発されたシステムの瑕疵の有無といった場面でも，その判断が客観的に容易になるからである。

そして，その履践は，契約締結の段階性に応じた法的拘束力によって裏付けられるものであることも看過してはならない。そのためには，翻って，契約内容の確定度，完結度を契約締結の段階性に応じて，すなわち，契約内容が段階的に確定し，完結していくその各段階ごとに，契約内容を一義的に明確にしておくことが求められる。そして，その契約内容は，これを契約締結の段階から契約の終了まで固定的に把える必要もなく，流動的に把えるほうが，システム開発契約をめぐる紛争の解決に際して，裁判基準となり得る契約条項を裁判官に提供することができるはずである。反対に，契約締結の段階性を理由に，各段階における契約内容を曖昧にしたままでは，システム開発契約をめぐる紛争が発生した場合の裁判所に対する判断基準を提供し得ないことになる。民事訴訟において契約の解釈が問題となることは多々みられるところであるが，その場合の裁判所の判断の拠り所がまずもって契約内容に求められるように，システム開発契約の解釈においても，当該契約が何を目的とし，何を予定して締結されたものであるのかを契約締結の各段階ごとに一義的に捉えることができる契約内容の策定に当事者双方が努める必要があるように思われる。

(参考文献)
○コンピューター訴訟研究会『コンピューター紛争事件のケース研究』(尚文社, 1999)
○コンピューター訴訟研究会『コンピューター紛争Ⅱ』(尚文社, 2000)
○生田敏康「電算システム開発契約における注文者の協力義務と請負人のプロジェクトマネージメント義務」福岡52巻4号471頁
○松村幸生「共同開発・委託研究におけるトラブル対策と契約書作成の実務(第5章)」『新版「ビジネス契約」実務大全』(企業法研究会, 2007)
○松島淳也「システム開発をめぐる法律問題」IT法務ライブラリー(Web)
○藤谷護人「IT紛争の類型的解決基準とIT契約における合意の効力」(弁)エルティ総合法律事務所(Web)
○田中俊次ほか「ソフトウェア開発関係訴訟の審理」判タ1340号4頁
○畠山稔ほか「ソフトウェア開発関係訴訟の手引」判タ1349号4頁

15

企業間提携契約としての技術ライセンス契約とその条項

特許や技術的なノウハウの許諾を内容とする技術ライセンス契約は，様々な状況で締結されるもので，通常は，ライセンサーとライセンシー間の共同事業を目的として締結されるものではない。

しかし，技術ライセンス契約も，企業間の提携を目的として締結され，その関係が一定期間継続する中で，ライセンサー，ライセンシーの双方が一定の事業上の利益をあげていく，という共同事業において利用され，または共同事業を具体的に実現するための手段として利用される場合がある。

本稿は，技術ライセンス契約がそうした共同事業的な契約として締結される場合，どのような条項が盛り込まれるべきか等について論ずるものである。

髙橋 利昌

第1　はじめに
第2　企業間提携契約としての技術ライセンス契約
第3　技術ライセンス契約の具体的条項とその性格
第4　結　語

第1 はじめに

　技術を対象とするライセンス契約には様々な状況下で締結される，様々な形態があり，少なくとも，そのすべてが企業間の事業上の共同関係として締結される訳ではない。しかしながら，ある種の条件の下で締結される技術ライセンス契約は，他の企業の保有する経営資源を相互に有効に活用する手段として使われ，企業間の共同事業を支える役割を果たす場合がある。

　ここで共同事業とは，複数の企業間である企業が他の企業の保有する技術的な特許やノウハウの提供を受け，これに対する対価を継続的に支払う関係を築くことで，各企業それぞれが事業上の収益をあげていくことを，企業間の合意に基づき，相当期間継続して目指し，予定する，という関係を意味する。

　技術ライセンス契約は，いろいろな形態，様々な状況下で締結されると前述したが，もちろん，全ての技術ライセンス契約がこうした共同事業的な性格を有する訳ではない。むしろ典型的な技術ライセンス契約として想定される当事者間の関係は，技術を保有するライセンサーにおいて，ライセンシーの事業上の収益を顧慮することなく一方的に決めたライセンス条件を，ライセンシーがその判断と責任において受諾し，それにより契約が締結されるという関係が典型であり，共同事業として機能することは必ずしも前提とされないことが多い。

　他方，ある種の技術ライセンス契約が関係する企業間の関係においては，ライセンサー，ライセンシーのそれぞれが相応の収益をあげ，その関係をある程度継続的に存続させていくことがライセンス契約を通じて予定されるという，共同事業的な目的で使用される場合があると考えられる。共同事業的な技術ライセンス契約とそうでない契約には，何らかの特徴的な違いがあるかがここでの関心であり，筆者の推測するところでは，共同事業的な技術ライセンス契約には，ある一定の特徴ある条項やその組み合わせによる仕組みが伴った契約となっているのに対し，そうした性格を持たない契約には，そうした共同事業に親和的な条項や仕組みが伴っていないことが多いと思われ

る。

　例えば，共同事業的な契約とする意図で，技術ライセンス契約を締結しようとする当事者間で，共同事業になじまず親和性のない条項や仕組みから構成される契約を締結すると，当事者間の意図に反した内容の契約となり，かかる共同事業的な関係が成り立ち難い結果となる。

　もちろん，共同事業的なライセンス契約か否かというのは，当事者が契約にいかなる機能を持たせるかという選択の問題であり，善し悪しの問題ではないが，技術ライセンス契約に共同事業性を持たせ，両企業がそれぞれ共存共栄してそれぞれの利益をあげ，ライセンス契約を中心とした関係を，共同事業として成り立たせるためには，共同事業になじまない条項を避けるなどしないと，そうした関係を事業として一定の期間継続させることが難しいと考えられる。

　本稿は，技術ライセンス契約が，企業の共同事業的な関係を支え，共同事業における一定の役割を果たすため，どのような条項や仕組み等が問題となるか，またそれは共同事業をどのように支える機能を果たすものか，などについて論ずるものである。

第2　企業間提携契約としての技術ライセンス契約

　1　技術ライセンス契約は，「ライセンス」の語がときに「許可」「許諾」と訳されるように，競争力のある技術（特許やノウハウ）を開発し保有する企業等（ライセンサー，許諾者）が，他の企業等（ライセンシー，被許諾者）に対し，一定の対価と引き換えに，技術の使用を許し，その結果，ライセンシーは許諾された技術が有する事業上の収益力や競争力に与ることが可能となり，他方，ライセンサーも，対価たるライセンス料収入により，技術の開発に費やした費用・支出等を回収し，更にそれらを超える利益をあげることができる，という仕組みを支える契約である。

　2　企業が，収益力ある技術を使用して，新たな事業分野や製品分野に進出しようとする場合，いくつかの選択肢が考えられる。

　大きく分けて，そのひとつは，技術の内製，すなわち，人や物，金を投じ，

そして時間をかけて、当該技術を同企業において開発することであり、もうひとつは、当該技術を開発する第三者から技術の提供を受けることである。

3　企業が技術を自ら内製しようとする場合、技術の開発には、その技術の内容等に応じて、相当の人や物、金、時間等の投資が必要となる。

また、技術は、一定の投資を行えば、必ずその投資に比例した成果が得られるというほど単純なものではないことが多く、その投資に比例した成果が得られるかどうかについては常にリスクが伴う。

更に、開発したい技術や事業と競合する技術や事業には、既に先行技術等が存在する場合が多く、競合技術について第三者の特許権、著作権その他の独占的な権利が成立していることも少なくない。そうした場合、第三者の独占的な権利等に抵触して、既存の権利者の権利・利益を侵害することなしに、自社技術を開発することは、相当程度困難なことも考えられる。

4　これに対し、もうひとつの選択肢である、当該技術を開発した第三者から技術の提供を受ける場合とは、より具体的にいえば、既に当該分野の技術を保有する企業から、技術の使用に対する対価（ロイヤリティ等）と引き換えに、技術の使用について許諾を受け、その技術を使用して当該企業の事業を行うことを意味する。

技術ライセンス契約を締結してかかる技術の使用の許諾を受けることで、ライセンシー企業は、既にライセンサーが開発した技術が有する優越的な収益力に与ることが可能となる。その対象技術が特許として登録されるなど、独占的な権利を取得しているものであれば、その技術の使用を当該権利者から許諾されることで、その独占権の利益も反射的に享受することができる。

もちろん、第三者から技術の使用の許諾を受けるには、それに対する対価（ロイヤリティ等）の支払いというコストが必要であり、またライセンス契約上に定められた様々な義務の履行等の負担も同時に引き受ける結果となる。しかし、内製の場合に伴うリスク等を直接受けずに回避・転嫁できる部分があって、それがライセンシーにとっての利点となる。

5　当該技術を開発した第三者から技術の提供を受ける場合の一例として、当該第三者が技術を既に開発しつつ、自社で当該技術を実施してはいない状況で、他の企業との間で技術ライセンス契約を締結し、その技術の使用

を許諾するという場合を考える。

この場合，ライセンサーとなる技術を保有する企業は，自社では当該技術を活用して企業収益をあげてはおらず，その技術を取得・開発する過程で費やした費用（物や金，労力）を回収することができていなかった。このライセンサーとなる企業にとっては，ライセンシーとなる企業が，かかる技術の許諾を得て，事業上活用して収益をあげ，その収益の一部をロイヤリティとしてライセンサーに支払うことで，初めて，上記費用ないしその一部を回収する事業上の収益があがることとなる。

6 このライセンサーの相手方，すなわち，技術ライセンス契約のライセンシーとして，技術の許諾を受けることを希望する企業は，前述した技術を内製化する場合に伴うリスク等を負うことなく，ライセンサーの開発した技術の利用が許諾され，当該技術をその事業上の目的で活用し，一定の収益をあげることができる。

ライセンシーは，技術ライセンス契約の定めに従ってライセンサーへのライセンス料の支払いを要するが，これは当該技術の使用に伴い必要とされる費用（コスト）であり，技術の使用の結果達成される事業上の収益の経費として，収益から差し引かれる。

このようにして，ライセンサー，ライセンシーという双方の企業に，ライセンス契約の存続に伴い継続的に事業上の収益があげられる関係を，各企業の事業として継続しようとする契機が生まれる。ライセンサー企業は，技術を取得・開発する過程で既に費やした費用を回収するに足りる期間，更にはそれを超えて，当該企業の利益の源泉として，ライセンシーからのライセンス料の支払いが継続してなされることを期待する。他方，ライセンシー企業も，許諾された技術を用いた事業化を行い，その事業化のために必要なインフラ，機器，人材等を準備し，ライセンサーにも一定の対価を支払って事業に乗り出したものであり，技術ライセンス契約が一定期間継続し，その支出・費用を回収でき，更にはそれを超えた利益を生むようにと望むようになる。

ここには，ライセンシー企業が，当該事業から相応の利益をあげることを継続することで，ライセンサーにも一定期間安定的なライセンス契約からの事業上の収益があがることが予定され，複数企業間の共同事業を支える契約

の形となる可能性が示されている。

7　また，別の形として，当初より複数企業間で，一定分野の技術ないし製品の開発等の事業を共同して行うことが契約等で定められており，その共同開発等の成果物の利用関係に関する一場面において，更に技術ライセンス契約が締結され，利用されるという場合が考えられる。

共同事業により共同して開発が行われたときには，当該開発への関与の度合い等に応じて，成果の帰属とその利用方法等が定められ，例えば特許権が共有となれば，各企業は特段ライセンス契約等を締結することなくそれぞれの企業においてそれぞれ実施することが可能となるなどとされている場合が多い。しかし，共同開発の対象となる技術が全て共同関係が構築された後に開発される訳ではなく，そうした共同関係以前に企業のいずれかにより既に発明等がなされていた技術や，共同関係が開始された後でもいずれかの企業が主としてその技術の開発に携わった場合などは，特許権等の成果物についてもどちらか一方の企業に帰属することとなる場合がある。

このような場合に，開発に携わり，技術が帰属しない当事者企業によりその成果が実施されることがあり，そのためには，成果である特許権等を，その後に実施する企業に対して許諾することが必要となる。こうした場合に締結される技術ライセンス契約も，共同事業的な契約となり得ると考えられる。

8　これに対し，共同事業的とは言い難い技術ライセンス契約も少なくはない。

例えば，もともと競合する事業者間等で特許の侵害等に関する紛争があり，そうした紛争の後始末等として，技術ライセンス契約が締結される場合がある。

こうした紛争は，同じ分野の開発にそれぞれ携わる互いに競合し切磋琢磨する企業間で生ずることが多く，当事者間には，もちろん共同事業的な動機がそもそもない場合が多い。それぞれの企業が，一定の技術分野で，同世代の技術の開発をそれぞれ独自に行った結果，一方がある発明・発見をして先に特許出願を行い特許の登録を得ることがあり得る。すると，他方の企業は，これに劣後して実質的に同じ発明・発見を独自に行っても，特許を取得することはできないし，更にこれまでの技術開発の成果を自ら実施しようとして

も，先の特許を取得した企業の特許権の侵害となってしまうこととなる。その結果，特許権者である企業は，侵害の警告を行い，特許侵害訴訟等を提起して，他企業の使用の差し止め等を求める。この特許侵害訴訟等において，特許権者の侵害の主張を完全には排斥できない場合，他方の企業が，自らの開発技術をなお実施して，事業を継続しようとすれば，特許権者と，和解的な交渉をし，技術ライセンス契約を締結することが行われる。

こうした状況下で締結される技術ランセンス契約の多くは，特許公報等で公知となった発明の許諾のみを対象にし，それに伴う特許発明以外のノウハウ等の許諾を一切伴わないものとなる。また，実際，契約締結の結果，ロイヤリティなどの対価が支払われるのであるが，それによりライセンシーがライセンサーから新たな技術的な許諾や開示を受ける訳でない場合が多い。契約後の継続的な改良技術等の開示や，教育，技術者の派遣等の約定もないのが通常である。ライセンシーが支払うロイヤリティも，ライセンシーの事業規模や収益に応じた，ライセンシー事業の継続・発展を期待した割合・額というよりは，ライセンサーの見方で侵害額と侵害事業をむしろ抑制するといった観点で多額の支払いが定められたりする場合も多い。

9　このようなある種の技術ライセンス契約は，その実質は，技術使用の許諾というよりは，ライセンシーが既に行っている事業上の技術の使用に対し，一定の対価の支払いを条件として特許権侵害等のクレームを行わないという，不争の約定に過ぎないもので，いずれにしても，ライセンシーが対象技術を一定期間使用することを通じて，ライセンサー，ライセンシー両企業に事業上の収益がもたらされるという構造・関係とは異なるものとなっている。

ライセンサーは，ライセンシーの事業の発展等により自らの収益の増大を目指すというよりは，場合によりライセンシー事業に充分なペナルティを与え，それを抑制することも通じて，ライセンサーの特許の価値とライセンサー事業の発展を期するのであり，これは共同事業的な性格とはいい難い。

（もっとも，上記のような特許侵害訴訟における和解等を契機とする技術ライセンス契約等でも，様々な考慮がなされ，その和解の結果定められる契約条件等によっては，当事者企業間の共同事業的な関係が築かれる契機となり，それにより締結される契約も共同事業的なものとなる場合がないではない。したがって，特許侵害訴訟等を契機として締結される契約

が常に共同事業的な性格に欠けているというものではない。)

10　技術ライセンス契約は，当事者がそれぞれ置かれた立場と状況の下で，それぞれの意図と理由，必要等に応じて条項が定められ，締結されるものである。それぞれの条項が，当事者らの意図と交渉の結果の反映であり，各条項の意味と効果とを十全に把握した当事者間で結ばれる限りは，その内容について善悪や当否があるものではない。

しかし，共同事業性を有し，企業間提携契約としての性格を有するライセンス契約には，複数企業がそれぞれ有する技術を活用し，インセンティブとしての利益を相互に得ながら，共に発展する契機が含まれている。契約当事者となる企業間で，そうした共同事業的な関係を意図してライセンス契約を締結しようとしても，その条項や内容において共同事業的でないか，あるいは，共同事業と親和性のない定めとなっているために，結果的に，両企業とも継続的に利益をあげることが期待できず，その結果，共同事業的な意図や関係が継続することなく頓挫してしまうことは不幸なことである。

11　当事者企業の意図においては，そうした共存，共栄，永続的な関係を築くためにライセンス契約を締結することを目指す状況でありながら，しかし，典型的なライセンス契約書式等を無分別に使うためであるのか，あるいは当該企業が締結している第三者との技術ライセンス契約との均衡等を考えるためなのか，その意図に必ずしもそぐわない性格を有する条件・内容で技術ライセンス契約が結ばれることは決して少なくないと思われる。

本稿の目的は，典型的にライセンス契約に含まれる各条項や仕組みの企業間提携契約において果たす意味を分析し，共同事業性に対する親和性の度合いを吟味・検討することを通じて，ライセンス契約を起案し，あるいは評価・修正等行う際の一助となることを目指すものである。

第3　技術ライセンス契約の具体的条項とその性格

1　はじめに

以下においては，技術ライセンス契約に典型的な条項を具体的な例として挙げ，その意味合いを共同事業性になじむものかという観点から分析する。

2 技術使用の許諾条項

(1) 条項例

第○条（ライセンスの許諾）

1. ＡはＢに対し，第○条に定めるロイヤリティの支払を条件として，本契約の条項にしたがい，別紙○に定める許諾特許を，各特許の有効期間中，Ｂが許諾地域内で実施して，許諾製品を製造し，販売し，使用するための，独占的な通常実施権を許諾する。

2. ＡはＢに対し，第○条に定めるロイヤリティの支払を条件として，本契約の条項にしたがい，本契約期間中，別紙1に定める許諾ノウハウを，許諾地域内において，許諾製品を製造し，販売し，使用する，独占的な権利を許諾する。

3. 前2項にかかわらず，Ａは，本地域内において，自ら許諾製品の製造，販売，使用するために許諾特許及び許諾ノウハウを使用することは妨げられない。

4. Ｂは，本契約により許諾された許諾特許及び許諾ノウハウについて，［Ａの書面による同意のない限り，］サブライセンスその他第三者にそれらの実施を許諾してはならない。

(2) 対象の選択と特定

技術使用の許諾条項は，ライセンス契約によりライセンシーに使用が許諾される対象である，特許，ノウハウ等を特定し，それらをどのような条件，態様で使用が許諾されるかを定める条項である。

特許出願の対象となる技術的な発明がライセンスの対象である場合，特定の方法としては，特許権が各国の特許法等の法律に基づき創設される独占的な権利であるため，通常いずれの国で登録がされたどの登録番号[1]の特許

---

[1] 未登録の特許の場合は，出願時の特許請求の趣旨に当たる発明の要旨や公開番号等の記載で特定する場合もある。また，未登録の場合に特許の原出願からの分割出願等も含む旨や，同じ発明の諸外国における特許出願等も含まれる旨などが付加的に記載される場合がある。

の対象となった発明，などの形で特定するのが通常であり，対象としてはかなり明確であると考えられる。

　これに対し，ライセンスの対象が，いわゆるノウハウ[2]である場合，ノウハウの性質からも特定には限界があると考えられ，また，その特定が困難なことは契約当事者間の権利義務にかなり大きな影響をもたらすから，いかなるノウハウを対象とする旨明記し，その開示されたノウハウについてどのような権利義務が定められるか，当事者としては慎重な検討が必要である[3]。

---

2) ここでのノウハウとは，技術情報であり，かつ，いわゆる営業秘密（不正競争防止法第1条6項「秘密として管理されている生産方法，販売方法その他の事業活動に有用な技術上又は営業上の情報であって，公然と知られていないもの」）に該当するような，許諾製品自体またはその製造等に使用される技術的な内容の情報を想定している。
3) 技術的なノウハウのライセンスは，単なる許諾特許のライセンスだけでは，ライセンシーが製造を予定する製品の製造ができない場合や，ライセンサーが開発し保有するノウハウを許諾特許と合わせて使用することで，より容易に製品の製造が可能となる場合などに，許諾特許に加えて行われる場合が多い。
　(1) ライセンス契約における許諾の対象が，許諾特許のみであるか，許諾ノウハウをも併せて対象とするかは，許諾される技術情報の客観的な対象が単にその分広くなることにとどまらない。ノウハウも対象とすれば，ライセンシーに対する契約条項上の拘束が強くならざるを得ず，また許諾期間等も特許期間とかかわりなく定められることとなるなどの点で，ライセンス契約の性格を決める大きな要素となる。
　(2) ライセンスの対象たる特許が，特許公報等で開示された情報により客観的に実施ができないようでは，そもそも対象の広狭という点でみても，本来，許諾特許は実施可能な形で開示されていなければならないものであり，別途にノウハウ等の開示がなければ発明が実施できないことは，明細書の発明の詳細な説明が，実施可能な程度に明確かつ十分に記載されていたのか（特許法36条4項2号）など特許の有効性に疑問を生じさせることから，本来特許発明自体と別のどのような意義がある技術的情報かが確認・合意されなければならないと考えられる。
　(3) ライセンス契約時においてライセンサーが既に保有しているノウハウが許諾対象であれば，その内容をある程度特定して記載することが可能で，その内容の説明や特定も，比較的容易であるはずである。しかし，ノウハウを契約締結前に容易に特定できるほど具体的に記載してしまうと（例えば，契約書案などに），場合により技術を契約成立前に開示する結果となるおそれがあり，実際には，契約前に存在する技術的ノウハウでも，ライセンシーがその内容自体を判断できるほどに記載されることはむしろまれである。

(3) 独占的・非独占的

当該技術ライセンスと対象を同じくし，事業上競合する可能性のあるライセンスを第三者に許諾するか等に関する定めであり，当該契約の下でのライセンシーに対する「独占的」な許諾は，ライセンサーが，当該契約期間中，当該許諾の対象となる実施許諾地域（テリトリー）内で，第三者に対し同様の

　他方，許諾ノウハウが，契約の締結後にライセンサーが開発・発明するかもしれない将来の改良技術等であって，ライセンス契約時にははっきりとした形で存在しない対象である場合もある。この場合には，その内容の具体的な説明や特定は困難な場合が多い。そうであれば，なおさら，そうした形のない情報のために，特許に加えてノウハウをも許諾を受け，それにより，特許のみのライセンスの場合に比べて，守秘義務等をより広く負担し，契約期間中により強く拘束され，また契約期間自体も特許期間経過後まで及ぶような拘束を受ける意味があるものか，検討が必要である（許諾期間がその特許登録の有効期間等で画されることで上限が比較的明確な許諾特許のライセンスに対し，許諾ノウハウのライセンスについては，理論上，そのすべてが公知となり，ノウハウとしての価値が失われない限り，半永久的に存在し，契約上の拘束も存続することが可能である。こうした前提で，実は許諾ノウハウにノウハウとしての実態・価値が実質的に無くなっているにもかかわらず，形式的にノウハウの存在が主張され，ロイヤリティの支払義務や，更に，契約終了後の当該許諾ノウハウの使用禁止を理由としたライセンシーの製品製造・販売事業の中止等が求められるおそれがある。）。

　(4) ただし，仮に契約書案の記載等から，ライセンシーがその要否を判断したところで，権利者であるライセンサーにおいて，許諾特許のみをライセンスするか，許諾ノウハウをも併せてライセンスの対象とするかをその意向で予め定めている場合も多く，契約の自由を前提にして，ライセンシーが許諾特許のライセンスを受けようとすると，ライセンサーの意向により，事実上，許諾ノウハウも併せてライセンスを受けざるを得ない場合も多い。

　(5) 以上のような事情により，ライセンシーに対し，対象たる技術的な許諾ノウハウの内容について，十分な説明を受けて理解し，検証して，無用な技術的なノウハウ等をライセンスの対象に含めてはならない，ノウハウの内容を特定して契約に記載して貰えと助言したところで，解決は難しいと考えられる。

　したがって，限界はあるけれども，ライセンサーから契約期間中の当初及びその後の様々な技術的ノウハウ提供の機会において，いかなる情報が実際に提供されたか，また，自社でいかなる技術をどのような技術を前提に（許諾ノウハウを使用しないで）開発したか，などという記録をできる限り残し，示し得るようにしておく以外には方法がないように思われる。

対象について同様の使用の許諾を行ってはならないという義務を負うことを意味する。

独占的ライセンスの場合，更にライセンサー自身がライセンシーの技術の使用と競合するような使用が可能なのか否かが問題となり，ライセンシーの利用の独占性に大きく影響する要素となる。このため，ライセンサー自身の使用等の権利（自己実施権）についても，独占的か非独占的かと併せて明記するのが通常である。

なお，独占権が法律により創設される特許法の対象たる発明等がライセンスの対象である場合，その法律において使用許諾の態様が予定されているのが通常で，日本の特許法でも，専用実施権（登録を効力要件とし，特許実施の権利を専有する。特許法77条, 98条）と，通常実施権（登録も可能だが効力要件ではなく対抗要件に過ぎない実施許諾である。同78条, 99条）という実施許諾方法の定めがある。そのため，特許権を対象とする許諾については，上述した独占的等の定めが専用実施権，通常実施権の設定という書き方で記載される場合も多い。なお，ライセンシーに独占権が許諾される場合でも，専用実施権の登録までがされることは多くはなく，独占的通常実施権といわれる形となることが多い。

ライセンシーの事業と競合する第三者の参入を認める非独占的な契約は，ライセンシーの事業の安定性，継続性の維持を難しくすることが考えられ，ライセンスが独占的であることが共同事業性の前提となることも多い。(**6**)で詳述する。

(4) 許諾地域の定め

許諾地域は，ライセンサーがライセンシーに当該技術の使用を許す地域的な範囲であり，競合特許やライセンサーが既に許諾している第三者へのライセンス等との関係で，製造や販売，使用等に応じて場所（国）が意味を持つ場合，それぞれについて特段の定めが設けられる場合もある。

ライセンス契約が，一定の許諾地域における許諾をライセンシーに独占性を与えることは，共同事業的なライセンス契約の前提となる場合がある。(**6**)で詳述する。

(5) 再実施（サブライセンス）権の許諾・禁止

再実施権の許諾は，ライセンシーが当該技術を使用した事業を自らの責任

と判断で契約外の第三者に許諾できるかという問題である。共同事業性でなくとも，ライセンサーとしては単にライセンス料を徴収する機会が増えれば良いというものではなく，ライセンス（サブライセンス）を受ける者がライセンスに伴う様々な約定の遵守を期待できるような主体かという点にも重大な関心を有しているのが通常で，無条件の再実施権が付与されることはほとんどない。まして，共同事業性あるライセンス契約であれば，ライセンサーの関知しないところでの第三者への許諾は，予定されないのが通常である。

ただし，ライセンシーが複数の法人等で企業グループを構成している場合，親子会社等の密接な資本関係等のある法人間についてサブライセンス権を付与し，企業グループ内のどの法人に実際の当該事業を営ませるかをライセンシー企業グループにある程度委ねるということはときに行われる。また，ライセンシーの事業とその計算の範囲で，第三者に下請製造等させる上で技術の開示や使用が許諾されることもある。もっとも，下請であっても，いかなる第三者が下請けとなり，ノウハウ等を含めた秘密情報を使用するのかについて関心を示すライセンサーは多く，再実施権の許諾をライセンサーの承認にかからしめることがむしろ通常である。

(6) 共同事業性との関係

ライセンスが独占的であり，またライセンサーに自己実施権がなければ，ライセンシーが許諾されたのと同じ技術を第三者やライセンサーが競合的に使用することがなくなり，ライセンシーとしては利益の最大化を図ることができる。ライセンサーとしても，当該ライセンシーの事業の成否に自己のライセンス料収入等も依存することとなって，利益とリスクが共通化する結果となり，ライセンシーの事業の成功に期待してそのための協力を行う動機が生まれやすい。したがって，基本的には，一定範囲で事業にライセンシーとしての独占性，排他性を持たせ，かかる範囲でのライセンシーの事業の成功にライセンサーの事業の成功を委ねる関係に立つことが，共同事業になじむ定めであると考えられる。

もっとも，ライセンシーがその独占的な地位を安泰とし，利益の最大化に努力してくれないようでは，期待された共同事業的な成功は見込めない。安定した独占権の付与は，逆にライセンシーに過剰な保証を与えて，その競争

力やインセンティブを削ぐ結果となるおそれがあるし，実際，第三者や自己実施によってより多くの利益をあげられたかもしれないとすれば，ライセンサーは機会損失を被る結果となる。

そこで，ライセンシーに独占権を与える場合でも，そこに相応の条件，例えば，最低保証実施権料（ミニマムロイヤリティ）等の定めを設け，場合により，そうした独占権やライセンス自体を撤回できる旨の定めを設けることが考えられる。そうした条項の意味と，当事者間に与える効果は，そのミニマムロイヤリティをどれほどライセンシーの事業に即したものとするか，また，ミニマムロイヤリティ違反の効果をどのようなものとするか，など様々な要素に依拠するもので，一概にはいうことが難しいが，ライセンシーの事業計画等から見て不当とはいえない範囲で，ライセンシーのインセンティブとなるような適度な刺激を与え，また，ライセンサーの機会損失による不当な損害を合理的に補償させるような程度にとどまる限りは，そうした独占権と付随・関連する定めがあることは，必ずしも共同事業性と相容れないとまではいえないと考えられる。

3　ノウハウの開示方法に関する定め（研修生受け容れ，技術支援）

(1) 条項例

第〇条（ノウハウの開示）

1. Aは，〇条に定めるノウハウを，本契約の条項にしたがい，第〇条に定めるBの許諾料の支払後60日以内に別紙2に定める許諾ノウハウを記載した書面等をBに対して交付することにより開示する。

2. BがAに対し求めた場合，Aはその裁量において必要と認める場合には，ライセンシー従業員をAのF工場に研修生として受け容れ，許諾ノウハウに関する技術指導を受ける機会を与える。その場合の期間，受け容れ方法は，Aが裁量により決定するものとし，その費用はF滞在中の宿泊費等を含めBが負担する。

3. Aは，Bの許諾製品の製造を開始する時期において，許諾ノウハウに関するAの技術者〇名を，Bの工場施設に派遣し，技術支援を行うものとする。この場合の，旅費，滞在費，日当は全てBの負担とする。

4. 前各項のほか，Aは，本契約期間中，AがBに有益と判断する許諾ノウハウ及びその改良技術をBに対し適宜開示する。

(2) ノウハウの提供方法の定め

前述のとおり，許諾の対象である許諾ノウハウの内容自体を契約上明記し具体的に記載することで特定するということは難しく，限界がある。

したがって，ライセンサーに一定範囲で技術的その他のノウハウの開示・提供を義務付け，またライセンシーがそうしたノウハウに当たるような無形の技術的情報を得る機会を与えることを契約上定めるについては，そうしたノウハウを含む，情報の提供方法や，ライセンシー役職員のライセンサーにおいて受け容れ教育や実践（on the job training）の機会を与えること，更には，ライセンサーにおいて当該製品・技術の使用等に経験ある技術者等をライセンシーの工場等に派遣し，確認・助言・指導等を行わせることなどの外形的な定めが契約上設けられる場合が多い。

(3) ノウハウ提供方法等を定める条項の効果

共同事業的なライセンス契約において，共同事業による当事者双方の利益の最大化を目指すためには，そのために必要な情報等を経験あるライセンサーに提供させることが必要な場合があり，その意味で，ノウハウの提供方法の定めを設けることには意味があると考えられる。

また，ノウハウ提供に伴う，旅費その他の実費や資料作成の費用等の負担について定めておくことは，ライセンシーの事業に不測の費用・支出を生じさせないという意味でも必要なことと考えられる。

ただし，共同事業的なライセンス契約に限らず，ノウハウの提供とその範囲，それに伴う契約中，契約終了後のライセンシーの義務等の定めによっては，ノウハウの提供を受けることがライセンシーの事業を予期に反して過大に拘束するリスクがあると考えられ，ライセンシーの立場からすれば，将来のライセンス契約の継続・解消等も視野に入れ，契約解消後に受ける義務の範囲をできるだけ限定したり，開示を受けた技術の範囲をできるだけ特定して不測のリスクを抱え込むことのないよう，相応の注意を払うことが望まれる[4]。

4 改良技術等の開示義務(ライセンサー及びライセンシー)

(1) 条項例

第○条(改良技術等の開示・許諾)

1. A(ライセンサー)が,本契約の期間中,許諾特許ないし許諾ノウハウに関して,何らかの改良,変更等を行った場合,AはBに随時かかる改良・変更等を通知するものとする。通知されたBがかかる改良技術等の開示を希望する場合,AはBにかかる改良技術等の開示を行うものとする。かかる開示以降,AがBに開示した情報は,許諾ノウハウの一部として開示したものと見做される。

2. B(ライセンシー)が,本契約の期間中,Aから許諾特許ないし許諾ノウハウを使用して[あるいはこれに付随・関連して],自ら改良,変更技術の開発を行った場合,BはAに随時かかる改良・変更等を通知し,かかる改良,変更技術の帰属等についてAと協議する。改良,変更技術の帰属は,Aが,その裁量により,使用されたAの技術とBの行った開発行為とを評価し,最終的に決定するものとする。

---

4) 許諾ノウハウについて,

(1) 許諾ノウハウを,より多く,そして追加的・継続的により多くの開示を受けることは,実際にかかる許諾ノウハウに優越的な収益力がある場合には,許諾製品の製造・販売をより容易にし,付加価値等を生ずるという望ましい面がある。

しかし,許諾ノウハウの許諾(開示)を受けると,それを使用した製品の売り上げ等がロイヤリティ額算定の基礎に入り,また,許諾ノウハウの目的外使用の禁止や,契約終了後の許諾ノウハウ使用禁止条項により,負担・制約が拡大するという面もある。

したがって,契約上許諾ノウハウの内容が具体的に明らかにされていない場合でも,少なくともライセンサーにおいては,いかなる技術の開示を受けたかを随時記録し,自社開発技術と開示された技術とを区別可能な形で保持しておかないと,不測の不利益やリスクを受けるおそれがある。

(2) 許諾ノウハウの許諾の範囲,研修生受け容れ・技術支援の範囲方法等も,ライセンス契約の多くの条項と同様,ライセンサーに主たる選択権がある場合が多い。これはライセンサーのノウハウ等の保全を目的としてやむを得ない面もあるが,共同事業としてのライセンス契約としては,ある程度ライセンシーの側の希望が配慮・反映されたライセンス契約の条項(建付け)を定めることが必要であると考えられる。

3. Aが，前項の改良，変更技術を自ら使用することを希望する場合，Bは本契約の期間中［及び契約終了後にも］，かかる改良，変更技術の使用を無償で許諾するものとする。

(2) **ライセンサーの改良技術についての定め**

契約期間中に各当事者が行った技術改良等の成果に関する定めのうち，ライセンサーの技術改良等に関する定めと，ライセンシーの技術改良等に関する定めとでは，規定の意味合いが大きく異なるものである。

ライセンサーの技術改良等の成果とそのライセンシーへの提供に関する定めは，ライセンス契約における許諾対象となる対象技術の範囲の問題である。ライセンサーの契約期間中の改良技術等もライセンス契約による許諾の対象とする場合，改良技術についても前述したノウハウの開示等の規定に従ってライセンシーに対し開示され，その開示以降はそうして開示された改良技術等の使用が実施権料支払いの基準にも含まれるなど，元々のライセンスの対象である許諾特許や許諾ノウハウと同様に扱われるのが通常である。

ライセンス契約における許諾特許が，特許登録や実用新案登録の出願を基準に許諾されている場合，出願の変更や分割の可能性を考えると，当初出願の変更・分割も含まれるよう許諾を受けないと，変更・分割により成立した対象外の特許権等により許諾特許の実施が形式上妨げられるおそれが生ずるから，こうした変更・分割を含むこととされる場合も多い。

ライセンス契約が，特に共同開発的な共同事業において利用される場合，ライセンサーにも，共同開発・共同事業の成功に向けて努力すべき義務があると考えられ，契約期間中，ライセンサーにも，行った改良，変更技術の開示を義務付けることが必要であると考えられる。また，ライセンシー側からも技術的研究成果のその成果であるライセンサーによる改良技術等の帰属及び利用等についても，ある程度ライセンシーの側の希望が配慮・反映される建付けが必要となる。

そうした改良技術等を引き続きライセンシーに提供することがライセンシーの事業に有益であるとすれば，ライセンサーとライセンシーがライセンスによる許諾の範囲で事業上の利害を同じくするという観点では，ライセンサーの技術改良等の成果とそのライセンシーへの提供は，共同事業となじむ契

約条項であると考えられる。

ただし,より多くの許諾ノウハウ等の提供を受けることは,契約上の他の条項の定めによっては,ロイヤリティを増大させる理由となったり,契約終了後の技術使用禁止の範囲を事実上広げるような効果を持つと考えられるから,ライセンシーの立場では,いかなる追加情報が開示されるのか,追加的な技術情報等の開示が必要であるのか,などを吟味して,ライセンス契約を締結し,またその履行に臨むことが望ましい。

(3) ライセンシーの改良技術についての定め

他方,ライセンシーの改良技術等のライセンサーへの開示・提供に関する定めは,ライセンス契約の結果,ライセンシーにより開示・許諾される技術的情報等に基づきライセンシーが行う開発・技術改良等の成果物の帰属をどう捉えるかに関わる条項と考えられる。

ライセンシーの技術改良等がライセンサーの技術と全く独自に開発されたのであれば,改良技術等の開示,移転や許諾等をライセンス契約中で定める必要は必ずしもない。しかし,ライセンシーの改良技術等がライセンサーの技術の貢献や影響等の下で初めて開発された場合に,それをライセンサーの立場で見ると,改良技術等はライセンサーの技術の一部とも考えられ,ライセンサーへの開示や許諾・提供等が認められるべきと考えられるものである。この場合,成果物に対するライセンサーの技術等の貢献を高く考えることは,ライセンサーの権利等を強く認めることにつながるものである。

しかし,多くのライセンス契約では,ライセンサーの権利の保全のみを専らの目的とし,ライセンシー側の努力は比較的軽く評価して,専ら権利を吸い上げるといった形の定めがなされることがある。すなわち,ライセンサーの許諾特許や許諾ノウハウ等の開示・使用に基づいて行われた技術開発等の成果は,ライセンサーの技術的寄与に基づくという仮定の下,一定の開示義務と当該技術の使用をライセンサーに対し許諾すべき義務(いわゆるグラントバック条項と呼ばれる),更には,ライセンサーに対し当該技術開発の成果等を譲渡・移転すべき義務(この場合はアサインバック条項と呼ばれる)などが定められる場合がある。

そのため,公正取引委員会の「知的財産の利用に関する独占禁止法上の指

針(平成19年9月28日改定)(以下「知的財産ガイドライン」)」でも,合理性のない,ライセンシーの研究開発意欲を損ない,合理性にも欠けるような条項は,不公正な取引方法として違法となる場合があるとする[5]。

共同事業的な技術ライセンス契約においては,ライセンシーの開発努力等がなされた場合,それを正当に評価する余地がある。現にライセンシーの開発努力が行われたのであれば,形式的にすべてライセンサーに帰属するといった形にしないことが公平である。8(知的財産権(ライセンシー開発技術等)の帰属)においても詳述する。

5 許諾対価の定め方

(1) 条項例

第○条(対価)
 1．B(ライセンシー)は,A(ライセンサー)に対し,本契約に基づく許諾特許及び許諾ノウハウの対価として,次の金額をそれぞれ支払うものとする。
  (1) イニシャル・ペイメント(initial payment)として金○○円
  (2) ラニング・ロイヤリティ(running royalties)として,Bが本契約期間中に製造しかつ販売した許諾製品の純販売価格の○％
 2．BはAに対し,前項の各金額を次の期日までに,Aの指定する銀行預金口座に振り込んで支払う。
  (1) イニシャル・ペイメントは,本契約成立後○○日以内
  (2) ラニング・ロイヤリティは,各月末で純販売価格を締め切り計算し,翌月15日までに金額を計算しAに書面で報告の上,翌月末日まで

(2) 対価の額に関する定め

許諾対価の定め方には,条項例のようなイニシャル・ペイメントとラニン

---

[5] 知的財産ガイドライン 第4第5項(7)研究開発活動の制限,(8)改良技術の譲渡義務・独占的ライセンス義務,(9)改良技術の非独占的ライセンス義務,及び(10)取得知識,経験の報告義務など。

グ・ロイヤリティの組み合わせの外，実施の有無や多寡にかかわらず一定の一括した金額の支払いを約するランサム・ペイメント（lump sum payment）や，イニシャル・ペイメントを伴わないラニング・ロイヤリティのみの計算による方法などが考えられる。また，ラニング・ロイヤリティの計算でも，条項例のような実際のライセンシーの販売価格（とみなされる）金額を基準とする方法のほか，一定額を販売数量に応じて支払う方法など様々な方法がある。

ラニング・ロイヤリティが生産量や販売額・数量等を基準として算定される場合，ライセンス契約の条項には，これに対応してその基準となる生産量，販売額，販売数量等を継続的に記録し一定期間保存すべきライセンシーの義務，ライセンサーに報告すべき義務条項や，報告時期・頻度とそれに基づくラニング・ロイヤリティの支払いのタイミングに関する定め，かかる報告の基となる生産量等の記録とその原資料等についてライセンサーが調査権を有する旨とその行使方法なども併せて定められる場合が多い。

(3) 対価の支払い時期に関する定め

上記で計算される額をどのような方法でライセンサーに支払うかの定めであり，ランサム・ペイメントやイニシャル・ペイメントが多額にわたる場合にこれを複数回の期日に分けて支払うことを定めたり，ラニング・ロイヤリティをその算定に要する計算期間やライセンシーが実際に収益を取得する時期等を考慮して適切な時期に調整したりすることが定められる。

(4) 共同事業性との関係

一般論としては，対価の金額としては，ライセンシーの事業計画と実績等に応じて適切な負担となると共に，ライセンサーとライセンシーとが利益に適切な割合で与るような額が算定されるような方式がとられること，また，支払い時期についても，ライセンシーの現実の事業の開始時期等に配慮して定めがなされることが，共同事業に親和的な対価の定めと考えられる。

ただし，ライセンサーが既に自ら費用を投じて特許やノウハウ等の技術的な成果を取得した上でライセンス契約が締結されることを考えれば，ライセンサー，ライセンシー間でどのように定めるのが共同事業的で公平かということ自体，単純ではない。特に，上記のような主としてライセンシー側の事業上の理由のみならず，ライセンサーがこれまでに費やした当該技術等の開

発のための費用・支出，これまでに得た経済的利益の多寡，ライセンサー，ライセンシーそれぞれの財務的状況など，当事者双方の様々な具体的事情を考慮して定めることがより公平で，共同事業的な定めであると考えられる。

6　最低保証金額等

(1) 条項例

第○条（最低保証金額）
1. 本契約期間中の各暦年について，別紙3に定める金額を各年のランニング・ロイヤリティの総額の最低保証金額とする。Bは，各暦年中の各月の純販売価格により計算したランニング・ロイヤリティの総額が，上記各年の最低保証金額に満たない場合，その差額を，各暦年の終了から2カ月以内に，Aの指定する銀行預金口座に振り込んで支払うものとする。
2. 本契約期間中，前項に定める各年のランニング・ロイヤリティの総額が2暦年連続して最低保証金額に満たない場合，Aは，第○条の定めにしたがい，(a)第○条に定める許諾特許及び許諾ノウハウの許諾をいずれも非独占的な通常実施権に変更するか，(b)第○条に従いBに通知し，その2暦年連続して最低保証金額に満たないことが判明した翌暦年の末を以て本契約を解約するか，のオプション権を付与されるものとする。ただし，Aはかかるオプション権を行使する場合，当該年の6月末日までにBに対し書面により通知しなければならないものとする。

(2) 共同事業性との関係

　最低保証金額等の定めは，ライセンシーに最低額をクリアする努力を促すため，あるいはライセンサーに一定の収入を保証するため，など様々な目的で利用される。

　目的，各当事者に与える影響は，最低保証金額がどのような水準の金額か，最低保証金額不達成の効果としてどのような効果が伴うか，などにより大きく異なる。

　例えば，ライセンシーの事業の実際に比べ，あまりに過大で現実性を欠い

た金額の一方的な設定は、その違反に実質的、経済的不利益が伴う場合には、共同事業的な定めではないと考えられる。

7 秘密保持条項

(1) 条項例

第○条（秘密保持）
1. Bは、Aから本契約の下で開示された許諾ノウハウを含むAの秘密情報、その他本契約に関連して知りえたAの情報について、厳格に秘密を順守し、これを第三者に開示・漏えいし、その他本契約以外の目的で使用してはならないものとする。
2. 前項の秘密義務は、以下の情報には適用されない。
   (1) 知得した当時に公知であったもの
   (2) 知得後にBの責によらず公知となったもの
   (3) 第三者から秘密保持義務を負うことなく開示されたものであることが証明可能なもの
   (4) 知得した情報と無関係にB自ら開発したことを証明可能なもの
3. Bは、第1項にかかわらず、捜査機関、司法機関等により情報の開示が義務付けられる場合にはAの情報の開示を行うことができるが、速やかに、可能な限り事前に、かかる開示の要請をAに対し通知するものとする。

(2) 共同事業性との関係

秘密保持条項は、特許権のように排他的権利の保護が与えられている訳ではない技術的なノウハウを対象とするライセンス契約において、そうした技術の価値を保持すると共に、ノウハウの営業秘密として保護を受けるための要件（「秘密として管理されている生産方法、販売方法その他の事業活動に有用な技術上又は営業上の情報であって、公然と知られていないもの」不正競争防止法2条6項）である非公然性を維持するために、定める必要のある条項である。ただし、現実には、上記目的に必要な範囲にとどまらず、秘密保持の対象（知りえた情報等を含む）、禁止の範囲（本契約以外の目的での利用）などにおいて更に厳しく広い義務をライセンシーやその関係者に負わせている場合がある。

実際，技術的なノウハウは，競合する事業者が一見するのみで簡単に漏えいしてしまい，競争的な価値が容易に失われやすいことから，厳格な拘束であっても，ノウハウの性質等から実際の必要性があると合理的に考えられるものであれば，必ずしも共同事業性と矛盾するものではない。

ただし，ライセンス契約の他の条項(例えば，知的財産権の帰属条項や契約終了後の残存条項) 等と相まって，ライセンシーにのみ片面的にかつ上記のような必要を超えた秘密保持義務を負わせる契約等は多い。ライセンシーの事業が不当，不公平に制約され，他方ライセンシーの秘密情報には十分な秘密保持的な配慮がされないのでは，共同事業の目的が達せられない原因ともなりかねない。各条項による拘束の意味と範囲が合理的なものか，また，ライセンス契約の下でライセンサーが知得するかもしれない営業秘密に当たる情報についての保護も定める必要はないか，検討を要すると考えられる。

8 知的財産権（ライセンシー開発技術等）の帰属

(1) 条項例

第〇条（知的財産権の帰属）
1. Bが，許諾特許及び許諾ノウハウを実施する過程，その他本契約の期間中に生じた，許諾特許及び許諾ノウハウに付帯，関連して生じた知的財産権（特許権，実用新案権，意匠権，種苗権，著作権，及びこれらを受ける権利を含む。）は，全てAに帰属するものとする。
2. Bは，それらの知的財産権について，Aの事前の書面による承諾なく登録等の申請を行ってはならず，また，Bの従業員，下請，履行補助者等にかかる登録等の申請を行わせてはならないものとする。
3. 万一，B又はその従業員，下請，履行補助者等において，前項の知的財産権の全部又は一部の名義等を取得した場合，Bはかかる事実を速やかにAに通知し，それらの名義の変更・移転方法，費用の精算等についてAと協議するものとする。

(2) 知的財産権の帰属に関する定め

技術ライセンス契約の対象たる技術は，常に当該技術に関係する人々の努力により進化し新たな開発が進められて行くものであり，4でも述べたとお

り，契約期間中にライセンス契約の各当事者が新たな研究やその実施に関する過程で，新たな技術や改良技術を発明，創造することは決して稀ではない。

そこで，技術ライセンス契約においては，こうした契約期間中に生じた技術についての定めを設けている場合が多い。

この場合，ライセンサーの開発技術等については，4(2)で述べたライセンサーの改良技術についてのライセンシーへの追加開示や許諾という形で表れることがあるが，そうでない限りは，当然ライセンシーに帰属するものとして契約中では言及されないのが通常である。

これに対し，ライセンシーの開発技術等については，4(3)で述べたライセンシーの改良技術についてのライセンサーへの開示，グラントバックやアサインバック条項という形だけではなく，より直截に，そうした開発技術等の帰属を定めるという形で条項が設けられている場合がある。

こうした知的財産権の帰属に関する条項が設けられる場合は，4(3)のライセンシーの改良技術についての規定と同様に，一方的にライセンサーに有利な条項が定められる場合が多い。そして，同様に，①かかる制限により技術市場や製品市場でのライセンサーの地位を強化し，ライセンシーの研究開発意欲を合理性なく削ぐような制限，②改良技術をライセンサーとライセンシーの共有とし，ライセンシー自らの利用・処分を妨げることで公正競争阻害性を有する場合，③ライセンス先の制限が，ライセンシーの研究開発意欲を失わせたり，ライセンサーの市場における地位を強化することとなる結果，公正競争阻害性を有する場合，などには，不公正な取引方法（独禁法19条，一般指定13項）に当たり違法となる（知的財産ガイドライン 第4 第5項(8)ないし(10)）と考えられる。

(3) 共同事業性との関係

ライセンシーが開発した改良技術等に関する知的財産権の帰属に関する条項は，前述のような一方的，不公平な内容であることは，典型的な技術ライセンス契約においてしばしば見られるところではあるが，ライセンサーが一方的な立場を利用してライセンシーに不利な条項を甘受させた結果であることが多い。したがって，結局不公平な内容であって，継続的な信頼関係に依拠する，共同事業としての技術ライセンス契約の条項としてはなじまないと

考えられる。共同事業としての技術ライセンス契約の条項として，より公平なものにするためには，その帰属の判断において，双方の技術的貢献をそれぞれ公平・正当に評価するとともに，そうした共同事業の成果でもある知的財産権の帰属をその貢献等とは違った形で一当事者により多く帰属させる等の調整を行う場合には，相当の対価や見返り等を与えるなどの配慮を行うなどすることが必要であると考えられる。

9　特許等の有効性の保証（又は保証の除外）と不争条項

(1) 条項例

第○条（保証の除外）

　本契約のいかなる条項も，A（ライセンサー）が，許諾特許の有効性，あるいは許諾特許及び許諾ノウハウのBによる実施が第三者の知的財産権等を侵害しないことを，Bに対し保証するものと解されてはならないものとする。

第○条（不争条項）

　B（ライセンシー）は，本契約の期間中，許諾特許及び許諾ノウハウの有効性とそれらがAに帰属することを承認する。Bは，いかなる場合も，直接又は間接に，Aの許諾特許出願の有効性を争う一切の行為を行ってはならず，又はこれを争う第三者に加担しないものとする。

(2) 保証条項，不争条項

保証（ないし保証の否認）条項は，許諾の対象となる許諾特許や許諾ノウハウの帰属，有効性，ライセンシーがライセンス契約により意図する事業上の目的への貢献等について，ライセンサーが一定範囲で保証する（あるいは保証しない）旨を定める条項である。

不争条項は，ライセンサーの許諾特許や許諾ノウハウの帰属，有効性等について，ライセンシーが争わない旨のライセンシーの義務条項である。

(3) 共同事業性との関係

保証を否認する条項や不争条項が，ライセンサーの優越的な地位に基づき濫用的に用いられる場合は，共同事業に親和的とはいえず，更に，場合により無効とされるべき技術が存続し，当該権利にかかる技術の利用が制限され

るなど，公正競争阻害性を有する場合には，不公正な取引方法に該当する場合がある（知的財産ガイドライン 第4 第4項(7)）。

ただし，自社の特許等でもその有効・無効を常に客観的に知り得るものではなく（特に特許出願の段階では，第三者による未公開の出願等は知る由がない），各条項が設けられることに相応の理由がある場合があり，これは共同事業的な技術ライセンス契約の場合でも同様であると考えられる。

そうであっても，特許無効が確定したり，実質的にこれと同様な状況で，第三者であれば制限を受けないような行為が制限されることを甘受せざるを得ないような理由はなく，各条項がそのような機能までも果たすとすれば，合理性に欠け，契約条項として共同事業になじまないと考えられる。

10 契約期間

(1) 条項例

第〇条（契約期間）

　本契約は本契約成立の日に発効し，その後，本契約の他の条項に従い事前に解約される場合を除き，許諾特許を構成する特許権の存続期間の最も長いものが最後に終了するときを以て終了する。（特許のみが許諾特許である場合）

［他の例］

第〇条（契約期間）

　本契約は本契約成立の日に発効し，その後〇年間有効に存続する。その後は，本契約は，当事者の一方が他方当事者に対し当初の契約期間又は延長された期間の満了の少なくとも〇日前までに更新しない意思を他方当事者に書面で通知しない限り自動的に〇年間更新されるものとする。

(2) 契約期間の定め

契約期間は，技術ライセンス契約が存続する期間に関する定めであり，特許権の登録の残存期間等がある場合などに権利の存続期間等を基準にする方法のほか，他の継続的な契約と同様に，権利の残存期間等より短い一定の年などを単位とした期間を定め，かかる期間の満了時に一定の条件下で同様の期間更新するような定めを設ける方法など様々な決め方がある。

いずれの方法も，権利消滅の後にまで拘束を及ぼすような不当な定めでなければ，共同事業となじまない訳ではないと考えられるが，共同事業的な基本契約が別途存在する場合，当該基本契約の期間ないし終了時期と一致ないし連動するような定めが設けられることが通常である。

なお，更新を前提とした短い当初契約期間等の定めが設けられる場合，当該期間は，ライセンシーがライセンス契約にかかる事業への投資による成果を収受したり，また，投資した資源等の費用を回収したりするには足りない短い期間であるのが通常である。したがって，その更新の条件がライセンサーにのみ有利で，その意向ないし恣意により更新拒絶できるようなものであるとすると，ライセンシーとしては，安んじて共同事業的な投資を行うことができず，あるいは更新時に投下資本の回収もままならないまま撤退を余儀なくされることが起こり得ることとなる（それが不当か否かは，契約終了後のライセンシーの事業存続の可能性など技術ライセンス契約の他の条項等の定めとも関連する）。したがって，そうしたライセンサーの恣意が一方的に許される条項であるとすると，共同事業的な期間の定めとはいえないと考えられる。

11　契約終了後の拘束

(1)　契約終了後の拘束に関する定め

技術ライセンス契約においても，他の継続的な契約の場合と同様に，契約が終了した後の当事者間の権利義務関係を規律する条項が設けられる場合がある（期間満了，更新拒絶，解除，合意解約等様々な場合に応じて，異なる定めを規定することもある）。

技術的なライセンス契約におけるこの種の条項として，①許諾特許や許諾ノウハウの使用禁止等に関する条項，②秘密保持義務等の残存条項，③当該ライセンス契約の下で製造した製品在庫等の処分，買取等に関する約定，④ライセンス契約に付随してライセンサーからの部品，原材料等の供給品等があった場合にかかる供給品等の取扱い等に関する条項，⑤ライセンス契約期間中のライセンシーの改良技術等についてライセンサーに対する使用許諾が定められている場合の契約終了後の扱いに関する条項，などを定める例がある。

(2) 拘束の適法性，共同事業性との関係

　契約終了後の拘束は，例えば技術的な許諾ノウハウがあって，そのノウハウが現に秘密とされていて優越的な収益力を維持している状況で，価値を維持するために必要不可欠と考えられる限度で課される制限等であれば，合理的で必要な拘束を定める条項と考えられる。

　他方，許諾ノウハウが形式的に存在しても，実際には当該技術が公知化・陳腐化するなど価値を喪失しており，その形式的なノウハウのために，かつてのライセンシーであった当事者が，第三者であれば負うことのない不合理で無用な拘束を受けるとすれば，合理的な拘束とはいえない。

　この場合，その合理性の有無は専らノウハウがその時点でも価値を有するかという事実関係にかかるもので，条項自体を常に不合理となるものとするものではない。しかし，少なくとも，ノウハウの価値を問うことなく，製品の製造・販売を制約する強い拘束を及ぼす条項を定めるとすれば，その条項は一定の場合に共同事業者間の契約上の条項として合理性を有しない状況が生じ得る。

　更に，ノウハウ自体が有効でも，ライセンサーの恣意的な判断等により，一方的に技術ライセンスの提供を拒絶し，かつてのライセンシーに対し製品の製造販売の制約等が課される結果，競争制限的な効果が生ずる場合には，優越的地位の濫用ないし拘束条件付取引（一般指定13項，14項）として，不公正な取引方法（独禁法19条）に該当し，違法となり得ると考えられる。

12　一括ライセンス，クロスライセンス

(1) 一括ライセンス

　一括ライセンスとは，ライセンス契約における許諾特許や許諾ノウハウの許諾条項において，複数の特許やノウハウを一括してライセンスするものであり，多くの技術ライセンス契約では，ライセンシーの予定する製品の製造等に複数の特許，ライセンスが必要となる場合，こうした一括ライセンスが行われる場合が多い。

　一括ライセンスに含まれる複数の特許が，異なる技術分野の特許であったり，存続期間等を異にしたり，世代の異なる技術を対象にして一括的にライ

センスがなされる場合，一括ライセンスで対象とされる個々の特許権等のライセンシー事業への貢献の度合いは，同じライセンス契約期間中でもその時期等に応じて変わり得るものと考えられ，特に，ライセンス料が許諾技術の貢献に応じて変わるようなラニング・ロイヤリティの仕組みがとられる場合は，いかなる算定方法をとることが公平かという配慮が必要になると考えられる。

また，一括される技術が専らライセンサーの希望のみで決められ，結果的に，技術の効用を発揮させる上で必要ではない場合や必要な範囲を超えた技術のライセンスが義務付けられる場合には，ライセンシーの技術の選択の自由が制限され，ライセンシーの競争技術の開発が制限される効果を持ち得ることから，公正競争阻害性を有するときには，不公正な取引方法に該当して違法となる場合があり（一般指定10項，12項），そこまでの公正競争阻害性をもたなくとも，共同事業におけるライセンス契約にはなじまない条項となる場合があると考えられる（前述の知的財産ガイドライン 第4 第5項(5)）。

(2) クロスライセンス

クロスライセンスとは，技術に権利を有する複数の者が，それぞれの権利を，相互にライセンスをすることをいう。

クロスライセンスが，ある種の技術分野における共同事業の手法として使用される場合があり，当事者間では，ある種の利益とリスクの共通化が図られることで，共同事業的な約定ということも可能である。

ただし，ある種のクロスライセンスが，後述するパテントプールと同様の機能を有し，特に市場に影響力を有する当事者が関与して，他の事業者を市場から排除したり，当該技術・製品の取引分野における競争を実質的に制限することとなる場合等には，不当な取引制限に該当する（前述の知的財産ガイドライン 第3 第2項(3)）などとされるおそれがあることに，留意が必要である。

13　パテントプール

(1) パテントプール

パテントプールとは，ある技術に権利を有する複数の者が，それぞれの所有する特許等又は特許等のライセンスをする権限を一定の企業体や組織体

(その組織の形態には様々なものがあり、また、その組織を新たに設立する場合や既存の組織が利用される場合があり得る。) に集中し、当該企業体や組織体を通じてパテントプールの構成員等が必要なライセンスを受ける(知的財産ガイドライン 第3 第2項(1)ア参照) という、特許等のライセンスの仕組みである。

(2) パテントプールと共同事業

パテントプールの場合、パテントを保有・管理する企業体等は、許諾を希望する複数の企業等を相手方とし(場合により競合関係に立つ企業にも)、一定の条件の下で特許等のライセンスを行うことが予定され、特に、技術的な規格の標準化等を目指してパテントプールが行われる場合には、独占禁止法等の観点で、ある種の合理性と公正さが求められ、そうしたパテントプールを通じて公正な競争が阻害されないことが求められる(公正取引委員会「標準化に伴うパテントプールの形成等に関する独占禁止法上の考え方」〔平成17年6月29日〕)。その限度で、パテントプールにおけるパテントを保有・管理する企業体等とライセンシー企業との間は、共同的な利害関係が生じないように保たれ、共同事業とは親和性のない定めとならざるを得ないと考えられる。

第4 結 語

以上でみたように、各条項における当事者間の利害が、単に一方当事者が本来負うべきリスクを合理性なく外出しするような条項や仕組みは、よほど別の観点でそれを補うような仕組みが設けられているのでなければ、公平性を欠き、共同事業となじまない定めとなる。逆に、ライセンス対象となる一定の範囲ではあるが、その中での利害を共にする(リスク、収益を可能な限度で共通化する) ような条項は、本来当事者が意図する共同事業に親和性のある定めといえるものと思われる。

なお、これまでの検討は、個々の条項の検討という形である点に限界があり、実際には複数条項の組み合わせにより各規定なりそれによる仕組みの真の意味が明らかになる場合もあるから、意図する共同事業となじみ親和性があるかという最終的な判断は、あくまで個々の契約書(案) に沿っての個別の検討によらざるを得ないものであると考えられる。

（参考文献）
(1) 山上和則＝藤川義人編『知財ライセンス契約の法律相談』（青林書院，2007）
(2) 椙山敬士ほか編『ビジネス法務大系Ⅰ ライセンス契約』（日本評論社，2007）
(3) 梅谷眞人「ライセンス契約と JV の連続性」中野道明＝宍戸善一編『ビジネス法務大系Ⅱ M&A ジョイント・ベンチャー』（日本評論社，2006）1頁〜21頁
(4) 吉川達夫ほか編『ライセンス契約のすべて』（レクシスネクシス・ジャパン，2006）
(5) 吉川達夫＝森下賢樹編『ライセンス契約のすべて 実務応用編』（レクシスネクシス・ジャパン，2010）
(6) 大貫雅晴『国際技術ライセンス契約』（同文舘出版，2008）
(7) 渡邊肇『ライセンス〔知的財産法実務シリーズ(7)〕』（中央経済社，2009）
(8) 五月女正三（橋本正敬新訂）『ライセンシング・ビジネス〔新訂〕』（発明協会，2003）
(9) 加藤恒『パテントプール概説〔改訂版〕』（発明協会，2009）
(10) 山本孝夫『知的財産・著作権のライセンス契約入門〔第2版〕』（三省堂，2008）
(11) 宇佐見弘文『企業発展に必要な特許戦略』（北樹出版，2010）
(12) 安田洋史『アライアンス戦略論』（NTT 出版，2010）第10章「合意すべき条件 アライアンス契約書」など

16

企業間提携契約における段階的撤退に関する一考察
——段階的撤退条項の意義及び限界

> 企業の提携関係（ジョイント・ベンチャーその他のアライアンス関係）において，「段階的撤退」という事象が頻繁に発生していることは周知と言って良い。ところが，この事象に関して，企業間取引（提携）契約の制度設計という観点からの検討はこれまでほとんどなされてこなかった。本稿は，企業間提携関係を，資本的結合を有する「コーポレート型ジョイント・ベンチャー」（複数企業が合弁契約を締結して共同事業を遂行する合弁会社を設立する形態）と契約的結合に止まるその他の企業間提携（アライアンス。以下「契約型ジョイント・ベンチャー」という。）に分けて，両者における段階的撤退の内容を対比する形で観察し，その上で，合理的な「段階的撤退条項」なるものが存在し得るのか否か，具体的条項例を挙げて検証しつつ，「段階的撤退条項」の意義，有効性とその限界について考察するものである。

奈良　輝久

第1　本稿の目的
第2　具体的設例
第3　コーポレート型ジョイント・ベンチャーと契約型ジョイント・ベンチャー
第4　コーポレート型ジョイント・ベンチャーにおける解消のメカニズム（プロセス）及び解消後の権利・義務関係
第5　コーポレート型ジョイント・ベンチャーにおける段階的撤退及び段階的撤退条項の意義——従来の学説
第6　契約型ジョイント・ベンチャーにおける段階的撤退及び段階的撤退条項の意義
第7　契約型ジョイント・ベンチャーとコーポレート型ジョイント・ベンチャーの段階的撤退の相違点
第8　段階的撤退条項の具体的検討
第9　段階的撤退条項の意義及び限界——段階的撤退条項は真実，有効か

第1 本稿の目的

　筆者は,「企業間提携契約の更新条項に関する若干の考察」(本書7章) 189頁以下の中で,あるべき (「あるべき」とは,契約締結交渉に際して検討し,条項化する価値のある,といった意味である｡) 更新条項に関連する条項の一つとして,「段階的撤退条項 (Fade Out 条項ないし Phase Out 条項｡以下,「段階的撤退条項」という｡)」をごく簡潔に取り上げた｡

　すなわち,「事業提携に対する相互依存 (ないし一方の依存) 状態が高いにもかかわらず,更新交渉がデッド・ロックに陥り,解消もやむを得ない状況に陥った場合,例えば,一方当事者 (甲) が消費者に販売している製品が,他方当事者 (乙) の部品,技術に依存して作られている場合で,即座には代替部品等を用意できない場合などに,更新拒絶条項とともに,乙の部品,技術に対する甲の需要 (乙による供給) を一定期間,確保する条項 (段階的撤退条項) を用意しておくことは合理的であり,事後の更新交渉もしくは撤退交渉もかえってスムーズに行われる可能性も出てこよう｡これも更新 (関連) 条項として十分検討に値すると思われる」と述べた (本書222頁｡なお,筆者は,『ジョイント・ベンチャー契約の実務と理論〔補訂版〕』〔判例タイムズ社,2007〕189頁の注22でも同様な指摘を行った｡)｡

　ここで,段階的撤退条項の最もシンプルな例を挙げれば,【例1】のような条項が考えられる｡これは,後述する契約型ジョイント・ベンチャーにおける段階的撤退条項である｡

【例1】(甲乙間の) 本件契約 (原材料供給契約,技術使用許諾契約からなる) の更新交渉が更新協議期間中に合意に達することなく本件契約が期間満了により終了した場合,乙は,契約終了時より1年間に限り,①原材料については前年度実績の80％の購入量を前年度と同一条件にて甲より購入するオプション,及び,②甲提供に係る技術については契約終了時点迄に提供された技術を契約終了前と同一条件にて利用するオプションを有する｡

ところで,「段階的撤退」という事象は,占領地域からの撤退といった国家間の紛争案件や資源開発・確保に係る国家間の交渉案件,国家と企業が共同参入する共同プロジェクト案件においても多々生じているところであり[1],企業間の提携関係(ジョイント・ベンチャーその他のアライアンス関係)においても,実際問題として頻繁に発生している事象である[2]。ところが,この事象に関して,経営学の観点からは相当量の研究成果が発表されてきた(正確には,段階的撤退を含む企業提携関係の解消がテーマとなっていることが多い。)が[3],契約法及び会社法の観点からの本格的な検討は,これまでごく僅かしかなされておらず[4],とりわけ企業間取引(提携)契約の制度設計という観点からの検討は極めて乏しかったと思われる。

本稿は,企業間提携関係[5]を,資本的結合を有する「コーポレート型ジョイント・ベンチャー」(複数企業が合弁契約を締結して共同事業を遂行する合弁会社

---

1) 国家間の紛争案件としては,例えば,アメリカ軍のイラクからの撤退があり,資源開発案件としては,例えば,イランのアザデガン油田からの日本企業の権益縮小(10%。2006年)後の完全撤退(2010年9月末公表)がある。また,最近の論稿として,若尾幸史=紺野博靖「石油天然ガス開発JV契約の要点——JOAの単独操業条項(上)(下)」NBL 921号24頁,922号68頁は,鉱業権を共同で保有する複数の開発業者が石油天然ガス開発のために組成するJVにおいて締結されるJOA(Joint Operating Agreement,共同操業契約)で採用されるアンインコ(unincorporation)方式の契約内容について紹介している。

2) 業務提携の解消のニュースは,連日のように報道されるが,その中には当然,段階的撤退(解消)の案件もある。例えば,フォードのマツダ株売却案件など(日本経済新聞2010年10月16日朝刊一面),スズキとフォルクスワーゲンの業務提携解消案件(日本経済新聞2011年9月12日夕刊一面)など。

3) 例えば,石井真一『企業間提携の戦略と組織』(中央経済社,2003),同『日本企業の国際合弁行動——トロイの木馬仮説の実証分析』(千倉書房,2009),磯辺剛彦ほか「何が撤退を決意させるのか?——『意図した撤退』と『意図しない撤退』」『国境と企業』(東洋経済新報社,2010) 151頁等。

4) 最近の論稿として,三浦哲男富山大学教授の「合弁会社からの段階的撤退(フェイドアウト)に関する法的考察(1)(2)——フェイドアウト理論の再構築」(富大経済論集54巻2号27頁,54巻3号143頁)が挙げられる。主に海外進出のコーポレート型ジョイント・ベンチャー(合弁会社)事案における日本企業(進出企業)の出資比率の段階的低減,撤退の事案を取り上げ,考察している。

を設立する形態）と契約的結合に止まるその他の企業間提携（アライアンス。以下「契約型ジョイント・ベンチャー」という。）に分けた上，両者における段階的撤退の内容を対比する形で観察し，その上で，合理的な段階的撤退条項なるものが存在し得るのか否かを探究し，段階的撤退条項の意義，有効性とその限界について考察するものである。

本稿で,「コーポレート型ジョイント・ベンチャー」と「契約型ジョイント・ベンチャー」を対比して検討する理由は，両者が，いわゆるジョイント・ベンチャーの典型であるためであることは言うまでもないが，段階的撤退が，①強い資本の結合を持った「コーポレート型ジョイント・ベンチャー」⇒②弱い資本的結合にとどまる「コーポレート型ジョイント・ベンチャー」（撤退側当事者の出資比率の低下）⇒③資本の結合はないが，強い契約的結合を持った「契約型ジョイント・ベンチャー」⇒④資本的結合はなく，契約的結合も弱い，通常の企業間の継続的取引，という流れを踏むことが多いため，かかる対比が問題の理解に資すると思われるからである（ただし，本稿では①⇒②の出資比率の低下の案件については付随的に取り上げるにとどめ[6]，①⇒③及び③⇒④を主たる検討対象とする。）。もちろん，①⇒③ないし④に直接移行する段階的撤退もあるし，当初より合弁会社が設立されない場合は，③⇒④に移行する段階的撤退となる。

なお，段階的撤退を理解する前提として，「コーポレート型ジョイント・

---

5) 企業間提携関係の具体的分類については，安田洋史『アライアンス戦略論』（NTT出版，2010）19頁以降を参照されたい。なお，同書も紹介するヨシノ ハーバード大学教授＆ランガン バブソン大学准教授によれば，アライアンスであるための必要十分条件は，以下の3つが同時に満たされることである，とされている。①複数の企業が独立したままの状態で，合意された目的を追求するために結びつくこと，②パートナー企業がその成果を分けあい，かつその運営に対してのコントロールを行うこと，③パートナー企業がその重要な戦略的分野（技術・製品など）において，継続的な寄与を行うこと（Yoshino, M. Y and Rangan, U. S.(1995) Strategic alliances – an entrepreneurial approach to globalization, Harvard Business School Press）。

6) 出資比率の低下とは，株式及経営権の段階的譲渡に伴う支配株主から少数株主への地位の移行がその典型であるが，例えば，出資比率の変更で主要株主が変わると，合弁会社に対する金融機関の融資条件も大幅に変わり得るといった影響を伴う。

ベンチャー」については，合弁契約の解消のメカニズムの基礎的知識も必要となるため，念のためではあるが，この点も簡潔に確認しておく。

また，合弁契約その他の企業間提携契約にあっては，主たる契約（合弁契約，業務提携契約やOEM契約など）と同時に，相当数の付随契約[7]が締結されることが多い。そこで，「撤退」の事象，更には段階的撤退条項を検討するに当たっては，厳密には主たる契約と関連して締結される（複数の）付随契約の「存続・終了」における「牽連性」を前提問題として考察しておく必要性が本来的に存在すると思われる。しかし，本稿では，この点については，条項例として取り上げるほかは，現時点における通説的な見解に即して（注）等で言及するに止める[8]。

第2 具体的設例

まず，議論を見易くするために，具体的な事案を設定しておこう。

---

[7] 付随契約としては，合弁当事者間，又は合弁当事者の一方及び合弁会社間の技術援助契約，特許実施許諾契約，商標使用許諾契約，原材料・機械設備・部品等の供給契約，長期的継続売買契約，（販売）代理店契約，経営委託契約などが挙げられる。その内容は多岐にわたる。

[8] 主たる契約（ジョイント・ベンチャー契約等）と付随契約の法的関係については，柏木昇「ジョイント・ベンチャー契約と付随契約」澤田壽夫ほか編『国際的な企業戦略とジョイント・ベンチャー』（商事法務，2005）207頁以下参照。終了における「牽連性」については，山田誠一「『複合契約取引』についての覚書(1)(2)」NBL 485号30頁，486号52頁，小林和子「複数の契約と相互依存関係の再構成――契約アプローチと全体アプローチの相違を中心に」一橋法学8巻1号135頁以下，都筑満雄「複合契約中の契約の消滅の判断枠組みと法的根拠に関する一考察――複合契約論考・その二」南山33巻1号1頁以下，民法（債権法）改正検討委員会編『詳解・債権法改正の基本方針Ⅱ――契約および債権一般(1)』（商事法務，2009）319頁以下，北島敬之ほか「債権法改正の争点(4)継続的契約・複合的契約」ジュリ1425号92頁以下が参考となる。なお，筆者も，「企業間取引における複合契約の解除(上)(下)」判タ1339号34頁，1342号35頁を発表している。

【設例】　X社とY社が共同して商品甲を製造・販売する。
　商品甲の製造には，X社が提供する原材料A，部品B，商標C，特許D，各種技術Eと，Y社が提供する特許F，各種技術G，Y社の工場H（機械・生産ラインその他の設備を含む。）が使用され，その販売には，Y社が有する国内販売小売店網が使用される。また，メンテナンスは，Y社が行う。

事例(1)　コーポレート型ジョイント・ベンチャー（合弁会社。株式会社とする。）の法的形態をとった場合

　X社とY社が，甲の製造・販売に関して，合弁会社Zを設立する。
　X社とY社間の合弁契約の内容には，以下のものが含まれている。
　① 　出資比率は，X社40％，Y社60％
　② 　X社が2名の取締役，Y社が代表取締役1名を含む3名の取締役を選出する旨の議決権拘束条項
　③ 　Z社の命運を左右するような重要な事業方針の決定等について，X社の承諾を要する株主拒否権条項
　④ 　デッドロック状態に陥った時等一定の事由が発生した場合のバイ・アウト条項（株式買取条項：撤退条項）
　⑤ 　株式の一部譲渡条項（出資比率の変更条項：一部撤退条項）
　⑥ 　出資比率の増加・減少に従い，選出する取締役数が比例的に増加・減少する旨の条項
　また，X社はZ社との間で，原材料A，部品Bの各継続的供給契約，商標Cの使用許諾（ライセンス）契約，特許Dの使用許諾（ライセンス）契約，各種技術Eの提供契約等を，Y社はZ社との間で，特許Fの使用許諾（ライセンス）契約，各種技術Gの提供契約をそれぞれ締結している。

事例(2)　契約型ジョイント・ベンチャーの法的形態をとった場合

　X社がY社に対し，原材料A，部品Bの各継続的供給契約，商標Cの使用許諾（ライセンス）契約，特許Dの使用許諾（ライセンス）契約，各種技術Eの提供契約等を締結し，かつ，Y社を国内の独占的総販売代理店とする独占的ディストリビューター契約を締結している。なお，X社とY社は，これらの各種契約の内容を踏まえた共同事業契約も締結している。

第3　コーポレート型ジョイント・ベンチャーと契約型ジョイント・ベンチャー

　企業間提携関係を「コーポレート型ジョイント・ベンチャー」と「契約型ジョイント・ベンチャー」に分ける場合，両者の大きな特色ないし基本的な要素を押さえておくことが便利である。この点，本分野の第一人者とも言うべき井原宏教授が手際よく整理されている[9)10)]。そして，かかる特色ないし基本的な要素は，段階的撤退の事象及び段階的撤退条項の内容にも少なから

---

9)　井原宏『国際事業提携——アライアンスのリーガルリスクと戦略』(商事法務，2001)34頁以下。なお，平野温郎「国際的ジョイント・ベンチャーの実務と諸態様——商社の実務におけるジョイント・ベンチャー利用の実態と形態選択のポイント」澤田ほか編・前掲注8)19頁参照。同論稿の26頁以下において，ジョイント・ベンチャーの形態が論じられているが，アンインコ型(契約型)の事例としては，project or teaming agreements／Joint venture(共同体契約), Consortium(コンソーシアム), Research and Development or other collaboration (提携契約), Risk and revenue sharing (利益分配・損失分担契約), Property development joint ventures(不動産共同開発契約), Strategic Alliance (戦略的提携契約) が挙げられている。また，36頁以下において形態決定の指針も論じられており，実務的に参考になる。

10)　安田洋史『競争環境における戦略的提携——その理論と実践』(NTT出版，2006) 84頁以下でも，ヨシノ教授＆ランガン准教授の分析を踏まえて，資本的提携と非資本的提携の特徴がわかりやすく説明されている。「段階的撤退」の難易如何に関連する重要な内容であると思われ，本稿の後半部分で行う条項の分析の理解に資するので，若干長いが，引用しておく。「Yoshino and Rangan も提携の第1次レベルの分類として資本的か非資本的かの視点を用いている。そこでは資本的提携の例として合弁会社や少数株式出資など，また非資本的提携の例としては共同開発，販売協力，生産委託などが挙げられている。

　資本的提携は2つの意味で，企業間の提携に対する強いコミットメントを示す。まず第1に，資本関係の構築はパートナーの経営そのものへの関与を意味するということである。共同開発や生産委託などではその範囲に限定した関係であって，パートナーの経営全体に係わるわけではない。この限定した範囲で成果が得られれば，パートナーの経営状態や経営方針がどうであるかは二の次の問題である。ある所定の期間に共同開発や生産委託がうまくいけば，その後パートナーの経営状態が悪くなってしまったとしても，提携そのものは成功であったと評価することができる。しかし，パートナーとの間

ぬ影響を及ぼすものであると思われる。そこで，以下においては，井原教授の説明に従って，コーポレート型ジョイント・ベンチャーと契約型ジョイント・ベンチャーを定義付け，その具体的形態を見ておく。

「に資本関係があると，パートナーの株主としてその経営の一端を担いその業績の持分相当が自らの業績となって反映される。したがって，開発や生産という限定領域での関係ではなく，企業対企業の全体的な関係が築かれることになる。提携を行う企業はパートナーの経営にも責任をもつことになり，双方にとってメリットのある提携関係が重要となる。それは提携に対する強いコミットメントなしには達成できない。

　資本的提携のもつもう1つの特徴は，それが所定期間に目的を成し遂げればよいというものではなく，長期的な関係を前提としていることである。共同開発や生産委託が完了して終わり，というわけにはいかない。パートナーが長期的に経営を成功させていくことが，自らの利益になる。また双方が資本を出し合って合弁会社を設立すると，そこに従業員を雇用し，顧客やサプライヤーとの関係が構築され，また所在する地域経済を支える一員として認知される。そこには会社としてのさまざまな責任が生まれる。親会社であるパートナー企業間の方針に食い違いが生まれたとしても，そう簡単に合弁会社を解散し提携関係を解消するわけにはいかない。したがって双方の企業は極力，その関係が継続するように努力するであろう。その努力は資本関係がない場合に比して，はるかに大きいはずである。このように長期的な関係を継続させなければいけないという意味で，資本の提携に求められるコミットメントは強いものとなる。

　一方，この企業間の強いコミットメントは逆の見方をすると，企業間の関係の柔軟性が失われることを意味する。事業方針が大きく変わって提携関係を解消しようと思っても自由にできない。双方からの強いコミットメントを求めたわけであるから，一方の都合だけで提携の枠組みを変えることが難しいのは当然である。しかし経営環境が大きく変化する中で，素早い意思決定と事業運営は極めて重要である。その点で非資本的提携のもつ柔軟性にメリットがある場合もある。もちろん，共同開発や生産委託であっても企業間の契約に基づいて提携関係が築かれているわけだから，その契約の規定を無視して勝手なことはできない。提携方針を変更したり提携関係を解消したりする場合の取り決めは通常契約書に詳述されているが，双方の同意を必要とする場合が一般的である。しかし，それでも資本的関係という『たが』がないことで，一定の柔軟性は保てる。契約書では通常，一定条件のもとで提携関係の見直しや解消が行えることを規定している。また契約に基づく解消を行わなくても，共同開発や生産委託に参加する一方の企業が消極的になった場合，パートナーもその提携から得られる成果が少なくなるため，やはり消極的になる。その結果，提携そのものが自然消滅していくということも起こる。このように契約に基づく非資本的提携では，企業の意思でその方向性をかなり柔軟に決めることができる。」

1　コーポレート型ジョイント・ベンチャー

　提携の当事者が，純粋の契約関係に基づく提携（straightforward contractual alliance）のみで提携事業を運営するよりも，当事者本体の事業から距離を置いた形で，その意味である程度独立して共同事業を推進するフレームワークを設けることを望む場合は多々存在する。このような形態は，提携する事業の性格と効率性の観点から要請される。

　そして，コーポレート型ジョイント・ベンチャー（合弁会社設立）の場合，アライアンスを行う場として独立した企業体が形成されるが，それによって，パートナーとの結びつきはより強固なものとなり，アライアンス関係を解消することは容易にできなくなる。また合弁会社の業績が，それぞれの親会社の経営に直接影響するため，技術や人材の提供に当たって最大限の配慮をせざるを得なくなる。いわば「相互に相手企業を人質としている状態」であり，資本の提供が企業間のより強いコミットメントを作り出すといえる[11]。

　コーポレート型ジョイント・ベンチャーの具体的形態としては，以下のようなものがある。

(1)　共同研究開発・生産

　提携関係が共同研究開発の段階にとどまらず，その成果を商業化，製品化するために提携企業の技術力及び製造能力を活用する必要が生じる場合，巨額の資金，生産設備及び多数の人材を必要とすることから，独立の事業態としてコーポレート形態がより適切とみなされる。

(2)　共同生産

　共同生産提携が生産設備を新たに建設する場合には，コーポレート型ジョイント・ベンチャーが選択される例が多く，提携企業は，その生産された製品を部品・半製品としてあるいは完成品として引き取るが，建設された生産設備を前提とする供給者と顧客という関係に拘束されることになる。参加企業は，この提携関係から簡単に撤退することはできず，また提携関係も安易に解消することは困難となる。この場合，第一に，参加企業が当該製品に対

---

[11]　安田・前掲注5)71頁。

して長期的に十分な需要量の総量を確保することが決定的に重要であり，第二に，各参加企業が将来にわたって共同生産提携から必要とする製品は，技術的な規格等において相互に同じようなものでなければならず，第三に，各参加企業は，当該提携から引き取るそれぞれの数量のレベルを長期的に維持しなければならない。

(3) 共同生産，マーケティング

提携企業がジョイント・ベンチャーによって生産された製品を引き取って販売するよりも，ジョイント・ベンチャー自身がマーケティング機能も有する提携関係は，提携企業の事業戦略として典型的に見受けられる。この場合には，提携企業の一方がその技術のライセンスをジョイント・ベンチャーに許諾して，その技術に基づく製品を共同生産するのが通常である。

2 契約型ジョイント・ベンチャー

純粋の契約関係に基づく提携（straightforward contractual alliance）には，参加当事者が独立の事業者（independent contractor）として連合ないし提携関係（association）を形成することを合意して当事者間の権利義務や第三者との関係等の明確なフレームワークを定める取り決めの場合とそこまでの関係を定めるに至らない取り決めの場合があり得る。

前者の関係はいわゆるコンソーシアム（consortium）と呼ばれることがあるが，両者は程度の差であって，共通するところが多く，必ずしも区別する必要はないと考えられている。

純粋契約型の提携契約の基本的な条項としては，第一に，提携関係の基本的な枠組みとして，その範囲と存続期間，参加当事者の義務，資金調達方法，提携関係から生じる利益の配分または損失の分担についてのメカニズムを定めることが必要であり，第二に，各当事者が他の当事者の行為及び不作為に対してどの程度の責任を負うかについて明確に定めなければならず，第三に，各当事者が他の当事者を拘束することができる権限を定め，また，提携契約に定めた明示または黙示の権限に違反する他の当事者の行為・不作為については免責を与えられることを定める必要があり，第四に，提携関係によって使用される資産について，どの資産が各当事者の単独資産か，あるいは共同

資産に属するかを提携契約において規定しなければならない。

契約型ジョイント・ベンチャーの具体的形態としては，以下のようなものがある。

(1) 共同研究開発：参加企業が，研究開発の巨額の費用を分担し，それぞれの補完的な技術的資源を利用するために提携関係を形成する。

(2) 製品開発：当事者が互いの製品開発のためにクロスライセンスを行う場合と，メーカーである一方当事者が特定の製品を開発するために製品開発を引き受ける当事者に資金を提供し，開発した製品に関するライセンスを取得する場合などがある。そして，後者の場合，①製品開発の資金提供—具体的な開発予算等とプランの策定，②所有とライセンス—開発当事者による知的財産の所有及び資金提供当事者のライセンス取得，③派生製品—資金提供当事者によるライセンスと利益分配要求等，④秘密情報—資金提供当事者によるアクセス及び使用制限等，⑤競合製品—資金提供当事者による競合製品の独自開発等，といった事項が基本的な要素として検討される。

(3) 生産受委託：ライセンスを伴う場合，ライセンサー（委託企業）が委託の対象製品にかかわる技術を委託先となるライセンシーに供与し，このライセンシーがライセンサーのために生産能力を提供する。この提携関係の場合，通常のライセンス関係に加えて，①事業提携の範囲—生産数量，生産期間等，②優先順位—受託生産の優先順位，③規格基準，④生産スピード，⑤引取り価格，⑥秘密情報の提供，⑦代替供給源の確保といった事項が基本的な要素として検討される。

(4) OEM 生産：基本的にライセンスを伴わない生産受委託関係において委託企業のブランド力・マーケティング力と受託企業の技術力・生産力が結び付いた関係で，委託企業が大企業の場合に多くとられる。

(5) ディストリビューターシップ：メーカーと特定の市場や地域において一定の強さを持つディストリビューターとの間の提携関係で，①市場—対象市場，ディストリビューターの権利の独占性如何，②ディストリビューターの義務—マーケティング，宣伝義務の程度，③ディストリビューターシップの期間，④最小限の販売義務，⑤補償，⑥マーケティング

基準，⑦解消の権利といった事項が基本的な要素として検討される。

第4 コーポレート型ジョイント・ベンチャーにおける解消のメカニズム(プロセス)及び解消後の権利・義務関係

1 はじめに

　企業間提携契約における「撤退」の事象を法的に分析するに当たっては，共同事業提携関係の解消のメカニズム(プロセス)の基本と解消後の権利・義務関係(事前ないし解消時に決定・合意すべき事項)を押さえておく必要がある。段階的撤退条項を検討するに当たっても，これは当然必要となる。なぜなら後述するとおり，段階的撤退条項は，他の解消関連条項(②で触れるバイアウト条項など)が有するメカニズム，効果と補完しあい——補充的役割を果たしていると位置付けて良いであろう——効果を発揮するという性格を有しているからである。

　さて，そもそも，共同事業の解消（終了）原因・事由[12]としては，①共同事業の目的達成（事業目的の終了），②共同事業の目的不達成，③共同事業の目的の変更，④共同事業者の目的・経営戦略の変更，更に共同事業契約で規定する特定の解消事由として，⑤共同事業におけるマイルストーン（到達目標）の不到達，⑥共同事業者の支配権の移動（Change of Control），⑦共同事業経営のデッド・ロック状態の現出，⑧重大な契約違反，⑨信用不安事由などが挙げられるが，では，コーポレート型ジョイント・ベンチャーにおける共同事業（合弁）解消のメカニズム，また，解消後の権利・義務関係はどのようなものであろうか。

　この点に関して，筆者は既に「合弁契約の終了」という論稿[13]を発表しているので，詳細はそこでの記述に譲ることとし，ここでは冒頭でも述べたとおり，以後の議論を助ける限度で解消のメカニズムについて簡潔に俯瞰し，ついで，段階的撤退条項の合意事項となるであろう，解消後の権利・義務関

---

[12] 奈良輝久「合弁契約の終了」ジョイント・ベンチャー研究会編『ジョイント・ベンチャー契約の実務と理論〔補訂版〕』（判例タイムズ社，2007）176頁以下。

[13] 奈良・前掲注12)171頁以下。特に183頁以下。

係を見ておくこととする。

2　合弁解消のメカニズム

（1）　共同事業は常に不安定さをかかえており，共同事業を運営する過程では，共同事業（合弁関係）の継続を脅かすような様々な変化や出来事が生じてくるが，これらを乗り越えることができないような深刻な段階に至った際に，当事者が合弁の解消について短時間で合意に達することは困難である[14]。共同事業者としては，迅速かつ円滑に投下資本を回収して撤退する道を選ぶのが賢明である場合がしばしば生じ，合弁契約においてその具体的な解消のメカニズムを事前に設けておく必要性は高い。

共同事業（合弁）関係の解消には，①共同事業者の一方が撤退して当初の共同事業者の組み合わせが崩れて解消する場合──この場合，合弁会社は（当面は）存続する──と，共同事業のすべてを清算して解消する場合──この場合，合弁会社は解散する──がある。そして，前者は，さらに残存共同事業者のみで共同事業を継続する場合（ただ，その後は，例えば，吸収合併で単独親会社となった元の共同事業者の一事業部門に再編されること等が十分考えられる。）と新たなパートナーを入れて新しい共同事業者による合弁関係を構築する場合がある。

共同事業者が迅速かつ円滑にコーポレート型提携（合弁会社）から撤退する道をどのように確保するかという視点から，有効な解消のプロセスと事後措置──その中には段階的撤退条項の設定も当然問題となる──を検討することが必要となる。

（2）　典型的な解消の手法は以下のとおりである。
（ⅰ）　解消事由の発生と株式譲渡（バイアウト，buy out）[15]

---

14) とりわけ，競争間におけるジョイント・ベンチャーにおいては，ジョイント・ベンチャーの目的の追求という点で一致はしていても，そのためのアプローチや方法の面で，あるいは競争環境の変化により鋭い利害対立が生じるおそれがある。

15) 井原・前掲注9)315頁以下。ジョイント・ベンチャー研究会編・前掲注12)118頁以下〔髙橋利昌〕，富澤敏勝「ジョイント・ベンチャーの終了」澤田ほか編・前掲注8)217頁，特に223頁以下，清水建成「合弁契約における株式譲渡を伴う終了条件に関する考察」（本書5章）147頁。

ジョイント・ベンチャー解消の第一段階として，次のような解消事由によって株式買収の権利を発生させるメカニズム（バイアウト条項）が考えられる[16]。

① 共同事業者の破産，支払不能，解散，重要な営業譲渡，買収などの共同事業者自体の事業における重大な変化が生じた場合，他方の共同事業者に——その共同事業者が所有する合弁会社の株式を——「公平な価格」で買い取る権利が与えられる。

② 共同事業者が出資，資金援助などの重大な義務違反を犯した場合，他方の共同事業者に「公平な価格」で株式を買い取る権利が与えられる。

③ 取締役会や株主間の協議におけるデッド・ロックが発生し，ジョイント・ベンチャー契約に定める手段を尽くしても解決に至らず，共同事業者が撤退を望む場合，他方の共同事業者に「公平な価格」で株式を買い取る権利が与えられる。

④ 一定の絶対的解消禁止期間後に，共同事業者がジョイント・ベンチャーの解消を申し立て，他方の共同事業者が反対する場合，他方の共同事業者に「公平な価格」で株式を買い取る権利が与えられる。

⑤ 共同事業者が第三者からその持株全部を買い取りたいとのオファーを

---

16) 公平な買取価格とは（井原・前掲注9)35頁）

　ジョイント・ベンチャー契約において事前に価格を定めるメカニズムとして，一般的に次のような方法が挙げられる。

　①事前に設定された価格。②財務指標に基づいた算定方式。③独立の鑑定人によって決定される公平な価格。④当事者間の合意による価格。

　上記の株式買取権と公平な価格の連動に関して最も難しい点は，どのようにして公平な価格を算定するかであるが，解消時点における当事者間の交渉に委ねるべきではない。このような解消のプロセスが有効に働くためには「公平な価格」の評価の基準があらかじめ設定されていることが不可欠であり，例えば，次のような算定方式をジョイント・ベンチャー契約に織り込むことが考えられる。

　①合弁会社の向こう5年間の予想利益に有形資産の市場価格を加えた額などのような公平な価格の算定基準に基づき当事者が評価する。②公平な価格の評価のために，独立した鑑定人を選任する手続と評価の決め方が定められる。③上記の公平な価格の算定基準に基づいて，当事者によって選任された鑑定人が評価する。

受けた場合，他方の共同事業者に第一拒否権が与えられる。
（ii）解散（dissolution）と清算（liquidation）
コーポレート型ジョイント・ベンチャーにおいては，共同事業者である株主は，上述した解消事由の発生により，バイアウトの権利を行使する株主がいない場合には，会社法に従ってジョイント・ベンチャーの経営陣による通常の（voluntary）解散・清算手続に入ることを決定することができる。しかし，株主間の不一致など裁判所の介入を必要とする場合には，裁判所の監督の下で特別の（involuntary）解散・清算手続が行われる。

3 コーポレート型ジョイント・ベンチャーの解消（終了）時に決定すべき事項[17]

(1) 共同（合弁）事業の解消（終了）の結果，合弁当事者の一方が撤退する場合（合弁会社の解散・消滅ではない場合），次のような措置を講じる必要がある。

① 撤退合弁当事者に対し，合弁会社の営業と競業する事業を行わないことの保証を求める必要はないか

② 合弁会社が許諾に基づき撤退合弁当事者の商号または商標の使用を希望する場合，いつの時点まで許諾するか

③ 合弁会社が，撤退合弁当事者との間で特許実施許諾契約，原材料等の供給契約等の付随契約を締結していた場合に，このような付随契約の帰趨をどうするか。

この点，安田・前掲注5)194頁は，次のように説明している。

「契約期間満了時に，経営資源交換の関係をどのように見直すかは，当事者間の取り決めによる。契約期間は過ぎたものの，すでに提供した経営資源の継続使用を認める場合もある。例えば技術ライセンスの場合，技術の提供を受けたパートナーは，それを使用して開発した製品の事業を，契約満了後も継続するであろう。突然，技術ライセンスや特許ライセンスが打ち切られてしまっては，事業に支障が生じる。この様な場合，ロイヤルティの支払いの継続を条件に，実施許諾の継続が取り決められる。一方それを認めず，契約期間満了をもっていったん実施許諾を解除し，継続使用が必要な場合は，

---

[17] 井原・前掲注9)322頁，奈良・前掲注12)189頁以下。

改めて技術ライセンス契約の締結を求める場合もある．特に，提供された技術資源が，それを提供した企業の事業にとって非常に重要である場合，このような対応がとられることがある．これによって，その時々の事業環境やパートナーとの関係を見ながら，どのような交換関係が適当かを，適宜見直していくことができる．」

【設例】の**事例(1)**に即して言えば，X社が撤退する場合，原材料A，部品Bの各継続的供給契約，商標Cの使用許諾（ライセンス）契約，特許Dの使用許諾（ライセンス）契約，各種技術Eの提供契約等を今後，続けるか，終了させるか，続ける場合はいかなる条件で続けるか，という問題に対応していくことである．

(2) また，解散・清算についても，合弁会社の場合は，会社法に定める手続に従って行われるが，その後の共同事業者間の関係について別途，措置を講ずる必要がある[18]．

(3) 以上のような措置を取る一環として，事象としての段階的撤退も生じようし，段階的撤退条項も有用となってくると考えられる．

---

18) 井原・前掲注9)323頁，奈良・前掲注12)189頁以下．

第一に，合弁会社に最終的に生じた損失について，共同事業者が持株比率に応じて負担するか．

第二に，第三者との契約について，原則としてすべて解除するが，共同事業者が引き継ぐものがあるか．

第三に，合弁会社に残るその他の法的義務・責任について，共同事業者が引き継ぐべき保証などの責任はあるか．

第四に，合弁会社が採用した従業員について，共同事業者が引き取る可能性があるか．

第五に，合弁会社が所有する知的財産について，いずれの共同事業者がいかなる対価で譲り受けるのか，そして他の共同事業者に対するライセンスおよびその条件はどうするのか．合弁会社解消後に当事者が知的財産権を共有することは，現実的な選択ではない．知的財産権の共有は，その利用，保護およびライセンスに関する重要な意思決定を遅らせるおそれを生ずるからである．

第六に，共同事業者との契約について，原則としてすべて解除するが,共同事業者間の契約に変えて残すべきものがあるか．ライセンス契約の場合，残存する事業を引き継ぐライセンシーである共同事業者に対するライセンスをどのような条件で許諾するのか．

第七に，解散後も残存する秘密保持義務の内容と存続期間．

第5　コーポレート型ジョイント・ベンチャーにおける段階的撤退及び段階的撤退条項の意義——従来の学説

1　コーポレート型ジョイント・ベンチャーにおける，段階的撤退条項については，真に若干ではあるが従来から議論がなされてきた[19]。その中で最も具体的に論じられているのは，やはり井原宏教授である。井原教授は，次のように説明される。その内容は，一般論・抽象論としては異論のないところと思われる[20]。

①　共同事業者はジョイント・ベンチャーが産出する部品，製品，サービスや技術などについてジョイント・ベンチャーに全面的に依存し，その依存度が非常に高くなっている場合がしばしばある。

このように，当事者の当該共同事業に対する強い依存性が初期投資の巨額さ等から相当程度想定される場合，ジョイント・ベンチャー契約において，解消条項とともに，撤退する共同事業者のジョイント・ベンチャーの産出品に対する需要を確保することが望ましいが，その場合，考えられる段階的撤退の方法（更には条項の内容）としては，以下のものが挙げられる。

②　バイアウトに伴う段階的撤退

通常のバイアウトにおいてはジョイント・ベンチャーが継続するので，撤退する共同事業者は，段階的撤退の期間その産出品を利用することが可能であるから，ジョイント・ベンチャー契約に定めることによってその権利を留保することができる。しかし，例えば，ジョイント・ベンチャーが製品ラインを実質的に変更することによってジョイント・ベンチャーの活動範囲を変更することを決定した場合，反対の共同事業者はバイアウト条項によって撤退して投下資金を回収することはできるが，既存の製品ラインに対するその需要を確保することはできない。残る支配的共同事業者およびジョイント・

---

[19]　北川俊光『国際法務入門』（日本経済新聞社，1995）220頁，221頁，田中信幸『新国際取引法』（商事法務研究会，1998）170頁，171頁。

[20]　井原・前掲注9）316頁。

ベンチャーは，撤退する共同事業者のためにだけ既存の製品ラインを維持することは経済的に困難な場合が多いであろうから，撤退する共同事業者に既存の製品ラインの事業を承継する権利を与えることが必要になる。このような事業の買い取りの対象には，既存の製品ラインにかかわる部品，製品在庫，研究開発および製造施設，技術や人員の移転が含まれる。

③ 解散に伴う段階的撤退

提携関係の全面的な解消となるジョイント・ベンチャーの解散の場合には，段階的撤退に関する具体的な取り決めは，ジョイント・ベンチャーの事業を買い取ることを望む共同事業者とジョイント・ベンチャーおよび他の共同事業者の間でなされる。ジョイント・ベンチャーの事業に対して継続する需要を有する共同事業者には，研究開発・製造施設を含む当該事業を買い取ることができる第一拒否権が与えられる。この権利が行使されない，あるいは合意に達しない場合には，解散後ジョイント・ベンチャーの資産は清算されることになるが，そのような場合でもかかる需要を有する共同事業者には，部品・製品の在庫および技術の移転について優先的権利を留保することが認められるような状況があり得る（筆者：これも一種の段階的撤退条項と言えよう。）。

また，北川俊光教授は，段階的撤退（Fade Out）を国際法務の観点から「海外事業からの撤退，海外事業活動の中断・凍結としての休眠等」と定義付けた上（ただし，これらの事象を「海外事業に特異のものとして把握する必要はない」とされる。もとより正当な指摘である。），「フェイドアウトそのものよりも，フェイドアウトできない状態の方がより深刻である。このような事態を回避し，種々の損失，損害をミニマイズしながら効果的にフェイドアウトしていくためには，企業としてどのような対策を講じていかなければならないか」と説明される。北川教授は，更に，フェイドアウトの問題点として「『どのタイミングで何を理由に撤退するのか』がポイントになるが，この判断は難し」く，したがって，「（事業）進出の時点においてフェイドアウトへの種々のリスクを十分に評価し，それを法律上のプロテクションにまで高めておくことも，極めて重要になってくる」と説明される[21]。北川教授の説明は，井原教授

---

21) 北川・前掲注19) 220頁，221頁。

の説明とは異なり，具体的な段階的撤退の方法には触れていないが，事業進出時にフェイドアウト（段階的撤退）が可能な状況を考慮した上で，種々のリスクを評価し，企業間提携関係を結ぶ当事者間の当初の合意である合弁契約その他の企業間提携契約の中にフェイドアウトの内容を持った条項を可能な限り織り込むべきであるとするものと考えられ，これまた抽象論としては異論のないところと思われる。

ただ，いずれにしても，従来の学説では，急激な共同事業の解消を避け，ソフトランディングを果たすことで損害をミニマイズするような段階的撤退条項として，具体的にいかなる内容の条項が有効たり得るのかという点は十分には明らかにされておらず，今後の考察に多くを委ねていたと言える。

2　若干補足しておく。まず，合弁契約その他の企業間提携契約において解消のメカニズム（プロセス）までは合意していたとしても，当初の契約締結時点で解消に伴う措置について事細かに定めることは実際上困難なことが多い。しかし，他方，解消時点では共同事業者間で利害が鋭く対立しているので，あらかじめ解消に伴う措置の基本的枠組みを契約に織り込んでおくことはやはり有益である。例えば，契約交渉においては，契約締結ないし既存の契約条件の変更交渉に先立ち，将来の契約締結ないし（変更による）契約の新条件の合意を見越して先行的に関係特殊投資（ある特定の相手方との関係において価値を持つ投資であり，一旦投資をしてしまうと，他の用途には用いることができないか，他の用途に用いても価値を有しないものを指す。）を行わざるを得ない場合が相当数ある。当事者にとっての最適な関係特殊投資の促進は重視されるべきであるから，こうした先行的な投資を保護する規範―契約規範を含む―を創出することが積極的に是認される事業環境は多々在しよう（そうでないと，当事者は，再交渉を予測して事前の関係特殊投資を躊躇し，過小投資を行うに止まる結果，効率性も阻害されてしまうおそれがある。いわゆるホールドアップ問題である。[22]）。

また，合弁契約その他の企業間提携契約の当事者は，現実に合弁会社や企業間提携事業が業績不振に陥った場合には，通常は，企業間提携契約の条項によらずに，まずは再交渉によって合弁会社や企業間提携事業の再建もしくは円満な事業解消を目指す。再交渉が不調に終わり，万策尽きた場合に初め

て，契約書上の解消関連条項が発動され，解消関連条項で取り決められた条件・手続に従った撤退が実現するという手順を辿るのである。その意味で，段階的撤退条項を始めとする解消関連条項は，いわば共同事業の最後の砦（ラスト・リゾート）として存在していると言え，当該条項の存在自体――無論，その内容次第ではある――が一つのハードルとなって，かえって解消関連条項によらない再交渉による自主的解決を契約当事者に促す事実上の効果を有している。また，場合によっては，解消関連条項が存在することで，当事者間における情報の非対象性がもたらす hold-up の事態の出現を事実上抑止するという効果も期待できると思われる。こうした点からも，相応の精緻さを備えた解消関連条項契約の制度設計の一環として事前に用意しておくことは十分に意義があると思われる。

そして，かかる条項の一つとして段階的撤退条項が考えられる。

例えば，合弁関係の解消とともに，ライセンサーである共同事業者がその知的財産について許諾した権利がどうなるか，そしてジョイント・ベンチャーによって開発された知的財産がどうなるかは，共同事業者の重大な利害にかかわる問題である。知的財産にかかわるさまざまなライセンスや譲渡の当事者間における関係について，合弁会社設立時に交渉し，合弁事業関係の変

---

22) ホールドアップ問題とは；現実の取引では，完備契約（あらゆる不確定な要素を織り込んだ契約）を結ぶことは極めて困難である。例えば，契約に書かれていない事態が生じた場合，取引の当事者は機会主義的な行動（自分にとって都合のいいような行動）を取ろうとする。関係特殊投資を行っている場合，取引に関する交渉が決裂して関係が継続されなくなれば，投資は全く無意味なものとなってしまう。そのため，投資を行う経済主体には，そのことに付け込まれ不本意な譲歩を強いられる危険性がある。関係特殊投資がなされているために，投資を行う経済主体は投資に対して臆病になってしまい，その結果，適正な投資が行われないという状態に向かわせるインセンティブが事前に与えられることになる。ホールドアップ問題は，このような不完備契約における関係特殊投資がもたらす非効率な投資の問題を指す。その詳細については，ポール・ミルグロム＝ジョン・ロバーツ『組織の経済学』（NTT出版，1997）342頁，柳川範之『契約と組織の経済学』（東洋経済新報社，2000）178頁，宍戸善一＝常木淳『法と経済学――企業関連法のミクロ経済学的考察』（有斐閣，2004）81頁，スティーブン・シャベル『法と経済学』（日本経済新聞出版社，2010）338頁，ベルナール・サラニエ『契約の経済学〔第二版〕』（勁草書房，2010）191頁等参照。

化に連動してライセンスの許諾内容をある程度自動的（あるいは段階的）に変化させる条項を合弁契約に明確に定めておくことが当事者の利益を確保する一つの有効な方法であることは明らかであろう。

3 以上，コーポレート型ジョイント・ベンチャーにおける段階的撤退に関する従来の学説をざっと見てきたが，以下においては，項を改めて，段階的撤退条項の具体例を検討していくこととしたい。ただ，その前に，契約型ジョイント・ベンチャーにおける段階的撤退の内容を考察しておきたいと思う。契約型ジョイント・ベンチャーにあっては，コーポレート型ジョイント・ベンチャーのような合弁会社（独立した法人）という器が形成されず，バイアウト(株式買取り)による共同事業の解消というワン・クッションが存在しない。また，当事会社は，合弁会社の持分相当が自社の業績となって反映されるという関係もない（注10）参照）。それ故に，共同事業関係（その程度は問題となるが）が終われば，即座に共同事業関係に関連した各種契約も終了してしまうことになりがちで，勢い，損害賠償ないし補償問題に収束される問題状況が生じかねないこととなる。こういった事態を避ける上で，かつ上記のホールドアップ問題，当事者の機会主義的行動を回避する等といった観点から契約型ジョイント・ベンチャーにおいても段階的撤退条項の有効性が検討されてしかるべきと考えられる。

第6 契約型ジョイント・ベンチャーにおける段階的撤退及び段階的撤退条項の意義

1 契約型ジョイント・ベンチャーは，従来の判例・学説の分類によれば，典型的な継続的契約（関係）に該当しよう[23]。

継続的契約にあっては，当該契約に自動更新条項のような規定が存在しない限り，更新時その他の契約条件変更時における契約の条件変更交渉がとん挫してしまうと，契約は期間満了等により終了してしまう。その結果，契約の継続への期待を強く有していた当事者側は予定していた「後続」の契約期間中の履行利益等を失うのみならず，契約条件変更時に現に存在し，稼動し

ていた人的・物的資源の多くが無駄に帰するため，多大な損害を被ることになる。そうしたこともあってか，当該当事者は，勢い「不当解除」等の債務不履行行為や公序良俗・信義則違反行為と構成して損害賠償請求訴訟等を提起するというのが従来の常態であったように思われる。しかし，このような事態の発生は資源配分の効率性が劣ること甚だしく，訴訟係属，紛争発生による新たな人的・物的資源の損失，事業停滞による経済的な損失を当事者双方にもたらす可能性も高い。

他方，契約条件変更交渉において新たな条件の合意が成立しない限り，自動更新条項が適用され，従前の条件どおりの契約が一定期間続くというのも，とりわけ長期間に亘る契約の場合は必ずしも合理的ではない。これは，場合によっては，当事者にとって，共同事業から「撤退」したくてもできないという事態の発生を意味するが，こちらの事態の方が深刻の度合いがより高い場合も多いであろう。企業としては，ある事業から「撤退」できないがために，事後も引き続き損失を垂れ流し続けざるを得なくなってしまう。

---

23) 代表的な学説として，取引費用の経済学ないし組織の経済学の影響を強く受けた平井宜雄教授の「いわゆる継続的契約に関する一考察——『市場と組織』の法理論の観点から」星野英一先生古稀祝賀『日本民法学の形成と課題(下)』(有斐閣，1996) 697頁がある。平井教授は，継続的取引は，「資産の特殊性」を生み，それをめぐる「機会主義的行動」が生じやすいが，予め契約を結んでそれを防止しようとしても，現実の人間に伴う「限定合理性」ゆえに「不完備契約」とならざるを得ない。そこで，「市場」に委ねるか，当事者間の関係を「組織」とすることによる解決がありうるが，それぞれに問題があり，結局，継続的取引はその間の「中間組織」という性質を持つものとして存在する，と捉える。その上で，平井教授は，フランチャイズ契約や代理店契約・特約店契約，サブリース契約は，契約という市場の法的枠組みを用いて，すなわち利益と損失について独立の帰属主体の存在を前提としたうえで，それらを契約の網の目でつないで「組織」化することに意味があり，これらの契約は市場の枠組みそのものを組織に近づける（中間組織とする）契約であるから，「組織型」契約と呼べ，かつ，「共同事業型」契約と呼べる，とする。平井教授の分析に従えば，契約型ジョイント・ベンチャーは，正しく「組織型」契約かつ「共同事業型」契約の典型に当たろう。なお，平井宜雄『債権各論Ⅰ(上)』(弘文堂，2008) 64頁～68頁，114頁～124頁，拙稿「合弁事業の終了と継続的契約関係論」ジョイント・ベンチャー研究会編・前掲注12) 257頁以下，中田裕康『継続的取引の研究』(有斐閣，2000) 3頁以下参照。

以上のような事態の発生を回避し，種々の損失，損害をミニマイズしながら効果的に「撤退」していくために，企業としては，撤退に至る原因（リスク）の予測と対応策を問題とする必要が出てくる。かくして，解消関連条項としての段階的撤退条項の事前の設計・用意の必要性如何という問題が対応策の一環としてクローズ・アップされてくるのである。

　段階的撤退は，一言でいえば，継続的契約の終了時のソフト・ランディングを可能とすることで，かかる資源配分の非効率性を少なくすることを目論む試みの一つであり，かかる試みは，契約型ジョイント・ベンチャーのような一定期間の存続を前提とする「組織型」契約かつ「共同事業型」契約と位置付けられる契約関係（注23）参照）にあっては効果的に機能する場面が生じよう（無論，コーポレート型ジョイント・ベンチャーにおいても然りである。）。

　2　ところで，企業間提携契約と継続的契約については，内田義厚判事（連載当時）が，「企業間提携契約と継続的契約——その特徴と相互関係に関する試論（以下「内田論文」という。）」[24]　で別途，論じられており，基本的には内田論文を参照していただきたい。本稿との関係で，内田論文中，特に注目すべき点は，企業間提携契約解消後の問題（金銭賠償ないし補償の問題）における「無償―補償」モデルなる概念を提唱している点である[25]。

　「無償―補償」モデルとは，当事者の帰責性を要件とせず，解消を比較的自由に認めつつ，そのことによって生じる経済的損失を回復させるという趣旨で金銭支払いがされる場合を意味するが，内田論文は，かかる「無償―補償」モデルを導入することにより，①帰責性に対する主張立証が不要になり，

---

24)　本書9章255頁以下。
25)　「無償―補償」モデルについては，中田裕康ほか「座談会　継続的契約とその解消」判タ1058号4頁以下。特に25頁，26頁も参照されたい。なお，「無償―補償」モデルと対比されるモデルは「有責―賠償」モデルである。同モデルは，相手方の責任に帰すべき事由によって契約関係が解消されるに至った場合，解消された側の当事者は，相手方に対し，解消に帰因して生じた損害を賠償すべき責任を負う，とする民法上の大原則に従ったモデルである。内田判事は，従来の継続的契約を巡る法的紛争の大部分は，「有責―賠償」モデルであったと指摘される。本書272頁。

紛争の早期解決に資し，また，②補償に関する条項があらかじめ契約に入っていた場合，契約当事者は，解消に伴って一定の補償がされることを予測でき，比較的安心して取引関係に入ることができると考えられること，③仮に解消がなされた場合でも，かかる補償条項を前提として取引関係に入っている以上，補償義務の履行は賠償義務の履行に比してスムーズに行く場合が多いと考えられること，④①ないし③の各点は，補償の具体的基準があらかじめ契約条項に盛り込まれていた場合により強く妥当すること等をモデル導入のメリットとして挙げている[26]）。

　こうした「無償─補償」モデルのメリットは，契約型ジョイント・ベンチャーにおける段階的撤退条項の導入によっても基本的に認められるところであると思われる。すなわち，契約解消時にあらかじめ用意されている段階的撤退条項に基づく措置が取られることで，契約解消のソフトランディングが図られる結果，①契約を解消された（現実には，近い将来解消される）側の当事者は相手方当事者に対し，契約解消の無効等を理由に解消に起因して生じた賠償を請求するという，労多く，かつ成否不明のため費用対効果が必ずしも十分ではない措置を取り，ある種の経営リスクを負う事態から解放されるし，②段階的撤退という形で，一定期間当該事業を縮小しつつも継続するという効果を契約上担保でき（したがって，その間に，契約関係を解消される当事者は，共同事業の新たな相手方を探すことが可能となり，ひいてはスムーズな共同事業の当事者の交代の実現といった効果も期待できる。)，比較的安心して当初の取引関係に入り，また，契約期間内における新たな事業投資はもとより契約更新や契約条件の変更交渉も─段階的撤退条項がない場合と比して─機会主義的行動の発現やhold-up問題の発生等を懸念することなく行うこともできる。更に，③段階的撤退条項が当初より契約上規定されていれば，賠償義務の履行に比して格段に履行（ただし，そこでの履行内容は，金銭的補償ではなく，段階的撤退における契約内容である。）がスムーズに行くことも容易に理解できよう。

　3　以上に述べたほか，先にコーポレート型ジョイント・ベンチャーにお

---

26)　本書273頁。

いて述べた点（第5の2）は，契約型ジョイント・ベンチャーにも基本的に妥当すると考える。

すなわち，企業間提携契約においては，契約型ジョイント・ベンチャーにあっても，契約解消時点では当事者間で利害が鋭く対立しているため，予め解消に伴う措置の基本的枠組みを契約に織り込んでおくことは有益であるし，当事者にとっての最適な関係特殊投資の促進という効果は，それが限定的なものであるにせよ重視されるべきであって，当初の契約期間中の先行的な投資を保護する規範—契約規範を含む—を創出することが積極的に是認される事業環境は多々存在し得よう。更に，段階的撤退条項が存在することが—その内容次第ではあるが—当事者へのストレスとなって解消条項によらない再交渉による自主的解決—新たな共同事業の契約条件の合意等の共同事業環境の創出—をもたらす事実上の効果も見逃せない。例えば，段階的撤退条項の内容が，交渉における ZOPA（Zone Of Possible Agreement〔合意可能領域〕）を画する意味を持ち得ることが，かかる効果の1つである。

ちなみに宍戸善一教授は，動機付け交渉としてのコーポレートガバナンスの一環として，共同事業（パートナーシップ）における利害対立の構図における「不安のインセンティブ」を下記のように5つ描出している[27]。これらの「不安のインセンティブ」は，契約型ジョイント・ベンチャーはもとより，合弁会社を利用するコーポレート型ジョイント・ベンチャーにおいても当てはまるが[28]，段階的撤退条項をはじめとする共同事業関係にかかわる契約の制度設計における分析指針としても非常に有意義である。

①排除される不安：共同事業において共同出資者がまず感じる不安は，経営から排除される不安である。それゆえ，各共同出資者によって，共同

---

27) 宍戸善一『動機付けの仕組としての企業——インセンティブ・システムの法制度論』（有斐閣，2006）50頁以下，なお，同「契約的組織における不安——ジョイント・ベンチャーとベンチャービジネスのプランニング」岩原紳作＝神田秀樹編『商事法の展望』（商事法務研究会，1998）454頁も参照されたい。また，本稿でも後に取り上げるが，清水建成「合弁契約における株式譲渡を伴う終了条件に関する考察」（本書5章）147頁，150頁以下は，宍戸教授の分析を，合弁契約における当事者のインセンティブと不安として取り上げ，合弁契約条項の設計にあたって考慮している。

事業の経営者としての地位を確保したいという欲求は強い。その結果として，各共同出資者が拒否権を持ち合うことになることが多い。

②相手が再交渉に応じない不安：デッドロックの不安である。共同事業は，当然，長期的な関係を前提としているので，将来生じ得るすべての事象に対処する契約をあらかじめ定めておくことはできない。そこで，将来予期せぬことが起こった場合には，その都度再交渉することを前提に，共同事業が開始される。ところが，再交渉が必要になった時点で，相手方が自らの短期的な利益を優先させ，共同事業の長期的な利益のための再交渉に応じない危険がある。すなわち，不完備契約に対応できない不安が生じる。相手方が，共同事業をつぶした方が良いと考えて，再交渉に応じない場合もあり得るが，両者が共同事業の継続を望んでいる場合は，つぶれてしまう危険が両者にとっての威嚇となって，合意形成を促す方向に働くこともある。

③再交渉に応じなければならない不安：共同事業においては，再交渉が不可欠であるにもかかわらず，それが同時にホールドアップ（前掲注22）参照）を引き起こすという問題がある。すなわち，再交渉の結果は，再交渉時における当事者間の交渉力——当該当事者が拠出する資源の重要性・希少性のほか，法的な拒否権の有無によっても左右される——によって決まることになるので，相手方に搾取されることを恐れて，企業特殊的投資（関係特殊投資）を躊躇してしまうという問題がある（第5の2参照）。

④「くたびれもうけ」になる不安（機会主義的行動に対する不安）：共同

---

28) 宍戸・前掲注27)『動機付けの仕組としての企業』77頁。なお，合弁会社を利用するコーポレート型ジョイント・ベンチャーの場合は，①から⑤の不安——これらは合弁会社の親会社間における相手方の出方に対する不安である——とは別に，各親会社のレベルで，物的資本の拠出者としての親会社と，人的資本の拠出者としての出向者との間に，⑥出向者が親会社にオートノミーを奪われる不安（合弁会社の経営陣は，いつでも各親会社が株主としての権利を行使して，自らの意思に反した経営方針や経営手法を押し付けられるという不安を抱く。親会社としては，一定のオートノミーを保証する何らかのコミットメントを行う必要が出てくる。），⑦出向者が暴走する不安（親会社が，出向者が暴走して親会社の利益をないがしろにする不安を持つ。その結果，出向者を藁人形化してしまい人的資本の拠出を阻害してしまうことが多い。）が存在する。

事業における最大の不安は,「くたびれもうけ」になる不安,すなわち,相手が人的資本,物的資本を余り投入せず,こちらだけ投入してしまう不安である。

企業が他の企業と共同事業を営もうとすれば,パートナーが約束を守らないリスクを負わなければならない。このような約束の不履行は機会主義的行動と呼ばれるが,機会主義的行動は,相手方パートナーの協力するインセンティブを損なうことになる(第5の2参照)。

⑤退出の不安:共同事業の成功に相手方の参加が不可欠の場合,共同事業の途中で相手が退出することにより,共同事業が失敗し,自社が投資してきた経営資源が無駄になったり,事業機会を喪失したりする不安を抱くことになり,相手方は,退出の威嚇を発揮することで,不安を抱いている当事者に対するバーゲニング・パワーを持つことになる。

宍戸教授の抽出内容は,実務家の感覚をもってしても極めて的確であると考える[29]が,ここで大切なことは,段階的撤退条項が,既に述べたところからも明らかなように,こうした5つの不安のうち,②ないし⑤の不安を弱める方向で働くという効果を有する点である。もちろん,条項に工夫も必要であろう。

では,次に項を改めて契約型ジョイント・ベンチャーとコーポレート型ジョイント・ベンチャーの段階的撤退を比較してみよう。

---

[29] そのほか,提携における脅威について,例えば,オハイオ州立大学のジェイ・B. バーニー教授は,戦略的提携には協力関係を裏切るインセンティブも常に存在し,少なくとも次の3種類のパターンで発生すると指摘している。

　　①逆選択　　　　　提携候補企業が,提携に持ち寄るスキルや能力の価値を偽って提示する。
　　②モラル・ハザード　提携パートナー企業が,提携前に約束したものよりも低いスキルや能力を提供する。
　　③ホールドアップ　提携パートナー企業が,提携先の企業が行った取引特殊な投資を利用する。

ジェイ・B. バーニー『企業戦略論(競争優位の構築と持続)(下)』(ダイヤモンド社,2003) 25頁〜31頁。

第7　契約型ジョイント・ベンチャーとコーポレート型ジョイント・ベンチャーの段階的撤退の相違点

1　コーポレート型ジョイント・ベンチャーを契約型ジョイント・ベンチャーと比較した場合の際立った相違点は，コーポレート型ジョイント・ベンチャーにあっては，合弁会社という「器」が形成される結果，当該「器」のマネジメント等を通じて，パートナー同士が，互いに相手方をモニターしながら，相手が協力するインセンティブを損なわないように，持分（equity）の分配と拒否権条項などのいわゆる環境契約（monitaring contract）を組み合わせて，最適な不安の配分を図ることが可能となっている点である。

【設例】に即して説明すれば，**事例(1)**のコーポレート型ジョイント・ベンチャーにあっては，持分（出資比率40％対60％），役員構成（2名対3名），合弁会社の経営等に関わる重要事項についての少数株主Xの拒否権，バイアウト条項，株式の一部譲渡条項がこれに当たるが[30]，親会社が共同出資して合弁会社という独立した法人を設立，運営するということのない契約型ジョイント・ベンチャーの場合にあっては，基本的に用意されていないメカニズムである。このメカニズムの有無が両者の決定的な相違である（なお，ここで，改めて注10)で紹介したヨシノ教授＆ランガン准教授の分類を参照されたい。)。

そのほか，コーポレート型ジョイント・ベンチャーが通常有するメカニズムとして，パートナーが合弁契約において合弁会社に対して種々の援助義務を負う旨を約定する点が挙げられる。無論，その多くは契約型ジョイント・ベンチャーにおいても約定される方が望ましい場合が多い（下記③は通常，約定されよう）が，現実問題としては，コーポレート型ジョイント・ベンチャー，つまり合弁会社という「器」を使用した方が当該援助の約定（例えば，下記①，④）を確保することが一般に容易である。

その内容は多岐にわたるが，①資金援助義務（当初出資，追加出資，保証等），②技術援助義務（ジョイント・ベンチャー契約の一部としてのライセンス契約の合弁会

---

30)　清水・本書5章154頁以下。

社との締結），③原料・部品等供給義務（なお，合弁会社としては，共同事業者が競争的市場価格で供給することができない場合には，第三者から購入するオプションを契約上の権利として確保する必要がある。），④製品マーケティング援助契約（合弁会社がパートナーのマーケティング力を利用できる権利）などが挙げられる。

そして，これらの合弁契約の条項と援助義務の内容を組み合わせて使用することで，段階的撤退条項が存在しなくても，事実上，スムーズな段階的撤退が図られることが多い（特に，株式の〔段階的〕譲渡による段階的撤退。もっとも，株式の一部譲渡条項も，段階的撤退条項の一種と言い得る。次述する。）。なお，この点に関しては，本書5章において，清水建成弁護士が先買権条項，売渡強制条項，買取強制条項を中心に詳細に論じているところであり（清水・前掲注27)），同論文も併せて参照されたい。

2　第1でも述べたとおり，コーポレート型ジョイント・ベンチャーの段階的撤退は，典型的には，①強い資本的結合を持った「コーポレート型ジョイント・ベンチャー」⇒②弱い資本的結合にとどまる「コーポレート型ジョイント・ベンチャー」⇒③資本的結合の解消（強い契約的結合を持った「契約型ジョイント・ベンチャー」又は契約的結合の弱い通常の継続的取引もしくは継続的取引関係そのものの解消）という経過を辿る[31]が，契約型ジョイント・ベンチャーにないかかるプロセスを有するということがいかなる意味を持ち得るのかを検討することが両者の相違を明らかにする上で有意義である。

①，②の段階的撤退を会社の経営に対する支配権（コントロール）という観点から見ていくと，通常，段階的撤退は，株式の段階的譲渡として，次のようなプロセスを辿る[32]。

---

[31]　アライアンスの類型としては，正確には，コーポレート型ジョイント・ベンチャーと契約型ジョイント・ベンチャーの間に，いわゆる業務・資本提携がある。業務・資本提携とは，契約による協力関係を補強するため，一方ないし双方が提携パートナーの所有権（株式）に投資するものである。業務・資本提携の場合，パートナー同士が，相手方における株主としての地位を行使することで一定程度，相手方をモニターする効果がある。ジェイ・B.バーニー・前掲注29)6頁以下。堀天子「株式の持ち合い」（本書6章）167頁以下参照。

第一段階　合弁会社の重要な経営事項（特別決議事項）を拒否できる程度の株式を所持。

　第二段階　法律上の拒否権を行使し得ない程度の持分比率の出資——経営への関与を薄める。

　第三段階　全ての所有株式を譲渡していく。

　かような合弁会社形態の事業の場合，株式譲渡による段階的撤退に関連する問題点は，様々な側面からの検討が必要となる。すなわち，合弁契約の当事者間でも"合意"を基礎としなければならないが，同時に合弁会社という会社形態を取る場合は，同形態から生じる"制約"が，株式譲渡による段階的撤退につき，コーポレート型ジョイント・ベンチャー特有の問題を生みだしている。もっとも，本稿は，この点を論ずることを主たる目的としていないので，最もまとまった分析がなされている三浦哲男教授の分析を以下に紹介しておく[33]。

　まず，合弁会社の場合は，段階的撤退の段階における支配権の移行に伴う合弁当事者の意向や思惑は，時として利害の衝突として現れることがある。これは法的な側面から見れば，株主の地位の変化（支配株主から少数株主へ）の問題であり，一方，経営的な視点から考察すれば，経営権（支配権）を掌握することになる相手方パートナーに対する他方当事者（旧支配権株主）による協力と負担の問題として捉えることができる。こうした移行の過程で，合弁会社契約の一方当事者（旧支配株主）が，即時かつ全面的に合弁会社から撤退する場合と比較して，段階的撤退は当事者間の利害衝突を回避または緩和する多くの契機を提供していると考えられる。換言すれば，このことは段階的撤退の仕組みや方法を"うまく"構築することにより，合弁事業への旧支配株主の事業撤退に伴う当事者間の利害衝突を回避，もしくは，少なくとも緩和または減少（以下，"緩和"という）させることが可能であると考えられる。

　では，段階的撤退の仕組みはどのように構築されるべきであろうか。三浦教授の説明をベースにすると，次のように言える（なお，国内，海外事業を共に

32）三浦・前掲注4)(2)149頁参照。

33）三浦・前掲注4)(2)153頁以下参照。

含む)。

① 合弁当事者間での合意が前提となる。

合弁会社からの撤退（段階的撤退を含む）が，原則として，特定の事態や事由が発生した場合，当事者が援用し得る権利として予め合意されていることが重要な点となる。本来，出資者である合弁当事者は，出資の対象としている会社（合弁会社）に閉鎖性があり，人的要素の強い会社である場合においても，出資者の立場においては株主有限責任を果たしている限り投資回収の道が残されていると考えられる（勿論，パートナーシップ型の合弁会社の場合，合弁当事者の責任は unlimited と考えられる）。合意を前提とする撤退権の考えも，この点に繋がるものともいえる。ただ，特定の事態や事由がどのようなものなのかにつき，十分な検討が必要となる。

② 上記の合意は事前（合弁会社契約の終結時点）に契約において確認されることが必要となる。

上記①で述べた当事者の合意は，書面，具体的に言えば，合弁契約に規定されることとなる。では，合弁契約に規定されることにはどのような意義があるのであろうか。例えば，合弁会社の設立は，当該設立国においては許可もしくは申請対象事項である場合が多い。

また，これらの設立に関する契約の主要な内容は当該合弁会社の定款に盛り込まれることになる。要は，このようなプロセスにより，当事者間の合意に対世的効力を持たせることが可能となる。

③ 合弁会社が国内の会社か国外の会社であるかを問わず，これらの合意と合弁会社が設立される対象国の法制上の制約との関係を明確にすること。

当事者間の合意にもとづく段階的撤退の枠組みが，合弁会社の設立国の法制上どのように取り扱われるのかという点は重要なポイントである。

④ 段階的撤退に伴う支配権の移行の過程を明確にすること。

段階的撤退の重要な要素は支配権の移行にある。支配権の移行は，一方の合弁当事者（旧支配株主）から，相手方当事者に合弁会社を経営主導する地位が変更されることを意味している。逆の見方をするならば，旧支配株主側は，新たに少数株主の立場で，合弁会社の経営に"参加"することになる。問題は，この参加の形態にあるといえる。旧支配株主が少数株主の立場で合弁会

社の経営に関与する方策のひとつは，会社法制上，少数株主に与えられる重要議決事項に対する拒否権を行使しうる地位を掌握し・維持することであり，このような姿勢は当該合弁会社の経営に（積極的ではないにせよ）参加している（共同経営の立場に近い立場で）ことを意味するものである。一方，別のオプションとしては，拒否権に代表される"積極的な少数株主権"を保持することではなく，当該権利を行使し得ない程度の出資比率の株式を保有する参加形態もあり得る。

⑤ 上記移行の段階における合弁当事者の協力と負担のあり方を決めること。

上述した支配権移行の過程で，旧支配株主側の対応は難しい選択を迫られるものとなる。この対応は，合弁会社の統治の視点からみると支配株主から少数株主への立場の変換から生ずるものである。しかしながら，（相手方パートナーにとっても）法律上の支配株主の地位を譲り受けることは，即座に合弁会社の経営主導をおこなうことができることを必ずしも意味しているわけではない。実際に合弁会社の経営を主導するために必要なものは何かといえば，経営主導の自覚とともに，当該合弁会社の経営上の責任を引き受けるということでもある。この場合の経営上の責任は，株主（出資者）としての責任とは，性質上異なるものである（経営上の責任の所在は合弁当事者間の合意〔多くの場合，合弁契約の内容ともなっているが〕を基礎とするものであるが）といえる。それ故にこそ，このような相手方パートナーの責任をサポートする形態による，支配権の移行についての旧支配株主側の協力と負担は，程度の違いはあるとしても避けられないものと考えられる。

3 以上，株式譲渡による段階的撤退に関して三浦教授が説くところは，いずれもごく当然のことである。また，合弁契約に予めビルドインされる株式譲渡（バイアウト）条項のメカニズム（段階的撤退を含む）が，合弁契約の各当事者に合弁事業に対して経営資源を積極的に投資して合弁事業を成功させるインセンティブを働かすものと真実なっているかを事前検証することも，同様に重要であることはいうまでもない。いずれにしても，これらの諸事項を子細に検討して，株式譲渡による段階的撤退条項を構築していくことが大切

である。

第8 段階的撤退条項の具体的検討

1 段階的撤退条項を検討するに当たっての基本的留意点

　第7では，コーポレート型ジョイント・ベンチャーの特徴と，その特徴故に株式の（段階的）譲渡による段階的撤退の局面で段階的撤退条項を考える際に留意すべき点を見たが，こうした株式の譲渡の点を措いても，契約型ジョイント・ベンチャー，コーポレート型ジョイント・ベンチャーを問わず，段階的撤退条項を検討するに当たって，当事者は以下のような点に留意すべきである。

　① 撤退は，共同事業を行う当事者の投資政策，経営政策の指針として，起こり得ることを想定して織り込んでおくべき重要な仕組みである。

　② 撤退の枠組み（実施条件・方法，そのタイミング，当事者の役割等）は，当事者間の合意として共同事業契約，合弁契約（更には関連する契約）に予め規定しておくべきである。更に，合弁会社の場合は，定款にも入れ込むことを検討すべきである。

　③ 海外での共同事業形態，合弁会社設立形態の場合は，これらの撤退の枠組みが当該合弁会社の設立国の法制にふれる内容ではないことを確認しておく必要がある。

　④ 撤退の枠組みを共同事業契約ないし合弁契約にビルトインすることは重要であるが，同時に，このような枠組みを実効的に発動させる状況を作り出さなければならない。

　⑤ 上記④を実現させるためには，共同事業の当事会社による相応な協力と負担が不可欠となる。これらの協力・負担については，共同事業の当事者双方（全員）による合意が重要となり，これも，共同事業契約，合弁契約に予め規定しておくべきである。

2 契約型ジョイント・ベンチャーにおける段階的撤退条項

　(1) 段階的撤退条項は，共同事業を行う当初に締結される契約の一部をな

すことを前提としている（コーポレート型ジョイント・ベンチャーの場合も同様である。）。

　勿論，当初の共同事業の想定期間が，例えば2年と短く設定され，2年毎に更新について協議するといった場合は，そもそも共同事業を行う当事者の初期投資の額も限られ，関係特殊投資も少額にとどまり，共同事業当事者の当該共同事業に対する依存度も低い場合が多いと思われるから，共同事業契約等に当該共同事業に関する段階的撤退条項を設けること自体，あまりなじまず，また，その必要性も一般に低いと思われる。しかし，当初の共同事業の想定期間が5年ないし10年とある程度長く，関係特殊投資も中・長期かつ巨額に及ぶ場合などは，段階的撤退条項を予め設けることは，十分意義があり，その導入は当事者にとっても十分検討に値しよう。具体例で見た方がよりわかりやすいと思われるので，以下，具体例を考えてみたい。

　継続的契約関係を巡る裁判例等で良く議論されるところであるが，企業間提携契約の当事者としては，提携して行う共同事業に対し巨額の初期投資をする場合がある。【設例】の**事例(2)**に即して言えば，Y社がX社から提供される原材料等を使用して，商品甲を製造する際に，商品製造工場の敷地を購入し，専門の工場（生産ライン）を建設，人的資源を投資して，製造を開始する場合などである。工場の転用は容易に行えず，かつ，相当巨額の費用が予想されるとしよう。

　この場合，特に多額の初期投資を投入するのはY社ということになる。Y社としては，独占的販売代理店として商品甲を相当期間継続して販売していくことで，初期投資を回収し，引き続き事業としての利益を得ようとする訳であるが，仮に，当該共同事業の事業としての売上げ，利益が逐時増加していったとしても，X社からの原材料，商標，技術等の供給（提供）が安定的に確保できない限り—もとより供給の条件の合理性の確保も含まれる—，Y社としては追加投資等による商品の品質アップ，生産ラインの拡大による製造量・販売量の増加はおぼつかない。いわゆる攻めの経営ができない。その結果，例えば，同業他社の競合製品乙に市場シェアを奪われ，共同事業そのものを縮小，終了せざるを得ない事態の発生も招きかねないことになる。もちろん，Y社としては，X社以外からの原材料供給等（いわゆるBATNA[34]）である。）

の確保を検討するであろうが，それにしても，直ちには困難であることが多いであろう（X社の提供する特許等の技術を使わないで製造できるか，といった問題も出てくる。）。また，他の同種原材料の供給源となる企業から合理的な条件で必要量を確保するためには，生産ラインの再整備等，一定期間の助走期間が新たに必要となるといったことも想定される。のみならず，安定的に供給を受ける期間が限定的であれば，宍戸教授が指摘される（第6の3参照）ところの「再交渉に応じなければならない不安」，「退出の不安」をかかえるため，商品甲の販売にも十分なインセンティブが働かず，自ずから消極的にならざるを得ない面が出てき，ひいては負のスパイラル的な現象も引き起こしかねない。

では，X社の方はどうか。X社としても，Y社は，原材料という「商品」の供給先であって，供給により一定の売上げを確保できる。また，商品甲は，自社の商標を使用しており，自社の特許も使用しているため，一定のライセンス・フィーを期待できるし，自社商品としての周知性の向上に貢献することが十分考えられる。したがって，独占的ディストリビューターであるY社が事業から即時に撤退してしまうことは，X社としても多くのデメリット・損失を抱えることが予想される。

以上の点を鑑みれば，段階的撤退という事象をあらかじめ条項に組み込んでおくことは効果を発揮する場面が十分にありそうである（ただ，段階的撤退は，契約関係の早期解消を図りたくなった当事者にとっては，足枷となる面は否定できない。従来の企業間提携契約において，提携当事者が段階的撤退条項の設定に消極的な場合が多かったとすれば，これはその理由の一つとして挙げられようか。）。

また，本事例の分析を見ても，段階的撤退条項は，宍戸教授が指摘される，共同事業当事者が持つ各種「不安のインセンティブ」の解消に役立つし，共同事業の当事者が「無償―補償」モデルと同様なメリットを享受できることも理解できる。

(2) 以下においては，当初の共同事業の期間が10年，この間，継続的供給

---

34) 交渉が決裂した時の対処策として最も良い案，代替案のことである。Best Alternative To a Negotiated Agreement の略。ロジャー・フィッシャー＆ウィリアム・ユーリー＆ブルース・パットン『ハーバード流交渉術〔新版〕』（TBSブリタニカ，1998）等参照。

契約，商標や特許の使用許諾の各条件について，2年毎に協議して，特約ないし別紙として決定するという枠組みの共同事業契約（関係）について，段階的撤退条項を考えてみる。

　段階的撤退の条項は，通常，①段階的撤退の事象の発動の条件に関する条項と，②段階的撤退条項の発動条件を満たした場合の効果に関する条項からなり，基本的には，前者が後者の前提となるが，①の段階的撤退条項が発動される条件については，共同事業の当事者の一方に債務不履行事由がある場合は，原則として除かれるであろう。債務不履行に及んだ当事者に段階的撤退を許すと，債務不履行行為を一定の限度で許すに等しく，モラル・ハザードを引き起こすためである。また，共同事業の不成功の場合も，共同事業の早期の解消が望ましいであろうから，段階的撤退条項を発動させるモティベーションは必ずしも高くない。結局，最も想定されるのは，契約条件の変更交渉が合意に達せず，共同事業自体が終了してしまう危機的状況に陥る場合であろう。また，当事者の一方が期間満了時に共同事業契約の終了（更新拒絶）を告知した場合も同様に想定される。更に，期中の契約条件の変更交渉が合意に達しない場合は，例えば，従前の契約条件が1年間に限り延長して適用される，といった更新条項が用意されている場合も，オプションとして当事者が段階的撤退も選択できるとすることは，当事者の再交渉による自主的解決をもたらすストレスとして有効に機能しよう。

　段階的撤退の発動条件に関する条項例としては，例えば，次のようなものが考えられる。

【例2】
① ＸＹ間の共同事業契約に係る関連契約（原材料A及び部品Bの各供給契約，商標C及び特許Dの各使用許諾契約，独占的ディストリビューター契約その他共同事業契約添付の別紙1の各契約）の条件改定の協議が協議期間中に合意に達しなかった場合
② X又はYが，ＸＹ間の共同事業契約（期間10年）もしくは1又は複数の関連契約（期間2年毎に改定）につき，更新を拒絶した場合（ただし，更新拒絶は，期間満了時の6か月前までに相手方に対し，書面にて告知することを要する）

次に，③の段階的撤退の効果に関する条項であるが，問題は，段階的撤退条項をどこまで具体化できるか，という点もかかわってくる。以下，条項例を挙げる。

【例3】
1(1) ＸＹ間の共同事業契約（期間10年）及び関連契約（原材料Ａ及び部品Ｂの各供給契約，商標Ｃ及び特許Ｄの各使用許諾契約，各種技術Ｅの供給契約，独占的ディストリビューター契約その他共同事業契約添付の別紙1の各契約）は2年毎にその内容の見直しについて協議し，合意により更新する。＊
(2) 前項の協議期間は，契約更新時の9か月前から契約更新時までとする。
(3) 第1項の協議期間内にＸＹが契約内容の見直しにつき合意に達しない場合は，共同事業契約及び関連契約は更新時から6カ月間（以下「延長期間」という。），従前の条件により自動的に延長される。Ｘ及びＹは，この延長期間内にあっても，相手方当事者が契約内容の見直しを希望する場合は，契約内容の変更につき誠実に協議する。
(4) 前項の延長期間における協議にもかかわらず，契約内容の見直しが合意に達しない場合は，共同事業契約及び関連契約は，延長期間経過と同時に終了する。ただし，Ｘ又はＹは，契約内容の見直しにつき延長期間経過後3カ月に限り，更に協議を求める権利を有する。Ｘ又はＹは同権利を延長期間満了の20日前までに行使しなければならないが，同権利を行使した時は，共同事業契約及び関連契約は延長期間経過時から3カ月間自動的に更新される。
2 ＸＹ間の共同事業契約及び関連契約は，別途合意しない限り，同時に終了する。
　この場合，契約終了時の処理は以下のとおりとする。
① Ｙは，Ｘから契約終了時まで供給を受けた原材料Ａ等に基づき，商品甲を製造し，販売することができる。
② ①の場合，Ｘ及びＹは，①に従い製造した商品甲の販売に必要な限度で，商標及び特許，各種技術を使用することができる。
③ Ｘ又はＹは，①に従い製造・販売した商品甲のユーザーに対する品質保証，欠陥商品のクレーム等に対する保証条件も製造販売される商品の限度でこれを負う。

＊ここでいう「更新」とは期中の契約条件の改定時期を意味する。

(コメント)

更新協議や契約条件協議が合意に達しなかった場合に関する規定であり，更新前の契約条件による契約関係が一定の期間（6か月＋3か月の二段階）延長される，という意味で段階的撤退条項としての意義を有する。また，延長の期間（ただし，本来の2年という期間に比べていずれも短く，かつ，段階的に短くなっている），当事者は新たな契約条件について協議できるという意味で，当事者の自主的解決を促す側面もある。

なお，段階的撤退条項において，更新前の契約条件と異なる条件を事細かく決めることも理論上は考えられるが，その時点における事業環境—景気，会社の経営戦略状況等—が不明であるから，必ずしも実践的でなく，また，当事者間で事前に合意に達することが困難な場合が多い。当事者が納得する指標が（できれば）複数得られれば，原材料の供給契約の契約条件（価格，量等）を自動的に決めるといったようなことは可能ではあろうが……。結局，シンプルな方が実践的であるといえるのではないか。

【例4】
1 (1) ＸＹ間の共同事業契約及び関連契約（原材料Ａ及び部品Ｂの各供給契約，商標Ｃ及び特許Ｄの各使用許諾契約，各種技術Ｅの供給契約，独占的ディストリビューター契約その他共同事業契約添付の別紙1の各契約）は2年毎にその内容の見直しについて協議し，合意により更新する。
 (2) 契約の更新交渉の結果，ＸＹが（協議期間中に）新たな合意に達しなかった場合は，ＸＹ間の共同事業契約は終了するが，Ｙは，以下のオプションを有する。

共同事業契約終了後2年間に限り，原材料Ａ及び部品Ｂの各供給契約，特許Ｄの使用許諾契約につき，他の非独占的被供給者と同一条件で供給，使用許諾を受ける権利。

ただし，Ｙは，原材料Ａ及び部品Ｂの各供給量については，前年度実績の60％を最低購入保証しなければならない。

(コメント)

更新交渉が（協議期間中に）合意に達しなかった場合，第一に，共同事業契約が終了してしまう旨規定することで，当事者双方に合意形成に向けたイン

センティブをもたらすメカニズムとなっている。第二に，基本契約が終了する結果，独占的販売代理店ではなくなるため，通常の受給者と同一条件で受けることを保証してもらうこととしている。原材料の供給量はY社が任意に決められるとすることも十分考えられるが，X社としては，部品B，特許Dを提供し，かつ，前年度までの実績もあるから，一定程度の原材料をY社に購入してもらうことを期待することもあろう。X社に対し，段階的撤退なる事象への対応のモティベーションを維持してもらう上でも，X社のかかる期待は軽視できない。ここでは，前年度実績の60％を最低購入保証することをあらかじめ約定する形にした。もっとも，この最低購入保証量の規定などは，2年毎の更新交渉の都度見直すことを可能にしておくことも十分考えられる。共同事業の直近の実績を反映させるのである。この場合，(3)項として，

> (3) 前項に規定するYのオプションの内容は更新の都度，見直すことができる。

という規定を用意することになる。段階的撤退の内容も逐次見直し，再交渉することを予め合意しておくのである。

なお，契約型ジョイント・ベンチャーにあっては，段階的撤退条項の選択的オプションとして事業自体の買取り(売り渡し)条項，あるいは価格補償条項を規定しておくことも考えられる[35]。各条項が相互に作用し合って効果（最終的に，事業継続の契約条件が合意される等）を発揮する。買取り条項については，筆者は，別の論文[36]で条項例を挙げているが，一つだけ挙げておく。

【例5】
1 更新協議期間中に更新協議が整わなかった場合，本共同事業契約の更新拒絶を欲する当事者（以下「更新拒絶当事者」という。）は，相手方当事者に対して，相当の価格（以下「譲渡価格」という。）にて，更新拒絶当

[35) 価格補償については，清水・本書160頁以下が株式の価格に関する議論ではあるが，十分参考になる。
[36) 拙稿「企業間提携契約の更新条項に関する若干の考察」（本書7章）189頁以下，特に227頁。

事者の本契約上の権利・義務を譲り受けるか，または，相手方当事者の本契約上の権利・義務を更新拒絶当事者に譲り渡すかを選択し，行使する権利を有する。
2　前項の譲渡価格の決定は，両当事者が更新協議の不調を確認してW週間以内に共同してP（評価人たる第三者機関）に申し立てた上，Pが行うものとし，両当事者は，Pが評価した価格に従うものとする。

3　コーポレート型ジョイント・ベンチャーの段階的撤退条項

　コーポレート型ジョイント・ベンチャー（合弁契約）の場合は，デッド・ロックの場合には，プット・オプション等の規定が機能して，交渉を促進する面がある。すなわち，合弁契約を解消する方法として，一方の合弁当事者が株式譲渡により合弁関係から撤退できるロシアン・ルーレット，叩き売り（Sale shoot-out），割引・割増譲渡等の条項が規定されていれば，それらの条項は，合弁当事者がデッド・ロックを解決しない限り，合弁事業が終了する（といっても，一方当事者が終了を望んでいる場合は別途の考察が必要であるが……）とする厳しい選択を迫られるため，これがストレス要因となって，合弁当事者は真剣にデッド・ロックを解消しようと相互に契約条件等について譲歩をすることが，契約メカニズム上，容易となっている。

　したがって，その分，合弁会社という器を使わない場合と比較して，段階的撤退条項が有する意義は，感覚的には低くなると思われる。

　しかしながら，【設例】の事例(1)を見ればわかるよう，合弁契約の当事者（X社とY社）と，X社及びY社から原材料，商標，各種技術の提供を受ける当事者Z社は別会社である。そして，Z社の支配株主は，Y社であるから，例えば，少数株主であるX社が何らかの理由で当該合弁事業から撤退しようとする場合に，合弁契約解消と同時に，Z社がX社から提供を受ける各契約が当然に終了してしまう，というのでは，Y社及びZ社としては大変困る事態に陥る可能性が高い（代替的手段〔BATNA〕を即時に用意することは困難である。）。とりわけ，共同事業の時は，基本的に原材料は他社からの供給を受けない約定（独占的供給条項）がなされていることが多く，Y社の100％子会社となる

Ｚ社は，相当期間まったく製品を生産できなくなるおそれが高い。このことが契約条件交渉に際しホールドアップの問題を起こしかねないことも容易に理解できよう。

段階的撤退条項があれば，これらの事態の発生はかなりの程度避けられる。したがって，合弁会社形態の場合も，段階的撤退条項を予め供給契約等で設けておくことは十分意義があるといえる。結局，プット・オプション等の規定が不十分な場合はもとより，整備されている場合も，段階的撤退条項が規定されて補充的規定として機能することで，合弁当事者の交渉における対等性はより担保され，より適切な契約条件が導かれる可能性が（一般的には）高まる。

【例６】　ＸＹ間の合弁契約が終了する場合（ただし，Ｙの債務不履行等で終了する場合を除く），ＸＺ間の関連契約（原材料Ａ及び部品Ｂの各供給契約，商標Ｃ及び特許Ｄの各使用許諾契約，その他共同事業契約添付の別紙１の各契約を指す。）は合弁契約終了後１年に限り，Ｚのオプションで同一条件にて存続することができる。

（コメント）
全く同一の条件であるが，存続期間を１年に限る，というものである。Ｚ側としては，１年間の猶予期間をもらったことになる。

【例７】　ＸＹ間の合弁契約が終了する場合（ただし，Ｙの債務不履行等で終了する場合を除く），ＸＺ間の関連契約（原材料Ａ及び部品Ｂの各供給契約，商標Ｃ及び特許Ｄの各使用許諾契約，その他共同事業契約添付の別紙１の各契約）は同時に終了する。ただし，ＺはＸに対し，前年度実績の７０％の原材料を最低購入保証し，前年度実績の単位当たり１.２倍の額のロイヤルティを払うことを条件に，１年又は２年の間，原材料Ａ及び部品Ｂの各供給契約，商標Ｃ及び特許Ｄの各使用許諾契約を締結するよう，求めることができ，ＸはかかるＺの求めに応じなければならない。

（コメント）
合弁関係が解消された結果，関連契約は，新たに締結され得る（合弁会社に

そのオプションを与える。）が，その条件が合弁関係が維持される当時とは異なること——最低購入保証量，ロイヤルティの点で——を予めＸＹＺ間で合意して決めておくものである。

4　段階的撤退条項がもたらす効果——提携関係の調整と軌道修正の点

なお，井原教授は，段階的撤退条項に関連して，次のような分析をされている[37]。既に論じてきた内容と重複する部分もあるが，いずれも示唆に富むものであり，段階的撤退条項の作成に当たっても留意すべきである。

事業提携契約によって構築されたフレームワークは，基本的に固定されたものであり，その枠内で提携事業が運営されることになるが，提携当事者が激しい環境変化の下でその運営に困難をきたすことはしばしば起きる。多くの議論とエネルギーをかけて結実した事業提携契約であることから，環境変化に対応するためとはいえそのフレームワークについて最初から議論し直すことは不可能に近い。しかし，環境変化のあることをあらかじめ予想して，当初の事業提携契約においてフレームワークを調整ないし修正しうる余地を織り込んでおくことは可能と考えられる。その仕組みとして次の(a)〜(c)のようなスキームとともに段階的撤退条項も利用できる。

（a）定期的点検

提携当事者は，提携事業の進捗度をはかるために，例えば，プロジェクト単位で半年ごとのマイルストーンを設定し，定期的な点検を行う。その成果を分析し，未達成の場合には，問題点を洗い出し，当事者の義務違反によるものであれば治癒させ，他の当事者の協力を必要とするのであれば要請し，何らかの障害が生じているのであれば乗り越える方策などの早期の手当てを講じるのである。

どのようなマイルストーンを設定するかは，提携関係の性格やプロジェクトの内容によって決まるが，できるだけ具体的な目標値であることが望ましい。

---

37) 井原・前掲注9)179頁以下。

（b）段階的事業展開

当初から提携事業の展開を二つの段階に分けるフレームワークが考えられる。第1段階は，提携事業のいわば試験操業の期間であり，その成果によって本格的なフル操業の条件整備や見通しをつけるために設けられる。したがって，満足のいく成果や前提条件の充足がみられない場合には，第2段階へ進めないことになる。

第1段階の提携事業にどのような内容を盛り込むかは，提携事業の性格や提携関係の強さなどによって決まってくるが，一定の成果または条件が整えば自動的に第2段階へ移行する場合，あるいはこれに加えて新たな特定の事項について当事者が合意することを条件とする場合があり得る。提携当事者にとってはストップの選択肢が与えられることになり，これらの成果が達成されない，あるいは条件が満たされない場合には，提携関係の解消の問題となる。

（c）見直しと再交渉：撤退条項との連動性

提携当事者が提携事業開始後一定の期間経過後に，提携関係の運営にかかわる特定の事項について見直しの機会をもつような仕組みが考えられる。環境変化に備えてフレームワークの一部を手直すということは，提携関係に柔軟性をもたせることになるが，一方で次のような検討が必要である。

第一に，どの程度の期間経過後にこのような機会を設けるべきか。第二に，当初に合意した内容を見直すとするのか，あるいは当初の契約で将来の合意に委ねるという形にするのか。第三に，特定の事項について，幅広い対象とするとかえって利害の対立を招いてデッド・ロックとなり，提携関係の解消につながりかねないが，あまりにもその対象を限定すると本来の趣旨を生かせないことになる。第四に，当該特定の事項について合意が成立しない場合には，解消の問題に連動させるかどうか。また，解消への連動という仕組みにおいて，特定の事項をどのように定義するべきか。段階的撤退条項との連動性をどうするか，といった点である。

第9 段階的撤退条項の意義及び限界——段階的撤退条項は真実，有効か

1 最後であるが，段階的撤退条項の意義を検討するに当たっては，そもそも企業が業務提携をする理由がどこにあるか，という点まで遡って確認しておく必要がある。

企業が，市場での単なる取引にとどまらず，より密接あるいは継続的な関係である提携を結ぶのはなぜか，また逆に，合併や買収のようなより完全な結合形態をとらず，より緩やかな企業間提携にとどめるのはなぜであろうか。

この点は，ミクロ経済学で説得的な議論がなされている。数多くの基本書に載っているところであるが，例えば，小田切宏之教授は，次のように説明される[38]。経済学的には能力理論と取引費用理論で説明されるところである。まず，能力理論からは，他社と提携して他社の持つ能力を自社の持つ能力と結合させることにより，生産，販売，イノベーションなどを効率化するのが有利だからである。また，取引費用論によれば，他社の能力を活用するのに単なる売買関係ではなく継続的な協力関係を結ぶのは，それによって情報の偏在が少なくなること，ホールドアップ問題が起きにくくなることなど，市場取引では起きやすい取引費用が提携関係のもとである程度解消されると認められるからである。ホールドアップ問題が起きにくいのは，企業は永続するとの前提のもとで，提携相手の信頼を裏切ると名声を失うため，結局，不利になるからである。こうした取引費用を解消するのに最も良い方法は，ウィリアムソンが取引費用理論でいうように，M＆Aにより統合し，権限によって業務を意思決定し実行することである。しかしながら，結合し規模が大きくなれば，インセンティブ・コスト，モニタリング・コスト，インフルエンス・コスト，エージェンシー・コストが発生しやすくなる[39]。

---

38) 小田切宏之『企業経済学〔第2版〕』（東洋経済新報社，2010）373頁。なお，法律学における組織の経済学，契約の経済学の応用につき，藤田友敬『契約・組織の経済学と法律学』北法52巻5号480頁参照。

また，企業文化の衝突も起こりやすい。このように，一方で取引費用を節約し，他方で統合に伴うコストも節約する手段として，市場と内部組織の中間的関係である提携が活用されているが，それだけに，取引費用節約の観点からも，統合費用節約の観点からも効果は限定的なものになりやすい。例えば，提携相手が機会主義的な行動を取り，生産提携でOEM供給する製品の品質管理を十分に行わなかったり，販売提携でマーケティング努力を十分に行わず，販売手数料を過大に請求したり，研究開発提携で研究開発努力を十分にしなかったり，研究成果をすべて引き渡さず自らのものにしたりする可能性がある。こうした機会主義に基づいた行動を防止するためには，提携相手の業務実施状況をお互いに監視（モニタリング）することが必要であり，定期的に情報交換したり，提携先を訪問するなどして進捗状況を評価することが欠かせない。

　さらに，統合ではないものの継続的な関係であるため，市場競争からの脅威は弱くなり，インセンティブ・コストが高まるおそれがある。このために，モニタリングして発言するとともに，定期的な契約見直しによって場合によっては提携の解消あるいは提携先を変更する余地を残しておくことが必要である。発言と退出による競争の必要性があると言える。

---

39) インセンティブ・コストとは，市場競争の圧力が低下するため，効率性を追求するインセンティブが弱まることによって発生するコストである。
　モニタリング・コストとは，たとえば，取引相手が真実，経営の努力等をしているかを監視するコストである。
　インフルエンス・コストとは，社内で経済活動が行われる時に発生する費用（コスト）の一つで，社内の資本市場に影響を与える行為，すなわちインフルエンス活動のコストである。インフルエンスコストには，インフルエンス活動に直接かかるコスト（例えば，ある部門長が自部門に不利なトップの決定を覆がえしてもらうために上層部に掛け合うことに使った時間）だけでなく，その活動による誤った決定のもたらす損失（例：非効率的な部門が乏しい資源を獲得しようと掛け合ったために間違って資産が分配された損失）も含まれる。
　エージェンシー・コストとは，怠慢により，または怠慢をやめさせるための管理業務にかかわるコストである。
　以上の各コストの内容を要領よく説明したものとして，小田切・前掲注38)266頁。

段階的撤退条項は，第8で見たように，（段階的）撤退時の合意を契約締結時に事前設計するという性格上，詳細・精密な内容になじまないという限界からは基本的に逃れられないが，まさに，これらの情報の偏在，ホールドアップ問題，モニタリング・コスト，インセンティブ・コストの問題をより抑え，資源配分の効率性に資する一つの手段と言えよう（第6参照）。

　また，以上のような経済学に基づく議論とは別に，特定の事業活動が，諸々の変化の要因に応えられなくなり，撤退や休眠という事態に陥ることそのものは避けられないことは周知のところである。「撤退」とは，端的に言えば，事業に進出した目的が十分に達成できない状態に陥ることであるが，技術革新の著しい速さ，マーケットのニーズや市場環境の予測困難な変化など，事業活動の外的要因に永久に耐え抜いていける製品や事業（単独，合弁を問わず）はあり得ないであろう。段階的撤退条項はある意味，避けられない「撤退」をソフトランディング化することで最小限のロスの現出にとどめる効果を有するものであり，十分意味を持つと考える。

　2　更に，以上とは別に契約条件交渉が合意できない時，契約関係から真に離脱したい時に当該当事者が契約関係からの離脱の自由を制限されることへのジレンマという問題もあろう。これは，当初から合意することによる利益と合意しないことでの離脱の自由との比較衡量を要する事項である。

　しかしながら，段階的撤退条項を補充的役割を果たす条項であるとの位置付けを誤らず，その意味において的確な条項として用意することが出来れば，かかるジレンマと両立させつつの有効利用は十分可能ではないだろうか。

　最近，「日本の契約実務と契約法(1)〜(6)——関係的契約とドラフティング・コストの考察から」[40]を発表された小林一郎三菱商事株式会社法務部・ニューヨーク州弁護士は，同論文の中で，次のように言う。「伝統的な日本の取引慣行は，ドラフティング・コストの負担の大きさゆえに，事後の再交渉への依存度が高く，同時に契約規範と関係規範の峻別を曖昧にすることで，裁判所の介入を通じた公平な結果を求めてきた。……日本の裁判実務では，

---

40) NBL 930号11頁，931号70頁，932号76頁，933号81頁，934号49頁，935号96頁。

当事者の合理的意思や黙示の意思を根拠として，当事者の契約締結時の合意内容を超えて契約上の権利義務を創造するような解釈が頻繁に行われてきた。しかし，企業統治構造が大きく変化し，企業取引における契約実務が進化していく中，企業は当事者間の合意によって創造される契約という法規範の持つ積極的な意義を再認識し，次第に当事者間の合意から成り立つ契約規範と事後の衡平の観点から導き出される関係規範を意識的に峻別するようになっている。……合理的な当事者は事前の契約設計を通じて，①契約書文言の適用を通じた権利義務の実現，②任意規定（デフォルト・ルール）による契約内容の補充，③裁判所による取引の実体（substance）に踏み込んだ判断，④当事者間の再交渉を通じた関係的な問題解決の4通りの紛争解決手段をバランスよく配分する。洗練された当事者間の契約の解釈に当たっては，こうした当事者の事前の権利義務設計という側面が重視されなければならない。」[41]。

　本稿における段階的撤退条項の試みは，小林氏の言葉を借りれば，企業間取引における当事者の事前の権利義務設計という側面を重視したものであり，近時の企業法務の流れに沿った契約ドラフティング作成作業と位置付けることも可能であろう。

　企業法務に関与するビジネス・ロイヤーは，契約の制度設計の一環として，この種の，従前，ともすれば軽視されてきた契約条項構築・設定の試みに積極的にチャレンジして然るべきではないだろうか。

41）　前掲注40）935号102頁。

17

映画製作に関する提携契約

> 映画製作委員会契約は，ある映画を制作及び利用するという共同の目的の下に集まった複数の企業による共同事業体を組成する契約であり，その法的性質は，民法上の組合，または組合類似の無名契約であると言われている。映画ビジネスには，完成リスクと興行リスクという2つの大きなリスクがあるが，映画製作委員会契約は，複数の事業者によって資金を調達するとともに，この映画製作に伴うリスクを分散することを目的とする提携契約である。映画製作委員会契約には，単なるリスクの分散にとどまらず，参加企業が各分野で広告・宣伝活動を行うことによるシナジー効果を得られるという大きな長所がある一方，構成員が無限責任を負うとともに，著作権が共有となるという短所がある。

若松 亮

第1 はじめに
第2 映画製作委員会
第3 匿名組合方式との比較

第1 はじめに

「映画製作」[1][2]とは，単に作品としての映画を撮影し，完成させる作業を言うのではなく[3]，映画の原作使用権を獲得して脚本を制作，資金を調達，主演俳優や監督の人選を行い，撮影を行って実際に映画を制作・完成させた上で，その映画を劇場配給やその他の方法で利用して収益をあげるという，いわゆる映画ビジネス全体を指す用語である。

映画ビジネスは，夢を売る仕事であると言われる事があるが，ビジネスの側面から見ても，映画は一度ヒットすれば関係者に多大な収益をもたらす夢のあるビジネスである。たとえば，日本映画史上最大のヒット作となった宮崎駿監督の「千と千尋の神隠し」は，興行収入だけで300億円以上をあげている。また，現今，完成した映画を利用する局面は，劇場での興行にとどま

---

1) 映画には，洋画と邦画があるが，本稿は邦画の製作について取り上げる。
2) 映画製作に関わる法律問題について解説する文献は多くあるが，ここでは代表的な文献を紹介する。映画ビジネスの仕組みや映画製作全般に関する法律関係について詳しく解説する文献として，福井健策編『映画・ゲームビジネスの著作権』（著作権情報センター，2007）がある。また，映画製作に関する各種契約について詳しく解説し，契約書例も記載した文献として，加藤君人ほか『エンターテインメントビジネスの法律実務』（日本経済新聞出版社，2007）がある。さらに，映画製作を含むコンテンツ取引全般を解説した文献として，内藤篤『エンタテインメント契約法改訂版〔改訂版〕』（商事法務，2007）がある。内藤弁護士は，映画を始めとする各種コンテンツ製作の主体となる「プロデューサー」について詳しく分析・解説しており，同弁護士のプロデューサー論は，コンテンツ契約における著作権やその他の権利の帰属主体を考えるにあたって大変参考になる。その他，松田政行『図解コンテンツ・ファイナンス』（日刊工業新聞社，2005），升本喜朗「映画業界におけるライセンス」山上和則＝藤川義人編『知財ライセンス契約の法律相談』（青林書院，2007）304頁以下，久保利英明ほか『著作権ビジネス最前線〔第3版〕』（中央経済社，2007）等の文献があり，経済産業省のHP上にも映画ビジネスにおける法務（著作権・契約関係）を解説する竹本克明「コンテンツプロデュース機能の基盤強化に関する調査研究　映画製作」（経済産業省商務情報政策局文化情報関連産業課編）が掲載されている。
3) この意味での映画の制作は，「製作」ではなく，「制作」と呼ばれる。福井編・前掲注2)129頁参照。

らず，DVD などのビデオグラム販売，ケーブル・CS・BS・地上波などのテレビ放映，インターネット配信，携帯電話などのモバイル配信，主題歌・挿入歌のサウンドトラックの販売，出演キャラクターを利用した商品化ビジネス（フィギュアなどのおもちゃ，ゲーム化など），書籍の出版（小説化・ノベライゼイション，漫画化）など多岐に亘り，これらの二次利用による収益も決して無視することのできないものとなっている[4]。

　しかし，他方で，映画製作には，大きなリスクが存在する。まず，映画を製作するためには，膨大な費用を要する。邦画の製作費は，米国のハリウッド映画の製作費に比べれば遙かに安上がりであると言われているが，それでも数億円は要し，製作費が10億円を超える作品も存在する。また，映画製作に要する費用は，製作費以外にも映画を配給するために各映画館に配布するフィルムのプリント費や宣伝費（一般に併せてP&A費と言われている。）があるが，このP&A費に製作費を上回る費用を要することも少なくない。さらに，このように多額の費用を投じた場合であっても，①映画が必ず完成するという保証はなく（完成リスク），②完成した映画が興行的に成功するという保証もない（興行リスク）。映画製作は，事業による収支を見通すことが困難なハイリスク・ハイリターン型のビジネスの典型であると言うことができよう。

　このように映画製作ビジネスには大きなリスクが伴う。実際の映画製作の現場においては，映画製作資金を効率的に調達するとともに，映画製作に伴うリスクを少しでも低減させ[5]，リスクを複数の事業者によって分散させることによって，映画製作に基づくリスクを映画製作に参加する各社で負担し

---

4) 「スウィートホーム事件」東京地判平7.7.31判タ897号208頁，判時1543号177頁も，映画の二次利用について，「映画業界は，往年と異なり，ビデオ化，テレビ放送等の二次的利用による収益によることなく劇場用映画の上映だけで映画製作費及び配給経費の回収を図ることは困難な状況にあり，特に近年は，ビデオ化，テレビ放送等の二次的利用が，劇場用映画の利用形態として，その収益面で極めて重要なものとなっている。」と述べる。

5) ヒットした過去の作品の続編を製作する，定評のある漫画やアニメを原作とすること等も，映画製作における興行リスクの軽減方法の一つである。勿論，これらのリスク軽減方法は，興行リスクを軽減する一方，得られるリターンも限定しまうことにはなる。

得る規模に縮小することが求められる。映画製作委員会契約は，複数の事業者が映画製作事業に出資して参加することによって資金を調達するとともに，映画製作に伴うリスクを分散させることを目的とする企業間提携契約である。ただし，映画製作委員会契約の目的は，単なるリスクの分散にとどまらず，異なる業種の製作委員会メンバーが各分野で広告・宣伝活動等を行うことによるシナジー効果を得ることにもあり，現在ではこのシナジー効果も軽視することはできない[6]。

本稿においては，第2において，企業間提携契約としての映画製作委員会契約の概要を紹介するとともに，その問題点について検討し，第3において，映画製作のための資金調達という観点から映画製作委員会方式以外の資金調達方法である匿名組合方式との比較検討を行う。

第2 映画製作委員会

1 映画製作委員会

映画製作委員会とは，実務上形成されてきた概念であり，法律上の正式な定義が存在するわけではないが，一般的には，映画の制作・上映及びビデオ化，放送権販売，商品化等の利用（二次利用）を共同の目的として複数の者により形成された共同事業体を言うとされている。

映画製作委員会方式は，ある映画を制作及び利用するという共同の目的の下に集まった複数の会社が，各々金銭を拠出（出資）し合い，それを製作費や宣伝費等として用いて，映画を制作し，出資各社で出資額の割合に応じて映画の著作権を共有し，映画を上映し二次利用することにより得た収益を，出資額の割合に応じて分配するという事業を営むものである。

かつての日本映画においては，ほとんどの映画について，映画会社（東宝，

---

[6] 近年，漫画やテレビドラマとタイアップした邦画が，立て続けに興行的な成功を収めていることは記憶に新しいところである。これらの邦画は，製作委員会のメンバーである放送局が自社メディアを利用した積極的な宣伝・広告活動を行った事が映画のヒットにつながっている面も大きいと思われる。

松竹，東映，日活，大映）がそれぞれ単独で映画を制作し，上映その他の映画利用に関するビジネスを単独で行っていた。しかし，現在では，一社のみで制作・上映から二次利用までを全て行うケースも無いわけではないが，例外的な場合に限られ，日本において製作される映画のほとんどは，複数社で形成する製作委員会方式で製作されている。

　映画製作委員会方式を用いれば，膨大な費用を要する映画製作に関し，完成した映画を利用する多くの企業から資金を調達できるとともに，映画が完成できないとか，興行的に成功できないといった場合のリスクを分散し，映画が興行的に成功した場合のリターンを共に享受することができる。

　また，製作委員会の参加者は，映画の配給業務の他，ビデオグラム（ビデオテープ，ビデオディスク，DVDなどに映像を連続して固定したもの）販売や放送権販売等の二次利用業務を自ら行うテレビ局や広告代理店といった企業であり，これら参加企業は，自らが完成した映画の利用業務を担当することによって手数料を取得することができる。すなわち，これらの事業者は，製作委員会への出資に対する利益分配以外に，自ら行う映画の利用業務（これを「窓口業務」という。）による利益を得ることができ（映画がヒットしなくても手数料収入等により一定のリターンを確保することができる。），このような窓口業務を行うことができない事業者と比較して，映画製作に対する出資のリスクをとることについて，より耐性を有する事業者なのである。

　さらに，映画がヒットするか否かは，映画の内容とともに，完成した映画をより効果的に宣伝・広告できるかにも大きくかかっているが，製作委員会に各種利用業務を担当する企業を多く取り込むことができれば，各関係企業が自らの窓口業務手数料を最大化するために各利用分野で努力することにより，映画の興行や二次利用全体における宣伝・広告のシナジー効果も期待できる。

　映画製作委員会方式は，特に①リスクに耐性のある企業を参加させることができる点，②宣伝・広告の面でシナジー効果を期待できる点において，ハイリスクな事業である映画製作事業における資金調達方法として，相応の合理性を有する方式（提携契約）であると考えられる[7]。

2 製作委員会の法的性質

　製作委員会の法的性質は，民法上の組合，または組合類似の無名契約であると言われている。民法上の組合は，①各当事者が出資をすること，②共同の事業を営むこととの合意に基づき作られた団体をいう（民法667条1項）が，製作委員会契約において製作委員会に参加する各当事者は，各自が出資を行うとともに，映画製作という共同の事業を行うという民法上の組合の要件を満たす合意を形成している。組合における共同の事業といえるためには，組合員全員が事業の遂行──少なくともその監督──に関与し，利益の分配にあずかる必要がある[8]が，製作委員会契約においては，各当事者が映画製作やその利用に関する事項について製作委員会で協議，決定することとされているのが通常であり，この共同事業性の要件を満たす。製作委員会契約に，民法上の組合である旨が明記されている場合もある。

　したがって，製作委員会契約の解釈にあたっては，特に契約において別段の定めをしない限り，民法上の組合の規定の解釈に従って契約解釈がなされることになる。

　民法上の組合である製作委員会を組織する方法は，ごく簡単であり，製作委員会契約を締結するだけである。株式会社を設立する場合の定款の作成，機関の設置，法務局への設立登記手続のような手続を踏む必要はなく，要す

---

7) 金融商品取引法2条2項5号は，組合契約，匿名組合契約等の投資対象事業から生ずる収益の配当または当該出資対象事業にかかる財産の分配を受けることができる権利をいわゆる集団投資スキーム（ファンド）の投資持分として金融商品取引法上の「有価証券」とみなしている。ただし，上記の集団投資スキームの定義は極めて広範であり，必ずしも金融商品取引法によって規制する必要のないものも含まれてしまうため，規制対象とする必要のないものについては，上記の定義から除外されている。出資者の全員が出資対象事業に関与する場合として金融商品取引法施行令1条の3の2で具体的に規定される場合も除外の対象となるので，組合たる製作委員会の場合，メンバーが委員会の意思決定に参加し，業務執行に関与し得ることから金融商品取引法の規制の対象範囲外になるのではないかと考えられる。後述（本稿第3）の匿名組合方式については，金融商品取引法の規制の対象となる。

8) 山本敬三『民法講義Ⅳ−1契約』（有斐閣，2005）753頁。

る費用もごく少額である。また，民法上の組合である製作委員会が獲得した所得は，組合段階では課税されず（事業体課税がされず），組合の構成員である各参加企業の段階で課税される（パススルー課税）。共同事業体の組成を簡便，安価に行うことができること，及びパススルー課税が認められていること，この2点が製作委員会の法形式に組合が用いられていることの大きな理由であると考えられる。

他方，製作委員会の法形式に組合を用いることの大きなデメリットは，各組合員が製作委員会に関わる組合債務について無限責任を負うことと，著作権などの権利が各組合員の共有となることである。特に後者の著作権が共有になる点は，映画の著作権の存続期間が公表から70年間と非常に長いこと（著作権法54条1項）や，製作委員会の構成員が変動する可能性があることとの関係で，重要な問題となるが，この点については後述する。

製作委員会の構成員が製作委員会の債務について無限責任を負う点は，組合方式のデメリットの一つであり，このデメリットを克服するため構成員の責任を有限責任とする法形式としては，株式会社の利用が考えられる。しかし，株式会社の設立には，組合の組成よりも費用や時間がかかるし，株主総会や取締役会といった機関を設置するのは煩瑣な面もある。また，取締役には製作委員会を構成する企業の関係者が就任すると思われるが，先述したように製作委員会と構成員である各企業とは，映画の利用について取引関係にあるため，取締役の利益相反規定もネックになると思われる。さらに，株式会社を利用する場合の最大の問題は，パススルー課税が認められていないため，株式会社の所得の時点と，構成員に対する配当の時点の両方で二重課税を受けてしまう点である。これらの問題点があるため，現在，製作委員会の法形式として株式会社を用いる例は見当たらない。合同会社についても，パススルー課税が認められない点では，株式会社と同様であり，製作委員会の法形式としては用いられていない。

近時注目されているのは，有限責任事業組合契約に関する法律（LLP法）に基づく有限責任事業組合（日本版LLP）である。有限責任事業組合は，あくまで組合であり，法人格はないが，一定事項につき登記をする必要がある。

有限責任事業組合のメリットは，組成が比較的簡便かつ安価[9]であるに

も拘わらず，株式会社や合同会社同様，組合員の責任が有限責任であるという点である。また，株式会社や合同会社と異なり，パススルー課税が認められている。有限責任事業組合には，原則として全ての組合員が業務執行への参加を強制されるというデメリットもあるが，出資者が有限責任のメリットだけでなくパススルー課税のメリットも享受できるため，今後，製作委員会の法形式として注目されるものと思われる[10]。ただし，有限任事業組合を用いた場合でも，著作権が共有になるという点には変わりがない[11]。

3 製作委員会の構成者

映画製作委員会のメンバーとして映画製作の各業務を担当する各当事者は以下のとおり，多岐に亘る。映画製作委員会に参加するメンバーが担当する業務は，大きく分けて(1)映画の制作業務と(2)制作した映画の利用業務に分かれる。前者の業務を担当する当事者が製作委員会に参加する主な目的は，制作する映画の内容等に対する発言権を獲得し，映画が興行的に成功した場合に成功報酬を得ることにあると思われる[12]。他方，後者の業務を担当す

---

9) 登録免許税は，一律6万円である。
10) アニメコンテンツの製作・管理事業における有限責任事業組合の活用事例については，谷地向ゆかり「日本版LLP・LLCの概要」信金中金月報2005年12月号を参照のこと。
11) 複数の企業が一つの事業体を形成する場合における各法形態の適性及び問題点については，清水建成＝近藤陽子「合弁事業の法形態選択」（本書12章）も参照されたい。
12) 制作会社等が成功報酬をもらえるかどうかは当該制作会社等と委員会メンバーとの力関係によるところも多分にあるが，一般論としては，出資をせずに単に制作を請け負うだけの立場の者に対しては，成功報酬の定めがなされることはあまりない。さらに，成功報酬は，固定額が給付される場合であればともかく，料率で定まっている場合には，製作委員会の収益等，委員会メンバーでなければ正確な金額を把握し得ない金額がその配分原資とされることが多く，さらにはそれらの金額が一定額を超えた部分についてのみ成功報酬の対象となる場合が多いため，制作会社が製作委員会に加わっていなければ，例え制作委託契約において成功報酬の規定を設けられたとしても，制作会社自身が，成功報酬の発生の有無及びその金額について正確に把握することは困難である場合が多い。そうすると，制作会社等としては，成功報酬を確保するためには出資をして製作委員会のメンバーになり，その上で製作委員会契約において成功報酬について定めておくということになる。

る当事者が製作委員会に参加する主な目的は，自分が担当する部分の映画ビジネスにおける映画の利用権（一般に「窓口権」と言われる。）を確保し，利益をあげることにあると思われる。

映画製作委員会に参加する当事者の多くは，自らが多様な映画ビジネスの一部分の業務を担当することを主な目的とすることになる。各当事者は，自社に業務を発注する立場の映画製作委員会に自らが参加することにより，通常の業務受託者よりも強い交渉上の立場を得ることができる。

(1) 映画の制作業務を担当する当事者

① 制作会社，脚本家，監督，プロデューサー

映画の実際の制作作業を行う制作会社，脚本家，監督，プロデューサーといった者は，製作委員会との間で，制作委託契約，脚本契約，監督契約，プロデュース契約などの契約（法的には民法上の請負契約）を締結し，これに基づき制作に参加する。

② タレントプロダクション

出演者のブッキングを優先的に行うなどして映画の制作に寄与したり，映画の各種イベントへの出演者の参加などに協力して映画の宣伝広告活動を行う。

(2) 制作した映画の利用業務を担当する当事者

③ 映画会社

映画会社は，映画を全国の映画館において上映する（配給する）役割を負う。また，宣伝・広告についても，配給とセットで映画会社が行うことが多い。

④ 放送局

制作した映画を自局の様々な番組で取り上げたりCMを流すことにより全国的に宣伝を行ったり，上映期間終了後は自局で放送したり放送権を系列局に販売するなどして，映画の二次利用の収益をあげる役割を果す。

⑤ 広告代理店

制作した映画の宣伝・広告を一手に引受け，宣伝・広告のための様々なイベントを企画したり，その他複数のメディアを通じた宣伝活動を行う。

⑥ 出版社

映画の原作である小説や漫画の権利を管理している出版社が製作委員会へ

のライセンサーとしての立場で参加する。それに加え，原作本の宣伝・広告販売を強化することにより映画の宣伝・広告をしたり，映画のノベライズなどを販売して二次利用収益をあげる。

⑦　レコード会社

映画の主題歌の CD やサウンドトラックを製造・販売することで，映画の宣伝・広告を行いつつこれらの販売による二次利用収益をあげる。

⑧　ビデオメーカー

映画のビデオを製造し，販売やレンタルで二次利用収益を稼ぐ。

4　製作委員会契約の内容

①　目的等

製作委員会契約においては，契約書の冒頭において，映画を共同製作し，劇場上映その他の利用事業を円滑かつ効率的に管理運用する等の製作委員会組成の目的を明らかにする場合が多い。製作委員会において各当事者が固有の機能と経験を活かすことにより，当該映画製作事業による収益をシナジー効果によって最大化することという製作委員会特有の目的を正面から掲げる場合もある。

②　幹事会社の定め

製作委員会契約には，多数のメンバーが参加することとなるため，製作委員会の各メンバー間の意見や利害の調整を行う幹事会社が必要となり，製作委員会契約においては，通常メンバーのうちの1社又は2社を幹事会社に定める旨が規定される。幹事会社は，当該映画の制作や二次利用において中心となる会社であり，幹事会社は，製作委員会という組合の業務執行組合員として，対内的業務を行い，対外的には，製作委員会を代表する（民法670条）。幹事会社は，メンバー間の意見や利害の調整のほか，制作管理，製作委員会の収支の管理及び分配業務，さらには製作委員会の外部の監督，プロデューサー，脚本家などとの折衝や契約締結業務など，当該プロジェクト全体に関する管理運営を担当する。

組合契約における業務執行者には，委任に関する規定が準用され（民法671条），特約がなければ報酬を請求することができないが，製作委員会契約に

おいては，幹事会社に対し，業務の対価として製作委員会の収益の中から何％かの幹事会社手数料を支払う旨を定めるのが通常である。また，製作委員会契約において，別段の定めがない限り，業務執行者たる幹事会社は，業務の執行につき善管注意義務を負う（民法644条準用）。

③ 権利処理について

製作委員会に参加するメンバーにとって，製作した映画の著作権が間違いなく製作委員会に帰属するとともに，監督や出演者といった映画制作に内側から携わる権利者（これらを「モダン・オーサー」という。），さらに原作者や脚本家[13]といった映画製作の外側にある権利者（これらを「クラシカル・オーサー」という。）から今後の二次利用についてクレームがつかないよう権利処理がされていることは，製作委員会に参加する前提条件である。

まず，完成した映画の著作権が誰に帰属するかについては，著作権法は，著作者が著作者人格権及び著作権を享有する旨規定し（著作権法17条1項），著作者と著作権者とは一致するのが原則であるが，映画の著作物については「映画の著作物……の著作権は，その著作者が映画製作者に対し当該映画の著作物の製作に参加することを約束しているときは，当該映画製作者に帰属する。」（著作権法29条1項）と規定し，著作者・著作権者一致の原則に対する例外を定めている。著作権が映画製作者に「帰属する」とは，映画の著作権が著作者に原始的に発生すると同時に何らの行為又は処分なくして法律上当然に映画製作者に移転することを意味する。すなわち，同項は著作権の法定譲渡を定めた規定である。

この点，「映画の著作物の製作に発意と責任を有する者」は誰であるかという点が問題となり，現実には職務著作となる場合以外で，監督等の映画著作者が参加を約束しないで映画作成することは稀であろう[14]が，いずれにせよ製作委員会としては，制作会社との間に映画参加契約を締結する等して

---

[13] ただし，脚本家については，映画の制作過程でプロデューサーに雇われて参加したスタッフの一員であり，モダン・オーサーと同様の権利処理が行われるべきであるとの議論もある。

[14] 中山信弘『著作権法』（有斐閣，2007）196頁に同旨。

著作権が製作委員会に帰属することを書面をもって明らかにしておくべきである。

また，監督や出演者といったモダン・オーサーについては，制作会社同様，映画製作への参加をもって著作権法29条により，成果物が製作委員会に譲渡されるものと考えられており，二次利用において権利主張されるおそれは当然にはないが，原作者や脚本家といったクラシカル・オーサーの場合，原作や脚本と映画との間の関係は，いわゆる二次的著作物であるので，著作権法上は，原作者や脚本家も映画の二次利用についてこれを許諾するか否かについて権限を有することになる。したがって，クラシカル・オーサーとの関係で原作や脚本についての利用許諾を受ける場合には，二次利用の局面についても，できる限り二次利用事業を具体的に明らかにした上で，予め書面で許諾を受けておく必要がある。

さらに，氏名表示権や同一性保持権等の著作者人格権については，モダン・オーサー，クラシカル・オーサーを問わず，一身専属権であり譲渡ができないとされているので，これらの関係者との間で著作者人格権を行使しない旨の合意（著作者人格権不行使の合意）を書面において明らかにしておく必要がある。

製作委員会契約においては，製作委員会の幹事会社や制作担当者が他のメンバーに対し，著作権等の権利処理が問題なく行われていることを表明保証することになる。この場合の権利処理に問題があった場合の損害賠償の規定を置くこともある。

ただし，製作委員会に参加するメンバーにとっては二次利用に対する権利処理が問題なく行われていることは重大な関心事であるので，秘密保持義務の問題はあろうが，映画制作に関与したモダン・オーサーやクラシカル・オーサーとの間の契約書や覚書については，これをチェックすることが出来るようになっていることが望ましいと考える。

④　出資額，出資割合，及び損益の分割割合について

組合における収益の分配割合については，契約書においてその割合を定めなかった場合には，各組合員（出資者）の出資の価額の割合に応じるとされている（民法674条1項）が，製作委員会契約では，各メンバーの出資金額を定

めるのが一般である。損失の分配についても，法律上は，収益と損失のいずれかの分割割合のみを定めた場合には，その割合は双方に共通であると推定される（民法674条2項）が，製作委員会契約において，損失の負担割合についても出資割合に応じるものとされるのが通常である。なお，損失の分配という場合の「損失」とは，製作委員会が負担する債務の一切をいい，例えば映画の撮影中の事故により第三者に生じた損害に関する損害賠償責任や著作権侵害による損害賠償責任といった，不法行為に基づく損害賠償責任が考えられる（借入金等の契約上の債務もあり得るが，映画の製作においてそのような金銭債務を負担することは，通常はほとんどない。）これらの不法行為責任については，例えば撮影中の事故の責任については製作委託契約により制作会社の負担としたり，著作権侵害については原作者や脚本家との間の契約によって原作者や脚本家の負担とするといった手当がなされるのが通常であるが，第三者との関係で第一次的に責任を負うのは製作委員会であるため，注意が必要である。株式会社であれば，株式会社に対する第三者からの賠償請求に対し，その出資者である株主が責任を負うことはないが（株主の有限責任），製作委員会のメンバーはそれぞれ責任を負わなければならず，これが製作委員会方式のリスクとして指摘されている無限責任性である。

⑤ 二次利用に関する定め

映画の二次利用の方法には，ビデオグラム化，国内外テレビ放送権販売，商品化，インターネット配信，出版，レコード製造販売などが考えられる。これらに関して，製作委員会契約においては，メンバー間における役割分担すなわち二次利用の窓口権の所在，窓口担当者が取得する手数料（窓口手数料），窓口手数料の分配方法について定めておく必要がある。

法的には，製作委員会が委託者，二次利用を行う製作委員会のメンバーたる会社が受託者として，制作した映画のある分野における利用業務を委託する準委任としての業務委託契約を締結することになると考えられる。

窓口担当者については，それぞれのメンバーが得意分野を持っている場合，例えば放送局，ビデオメーカー，レコード会社がメンバーに加わっている場合には，放送局が放送権販売窓口，ビデオメーカーがビデオグラム化窓口，レコード会社がレコード製造販売窓口というように，各メンバーがそれぞれ

窓口を担当することもできるが，そうでない場合は幹事会社が一手に引き受け，製作委員会の外部に委託先を探すという場合もある。

窓口手数料の分配方法については，大きく分けて，A窓口収入から窓口手数料等を控除するまでに，その全額を一旦製作委員会に入れた後，窓口手数料を窓口担当会社にそれぞれ分配する方法と（この場合，分配等の計算は幹事会社が担当する），B窓口担当会社が窓口収入から窓口手数料及び経費を控除した残額を，製作委員会メンバーにその分配率に従って分配するという方法がある。幹事会社の負担は増すものの，製作委員会内部における会計の透明性は確保されるため，Aの方法の方が望ましいといえよう。

⑥ 著作権について

製作委員会契約においては，製作された映画の著作権は，製作委員会のメンバーが出資比率に応じて共有するものと定められるのが通常である。

著作権法上，共有著作権は，その共有者全員の合意によらなければ行使することができないと定められている（著作権法65条2項）。そして，ここでいう「行使」とは，第三者に対する著作物の利用許諾など，著作物の内容を具体的に実現する積極的な行為を意味する。よって，映画の著作権が共有であるということは，上映の許諾や各種二次利用の許諾を，原則として製作委員会メンバー全員の同意がなければできないということを意味する。ただ，それでは著作物の円滑な利用が阻まれるため，著作権法では，共有著作権を代表して行使する者を定めることができるとしている（著作権法65条4項，同64条3項）。そして，製作委員会においては，二次利用に関する窓口権という形でこの「代表して行使する者」を定めている。すなわち，この窓口権を有する各社は，二次利用に関して共有著作権を代表して行使しているという法的位置付けになる。

⑦ 出資金の使途の定め

出資金の使途については，定める場合と，単に出資金全額を制作費とする旨が定められるのみの場合とがある。また，定める場合であっても，あまり具体的な使途は定められず，制作費[15]といわゆるP&A費の割合を定める程度である。

特にP&A費については，実務上は例えば「別途協議」程度の定めであっ

て，明確に金額が定められる事はあまりないようであるが，P&A費の金額は製作委員会の収益に直接影響するものであるから，上限金額を製作委員会契約において定めておくことが望ましい。

⑧　出資金の支払期日，支払方法

製作委員会契約においては，出資金の支払期日及び支払方法を定める必要がある。支払期日については，1回の期日で全て払い込ませる場合もあれば，制作の進行状況に対応した形で支払期日を何回かに分ける場合もあり，様々である[16]。

⑨　追加出資の定め

制作費が出資金を上回った場合に追加出資をする義務があるかどうかは，製作委員会のメンバーにとって重大な関心事であり，この点についての規定を置いておく方が望ましいが，実務上は必ずしも定められていない場合が多い。

規定する場合は，追加出資額の負担割合（当初出資額の割合と同じである場合が多い），追加出資額の上限（当初出資額の10％とする場合が多い），等が定められる。

また，支払方法としては，一旦幹事会社が立て替えた上で製作委員会収入からトップオフする方法や，期日を定めメンバー各社に現実に金銭を出資させる方法などがある。

⑩　国内配給に関する定め

国内配給については，メンバーに配給網を有する映画会社がいる場合はそのメンバーが国内配給を自ら担当し，そうでない場合は製作委員会メンバー

---

15) ここでいう制作費とは，企画開発費，プロデューサー・監督・脚本家それぞれへの報酬，出演者への出演料，及びスタッフ人件費，エキストラ等の人件費，機材費，美術費，メイク費，スタジオ使用料，音楽権利処理費用，宿泊費，交通費，食費，ロケ謝礼費，フィルム費，現像費，編集費，さらに制作会社が取得する制作請負契約における請負報酬などを含む。

16) 制作を請け負う制作会社側としては，制作委託費全額を一括で得られた方が有利であるが，出資者側としては，未完成のリスクなどを考慮すると段階的に支払った方が望ましい。支払期日を定めるに当たっては，映画の完成未完成の見込みや，制作費のキャッシュフローなどを総合的に考慮すべきである。

のうち窓口担当者が代表して，興行網を有する映画会社との間で配給委託の契約を締結する。製作委員会契約においてはそのような配給の窓口を規定することとなる。配給委託をする場合であって委託先（映画会社）が決定している場合には，委託先を明記する場合もある。また，国内配給と宣伝広告はセットである場合がほとんどであるから，併せてP&A費の負担方法についても定めておくことが望ましい。例えば，P&A費の負担方法が一旦立て替えてこれを製作委員会の収入からトップオフするという場合には，その旨定めておくべきである。

⑪ 成功報酬の定め

近年は，制作会社，プロデューサー，監督といった映画制作への貢献度が高いものに対する成功報酬を定めるケースも増えている。

基本的には，これらの者（プロデューサーや監督といった個人の場合は，それらの属する会社や事務所）が製作委員会のメンバーである場合に，製作委員会の収益のうち何％かを該当メンバーに配分するという方法で定められる場合が多い。算定の基礎となる収益は，製作委員会の収益によってメンバーの出資金に見合う分配を行うことができる水準を越えた収益を対象とする場合が多い。

成功報酬の定めを置くためには委員会メンバー全員の同意が必要であり，制作会社等にとっては，製作委員会契約において成功報酬について定めてもらう必要がある。ただ，出資をしていない（すなわち製作委員会に加わっていない）場合には，そもそも製作委員会契約の内容について交渉する機会が得にくいから，製作委員会契約に成功報酬の定めを置くことを要求することも困難である。したがって，二次利用を行わない制作プロダクション等が製作委員会に参加する重要な目的の一つは，成功報酬を製作委員会契約に定めることにある。

⑫ 会計監査

幹事会社に対する製作委員会業務に関する会計帳簿の閲覧請求権等の調査権を定める場合が多い。製作委員会のメンバーは幹事会社の会計帳簿を閲覧，調査することによって，幹事業務が適正に行われているかを会計面から監査することができる。

しかし，この閲覧請求権等は，あくまで幹事会社の会計帳簿を対象とする

に留まり，窓口権を付与されたメンバーの二次利用業務には当然には及ばない。収益の計算において透明性が要求されるのは，窓口業務においても幹事業務と同様であり，製作委員会契約においても各窓口業者に二次利用に関する会計帳簿等を作成させ，製作委員会のメンバーが適宜閲覧することができる旨を定めておくことが望ましいと考える。

⑬ 契約解除

他の継続的契約と同様，製作委員会契約においても，製作委員会に参加する当事者が契約上の義務を履行しない場合や，倒産等の事態に陥った場合の契約解除の規定が置かれている。

この点，製作委員会契約においては，解除の効果として，契約を解除された製作委員会メンバーの権利が消滅し，出資金や拠出金の返還請求権が喪失する旨が定められている場合があり，この規定の効力が問題となる。

組合における組合員の除名には，「正当な事由」があることが必要であるが（民法680条），この除名要件に関する規定は強行規定ではなく，組合契約において別段の定めをすることは差し支えない。しかし，民法681条は，脱退組合員に持分の払戻請求権を認めているところ，除名も脱退の1つであり（民法679条4号），除名に伴い出資金の返還請求権を喪失させる規定が有効となるかが問題となるのである。筆者が調査した範囲では，この点についての公刊裁判例はまだ存在しないようである。契約解除により製作委員会のメンバーが脱退した場合，当該メンバーが有していた映画の共有著作権の帰属も問題となる。これらの問題を円滑に解決するためには，製作委員会や幹事会社等が，脱退するメンバーの著作権等の譲渡を優先的に受けることができる旨の先買権条項や，その場合の価格の算定基準を予め定めて置く事も一考に値すると考える[17]。

---

17) 劇場アニメ「8月のシンフォニー渋谷2002－2003」製作委員会の出資者であり，幹事会社であった映画配給会社ムービーアイ・エンタテインメント（以下「ムービーアイ」という。）は，平成21年8月4日に破産手続開始した。同製作委員会の出資金の9割を出資していたワオ・コーポレーションは，ムービーアイの保有する分の映画フィルムマスターを公正価値により譲渡を受けたと発表した。

⑭　その他一般条項

以上の他，有効期間，契約解除，権利義務譲渡制限，準拠法及び管轄といった，一般的な契約と同様の規定が置かれるのが通常である。

5　製作委員会方式の問題点

製作委員会方式には以下のような問題点があると言われている。

(1)　業界外部からの資金を呼び込む事が困難であること

一般的な製作委員会は，民法上の組合であり，組合員が無限責任を負う。この無限責任という点については，実務上は，制作段階においては保険を活用したり，二次利用段階では関係者との契約書等により権利処理がきちんと行われているかを確認することにより，リスクを相当程度軽減することができる。しかし，組合員が無限責任を負うという法律関係自体は，有限責任事業組合等を用いない限り解消することはできないため，業界外部の一般投資家が製作委員会に参加して出資することは難しい面がある。

また，もともと一般投資家や金融機関において，コンテンツは水物という意識が強く，投資対象とみなされてこなかったことに加え，製作委員会内部の権利関係や資金の管理，財政状況が外部からは分かりにくいという点も一般投資家や金融機関からの投資を呼び込むことが難しい要因である。

このようなことから，業界外部からの資金は入ってこず，基本的には製作委員会の構成員である映画配給会社やテレビ局から提供される資金が資金調達の限度となる。しかし，これら流通業者は，自己の販売ルートで回収できる範囲でしか出資できないため，資金調達に限界がある。そのため，国外，インターネットなどでの流通など，製作委員会の構成員の流通ルートを超えたより広範囲でのコンテンツの流通を可能とするような資金は集まりにくい現状がある。

(2)　制作会社が制作のイニシアティブを取ることが困難であること

製作委員会では，資金を提供している映画配給会社やテレビ局などの流通業者がイニシアティブを取っており，制作会社がイニシアティブを取って作品を作りにくい構造となっている。そのため，制作される映画が保守的・画一的な内容となり，制作サイドが本来作りたい前衛的な作品，多様なニーズ

に合わせた作品が生まれにくい傾向がある。もっとも，この問題は，製作委員会特有の問題というよりは，制作会社等の映画制作サイドが自ら映画制作のための費用を調達することが困難であるという日本映画界自体の問題であろう。

(3) **著作権が共有となること**

製作委員会方式の最大の問題点は，著作権が組合員（製作委員会のメンバー）の共有となることにある（民法668条）。

著作権が共有されているため，映画の二次利用には製作委員会メンバー全員の許諾が必要となる。そのため，二次利用の利用許諾を行う場合や権利を侵害された場合など，対外的な対応の場面において機動的な動きが取りにくい。特に問題となるのは，映画を海外において二次利用する局面においてであり，海外の映画関係者からすると，当該映画の二次利用に関して，誰と交渉すればよいかが不明確となるのである。

次に問題となるのは，著作権を共有する製作委員間のメンバーの地位が倒産やM&Aによって変動した場合に，著作権の帰属が不明確になったり，複雑になったりするおそれがあることである。

映画の著作権の存続期間は，公表時から70年と非常に長く，製作委員会のメンバーが倒産，M&A等により変動する可能性は決して低いものではない。この点については，先に述べたように他の製作委員会のメンバーや幹事会社に先買権を付与しておくことによってある程度対処することが可能であると思われるが，先買権を付与していなかった場合や，先買権が行使されなかった場合には問題が残ることとなる。

さらに，映画制作時には存在しなかった二次利用の方法が現れる可能性もある。そのような場合に著作権を全メンバーの合意でなければ行使できないのは明らかに不都合である。

これらの問題は，基本的には著作権が製作委員会のメンバーの共有となることに起因する問題であり，この点の不都合は大きい。また，大半の製作委員会のメンバーの関心は，映画の二次利用に伴う分配金という経済的利益のみにあり，著作権の行使方法自体に関心を有しているわけではない。

今後は，例えば完成した映画を信託し，製作委員会のメンバーの著作権を

信託受益権化することも検討する必要がある。信託受益権化すれば，メンバーが財産権として譲渡，担保化することも容易になるし，メンバーの変動の影響を受けることもないと思われる。

第3　匿名組合方式との比較

以上述べたとおり，製作委員会方式は相応の合理性を有する企業間提携契約であるが，上記第2の4で述べたような問題点も有する方式である。近年，主に業界外部からの資金を呼び込むという目的から匿名組合を用いた映画製作資金の調達方法が登場している。匿名組合を用いた場合の資金調達先は，主に一般投資家であり，匿名組合契約は，企業間提携契約という訳ではないが，製作委員会方式との比較の意味で簡単に紹介する。

1　匿名組合方式とは

匿名組合方式とは，出資者と営業者との間で匿名組合契約（商法535条）を締結する方式である。映画製作のための資金調達方法として用いられる場合には，オリジネーター（資金調達主体である配給会社など）が映画製作目的のSPC[18]を設立し，そのSPCに対して，複数の投資家から匿名組合契約による出資を募る方法で用いられることが多い。

匿名組合契約は二当事者間の契約であり，製作委員会における民法上の組合契約と異なり，出資者間の契約関係はない。労務による出資も認められず（商法536条2項），出資者が事業に参加する場合は，別途営業者と契約を締結する必要がある。出資者は営業者に対し，金銭その他の財産を出資する義務（商法535条）を負い，営業者は出資者に対し，利益を配分する義務（商法535条）や出資金を返還する義務（商法542条）を負う。出資者は，業界内部の業者の場合と，一般の投資家の場合，あるいはこれらの組み合わせなど，様々である。

匿名組合方式による資金調達が行われた映画の具体例としてアニメ映画

---

18)　特別目的会社。

「バジリスク〜甲賀忍法帖〜」のバジリスク匿名組合が挙げられる。同匿名組合における出資者は，コンテンツファンド等の組成・運営を事業内容とする企業[19]と一般投資家である。

2　匿名組合方式の長所（製作委員会方式との違い）

(1)　有限責任

民法上の組合である製作委員会の場合，組合員は無限責任を負うが，匿名組合では出資者は出資した限度でしか責任を負わず（有限責任。商法536条1項），この点で匿名組合方式は，製作委員会方式よりも外部の一般投資家から投資しやすい面がある。

(2)　著作権の帰属

匿名組合方式でSPCが設立されている場合，著作権が営業者たるSPCに一元的に帰属するため，二次利用の利用許諾についても，営業者が単体で行うことができる。この点は，著作権が各組合員の共有となってしまう製作委員会方式との大きな相違であり，匿名組合方式の長所である。

3　匿名組合方式の現状（製作委員会方式の再評価）

(1)　上記に述べたように匿名組合方式は，一般投資家等の業界外部からの資金調達を目的とし，有限責任や著作権の単独での営業者への帰属等，製作委員会方式にはない長所を有する方式である。しかし，実際には匿名組合方式を始めとするコンテンツファンドは衰退傾向にあり，製作委員会方式に回帰する方向にあると言われている[20]。

その理由としては，営業者の業務を適正に監視，監督することが困難であること，製作委員会方式における窓口業務からの回収や，広告宣伝におけるシナジー効果を享受することができないことなどが考えられる。

---

[19]　株式会社ジャパン・デジタル・コンテンツ（現ジャパン・デジタル・コンテンツ信託株式会社）等。ただし，同社は，平成21年9月15日，金融庁より信託免許取消し処分を受けた。

[20]　平成21年6月6日付け日本経済新聞朝刊。

(2) 匿名組合方式の営業者やオリジネーターは，製作プロダクションや映画配給会社といった映画業界を知り尽くした専門家であるが，出資者である一般投資家は，映画の世界においては素人であることが多い。匿名組合契約においては，出資者は，営業者に対して，貸借対照表の閲覧謄写請求，業務及び財産状況の検査請求をなしうるとされている（商法539条1項，2項）が，一般投資家がこれらの権限を適切に行使することは極めて困難である。制作プロダクションや映画配給会社に対するガバナンスという点では，映画業界に相当程度精通した組合員全員が事業の遂行—少なくともその監督—に関与する製作委員会方式の方が優れている面がある。

(3) また，匿名組合方式においては，製作委員会方式と異なり，一般投資家は，映画の制作や二次利用の局面において自ら業務を行うことはないため，自らの出資分の一部を業務委託料等の形で回収することはできない。

さらに，各種利用業務を担当する企業を組合員として取り込む製作委員会方式においては，各関係企業が自らの窓口業務手数料を最大化するために各利用分野で努力することにより，宣伝・広告のシナジー効果も期待できるが，匿名組合方式においてはこれら関係企業は参加しないのが通常であるため，製作委員会方式の場合のような宣伝・広告のシナジー効果は期待できない。

(4) 映画業界に精通し，各種利用業務を担当する企業の立場からすれば，内容や話題性等の点でヒットが期待できる映画については，①自らの窓口業務による手数料収入を期待でき，②他の組合員の広告・宣伝活動とのシナジー効果も期待できる製作委員会契約への参加が経済合理性に適い，資金調達を図る映画会社や制作プロダクションの側としても製作委員会方式による資金調達が確実かつ簡便である。

そのため，ヒットが期待できる映画については，その多くが製作委員会方式を採用することとなり，製作委員会方式を採用することができなかった映画が匿名組合方式等，その他の資金調達方法を採用するといった傾向があるようにも思われる。

匿名組合に対する出資は，いわゆる集団投資スキーム（ファンド）の投資持分として，金融商品取引法上の「有価証券」とみなされるが[21]，映画製作に対する投資は，不動産に対する投資等と比較してよりリスクの高い投資と

言わざるを得ず，一般投資家に対して匿名組合方式等の方法で映画製作のための資金調達を行う場合には，予期に反する過大なリスクを負担させることのないよう，少なくとも映画製作にともなうリスク（主に完成リスクと興行リスク）を十分に説明した上で，これを行う必要があると考える[22]。

---

21) 前掲注7)参照。
22) 古来から絵画，建築，音楽等の芸術に対する資金の出し手は，国家や王侯貴族，大商人といった投資リスクに対する強い耐性を有する経済主体であった。今日における投資リスクに対して最も強い耐性を有する経済主体は，おそらくは国家であろう。

企業間提携契約の理論と実務

2012年4月30日　第1版第1刷発行

編著者　現代企業法研究会
発行者　浦野哲哉
発行所　株式会社判例タイムズ社

102-0083　東京都千代田区麹町三丁目2番1号
電話03(5210)3040／FAX03(5210)3141
http://www.hanta.co.jp/

装丁・熊谷博人／印刷・製本・平河工業社
© 現代企業法研究会 2012 Printed in Japan.
定価はカバーに表示してあります。

ISBN978-4-89186-187-2